国家社科基金
GUOJIA SHEKE JIJIN HOUQI ZIZHU XIANGMU
后期资助项目

义和团时期
清廷决策机制研究

吴宝晓　著

WUHAN UNIVERSITY PRESS
武汉大学出版社

图书在版编目(CIP)数据

义和团时期清廷决策机制研究/吴宝晓著.—武汉:武汉大学出版社,2024.12(2025.5 重印)
国家社科基金后期资助项目
ISBN 978-7-307-22865-8

Ⅰ.义…　Ⅱ.吴…　Ⅲ.政治制度史—研究—中国—清后期
Ⅳ.D691.2

中国版本图书馆 CIP 数据核字(2022)第 018609 号

责任编辑:王智梅　　　责任校对:鄢春梅　　　版式设计:韩闻锦

出版发行:**武汉大学出版社**　(430072　武昌　珞珈山)
　　　　　(电子邮箱:cbs22@whu.edu.cn　网址:www.wdp.whu.edu.cn)
印刷:武汉邮科印务有限公司
开本:720×1000　1/16　印张:27　字数:468 千字　插页:1
版次:2024 年 12 月第 1 版　　2025 年 5 月第 2 次印刷
ISBN 978-7-307-22865-8　　定价:148.00 元

国家社科基金后期资助项目（17FZS059）

国家社科基金后期资助项目
出版说明

　　后期资助项目是国家社科基金设立的一类重要项目，旨在鼓励广大社科研究者潜心治学，支持基础研究多出优秀成果。它是经过严格评审，从接近完成的科研成果中遴选立项的。为扩大后期资助项目的影响，更好地推动学术发展，促进成果转化，全国哲学社会科学工作办公室按照"统一设计、统一标识、统一版式、形成系列"的总体要求，组织出版国家社科基金后期资助项目成果。

　　　　　　　　全国哲学社会科学工作办公室

前　言

　　义和团时期清廷决策机制，自事件发生之日起，即存在众多疑点，也有诸多目的各异、深浅不一的关注、猜测和解说，在世界范围内持续百余年，是中国近代历史研究的核心和枢纽性课题之一。这个问题涉及政策层面的内容，不限于决策，但核心难点在于对外宣战后的清廷决策和指挥机构。掌握了决策情况后，政策层面的东西也可迎刃而解，因而本书标题定为"义和团时期清廷决策机制研究"。但决策机制层面的东西很多是沿袭以往，例如军机处和总理衙门，这方面的情况又为学术界所熟知，本书主要探讨义和团时期清廷决策机制运作方面的一些难度较大的问题。这种运作大多通过政策层面体现出来，比如西太后、荣禄、刚毅和徐桐、载漪等人如何通过发布上谕影响清廷政策、军机处和内阁在政策层面的制约与互动、清廷和地方督抚围绕政策分歧产生的多方互动，以及当时各方在政见政略和政治心态方面的制约与互动等。

　　本书从考证相关史料入手解决这一问题，并以此为基础探讨其他相关问题。这也是本书的突破口和方法论。考证的基本方法是将外界的各种记载与原始档案及当事各方相关反应互证，并从中发现规律性的东西。[①] 在立论上，本书把这个时期的清廷政策与决策情况作为一个系统，注重剖析各种矛盾说法的真伪，探讨复杂形势下的人物心态、相互关系和各自政见政略。以往研究是以维新变法和废立事件为线索，侧重追究个别人的责任，基本上沿袭了清末民国时期的普遍倾向，细疏程度略异，评论立场不一。对以往研究方法和相关史料有所怀疑和不满者颇多，也或多或少有所申论，但无确据和共识，也没有找到有效的突破口并进行系统论述，其考证难度也是学术界频繁提及众所周知的。

　　迄今为止，部分与义和团时期有关的核心作品还没有解读，涉及诸多

---

　　① 　此种方法较当时报馆多渠道打听可靠一些，参见汪康年著：《汪穰卿年谱》，上海书店出版社 1997 年版，第 55 页。

重大历史问题和历史误区。这些作品如《恽毓鼎庚子日记》、李希圣《庚子国变记》、龙顾山人《庚子诗鉴》、仲芳氏《庚子记事》、杨典诰《庚子大事记》、高枬《高枬日记》、黄曾源《义和团事实》和李超琼《庚子传信录》。另外，清末民国时期掌故学中也有相关记载，如龙顾山人《南屋述闻》和王照《德宗遗事》；报刊中一些报道和京畿地区及京官关系密切，这里一并考证。限于本书内容，所提及的义和团时期范围较小，主要指光绪二十五年年底到光绪二十六年七月份清廷利用义和团这一段时期，和甲午战争后义和团运动的兴起这种以描写义和团为中心的作品有所不同。所说京畿地区，主要指北京、天津、保定一带，以京城及其相关政治动向为核心。此种断限纯粹出于书写简单和便利起见，并非意味着义和团运动仅限于此段时期。义和团运动与清廷利用义和团的时期还不完全一致，双方活动有交叉，但在成因、各自思路、各自说辞和主导权等方面不完全是一回事。

以往对这类作品频繁征引，但失之考订，也缺少系统研究。这类作品真伪混杂，互相矛盾、闪烁其词、只言片语的记载甚多，并不是完全可信的史书。① 迄今为止，义和团研究的相关分歧、争论和各种解读，很大程度上源自对这批问题作品的理解问题。

笔者所著《京畿义和团运动研究》(学习出版社 2016 年版) 从地域文化角度考察了其中与义和团有关的内容，本书解读了与清政府有关的内容。

这批作品的主旨形成于庚子谈判初期，不是对历史原貌的如实记载，作者也不掌握系统的清宫档案，局限性很大。这批作者有实地观感和耳闻目睹，是事件的当事人和旁观者，又具有独特和不可或缺的价值。作品中记载了很多原汁原味的语言、当事人的耳闻目睹、地方习俗乃至地方土语。大多数是只言片语，缺乏连贯性，没有详细的背景描述，但却是活化石性质的东西。很多内容在官府档案中没有记载，但可与官府档案及历史资料相印证。

本书以甲午战争后中外局势变动情况下清廷内部政策和决策的多方互动为线索，着力进行了以下三个方面的工作：第一，义和团时期清廷决策机制的发现和纠谬，批驳了把责任推给少数人的"矫诏"论调，发现了清廷内部西太后、军机处、总理衙门和军务处等相关机构的协商合作及其内部分歧关系。第二，以发现的义和团时期清廷内部决策机制的线索为基

① 中国社会科学院近代史研究所编：《义和团史料》上册，中国社会科学出版社 1982 年版，第 256 页。关于这段时期的具体研究综述，见中国义和团研究会编：《义和团研究一百年》，齐鲁书社 2000 年版。

础，通过政策层面的进一步研究，发现了对清廷利用义和团决策影响重大的政治力量驱夷派，对第二次鸦片战争后驱夷派和洋务派分分合合的渊源流变进行了回溯和重新诠释，并就义和团事件之后的演变进行了探索，解读了晚清决策层的思维、语言和行为方式，京畿地区的区域政治生态和区域文化状况跃然纸上。第三，考证了相关史料，解释了义和团时期历史何以被曲解的问题。在真伪混杂、疑信参半的浩如烟海的史料中，发掘出那些符合历史真相的可信记载。其时报刊中有一些政见不同者的论述，尤其是五月份有一些来自京城的内幕信息很有价值，本书也给以特别注意。报刊各种报道很杂，无其他证据作旁证，很难断定是非并从中挑选出有价值的信息，有价值的报道也真假混杂，很多只是其中部分内容精确，线索作用居多。比较说来，京官作品如高枬日记有信息源和确切日期，也比较系统，且相互之间可以参照研究，如李希圣作品中记载的很多事件和高枬日记吻合；报刊报道缺少系统的信息源，大多注明北京或天津访事来电来信等。至于京官作品中描写的一些内容如徐桐、崇绮的颐和园谋划以及作的一些考证，更为报刊报道所无。京官作品以京官系统内部互相征引和考证为主，引用报刊报道的不多，但结合京官作品和档案，大多可以发现报刊报道的虚实真伪，报刊报道中有价值的报道也不会遗漏。

　　总之，通过解剖京官作品，义和团前后涉及清廷的问题大多可以得到解释，或触类旁通。

目　　录

上篇　义和团时期清廷决策机制研究

第一章　滞留京城京官与义和团时期历史塑造

现有义和团史研究存在史料真伪问题。对有缺陷的史料考证不足，导致对很多问题产生误读。

清末民国时期，北京、天津、保定一带存在一个描述义和团时期历史的小圈子，相关作品多出其手，如恽毓鼎《恽毓鼎庚子日记》、李希圣《庚子国变记》、龙顾山人《庚子诗鉴》、仲芳氏《庚子记事》、杨典诰《庚子大事记》、高枏《高枏日记》、黄曾源《义和团事实》、李超琼《庚子传信录》、高树《金銮琐记》、刘福姚《庚子纪闻》、继昌《拳变纪略》、华学澜《庚子日记》和陈夔龙《梦蕉亭杂记》等。或与京城有联系，了解京城动向，如艾声《拳匪纪略》、管鹤《拳匪闻见录》。

这批作品的作者身份、写作风格、史料来源和观点立场都较为特殊，有一些常态下个人日记不会出现的现象。

其作者大多是庚子谈判时期滞留京城的京官。原北京图书馆藏《庚子事变手札》收藏有这批京官通信150余件，《义和团运动史料丛编》第一辑以《徐琪等与张亨嘉书》为题从中选录了十件。其中十月十一日李希圣致张亨嘉信，透露出蛛丝马迹，说明有些作品是作为国史馆撰写国史的素材出现的，因而其从内容、结构到观点均和一般日记大有区别，与作者其他时期的日记在文风及详略方面也存在不尽一致的现象：

> 希圣自出京后，见闻隔绝，此后诸事，求吾师属钞胥录出，免致放失；尚拟赓续成文，以备史官之采。
>
> 玉苍、石孙、宬丹、莲峰、征宇、古微、佑遐、晦若、聘三诸公，晤时求吾师代致意，为祷。①

---

① 北京大学历史系编：《义和团运动史料丛编》第一辑，中华书局1964年版，第148页。笔者多次在国家图书馆反复搜寻，并未查到该作品目录。2019年询问国家图 （转下页）

"吾师"指张亨嘉，字燮钧，福建侯官人，时为军机处人员，与恽毓鼎均参加过宣战之前的廷议，官场中地位较高。玉苍即陈璧，石孙即黄曾源，古微即朱祖谋，晦若即于式枚。陈懋鼎字征宇，福建闽侯人，郭曾炘同乡。郭曾炘字春榆，担任过军机章京。王鹏运字半塘，号佑遐，广西临桂人。王乃征字聘三，晚号潜道人，四川中江人。光绪十六年进士，光绪二十年授翰林院编修。莲峰即胡莲峰，总理衙门官员，为庚子谈判的参与者。郑叔忱字宸丹，福建长乐人。

八月十日，滞留京城京官致刘坤一、张之洞的一份电报中所列名单，有徐郙、李端遇、曾广銮、郭曾炘、张亨嘉、黄均隆、朱祖谋、高枬、杜本崇、柏锦林、刘福姚、郑沅、宋育仁、黄曾源、郑叔忱、汪诒书、王鹏运、陈璧、陈懋鼎、林开章、张嘉猷、于式枚、曾广镕、高树、陈秉崧、李希圣、乔树枏、王世琪、卓孝复、许桎蕃、傅嘉年、高向瀛和劳启捷。

恽毓鼎《庚子日记》提到，八月二十一日，据其所知，九卿科道中滞留京城京官能上奏折者，汉员中有尚书徐郙，侍郎张英麟、李端遇，副都御史曾广銮，顺天府尹王培佑，署府丞黄均隆，光禄寺卿郭曾炘，太常寺少卿张亨嘉，翰林院侍讲学士朱祖谋、恽毓鼎，翰林院侍读学士朱益藩，给事中郑思贺、王鹏运，御史陈璧、张兆兰、徐道焜、许祐身和万本敦。②

这个名单中有不少京官作品征引其观点的人物，如李端遇、曾广銮、郭曾炘、张亨嘉、朱祖谋、恽毓鼎和陈璧，但此名单中也有不少支持义和团并为京官作品指责的人物，如王培佑和徐道焜，不过当时尚未引起外界重视或未被追究，缺少的主要是已经确认失势或被追究者。京官作品涉及启秀被俘和徐桐自杀的描写较多，二人之事分别发生在八月底和闰八月初，显示京官作品的主要观点形成于闰八月份及以后。这个时期，恽毓鼎和陈夔龙都和奕劻熟悉，并在其授意下联络京城官员联名递交回銮奏折，

<hr/>

（接上页）书馆工作人员，表示存在有书无目录的情形，但也无法找出。经网查，发现该稿已于"文革"期间调拨内蒙古巴彦淖尔盟图书馆。据介绍，此作品为一部收信集，收信者为张亨嘉，主要为庚子事变中京官们致张亨嘉信的粘贴本，也有庚子事变后有关新政的信件。之所以反复寻找，乃是怀疑其中含有京官之间讨论如何描写义和团时期历史的信件，但事后发现张亨嘉并非国史馆系统人员。又，据仲芳氏日记，很多京官租住京城宣武门一带。2019 年实地考察，该地区距离故宫较近，但旧民居大多拆迁，改为健身馆、商场、单位大楼等，原街道名称如椿树胡同、南横街等尚沿用，但原居民大多外迁，如南横街仅存十余户，仍居住原地者极少，更无原租住者的信息。

① 骆宝善等编：《袁世凯全集》第六卷，河南大学出版社 2013 年版，第 296 页。
② 北京大学历史系编：《义和团运动史料丛编》第一辑，中华书局 1964 年版，第 66 页。

则京官作品中记载的一些涉及奕劻的传闻也出现于此时。这些人大多不是总理衙门官员，平时和奕劻并无联系，以后也少有交际。另外，滞留京城的顺直京官中有很多是主事、郎中之类的低级官员。

九月底，一大批滞留京城的京官在李鸿章的安排下，乘船或沿陆路南下。李希圣九月二十六日离开京城，十月九日到达上海。这大致是李鸿章与八国联军确认端王、庄王、载澜、载濂、载怡、载滢、刚毅、启秀、赵舒翘、毓贤和董福祥十一人为祸首，八国联军不接待荣禄但承认其调停活动，还没有展开正式谈判的时期，京官清楚此过程。① 另外，京官作品中提到的一些支持义和团或主战的人物，也是庚子谈判时期被频繁提到的，如徐桐、徐承煜、裕禄、裕长、连文冲、夏振武、洪嘉与、贻谷、何乃莹、彭清藜、曾廉和王龙文等。

这批作品不少或明或暗地以上谕、公牍为线索，如仲芳氏《庚子记事》和杨典诰《庚子大事记》，其体例实仿照国史馆。② 恽毓鼎在《崇陵传信录》序言中说，自己所任皆史职。国史馆的编纂倾向是："史馆作本纪，根据实录稍变其体裁。大臣列传则缀拾邸抄公牍，不得有所采访申己意。"据华学澜日记，知翰林院编修出于职业特征，有收集上谕或到其他同仁处抄录上谕的习惯，并有人专门为之分发上谕，自己研读上谕。③ 仲芳氏和恽毓鼎相同，有人专门为其抄送上谕。④ 杨典诰作品原题"万川外史稿"，乃史官的用法，文中也可看出对上谕相当了解，掌握清廷动向信息较京报广泛及时。龙顾山人《庚子诗鉴》："余旧史也，又及睹庚子惨劫，系感于家国者至深，乃撮咏其事，为《庚子诗鉴》。"⑤ 另外，叶昌炽及京官作品提及的杜本崇、王乃征、林开谟等也都有史馆经历。⑥ 史馆中草拟底稿者尚多，很多人不甚知名。史馆和翰林院任职多交叉。⑦ 恽毓鼎担任国史馆提调，为日常事务负责者，消息渠道较多，其论点被频繁征

---

① 中国社会科学院近代史研究所编：《庚子记事》，知识产权出版社 2013 年版，第 205 页。

② 北京大学历史系编：《义和团运动史料丛编》第一辑，中华书局 1964 年版，第 8 页。

③ 中国社会科学院近代史研究所编：《庚子记事》，知识产权出版社 2013 年版，第 120、121、122、126 页。

④ 中国社会科学院近代史研究所编：《庚子记事》，知识产权出版社 2013 年版，第 42 页；北京大学历史系编：《义和团运动史料丛编》第一辑，中华书局 1964 年版，第 52 页，五月二十六日条。

⑤ 中国社会科学院近代史研究所编：《义和团史料》上册，中国社会科学出版社 1982 年版，第 154 页。

⑥ 恽毓鼎著：《恽毓鼎澄斋日记》第 1 册，浙江古籍出版社 2005 年版，第 182、183 页。

⑦ 恽毓鼎著：《恽毓鼎澄斋日记》第 2 册，浙江古籍出版社 2005 年版，第 437 页。

引，其实他不是清廷核心决策者，未必了解事情全部真相。① 义和团时期，国史馆总裁为崑冈和徐桐，启秀为副总裁，八国联军入城后国史馆人员星散，但所藏资料尚存。到光绪二十七年五月，该馆负责人为崑冈，日常事务办理者为提调。②

这类作者掌握的资料较常人丰富，也较清末的报刊舆论掌握较多信息，直到民国时期仍有优势。恽毓鼎酝酿《崇陵传信录》，是在光绪、宣统年间，据其光绪三十二年十二月初十日日记，透露出国史馆官员和一般作者的区别所在，对事件来龙去脉掌握得比较系统，有一些内部资料，主要是国史馆收藏的，以廷寄、奏折和列传为主，奏折主要是通过校对《皇清奏议》了解部分大臣奏折，列传主要是国史馆所藏；另外就是对朝局有一定了解：

> 连日检阅《皇明从信录》，明沈国元著，万历一朝最详。虽系编年，而于朝事不尽排比登载，似是就所见闻而录之。故奏疏及申报各事，大半出自邸抄，反有正史所未详者。予自庚寅登朝，若将耳目所及，随时缀记，则十七年中朝事，必已成衰然巨编，可为异日考献征文之助。即如中经甲午、戊戌、庚子三大案，实为朝政新旧关键，所系甚大。此种事官书既不足信，而外间传闻失实，亦不尽可凭，余之记载乌可少哉！至今悔之，即使它年追忆补记，决不能如当时身在局中之详矣。③

宣统元年九月二十八日日记：

> 余预约吴向之参议（廷燮）会于陶斋寓，共商编纂光绪一朝政事记（尚未定名），请向之先定体例。余承乏史馆，凡廷寄奏折列传，皆可借钞，从事编纂，莫便于此时。向之熟掌故学，同志尤难得也。今年上海朱太史（寿彭）辑《光绪东华录》已成书，仅据邸抄掇拾而为之，辅以盛侍郎所藏之洋务编，其书疏略特甚，政事皆不具首尾（事

① 恽毓鼎著：《恽毓鼎澄斋日记》第2册，浙江古籍出版社2005年版，第449页。

② 军机处录副奏折，大学士国史馆总裁崑冈奏为请旨派国史馆总裁事，光绪二十七年五月。

③ 恽毓鼎著：《恽毓鼎澄斋日记》第1册，浙江古籍出版社2005年版，第194、335、336页。国史馆的体例，参见朱寿朋编：《光绪朝东华录》第四册，中华书局1984年版，总第3572、3573页。

之下部议者，其复奏折往往不发抄。朱君不能得原折，故徒有建议而无决议)。舍史馆而编《东华录》，犹弃山而聚铜也，无怪乎不成片段矣。私家不可作史，此编体例，当仿李仁父《长编》及明人《皇明从信录》《嘉隆闻见纪》诸书。[1]

叶昌炽《缘督庐日记》有国史馆日常活动的大量信息。

清末民初，清宫档案还没有公布，这批作品收录的诸多上谕、公牍属于新史料，有其独特价值，外界依据京报或邸抄收集上谕不容易收全。《义和团运动文献资料汇编》中文卷所收资料，大体显示义和团时期外界对上谕、公牍的掌握情况。该书以收录报刊资料为主，所载上谕、公牍多以摘要形式出现，全文极少，缺少连贯性，各种资料混杂在一起，准确性差。依据这类报刊资料充其量做一个资料汇编，类似于中国近代史资料丛刊《义和团》收录的一些作品，如佐原笃介编《拳匪纪事》中的几个部分"拳乱纪闻""拳事杂记"和"八国联军志"。《拳匪纪事》属资料汇编性质，该书"凡例"中说，所载事实采自中西报章和私家著述以备遗忘，无所谓宗旨，也无所谓体例，除确系讹传不录外，余皆收录以备考证。

这批作者是事件的经历者，掌握一些朝局内幕，有实地观感，也对流行说法有一些思考和质疑，可为历史研究提供旁证和启示。恽毓鼎为翰林院侍讲学士和国史馆提调，地位较高，获知上层信息较易，八国联军占领北京后担任滞留京城京官联络人，京官经常到恽毓鼎住处聚会和打探消息，一些京官联名递交的奏折也由恽毓鼎主拟。[2] 原李鸿章幕僚于式枚在京城参与谈判，一些京官频繁向其打听和谈进展，询问谁被定为祸首，于式枚、周馥等也时常提供一些信息和论断。叶昌炽向恽毓鼎和秦绶章打听消息的记载也不少。于式枚是清代著名的掌故学者，民国时期也参与了纂修《清史稿》。清代掌故学者以薛福成和王先谦为较早，描写义和团事件者尤众，足成一专门领域。[3] 魏源在《圣武记叙》中说："京师，掌故海也。得借观史馆秘阁官书，及士大夫私家著述、故老传说。于是我生以后数大事，及我生以前上迄国初数十大事，磊落乎耳目，旁薄乎胸臆。因以

① 恽毓鼎著：《恽毓鼎澄斋日记》第2册，浙江古籍出版社2005年版，第464页。关于清代国史馆的情况，参见秦国经、高换婷：《清朝修史与〈清史稿〉编纂研究》，《清史研究》2002年第3期，第11~16页。

② 北京大学历史系编：《义和团运动史料丛编》第一辑，中华书局1964年版，第48、62、63、66页。

③ 陈夔龙著：《梦蕉亭杂记》，中华书局2007年版，第75页。另参见胡思敬著《国闻备乘》，中华书局2007年版，第53页。

溯洄于民力物力之盛衰，人材风俗进退消息之本末。"①义和团之后，恽毓鼎和于式枚俨然成为京城义和团史的权威，京官作品往往参考恽毓鼎的作品并征引其论断，有的作品如《高枬日记》，已经过了于式枚的审读。

这批作品的整体思路大有问题，基本是对外宣战后荣禄及军机处的对外口径，庚子谈判时期为清廷所采纳，离清廷利用义和团时期的原始场景相去甚远。② 有些作品没有以上谕公牍为线索，但也无法在作品中表明支持义和团。③ 将京官作品和清朝原始档案对照后不难发现，一些提法是义和团事件之后才出现的。例如，八月十四日清廷上谕称义和团为肇祸之源。十二月十三日上谕："各省会徒，借灭洋为名，纠众立会，攻击各国人民，迭经降旨严禁，不啻三令五申。乃近年山东各属，竟有大刀会、义和拳等名目，到处传习，肆行杀掠，蔓延直境，阑入京师"，云云。④ 仲芳氏作品序言便说"庚子京师变乱，事起仓促，自义和团起衅，至列国兵到陷城，屈指不及百日，历朝亡国失家未有如此之速焉。此固由于天时劫运，数不可逃，王大臣纵庇乱民所致"。光绪二十七年十二月上谕惩办了一些京官，如何乃莹、彭清藜、王龙文、连文冲和曾廉。⑤ 这也是京官作品着力渲染的支持义和团的人物。

报刊中出现的一些该时期清廷内幕的报道，消息来源大多是京津一带官员，观点较为杂乱，其中有些作品和上述京官作品相似，为荣禄解释的倾向很浓。这些报刊不是官报，也不是对官府说法的照本宣科，有一些和官府立场不同的评论，也有一些对官府不利的报道。《中外日报》《中国旬报》《知新报》和《清议报》值得重视。前两种刊登来自官府方面的消息较多，《中外日报》的很多倾向和东南督抚相近。《知新报》和《清议报》汇编各家报道，信息来源较杂，但这是维新派的报刊，维新派较为关心京城时局，也对京城政治有相当了解，对清廷政治的分析较为独到。这些都是和京畿地区关系较为密切、为京畿地区官绅熟知的报刊。仲芳氏光绪二十六年九月十二日日记：京城"有《国闻报》《新闻报》《中外日报》《直报》等报馆，内中中外各国各埠各省一切事宜，及目下时势情形，无不具备，与昔

---

①   魏源著：《魏源全集》第三册，岳麓书社2004年版，第1页。

②   中国第一历史档案馆编：《光绪朝上谕档》第二十六册，广西师范大学出版社1996年版，第485页。

③   如洪寿山《时事志略》序，见中国史学会主编：《中国近代史资料丛刊》（《义和团》第一册），上海人民出版社2000年版，第87页。

④   北京大学历史系：《义和团档案史料丛编》第二辑，中华书局1964年版，第312、313页。

⑤   朱寿朋编：《光绪朝东华录》第四册，中华书局1984年版，第4800页。

日《申报》相仿，阅之甚可广见"。其时上海聚集了一批和翰林院京官有相似职业经历、关心时局并与京官关系密切的人物，不少人是原来的维新派，通过京官之口了解北京政局。李希圣提到"文芸阁、宋伯鲁、张菊生、汪穰卿诸人，均在沪上"①。文芸阁即文廷式，张菊生即张元济。汪穰卿即汪康年，他主持《中外日报》，和李希圣为科举同年。《中外日报》对义和团事件之立场和东南互保之督抚相似，认为宣战之后诏书为矫诏，"自五月二十以后之旨，东南诸疆臣相约不敢奉行，实为有见。本馆亦屡持此议"②。汪康年为管鹤《拳匪闻见录》作"跋"："右拳匪闻见录一卷，上元管君鹤所撰。余素未识管君。辛丑年（1901 年），管君来上海，为余言拳乱事甚悉，且出所记乱事见示，盖皆目睹之事也。余因求取其稿，藏诸箧中。兹乃取印入丛书初集中。拳乱为古今最奇最惨之事，且贻祸吾国最甚，顾无一书详记其本末。彼时京外友人，书所见闻，寄诸中外日报者几盈尺。曾排比以付印局。不意印局遭火，全稿悉烬。湘乡李亦元同年希圣，尝著庚子传信录，独煇煇举其大端，顾多触时忌，亦间有曲笔，未行世。此书虽仅记一隅，固皆事实也。观此，亦足知彼时情势之一斑矣。辛亥春季，汪康年跋。"③

这类报道及日记数量极多，已经刊登者只是其中一小部分。光绪二十七年九月四日《汇报》录《日日新闻报》后记："去岁东西各国人之日记，散见于各报纸者浩如，其不胜录矣。间有华友以龙城日记、脱险日记相示，虽未见于各报纸，而与各报纸记载大致相同，且所记或一处之事，或无关军备，或传闻居多。"报刊中有很多实地观察的报道，但无观察人的确切信息，具体背景不详。翁同龢熟知清廷情况，对报刊报道并不全信，说"报传多妄"④。高枬翻阅五六月份《中外日报》后认为，"上海说京城事多影响"，即多为捕风捉影之谈。⑤ 但报刊中有些涉及义和团史的报道和京官作品的倾向差不多，也大体来自京津一带。如从七月十五日开始，《中国旬报》开始刊登京官以家书形式所写义和团史，基本倾向已经与义和团之后的京官作品一致："义和团肇自山东，本年春间，始延至顺、直界。以戮教民、焚教堂、杀洋人为事，聚众筑坛，设祖师位祝之。自称神附其

① 北京大学历史系编：《义和团运动史料丛编》第一辑，中华书局 1964 年版，第 148 页。

② 路遥主编：《义和团运动文献资料汇编》中文卷下，山东大学出版社 2012 年版，第 432 页。

③ 中国史学会主编：《中国近代史资料丛刊》（《义和团》第一册），上海人民出版社 2000 年版，第 492 页。

④ 陈义杰整理：《翁同龢日记》第六册，中华书局 1998 年版，第 3297 页。

⑤ 中国社会科学院近代史研究所编：《庚子记事》，知识产权出版社 2013 年版，第 216 页。

体，即能运械如飞，不畏枪炮，且能使敌人之枪炮不燃，举国信从。入团者童子尤众。四月间，据涿州城，戕官且毁铁路。上意已主剿矣，而执政王大臣信之甚深，护之益力。五月初四日，董福祥召对，又以力敌洋人为己任。由是朝旨大变，命大臣刚、赵等出示近畿招抚之；而各国亦调兵四百余人入都保护使馆。"①这也是笔者所见最早一篇出自京畿地区的描写义和团历史的作品。一些词汇为首次提出，如老团、祖师。作者姓名不详，疑有翰林院和总理衙门背景，如提到至孙家鼐家中避难，和总理衙门翻译官马拱宸为邻居，马拱宸曾参与和八国联军议和活动等。对清廷动向，较为强调董福祥甘军的作用。描写天津义和团活动的《天津一月记》在《清议报》九至十月连载。

也有很多来自京畿地区的家书这类东西在流传，很多是官府所为。据《翁同龢日记》，义和团事件过程中偶有一些描述京津一带情况的家书在传阅，如李玉舟和李家驹家书。② 报刊中也有个别日记，"其真伪莫知"③。来自京城官员的信件是义和团事件之后的事情，基本都是滞留京城的京官主动提供。九月三日条云：有人"携陆凤石、徐花农信稿，皆八月底所发"。内容为介绍清廷最新动向及京城官绅死难情况。④ 据内容推测，应当是《义和团史料》下册所收张廷骧《不远复斋见闻杂志》所附陆润庠书信。陆凤石即陆润庠，徐花农即徐琪。当时京畿地区官绅致外省官绅谈论义和团事件的信件，总体倾向是相似的，也多是庚子谈判时期所为。

直隶很多描写义和团时期的作品也有京城背景，上谕、公牍是其线索和依据，有些是为国史馆提供的采访性素材。其整体结构和整体论断与京官作品具有相似性，时间从本地义和团兴起到八国联军占领为第一部分，八国联军占领之后为第二部分。描写保定府义和团情况的刘春堂《畿南济变纪略》格局有所不同，乃因强调自己并非史官："褒贬予夺者，史官之权。是编谨依《名臣言行录》《中兴名臣事略》体例，专主扬善，不主瘅恶，以鄙人无瘅恶之权也。"⑤罗正钧的一些评论形成于光绪二十七年十月，也有京城印象："涿州拳众从刚相入京者且数千人。十九日遂开御前会议，

①　路遥主编：《义和团运动文献资料汇编》中文卷下，山东大学出版社 2012 年版，第 427~429 页。
②　陈义杰整理：《翁同龢日记》第六册，中华书局 1998 年版，第 3276、3277 页。据叶昌炽《缘督庐日记钞》，李玉舟亦为京官。
③　陈义杰整理：《翁同龢日记》第六册，中华书局 1998 年版，第 3289 页。
④　陈义杰整理：《翁同龢日记》第六册，中华书局 1998 年版，第 3292 页。
⑤　中国社会科学院近代史研究所编：《义和团史料》上册，中国社会科学出版社 1982 年版，第 307 页。

津京同日启衅。盖是役端邸欲借拳以遂苗刘之谋。十八日刚相归而决议，
而荣相依违其间以成之。"宣战后义和团"所在抗差借粮，挟制官长"①。
苗刘之谋是南宋时期的一场兵变，意在逼迫皇帝让位，但失败。京官作品
中有不少涿州知州龚荫培的情况，龚为福建人，后前往京城。谢恺后在天
津任职。张佩纶的一些解释义和团事件的信件和京官作品也有相似倾向。
描写新城、定兴一带义和团活动的《拳匪纪略》有的版本题名"艾声外史
撰"。

　　清朝灭亡后，很多京官作品作为掌故学的资料出版。1914 年，梁启
超将恽毓鼎《崇陵传信录》登在《庸言报》上广为传播。② 陈陆编《拳变系日
要录》和龙顾山人《庚子诗鉴》可看作这类掌故资料的汇编。有些作品如王
照《方家园杂咏记事》，是民国时期在清史馆总纂王树枏的敦促下完成。
王照偶与王树枏谈及光绪、慈禧和隆裕事，王树枏因长期在边疆省份任
职，对京城事情不太清楚，敦促王照撰文，表示乐意采录其中文字。清朝
灭亡后，《清史稿》编纂人员有的是袁世凯所聘，因此京官作品中对袁世
凯有颇多誉词。③ 岑春煊《乐斋漫笔》是应子女要求，以回忆录形式出现
的。这类成书于民国时期的作品，基本观点和知识面仍然是形成于庚子谈
判时期。胡思敬、李希圣和赵声伯都热衷于搜求清朝掌故和关心国史，陈
夔龙的回忆录有胡思敬催促的背景，胡思敬在民国时期也曾注意向原清廷
当政者打听清朝史事。④

　　龙顾山人《庚子诗鉴》及《庚子诗鉴补》所引京官作品显示，直到 20 世
纪 40 年代初，这类作品的作者有很多因不掌握系统的清宫档案，更谈不
上依据清宫档案系统研究这一段史事，的确说不清很多关键环节。实际
上，大多数作者死于 1930 年代清宫档案公布之前。至于探讨这批作品内
容之真伪，因 1940 年代初尚处于征集庚子事变掌故的阶段，依据档案资
料进行考证的问题无从谈起，至多是个别人依据自己的见闻对一些人物和
事件的公开说法有所怀疑和思考。⑤

　　除此之外，这批作品多忌讳问题严重，不能完整反映支持义和团者的

---

① 中国社会科学院近代史研究所编：《义和团史料》上册，中国社会科学出版社 1982 年版，
　第 361、367 页。
② 恽毓鼎著：《恽毓鼎澄斋日记》第 2 册，浙江古籍出版社 2005 年版，第 678 页。
③ 据王树枏著：《陶庐老人随年录》民国十六年条，中华书局 2007 年版，第 85 页。
④ 胡思敬：《退庐笺牍》卷二，"与王推事书衡诘国史凡例书"；卷四，"答陈筱石书"，
　"致赵声伯书"。
⑤ 中国社会科学院近代史研究所编：《义和团史料》上册，中国社会科学出版社 1982 年版，
　第 124 页。

真实图像。除了支持义和团者受到追究，无法表明自己支持义和团或肯定义和团这个原因外，考证这批作品的出版环境，多忌讳问题也可理解，即收集和整理这类作品多发生在北京，如龙顾山人《庚子诗鉴》于1940年首刊于北京《中和》月刊，鉴于义和团事件的经历和支持者很多定居北京，作品中对很多人的名字不便提及：

> 有世家子困于场屋，欲入团自效。叶鞠裳以为斯文之厄。然京朝官正不乏附拳干进者。如胡漱唐诗注所举御史、府丞、翰林、曹部，比比皆是，兹隐其姓名以存忠厚。其甚者御史刘某，就家设坛，以大师兄自居。给事蒋某、编修王某疏请斩李鸿章、刘坤一、张之洞三佞臣头，为通夷者戒。其人皆稍窃时名，而谬妄至此。《赵声伯手札》述及之。①

叶鞠裳即叶昌炽，胡漱唐即胡思敬，御史刘某指刘家模，给事蒋某指蒋式芬，编修王某指王廷相。除了对京官情况不便说得太详细外，对京畿地区义和团情况也是如此，由于涉及庚子赔款及天主教追查责任问题，当时州县官即含糊处理，没有怎么对涉事者一一追查。仲芳氏日记显示京官在京城所居房屋多为租赁，也未必清楚本地人参加义和团者的姓名和家庭情况。

《庚子诗鉴》及《庚子诗鉴补》引用的作品，如《张文襄年谱》、张广文《庚子记事笔记》《景善日记》、恽毓鼎日记、黄曾源日记、《庚子秋词》《拳匪闻见录》《驴背集》、樊增祥《后彩云曲》《拳变余闻》《石涛山人见闻志》、陈恒庆《谏稀庵笔记》《西巡大事记》《赵声伯手札》《庚子传信录》等大都有多忌讳的情形。

各地清末编纂的乡土志，有些内容涉及义和团，也是官府口径。光绪三十二年十二月，直隶总督袁世凯《饬提学司催送乡土志文摘》说明，这类乡土志是学部催要的，目的是供编书局编纂之用。②

现在研究义和团史的基本思路，源自清末民国时期京津保一带的京官作品。

1.《清史稿》

《清史稿》中关于义和团部分的论述主旨及很多人物传记的史料来自

---

① 中国社会科学院近代史研究所编：《义和团史料》上册，中国社会科学出版社1982年版，第139页。

② 骆宝善等编：《袁世凯全集》第十五卷，河南大学出版社2013年版，第617页。

京官作品,体现了京官作品的国史馆素材作用。据《清史稿》裕禄传:"义和拳起山东,入直境。初,义和拳会源出八卦教乾坎二系,聚党直、鲁间,为临清郜生文余孽,后称团,专仇教。裕禄初颇持正论,主剿,捕其酋姚洛奇置之法。……居无何,毓贤抚山东,纵匪,匪散入河间、深、冀,而裕禄承风指,忽主抚。"这和杨典诰《庚子大事记》的序言如出一辙,但不及序言详细。其他如说满洲贵族支持义和团与维新变法有关亦相同。关于人物的论述,很多沿袭京官作品基调或语言,如许景澄、袁昶、立山、徐桐和刚毅的传记。对赵舒翘的说法不如京官作品那么负面,但明显和事实不符,如说赵舒翘不支持义和团。对荣禄的说法相对客观一些,说在宣战问题上,载漪"持战议甚坚","荣禄依违其间",不是反对宣战。①涉及义和团的立场,延续了廷雍奏折及上谕的基调,如说义和团时期的一些上谕是肇祸诸臣矫诏,区分拳民和拳匪,说拳民受拳匪胁迫。《清史稿》德宗本纪光绪二十六年八月条:"诏有司劝教民安业,拳民被胁者令归农。"很多论点来自恽毓鼎,如将义和团兴起和维新变法连在一起,说义和团源自山东,"实白莲之余烬","数年来为新旧门户之见,酿成此变"。②《清史稿》卷465附"论"说:"戊戌政变后,废立议起,患外人为梗,遂欲仇之,而庚子拳匪之乱乘机作矣。太后信其术,思倚以锄敌而立威。"对京官作品中一些对义和团有利的字眼,并未详述。

《清史稿》编修于民国时期,编辑部设于原国史馆,主要依据原国史馆所藏资料,编修人员很多是清朝遗老,义和团时期滞留京城的于式枚、郭曾炘、李家驹均在其中,另有劳乃宣和罗惇曧,罗氏常年旅居京津,民国时期根据李希圣《庚子国变记》编写义和团史在报刊上发表,南方人士颇为相信。③ 有些人物传记如《王文韶传》和《徐桐传》是夏曾佑所拟。④ 夏曾佑对义和团时期的清廷政治有相当研究,有不少论文,但未见有单独的著作,当是杂采京官作品,自己的一些观点如涉及荣禄的看法则没有纳入。

国史馆涉及义和团时期的很多传记形成于宣统年间国史馆,主其事者为国史馆提调恽毓鼎。恽毓鼎负责总校和改定,初稿则出自史馆同仁之

① 《清史稿》德宗本纪二。

② 北京大学历史系编:《义和团运动史料丛编》第一辑,中华书局1964年版,第48、71页。

③ 中国史学会主编:《中国近代史资料丛刊》(《义和团》第四册),上海人民出版社2000年版,第547、548页。

④ 杨琥编:《夏曾佑集》上册,上海古籍出版社2011年版,第509页。

手。《恽毓鼎澄斋日记》光绪三十年二月："午饭后至史馆，携吴莲溪、何仲秩所辑儒林、循吏传稿归。余任四传总校，皆当详为审定，以归划一也。"①光绪三十四年八月十七日："年几五十，心力渐衰，不复能为泛滥之学。唯以今日时势，余立志欲致功者三端：一专看本朝掌故书，练习典章，洞达政事利病，多识前言往行。一学古文，事理欲其实，气息欲其醇，词句欲其典雅，以救近来俶诡支离俚陋之病，守先而待后。一看医书，研究古今圣贤医学精奥，阐扬而光大之，以救今人崇拜西医戕生之惨。"十九日，诣史馆，"就鹿总裁回城之便，往商公事：一接班光绪二十四年以后大臣忠义画一列传。一咨取方略馆月折档册，钞录光绪十六年至三十三年各折辑为长编。一重修儒林、文苑、循吏、孝友列传，援案分季陆续进呈（从阮文达所修各传后接续纂辑）。鹿相均如议"②。鹿总裁即鹿传霖。一些人物如立山、联元、豫师和刘坤一的传记，由恽毓鼎删改而成。③ 其中很多说法不难在恽毓鼎作品中见到影子。一些人物的传记信息，即有相关人员向国史馆提供，如寿富的传记和立山被杀时的情况。④

《清史稿》中涉及义和团时期的内容并未系统利用清宫档案，尤其是军机处档案，以及今日能够见到的李鸿章、张之洞往来电文等资料。这和秦国经、高换婷描述的情况大体一致：《清史稿》的编纂，主要依据国史馆的纪、志、表、传各种稿本，及取材于《清实录》《清会典》等官修的史籍，而没有使用当时存于清宫、仍为溥仪小朝廷所占有的清内阁大库、军机处及宫中各处的档案，这是它最大的一个缺陷，以致《清史稿》在事实记述中有许多不信、不全、不一的弊端。⑤ 由于清廷利用义和团与军机处和内阁有密切关系，这些缺陷不幸被《清史稿》涉及义和团的部分全占。结合《崇陵传信录》的描述，恽毓鼎在撰写相关传记时是按照国史馆的思路撰写的。《恽毓鼎澄斋日记》宣统二年十一月二十日条：

> 归寓复看史馆大臣四传（敬信、寿山、薛允升、闪殿魁）。寿山庚子在黑龙江保全大局，不得已出战，煞费苦心。和议既定，复以从容自尽谢朝廷，不负职守。乃朝议责其孟浪开衅，死后犹褫其职，士

---

① 恽毓鼎著：《恽毓鼎澄斋日记》第 1 册，浙江古籍出版社 2005 年版，第 236 页。
② 恽毓鼎著：《恽毓鼎澄斋日记》第 1 册，浙江古籍出版社 2005 年版，第 396 页。
③ 恽毓鼎著：《恽毓鼎澄斋日记》第 2 册，浙江古籍出版社 2005 年版，第 437、469、470 页。
④ 恽毓鼎著：《恽毓鼎澄斋日记》第 2 册，浙江古籍出版社 2005 年版，第 449 页。
⑤ 秦国经、高换婷：《清朝修史与〈清史稿〉编纂研究》，载《清史研究》2002 年第 3 期，第 16 页。

大夫亦有非之者。其后，总督徐世昌、巡抚程德全具疏鸣冤，朝廷虽予恤典，而恩礼颇轻，盖犹罪其前事也。程中丞为寿公营务处，目睹情事曲折，为余及鲁卿述之甚详。此传即据以属稿。史馆为百年是非所系，不可使忠臣心迹埋没悠悠之口也。①

另外，《清史稿》中其他一些人物的传记，很多也采自义和团时期的京官作品，如徐桐、刚毅、赵舒翘、启秀、英年、裕禄、廷雍、毓贤、徐用仪、许景澄、袁昶、立山、联元、李秉衡、王廷相、聂士成、王懿荣、宝丰、寿富、王铁珊、董福祥、荣禄以及忠义传所载义和团时期的殉难人物。

国史馆的作品基本是朝廷口径，事后需要进呈，不是广泛搜集各方史料形成的私家著作。直到宣统年间，"庚子辛丑特旨革职人员""非奉特旨起用，不敢率请开复，与寻常因公挂误者有间也"②。"向例史馆大臣传，唯据公牍排次，一切私家著述、碑志、家传均不得阑入，所以严祖徇也。然传文亦因此不能生色。但能叙次清晰，纂笔老当，即称佳传矣。唯各类传，则出自采访，可以曲折详尽，文易为工，亦体制使然也。"③

翰林院、国史馆人员所写日记、作品，很多可以相互交流、点评，这也是翰林院编修相互砥砺学问的一种途径。据《恽毓鼎澄斋日记》宣统元年四月记载，翰林院设立讲习馆，各人写日记有固定格式，经过了恽毓鼎等的系统点评和翰林院掌院的查看，也有人趁机借日记中伤他人。④ 由此推论，义和团时期的京官日记迄今未发现原样作品，且口径大略相同，必定是经过了审阅和修改，因为一些日记中有某人的日记、家信记载义和团事很详之类的文字，相互之间参酌援引的情况非常明显，并不是秘不示人的东西。日记中诋毁和斥责义和团及主战官员的文字甚多，似乎无视对外宣战过程中义和团及主战派势大且清廷明显支持的事实，且不惧怕徐桐等人追究弹劾，其中必有缘故，说明日记并非原本，乃事后所作或有人授意。关于义和团源自白莲教以及乾、坎之类说法，乃是沿袭劳乃宣的观点，又结合京畿地区状况作的很多铺陈，应该是形成于庚子谈判时期的国

① 恽毓鼎著：《恽毓鼎澄斋日记》第 2 册，浙江古籍出版社 2005 年版，第 514 页。寿山确为主战派，见北京大学历史系编：《义和团运动史料丛编》第二辑，中华书局 1964 年版，第 280、281、273 页。《清史稿》寿山传陈述为假。

② 恽毓鼎著：《恽毓鼎澄斋日记》第 2 册，浙江古籍出版社 2005 年版，第 437 页。

③ 恽毓鼎著：《恽毓鼎澄斋日记》第 1 册，浙江古籍出版社 2005 年版，第 286 页。

④ 恽毓鼎著：《恽毓鼎澄斋日记》第 2 册，浙江古籍出版社 2005 年版，第 439、443、444、447 页。

史馆滞留京城人员如恽毓鼎、黄曾源和仲芳氏等，可能是根据恽毓鼎庚子日记第一段推衍而来，即"此教起于山东，蔓延及畿辅，名为助清灭洋，专与洋人教堂为难，实白莲之余烬。挟其邪术，煽惑愚民，其说极为不经，而愚民趋之若鹜"云云。① 一些所谓根据如渲染乾、坎是八卦教的符号、乾坎两派互斗以及义和团捕杀白莲教也大体相同，多引恽毓鼎说法作依据。据军机处随手登记档，京畿地区此种邪教说形成于光绪二十七年。十二月，黄曾源、高枏在弹劾何乃莹、连文冲和曾廉等时，黄曾源还有一个关于邪教的奏折："参何乃莹附和拳匪请治罪由，参连文冲等附和拳匪请严办由，拳匪实系邪教请严禁由。"黄曾源邪教奏折原件未发现，其《义和团事实》中有"白莲教即八卦教，八卦会即义和团，嘉庆朝有案可稽；今之知畏白莲教，不知畏义和团，可笑也"②。此盖是沿袭劳乃宣的观点，加上京畿地区的一些附会而成，但据《义和团事实》的说法，当时人们是能把义和团和白莲教区别开来的。以往学术界在论述义和团活动时一般摘引京官作品，西太后、毓贤、载漪等人的思路没有得到足够重视，根源在于描述京畿地区义和团的恽毓鼎、郭曾炘等无法见到军机处密档，并不掌握毓贤、载漪、李秉衡和山东巡抚张汝梅等人的很多资料。③ 上谕档十二月四日条将何乃莹、连文冲等人革职，永不叙用，未见对黄曾源邪教说奏折的直接答复。当日稍前内阁奉上谕中有一段话，大体可当作答复："其有传习邪教如白莲、八卦等名目，借端惑众，本为法令所不容，久已悬为厉禁。务即申明晓示，严切稽查，有犯必惩，以正人心而肃国纪。著各该省将军督抚一体遵照办理，将此通谕知之。"④此上谕中没有明言义和团即是八卦教，也没有否定，也没有详细说明义和团的来源，也没有表明黄曾源的说法准确与否，则京畿地区的邪教说确有其上谕中含糊其词的根据，况且宣战之前的清廷上谕中有义和拳会在嘉庆年间亦有例禁之类的话，事实如何另当别论。笔者尚未发现庚子、辛丑两年恽毓鼎、黄曾源等人具体酝酿的原始信件，暂就现有资料作上述推论。

2. 《清实录》

《清实录》十分注意"拳民"和"拳匪"的区别，将上谕中的"拳民"改为

① 北京大学历史系编：《义和团运动史料丛编》第一辑，中华书局1964年版，第48页。
② 北京大学历史系编：《义和团运动史料丛编》第一辑，中华书局1964年版，第129页。
③ 参见洪寿山说明，见中国史学会主编：《中国近代史资料丛刊》（《义和团》第一册），上海人民出版社2000年版，第87页。
④ 中国第一历史档案馆编：《光绪朝上谕档》第二十七册，广西师范大学出版社1996年版，第253页。

"愚民"，说"拳匪倡乱"而不及"拳民"。《清实录》收录的很多资料有修改，不是原件照录。德宗朝部分于 1915 年成书于实录馆，恽毓鼎参与校对。①

又据郭曾炘日记，清亡后，郭曾炘亦为实录馆人员，《清实录》《清史稿》编者与原国史馆人员多有交叉，多为寓居北京和天津的清朝遗老，搜罗清朝掌故是其爱好之一，樊增祥、罗惇曧、黄曾源等与之多有交游。②描写京畿地区义和团作品的恽毓鼎、龙顾山人等实为和《清史稿》《清实录》编者及国史馆人员一脉相承。

3.《克林顿碑》

陈独秀在 1918 年作《克林德碑》，涉及义和团的资料来源主要是《庚子国变记》和《拳变余闻》。③作者观察问题的角度颇有卓见，从整个帝国主义侵略角度看待义和团问题，视野宏大。

4.《京华烟云》

《京华烟云》中涉及义和团的背景描述来自京官作品。阿英编《庚子事变文学集》中收录的大量诗词、小说和弹词等，大量资料依据京官作品。

5.《义和团的起源及其运动》

其主要根据是官绅和报纸记载。第四章第七节在分析毓贤等人时基本沿袭戊戌变法和废立事件的思路，第八章第四节对甲午战争后清廷内部政策变动不是太了解，对清廷宣战问题解释不清，没有弄清事情发展的线索。

6.《历史三调》

重点分析义和团及其相关问题，某些思考较为独特，如说中国一直存在着排外主义的潜流，但是，只有在外部环境发生动荡，某个社区或地区的力量均衡状态被打破时，这股潜流才能活跃起来。主要资料来源是京官作品和一些报刊报道。④

---

① 恽毓鼎著：《恽毓鼎澄斋日记》第 2 册，浙江古籍出版社 2005 年版，第 746 页。
② 郭曾炘著：《郭曾炘集》，人民文学出版社 2018 年版，第 472、501、612 页。
③ 见路遥主编：《义和团运动文献资料汇编》中文卷下，山东大学出版社 2012 年版，第 811~813 页。
④ 柯文著：《历史三调》，江苏人民出版社 2000 年中译本，第 79、200 页，又参见第 119、173 页。

7.《李文忠公全集》

吴汝纶编《李文忠公全集》中，一些涉及义和团时期的文字经过了删改，和底稿不同，总体删改原则和京官作品无大差异。

8.《义和团研究》

戴玄之的《义和团研究》，主要资料依据京官作品。附录中提出的许景澄、袁昶奏折及董福祥书信的真伪问题颇为深邃。没有提出坚不可摧的证据，主要是对西太后、荣禄、总理衙门等在对外宣战前后的互动关系把握不是太准。作品成书较早，无法系统利用清宫档案。

9.《义和团文献辑注与研究》

有些作品如《义和团文献辑注与研究》，主要内容不是分析清廷政治，但总的看来，在这方面的某些内容还是沿袭京官作品，如说有些义和团卷进了统治阶级内部争权夺利的斗争，即除掉光绪，让载漪之子即位；说有些义和团传单里还进一步抨击了西太后，指责西太后庇护洋人、擅权独裁之类。①

10.《直隶义和团运动与社会心态》

黎仁凯、姜文英等著《直隶义和团运动与社会心态》中，涉及清朝统治集团内的派别纷争及其心态的内容，主要资料来自京官作品。②

11. 博、硕论文

另有大量涉及荣禄、东南互保及义和团时期报刊动向的博士和硕士论文，或多或少地涉及京官作品，详细介绍参见马忠文著《荣禄与晚清政局》（社会科学文献出版社 2016 年版）。关于滞留京城京官的描写，参见冯志阳著《庚子救援研究》（北京师范大学出版社 2018 年版）。一些最新的研究动态，也可以参考这本书。

此外，黄庆林《义和团运动时期清政府守旧派思想研究》（北京师范大学历史系 2006 年博士论文）值得注意。该论文论述了义和团时期守旧派的情况，认为晚清政府内的清流派与义和团时期的清政府守旧派有着浓厚的

①　陈振江等编：《义和团文献辑注与研究》，天津人民出版社 1986 年版，第 289、290 页。
②　黎仁凯、姜文英等著：《直隶义和团运动与社会心态》，河北教育出版社 2001 年版。

血缘关系，并论证了其在西学、洋务、人员等方面的表现（第 21~24 页）。陆玉芹所著《穿越历史的忠奸之辨——庚子事变中五大臣被杀研究》（中国社会科学出版社 2010 年版）在博士论文的基础上，大致探讨了五大臣的个人传记。

马士《中华帝国对外关系史》中，涉及义和团时期京畿地区政治动向的主体资料是《景善日记》，另外是《北华捷报》和美国对外关系文件。引用《京报》译文和报刊报道较多，但无法系统利用清宫档案。

《义和团运动文献资料汇编》翻译了大量英、法、德和日文著作。从其中涉及清廷与义和团关系的文字看，主要资料来源还是当时上海等地的中外文报刊，和本书所说京官作品属同一来源，基本论断也是相同的。其中较值得注意者为上海文汇报馆 1900 年编写出版的英文《义和拳起事：中国义和拳之乱的历史》。论述较为详细者如卜舫济《义和团暴政析论》。①

义和团事件之后的很多论断，都是从这类京官作品推导出来的，如各种中国通史和中国近代史教材中有关义和团的部分。《开智录》所载《义和团有功中国说》在分析义和团与清政府关系时不太受京官作品思路的制约，观点较为独到，其实此文作者掌握的史料和当时的报刊报道没有区别，也无新奇资料和可靠证据链证明自己的观点。②《开智录》第一期刊载《言论自由录：义和团》一文，其中掌握的义和团与清政府关系方面的史料不超出报刊报道，观点完全正确，但没有提供证据，如说"人或谓义和团乃端王所主使，此决不然也。盖义和团自义和团，端王自端王，端王何德、何能、何术，而能使义和团死心塌地拼命不顾耶？谓端王利用义和团，以自行其废立之私则可，若谓义和团之志与端王同则不可。义和团之事可哀，义和团之精神可嘉，义和团之志可悯"③。中国史学会编《义和团研究一百年》有这方面的研究成果综述。

京官作品对研究者的整体思路形成很大限制，义和团事件之后一直如此：

在论述清廷利用义和团成因时一般从甲午战争、维新变法和废立

---

① 参见路遥主编：《义和团运动文献资料汇编》英译文卷上，山东大学出版社 2012 年版，第 435~439 页。

② 路遥主编：《义和团运动文献资料汇编》中文卷下，山东大学出版社 2012 年版，第 686~688 页。

③ 路遥主编：《义和团运动文献资料汇编》中文卷下，山东大学出版社 2012 年版，第 627 页。

事件入手，没有突破恽毓鼎的思路，实际主要还是强调废立事件，即恽毓鼎所谓"数年来为新旧门户之见，酿成此变"①。而清末民国时期在这方面的流行反思，就是以戊戌变法和废立事件为中心，这也是清廷利用义和团之时中外各方的共识。② 维新派在这方面的思考更为系统一些，如"探本穷源，实自那拉主持欲废皇上始也。那拉因恶新法而及皇上，因皇上而思逐外人，端、庄、刚、荣诸逆赞而成之"③。这主要是大多数视野局限于京城事件，对民教矛盾状况没有深入思考，也缺乏将清廷宣战和应对列强瓜分联系起来分析的视野和史料条件。如光绪二十六年康有为致信刘坤一："此次京、津祸变，皆由载漪、荣禄、刚毅通拳匪所致"，"推厥乱源，皆由戊戌政变之故"。④赵声伯《庚子记事长札》的评论者："中国自有清末叶，始而甲午辽东之败，继而庚子城下之盟，一蹶遂不可复振。推原其故，庚子拳乱由于戊戌变政之操切，戊戌政变由于甲午战败之激成，其积弱之源实肇端于甲午之役。""庚子之乱，为清代亡国之最大原因，与戊戌变政，实有因果关系。"⑤《清史稿》卷 465 附"论"说："戊戌政变后，废立议起，患外人为梗，遂欲仇之，而庚子拳匪之乱乘机作矣。太后信其术，思倚以锄敌而立威。"自杀的宗室寿富绝命词："衮衮诸王胆气粗，竟将血气丧鸿图，请看国破家亡后，到底书生是丈夫。曾蒙殊宠对承明，报国无能负此生，惟有孤魂凝不散，九泉夜夜祝中兴。薰莸相杂恨东林，党祸牵连竟陆沉，今日海枯看白石，二年重谤不伤心。"⑥支持义和团的主战派也有赞同这类观点者。王龙文在义和团事件之后的一封信中说："今海内识微虑远之士，有言戊戌庚子实成对案，中夏存亡关系变法者，其语为不诬已。足下试两两互勘，迹若寻仇，含沙射影，意向有定方。其广煽夷威，痛锄异己，诸不以变法为便者，辄任意周内，辗转垢污，诬以成过。拳党二字与仇视夷人巧相罗织。……故凡不快于戊戌者，率获谴于庚子。死者追戮，生者显

---

① 北京大学历史系编：《义和团运动史料丛编》第一辑，中华书局 1964 年版，第 71 页。

② *North China Herald*, Aug 8, 1900.

③ 路遥主编：《义和团运动文献资料汇编》中文卷下，山东大学出版社 2012 年版，第 593 页。

④ 张荣华编校：《康有为往来书信集》，中国人民大学出版社 2012 年版，第 138 页。

⑤ 中国社会科学院近代史研究所编：《义和团史料》下册，中国社会科学出版社 1982 年版，第 660、661 页。又参见黄濬著：《花随人圣庵摭忆》上册，中华书局 2016 年版，第 175 页。

⑥ 中国社会科学院近代史研究所编：《庚子记事》，知识产权出版社 2013 年版，第 109 页。

審，罕得脱焉。"①李希圣等人所作相关诗词，也往往渲染刚毅、徐桐等人和围绕维新变法展开的新旧之争。② 在涉及政策层面的反思方面，亦多以戊戌政变为界，强调之前为维新之局，之后为守旧之局，对西太后、刚毅、荣禄、徐桐等人的政见详情及其内在异同无法详论，至多是列举某些人的具体活动如刚毅到各省搜刮，对刚毅的政见思路及其为何得到西太后重视则无法描述。③ 另有南北之争和南人、北人的说法，也是从戊戌变法推导出来的，如叶昌炽说戊戌变法被杀的多是南人、汉人，庚子谈判时期被惩办的多是北人、旗人，是党祸。"戊戌皆少年新进，今则皆老成旧辅。"④至于新旧之见和新旧党祸，时人也把清廷利用义和团事件作为其中之一。新旧之见持续时间较长，第二次鸦片战争后就存在，新旧党祸的说法则出现在维新变法时期。《清史稿》列传二百二十三沈桂芬、李鸿藻、翁同龢、孙毓汶附"论"说四人"以政见异同，门户之争，牵及朝局，至数十年而未已"。叶昌炽《缘督庐日记钞》光绪二十四年八月十一日条："中国之有新旧党祸，自此始也。""此"指戊戌变法。张謇在光绪二十七年所作《变法平议》："戊戌、庚子，变乱迭兴；新党旧党之争，衍为南北。支离变幻，不可穷诘。"⑤

　　一些研究作品在对当事人的评论方面受京官作品影响巨大，大体沿袭维新变法和废立事件的思路或带有其影子，尚未深入解剖京畿地区内部动向及其与各方互动关系的演绎路程。这方面的代表性观点，以廖一中、李德征、张旋如著《义和团运动史》(人民出版社 1981 年版)和周锡瑞著《义和团运动的起源》(江苏人民出版社 1998 年版)为例，有一些相近之处。比如，论及光绪二十五年十二月清廷发布对义和拳有利的上谕时说：特殊的社会环境导致了清王朝基本政策的变化。其部分原因是，伴随着列强瓜分中国的狂潮，中国的民族危机越来越严重，民教冲突不止在山东，而且在四川、湖北这样的边远省份也日益激化，这些地方的其他组织也提出了同义和团相同的扶清灭洋口号。在北京，也发生了严重的政治危机，朝廷

① 王龙文著：《平养文待》卷五，第 11 页，载《清代诗文集汇编》第 790 册。
② 李希圣著：《李希圣集》，华东师范大学出版社 2011 年版，第 13、17 页。
③ 中国社会科学院近代史研究所编：《义和团史料》下册，中国社会科学出版社 1982 年版，第 846 页。
④ 叶昌炽：《缘督庐日记钞》，光绪二十七年正月八日条，北京图书馆出版社 2007 年版。
⑤ 张謇研究中心编：《张謇全集》第一卷，江苏古籍出版社 1994 年版，第 48 页。又参见清议报报馆编：《清议报》第 2 册，中华书局 2006 年版，第 1369 页。

内部分为两派，即一派支持反动的西太后，一派仍然忠实于比较进步的光绪皇帝。戊戌政变以后，西太后明显占据上风。随着时间的推移，这一派的领导权逐渐转移到一小撮顽固排外的满族王公手里。光绪二十五年年底，支配华北政坛几十年的李鸿章离京出任两广总督，朝廷又少了一个平衡人物。光绪二十五年年底，西太后和她的心腹准备采取行动，欲立这一派最有实权的端王之子为皇嗣，人们普遍认为，这是要取代光绪皇帝的位置。当各国公使通过拒绝参加庆贺太子的活动来表明他们对此举的不满时，王公们的排外情绪更加激烈了。这是上谕发布的背景，一个仇外的政治派别已在朝廷占据统治地位。① 牟安世著《义和团抵抗列强瓜分史》（经济管理出版社 1997 年版）对甲午战争后列强瓜分的大背景和历次瓜分活动有详细描述，但突出京畿地区地域特征及独特应对不是其重点。另有若干相近的分析，约略体现在齐鲁书社编辑部编《义和团运动史讨论文集》（齐鲁书社 1982 年版）及苏位智、刘天路编《义和团运动一百周年国际学术讨论会论文集》（山东大学出版社 2002 年版）中。有些论述较为详细。刘学照《上海庚子时论中的东南意识述论》综合介绍了上海报刊的主要舆论倾向（载苏位智、刘天路主编《义和团运动一百周年国际学术讨论会论文集》上册，第 119~144 页）。其他论著尚多，中国史学会编《义和团研究一百年》（齐鲁书社 2002 年版）已有综述。有些学位论文介绍了义和团时期报刊的报道或引述京官作品，但未以考证报道的史实真伪为主，不一一列举。

至于具体的论断，以下会在相关环节予以表述。

1949 年后学术界发现了大量罕见的档案和稿本，如《山东义和团案卷》《筹笔偶存》《义和团运动史料丛编》《义和团史料》《义和团运动文献资料汇编》中文卷及《义和团档案史料》及其续编等。另外，甲午战争后政策层面的一些资料陆续出版，如上谕档、军机处随手登记档和起居注等。迄今为止，在涉及清政府政治动向的认识上没有根本性改变，一些论断依然常用，如盲目排外、顽固派、满洲王公，等等。有些方面提出了一些悬而未决的问题，如义和团与清末新政、民族主义的关系问题等，这在各种义和团学术研讨会及会后出版的论文集中表现较为明显。提出这类问题的发明权理应归会议主办方，但笔者不清楚会议酝酿的详细过程，无法确切指出具体发明权的归属人。总而言之，义和团事件前后京畿地区政治真相及其特殊性并未系统挖掘，但前人提出的一些概念、整理的诸多资料的成就

---

① 　周锡瑞著：《义和团运动的起源》，江苏人民出版社 1998 年中译本，第 318、319 页。

极为丰硕。很多概念、问题未有确切定义或未获全面解决，但有助于进一步思考，也颇节省笔者脑力，这是要说得一清二楚的。

笔者认为，应该高度重视滞留京城京官在塑造清末民国时期义和团时期历史过程中的作用，也应充分认识其局限性。在解读义和团时期历史事件时，描写义和团时期的京官作品具有重要价值，提供了清宫档案中并无记载的当事人的实地观感、思索和一些实证，不少可与清宫档案形成互补和互相验证之势。但它们又的确不是可以作为定论的史料，作者的出发点和信息量有局限，作品中有很多互相矛盾的说法和未定之论。一言以蔽之：这些作者不掌握军机处等清宫档案，但相关记载可作为一种外界的观察和思考，和清宫档案结合，可以起到清廷决策和外界观察思考互相印证的作用，政治史不再是宫廷秘史和奇闻异事，而是成了整个社会各阶层的互动史。

第二章　甲午战争后清廷危机应对方略及决策机制

第一节　改弦和易辙

清廷利用义和团对外宣战的政治军事外交策略和语言体系，很多源自甲午战争尤其是胶州湾事件后的中外局势变动，属于政策层面的东西。但多数京官作品沿袭官府把责任推给少数王公大臣和"矫诏"论调，否认朝廷责任，较多地强调废立因素和满洲贵族京城泄私愤事件，难以进行政策层面的系统分析，限制了整体视野。① 自义和团出现之后，即有评论者和研究者引用欧洲各地言论等作依据，提到列强瓜分与清廷利用义和团成因之间的关系，说明清廷利用义和团除了和维新变法及废立事件有关外，还具有反对列强侵略和瓜分的一面，但并未结合清廷表现出来的诸多现象和语言进行有针对性的系统分析，所列列强侵略方面的原因多为泛指，描述问题的焦点仍是京城战事。也有学者有所思考，但并未找到恰当的切入点并深入分析。② 就现有中文资料看，《知新报》在光绪二十六年十月刊英国

---

① 这是一种通病，参见马士著：《中华帝国对外关系史》第三卷，上海书店出版社 2000 年中译本，第 157～160 页。正是由于多以戊戌变法和废立事件为清廷利用义和团的主要线索，对宣战之后的诸多"保守疆土"上谕缺乏系统性的分析，也难以从政策层面说清荣禄和西太后、载漪等的内在异同，参见戴海斌：《东南督抚与庚子事变》，北京大学 2009 年博士论文，第 108 页。以废立事件为线索论述清廷利用义和团和宣战，也可参见廖一中等著：《义和团运动史》，人民出版社 1981 年版，第 16、17 页。

② 参见黎仁凯、姜文英等著：《直隶义和团运动与社会心态》，河北教育出版社 2001 年版，第 319、320 页；刘天路、苏位智：《建国以来的义和团运动研究》，载义和团研究会编：《义和团运动一百周年国际学术讨论会论文集》下册，山东大学出版社 2002 年版，第 1281～1309 页；中国义和团研究会编：《义和团研究一百年》，齐鲁书社 2000 年版，第 158～168 页。中国历史研究社编：《庚子国变记》，上海书店出版社 1982 年版，第 4、5 页。

《伦敦报》"论中国"译文所言是较为深刻的，把甲午战争后的外国入侵作为清廷义和团事件的第一原因。《知新报》概括说："作者自云，曾居中国十八年，其言悉中要害，亦平易近情，殊可取也。始言此次团党滋事，其故首在中国外患日亟，自蒙满台湾旅顺胶州威海失后，提醒华民爱国之心，新党欲效法日本，使中国面目一新，而旧党则欲驱逐外人，借以报复，无他图也。"译文说：

> 其所谓旧党者，则以皇太后为首，亦以疆场日蹙，而生其与外人抗拒之心……于是欲以兵力与外人争雄，故天津武昌上海福州各制造局，赶造军火，昼夜无间，而以重兵驻扎北京邻近，各处布置，已将三载。今春拳匪与天主教为难，而中国政府，乃因此以与欧洲寻仇。①

义和团时期京城主战派的整体力量构成及政见政略在清廷中取得主导权，直接导火线是胶州湾事件。清代上谕档和军机处随手登记档等资料的系统出版和利用，有助于对甲午战争后清廷内部变动与利用义和团事件的关系作较为系统的审视。

胶州湾事件中，清廷对外事务仍是以奕䜣为首的总理衙门主政，另有李鸿章、张荫桓、许景澄等参与其中，侧重通过外交谈判阻止德国利用巨野教案占领胶澳，大体沿袭了甲午战争前处理反洋教活动的常见思路，以赔款、惩办官员、允许德国商人承办山东铁路及路旁矿场结案。② 其间山东巡抚李秉衡要求清廷令总理衙门与德国公使辩论，"如不可以说动，则衅自彼开，非与之决战不可"。军机处寄李秉衡电旨："敌情虽横，朝廷决不动兵，此时办法，总以杜后患为主。若轻言决战，立启兵端，必致震动海疆，贻误大局，试问将来如何收束。章高元、夏辛酉均著于附近胶澳屯扎，非奉谕旨，不准妄动。新募之营固属乌合，适足以启戎心，著毋庸招募"。③随后和德国谈判的，有恭亲王奕䜣、庆亲王奕劻、总理衙门大臣李鸿章、翁同龢、荣禄，及驻德公使许景澄等。甲午战争后山东省官府存在利用拳会抵抗列强的思路，李秉衡、毓贤为关键人物，但最初未获清

① 《知新报》二，上海社会科学院出版社 1996 年影印本，第 1976、1977 页。此文在英国影响很大，参见 *North China Herald*，Oct 17，1900. 另有较为概括的分析，见照坤：《拳匪事变之分析》，载《清华周刊》第二十三卷第二期。主要是无法见到守旧派方面的系统奏折档案所致。
② 陈义杰整理：《翁同龢日记》第六册，中华书局 1998 年版，第 3061、3064、3065 页。
③ 故宫博物院明清档案部编：《义和团档案史料》上册，中华书局 1979 年版，第 9、10 页。

廷支持。又据李鸿章十一月电，"内意决不开衅失和"。这显示西太后此时也是主和。①

京城流行的倾向及其思路和奕䜣、李鸿章等大有不同。《恽毓鼎澄斋日记》光绪二十三年十月二十五日条："近日山东焚毁德国教堂，戕其领事、教主各一，洋人因此起衅，调兵轮三只，胁索胶州湾海口。东抚李鉴帅偏于刚，译署偏于柔，措置均不合机宜。朝廷恐李抚开兵端，促新抚张汉仙（汝梅）驰往接手，然张亦非了事才也。察天相，衡时势，愚意深以为忧。"二十八日条："德国以六事要挟中国：一、李秉衡革职，永不叙用；二、赔款；三、抚恤；四、严缉凶犯；五、与闻东三省铁路事宜；六、索浙江镇海。闻该夷已入胶州城矣。"②十一月十八日，"阅邸抄，川督李鉴帅，竟迫于德夷，降旨罢斥。吁！是何异罢李纲以谢金人耶？"③二十五日，见徐桐，"谈论时事，忧愤万分。老成严正，毕竟与今之从政者不同"④。十二月十三日，"连日与次寅缮时务疏，凡三千余言。大旨分审敌情、联邦交、修内政三纲，而每纲之中又有小纲、子目。处处提挈照应，使局势虽长而不散漫，以王荆公《言时政书》为法。……嗣因德议已成……留作他日文章"⑤。

义和团时期，京城流行的"战亦危，不战亦危"和"战亦亡，不战亦亡"之类论调类似破釜沉舟、孤注一掷，为洋务派难以理解，这正是胶州湾事件后京畿地区主战奏折中经常出现的应对列强瓜分的思路。据吴永《庚子西狩丛谈》，宣战之前廷议时，西太后说："现在洋人已决计与我宣战。明知众寡不敌，但战亦亡，不战亦亡。同一灭亡，若不战而亡，未免太对不起列祖列宗。故无论如何，不得不为背城借一之图。"⑥光绪二十六年七月十四日，张之洞电李鸿章、盛宣怀和刘坤一："慰帅电云，京师时论，云不战必亡，战尚可不速亡。敝处见京来人，语亦同此，大误也。不战何至必亡，怪极。利害看翻，大病根在此。病根不去，无药可医。津陷次日，尚报吕、夏大捷，可叹。试问李、宋、马、董、吕、夏、张、万，即使人人皆是韩、白良将，至多不能逾十人，好兵至多不能过两万，纵每战必胜，一战必伤兵数百，耗弹数十万，连战一月，兵械俱尽。各国兵械永无穷期，孤注有输有赢，此则有输无赢，并非孤注矣。此时紧要关键，

---

① 顾廷龙、叶亚廉主编：《李鸿章全集》电稿三，上海人民出版社 1987 年版，第 799 页。
② 恽毓鼎著：《恽毓鼎澄斋日记》第 1 册，浙江古籍出版社 2005 年版，第 142 页。
③ 恽毓鼎著：《恽毓鼎澄斋日记》第 1 册，浙江古籍出版社 2005 年版，第 144 页。
④ 恽毓鼎著：《恽毓鼎澄斋日记》第 1 册，浙江古籍出版社 2005 年版，第 145 页。
⑤ 恽毓鼎著：《恽毓鼎澄斋日记》第 1 册，浙江古籍出版社 2005 年版，第 147、148 页。
⑥ 吴永著：《庚子西狩丛谈》，中华书局 2009 年版，第 95 页。

须将不战可以不亡之确据说透，自然转圜。"①慰帅即袁世凯。吕即吕本元，夏即夏辛酉，李即李秉衡，宋即宋庆，马即马玉崑，董即董福祥，张即张春发，万即万本华，韩即韩信，白即白起。

光绪二十三年十一月礼科给事中庞鸿书奏折中，对于"不战则必亡，战则犹可以不亡，即战而败，则仍不至于遽亡"说法有系统解释：

夫以中国将才之绌，兵数之单，军械粮饷之缺，臣等岂不知之？顾念今日之事，不战则必亡，战则犹可以不亡，即战而败，则仍不至于遽亡。与其不战而畀地于德，各国从而效尤，曷若战败而失地于德，尚可杜各国利益均沾之说也。……

即或屡战不胜，势出万难，亦不过割地讲和，与不战同一屈辱，而英倭等国究不能援以为例，无故要求，此所谓坐以待亡孰与伐之也。又况德兵不过二千，当章军移扎之时，德人惶急开炮，未尝无惧我之心。我进则彼退，我前则彼却，师直为壮，曲为老，理有固然，德人固未必敢出于战，中国亦未必定至于败也。②

这个奏折，毛佩之辑《变法自强奏议汇编》也有收录，题名"都察院御史联名密陈胶澳主战折"。其时一些主战论点和甲午战争时期反对签订马关条约和割地时表现出来的保全疆土倾向及担心欧美各国"群执利益均沾之说，各肆要求"一脉相承，政坛活跃的人物也多雷同，很多义和团时期的主战派此时也在其中，如甲午战争时期的翰林院编修黄思永、王培佑、张亨嘉、刘永亨、宋伯鲁、王廷相、柯劭忞、高枬、杜本崇、叶昌炽、郑叔忱、黄曾源和刘福姚、祭酒陆润庠、山东巡抚李秉衡以及贝勒载濂等满洲王公和众多内阁官员。③

胶州湾事件后，这类力主强硬的奏折甚多，很多策略相似，如徐桐、王廷相、徐道焜、山东道监察御史杨深秀、柯劭忞等十七人联名。④ 对敌

① 赵德馨主编：《张之洞全集》第十册，武汉出版社2008年版，第131页。
② 青岛市档案馆和中国第一历史档案馆编：《胶州湾事件档案资料汇编》上册，青岛出版社2015年版，第三部分，第118、119页。
③ 中国史学会主编：《中国近代史资料丛刊》(《中日战争》四)，上海人民出版社2000年版，第1~13页。另外参阅康有为"上清帝第二书"即公车上书，载《戊戌变法》二，第131~154页。
④ 青岛市档案馆和中国第一历史档案馆编：《胶州湾事件档案资料汇编》上册，青岛出版社2015年版，第三部分，第108、109、116、117、118、119、120、123、126、129、130页。

我力量和中国实力的认识，和洋务派大有不同，也不以洋务派所谓"和则尚可图存，战则蹙焉倾覆"观点为然。① 其中"即或屡战不胜，势出万难，亦不过割地讲和，与不战同一屈辱，而英倭等国究不能援以为例"的提法较为独特，较为普遍的说法是通过调兵选将等措施，战未必会败，胜则可以杜绝列强进一步要挟，如杨深秀说"不必定主战，更不可讳言战，庶显拒有形之恫喝，隐折无厌之要挟，似和局尚可速成"②。柯劭忞说，如满足德国要求，"而各国又执利益均沾之说以要我，兵轮遍于口岸，战事迫于旦夕，则危机立至"③。

其中与义和团时期的延续关系，如《汪康年师友书札》收黄中慧信：

> 顷接五十二册报，得读大著论胶州被占一则，沉痛透辟。（屡读大著，皆有实际，毫无浮文，钦佩久矣。）直扶病源，与而战而割犹胜于不战，与而不订约，犹胜于订约。与而二语，尤为衮衮诸公罪案铁据。④

胶州湾事件办理软弱，西太后并不满意。接着就如何应对时局一锤定音，对内政策发生转折。随后采取的政策是军队与团练相结合的方式练兵备战，主旨皆是和胶州湾事件中给李秉衡的谕令相反，诸如不准妄动和轻言决战、不准招募团练勇丁和对外交涉以杜后患为主等。在这个转折过程中，西太后起了决定性作用，荣禄、刚毅、徐桐是核心倡议者和推行者。在这个过程中，胶州湾事件后主战派如王廷相、杨深秀和黄桂鋆等的相关奏折为西太后"慈览"。⑤ 主战派内部政见和与事件的关系不尽一致，其后受到追究的主要是和载漪、刚毅、徐桐等关系密切且受到重用的人员，如王廷相和王培佑，但有相似观点者尚多。

《翁同龢日记》记载了清廷政策巨变的过程。光绪二十三年十一月十八日条："论胶事，上述慈谕看照会稿甚屈，以责诸臣不能整饬，坐致此

① 青岛市档案馆和中国第一历史档案馆编：《胶州湾事件档案资料汇编》上册，青岛出版社 2015 年版，第三部分，第 125 页。
② 青岛市档案馆和中国第一历史档案馆编：《胶州湾事件档案资料汇编》上册，青岛出版社 2015 年版，第三部分，第 123 页。
③ 青岛市档案馆和中国第一历史档案馆编：《胶州湾事件档案资料汇编》上册，青岛出版社 2015 年版，第三部分，第 124 页。
④ 上海图书馆编：《汪康年师友书札》3，上海书店出版社 2017 年版，第 2075 页。
⑤ 中国第一历史档案馆编：《光绪朝上谕档》第二十三册，广西师范大学出版社 1996 年版，第 328、329、330、333 页。

侮。臣愧悔无地，因陈各国合谋图我，德今日所允，后日即翻，此非口舌所能了也，词多愤激，同列讶之，余实不敢不倾吐也。"①二十三日，西太后召见，"恭邸首陈胶澳办法，臣等无状。太后温谕，深谅时势之难。臣又备陈海靖反复刁狡，慈意深悉，因论及兵须精练，借款之难，节省之难。谕绿营可尽裁，局员当尽撤，三刻始退"。二十四日，"见起，上颇诘问时事所宜先，并以变法为急，恭邸默然，谓从内政根本起。臣颇有敷对，诸臣亦默然也。退令领班拟裁绿营、撤局员、荐人材之旨，又拟饬部院诸臣不得延阁官事旨"。二十五日，"荣禄封奏，添兵，片改武科，片采铁"。②

所发谕旨，实际源自刚毅和徐桐的建议，《翁同龢日记》中缺少"退令领班拟裁绿营、撤局员、荐人材之旨"成因方面的信息。谕旨仅一道，为十一月二十五日军机大臣字寄户部和各直省督抚上谕：

　　自中东罢役以来，中外诸臣矜言自强之术，二年于兹矣。现在事机日迫，凡遇各国交涉之事，无不万分棘手。总缘窥我武备废弛，船炮不齐，以致强邻狡焉思启，合以谋我。目下欲图自强，自以修明武备为第一要义。惟是出入两款不敷甚巨，前曾谆谕各该省将军督抚严杜厘金中饱，汰除练兵冗数。旋据陆续覆奏，并未将厘金中饱之数和盘托出，所裁兵勇亦未确查空额。兹据刚毅面奏，今天下之急莫如练兵筹饷，练兵须练可用之兵，筹饷须筹常年之饷。即如国初取民有制，既无厘金，又无杂税，而未尝患财不多，兵不强。今有厘税洋药土药等课，每年增入三千余万之多，而财转不敷用者，盖因广取滥用，漫无限制故也。今欲筹兵饷，先由户部查明咸丰三年以前各省岁入岁出之款，原有入款不准欠，原有出款不必裁。其三年以后续增入款曰厘金，曰杂税，曰洋关，曰土药。续增出款曰练饷，曰购械，曰各项经费。今年又有还借洋款一节，应由户部查明续增入款共有若干，续增出款共有若干，可裁则裁，可减则减，务将练勇之空额开除，厘金之中饱严杜。余如盐场糜费，冗员薪水，出使经费，机器各局杂支，均减定数目，不许滥支滥销，庶巨款不至难筹等语。所奏尚属切实。当此需款孔亟之时，部臣疆臣自应不分畛域，竭力图维。惟是外省用款，疆吏实总其成，著即严饬在事各员厘剔弊端，力除中

① 陈义杰整理：《翁同龢日记》第六册，中华书局1998年版，第3067页。
② 陈义杰整理：《翁同龢日记》第六册，中华书局1998年版，第3081、3082页。

饱。……昨复据徐桐折，奏请饬沿江沿海各督抚激励忠义，联络乡团，将备之疲软者速即更换，营勇之缺弱者赶紧募补，减绿营无用之卒以养战士，调内地屯防之旅以固海疆，各省将官有老于兵事缓急可恃者，无论官职大小，现任退闲，准其一律奏调等语。所奏尤为当务之急。著即迅速筹办。①

上谕所引徐桐奏折内容较为简略，原文说：

念自东事既平，迭奉谕旨，饬各疆吏整顿武备，共图自强，迄今三年，仍复弱不能支，所谓自强者安在？今虽不能遽然言战，然亦不可不豫为筹防，无论事机决裂，非有备万难图存，即使款议可成，亦须宿有重兵，凡事尚易措手。惟是库储告罄，巨款待偿，仓卒募兵，繁费无等；沿海万里，何能处处设备？合无仰恳宸断，迅饬沿江沿海各督抚，激励忠义，联络乡团，务使众志成城，勿为彼族所胁；并晓谕大小官吏军民，共体时艰，同仇勠力；将备之疲软者，速即更换；营勇之缺弱者，赶紧募补，朝夕淬厉，如临大敌。……果使朝廷之上雷厉风行，则人心一振，士气自新，外夷闻之亦或易于就范。否则敌焰愈张，人心愈涣，国威日削，大局将危，实有不堪设想者。②

上谕档十一月十九日："本日大学士徐桐奏敌衅日深请豫筹防备折，奉旨存，谨将原折恭呈慈览，谨奏。"③

上谕档记载：十二月二十三日，总理衙门奏曹州教案办结，胶澳划界议租折，又奏山东教案拿获要犯分别拟定罪名折，"均奉旨依议，并缮寄信、明发谕旨各一道，一并恭呈慈览"④。十二月二十五日内阁奉上谕延续前述谕旨精神：

从来国运之兴，必由于人才之盛。我朝列祖列宗以来，无不下诏

---

① 中国第一历史档案馆编：《光绪朝上谕档》第二十三册，广西师范大学出版社1996年版，第329、330页；朱寿朋编：《光绪朝东华录》第四册，中华书局1984年版，第4009页。
② 青岛市档案馆和中国第一历史档案馆编：《胶州湾事件档案资料汇编》上册，青岛出版社2015年版，第三部分，第108、109页。
③ 中国第一历史档案馆编：《光绪朝上谕档》第二十三册，广西师范大学出版社1996年版，第328页。
④ 中国第一历史档案馆编：《光绪朝上谕档》第二十三册，广西师范大学出版社1996年版，第374、375页。

求贤，而诸臣亦必灼见真知，始登荐剡，所以名臣硕辅，代有其人。即至同治年间，如曾国藩、骆秉章等进举贤才，或采自幕府，或选从僚属，其时人才蔚起，卒能削平大难，宏济时艰。可知封疆大吏诚思以人事君之义，悉心采访，实力保荐，则一时之才自足供一时之用。现值时局孔艰，需才尤亟。各省督抚朝廷寄以股肱耳目，其各澄心虚己，一秉大公，于所属道府州县中无论现任候补，详加鉴别，择其居心正大，才识闳远，足以力任艰巨者，列为上选，他若尽心民事，通达时务，均著出具切实考语，并胪列其人之实绩成效，详悉具陈，以备擢用。倘瞻徇情面，或谬采虚声，保非其人，必坐原保官以荐举不实之罪。至经武整军，必须宽筹的饷。各省绿营废弛已久，近来防勇亦多沾染习气，难备缓急。著各该督抚再行实力裁汰，腾出饷项以备添练新军之用。各省制造洋务厘捐盐务等局，总办以外，复有会办以及司事绅董，名目繁多，每岁虚糜公费不知凡几，当此库款支绌，该督抚等具有天良，岂竟置国事于不顾，尚欲为位置闲员地步耶。著即严加核减，将节省实数迅速奏闻，毋得胶执成见，仍以裁无可裁藉词搪塞。将此通谕知之，钦此。①

十二月二十五日，荣禄奏广练兵团以维持大局：

奏为强邻窥伺日深，盟约难恃，时局艰危，请广练兵团，以资防守而维大局，恭折仰祈圣鉴事：

窃惟当今世局，合五洲之地已成一大战国，武备之事日新月异。自英、法、德、俄养兵之费，每岁咸逾万万。外交之进退，视其兵之多寡强弱以为衡。强则公法所不能拘，弱则盟约均不可恃。我国家开基神武，夙历威棱，自前岁失驭东洋，示弱天下，于是环瀛列国，窥我虚实，不循约章，不守公法。乘间抵隙，肆意要求，拒之不能，争之不听。本年德人借口山东教案，径据胶湾，现在所索各条，多已委曲迁就，而胶澳仍不肯遽行退出，为天下万国之所未有。现在各处教堂林立，暨西人游历内地无时无之，设有匪徒乘机劫掠，彼将悉援德人之例，索地以偿。即幸而无事相安，或执利益均沾，以一岛一埠为请，何以处之？时事艰难，于斯已极！……奴才愚以为目前之策，莫

---

① 中国第一历史档案馆编：《光绪朝上谕档》第二十三册，广西师范大学出版社1996年版，第375页。

如求自强。自强之策，莫如多练兵。……拟请添募若干营，以期成一大军，与提督聂士成之军扼守北洋门户。又提督董福祥老成宿将，智勇兼全，前于光绪二十年保举将才，奏请饬募万人，驻防近畿。……至简练民团，虽不无流弊，然咸、同之际大学士曾国藩实赖其力，戡定东南。拟请饬令沿海、沿江各督抚先行举办，责成绅士认真筹画，悉心经理，庶使民心固结而御外侮，仍杜苛扰以靖闾阎。……以上各事，虽非旦夕之效，然认真办理，一二年内，军容日强，民心自固，通国上下，众志成城，不战而屈人之兵，此之谓也。……然则治国之道，惟在兵力强多，无不可复之仇，无不可雪之耻，断断然已。奴才非不知财赋日绌，筹饷维艰，但积弱之余，不加振作，侵陵日甚，婪索无厌，议款议偿，将无虚岁。与其拮据于日后，何如罗掘于事前。奴才忝叨恩宠，备位中枢，诘尔戎兵，是其专责，伏愿圣明俯察迩言，广练兵团，以济时艰而维国脉，天下幸甚。谨披沥上陈，伏乞皇上圣鉴。①

同日，谕令军机大臣会同督办军务王大臣户部议奏荣禄奏折。② 光绪二十四年二月，荣禄广练兵、团以资防守的奏折，经军机大臣奕劻等会同军务处、户部会议后得到批准。各省也有一些覆奏，对办理团练意见不一。③

又据《翁同龢日记》光绪二十四年三月三日条：

昨刚公面递封奏，今日又索看，传懿旨，所奏甚是，即严切通谕，明发，并局、保甲、积谷。廷寄，一营发三百人饷，南北洋机器局，北洋以复奏迟申饬。④

上谕档对此亦有记载：

本日刚毅面递封奏时事多艰直陈愚悃折一件，整顿厘金、保甲、

---

① 《清史列传》第十五册，中华书局 2005 年版，第 4497、4498 页，并参阅原折。

② 中国第一历史档案馆编：《光绪朝上谕档》第二十三册，广西师范大学出版社 1996 年版，第 376 页。

③ 朱寿朋编：《光绪朝东华录》第四册，中华书局 1984 年版，第 4212、4226～4228、4340、4372 页。

④ 陈义杰整理：《翁同龢日记》第六册，中华书局 1998 年版，第 3104、3105 页；朱寿朋编：《光绪朝东华录》第四册，中华书局 1984 年版，总第 4063 页。

仓谷等片三件，一并恭呈慈览。俟发下后再行分别缮写寄信、明发谕旨，谨奏。①

上谕档的这个记载符合上谕出台的正常过程。《光绪朝上谕档》前言对谕旨出台、发布及保存过程有介绍，上谕前后不一致是内部分歧的体现。很多上谕是军机大臣或军机章京根据西太后意思拟旨，征得同意后发出，文字常有加工，未必是或大多不是西太后原话，但没有西太后同意无法擅自发出。

据上谕档，相关上谕为三月四日发出，一为军机大臣字寄各直省督抚整顿练饷糜费，二为军机大臣字寄北洋大臣王文韶和南洋大臣刘坤一裁减南北洋机器局经费，三为内阁奉上谕令各省劝办常平仓和义仓，四为内阁奉上谕令各省严办保甲，联络渔团和整顿营勇，五为内阁奉上谕令各省裁汰办公局所。②

显然，荣禄、刚毅和徐桐等人受到西太后重视和胶州湾事件有关，恰和康有为于光绪二十三年十一月胶州湾事件后上书变法自强，及光绪"念国势阽危，毅然有改革之志"约略同时。③ 此时康有为尚未受重用，荣禄、刚毅和徐桐的政见针对的是洋务派，和维新变法是没有关系的，也不完全是倚靠裙带关系或个别太监如李莲英的关系，主要还是政见思路受到西太后赏识，其应对列强瓜分策略在甲午战争后诸多方案中脱颖而出。④ 然而，此种政策背景，外界并不尽知。《时务报》也刊登了清廷政策变动的一系列上谕，但未特别注意和深入研究，显然不清楚其前因后果。⑤ 光绪二十二年，荣禄、刚毅和徐桐在清廷核心决策层中的地位还不是特别突出。光绪二十三年正月，清廷京察议叙的大臣有奕䜣、世铎、李鸿藻、翁同龢、刚毅、钱应溥、李鸿章、王文韶和刘坤一诸人。⑥ 维新变法时期开制度局于宫中的方案，直接削弱了军机处、内阁和六部的权力，因而荣

---

① 中国第一历史档案馆编：《光绪朝上谕档》第二十四册，广西师范大学出版社1996年版，第86页。

② 中国第一历史档案馆编：《光绪朝上谕档》第二十四册，广西师范大学出版社1996年版，第88页。

③ 朱寿朋编：《光绪朝东华录》第四册，中华书局1984年版，总第4017页。

④ 把责任推给李莲英，是市井之谈，早就有类似情况，见朱寿朋编：《光绪朝东华录》第三册，中华书局1984年版，总3516页。另参见汪康年著：《汪穰卿笔记》，上海书店出版社1997年版，第50页。

⑤ 《时务报》5，第3856、3857、3982页。

⑥ 朱寿朋编：《光绪朝东华录》第四册，中华书局1984年版，总第3939、3940页。

禄、刚毅和徐桐反响强烈。现有研究中，涉及刚毅、徐桐的政策方面的评论多从其戊戌政变之后废除变法措施开始，视之为守旧派的人物，并未系统探讨刚毅、徐桐、荣禄和西太后的整体政见思路，这就对诸人在政治上的异同之处无法深究。上述诸人政见，总体思路异常接近，分歧公开化是后来的事，且只是在某些问题上存在分歧。京城舆论总体上是与之呼应并持欣赏态度的，只在某些方面存在分歧。义和团事件之后，落井下石者众，很多相关评论已经不符合原貌，外界因不掌握系统的清宫档案，也难以系统探讨和反驳。

另外，由于义和团事件之后刚毅和徐桐的做法遭到否定，又存在把甲午战争后官府办团与义和团事件联系起来的做法，很多记载对甲午战争后的兴办团练持否定态度，忽视或没有注意到荣禄在其中的作用，也没有详细提及这是很多人建议和赞同的措施，并有仿西法练民兵，即以民团为民兵的特殊意图。① 许同莘编《张文襄公年谱》光绪二十五年：

> 按二十三年十一月，刑部尚书刚毅奏请练兵筹饷、大学士徐桐奏请饬沿江沿海各督抚激励忠义、联络乡团，奉旨迅速筹办。上年七月，道员恽祖祁入觐，上询湖北练兵情形，祖祁退而具疏，陈筹办矿团、农团、岭团、滩团、隍团、客团六事，谓能于办团之内兼谋兴利之方，有试练民兵之效。奉旨著各省斟酌情形试办。九月，奉皇太后懿旨，以乡团更番训练，久之民尽知兵，足为缓急之恃，饬下各省与保甲积谷二事认真兴办。本年夏，刚毅赴东南各省查阅团练。明年，遂有义和团之祸。畿辅办团独为认真，故旬日而蔓延遍地。②

胶州湾事件后，列强瓜分形势愈加严重，京官中继续偏向强硬和主战。《恽毓鼎澄斋日记》光绪二十四年三月六日条："俞伯钧、宝瑞臣、吴子蔚皆来。政府以旅顺、大连湾予俄，并许其山海关外驻兵，于今日画押。外患日迫，国势将危。英、日启衅责言，恐速瓜分之局矣。同人拟联名具疏，痛苦上陈，为惩前毖后之计，未及定议而散。"③十七日条："即

---

① 中国第一历史档案馆编：《光绪朝上谕档》第二十四册，广西师范大学出版社1996年版，第351、352页；中国国家博物馆编：《郑孝胥日记》第二册，中华书局2016年版，第676页。康有为在这方面的详细论述，见《中国近代史资料丛刊》（《戊戌变法》二），上海人民出版社2000年版，第170页。荣禄是大力推行者，见国家档案局明清档案馆编：《戊戌变法档案史料》，中华书局1958年版，第334页。
② 许同莘编：《张文襄公年谱》，商务印书馆1947年版，第127页。
③ 恽毓鼎著：《恽毓鼎澄斋日记》第1册，浙江古籍出版社2005年版，第155页。

至湖广馆，与吴子蔚前辈、贻蔼人、宝瑞臣、俞伯钧三同年共议公疏。"①
二十一日条："晴，午后至湖广馆，集议奏稿，到者寥寥，人心涣散，至
于如此，可为浩叹。归寓乃本此意自撰封事，专言大政不宜秘密，亟宜下
廷臣集议。拟单衔入告。"②贻蔼人即贻谷，宝瑞臣即宝熙，俞伯钧即俞鸿
庆，吴子蔚即吴炳。宝、俞、吴三人为翰林院编修。

此时仍是奕劻、李鸿章等办理外交，清廷对外政策并无变化，山东巡
抚李秉衡要在山东利用团练抵抗德军，为清廷和总理衙门阻止。列强压力
愈大，洋务派对外政策陷入困境。三月，翁同龢邀庆亲王奕劻、李鸿章等
漫谈："衡量时局"，"大约除允行外别无法，至英、日、法同时将起，更
无法也"。③一些强调通过外交谈判阻止列强扩张的大臣开始受到弹劾，
安徽布政使于荫霖弹劾朝廷中具体办理外交的李鸿章、翁同龢与张荫桓
误国。④

十月，荣禄奏："自强之计，首在练兵，北洋屏蔽京师，尤关紧要。
奴才奉命督师，若不统筹全局，豫为区画，临时何所措手。查北洋除淮练
各军而外，有毅、甘、武毅、新建四军，分之各有自主之权，合之实无相
维之势。一遇战阵，仍形孤立。欲求制胜之方，必使各军联为一气，然后
可期指挥如意。"奏准聂士成军驻扎芦台，防守大沽口和北塘，扼守北洋
门户，为前军；董福祥部驻蓟州，兼顾通州一路，为后军；宋庆部驻山海
关内外，专门防守东路，为左军；袁世凯部驻小站，扼守天津西南要道，
为右军。荣禄自己招募亲兵万人为中军，于南苑内择地安营。原有淮练各
军，参考旧制，大约以淮军防海口兼守炮台，以练军分隶各镇专守地方。
又说"抑奴才更有请者，练兵以筹饷为第一要义"，提出一些为北洋军队
筹措军饷的办法。西太后懿旨："现当时事艰难，以练兵为第一要务，该
大臣责无旁贷，务当实力讲求，俾各军悉成劲旅，以副朝廷整军经武之
至意。"⑤

西太后非常重视荣禄和刚毅的意见，此后又陆续有一些强力推行的上
谕，各省陆续有一些奏报办理情况方面的资料，主要是各省在剔除中饱方
面进展不大。西太后也不时在京城阅兵。另外就是大力推行刚毅的兴办保
甲团练和积谷策略。光绪二十六年五月清廷对外宣战之后，刚毅和荣禄的

---

① 恽毓鼎著：《恽毓鼎澄斋日记》第1册，浙江古籍出版社2005年版，第157页。
② 恽毓鼎著：《恽毓鼎澄斋日记》第1册，浙江古籍出版社2005年版，第157页。
③ 陈义杰整理：《翁同龢日记》第六册，中华书局1998年版，第3104页。
④ 陈义杰整理：《翁同龢日记》第六册，中华书局1998年版，第3117页。
⑤ 朱寿朋编：《光绪朝东华录》第四册，中华书局1984年版，第4265、4266、4267页。

政见仍然得到清廷推行，相关奏折和上谕极多。①

京城中的这个决策变动较为隐秘，东南督抚不知其详。许同莘编《张文襄公年谱》针对光绪二十四年闰三月二日张之洞奉旨进京陛见，有面询事件说："戊戌内召之事，见翁文恭日记。其文云，三月廿九日，徐桐封奏保张之洞。闰月初二日，电旨令湖督来京陛见，从徐桐请也。盖呈意览后圣意如此。按文恭日记，于是年正二月间，具言英俄德各使要索横暴状。三月朔日记云，入见，衡量时局，诸臣皆挥涕。退时庆、李、张邀谈，大约除允行外别无法。至英日同时将起更无法也。十九日记云，覆法稿：一中越边界不让人，一云南铁路广州湾租界，一邮政俟派大臣管理时用法人。此议公与法使吕班所定，稿则吕班代定，不准动一字。又闰月初二日记云，日本索福建沿海不让别国云云。盖当日枢廷译署束手无策，其景象有如此者。徐折所言未详，以意度之，当是从外交着眼。翁记言慈意如此，则非为变法事可知。"②张之洞被召见，约略是因为一向被认为对外敢战，此时张之洞实际是主和，与清廷意图并不一致。

光绪二十四年四月，奕䜣死，接着翁同龢被逐，到戊戌政变后，西太后、荣禄、刚毅的势力完全控制朝局。

以下为军机大臣变化：

光绪二十年：世铎、额勒和布、张之万、孙毓汶、徐用仪、翁同龢、李鸿藻、刚毅、奕䜣。

光绪二十一年：奕䜣、世铎、孙毓汶、翁同龢、李鸿藻、徐用仪、刚毅、钱应溥。

光绪二十二年：奕䜣、世铎、翁同龢、李鸿藻、刚毅、钱应溥。

光绪二十三年：奕䜣、世铎、翁同龢、李鸿藻、刚毅、钱应溥。

光绪二十四年：奕䜣（四月十日死）、世铎、翁同龢、刚毅、钱应溥、廖寿恒、王文韶、裕禄、荣禄（八月入）、启秀。

光绪二十五年：世铎、荣禄、刚毅、王文韶、钱应溥、启秀、赵舒翘。

光绪二十六年：世铎、荣禄、刚毅、王文韶、启秀、赵舒翘、载

① 朱寿朋编：《光绪朝东华录》第四册，中华书局1984年版，第4014、4015、4036、4048、4078、4084、4094、4098、4123、4147、4148、4163、4217、4251、4252、4254、4256、4257、4269、4281、4282、4319、4328、4695、4718页。

② 许同莘编：《张文襄公年谱》，商务印书馆1947年版，第117页。

漪(八月入，闰八月罢)、鹿传霖。

光绪二十七年：世铎、荣禄、王文韶、鹿传霖、瞿鸿禨。

光绪二十八年：荣禄、王文韶、鹿传霖、瞿鸿禨。

光绪二十九年：荣禄、王文韶、鹿传霖、瞿鸿禨、奕劻、荣庆。

光绪三十年：奕劻、王文韶、瞿鸿禨、荣庆。

光绪三十一年：奕劻、王文韶、鹿传霖、瞿鸿禨、荣庆、徐世昌、铁良。

由此可见，刚毅早就进入军机处，但没有决定权。维新变法后，军机处变化很大，荣禄在八月份进入并实际主持，刚毅地位上升，启秀、赵舒翘附和刚毅，荣禄统兵，基本奠定了清廷利用义和团时期的中枢格局。

然而，清廷内部的此种变动，在很大程度上为戊戌变法史所遮挡。戊戌变法史多采康、梁观点，从戊戌变法角度论述问题的倾向较强，对荣禄、刚毅执政时期清廷内外政策的研究相对薄弱。梁启超对京城在胶州湾事件后的反应有所记载，但并未细察，笼统地抱排斥和嘲讽态度，斥责京城反对维新变法者守旧保守的文字较多，对守旧派的很多特征并不掌握。① 维新派官场起步较迟，与荣禄、李鸿章等缺少政见方面的深入交流。② 维新变法前后，西太后的变法自强思路是一致的，重用的也是同样一帮人。但康有为、梁启超等人显然对胶州湾事件后清廷内部政策变动没有觉察，显示知情者翁同龢没有向维新派透露京城高层内幕，也没有献计献策，否则维新派不至于长期不清楚西太后的施政思路，不清楚荣禄和袁世凯的关系。③ 光绪有可能受到《校邠庐抗议》等书描述的不同思路的影响，思想上发生过巨变。④ 即使在百日维新时期，西太后仍然在继续发布政令，沿袭之前的思路，允许光绪变法但自己也依然在施政，并通过军机大臣字寄上谕催促地方督抚认真执行筹饷练兵政策，对直隶总督荣禄也有类似要求，这实际是釜底抽薪，光绪的变法没法在军机处和地方督抚层面认真推行，但梁启超等显然对西太后如何进行中枢施政运作不

---

① 清议报报馆编：《清议报》第 2 册，中华书局 2006 年版，第 1389、1751、1752 页。

② 张人凤、柳和成编：《张元济年谱》上册，上海交通大学出版社 2011 年版，第 66、78 页。

③ 例如，京畿地区的很多军事布局，并非如维新派推测的那样是出于废立的目的，见《中国近代史资料丛刊》(《戊戌变法》二)，上海人民出版社 2000 年版，第 22 页。

④ 《中国近代史资料丛刊》(《戊戌变法》一)，上海人民出版社 2000 年版，第 32 页。

甚掌握。① 梁启超等长期持论，说慈禧但知权力绝无政见，显示对西太后的情况较为隔膜。② 戊戌政变之后，京城政治力量表现出了一些维新变法时期表现并不清晰的内政外交策略和攘夷侧面，维新派有所注意和探讨，维新派在两个时期的分析可以相互参照。③

戊戌年定国是诏，明显是沿袭甲午战争后清廷的自强思路，只是在态度上较为迫切的同时，提出了一个不同于荣禄、刚毅等人的自强策略，并涉及学术上的一些事情。光绪二十四年四月二十三日：

> 钦奉上谕：数年以来，中外臣工，讲求时务，多主变法自强。迩者诏书数下，如开特科，裁冗兵，改武科制度，立大小学堂，皆经再三审定，筹之至熟，甫议施行。惟是风气尚未大开，论说莫衷一是，或托于老成忧国，以为旧章必应墨守，新法必当摈除，众喙哓哓，空言无补。试问今日时局如此，国势如此，若仍以不练之兵，有限之饷，士无实学，工无良师，强弱相形，贫富悬绝，岂真能执梃以挞坚甲利兵乎？
>
> 朕惟国是不定，则号令不行，极其流弊，必至门户纷争，互相水火，徒蹈宋明积习，于时政毫无裨益。即以中国大经大法而论，五帝三王不相沿袭，譬之冬裘夏葛，势不两存。用特明白宣示，嗣后中外大小诸臣，自王公以及士庶，各宜努力向上，发愤为雄，以圣贤义理之学，植其根本，又须博采西学之切于时务者，实力讲求，以救空疏迂谬之弊。专心致志，精益求精，毋徒袭其皮毛，毋竟腾其口说，总期化无用为有用，以成通经济变之才。④

戊戌变法的思路，西太后明显反对。光绪二十四年八月一日任命袁世凯的上谕，明显是沿袭西太后自身的思路："八月初一日奉上谕，现在练兵紧要，直隶按察使袁世凯办事勤奋，校练认真，著开缺以侍郎候补，责成专办练兵事务，所有应办事宜，著随时具奏。当此时局艰难，修明武备，实为第一要务，袁世凯惟当勉益加勉，切实讲求训练，俾成劲旅，用

① 中国第一历史档案馆编：《光绪朝上谕档》第二十四册，广西师范大学出版社1996年版，第209、245页；《中国近代史资料丛刊》（《戊戌变法》二），第47页；国家档案局明清档案馆编：《戊戌变法档案史料》，中华书局1958年版，第234、235、339页。
② 参见丁文江、赵丰田编：《梁启超年谱长编》，上海人民出版社2009年版，第97页。
③ 中国史学会主编：《中国近代史资料丛刊》（《戊戌变法》一），上海人民出版社2000年版，第359页。
④ 参见丁文江、赵丰田编：《梁启超年谱长编》，上海人民出版社2009年版，第77页。

副朝廷整饬戎行之至意。"① 康有为等改良派认为要救亡，关键是变法，要变法，关键是兴民权，修路只是变法的内容之一，是变法之表，不是变法之本，这显然是另外一种思路。② 但在戊戌政变后，清廷继续推行的仍然是荣禄、刚毅的政策。③ 然而，戊戌变法时期，清廷内部政策的很多层面，康有为等也有很多建议，如筹饷练兵、应对外来危机、兴办团练民兵和裁撤局所等，主要是康有为等对清廷总体思路不甚了了。另外，在对外主战方面，胶州湾事件后，康有为也将主战作为选择方案之一，主要是义和团时期涉及以一国敌八国的问题，维新派不能理解，另外是维新派有一些通过变法应对瓜分的方案。如《康南海自叙年谱》光绪二十四年三月条所言，"吾上折陈三策请拒之，若出于战，则败而复割未迟"，否则采取其他办法云云。④

第二节　策略和语言

胶州湾事件后清廷即采纳徐桐等人的建议开始军事布防，戊戌政变后随着荣禄、刚毅等人掌权，实际已经确定了义和团时期对外政策的大致取向，惟在具体事件中的应用和细节化，要到二十五年年初德国在山东继续扩张和平原县反洋教活动才开始。上谕档的出版丰富了对清廷处理义和团问题政策背景的认识。⑤ 对于戊戌政变后西太后的对外强硬政策及相关活动，诸多作品多有论列，唯对京城主战势力的内部演绎、语言体系及相关策略尚无法结合清宫档案进行分析。⑥ 光绪二十四年十一月二十二日，内阁奉上谕，向来沿海沿江通商省份交涉事务繁多，即内地各省亦时有教案，各直省将军督抚往往因事隶总理衙门，不免意存推诿，总理衙门也因事难悬断，往来函商，不免延误，令以后各直省将军督抚均兼总理衙门大

①　参见《梁启超年谱长编》，第91页。

②　严复在《原强》一文中指出，练兵、筹饷、开矿、通铁道、兴商务"皆可为。有其本则皆立，无其本则终废"。它们都是"治标"，"治本"则是"鼓民力""开民智"和"新民德"。

③　中国第一历史档案馆编：《光绪朝上谕档》第二十四册，广西师范大学出版社1996年版，第495、496、500页。

④　中国史学会主编：《中国近代史资料丛刊》（《戊戌变法》四），上海人民出版社2000年版，第141页。

⑤　以往的描写，参见廖一中等著：《义和团运动史》，人民出版社1981年版，第92、93页。

⑥　如卜舫济著：《义和团暴乱析论》，参见《义和团运动文献资料汇编》英译文卷上，第535~539页，另参见第323页。

臣，仍随时与总理衙门大臣和衷商办。① 清廷随即向各省将军督抚指定了
办理政务的原则，其中涉及洋务：

> 军机大臣字寄各将军督抚，光绪二十四年十一月二十六日奉上
> 谕，近来各国交涉事件日益纷繁，昨已谕令各省将军督抚兼总理各国
> 事务大臣以便因应。此后遇有交涉细故，应就各该省地方情形斟酌妥
> 协，即行办理，不得概从延诿。其实在关系重要事件，必须商明总理
> 衙门方能定议者，亦应随时据实电咨，切勿含糊掩饰，以致往还转
> 辗，徒费周章。各该将军督抚等身膺疆寄，责在治民，自当以守土为
> 重，爱民为先，不得以孟浪为率作兴事之谋，亦不得以推诿为取巧卸
> 责之地。②

一些不长于洋务的督抚将军在外交中的影响增大，也和这个时期有
关，如山东巡抚毓贤和盛京将军增祺，其实山东和东三省原来都是北洋大
臣兼管的范围。③ 具体的军事对抗活动出现在光绪二十五年二、三月之
交，德国在山东的扩张是直接触发点。以阻止列强占领海口炮台和保全疆
土为对外目标，以区分列强与百姓冲突和中国国家冲突为对外策略。这是
清廷内部主战派和总理衙门策略相折衷的结果。清廷对外没有系统说明，
外界不了解清廷的思路和做法与李鸿章等洋务派大有不同，对清廷的一些
做法感到疑惑。京官作品如《恽毓鼎澄斋日记》对清廷此一策略无记载，
显然是不知情。一些研究者对山东事件有所提及，但受多从维新变法、帝
后党争及废立事件角度论述思路的局限，并未详论主战派的语言和策略体
系、与清廷对外宣战后策略的延续关系及其渊源流变。在备战主战政策形
成过程中，荣禄、刚毅和徐桐是清廷中枢推动者和组织者，整体策略从酝
酿到实施呈现一气呵成的关系。

二月底，针对德国军队在山东半岛的活动，清廷谕令山东巡抚张汝梅
派兵相机布置。④ 三月二十二日谕旨，又令山东巡抚毓贤派兵加意防范山

①　中国第一历史档案馆编：《光绪朝上谕档》第二十四册，广西师范大学出版社1996年版，第578页。
②　中国第一历史档案馆编：《光绪朝上谕档》第二十四册，广西师范大学出版社1996年版，第583页。
③　参见中国第一历史档案馆编：《光绪朝上谕档》第二十四册，广西师范大学出版社1996年版，第584、585页。
④　王彦威、王亮编：《清季外交史料》卷137，书目文献出版社1987年影印本，第13、14页。

东沿海一带。① 四月九日《申报》"东事详纪"：

> 香港《循环日报》馆得济南官场来函云：德兵占据沂州府，日搜
> 杀土匪，威胁百姓。……沂州府属绅士具禀毓中丞，历诉悲惨情形。
> 中丞决意主战，密奏皇太后，请速调兵开仗，以救东省迤南一带民
> 命。皇太后谓事势至此，若再隐忍，恐愈启各国觊觎之心，因之召询
> 总署王大臣。王大臣奏称德占沂州不过与百姓为难，尚未明白与我国
> 家启衅，若鲁莽开战则衅由我启，反为德人借口之资。今宜一面电饬
> 驻德使臣，令向德政府诘问，并请电致胶州总督及驻京使臣，从速将
> 兵撤退；一面由总署照会驻京德使，并请严谕东抚，不得轻启祸端。
> 皇太后深以为然，因即电谕中丞，先将东省防兵调赴沂州驻扎，以防
> 他患，惟不得遽与德兵开战。中丞得电后，立即调兵防护，严饬各将
> 领相机用事，毋孟浪，毋畏缩。迩来官兵之屯扎沂州、日照一带者，
> 约共七八千名。德兵见华兵渐集，百姓亦无不怀恨于心，因即拔队
> 而去。②

此报道介绍了政策的出台过程，表明政策变动和西太后、山东省及
总理衙门有关，山东省和西太后主战，总理衙门从中缓和，将冲突划分
为列强与百姓冲突还是与中国国家冲突，最后结果是各方折衷，清廷暗
中主战，但对外以议和面目示人。这个报道和清廷二月二十六日给毓贤
密旨的倾向暗合。密旨令毓贤派兵相机因应，"不可过于激烈，亦不可
稍涉畏葸，总以不动声色，暗为布置妥协。设有意外，不至仓卒失措为
要"③。

随后发生意大利强硬要求租借三门湾事件，清廷延续了主战和抵抗
政策。三门湾事件看似不大，实际处理不当，可能引起列强连锁反应，
是胶州湾事件后清廷面临的又一次危机。④ 德国在山东的局势刚刚平
静，意大利又滋事，清廷反应强烈颇为正常，列强也的确心中窃喜，暗

---

① 王彦威、王亮编：《清季外交史料》卷137，书目文献出版社1987年影印本，第24页。
② 路遥主编：《义和团运动文献资料汇编》中文卷上，山东大学出版社2012年版，第192
　页。此为《申报》引《循环日报》报道。
③ 中国第一历史档案馆编：《光绪朝上谕档》第二十五册，广西师范大学出版社1996年版，
　第65页。另有一些关于此事并非中国和德国国家间对抗的说法，见《清议报》第1册，
　第1079页；第2册，第1149页。
④ 清议报报馆编：《清议报》第1册，中华书局2006年版，第469~472页。

自跃跃欲试。① 李鸿章较为冷静，估计意大利军舰游弋洋面是"恫喝伎俩，其政府并不愿开衅，只可密访静待，当不至遽有战事"②。当时传闻列强互相联络，其势汹汹。四月初，谕旨电刘坤一，意大利军舰活动，"水师固难争雄，陆防不可不筹先著。万一有事，一切相度策应事宜，朝廷不为遥制。惟以目前并未失和，遂不敢将预备各军调动，及至交兵，何能迅赴前敌接应。着该督预饬各营严密布置。移防系属内地，不妨借弹压之名，暗为戒备，以占先机。总之，意国无端索地，衅自彼开，与其动辄忍让，不如力与争持。虽兵事之利钝不可知，然既非自我予之，即不难自我争之，此中机括，无烦再计决也"。谕令浙江巡抚刘树堂，"总之，时逼势促，实逼处此，言战亦出于万不得已。与其动辄忍让，不如力与争持"。如意大利军队登陆强占，"即当奋力合击，毋得观望游移"。③

京城舆论与强硬政策相呼应，延续了胶州湾事件后的态势。

据恽毓鼎四月一日日记，得悉列强步步紧逼，已经忍无可忍：

> 闻英、俄保护中国，已向政府昌言。恣睢无礼，一至于此！列祖列宗二百五十年深仁厚泽相传之天下，竟将坐致阽危。愤懑填膺，泪下如雨。然苍茫天道，岂尽无凭。彼志肆气骄，不留余地，如此恶贯满盈，其能免于祸罚乎？厚其毒者酷其灾，吾将拭目以观其后也。④

四月二十四日，恽毓鼎写外洋相逼日深，请速筹战备奏折：

> 奏为外侮日逼，请密筹战备，以防隐患，而折敌谋，恭折仰祈圣鉴事。中国自日本议和以来，割地赔款，内外交困，情见势绌，益启戎心。德无端而据胶州，俄无端而据旅大，近且胶州不已，浸及山东，旅大不已，浸及辽沈。区区意大利亦攘臂于其间，而英俄连盟，势且欲为保护中国之举。以列祖列宗二百余年之深仁厚泽，我皇太后、皇上数十年之宵旰忧勤，而社稷之危竟有不忍言者，臣中夜拊膺，泪下如雨。夫以中国地大物博，人心犹固，国势犹尊，彼即狡焉

---

① 中国第二历史档案馆编：《中国海关密档》第六卷，中华书局 1995 年版，第 977、994 页。

② 顾廷龙、戴逸主编：《李鸿章全集》第 36 册，安徽教育出版社 2008 年版，信函 8，第 250 页。

③ 王彦威、王亮编：《清季外交史料》卷 138，书目文献出版社 1987 年影印本，第 26、27 页。

④ 恽毓鼎著：《恽毓鼎澄斋日记》第 1 册，浙江古籍出版社 2005 年版，第 188 页。

思逞，何至肆无忌惮？静思其故，我亦有以致之。昔年台湾之割，二万万之畀，虽云过巨，然在开衅战败之后犹可言也；若胶州、旅大则索之无因，许之太易，而当时主谋之臣又以中国此后必不开战一语，昌言于外国公使之前。夫不费一兵，不糜一饷，但以空言恫喝，即可坐获膏腴，彼审知中国之决不开兵端也，则亦何惮而不为哉！从前每图息事，故不惜格外迁就，以求旦夕之安。今则迁就愈深，相逼愈甚，战亦危，不战亦危，然战事虽危，尚有挽回之望，若犹坚忍不战，则有束手待尽而已。又况及今图之，尚可筹饷鬼军，以求自立，再迟数年之后，藩篱尽撤，敌入益深，利权已亡，人心渐散，虽有善者，亦无如之何矣。伏乞皇太后、皇上乾断，特伸与二三大臣早筹战备。海上决胜虽未易言，若整顿陆军，激励团练，沿海一带如何严密设防，似当斟酌情形妥为布置。各国相轻已久，见我规模粗立，或可隐戢狡谋。倘竟凌逼无理，万难迁就，亦可有备无患。臣久受圣恩，蒿目时艰，心存报国，无任迫切待命之至。伏乞皇太后、皇上圣鉴。谨奏。①

恽毓鼎奏折中提出的思路，如"海上决胜虽未易言，若整顿陆军，激励团练，沿海一带如何严密设防，似当斟酌情形妥为布置。各国相轻已久，见我规模粗立，或可隐戢狡谋。倘竟凌逼无理，万难迁就，亦可有备无患"，和三门湾事件中清廷上谕所说的"水师固难争雄，陆防不可不筹"，令刘坤一调动军队布防，说"意国无端索地，衅自彼开，与其动辄忍让，不如力与争持。虽兵事之利钝不可知，然既非自我予之，即不难自我争之，此中机括，无烦再计决也"基本是一致的。和荣禄此前奏折对照，很多观点不谋而合，如整顿陆军，军队和团练结合。向刚毅等人鼓动的建议亦复不少，内容大多类似，时间大多出现在德国占领胶州湾事件之后。②

据恽毓鼎日记，四月二十五日，"至西苑门外敬递封奏……皇太后、皇上召见于仪鸾殿。天语垂询，颇蒙优奖。始论边防，次论人才，次论筹饷、练兵，次论吏治，次论行用银元利弊"③。

① 恽毓鼎著：《恽毓鼎澄斋日记》第2册，浙江古籍出版社2005年版，第799、800页；书写日期见第1册，第190页。
② 中国社会科学院近代史研究所编：《义和团史料》上册，中国社会科学出版社1982年版，第245~250页。
③ 恽毓鼎著：《恽毓鼎澄斋日记》第1册，浙江古籍出版社2005年版，第190页。

光绪二十五年五月，谕军机大臣等："刚毅奏，长江防务紧要，水师兵单不敷分布。请饬沿江五省督抚不分畛域，节节设防，以期首尾相应等语。长江江面辽阔，港汊纷歧，现值多事之秋，亟宜加意严防，以杜窥伺。著刘坤一、张之洞、邓华熙、松寿、于荫霖、俞廉三会同妥商，各派得力将领扼要驻扎，严密设防。该督抚等务当不分畛域，联络一气，庶几缓急可恃，仍筹商布置情形先行具奏。将此各谕令知之。"①

七月份，谕旨令直隶总督裕禄防范意大利军舰。"惟海军新集，尚无铁甲巨舰，如遽出洋争胜，恐无把握，转虑损威。万一有事，应仿坚壁清野之法，预为布置，免堕敌谋。"②

八月份，湖广总督张之洞获知，意大利政府已经电告其水师提督，令不必等候最后通牒，先选择中国海口如台州等处占踞，再提要求；又传言德国、法国和意大利有秘密协定，令意大利充当先锋，法国在广东、德国在山东共同行动。"虽不敢尽信为实，然敌情凶悍，实有出乎情理之外者。"③

九月份，意大利多艘军舰在烟台等处海面游荡。十月一日，谕令两广总督谭钟麟，法兵占领岛屿，"虽势为我所必争，诚非口舌所能为力，必须准备在先，布置周密，方可与议"。斥责谭钟麟等"身任地方，早应防患未然，保全疆土"，岂能推诿。④ 十月十八日谕令南洋、闽浙等地督抚，因意大利兵船在沿海一带"不时窥伺"，令将炮台和兵轮妥善布置，"必有制胜之将，熟练之兵，炮台兵轮互相犄角，纵不能出洋攻敌，守口尚属有余"⑤。

十月十九日，清廷谕令山东巡抚袁世凯，派兵筹备东海边防。⑥

军机大臣字寄各直省督抚，光绪二十五年十月十九日奉上谕：现在时势日艰，各国虎视眈眈，争先入我堂奥。以中国目下财力兵力而论，断无衅自我开之理。惟是事变之来，实逼处此，万一强敌凭陵，胁我以万不能允之事，亦惟有理直气壮，敌忾同仇，胜败情形，非所逆计也。近来各省督抚，每遇中外交涉重大事件，往往预梗一和字于

---

① 朱寿朋编：《光绪朝东华录》第四册，中华书局 1984 年版，总第 4380 页。

② 王彦威、王亮编：《清季外交史料》卷 139，书目文献出版社 1987 年影印本，第 19 页。

③ 赵德馨主编：《张之洞全集》第十册，武汉出版社 2008 年版，第 14 页。

④ 王彦威、王亮编：《清季外交史料》卷 141，书目文献出版社 1987 年影印本，第 1 页。

⑤ 王彦威、王亮编：《清季外交史料》卷 141，书目文献出版社 1987 年影印本，第 2、3 页。

⑥ 故宫博物院明清档案部编：《义和团档案史料》上册，中华书局 1979 年版，第 37 页。

胸中，遂至临时毫无准备。此等锢习，实为辜恩负国之尤。兹特严行申谕：嗣后倘遇万不得已之事，非战不能结局者，如业经宣战，万无即行议和之理。各省督抚必须同心协力，不分畛域，督饬将士杀敌致果。和之一字，不但不可出于口，并且不可存诸心。以中国地大物博，幅员数万里，人丁数万万，苟能各矢忠君爱国之诚，又何强敌之可惧，正不必化干戈为玉帛，专恃折冲樽俎也。将此通谕知之。钦此。遵旨寄信前来。①

从这个上谕前后的情况看，此时清廷内部是倾向强硬的，军事防御也已经进行了很长时间，荣禄、刚毅都参与其中。宣战等文字比较突兀，应该是军机大臣根据西太后主战倾向敷衍而成，因为此上谕通过军机大臣字寄方式发出，光绪二十六年对外宣战后仍有类似说法。军机处在随后致袁世凯和毓贤的密旨中，要求他们在积极防备的同时，也注意约束兵丁，不得滋生事端，支持强硬和争持但也不是主动挑起事端，似乎有些折衷。②西太后并不否认自己主战，报刊也有一些报道。九月二日，西太后召见盛宣怀时说："我想兵将总要打仗，方能打出好手来。可惜日本后来打不了。意大利为沙门湾的事，我很想与他打仗，他说浙江省有预备，他又不来了。"盛宣怀奏对："沙门湾事，幸赖皇太后坚持定见，不然俄、德、英、法四大国之外都要来了。但目前兵力亦只可备而不用，如果真打，兵饷亦属难筹。"③

上述强硬上谕为学术界熟知并频繁引用，胡钧编《清张文襄公之洞年谱》的说法颇有见地："十月，意大利窥三门湾益急，奉寄谕饬吴淞、镇江、长门三处及沿江一带各炮台布置预防。又奉谕，现在各国虎视眈眈，争先入我堂奥。……按：此谕已预伏明年肇衅之根。"④颇多推测上谕中所谓"万不得已之事"指废立，其实并无依据，乃是忽略了清廷应对列强瓜分的政策变动所致。⑤

---

① 故宫博物院明清档案部编：《义和团档案史料》上册，中华书局 1979 年版，第 37、38 页。

② 中国第一历史档案馆编：《光绪朝上谕档》第二十五册，广西师范大学出版社 1996 年版，第 313 页。

③ 夏东元编：《盛宣怀年谱长编》下册，上海交通大学出版社 2004 年版，第 654 页。另参酌中国史学会主编，《中国近代史资料丛刊》（《义和团》第一册），上海人民出版社 2000 年版，第 27、28 页关于上谕拟定的描述。

④ 胡钧编：《清张文襄公之洞年谱》卷四，台湾"商务印书馆"1978 年版，第 3 页。

⑤ 薛伟强著：《晚清满汉矛盾与国政朝局》，中国社会科学出版社 2017 年版，第 86 页。

许同莘编《张文襄公年谱》，记载清廷政策动向及其和长江流域督抚关系甚悉：

> （四月）意大利索浙江三门湾。（意兵舰游弋浙海。）奉旨，倘竟登陆强占，即当奋力合击。五月，奉旨，长江江面辽阔，港汊纷歧，现值多事之秋，亟宜加意严防。著刘坤一、张之洞、邓华熙、松寿、于荫霖、俞廉三会同妥商严密设防，庶几缓急可恃。（意国先与英接洽，总署请英勿干预，其势遂孤。按是年正月，俄兵入金州，征粮丈地。德藩亨利率舰泊烟台，欲借崆峒岛及西海滩演操。英拓威海租界至荣成，又拟占广东之九龙。日本亦请辟鼓浪屿租界。内廷以时事日非，立意备战，不再迁就。）……十月，意大利窥三门湾益急。奉寄谕饬吴淞、镇江、长门三处及沿江一带各炮台布置预防。又奉谕，现在各国虎视眈眈，争先入我堂奥，以目下中国财力兵力而论，断断无衅自我开之理。惟事变之来，实逼处此。万一胁我以万不能允之事，惟有理直气壮，敌忾同仇，各省督抚必须同心协力，督饬将士杀敌致果，和之一字，不但不可出诸口，并且不可存诸心。以中国地大物博，幅员数万里，人丁数万万，苟能各矢忠君爱国之忱，又何强敌之可惧，正不必专恃折冲樽俎也。（湖北惟田家镇为下游门户，调炮台营来省学习。十一月，海防解严，以田家镇炮台陈旧，暂裁营勇，留解炮法者守之，挑弁目数十人入学堂学习。）……（光绪二十六年初），钦差巡阅长江大臣李秉衡至。①

此时中国国力很弱，对外主战不易为外界理解。其实清廷有独特的应对列强瓜分的思路、语言和策略，军机处和总理衙门也有一些从国际法角度应对舆论的措施，和上引《申报》所登光绪二十五年二、三月份清廷处理山东沂州事件如出一辙。光绪二十六年二月十九日御史吴鸿甲"界务交涉宜惩前毖后豫图先著奏"，表述得非常详尽：

> 近年外侮凭陵，日益滋甚。初犹借端要挟，今则硬行占据，或先踞要隘而勘界时更复内侵，或预占多地而定约时略示还让。虽有炮台营戍，而疆帅武臣不敢以御侮开衅。抑其窥伺之处，仓猝之时，兵力实未足以相抗。间有义民结众自卫，而无官兵炮火之助，徒多杀伤。

---

① 许同莘编：《张文襄公年谱》，第129、130、131页。

及要地既为彼据，势难以口舌争回。是彼常占先着而我遂有应接不暇之势。一国既得其利，各强国环起迭争，必利均势敌而后止。前年胶州之役，上年广州湾之事是也。幸意夷尚未得志，否则各小国亦环视而蜂起矣。即专就强国而论，彼既料我始终出于退让，势复何所顾忌。一旦再起波澜，仍用其故智，袭踞我南北洋各隘口之炮台将若之何？履霜坚冰，可为凛畏。往事既不可悔，后患何可不防。臣愚以为今日事势，凡有守土带兵之责者，必时时准备打仗，不使彼族得再侵占尺寸之地，而后可以立国。然非朝廷主持于上，枢辅经画于先，彼疆臣将帅其能绝无瞻顾，以为国捍患之举或转撄首祸之诛乎。应请密饬各疆臣及沿海守将自今以往平日宜力求振作，严密布置，务期在我时时有可战之势。苟敌人无端侵我土地，夺我炮台，即尽力抵拒。惟严失地之诛，不加开衅之罪。所谓事至而战，疆场之事，固应尔也。其有洋兵侵犯乡民，而民团奋力抗拒者，官兵助之。如此则我克占先着，随处有金城汤池之固，而强敌亦不敢轻易尝试矣。

又臣闻凡敌以横逆相加，守土官不得已而用力相抗，及百姓因御侮而互相杀伤者，外洋亦曾有类此之事。万国公法，以斗殴论，不为两国失和。从前总署令洋教习丁韪良所译之公法于其注引成案，本末全备。今丁韪良尚在大学堂，坐耗重薪，一无所事，似可令将前书全行译出，以为辩论之据。德之占胶澳也，横逆已极，而其外部特常言和平办理，亦即用此机权。中国宜亟仿此意以相应付，庶总署尽周旋坛坫之职，而武臣有固守疆圉之权，两相辅而不致两相病矣。[1]

同日，吴鸿甲又有"奏为(山)东省关系全局安危请择军移扎山东以御外侮敬陈管见事"片，基本是上述策略的延续：

再，甲午之后，大局益坏，始于胶澳一役。臣熟察目前形势及将来之患，实以山东为最要。上年春夏间，德兵直入日照，惨杀乡民多命，后又直入高密，将城炮库兵及乡团器械尽数掳去。如此情形，是我虽欲完固城堡缮修武备而不可得矣。现德于胶州，英于威海复均招募华兵，而德主近益与法连和，是其日夜图我，隐谋全露。一旦山东

---

① 中国社会科学院近代史研究所编：《义和团史料》上册，中国社会科学出版社1982年版，第247页。此奏收录在张黎辉辑：《义和团运动散记》之中，《义和团史料》上册转收，据军机处随手登记档，上奏人为御史吴鸿甲。

有事，则南北腰臂中断，其祸何堪设想。今朝廷定计驻兵淮徐，用意
至深。然布势虽远，而兼顾仍不相及。臣愚以为，东省关系全局安
危，断非该省兵力所能搘拄。而保卫畿辅，必先保全山东，所宜以全
力注之者也。现在袁世凯虽带往数营，然外间舆论皆谓该抚臣严刻少
恩，军心不洽，又其兵未经战事，不足深恃。似宜于武卫各军中择其
曾经战阵素著威望之一军移扎东省潍县、沂、莒等处，以遏强敌之
冲。凡铁路所经，毋使德兵阑入，再先知照驻胶德酋，设彼无端滋
扰，而中国守土文武官及民间团练因御侮斗殴者，政府不任其咎。如
此则犄角势成，声威益壮，强敌侵侮之谋自戢矣。查近畿自武卫各军
外，尚有淮练五十余营，而京内又有神机、虎神各营，其八旗额兵可
资精练者尚不在内。即酌调一军，兵力仍不为不厚。大学士荣禄身受
委任之隆，总统师干，权兼将相，古无其比，谅必能以天下安危自
任，统计兼筹，上纾宵旰外顾之忧也。①

　　清廷具体策略形成于吴鸿甲奏折之前，还不是根据这个奏折形成，但
这个奏折几乎可看作清廷策略的详尽阐述。对照上引《申报》所载清廷内
部决策、吴鸿甲奏折以及清廷以后的相关反应，也可证明《申报》所载为
真。吴鸿甲奏折的上半部分讨论如何以朝廷的名义令地方督抚备战主战，
下半部分从国际法角度论述如何使战事不致发展成为两国之间的战争。
　　上半部分所论，基本是胶州湾之后京城主战派提出并为清廷采纳的策
略。所担心的列强占领沿海炮台以及列强蜂起的问题，为主战派主战的重
要理由。所言"虽有炮台营成，而疆帅武臣不敢以御侮开衅"解释了清廷
上谕为何令督抚抵抗，实际是一种授权。外文资料中记载了总理衙门向各
省督抚发出的一个文件："本署奉皇太后、皇帝特旨：准予各督抚全权便
宜行事，武力抵抗外敌对各该辖区的入侵。如果有必要，毋须候朝廷旨意
再行宣战，免致延误时机，容敌以可乘之机，稳住阵脚，致己身陷险
境。"②光绪二十三年胶州湾事件后，徐桐十分欣赏的王廷相即有类似
奏折：

　　　　拟请旨饬下沿海各疆臣，令将海防兵备从新整顿，其将弁之萎懦

---

① 军机处录副奏折，御史吴鸿甲片，光绪二十六年二月。
② 路遥主编：《义和团运动文献资料汇编》英译文卷上，山东大学出版社 2012 年版，第
438 页，另见第 323 页。尚未发现总理衙门的中文原件，但此说和清廷政策一致，多有
记载，想必不是空穴来风。

者亟予更换，其兵力之单薄者酌与增添。至一切操防布置事宜，即责成该将军督抚相机办理，朝廷不为遥制，令其各守封疆，严防海岸。除通商游历各事件俱循照旧约办理外，倘遇有敌船阑入内地，及敌兵上岸情事，该处防营不为阻击，惟该将军督抚是问。①

下半部分所言，与军机处和总理衙门处理沂州事件和三门湾事件的策略不谋而合。既要强硬和主战，又要不违背国际法和不给列强以口实。只是后半部分内容清廷对外没有相关表述，外界遂觉得清廷在国力衰弱的情况下主战是孤注一掷和不可理解。丁韪良译《万国公法》第四卷第一章第八节说：从前双方交战，必先派人通知对方，"今时之例，惟于己之疆内先行颁诏，预告交战，限制己民与敌往来，并言其所以交战之故"。光绪二十六年对外宣战时出现的问题——列强是与清廷作战还是与义和团作战——从这个奏折的下半部分可以得到解释。这只是一个策略问题。清廷内部的强硬派和总理衙门相折衷，参酌了列强的一些作法，采取了既强硬和主战，又不以国家名义宣战的策略，暗示两国没有失和，总理衙门可以继续外交议和谈判，主战与议和两不误。胶州湾事件后清廷即大略采取暗中主战，也往往要求督抚和将领强硬，但总理衙门和军机处以议和面目示人的策略。光绪二十六年大沽口事件后清廷略加点拨，洋务派恍然大悟，表示大沽口之战是兵将作战而非朝廷之意，仍可转圜。

内政方面基本延续刚毅、荣禄的政策。到光绪二十五年五月，清廷中讨论的核心问题是筹饷兴利之事，这都是和洋务派执政时期差别较大的政策。② 其具体决策及整体方案见于军机大臣世铎奏折，很多京官参与了具体的筹划，也表明刚毅、荣禄的政见完全符合西太后意图。奏折中说：

> 光绪二十五年四月二十八日内阁奉上谕：从来练兵筹饷，事理本属相因。近日朝廷整顿庶务，于筹饷一事尤在所当急。各省关税厘金盐课等项，取之于民者，岁有常经。但使各督抚认真整顿，裁汰陋规，剔除中饱，事事涓滴归公，何患饷源不济。无如封疆大吏瞻徇情面，不能力祛因循积习，以致委员司巡人等窟穴其间，种种侵欺，难以枚举。积弊至此，若不认真革除，日复一日，将复何所底止。著大

① 青岛市档案馆和中国第一历史档案馆编：《胶州湾事件档案史料汇编》上册，青岛出版社 2015 年版，第三部分，第 116 页。
② 恽毓鼎著：《恽毓鼎澄斋日记》第 1 册，浙江古籍出版社 2005 年版，第 191、193 页。

学士军机大臣六部九卿将各省关税厘金盐课详加查核，应如何杜塞漏卮，裨益饷项，总期朝廷不加取于民而国用藉资挹注，以维大局而济时艰。至各部院堂官，如有洞悉各省情形实在可资整顿者，不妨各抒所见，用备采择，务须坐言即可起行，不得以空文敷衍了事，钦此。

……筹饷原以专备练兵……至谓理财以整饬吏治为根本，尤属探源之论。臣等伏见近年以来诏书屡下，于用人理财两事训诫谆谆，尤以勤求民隐为圣意之所专注。比因练兵购械库款不支，不得已申命廷臣集议筹饷，正在剔除中饱、裁革陋规，绝无加取于民之意。……江南地大物博，业经特派刚毅前往，将关税厘金盐课等项实力整顿①。

据上述奏折所言和《恽毓鼎澄斋日记》，徐桐、袁昶、贻谷等都提出了各种剔除中饱的办法。② 这都是光绪二十六年清廷利用义和团时期非常活跃的人物。光绪二十五年六月，刚毅查办后覆奏："自强之道，首在练兵，尤以筹饷为要务。"筹饷"总以杜中饱节糜费为本。奴才平时每如此立论。区区一得之思，但期下无病夫民生，上无失夫政体而已"③。《恽毓鼎澄斋日记》提到，刚毅之意"在力杜中饱，裁节浮费，不欲掊克小民"，表明对刚毅的政见思路相当了解。④ 刚毅在广东筹款时，接见僚属，"常将十六字宗旨明白宣示，谓此行筹款，'上不病国，下不伤民，严绝中饱，裁节浮费'云云"⑤。

到光绪二十五年年底，军机处、户部、荣禄等还和地方督抚如刘坤一、张之洞往返筹商筹饷练兵拱卫京畿之事。⑥ 这是清廷长期推行的政策，主要是民间不知清廷政策详情。直隶民间对京城动向有一些传闻。罗正钧提到，刚毅执政后催促保甲、团练、积谷等事甚急，直隶民间认为兴办保甲是为抽练新军作准备，心生疑虑。⑦ 直隶官府兴办保甲团练告示："保甲所以靖内匪，联庄所以御外侮。保甲户口查清，奸宄无从托足。联庄守望相助，即可为团练之基。无事则各安生业，有警则彼此救援；分之

---

①　朱寿朋编：《光绪朝东华录》第四册，中华书局 1984 年版，第 4389～4396 页。

②　恽毓鼎著：《恽毓鼎澄斋日记》第 1 册，浙江古籍出版社 2005 年版，第 193 页。

③　朱寿朋编：《光绪朝东华录》第四册，中华书局 1984 年版，第 4401～4403 页。

④　恽毓鼎著：《恽毓鼎澄斋日记》第 1 册，浙江古籍出版社 2005 年版，第 200 页。该日记有些内容可能经过事后修改，已非原文。

⑤　路遥主编：《义和团运动文献资料汇编》中文卷上，山东大学出版社 2012 年版，第 216 页。

⑥　赵德馨主编：《张之洞全集》第十册，武汉出版社 2008 年版，第 19～27 页。

⑦　罗正钧著：《劬庵官书拾存》卷一，页三，《清代诗文集汇编》第 780 册。

则自卫身家，合之则共维大局。既非抽丁当兵，又非征调远出，不过以本地土著之人，各自保卫桑梓，绝无丝毫扰累。"①

　　以下是世铎、荣禄、刚毅和徐桐的相关奏折，很多内容前人提及过，只是没有从整体政见的角度看待之：

　　世铎：

　　　　光绪二十五年五月，奏为遵旨会议各省关税厘金盐课事。
　　　　六月，奏为遵旨会议徐桐等就关税厘金盐课及铁路矿物各项酌定章程事。

　　荣禄：

　　　　光绪二十四年五月，奏为遵旨复陈到直隶总督任后筹拟办理吏治军政大概情形事。
　　　　九月，奏为遵旨议奏裁兵请饬令疆臣统筹兼顾事。
　　　　九月，奏为节制北洋各军请简派重臣公同办理事。
　　　　十月，奏为北洋练兵筹饷拟定办法大概情形事。
　　　　光绪二十六年十一月，奏为节制北洋各军钦差大臣关防应即呈缴礼部事。

　　刚毅：

　　　　光绪二十四年三月，奏为杜中饱裁靡费请饬下总署明定章程事。
　　　　三月，奏为为政重在裕民治国宜尊旧制敬陈管见事。
　　　　三月，奏为今靡费练饷为最请饬下各省举行保甲严裁空粮济要需事。
　　　　光绪二十五年四月，奏为驰赴江南查办事件酌带司员前往事。
　　　　五月，奏为遵查江南筹饷办理厘金情形事。
　　　　五月，奏为遵旨确查江南团练保甲积储事宜并现筹整顿情形事。
　　　　五月，奏为查阅沿江炮台营伍详细情形事。
　　　　五月，奏报筹议江苏撙节冗费情形事。
　　　　六月，奏为整顿江苏厘捐及关税盐务酌提盈余并裁并局所事。

---

　　①　路遥主编：《义和团运动文献资料汇编》中文卷上，山东大学出版社 2012 年版，第 207 页。

九月，奏为沥陈筹饷利弊以济饷源事。

徐桐：

光绪二十四年三月，奏为时事日亟请召湖广总督张之洞来京面询机宜事。

五月，奏为荣禄请兼兵部尚书衔事。

十一月，奏为直陈慎选贤事。

光绪二十五年二月，奏为遵旨议奏董福祥奏保肃清回匪出力员弁分别准驳事。

五月，奏为敬陈各省整顿轮船电线路矿等管见事。

由此可见，胶州湾事件后清廷采取的自强方略并非仅是刚毅的主张，大力推行者也有荣禄。二人政见有些差异，但总体上是相通的。世铎、荣禄、刚毅和徐桐的整体政见思路相同，只是荣禄偏重军事，刚毅偏重筹饷和吏治，徐桐偏重提出建议，世铎则充当牵头和召集人的角色。刚毅在各地巡查的情况较多，清理地方财政又损害地方督抚切身利益，致为地方督抚反感。徐桐的活动多在京城，和地方督抚交集不多，事后揭其秘者亦来自京城。荣禄统兵，其他方面的公开活动较少，致外界对其印象和政见较为模糊。光绪二十五年三月十八日《新闻报》"西报照译"记载："《字林西报》载访事人来函云：刻下中国大权俱由荣、刚二大臣执掌，皇太后颇为倚任；而二大臣所主持之一切政务，皆由太后出名。荣大臣近有独握兵政之意，刻下所辖直隶各军，不下七八万人，皆系劲旅。惟朝中之事，刚大臣主政居多，故与维新党人颇甚不惬，荣大臣则尚能休休有容云。"①外界看到荣禄貌似非常和善，搞不清荣禄的具体政见；维新派抨击荣禄，但涉及荣禄具体政见的文字并不多。

确切地说，义和团事件前后的清廷决策层是以西太后为核心，按照西太后政见意图形成的决策圈。清廷利用义和团对外宣战发生在西太后训政时期。诸多政策、言论和主战氛围源自胶州湾事件后的中外局势变动，是京畿地区主战派对巨野教案后列强随意出兵占领中国海口实行瓜分的反应。光绪二十六年对外宣战后的很多策略、语言，如筹饷练兵、保全疆

① 路遥主编：《义和团运动文献资料汇编》中文卷上，山东大学出版社 2012 年版，第 181 页。

土、以备战促和谈并不惜开战，军队与团练相结合，以及如何从国际法角度说明，在之前的京畿地区皆已具备。对外宣战的条件方面"断无衅自我开""万不能忍之事"、宣战后反对议和"万无即行议和"、反对洋务派不必"专恃折冲樽俎"都是相同的。这些方面都证明光绪二十六年对外宣战是光绪二十五年总体政策的延续。至于敌强我弱的形势，上谕中也是明确指出的，显然也是熟知的，这和东南地区差别是并不大的。在这种形势下对外强硬，是因为京畿地区对中外形势、军事战略等很多方面的考虑，和东南省份有所不同。对外宣战之前，荣禄和刚毅等已经在军事布局方面做了很多准备，有一定的军事自信：第一，到光绪二十五年四月，清廷已经认为练兵初见成效，这是其倾向于强硬和抵抗的军事基础。[1] 第二，在长江流域，各省督抚联络一气，做了不少准备。[2] 第三，在山东，调袁世凯部入驻，清廷及荣禄对袁世凯在山东推行筹饷练兵政策非常关注，袁世凯也在奏折中表示赞同和执行清廷筹饷练兵政策，其所部军队一直归荣禄指挥，具体情况向荣禄报告。[3] 第四，主要是在海军方面因缺乏经费，进展不大。[4] 第五，西太后对京畿地区宋庆、马玉崑、袁世凯等部的战斗力颇为自信。[5] 第六，德国在山东兵力较小，意大利是弱国，清廷内部有轻敌之心。[6]

这是理解义和团事件前后京畿地区政治真相的关键，也是理解京畿地区何以广泛支持义和团的关键。到民国时期，德国占领胶州湾与义和团运动之间的关系已为人注意，其对中华民族情绪的影响也非常深远，到第一次世界大战时期，"此恨此耻尚存于我国爱国国人之心中，故参加欧战反抗德人，为我国人于国耻上、公道上一致乐为之"。不过，民国时期对胶州湾事件之后清廷对外政策发生的变动，还无法系统描述。[7]

外界对清廷的政策变动有所了解，主要是无法整体把握，也不了解清廷内部决策机制。《汪康年师友书札》载湖南人梁焕奎信："广州、三门两处交涉，近日究竟何若？朝廷密谕疆臣备战，不知究何所恃？"[8]《清议

---

① 朱寿朋编：《光绪朝东华录》第四册，中华书局 1984 年版，总第 4365 页。

② 朱寿朋编：《光绪朝东华录》第四册，中华书局 1984 年版，总第 4456 页。

③ 骆宝善等编：《袁世凯全集》第五卷，河南大学出版社 2013 年版，第 368~370 页。

④ 朱寿朋编：《光绪朝东华录》第四册，中华书局 1984 年版，总第 4147、4148 页。

⑤ 朱寿朋编：《光绪朝东华录》第四册，中华书局 1984 年版，总第 4386 页。

⑥ 中国社会科学院近代史研究所编：《义和团史料》上册，中国社会科学出版社 1982 年版，第 246 页。

⑦ 中国社会科学院近代史研究所编：《义和团史料》上册，中国社会科学出版社 1982 年版，第 277 页。

⑧ 上海图书馆编：《汪康年师友书札》2，上海书店出版社 2017 年版，第 1702 页。

报》注意到维新变法后清廷政策的巨大变化："自去年政变以来，彼顽固守旧诸大臣亦知外侮内讧，祸患日亟，咸以强兵富国为要图。乃所谓强兵者，则荣禄但于京城设立武卫五军，一若京畿为首善之区，该处有此练军，即可以摄敌人之心，而寒奸民之胆。讵料五军将弁我行我法，不受范围，而又有管理神机营之庆王，与荣禄时形不睦，是强兵者卑卑不足道，既如彼矣。而所谓富国者，又举凡通商、开矿、创铁路、兴制造及一切天地自然之利绝不讲求，而惟知剜肉医疮，罗雀掘鼠。"①维新派如康有为事后也注意到光绪二十五年年底清廷对外强硬上谕，判断和清廷在光绪二十六年利用义和团及对外宣战具有一脉相承的关系。推论异常准确，只是没有提供确切的事实链条：

> 查去年十一月有上谕："近者外洋以强力压中国，各督抚皆心存一'和'字于胸中，殊可痛恨。后此如各国有事，各督抚一面开仗迎拒。"当其时并未有外国侵犯之事，无端忽下此上谕者，实亘古未有之奇闻，即国强兵壮，尚不当如此。故二十日大沽开炮之事及义和团之乱，皆此上谕主持之。当发上谕时，荣禄亲在军机。近者诸变，荣禄实总国权、政权、兵权皆在伊一人之手。②
>
> 盖结拳匪杀西人御外国之举，其根因实由去年十二月废立而来。去年废立之举，实因前年八月之变而出。前岁八月之幽圣主而欲弑之，实荣禄、刚毅主持之，庆王、端王翼成之。既幽之年余，日思所以废弑而别立新主。至十二月诸贼定谋，于是西后立端逆之子，而无端先下一诏，谓外国以强凌中国，各督抚皆预存一'和'字于胸中，殊可痛恨。后此有衅，各督抚即开炮迎敌。其因恶新法而仇外人，已可见矣。此事皆荣禄、刚毅、庆王等主之，盖诸人前既废上，实有骑虎难下之势，理固然也。③

地方督抚层面对清廷政策变动也是知情的，这类备战事情也往往和荣禄函商，也熟悉十月十九日备战上谕及其和三门湾事件的关系，主要是对

---

① 路遥主编：《义和团运动文献资料汇编》中文卷上，山东大学出版社 2012 年版，第 216、217 页。

② 路遥主编：《义和团运动文献资料汇编》中文卷上，山东大学出版社 2012 年版，第 381 页。

③ 路遥主编：《义和团运动文献资料汇编》中文卷下，山东大学出版社 2012 年版，第 441 页。康有为的分析思路大略相同，见《清议报》第 4 册，第 3293 页。

清廷内部决策机制和对外语言体系了解不多。①

令人遗憾的是，京畿地区的这种舆论倾向与其他地区差异太大，不透明也不为外界所知，舆论支持者不多，也没有形成确切和系统的结论。光绪二十六年六月一日《知新报》："中国今日危弱至此，正各国欲多取利益而苦无借口之时。今该团乃仇杀洋人，是惟恐洋兵之不来，瓜分之不早，急煽乱以招之也。亲王贝子某大员等，宜如何速议扑灭，以安外人，乃反称该团为忠义而保护之，是明明政府亦有意仇杀外人也。但不知西兵大至时，政府将何以御之？"②

巨野教案之后，清廷对外政策逐步强硬和主战，总体目标是应对列强瓜分。其后，废立事件、京畿地区民教矛盾与义和团的兴起、满洲王公势力卷入和列强出兵干涉中国内政，种种突发因素叠加，使得清廷在延续胶州湾事件后武力抵抗列强进攻的因素之外，驱夷的因素逐渐占据主导。如果没有这些突发因素，清廷利用义和团的事件会以类似于三门湾事件那样在沿海武力抵御列强军事扩张活动的形式发生，战争规模会小一些，但清廷的很多策略和语言诸如不以国家名义宣战仍然会延续，内部分歧会依然存在，但不会像东南互保那么公开对立。

维新变法后到光绪二十五年年底，清廷内部还是高度一致的，也是清廷反复强调的，如光绪二十五年十一月上谕说："训政以来，上下一心，宫府一体，勤求治理，绝无异同。"③李希圣《庚子国变记》：

> 自戊戌以后，（刚）毅与荣禄枋政，拟于共和，荣禄主兵，而毅喜言利。康有为走海外，为书丑诋太后，辞连上躬，毅献之，欲遂行大事。荣禄曰："太骤，将有变，不如徐图之。"及立大阿哥，禄定策为多，而毅弗与，毅已心望不能平。拳匪起，毅欲专大功，倾禄，禄颇示异同，故与禄交恶。禄善为诡合，毅刚愎过于禄，而巧诈不如，叔事李连英，公与上为仇敌，擢用满人尤力，至谓"中国强，满洲亡"。毅阳为公廉，馈遗无所受，然尝以多金坐市求利，不能售其欺也。④

① 赵德馨主编：《张之洞全集》第十册，武汉出版社 2008 年版，第 27 页。

② 路遥主编：《义和团运动文献资料汇编》中文卷上，山东大学出版社 2012 年版，第 330 页。标点参阅原刊。

③ 朱寿朋编：《光绪朝东华录》第四册，中华书局 1984 年版，总第 4454 页；中国第一历史档案馆编：《光绪朝上谕档》第二十五册，广西师范大学出版社 1996 年版，第 345 页。

④ 中国史学会主编：《中国近代史资料丛刊》（《义和团》第一册），上海人民出版社 2000 年版，第 30 页。

第三章　颐和园谋划与京畿地区事态
走势的变化

第一节　颐和园谋划及其传闻

光绪二十五年年底开始，清廷对义和团的政策变动逐渐成为焦点。京官作品对清廷对待义和团的政策捉摸不定，觉得某些时期政令混乱，"或剿或否，毫无宗旨"，有很多推测。[1] 对照清宫上谕原件，其中包含着一个熟视无睹的奥秘。外界包括翰林院编修和地方督抚等接触到的刊登在京报中的明发谕旨"内阁奉上谕"不完整，只是简单的"上谕""奉上谕""谕军机大臣等"和"谕内阁"等较为简单的文字，和常态情况并无差异，缺少西太后召见等上谕出台背景、渠道方面的关键信息。外界所见邸抄，"仅有上谕，并无折底、宫门抄"，难以掌握相关决策过程。[2] 仲芳氏《庚子记事》《拳时上谕》及《清实录》所收义和团时期"内阁奉上谕"皆是如此，常见的反应是揣摩上谕内容，如杨典诰在《庚子大事记》、恽毓鼎在《庚子日记》及两江总督刘坤一和两广总督李鸿章。[3] 报刊中的反应大略相同。[4] 柴萼《庚辛纪事》仅收录明发上谕，对密旨情况并未收录，说"当光绪二十六年三月，至八国联军入京之日止，一切诏谕，大半出于连文冲及启秀二人之手"，"总之，此项诏谕，皆系护匪诸臣所矫发，德宗绝未顾问也。东华录不载，诸野史只收其一鳞片羽"。这就无法使人完整掌握清廷内部

---

[1]　中国社会科学院近代史研究所编：《庚子记事》，知识产权出版社 2013 年版，第 217 页。
[2]　中国社会科学院近代史研究所编：《庚子记事》，知识产权出版社 2013 年版，第 51 页。*North China Herald*，July 4，1900.
[3]　中国社会科学院近代史研究所编：《庚子记事》，知识产权出版社 2013 年版，第 81 页；北京大学历史系：《义和团运动史料丛编》第一辑，中华书局 1964 年版，第 58 页。
[4]　路遥主编：《义和团运动文献资料汇编》中文卷上，山东大学出版社 2012 年版，第 346、347 页。

决策情况。① 明发上谕内容前后矛盾的较多，对其进行综合分析，揣摩清廷意图，颇费思量，如刘坤一。又如鹿完天《庚子北京事变纪略》光绪二十六年六月二十五日条："二十五日，无事，惟买来京报数册，披阅之下，不胜骇然。五月二十四日上谕，调各省兵丁来京。六月初六日上谕，令各省教民反教。二十二日上谕，又云保护使臣及各处教士。前后不符，不知何故。此二十五日之大概情形也。"②张謇日记："前后朝旨时有矛盾。"③胡思敬《驴背集》："朝廷办义和拳诏书，前后反复，不类一人一时所为。"④对其成因则只有推测，如六月十五日盛宣怀电袁世凯："胡云翁能知枢府情形，何以初七同日谕旨两歧如此。使馆究派何军保护，何以一面保护一面攻打。"胡云翁即胡燏棻。六月十六日袁世凯电盛宣怀："两歧事，想一由两宫，一由王公，号令不一，奉行甚难。"⑤这就为事后认定一些上谕是某些满洲王公矫诏，荣禄上下其手推卸责任提供了条件。地方督抚不清楚一些明发上谕的出台意图，到处打探内情。列强驻华公使挑选那些对义和拳有利的上谕与总理衙门交涉，要求清廷发布镇压的上谕。京官作品显示，作者对明发上谕可以通过邸抄和传阅获知，对廷寄谕旨"谕军机大臣等"密旨仅可通过私下渠道和传闻获知一二，缺失很多关键信息，无法掌握清廷整体动向。⑥ 这导致清末民初时期掌握的义和团历史半为事实，半为传闻。后来的研究者延续了京官作品的思路，侧重综合分析上谕内容，并对其中矛盾现象进行种种推测和评论，并未解释其确切来源和成因，对相关的清廷对外目标变动、对外策略形成和内部决策机制方面的东西关注较少。究其原因，与义和团事件之后一些京官作品出自为清廷推卸责任目的，较多地追究某个具体的支持义和团的上谕是何人所拟，意在显示一些上谕的出台非朝廷之意，不是国家政策有关，实际是转移了视线，把研究者引入歧途。1951 年，神州国光社重印《庚子国变记》时，仍无法利用清宫档案原件和公开刊印的上谕作对照，更无法进行这方面的研究。

① 中国史学会主编：《中国近代史资料丛刊》（《义和团》第一册），上海人民出版社 2000 年版，第 303 页。
② 中国史学会主编：《中国近代史资料丛刊》（《义和团》第二册），上海人民出版社 2000 年版，第 423 页。
③ 张謇研究中心编：《张謇全集》第六卷，江苏古籍出版社 1994 年版，第 442 页。
④ 中国史学会主编：《中国近代史资料丛刊》（《义和团》第二册），上海人民出版社 2000 年版，第 520 页。
⑤ 骆宝善等编：《袁世凯全集》第五卷，河南大学出版社 2013 年版，第 583、584 页。
⑥ 中国社会科学院近代史研究所编：《庚子记事》，知识产权出版社 2013 年版，第 144 页。

该书序言说：

> 《西巡回銮始末记》其中所录的上谕和国书，许多文字间和《东华录》上所录的很不相同。起初我本想依照《东华录》上的一一校勘过的，但是后来看到许多上谕又为《东华录》上所没有，而文字不相同的却有好些，比较《东华录》上的还要合于当时底情形，因之，我便放弃了那项工作。《东华录》本是一种官书，关于庚子事件的上谕的存录，它已经有了一段声明，说是"凡关于战事者，概置不录，以昭谨慎"。那么，说不定已录的也都是经过了一番修改的。①

京官通过日常交往，获知京城一些传闻，了解一些蛛丝马迹，对事件有一些独立思考，提供了现场当事人有价值的线索，这是其优势；但他们大多不是清廷核心决策层，不掌握军机处的一些机密资料，难以全面、系统、精确地描述清廷决策过程。现代学者可以穷尽各方资料，以第三方视角客观审视，具有研究优势。清廷一系列与义和团的上谕发布之后，相关各方很快有所反应，军机处、总理衙门、地方督抚存在确切的联动关系，清宫档案公布后各方情况有据可查。列强驻华使馆对这些上谕有反应，向总理衙门交涉，外文资料具有旁证作用。各方记载互相质证，事件的主线索在清廷政策及其演变方面是清楚的，也是确凿无疑的。

甲午战争后，山东义和团反洋教活动源自山东西南部的大刀会，以后逐步北移，山东西北部的神拳和梅花拳练习者逐步卷入，呈现出拳会的方式，不同于甲午战争前的官绅反洋教及长江流域的哥老会反洋教。大刀会反洋教的最初起因，总理衙门是掌握的，也的确呈现出与前不同的拳会形式。光绪二十二年十二月，总理衙门奏："查砀山焚毁教堂一案，系旗丁庞三因被教民抢麦起衅，先后焚烧刘堤头、侯庄等处教堂，教民受伤身死。该旗丁又勾引大刀会匪三四百人入境滋扰。经两江督臣刘坤一、山东抚臣李秉衡调拨营队会同剿办，先后擒获匪首刘士端等三十余名，讯明正法，解散余党，一面议赔教士七千余串完结。"②大刀会反洋教后，山东西部反洋教出现一些以前山东西部士绅反洋教没有的倾向，如"扶清灭洋"。"扶清灭洋"的口号，和南方的会党似乎存在某种关系。山东西南部正是哥老会的一个重镇。光绪十八年，薛福成在日记中记载，哥老会"惟直

----

① 中国历史研究社编：《庚子国变记》序言，上海书店出版社1982年版，第11页。
② 朱寿朋编：《光绪朝东华录》第四册，中华书局1984年版，总第3929页。

隶、山西两省无之，山东之兖、沂、曹、济亦多传染；湖南行军日久，传衍尤多。其头目或当散勇，而营官百长之资格有转出其下者，昼则拜跪于营官等之前；会中有事，传集其党于山谷间，夜升高座，营官等反拜跪之，或杖或罚，无敢哗者。粤寇既平，乃更传其教于乡，谓之造台放飘，诸恶少游勇皆归之。曾文正之议，谓但当问其匪不匪，不当问其会不会。"①此时，多数京官并不清楚大刀会反洋教详情。《恽毓鼎澄斋日记》光绪二十二年五月二十九日条："闻徐州民聚众焚教堂、戕外国教师，众约万余人，竖旗大书'报仇雪耻'四字。两江刘制军电奏请剿，尚未知庙谟如何。……（按此即义和团之先声。盖国民愤外人之侵凌，蓄致死之心已久，固有触即发，在上者复导扬而利用之，乃溃败决裂而不可收拾矣）"②清廷谕令刘坤一和李秉衡迅速镇压大刀会，"如敢抗拒，即就地剿除"③。但李秉衡在奏折中没有详细说明。光绪二十二年六月，李秉衡"奏办理曹单等处会匪情形折"：

> 臣查大刀会即金钟罩邪教，由来已久，虽经地方官示禁，根株总未能绝。上年海疆不靖，民间以此教可避枪炮，传习愈多，几于无处不有。其愚者以为可保卫身家，其黠者遂借以逞其凶暴，兼以外来游匪从而煽惑，渐至聚众生事。若不先行解散，一概剿捕，恐激则生变，转至结成死党，为患滋大。先由臣出示晓谕解散胁从，并饬毓贤等周历劝导，以安人心，必其大股抗拒者，饬即严行剿办。④

光绪二十五年年底，清廷对待义和团的政策发生变化：

> 光绪二十五年十二月十一日，内阁奉上谕：近来各省盗风日炽，教案叠出，言者多指为会匪，请严拿惩办。因念会亦有别。彼不逞之徒，结党联盟，恃众滋事，固属法所难宥。若安分良民，或习技艺以自卫身家，或联村众以互保闾里，是乃守望相助之义。……严饬地方官，办理此等案件，祗问其为匪与否，肇衅与否，不论其会不会、教不教也。吾民亦当以保卫桑梓身家为念，勿听煽惑以构祸兴戎，勿挟

① 薛福成著：《薛福成日记》下册，吉林文史出版社2004年版，第770、771页。
② 恽毓鼎著：《恽毓鼎澄斋日记》第1册，浙江古籍出版社2005年版，第102页。
③ 朱寿朋编：《光绪朝东华录》第四册，中华书局1984年版，总第3802页。
④ 戚其章辑校：《李秉衡集》中，中华书局2013年版，第537页。

威势以欺侮乡里。①

　　研究者从维新变法和帝党、后党之争的角度分析上谕出台原因的方法并不准确，也没有发现确切证据，其实上谕的出台和维新变法后禁止集会结社和学会无关，最初出面反对的王文韶和奕劻也不是帝党，相关研究罗列一些主张利用义和团的是后党，但并不能确切指出哪些主张镇压义和团的是帝党。② 光绪帝当然主剿，但很多主剿者未必以其为核心，实际京城剿抚双方很多都是后党集团中的核心人物。维新变法后清廷查禁"联名结会"的上谕内容，如"名为劝人向善，实则结党营私"等也和上述上谕内容完全不同。③ 报刊中记载的这个十二月十一日上谕意思大略相同，但内容差别很大。一般的反应是采取赞赏的态度，并不认为这是鼓动反洋教。④ 也就是说，清廷内部的变化此时还没有引起报刊舆论的关注。这段上谕中的倾向是以前没有的，如说的"会"包含"安分良民""习技艺以自卫身家"，实际就是设厂习拳，正是描写毓贤在山东采取的以拳会方式办理团练自卫身家的情形。光绪二十五年七月，山东巡抚毓贤在给直隶总督裕禄的一份电报中提到，"刀拳各会，良莠不齐"，采取"凡安分者，自保身家，原不禁止；若真有捉人勒赎、抢掠无忌情事，亦即派队查拿"的政策，和上谕观点如出一辙。⑤ 以后毓贤被称为祸首，罪名是他向满洲王公宣扬义和拳神术。这里的满洲王公，一般认为是载漪和载澜。罗正钧在一封信件中说："嘉庆时义和拳之名已见那公奏章。上年东抚毓贤入觐，谓义和为山东村名并非邪教，以渎圣聪。"⑥罗正钧关于毓贤说义和为村名的说法看来是传闻，但毓贤显然向清廷传递了山东义和团的信息。从上谕揭示的情况看，"众志成城"和"守望相助"是光绪二十五年五月清廷催促各

---

① 故宫博物院明清档案部编：《义和团档案史料》上册，中华书局 1979 年版，第 56 页。

② 周锡瑞著：《义和团运动的起源》，江苏人民出版社 1998 年中译本，第 318、319 页。另有一些不着边际的解释，出自非专业研究者之手，参考和引用价值不大，例如被称为"更关键是靠谱"的金满楼《1900：北京的春天有点乱》（中国文史出版社 2012 年版）在关键问题上的解释堪称不着边际和不知所云，见该书第 67、89、156、157 页以及序言第 5 页。很多类似作品，远远没有达到清末民国时期的水平，如《庚子事变文学集》中所收的一些东西，不一一列举。

③ 中国国家博物馆编：《郑孝胥日记》第二册，中华书局 2016 年版，第 690 页。

④ 路遥主编：《义和团运动文献资料汇编》中文卷上，山东大学出版社 2012 年版，第 231、232 页。

⑤ 北京大学历史系编：《义和团运动史料丛编》第二辑，中华书局 1964 年版，第 44 页。

⑥ 中国社会科学院近代史研究所编：《义和团史料》上册，中国社会科学出版社 1982 年版，第 365 页。

省办理团练上谕中使用的字眼，但十月二十六日军机处尚不清楚山东大刀会和红拳会等组织的详情，也要求查禁这类组织，[①] 毓贤也未向军机处透露事情，显示毓贤和军机处之间尚存隔阂，说明是毓贤通过非军机处渠道传递的信息。

考虑京城兴起的备战风气，事情就一目了然。毓贤向满洲贵族宣扬义和团神术，乃是恰逢清廷对外政策趋向强硬，京城盛行团练和军队相结合以备战抵制列强的思路，毓贤的渲染才能大行其道，但满洲王公利用义和团又确有自己的目的和发挥。各省举办团练的形式不尽相同，乡民设厂习拳自卫身家明显是山东办理团练的特征，其余各省无此办法。据彭虞孙说，"时奉文举办团练，当轴韪其义举，不加深察，一视同仁，意谓寓兵于农，正可备御侮之选，故有练习技勇保卫身家例所不禁之示"。设厂习拳、良莠不齐、自卫身家等，都是山东官府文件中常见字眼。再如，漕运总督陈夔龙上任时致荣禄密信中说的一些话，也和山东官府描写曹州府一带的很多用词相似："此间界连三省，民情强悍，时有盗会各匪勾结为患。幸辖境防营节节布置，地方尚觉安谧。""自入江北徐州境后，沿途查看，人情强悍，盗劫层出，全赖防营层层密布，以资弹压。盖自发匪之乱，江南督抚拘守一隅，威令不行于江北。惟漕督屹然重镇，挹挂于东、皖、豫交界之间，所从来远矣。"[②]参考此种说法，甲午战争后山东西部拳会兴起的地区，实际就是咸丰、同治年间官府办理团练的主要地区山东西部运河以东。此时办理团练采取的民间拳会和团练结合组织形式，在甲午战争后沿袭。咸丰、同治年间翁同龢经过时，所见山东运河以东地区圩寨林立的情况，大体就是团练较盛的表现。咸丰、同治年间的山东团练情况，官府奏报较为丰富，但缺少细节和民间资料。例如，奏报中提到办理团练时"延请教师，收录确有身家来历之人，随时教习技艺"的情况，也提到兖州、曹州、济宁等地"地处冲要"地区团练较有成效的情况，但并没有州县官方面详细说明的资料。[③] 因《山东义和团案卷》出版较迟，清末民国时期外界长期不清楚山东拳会的具体表现，而是较多地依赖劳乃宣和蒋楷的作品。

光绪二十五年十二月，袁世凯任山东巡抚，正和直隶总督裕禄一起查

---

① 中国第一历史档案馆编：《光绪朝上谕档》第二十五册，广西师范大学出版社 1996 年版，第 135、326 页。

② 《近代史所藏清代名人稿本抄本》第一辑 68，大象出版社 2014 年版，第 60、62 页。

③ 参见崔岷著：《山东"团匪"：咸同年间的团练之乱与地方主义》，中央民族大学出版社 2018 年版，第 48、53、56 等页。

禁拳厂，上谕发布与之无关。

十二月十一日上谕的发布也和军机处、总理衙门的措施不相衔接，但在一些语言和精神方面有共通之处。上谕档的出版提供了一些新的信息。原来，戊戌变法后的军机处在处理教案问题上的态度较为宽松，并非沿袭洋务派故套。此派的内部分歧主要表现在查禁还是利用义和拳会上，在处理反洋教活动方面态度相似，迅速镇压或严厉剿捕之类的措施非其所愿，这是其整体政治倾向的一部分。光绪二十四年五月二十四日上谕还要求各省督抚保护教堂，将防范不力地方官照总理衙门奏定新章从严惩办。① 十一月二十六日军机大臣字寄各将军督抚，在说明让各省将军督抚兼任总理衙门大臣，参与处理涉外事件后说，"各该将军督抚等身膺疆寄，责在治民，自当以守土为重，爱民为先，不得以孟浪为率作兴事之谋，亦不得以推诿为取巧卸责之地"②。其具体处理教案政策确定于山东平原事件之后，乃军机处在十月十八日依据山东巡抚毓贤关于平原县民教不和奏折，"公同商酌，事关牵涉教案"，通过寄信谕旨发出。③ 十至十二月军机大臣字寄形式发给山东巡抚袁世凯的一系列上谕体现了此派的思路，如强调利用民心，整顿吏治，也强调持平处理教案，但反对使用兵力过分镇压，也不愿过分牵连，强调化大为小，化有为无，各了各案。使用的一些办法如"弹压解散""晓谕解散"为光绪二十六年清廷利用义和团时期常见字眼。④ 十月十九日清廷对外强硬上谕发布后，军机大臣字寄上谕仍然沿袭了这类精神，态度较为温和但并无支持和利用义和团的表示，同时要求袁世凯加强防范意大利兵船：

> 军机大臣字寄工部右侍郎袁、山东巡抚毓，光绪二十五年十月十九日奉上谕：近闻山东各属时有匪徒借仇教为名，聚众煽惑，屡酿巨案，若不早加镇慑，势将滋蔓难图。著毓贤体察情形，密饬地方文武加意抚绥弹压，务期消患未萌。又自上月以来，意大利兵舰多艘游弋烟台等处，殊为巨测，东海边防尤应及时筹备。著袁世凯酌拨所部各

① 中国第一历史档案馆编：《光绪朝上谕档》第二十四册，广西师范大学出版社1996年版，第242、243页。
② 中国第一历史档案馆编：《光绪朝上谕档》第二十四册，广西师范大学出版社1996年版，第583页。
③ 中国第一历史档案馆编：《光绪朝上谕档》第二十五册，广西师范大学出版社1996年版，第307页。
④ 中国第一历史档案馆编：《光绪朝上谕档》第二十五册，广西师范大学出版社1996年版，第312、354、370页。

营，选派得力将官，统带操演行军队先赴德州，迤逦而前，绕往沂州一带地方相机屯扎，随时操练，借可就近防范。①

十月二十六日军机大臣字寄山东巡抚毓贤，令对山东地方大刀会、红拳会各种名目"严行禁止"。② 十一月四日上谕令毓贤进京陛见，山东巡抚由袁世凯署理。十一月二十七日，军机处寄署理山东巡抚袁世凯电旨："拳民聚众滋事，自无宽纵酿祸之理。惟目前办法，总以弹压解散为第一要义。如果寻击官兵，始终抗拒，不得已而示以兵威，亦应详察案情，分别办理，不可一意剿击，致令铤而走险，激成大祸。著袁世凯相机设法，慎之又慎；严饬吉灿升、马金叙等随机因应，各了各案，毋轻听谣传，任令营员贪功喜事，稍涉操切。倘办理不善，以致腹地骚动，惟袁世凯是问。"③十二月五日，袁世凯电军机处，已"训诫各营员，总先以晓谕解散为主，毋轻用兵"，"并拟分选公正绅士，随同解谕"。④ 但发生反洋教活动后，军机处也要求袁世凯赶紧缉拿肇事人，并未支持反洋教活动，也无利用大刀会和义和团的表示。⑤ 十二月十一日支持义和团的上谕，也含有整顿吏治与民休息利用民心、持平处理民教案件、化大为小化有为无方面的内容，但"会亦有别""地方官办理此等案件，只问其为匪与否，肇衅与否，不论其会不会、教不教也"的思路为此前军机处所无。⑥ 之后军机处在处理湖南、贵州和反洋教无关的会党滋事时，也大体采取严缉首要，"其误被诱胁之良民许其自拔投诚，妥为安插"的办法，这又和光绪二十六年八月清廷镇压义和团时期采取的"拳民多为拳匪所'胁迫'，令其缴械解散"的实际做法相似。⑦ 另有"查拿首要，解散胁从"的做法，也为处理会党滋事时常用，如光绪二十七年十二月军机大臣字寄广西巡抚关于处理会党滋事的上谕中，令地方官"密拿首要，解散胁从，毋任滋生事变"，

① 中国第一历史档案馆编：《光绪朝上谕档》第二十五册，广西师范大学出版社 1996 年版，第 312、313 页。
② 中国第一历史档案馆编：《光绪朝上谕档》第二十五册，广西师范大学出版社 1996 年版，第 326 页。
③ 故宫博物院明清档案部编：《义和团档案史料》上册，中华书局 1979 年版，第 46 页。
④ 故宫博物院明清档案部编：《义和团档案史料》上册，中华书局 1979 年版，第 48 页。
⑤ 中国第一历史档案馆编：《光绪朝上谕档》第二十五册，广西师范大学出版社 1996 年版，第 372 页。
⑥ 中国第一历史档案馆编：《光绪朝上谕档》第二十五册，广西师范大学出版社 1996 年版，第 379 页。
⑦ 中国第一历史档案馆编：《光绪朝上谕档》第二十五册，广西师范大学出版社 1996 年版，第 381 页；第二十四册，第 420 页。

并查办"纵贼枉杀"的官员。① 对反洋教活动采取查拿首要、解散胁从和弹压解散的办法，实即查办为首者，对大多数参与者采取弹压解散、晓谕解散之类劝导化解办法，禁止滥杀和株连。

十二月十一日上谕认定为赵舒翘所拟，赵舒翘在军机大臣上学习行走是十一月十日，因而军机处处理教案的基本态度确定之时，赵舒翘尚未担任军机大臣。十二月十一日上谕发布之后，列强方面进行干涉，要求清廷再发一道查禁反洋教结社的上谕。出面和列强驻华公使接触的是军机大臣王文韶和总理衙门大臣奕劻等人。光绪二十六年正月二十日，总理衙门奏，义和拳名目，久干例禁，要求明降谕旨，令直隶总督和山东巡抚解散胁从，严拿为首之人，从重惩办。② 二十二日，军机大臣字寄裕禄，奉上谕：总理各国事务衙门请饬严禁拳会一折。上年据山东巡抚电称，各属义和拳会以仇教为名，到处滋扰，并及直隶南境一带。叠经谕令直隶、山东督抚，"派兵弹压"。此种私立会名，聚众生事，若不严行禁止，恐无知愚民被其煽惑，蔓延日广。著直隶、山东各督抚"出示晓谕，严行禁止"。俾百姓咸知私立会名，皆属违禁犯法。③ 这个要求，实际是沿袭军机处在处理山东平原事件时确定的原则。山东巡抚袁世凯据此查禁拳厂，直隶总督裕禄令河间府、深州和冀州一带的地方官认真办理，还将支持王庆一的枣强知县凌道增奏准革职。裕禄在奏折中的说法，和军机处"弹压解散"的做法一致，也查禁义和拳会，但谈不上严厉，具体做法是派人带兵会同地方官"妥为弹压解散，并于有教堂之所，拨队保护"，将设立拳场、煽惑滋事首要拿获，交由地方官惩办，"其无知愚民被诱入会习拳者，均令取具妥保，不准再行演习"④。《清史稿》德宗本纪光绪二十六年正月条的一个说法，大体依据本月二十日上谕："是月，拳匪起山东，号'义和拳会'，假仇教为名，劫杀相寻，蔓延滋害。"从此，清廷文件中一般只提义和拳不提大刀会。列强驻华公使向总理衙门交涉，总理衙门表示现在二者都是一回事。英国公使给本国外交文件中，对清廷上谕中一些字眼，如"设厂习拳""私立会名""自卫身家"等没有详细说明，提到义和拳的组织，笼统说一股一股的。直隶总督裕禄根据上谕张贴的告示显示，"私立

① 中国第一历史档案馆编：《光绪朝上谕档》第二十七册，广西师范大学出版社 1996 年版，第 278 页。
② 故宫博物院明清档案部编：《义和团档案史料》上册，中华书局 1979 年版，第 64 页。
③ 故宫博物院明清档案部编：《义和团档案史料》上册，中华书局 1979 年版，第 72 页。
④ 故宫博物院明清档案部编：《义和团档案史料》上册，中华书局 1979 年版，第 69、72、73 页。

会名"，就是"私立义和拳会"。①

　　清廷政策层面的变动和山东巡抚毓贤有关，毓贤、彭虞孙的资料中都出现过"自卫身家"之类的语言，御史如黄桂鋆奏折中也有山东"刀会、拳会与团练相表里"之类和毓贤奏折类似的说法，但并没有十二月十一日上谕中所说"若安分良民，或习技艺以自卫身家，或联村众以互保闾里，是乃守望相助之义"这类较为详细的说法。② 袁世凯任山东巡抚时期，这类说法忽然不见，光绪二十六年三月份的京畿地区又出现这类字眼，只能认为现有山东和直隶官府涉及对外宣战之前义和拳反洋教活动的资料显然有不实不尽之处，表现在没有对"乡民设厂习拳"和"自卫身家"这一现象进行如实描述，实际山东、直隶官府的应对、朝廷利用义和团的政策，以及天主教和八国联军的反应均和这两个特征有关。有的把练习者区分为拳民和拳匪，这是没有把拳民视为一个整体；有的归咎于民间教门，这是把责任推给少数反清分子；有的追查个别传拳者，这就把大多数拳民排除在外；有的利用乾隆、嘉庆年间的资料，其实朝廷宣战上谕明明解释宣战原因和列强侵略有关，有的是欺压平民，有的是欺凌我国家和侵占我土地，这是三十年来出现的现象，道光、咸丰之前并不突出。③ 外界流传的袁世凯在山东境内镇压拳民章程中有这类字眼："拳匪设厂聚众教练之处，经官查出，即将该厂毁平。如在人家聚设，除将该厂毁平外，勿论何人家产，仍将其家产充公具报。"④

　　以往主要是没有说清楚山东西部设厂习拳、团练和反洋教的拳会的关系。在山东西部，这三者还不是等同。主要是有一些拳厂拳民受地方习俗影响私下外出反洋教，但很少以拳厂为单位，到直隶，反洋教活动则基本以拳厂为单位。《山东义和团案卷》和《筹笔偶存》主要描写的是山东大刀会、义和拳会的反洋教活动，其中也显示有一些乡民设厂习拳的情况，如刘士端的大刀会最初是维持地方治安。光绪二十五年十二月，在长清县一带活动的美国耶稣教传教士韩维廉，致函山东官府："春末夏初，拳会场在长清赵官镇、吕家屯等庄设立不下十余处。彼时常有谣言。秋间，抢天

---

① 路遥主编：《义和团运动文献资料汇编》中文卷上，山东大学出版社 2012 年版，第 240 页。

② 故宫博物院明清档案部编：《义和团档案史料》上册，中华书局 1979 年版，第 44、45 页。

③ 故宫博物院明清档案部编：《义和团档案史料》上册，中华书局 1979 年版，第 162 页。

④ 中国历史研究社编：《庚子国变记》，上海书店出版社 1982 年版，第 234、235 页。

主教民，尚不抢耶稣教民。迨秋末，谣传更紧。"①同月，韩维廉致函山东省洋务局：长清县"赵官镇拳匪日盛，会场愈多，吕家屯、朱家楼均有会厂。齐、长、平、肥等邑之害，俱由长清会厂而起"②。齐、长、平、肥分别指齐河、长清、平原和肥城县。毓贤向满洲王公渲染的是乡民设厂习拳活动，官府镇压的是反洋教活动，对乡民设厂习拳处置宽松。在山东，团练、拳厂和拳会反洋教不一致，大刀会、神拳和梅花拳都有设厂习拳的活动，也有很多拳厂和这些武术组织无关，但大刀会、义和拳卷入反洋教活动后，发展到直隶，很多民间设立的拳厂打着大刀会与义和拳的名义，并不打着梅花拳或少林拳之类名义，而大刀会和义和拳之出名乃在于反洋教活动，这就使其成为反洋教的组织，民间设厂习拳目的是和教民对抗。在山东省，常见官府在查禁反洋教活动时，对各村落拳厂处理较为宽松，各村落拳厂也未必卷入反洋教活动；但在直隶，官府常见的措施是查禁各村落拳厂，对拳厂参加者一律罚款，官府说法也常见以拳厂为单位，如清军将领梅东益向直隶总督裕禄报告中有"他村拳场，闻未散尽"；裕禄电总理衙门，有"聚众设立拳厂"之类说法。③ 这是山东省不存在的局面，原因就在于直隶的反洋教活动常见以拳厂为单位，群体性很强；山东省则否，以来自各村落的拳民临时聚集异地反洋教居多，官府处理方式也不一样；但二者的名字也大多叫大刀会、义和拳会，这是各拳厂组织方式和功能有所不同的缘故。④ 清廷作出利用义和拳的决策也是依据拳厂的表现，和民间教门殊无关系。光绪二十六年五月十八日刚毅在奏折中说：良乡县城一带"各乡村镇，均设有拳厂，声言灭洋。虽烧符降神，迹近邪术，然市面买卖照常，尚无骚扰。闻拳民等所食，仅小米杂粮，不茹荤酒，持戒甚严"⑤。这类描写明显是以拳厂为单位，拳厂的很多特征明显是山东所不具备的，但称为"义和拳会"明显源自山东西部的梅花拳反洋教。且梅花拳又不是练习刀枪不入，赵三多将自己的一支梅花拳改名为义和拳后，各地陆续有反洋教组织打着义和拳的旗号，情形和大刀会相似。官府通常愿意将这类反洋教活动归之于少数人，一些民间教门分子便顺势被官府视

① 中国社会科学院近代史研究所、中国第一历史档案馆合编：《筹笔偶存》，中国社会科学出版社 1983 年版，第 75 页。
② 中国社会科学院近代史研究所、中国第一历史档案馆合编：《筹笔偶存》，中国社会科学出版社 1983 年版，第 82 页。
③ 北京大学历史系编：《义和团运动史料丛编》第二辑，中华书局 1964 年版，第 25、85页。
④ 参见吴宝晓著：《京畿义和团运动》第二章，学习出版社 2016 年版，第 141 页。
⑤ 故宫博物院明清档案部编：《义和团档案史料》上册，中华书局 1979 年版，第 137 页。

为首领。义和团事件之后清廷基本是从设厂习拳角度说明义和团，和天主教资料如《献县教区义勇列传》和《拳时北京教友致命》的做法是一致的。光绪二十六年十二月上谕指定了义和团事件的责任人，说"诸王大臣""昏谬无知，嚣张跋扈，深信邪术，挟制朝廷，于剿办拳匪之谕，抗不遵行，反纵信拳匪，妄行攻战。……复主令鲁莽将卒围攻使馆"①，阐述了义和团事件的来龙去脉："夫拳匪之乱与信拳匪者之作乱，均非无因而起。"说民教纠纷起于传教，涞水、涿州义和团焚毁教堂铁路后，派练军弹压，但练军漫无纪律，杀害良民，"而拳匪专持仇教之说，不扰乡里，以致百姓皆畏兵而爱匪，匪势由此大炽。"其后王公大臣中"平时嫉外洋之强而不知自量"，争相习拳。"于是各邸习拳矣，各街市习拳矣。或资拳以粮，或赠拳以械。"②宣战之后军机处所说义和团成因的口径，也是如此，并令外交官向列强"达知中国本意"③。京畿义和团采取以当地流行的家庭结会形式，按照家庭为单位组织，有习拳之家、帮坛之户，首领为首事或香头，大师兄为带队的。只不过官府在处理善后赔款时，为了避免牵连太多人，把大多数参加者和出资帮坛的家庭说成是被胁迫加入。④ 因而，一些作品中包含着一些闪烁其词的语言，如仲芳氏《庚子记事》说，八国联军占领北京后，"更有贫寒之家蹂躏过于富室者"⑤。《纵论义和团》中有："刻北省创痍满地，其受害烈者大抵良善之民、饶衍之家。而前之头裹红巾、手执钢刀者……既败又有厚佣之获。盖今日津地小工每日皆有六、七角工钱，拉人力车者每次亦两三角，终日所获不止一元，若辈什八九皆义和团也。"⑥

报刊报道显示，外界对大刀会自保身家之类的情况有所耳闻，但不清楚山东办理团练详情，不清楚山东团练、拳会和反洋教的关系，对山东团练和拳会相结合的情况并不掌握，说毓贤改拳为团的说法很多，把所有大刀会和神拳练习者都视为反洋教成员，并和东南省份的哥老会等民间组织相提并论。⑦

直到光绪二十六年三月上旬，荣禄、总理衙门及直隶总督裕禄都有一

---

① 朱寿朋编：《光绪朝东华录》第四册，中华书局 1984 年版，第 4612 页。
② 朱寿朋编：《光绪朝东华录》第四册，中华书局 1984 年版，第 4614 页。
③ 故宫博物院明清档案部编：《义和团档案史料》上册，中华书局 1979 年版，第 202 页。
④ 参见吴宝晓著：《京畿义和团运动研究》，学习出版社 2016 年版，第 135~141 页。
⑤ 中国社会科学院近代史研究所编：《庚子记事》，知识产权出版社 2013 年版，第 2 页。
⑥ 中国社会科学院近代史研究所编：《义和团史料》上册，中国社会科学出版社 1982 年版，第 193 页。
⑦ 路遥主编：《义和团运动文献资料汇编》中文卷上，山东大学出版社 2012 年版，第 239、243、238、232、219、220、222 页。

些查禁义和团方面的资料。三月份，传教士反映保定府的一些州县如新城、定兴、清苑等地义和拳势力渐大，外国列强有了武装干涉的想法。三月七日，荣禄密电裕禄："昨风闻定兴、白沟河等处，有义和拳匪聚多人，声言毁教等语，但未知是否确实。即请迅速饬查，以息乱萌为要。"裕禄复电说定兴一带拳场已被驱逐净尽，各村董已出具永不习拳切结，又令布政使和按察使等迅速派兵查拿，以免滋事。① 十三日，根据裕禄奏折，朱批："知道了。即著随时认真查禁，毋稍疏懈。"② 十七日，俄国公使"密告"总理衙门翻译官联芳：据友人函称，"义和团、大刀会等月前已至涿州、易州等处，近日又至卢沟桥一带，约有百余人，昨忽在该处会议，并皆暗带兵器，散布揭帖，专以杀害教民仇对洋人为词"。要求中国政府赶紧派兵弹压，以免他国借口。总理衙门当天电直隶总督裕禄：此事关系紧要，务须赶紧严密查办，免滋事端。③ 十八日，裕禄复电，已严令地方官赶紧查办，并派清军前往弹压。④ 这类查禁方面的资料大体沿袭了正月二十日总理衙门奏准的禁止义和团的倾向，查禁时采取的是"设法弹压解散"一类的举措。⑤

荣禄档案中有两份反映此时情况的密信，从文字及写信人身份看，出自荣禄幕僚樊增祥之手。其中一封云："拳匪事，不知董、赵入对作何议论。闻爽秋云俄使有折入告，渠所言可谓中肯。""刻宜先剿涿匪，示以威棱"，以阻止洋兵，"若再俄延，不堪设想矣，不胜焦虑之至。"另一封云："老彭不识可用否？蔗林于拳民亦与文山师同意。若用以招抚，则甚相宜。无如我不用兵则洋兵必至，洋兵一至玉石不分，吾民受害岂堪设想。是打拳匪正是爱百姓，此理甚明"。"诗曰：发言盈庭，谁敢执其咎。函丈居此位，处此时，但当为朝廷挽危局，不必与糊涂人论是非。"⑥ 爽秋即袁昶，董、赵即董福祥和赵舒翘，老彭疑为徐桐，蔗林疑为董福祥，文

① 北京大学历史系编：《义和团运动史料丛编》第二辑，中华书局 1964 年版，第 89、90 页。
② 中国第一历史档案馆编：《庚子事变清宫档案汇编》第 1 册，中国人民大学出版社 2003 年版，第 8 页。
③ 故宫博物院明清档案部编：《义和团档案史料》上册，中华书局 1979 年版，第 79 页；北京大学历史系编：《义和团运动史料丛编》第二辑，中华书局 1964 年版，第 90、91 页。
④ 故宫博物院明清档案部编：《义和团档案史料》上册，中华书局 1979 年版，第 79 页。
⑤ 中国第一历史档案馆编：《光绪朝上谕档》第二十六册，广西师范大学出版社 1996 年版，第 23、79 页。
⑥ 《近代史所藏清代名人稿本抄本》第一辑 68，第 117~119 页。信件作者不详，从字形看，和本书 144 页所载樊增祥字体吻合。写信人为荣禄拟稿，当为樊增祥。

山即崇绮。函丈即荣禄。

结合上两段文字，显示荣禄没有主动促成清廷利用义和团的谋划，但也没有强力阻止，更无法阻止西太后召见董福祥、赵舒翘等人，大体还是观望动向的态度。他也暗中致电或通过军机处渠道，令山东巡抚袁世凯和直隶总督裕禄查禁，但不足以改变京城的事态走势。

> 光绪二十六年三月十八日，内阁奉上谕：各省乡民设团自卫，保护身家，本古人守望相助之谊，果能安分守法，原可听其自便。但恐其间良莠不齐，或借端与教民为难。不知朝廷一视同仁，本无畛域。该民人等所当仰体此意，无得怀私逞忿，致启衅端，自干咎戾。著各该督抚严饬地方官随时剀切晓谕，务使各循本业，永久相安，庶无负谆谆诰诫之意。①

这个上谕是义和团发展史上的一份关键性文件，事后认定出自军机大臣启秀之手。此上谕和之前军机处、总理衙门及直隶总督裕禄的措施没有连续关系。山东官府张贴此上谕，但为数寥寥，才20份，只是发到司、道、府、州，其他的告示动辄100多张，发到州县，一些是由州县分发到村庄。且只是刊登其中部分文字"各省乡民设团自卫，保护身家，本古人守望相助之谊。果能安分守法，原可听其自便"，既未详细说明，也未要求各地官府如何执行，同时各州县继续刊刻严禁拳会告示，山东省受此上谕影响不大。② 从大的背景看，这个时期京城出现了本地义和拳练习者，并得到满洲王公支持。京畿地区义和拳具有在庙宇中设坛的习俗。二三月份开始有人传授技艺，初在偏僻之处，后在城厢内外街巷中。③ 可知此时还只是外来人员零散传授。三月份炸子桥一带就开始称作"坛"，和王府消息灵通。黄曾源《义和团事实》中说："炸子桥边神自语（五城会议剿拳，御史彭述见澜公自坛出，遂异议，盖炸子桥一坛与王府消息最为灵通也）。"④彭述字向青。罗正钧说："安定门外七八里许，有平原为王公子弟试马之地，每至则内监及京城间游人杂集无拘忌。其地无居民，仅土屋

---

① 故宫博物院明清档案部编：《义和团档案史料》上册，中华书局1979年版，第80页。
② 骆宝善等编：《袁世凯全集》第五卷，河南大学出版社2013年版，第355、357、359、437页。
③ 北京大学历史系编：《义和团运动史料丛编》第一辑，中华书局1964年版，第3页。
④ 北京大学历史系编：《义和团运动史料丛编》第一辑，中华书局1964年版，第130页。

数间，必天晴乃得久聚，故谓其地曰由天定，亦曰雨来散。拳匪之得交通诸邸，实由于此。"① 载澜是京城保甲机构的首脑，后来一些义和团的支持者和这个机构有关。根据光绪二十五年二月上谕，载澜、赵舒翘、徐承煜、葛宝华等，被派会同步军统领衙门及顺天府官员办理京城保甲。② 十一月，赵舒翘退出，旋兼管顺天府尹事务。③ 京城保甲机构实为支持义和团的一个桥头堡。载澜在满洲贵族中地位显赫，赵舒翘为军机大臣并与之有交际。徐承煜为徐桐之子。在对外宣战之前，炸子桥义和团声势已经很大。④ 龙顾山人《庚子诗鉴》中有言：载勋和载澜在京城首先设立义和团后，"亲贵大臣靡然同风"。⑤ 其后关于京城义和团活动的记载，频繁提到维持治安机构步军统领衙门、五城御史和顺天府尹的表现，原因即在此。

查五月五日《新闻报》，炸子桥附近有松筠庵，是京城保甲机构经常开会的地方，也有京官在此举办私人聚会，和陶然亭的情况略为相似。⑥ 京官作品所说载澜从炸子桥坛中走出，应是载澜到炸子桥义和团中做了实地考察后走出，决定支持义和团；载澜是京城保甲机构首脑，他实地考察后表示支持，其他人也无能为力，所谓查禁，只是张贴查禁告示，做做样子给洋人看。真要查禁，是不难取得效果的：

> 接京友采访人续报京中大员防范各情。据云，方各匪之未窜入京也，近畿一带人民已颇有与教民为难之事。故京师步军统领衙门、顺天府、五城御史亟思消患未萌，于二十二日在宣武门外炸子桥松筠庵会议弹压事宜。是日午后，崇受之大金吾、何润夫大京兆以及五城满汉御史陆续到齐，会议多时。议得所有内城地面专归步军统领衙门派勇巡察，并在东交民巷各等处派勇若干前往保护。南城外则归五城督勇稽查，遇有教堂之处，每处多派勇丁加意巡视。大城以外四乡地面专归顺天府派勇防维，有教堂之处亦然，分外严谨。并议以后如遇练

① 中国社会科学院近代史研究所编：《义和团史料》上册，中国社会科学出版社 1982 年版，第 366 页。

② 朱寿朋编：《光绪朝东华录》第四册，中华书局 1984 年版，第 4335 页。

③ 中国第一历史档案馆编：《光绪朝上谕档》第二十五册，广西师范大学出版社 1996 年版，第 348、355 页。

④ 中国社会科学院近代史研究所编：《义和团史料》下册，中国社会科学出版社 1982 年版，第 653 页。

⑤ 中国社会科学院近代史研究所编：《义和团史料》上册，中国社会科学出版社 1982 年版，第 37 页。

⑥ 恽毓鼎著：《恽毓鼎澄斋日记》第 1 册，浙江古籍出版社 2005 年版，第 159 页。

拳之人，立即严密访拿，送各该管衙门从重惩办，免致滋蔓难图。此信一出，顿时京城各街巷间，崇信拳匪各人莫不色为之沮。①

报道的事情是四月二十二日，时间、细节及参加者未必精确，仅供参照。崇受之即崇礼，何润夫即何乃莹。

仅一些满洲王公练习义和拳，还不足以导致清廷重大政策的改变，因为以后军机处也不再要求山东巡抚和直隶总督查禁义和拳。三月二十二日，军机处字寄直隶总督裕禄，要求派人对民教纠纷"切实开导"，"遇有两造争执之案，止论是非，不分民教，务在持平办理，毋稍偏徇。即民间学习拳技，自卫身家，亦止论其匪不匪，不必问其会不会"。②

显然，足以导致军机处态度发生变化的力量，只能是来自西太后，或者说西太后明确表示支持民间练习义和拳。

提供清廷这方面决策信息的，是义和团事件之后一封不知名信件，提到端王和徐桐、崇绮等人密谋的事情：

> 三月初，慈圣必欲往颐和园者，亦若辈欲便于见面商议此事耳。（并闻传说两老团均见过太后与皇上的。）四月中旬，考差后有人往谒徐中堂，即说候你们放差回来，不惟京城洋人一个不留，即中国亦可无踪迹矣。彼时闻者，皆不知何谓，不敢妄对。林彝堂太史往见之前一日，即在弟处详述，问弟当如何对答。我彼时付之一笑，以为迂谈，亦不料其中有如此妙用也。③

林彝堂太史即林开谟、林贻书，翰林院编修，学政。据《王文韶日记》，二月二十五日，"本日奉懿旨谕及三月间拟驻跸颐和园，八月间当幸南苑看操"。随后王文韶有入宫召对及赴总署见英国公使等事。三月初六日日记，西太后、光绪明日赴颐和园；七日，王文韶赴颐和园入直，此后每日入对。到五月十一日，"奉谕旨定十三日回銮"。其间，日记中无见列强公使的记录。④两相对照，显示西太后在京城，列强公使更容易施

① 路遥主编：《义和团运动文献资料汇编》中文卷上，山东大学出版社 2012 年版，第 263 页。

② 故宫博物院明清档案部编：《义和团档案史料》上册，中华书局 1979 年版，第 82 页。

③ 中国社会科学院近代史研究所编：《义和团史料》上册，中国社会科学出版社 1982 年版，第 254 页。参见《知新报》二，第 1730 页。

④ 袁英光、胡逢祥整理：《王文韶日记》下册，第 1003、1009~1011 页。

加压力。二月二十五日的记载显示，西太后有利用义和团之类的谋划，但还没有仓促实施的决定。王文韶实为这段时期清廷核心决策的见证人，但其日记中对每日入对详情和决策形成过程无片言记载，也无记载载漪、徐桐、刚毅等人对的文字。

徐桐等人最初并不了解西太后到颐和园的意图所在，也不清楚王文韶和奕劻与列强交涉的情况，说明其在相当长的时期内只是时断时续地参与清廷部分决策，尤其是以影响西太后为主，在军机处和总理衙门层面则无决策权，西太后的很多决定也未必征求徐桐和崇绮等人的意见。光绪二十六年三月二日，徐桐、崇绮奏：

> 奴才等现闻内务府传行有驻跸颐和园之举。奴才等反覆思维，实深忧虑。刻下首逆挟外自固，尚未就擒，且纠众敛财，遍行勾结乱党，以图乘间窃发，为死灰复燃之计。京外官员中甘心党逆，无事不暗通消息者不一其人，近如江苏委员经元善之事，其藐视朝廷，肆无忌惮，已可概见。至于奸民匪类贪其重利，敢于铤而走险者，尤在意中。孔子以人无远虑为戒，况可虑者并不远乎。似此岌岌情形，正恐防不胜防，亟宜倍加慎重。园庭地方辽阔，耳目难周，无论如何闲卫，总不如宫陛深严，加以周密堤防，自足以有备而无患。惟有叩恳皇太后、皇上暂停此举，以免逆党因而生心，是则最关重大者也。若俟逆除险定，再事举行，庶属万全。①

从当时情况看，王文韶为军机，每日入对；载漪、徐桐非军机，并不能每日入对；荣禄频繁请假，亦不能频繁入对。这就容易出现载漪等人间歇性地向西太后施加影响及清廷政策摇摆的情况。

更为确切地说，光绪二十五年年底清廷支持义和拳的上谕发布后遭到列强干涉，清廷不得不采取查禁政策，军机处和总理衙门也要求直隶和山东官府查禁。列强的干涉活动引起西太后反感，遂决定驻跸颐和园以躲避列强，但倾向于支持的态度未变。徐桐和崇绮对军机处和总理衙门的很多决策并不知情，谋划并未停止，但也是时断时续。

李鸿章和盛宣怀探听京城情势时，也是密切注意西太后动向，打听西太后是否从颐和园回銮。如到五月十九日李鸿章得到来自天津的密电，说"荣夜请见始回銮"，以及二十一日得到的"此次庆、荣言亦不听"的消息，

① 宫中档朱批奏折，徐桐、崇绮奏为敬抒迂见恭折密陈仰祈圣鉴事，光绪二十六年三月。

恰与这类记载形成印证。① 庆亲王奕劻代表总理衙门，荣禄代表军机处，这两个机构在利用义和团问题上的态度均和西太后及徐桐等人不完全一致，也是这两个机构的人员面临列强驻华使馆的直接压力。

这就暴露了清廷内部的决策形成机制。清廷内部存在两个酝酿和发布命令渠道和力量，居中者西太后摇摆于其中，才是政策变动不定的根本原因所在。学术界对西太后的犹疑不定久有描写，对剿抚两种力量向其施加影响的具体渠道、两派合作与矛盾并存的互动关系变动尚少系统探讨，实际只是简单地把清廷内部互相矛盾的上谕归之于西太后的决定而已，并未对清廷事后涉及"矫诏"的各种说法的是非作出解释。②

西太后长期住在颐和园，自己直接决策重大事务，拥有绝对权威，参酌多方意见形成，事件进程不完全由军机处和总理衙门独立主导和运筹。③ 对照以前的情况，西太后虽也常住颐和园，光绪请安后旋回宫，西太后有决定权，但军机处和总理衙门酝酿决定对外事务的情形依然是存在的。西太后训政时期，颐和园实际取代京城各衙门成为清廷最高决策中心，各衙门驻西苑公所成为政务决策机构；宣战之后西太后住皇宫，一些衙门在皇宫又设立公所，成为核心政务机关。这是理解很多上谕何以互相矛盾，何以与军机处和总理衙门的措施不相衔接的关键所在。一些上谕的发布，军机处首脑荣禄和总理衙门首脑奕劻无法控制，不是军机处和总理衙门之意，也不出自军机处。二者不是一个步调。很多决策出台非常突兀，原因和意图不明，具体形成过程并无文字记载，也不是出自地方督抚奏折提议，这是外界难知其详的原因所在。

一些看似矛盾的上谕皆为西太后之意，这是西太后训政时期，只是她受到不同政治势力的影响长期犹豫不定，不同时期策略有所不同所致。但外界不掌握一些核心信息，致产生种种推测。

这可解释光绪二十五年十二月十一日和二十六年三月十八日上谕出台的清廷方面的背景。这两道上谕的发布与义和拳反洋教的关系并不密切，但与西太后和颐和园的形势关系密切。这段时期正是废立事件、西太后要平康有为祖坟及令人缉拿康有为、经元善归政电报的时期。这类事件对西太后及一些满洲王公的对外态度具有刺激作用，京官作品中列举这方面的

---

① 顾廷龙、叶亚廉主编：《李鸿章全集》电稿三，上海人民出版社 1987 年版，第 931、932 页。

② 廖一中等著：《义和团运动史》，人民出版社 1981 年版，第 153、236 页。

③ 中国社会科学院近代史研究所编：《义和团史料》上册，中国社会科学出版社 1982 年版，第 48、120 页。

资料颇多。此外，一些和西太后有关的历史积怨也会产生作用，如庚申之变和维新变法。京城很多支持义和团的人和载漪或多或少地扯上关系，如载澜、载勋、徐桐和崇绮之类，维新变法和废立因素又会被强调。这类人的对外目标也就和军机处及总理衙门有所不同。

问题在于，西太后作为最高决策者犹豫不决，经常征求亲信意见，亲信中有异议。满洲王公可影响西太后，也可通过西太后向军机处施加压力，但军机处和总理衙门也可游说西太后。清廷相关上谕和军机处、总理衙门的活动就呈现错综复杂的关系。军机处对地方督抚又不便透露内情，外界遂议论纷纷，事后则把责任推给少数满洲王公。戊戌变法后西太后训政，却又常驻颐和园，清廷决策机制遂产生问题，实际是军机处、总理衙门、内阁和翰林院等各有两套班子，满洲王公的影响增大，京城原有官僚系统作用减弱，沦为留守机构且不尽知清廷决策内情。胡思敬《国闻备乘》"颐和园"条载："出西直门三十余里即万岁山，颐和园在其麓，再西五里为玉泉山，再西北十里为香山，皆列圣巡游之地，所谓三山是也。园工初兴，立山为内务府大臣，报销八百万金，浸以致富。是时太后初归政，方借园居娱老。上春秋盛，每事不欲自专，必禀命而行，常时辄一月数问起居，母子之间欢然无间。及戊戌康有为进用，荧惑圣聪，决意举行新法。太后颇有违言。新党畏忌之，相视莫可如何。园居旷而远，易启窥伺，于是有为始有邪谋。有为败，太后再出垂帘，仍思恋园居风景，每初夏必挈上同往，冬而归；或驻跸南海。终岁宿宫中不数十日。"① 华学澜《庚子日记》描写了自己在颐和园被召见的情形，一些人事任命即出自颐和园。②

西太后住在颐和园时，园中日常事务由端王载漪负责，另有一些满洲王公在其中值班，在皇宫和颐和园往来时跟随者也经常是载漪载濂等一班满洲王公。③ 这是一些人如徐桐、裕禄、廷雍、毓贤等似和京城满洲王公有私下联系渠道、端王势大以及端王能在一些省份安插同党的原因所在。

《恽毓鼎澄斋日记》光绪二十三年八月二十日条，此时恽毓鼎刚被任命为日讲起居注官，前去乾清宫谢恩："晴。寅刻入内，递折谢恩。故事，凡升授三日之内，皇上有挪动，须在道旁碰头。本日圣驾诣颐和园，因径至神武门外，在东屋（俗名花园屋子）与高熙廷年丈（赓恩）、黄慎之世丈（思永）会齐，先期往西屋见御前大臣端王，请其奏明。即出至北上

① 胡思敬著：《国闻备乘》，中华书局 2007 年版，第 49 页。
② 中国社会科学院近代史研究所编：《庚子记事》，知识产权出版社 2013 年版，第 93 页。
③ 参见《光绪朝上谕档》第二十三册，第 265 页。

门西屋少坐，候车驾出宫，在神武门外依次排列，西向南上，离轿十余武，即跪脱帽置地，口称臣恽毓鼎等叩谢天恩，随以头叩地，驾过带帽而起。"①大阿哥亦常在颐和园，徐桐授读，西太后、载漪、徐桐等人以废立事件为中心建立起联系。载漪在满洲王公和一些满族官员中有影响力；徐桐担任翰林院掌院，一些京官向其献计献策或受其重用成为自然之事；刚毅附和载漪，周围又有一些支持者。载漪、刚毅、徐桐对清廷决策具有相当的影响力，其附和者具有一定的行政权力，如负责维持京城治安和在一些省份担任督抚，这就形成了很大的势力网络。据此可知，光绪二十五年年底毓贤进京陛见，向满洲王公渲染义和拳神术，这就与西太后、载漪及满洲王公产生了联系。义和团事件之后透露出来的满洲王公的一些东西，大多和颐和园系统有关，如毓贤向满洲王公渲染义和拳神术、载漪被定为首领、赵舒翘和启秀拟定相关上谕以及一批满洲王公贝勒支持等。京官作品中描写的一些线索，如徐桐、启秀说京城再无洋人之类，也提示了这方面的一些内容。据《恽毓鼎澄斋日记》，徐桐和启秀参与了颐和园谋划。

《纵论义和团》对此种演变描述较详：

> 晋抚毓中丞，性好残害，不惜人言，前为山东曹州府知府时，曹故多盗，毓抵任后，不分良莠，岁饬共杀二千余人。于是声名卓著，受荣相之知。……及开府山左，盗氛日强，毓素不知兵，不能剿除。去夏沂州之乱，被各公使诉于总署。毓急求于荣相。谓匪皆义民，神技可用。因有岁腊来京之诏。适政府怀闭关罢约之志，毓倡言曰："当今国势日堕，由于民志未伸。今如再杀拳民，无异自剪羽翼，而开门揖盗也。"端邸、刚相深韪其言，入奏两官，谓毓贤才可大用。旋拜晋抚之命。②

此引文所说毓贤之言，很对京畿地区此时的胃口；所说"适政府怀闭关罢约之志"，也很符合驱夷的政见。所说有一定的可信度。利用义和拳驱逐洋人实行废立，端王较为积极，乃是由毓贤描述演化出来的观点。西太后此时未见到刀枪不入的实际效果，因而有一段时期半信半疑。但毓贤未必是荣禄的人，因为毓贤任山东巡抚时期并未向军机处说明山东平原事

---

① 《恽毓鼎澄斋日记》第1册，浙江古籍出版社2005年版，第136页。
② 中国社会科学院近代史研究所编：《义和团史料》上册，中国社会科学出版社1982年版，第179、180页。

件详情，且军机处字寄上谕中说毓贤长于吏治，但对洋务不甚熟悉，也有一些提醒毓贤考虑大局的话。① 毓贤可能是刚毅的人。②

又据曾在颐和园轮值的高树《金銮琐记》记载，军机处在西苑有值班房屋和人员，但军机大臣以王文韶值班情形居多，荣禄经常称病和驻扎京城。王文韶被视为"琉璃球"，经常有异议但不能坚持己见，对外多附和荣禄。胡思敬《驴背集》说王文韶"两耳微聋，凡事不能坚持己议。拳祸起，知用兵必败，不敢力争，亦不肯附和"③。从《王文韶日记》看，对外宣战之前清廷很多重大决定出台之日，王文韶均在场，但并未改变事件走势；对外宣战之后附和荣禄，但亦未对外泄露端王等人的谋划。

对于颐和园谋划系统与清廷利用义和团的关系，京官作品以及清末民国时期的一些掌故学作品如李希圣《庚子国变记》和王照《德宗遗事》描述极多，这也是京官作品分析清廷利用义和团事件来龙去脉的主要线索。如李希圣较为强调维新变法、平康有为祖坟、废立事件的作用，说由于遭到列强干预，"太后及载漪内惭，日夜谋所以报"④，最为系统、详细的阐述属恽毓鼎的《崇陵传信录》，对西太后常驻颐和园后如何决策描述颇多，提到西太后训政后光绪帝完全无权。在废立事件中，崇绮"久废在私第"，徐桐"觊政地綦切"，启秀"在枢廷，与徐殊洽"，三人"咸思邀定策功"，"而大学士荣禄居次辅，虽在亲王下，最为孝钦所亲信，言无不从，大权实归之。三公者，日夕密谋，相约造荣第"，谈及废立之事，最后西太后采纳荣禄提出的先立大阿哥的缓进之策。但载漪急于其子登帝位，"计非借兵力慑使臣，固难得志也。"因而，徐桐、崇绮和载漪仍在进行密谋活动。这类描写从事态演变看，较为近乎实情。⑤

《崇陵传信录》序言说其创作于宣统年间，实际有些内容写于民国时期，完成于1913年。在报刊刊登后评价较高，但作者承认该书有所忌讳。作者1913年日记记载："撰《崇陵传信录》脱稿"，"所记自信无虚妄语，后世史学家，欲知先帝一朝事实真相者，或有取于斯。至于叙次简括，时

① 中国第一历史档案馆编：《光绪朝上谕档》第二十五册，广西师范大学出版社1996年版，第326页。
② 路遥主编：《义和团运动文献资料汇编》中文卷下，山东大学出版社2012年版，第457页。
③ 中国史学会主编：《中国近代史资料丛刊》（《义和团》第二册），上海人民出版社2000年版，第515页。
④ 中国史学会主编：《中国近代史资料丛刊》（《义和团》第一册），上海人民出版社2000年版，第11页。
⑤ 《恽毓鼎澄斋日记》第2册，浙江古籍出版社2005年版，第784、785页。

有弦外音，则得力于《三国志》为多。唯是录作于今日，不免存避祸之心，故间有隐略处，阅者当自知之"。①

京官的上述记载恰和列强方面的反应相印证。

京畿地区具体的驱夷酝酿，赫德的记载值得注意。1899 年 5 月 14 日，赫德致金登干："意大利提出的要求，似乎没有得到全国的支持。……中国已经派出一万五千军队到山东去'示威'了。董福祥的军队已经调回北京附近。他们扬言，6 月份要把我们消灭掉。"②6 月 4 日，"眼下，中国人中有一种莫名其妙的不安情绪，他们似乎预感到今年夏天将要发生重大事件——我弄不清是要更换皇帝，还是要举行一次全国性的反对洋人的大示威。有人说，慈禧太后愿意干好事，但是，他害怕甘肃提督董福祥，因为他手下有一帮为数众多的乱民，可能会闹事"③。赫德信件显示，京畿地区潜在的驱夷倾向演变为具体的驱夷灭洋活动，直接背景还是从光绪二十五年夏清廷对外趋向强硬开始，直接契机还是废立事件，但最初还没有利用义和团的倾向，且废立事件在戊戌政变之前即已酝酿，最初并未表现出驱夷倾向，而京官如李希圣作品描写西太后痛恨洋人也是从戊戌政变后列强一系列干预活动开始。④ 描写全国性驱夷倾向记载颇多，但大多不是指清廷方面的具体活动。光绪二十四年《国闻报》"论德国借案占夺胶澳事"一文："支那人之常称欧洲为夷狄，而争言驱夷之策者，岂足怪哉！"⑤赫德在对外宣战之前的私信中提到，五十年来总有这么一天，只是不知具体时间。光绪二十六年六月十五日《知新报》："方今攘夷之说，全国汹汹。"⑥七月二十八日《汇报》："近日灭洋之说蜂起，金谓洋商分我利，洋教锢我心，洋将洋兵侵我土地，洋员洋署侮我人民，一唱百和，皆欲得洋人而甘心。义和拳其显焉者也，其意盖谓洋人于中国有损无益，华人受其欺凌，恨不聚而歼旃，以绝祸种。"⑦综合看来，清廷内部驱夷的谋划最初是依赖董福祥部，转向利用义和团是后来的事。较之李希圣和恽毓

---

① 《恽毓鼎澄斋日记》第 2 册，浙江古籍出版社 2005 年版，第 661 页。
② 中国第二历史档案馆编：《中国海关密档》第六卷，中华书局 1995 年版，第 985 页。
③ 中国第二历史档案馆编：《中国海关密档》第六卷，中华书局 1995 年版，第 994 页。
④ 中国第二历史档案馆编：《中国海关密档》第七卷，中华书局 1995 年版，第 58 页；另见《清议报》第 1 册，第 150 页。
⑤ 路遥主编：《义和团运动文献资料汇编》中文卷上，山东大学出版社 2012 年版，第 71 页。
⑥ 路遥主编：《义和团运动文献资料汇编》中文卷上，山东大学出版社 2012 年版，第 362 页。
⑦ 路遥主编：《义和团运动文献资料汇编》中文卷下，山东大学出版社 2012 年版，第 452 页。

鼎等人的记载，赫德信件提供了清廷开始酝酿驱夷的确切时间，即 1899 年 5、6 月份。然而，此种驱夷谋划难言主导清廷对外政策。光绪二十五年十一月十八日支持义和团上谕出台前夕，上谕中依然表示，西太后"谆谆于保境交邻为念。"①其间，西太后也偶尔接见外国使馆家属。

驱夷酝酿风传越来越盛，废立事件成为外界关注的主要背景。《字林西报》且能指出西太后及北方当权者"深信中国北方兵力足恃，拟与英国启衅，而驱逐西人使出京津"以及"执政之满洲人决意驱逐西人之在京津一带者"这类较为符合事后情势演变的信息。② 1900 年 2 月 14 日《北华捷报》报道：一般人相信，西太后已经决定"董福祥应当实行他的把所有洋人驱逐到海里去的计划"，要达到这个目的，西太后认为义和团是一个很有用处的联盟。③ 这类报道的背景实际都是废立事件。列强驻华使馆也有所侦知并高度关注。列强指责清廷支持义和拳也是从此开始，之前针对山东巡抚毓贤较多。英国公使窦纳乐致英国首相函中提到，四月间以来，西太后便住在颐和园，五月初返回京城，"在整个这一期间，关于颐和园内正在发生的事情，并非没有传闻"。窦纳乐同总理衙门大臣联芳会晤时，提到颐和园传闻，联芳不置可否。窦纳乐断定：

　　联芳没有嘲笑那个被认为是他的上司提出的难以置信的狂妄政策，相反，他的态度——他说法语，我多年来很了解他——显然表

---

① 中国史学会主编：《中国近代史资料丛刊》（《戊戌变法》二），上海人民出版社 2000 年版，第 116 页；中国第一历史档案馆编：《光绪朝上谕档》第二十五册，广西师范大学出版社 1996 年版，第 346 页。

② 佐原笃介编：《拳匪纪事》卷五，光绪二十七年铅印本，第 836 页，北京大学图书馆藏；路遥主编：《义和团运动文献资料汇编》中文卷下，山东大学出版社 2012 年版，第 492 页。

③ 马士著：《中华帝国对外关系史》第三卷，上海书店出版社 2000 年中译本，第 198 页。另参见李杕：《拳祸记》，上海土山湾 1905 年版，第 9、26、27 页。据《北华捷报》原文，驱逐洋人建议为董福祥在 1899 年 9 月份提出，驱逐洋人到黄海或驱逐北京和天津一带洋人："The Empress Dowager intends the her favourite General Tung Fu-hsiang shall carry out his plan proposed a year ago last September of driving all foreigners into the Yellow Sea"，为实现此目的，义和拳"Is thought to be a most serviceable ally"，下文又说"Will drive every foreigner out of Peking and Tientsin under conditions which it is not difficult to foresee"。参酌《字林西报》，二文皆为描写大意，实际内容即董福祥部联络义和拳驱逐京津一带洋人。所谓 1899 年 9 月份提出问题，据《北华捷报》1899 年 9 月 11 日，报道了西太后即将废除光绪立大阿哥的事件，则此处所载的驱逐洋人谋划和李希圣等作品中记载的大体吻合。《北华捷报》1900 年 2 月 7 日报道废立事件时，提到俄国答应支持西太后的传言，这应是舆论认为京城守旧派亲俄及驱逐洋人时俄国人除外的原因。至于是否首先由董福祥提出，因未发现相关中文资料，存疑。

明：他认为我所说的那个传闻至少不是无稽之谈。①

其后清廷利用义和团对外宣战的主要人员很多在此时获得重用，对外宣战前后的很多人事变动和重大决定只是颐和园谋划的具体实施。这大致也是清廷立大阿哥，徐桐和崇绮受重视的时期。②

很多揭帖与颐和园谋划有关，暴露出对外目标和相关策略：

据龙顾山人《庚子诗鉴》：西太后逃亡西安，说以前在宫中即听说"秦州之谶，出都后一言幸陕，辄用心悸，不意竟践"。秦州谶见于黄檗禅师诗，其诗预言大清一朝之事，云：红鸡唱罢鬼神愁，宝位纷争半壁休，赖有金鳌能戴主，旗开八面下秦州。按之废立及西幸事，皆吻合，但不解金鳌何指。又光绪甲申后，京师盛传西幸之兆，宫中亦有所闻，至移跸西苑以厌之。见《枝巢旧京琐记》。③"金鳌"即指董福祥。居巢《庚子劫余草》中有："俗传黄檗禅师诗谶，有幸有金鳌能戴主，旗分八面到秦州之句。星五小字金鳌。"④星五即董福祥，居巢为李秉衡幕僚，李秉衡在北京和董福祥有交往。《庚子诗鉴》又云：光绪中，兵部侍郎王文锦精于天文术数，尝密奏两宫，谓恐有西狩之兆，于是筑仪鸾殿，移跸西苑以禳之，是西幸预谶。⑤

仲芳氏《庚子记事》记载：

先是二月初旬，各处传送某仙师降坛乩语云：

大劫临头，只在今秋，白骨重重，血水横流，恶者难免，善者方留，但看铁马东西走，谁是谁非两罢休。

又有批解黄檗禅师论清朝乩语有云：

---

① 胡滨译：《英国蓝皮书有关义和团运动资料选译》，中华书局1980年版，第85、87、88页；中国第二历史档案馆编：《中国海关密档》第七卷，中华书局1995年版，第12、15、32页。*The Crisis in China*, *The Times*, July 30, 1900.

② 中国第一历史档案馆编：《光绪朝上谕档》第二十五册，广西师范大学出版社1996年版，第360、398页。

③ 中国社会科学院近代史研究所编：《义和团史料》上册，中国社会科学出版社1982年版，第94页。

④ 居巢：《庚子劫余草》，第6页，载《清代诗文集汇编》第645册。居巢即刘笠僧，安徽巢县人，见中国社会科学院近代史研究所编：《义和团史料》下册所收张廷骧《不远复斋见闻杂志》。西太后"素信阴阳小数"即寺庙占卜之类事情，见胡思敬：《国闻备乘》，中华书局2007年版，第93页。

⑤ 中国社会科学院近代史研究所编：《义和团史料》上册，中国社会科学出版社1982年版，第120页。

红鸡啼后鬼神愁(鬼则洋人,神则义和团),宝位纷争(谓端王子承继于穆宗毅皇帝,与光绪其势不两立也。)半壁休(虽承继而旋废,适逢其乱,国家割地赔饷求和于列邦,是朝廷财赋疆土去其大半也。),幸有金鳌能戴主(金鳌不知何人),旗分八面到秦州(谓两宫统带神机营、虎神营八旗兵丁避乱于西安,陕西古称秦州)。

又春间京师前三门外,各街巷小贩生意,多以黄米面作饼,内填豆馅,名曰火烧,沿街售卖以图微息,遂到处吆喝"大火烧,大火烧"。昼夜喊卖,不约而同,是亦先兆也。

又乡人多以蚕豆炒熟,沿街货卖。遂有童谣云:"铁蚕豆,炒了个熟,先杀鬼子后烧楼。"

又京城内外各胡同墙壁上,遍贴长方黄纸,上书"广泽王爷有求必应",旁书"人有灾病急难之事,面向东南方虔呼'广泽王爷'三声,必有解救"。究竟广泽王爷是何神圣,谁亦莫能道其详细。①

洪寿山《时事志略》:京城"每天日暮秉灯时,家家秉心焚香,跪向东南叩首,口念'南无阿弥陀佛',或呼'广泽王爷'佛号三声,亦可。"②

结合颐和园谋划,京城这类谶语和传闻,应是对利用山东义和拳驱夷灭洋、不成则西走的反应。光绪二十六年二月正是颐和园谋划风声较紧的时候。

据《王文韶日记》,二月二十五日,"本日奉懿旨谕及三月间拟驻跸颐和园,八月间当幸南苑看操"③。二月份上谕:"练兵为当今最急之务,叠经谕令各直省认真训练,听候次第调京阅看。著懔遵前旨,加紧训练。本年入秋以后,定当次第调取来京。倘所练各营并无起色,定惟该将军督抚是问。"④

南苑秋操阅兵为例行之举,但和本次阅兵有关的传闻异常,与颐和园

---

① 中国社会科学院近代史研究所编:《庚子记事》,知识产权出版社 2013 年版,第 3 页。所谓"红鸡啼后鬼神愁"指"红鸡"年后即"鸡年后"兴起义和团而言,红鸡即光绪二十三年丁酉年,明显不是指维新变法和宝位纷争发生在这一年。"戴主"原作"代主",此处据龙顾山人《庚子诗鉴》改。

② 中国史学会主编:《中国近代史资料丛刊》(《义和团》第一册),上海人民出版社 2000 年版,第 92 页。

③ 袁英光、胡逢祥整理:《王文韶日记》下册,中华书局 2014 年版,第 1003、1009~1011 页。

④ 胡钧编:《清张文襄公之洞年谱》卷四,第 4 页。

谋划关系密切。据杨典诰《庚子大事记》：

> 大内以义和团之事，召神问休咎。乩笔判云："大劫当头，血水横流，白骨丛丛，即在今秋。劫运到时天地愁，恶人不免善人留。但看铁马东西走，谁是谁非两罢休。"①

　　仲芳氏和杨典诰作品以谶语开头，实际是以颐和园谋划开篇。"即在今秋"和王文韶记载八月阅兵说结合，显示徐桐、崇绮等人原来谋划的动手驱夷时间，约是八九月份。又，二月份决定八月份到南苑阅兵，南苑驻军为董福祥部，三月份分队入北京城，扎营东安门，保卫京师。② 以往阅兵以九月份居多。调董福祥部驻京城，光绪二十一年徐桐即有此建议，最初和练兵有关，无关驱夷，但未实行，③ 光绪二十六年调董福祥部时就有西逃时担任护兵的传闻。列强也是如此判断和决策的。1900 年 4 月 1 日赫德致金登干："这里的人们猜测，义和拳不久将找我们的麻烦。由于今年阴历闰八月，中国术士说，灾难即将临头。"5 月 20 日，赫德致金登干："义和团很活跃，准备胡闹。……我担心 6 月 1 日即五月节，但是中国人说，我们的末日已经定在八月节，即 9 月 8 日（或 10 月 8 日，因为今年闰八月）。如果推迟到那么晚，就根本不会实现，因为到那个时候，我们就一切准备好来对付他们了。各国公使馆认为危机是严重的。总理衙门却说，这只是一场儿戏，可以一笑置之。"④
　　传闻中的王觉一，考察颐和园谋划，实际是指出入端王府邸的京城白云观道士高仁峒。胡思敬《驴背集》："城外白云观道士高仁峒，尝往来端邸，称颂拳匪神术，王召其头目试之，良验。乃留置邸第，卜日大宴，诸朝贵徐崇二师傅在焉。酒半，命戎服见客，献其技，一座大惊，相与痛饮尽欢而散。"⑤京城义和团多信仰佛教，道士较为醒目。能了解颐和园谋划的道士，一定不是偶尔出入端王府邸，必定平时即非常熟悉，而且持续了相当长一段时间。相关记载的时间光绪二十六年春、在场者载漪、徐桐和

---

① 中国社会科学院近代史研究所编：《庚子记事》，知识产权出版社 2013 年版，第 73 页。
② 北京大学历史系编：《义和团运动史料丛编》第一辑，中华书局 1964 年版，第 2、3 页。
③ 军机处录副奏折，徐桐奏为和议虽成武备难缓仍应选将练兵以固根本折，光绪二十一年闰五月。
④ 中国第二历史档案馆编：《中国海关密档》第七卷，中华书局 1995 年版，第 38、54、55 页。
⑤ 中国史学会主编：《中国近代史资料丛刊》（《义和团》第二册），上海人民出版社 2000 年版，第 484 页。

崇绮、地点端王府皆符合颐和园谋划时期的情况。① 如果是外省人，焉能恰好知道端王此时的心思？徐桐、崇绮这类忠于清廷的人物又焉能被迷惑？如李希圣《庚子国变记》："先是一老人谒载漪，自言有禁方，载漪视其书绝诞，谢之，老人辞去，曰：'异时事急，请东向呼者三，当至。'拳匪之始萌芽也，载漪置酒，召徐桐、崇绮而告之，桐、绮皆曰：'此殆天所以灭夷也！'呼之，则老人已在门，一座大惊。遂入言之太后，太后幸颐和园，试其方尽验。或曰，老人大盗王觉一也。"②显然，这是描写颐和园谋划的事情。光绪二十六年正月和二月，豫师、毓贤皆在京城，豫师为王文韶的科举同年。《王文韶日记》光绪二十六年正月十九日："豫锡之同年来久谈。"③这正是清廷内部谋划废立事件、利用义和拳并遭到列强干涉、西太后到颐和园躲避的时期。《王文韶日记》二月二十五日："本日奉懿旨谕及三月间拟驻跸颐和园，八月间当幸南苑看操。"④以前到南苑看操，以九月份居多。《高枬日记》六月十七日，"闻豫席之已往房山。"⑤七月十五日，"黄仲鲁来，言明日上山。又言豫皓亦昨日归，找钱，夜宿城外白云观。其胆如此，乃亦主谋。"⑥豫皓即豫师。李希圣说豫师与徐桐善，"大阿哥之立，桐就豫师草诏焉。"⑦王觉一之类的传闻容易引人推测，但主要成因是相关记载较为简单，缺少完整的资料来源，把某个人的夸大其词和某地的情况当成是义和团的整体现象，类似的还有金铃子和一僧一道等，前者是某个人的张扬，后者是某地某时出现的现象。⑧

　　显然，颐和园谋划的整体方案已经暴露，列强方面早已掌握并经过核实，逐步做好了进兵北京的准备。对外宣战之后列强驻华使馆态度强硬，有恃无恐，强烈抵抗，八国联军疯狂反扑，仅凭大刀长矛无法攻下是再正常不过的事情，因为列强驻华使馆早已准备好进兵方案，并逐步向北京增

---

① 中国社会科学院近代史研究所编：《义和团史料》上册，中国社会科学出版社 1982 年版，第 254 页。
② 中国史学会主编：《中国近代史资料丛刊》（《义和团》第一册），上海人民出版社 2000 年版，第 19 页。
③ 袁英光、胡逢祥整理：《王文韶日记》下册，中华书局 2014 年版，第 999 页。
④ 袁英光、胡逢祥整理：《王文韶日记》下册，中华书局 2014 年版，第 1003 页。
⑤ 中国社会科学院近代史研究所编：《庚子记事》，知识产权出版社 2013 年版，第 146 页。
⑥ 中国社会科学院近代史研究所编：《庚子记事》，知识产权出版社 2013 年版，第 161 页。
⑦ 中国史学会主编：《中国近代史资料丛刊》（《义和团》第一册），上海人民出版社 2000 年版，第 25 页。
⑧ 杞庐《都门纪变百咏》页八："团首王某自言习金铃子术，专精三载，乃克有成。"见《义和团运动史料丛编》第一辑，第 125 页。《拳变系日要录》五月十九日条："晚有僧道二人，导拳匪千余入西安门，攻西什库教堂，未克。"

兵。甚至列强获得的一些传闻，如西太后准备逃亡西安，宣战之前的廷议时也有京官询问，这和东南督抚如李鸿章关注颐和园新增车辆情况异曲同工。① 另外一条道路，是西逃五台山。《高枬日记》五月二十日："连日谣言：有曰将幸五台，已派刚往修行宫者；有谓调马玉崑为打洋人，非打拳民者；有谓董军仇洋，不可用者。"②总理衙门实际向列强透露了内情，奕劻和总理衙门显然是清楚但未参与谋划。三四月份列强驻华使馆得到的上述信息，大都和清廷对外宣战后的政策形成验证。《同文沪报》在分析清廷利用义和团的政策形成过程时，列举了戊戌以后诏修山西和陕西行宫、令河南巡抚调查洛阳汉唐设都旧址方面的内容作为证据，认定"自义和团之事起，咎政府之失策者，万喙齐声，而不知政府固筹之久矣"。分析说：

> 此非深知燕京之近海口，易为列国所攻，故以此为退步耶。燕京东北接俄，南滨海，俄得旅顺，英得威海，于燕京皆可朝发夕至，故必不可都。若忽然迁徙，又恐违众意而招外侮，而适有义和团起，故不妨姑试一战。战而捷，则威海、旅顺复为我有，而燕京有磐石之安。战而不捷，则委而去之，如弃敝履。而暂驻太原，建都长安，唐尧周汉之故乡，形势尚巍然可恃也。此政府所规画，亦自以为谋定后动而非猝然举大事也。③

确切地说，直到对外宣战之前，京官、列强及裕禄、李鸿章、刘坤一等地方督抚对京城局势走向有较为精确的掌握，但对上谕中含糊其词的内容则把握不准。颐和园谋划的消息近乎公开化，传闻颇多，京官略知大概，对这段时期清廷政治动向的描述难言精确，但大致并不离谱。以往的义和团史也是在这个问题上论述较为充分。这类记载大体也是依据当时京城传言。学术界的相关论述大体也是依据京官作品的这类资料，涉及废立问题、西太后的复仇倾向以及徐桐、崇绮等人的密谋等皆是如此，存在的问题是对颐和园谋划阐述的驱夷倾向、颐和园谋划和列强准备向京城进攻以及地方督抚的反应这三者的互动关系的描写不是特别充分，而是把探讨

---

① 中国第二历史档案馆编：《中国海关密档》第七卷，中华书局 1995 年版，第 54、55、57、58 页。
② 中国社会科学院近代史研究所编：《庚子记事》，知识产权出版社 2013 年版，第 139 页。另可参阅《清议报》第 4 册，第 3538 页。
③ 佐原笃介编：《拳匪纪事》卷五，光绪二十七年铅印本，第 850、851 页。

的线索集中在义和团和清政府的关系上，争论清政府对义和团的政策到底是剿、抚还是剿抚并用，这就忽略了列强方面对京城动向关注的资料，以及东南督抚方面对京城动向的反应。这类争论仍然是沿袭并试图质疑京官作品中提出的"或剿或否，毫无宗旨"的问题。三月份之前京畿地区义和团活动并不激烈，和清政府方面互动关系的资料亦少，列强方面和清政府的关系及列强在京畿地区的兵力调动主要还是与颐和园谋划有关。另外，研究者颇为熟悉毓贤向京城满洲王公渲染义和拳神术的事，但尚未突出颐和园谋划在随后事态发展过程中的核心作用。此种关注点偏离的原因，乃在于大多数作品受京官作品思维的牵制和束缚，把废立事件作为清廷政策层面利用义和团的开端，有意无意忽略了很多关键性资料，不少分析牵强附会。① 义和团反洋教的兴起是在废立事件之前出现的，清廷内部出现利用义和团对抗列强的力量也是在废立事件之前出现的，最初和废立事件没有什么关系。忽略列强、督抚和京城局势互动方面的内容，就无法说清京畿地区从抵御列强瓜分转向驱夷和反瓜分并存的对外目标转折，和从军队和团练相结合转向利用拳会的抵抗方式转折。

上谕原件揭示了谕旨类型和清廷政策变动之间的关系。确切地说，清廷涉及义和团的上谕的出台有两个渠道，两种态度，内阁渠道和军机处、总理衙门的互动——包括分歧与合作并存——构成义和团时期清廷核心决策的基本形式。以往主要是强调分歧的方面，将一些支持义和团的上谕定为"矫诏"，其实二者互动和合作的情况也很多。② 光绪二十五年年底开始，清廷支持义和团的很多事后被定为"矫诏"的上谕，主要是"内阁奉上谕"，从政策形成层面看，大多谋划于颐和园，载漪、徐桐等人为中坚，并得到西太后的支持，其对义和团的态度是较为一贯的、连续的。军机处的意图体现在另一个渠道即军机大臣字寄和军机处文件中，总理衙门的立场大体与之一致。清廷内部两派对地方督抚都不完全透露实情，地方督抚以猜测和打听居多。外界因为不掌握上谕原件，无法形成这类判断，但清廷事后令内阁清理相关上谕，显然知之甚悉。京官作品如龙顾山人《庚子诗鉴》在肯定这批上谕不是出自军机处的同时，对出自何种渠道并不掌

---

① 相关研究参见佐藤公彦著：《义和团的起源及其运动》，中国社会科学出版社 2007 年版，第 651~654 页。另外参见《义和团研究一百年》《义和团运动一百周年国际学术讨论会论文集》及周锡瑞《义和团运动的起源》等书。

② 如 *North China Herald*，Aug 8, 1900 刊登 *A Refugee：S Experiences at Peking and on the Route South* 一文，认为上谕一天要求镇压义和团，另一天又称赞义和团的一个解释是清廷内部两派矛盾，主张镇压义和团者只有在刚毅离京之后，才能说服西太后发布镇压义和团的命令。

握，或云端王、刚毅矫诏，或云矫诏出自军务处。①

这也暴露出内阁渠道的作用和西太后的施政风格。常态下内阁多处理例行事务，但西太后当政时期，内阁是和军机处相对应的一个重要的决策部门，大学士、帝师和内阁人员是清廷决策的重要参与者，一些上谕由内阁抄交各部办理或由军机处抄交是常见现象。② 内阁渠道也是西太后制约军机处的一个重要手段，很多不符合军机处思路的谕旨都要通过内阁发出。胡思敬《国闻备乘》"改题为奏"条，记载内阁权力演变：

> 内外言事，有题有奏。例行常事曰题本，露而不封，先交内阁，由内阁拟旨，再交奏事处进呈，所谓票签是也。其非例行常事，或条陈时政，或匡谏阙失，或弹劾官员，用白简加小封，盛以黄匣，径交奏事处进呈，曰"封奏"。皇上黎明起，内奏事处总管太监以题奏上。阅毕，乃召见臣工。凡召见，只一人跪伏殿前，虽内侍不得窃听一语。奏对称旨，或移时乃出。引见则由各署堂官具绿头签，引至丹墀，分班跪诵履历，随退。枢臣俟其事毕，同班进见，禀受机宜，领本日章奏排单，退而拟旨。应颁示天下者曰明发上谕；密交各督抚者曰军机字寄；封交各部院者曰军机交片。悉以本日题本章奏移付内阁部员亲诣抄写，今通谓之阁抄。庚子以后，或以题本辗转稽时日，乃改题为奏。自是阁臣旷无一事，万机勤劳，例折不能遍阅，枢府亦以具文视之，舛错无暇细勘，内批时有误者。余在吏部见部折往往有双请或条陈政见者，皆署曰："依议"。盖皆未尝寓目也。③

徐桐在内阁影响很大。内阁中颇多人追随载漪和徐桐，为清廷重用，是义和团的支持者，如那桐、桂春、贻谷、溥兴；或义和团事件后政坛活跃人物，如张百熙、陆润庠、陆宝忠和徐琪。义和团时期，御前大臣主要有奕劻和载漪，大学士有李鸿章（文华殿）、荣禄（文华殿）、崑冈（东阁兼翰林院掌院）、徐桐（体仁阁兼翰林院掌院）和王文韶（协办，徐桐死后接替任体仁阁）、刚毅（协办），李鸿章在两广，荣禄、刚毅和王文韶为军机大臣，徐桐为大阿哥师傅，作用凸显，徐桐本人也沿袭了胶州湾事件后的政治倾向，频频就练兵筹饷等重大问题提出建议上交奏折，然后清廷令大

---

① 中国社会科学院近代史研究所编：《义和团史料》上册，中国社会科学出版社1982年版，第144、166页。
② 谢俊美编：《翁同龢集》上册，中华书局2005年版，第133、135页。
③ 胡思敬著：《国闻备乘》，中华书局2007年版，第16、17页。

学士、军机大臣、六部九卿等在内阁会议讨论徐桐奏折。《恽毓鼎澄斋日记》光绪二十五年二月二十日条，"大学士李鸿章等复奏浚治山东黄河办法，有旨着大学士、六部九卿、翰詹科道会议。本日集内阁公阅原折"。三月一日，"翰林院值日。卯正前往，在西苑门外朝房小坐。……诣内阁会议军机处具复奏稿。其余各员阅稿意见相同，即注一奏字，否则单衔另奏"。① 五月二十六日，内阁会议徐桐、準良、袁昶、贻谷、高燮曾、张仲炘筹饷各折片。"徐相主搜括招商、电报、铁路公积余利。准学士主责成督抚剔除中饱。袁光禄主整顿关税厘金，必须得人而理，宜参用士人司局务，且保举廉明之员九人。高读学主平外洋金镑之价。贻学士则请严饬疆吏，大省每年筹三百万，中省二百万，小省百万。张光少与贻同而稍减其数。复奏折亦已草定，系军机大臣主稿，于六说或驳或准或从而变通，而终归于无把握。愚见一时亦无可措手，姑随同画议而退。大约高折最中窍要，而苦于办不动。"②光绪二十六年正月清廷京察大典，徐桐和军机大臣世铎、荣禄、刚毅、王文韶和赵舒翘及地方督抚中的李鸿章、刘坤一一起"从优议叙"，上谕称徐桐"硕德耆年品端学粹"，评价极高，徐桐已然成为京城和荣禄、刚毅并称的实力型人物。③ 崑冈为宗室，东阁大学士兼翰林院掌院，但从京官拜访情况看影响力远不及徐桐，也无明确的下属或亲信卷入义和团事件或为其推荐的事情。清廷西逃后，崑冈在京城设立内阁公所，则崑冈为内阁重要人物，但徐桐资望和担任大学士的时间早于崑冈很多，徐桐实为清廷西逃前内阁日常事务处理者。④ 徐桐死后，王文韶接任体仁阁大学士，旋任文渊阁和武英殿大学士，东阁大学士则为崑冈、孙家鼐等人，王文韶实际负责内阁事务。《恽毓鼎澄斋日记》光绪二十三年十二月十九日条："晴。卯刻诣起居注，同人会齐，至内阁进丙申年记注，贮以铁柜，朱油其外，以两人昇之到阁。大学士一人（徐荫轩师相）迎于门外，一揖升堂，大学士阅书两册，即钤琐加封昇存大库。起居注官乃退，仍回公所。"⑤徐荫轩即徐桐。

然而，支持义和团的内阁奉上谕仍然不是徐桐等人能够决定的。其中有很多和载漪、徐桐等人倾向一致的支持义和团的内容，但偶尔也可见不

① 《恽毓鼎澄斋日记》第 1 册，浙江古籍出版社 2005 年版，第 185 页。
② 《恽毓鼎澄斋日记》第 1 册，浙江古籍出版社 2005 年版，第 193 页。
③ 北京市档案馆编：《那桐日记》上册，新华出版社 2006 年版，第 334 页。
④ 参见宋廷模等著：《庚子事变史料四种》，凤凰出版社 2008 年版，第 14 页载崑冈、徐桐在内阁点名事。
⑤ 《恽毓鼎澄斋日记》第 1 册，浙江古籍出版社 2005 年版，第 148 页。

一致的查禁的内容。

上谕档中有一个说明。七月十六日，酝酿西逃时的留守留京随扈名单及与之有关的五道上谕，在西太后召见王大臣两次后，由军机章京张嘉猷等人拟旨后递上，但因西逃暂停而未发下。原档遍寻不得，仅列空档并加说明。这五道空档目录，写的都是内阁奉上谕，并不是由军机处决定或由军机处事先酝酿。① 此事京城亦有传闻。仲芳氏日记十五日条记载，皇太后、皇上暗有迁避密旨，但外人不得而知，京报三日未见发钞。《高枬日记》载：七月十六日召见军机大臣、徐桐、崇绮和董福祥，传闻以徐桐、崇绮和刚毅为留守。②

清廷内部意见分歧之时，西太后善于利用内阁渠道实现自己意图，具有在和军机处意见不一时通过发布上谕控制军机处和主导政局走向的能力，政策层面会显示出矛盾和不连贯现象。同治四年免去奕䜣议政王时，即是通过内阁发布上谕，绕过军机处渠道。其时召见的有大学士及吏部、户部和刑部的尚书、侍郎和一些内阁学士，参加相关内阁会议的有大学士、六部、九卿、翰詹、科道等人，大学士作用较大。西太后自拟上谕，令大学士润色后谕令："此诏即下内阁，速之，不必由军机。"③

参酌同时期一些王公大臣的复奏原件和起居注，所谓"内阁奉上谕"是内阁抄出西太后懿旨，如光绪二十四年十二月二十五日礼亲王世铎等奏；所谓军机大臣面奉谕旨是军机大臣面奉西太后懿旨，如光绪二十四年八月二十八日世铎等面奉懿旨，河东河道总督是否可裁，著军机大臣、吏部归入议覆裁决巡抚案内一并议奏。这类以"内阁奉上谕"形式交军机处、总理衙门和吏部等办理的事件甚多，很多是需要议奏和办理之件，如光绪二十四年九月十八日世铎等遵议武科章程由。只是有的上谕点明是奉懿旨，有的说是奉上谕，实则所谓奉上谕也只是打着光绪的名义，体现的不是光绪的政见而是西太后的意图。又参阅光绪起居注中西太后在颐和园仪鸾殿的部分内容，在此发的上谕多以"内阁奉谕旨"的形式，光绪帝则到仪鸾殿向西太后请安。从光绪二十五年年底开始，在涉及义和团的问题上，明发上谕反映了载漪、徐桐等人的意图，密旨体现了军机处的意图，

① 中国第一历史档案馆编：《光绪朝上谕档》第二十六册，广西师范大学出版社 1996 年版，第 257 页。
② 中国社会科学院近代史研究所编：《庚子记事》，知识产权出版社 2013 年版，第 23、162 页。
③ 李宗侗、刘凤翰著：《李鸿藻年谱》，中华书局 2014 年版，第 109 页；徐彻：《慈禧大传》，辽海出版社 1998 年版，第 196、199、201、202 页。另见《第二次鸦片战争》二，上海人民出版社 1978 年版，第 292、293 页。

二者相互矛盾，缺乏协调，乃因内部有分歧之故。

徐桐、荣禄、刚毅等人利用了西太后的渠道施加政策影响力，实际目的在于绕过军机处渠道。查《光绪朝东华录》可见，西太后以"内阁奉上谕"明发形式直接决定重大政策的情况是较为常见的。此种做法为荣禄、刚毅和徐桐等人所利用。胶州湾事件后，清廷内部政策分歧也趋向明显，光绪欣赏康有为的方案，西太后又向军机处和各省督抚强力推行荣禄、刚毅和徐桐等人的方案，即是通过内阁奉上谕的渠道。① 此时还是奕䜣担任军机大臣时期，刚毅、徐桐提出了不同于奕䜣等人的方案，绕过军机处，径直向西太后面奏，然后通过内阁直接发出，一举奠定了为西太后信任的政治地位，导致清廷内外政策突然发生重大变化。刚毅和徐桐也形成了不通过军机处，利用获得西太后信任的优势，直接通过面奏影响清廷政策的惯性。对各地督抚的答复上谕，多以军机大臣字寄形式出台，这要由军机处寄信发出，显然经过了军机大臣议复或军机处知情。② 这显示，利用明发谕旨是刚毅的常见做法。刚毅作为军机大臣，但在奕䜣负责军机处时，李鸿章等在议事时常有意避开他，不与之事先协商，因刚毅会持异议。③ 荣禄负责军机处时，李鸿章等诸事也多与荣禄、王文韶和奕劻协商。④ 刚毅和徐桐直接通过西太后和内阁发布上谕，实亦其自身权力受限使然，即无法控制和利用军机处渠道，同时也无法控制总理衙门。《清史稿》裕德传附"论"说："大学士满、汉并重，非有资望，不轻予大拜。内阁不兼军机者，不参机务，相业无闻焉。"戴鸿慈传附"论"说："枢臣入对，序次有定，后列者非特询不得越言。"参酌刚毅绕过军机处一举获得西太后重视的举动，荣禄和徐桐也是在胶州湾事件后通过单独上奏的方式，提出一系列和奕䜣执掌的军机处不同的方案，一举获得西太后重视并推行，比如京畿地区军队重组的方案即由荣禄首先上奏并获得推行。三人的意见在政策层面获得西太后重视在先，但维新变法后荣禄获得利用军机处发出指令的条件；徐桐和刚毅别无他途，依然如故。双方都是西太后信任之人，也都依赖西太后的支持获得决定性优势，荣禄主持军机处后权力增大，但依然依赖西太后。

① 朱寿朋编：《光绪朝东华录》第四册，中华书局 1984 年版，总第 4044、4036 页；中国第一历史档案馆编：《光绪朝上谕档》第二十三册，广西师范大学出版社 1996 年版，第 374~376 页。
② 袁英光、胡逢祥整理：《王文韶日记》下册，中华书局 2014 年版，第 990~992 页。
③ 顾廷龙、叶亚廉主编：《李鸿章全集》电稿三，上海人民出版社 1987 年版，第 733 页。
④ 顾廷龙、叶亚廉主编：《李鸿章全集》电稿三，上海人民出版社 1987 年版，第 850、851、890 页。

光绪二十五年十月十九日强硬上谕公布之时，这种分歧并不存在，军机处也发出和执行备战上谕，更谈不上公开表示异议。① 在义和团问题上，"内阁奉上谕"的态度有时犹豫不定，背后是西太后犹豫不定，因为西太后同时受荣禄、奕劻等人的影响，也有其他一些不属于上述系统的京官如朱祖谋的零星奏折。各自单独观察军机处、总理衙门和"内阁奉上谕"的做法，连续性很强，转折过程清楚。比照中法战争时期的情况，西太后通过内阁发出上谕是偶尔之事，出现在和战决策的关键时刻，和光绪二十六年是经常性措施不同，说明胶州湾事件后西太后对清廷内部政策制定及实施的控制力强于以往。② 参酌奕䜣和奕譞负责军机处时期，大多数具体措施由奕䜣和奕譞酌定，同时征询军机处及地方督抚意见，经过反复酝酿，再征得西太后同意并发出上谕，并不是如义和团时期那样由西太后自己直接操刀。学术界对西太后剿抚不定的情况颇为熟悉，但对各方确切的互动关系，以及外界影响西太后的渠道的描写不是太详细。③

清廷事后把其中一些支持义和团的"内阁奉上谕"定为矫诏，其实"内阁奉上谕"办理的事情尚多，义和团问题只是其中之一，其他处理的还有人事任免、科举考试和水旱灾害等，清廷内部并非在所有事情上都存在分歧，在筹饷练兵方面也有一系列相似性，但的确很多与义和团有关的上谕出台和军机处无关。龙顾山人《庚子诗鉴》反复强调一些上谕"由端邸矫诏行之，枢臣不与闻"，即是此意。④ 后来洋务派谋求的清廷"宫府一体"，让张之洞进入军机处，实含深意。

对外宣战后，清廷内部依然存在军机处和载漪、徐桐等人步调不一致，西太后、载漪、徐桐等人通过内阁径直发布上谕的问题。事后指认的清廷内部支持义和团的人物，其拟定上谕和发布指令主要是通过内阁这条渠道，如载漪、徐桐、启秀、赵舒翘和连文冲。这类内阁奉上谕指令针对的人员，主要涉及京城和直隶事务，如荣禄、奕劻、刚毅、董福祥、宋庆和马玉崑，基本上是徐桐、崇绮等人熟悉和光绪二十五年年底颐和园谋划开始重用的人员。严格说来，一些和军事有关的上谕不适合通过内阁奉上

---

① 中国第一历史档案馆编：《光绪朝上谕档》第二十五册，广西师范大学出版社 1996 年版，第 312、313 页。

② 中国史学会主编：《中国近代史资料丛刊》（《中法战争》第六册），上海人民出版社 2000年版，第 1 页。

③ 黎仁凯、姜文英等著：《直隶义和团运动与社会心态》，河北教育出版社 2001 年版，第328 页。

④ 中国社会科学院近代史研究所编：《义和团史料》上册，中国社会科学出版社 1982 年版，第 64 页。

谕明发。

"内阁奉上谕"对义和团态度的转变，光绪二十六年八月十四日的"内阁奉上谕"是一个转折点，龙顾山人《庚子诗鉴》中有："两宫驾抵西安，有诏饬护直督廷雍力剿拳匪。诏旨之正名'拳匪'始此。首先皆曰义和团，或曰义民。"①这里所说的诏书，指的是明发的内阁奉上谕。

明发上谕转变，乃因清廷西逃后政策转变，明发上谕也要经过军机处之手，此时刚毅、赵舒翘、启秀、徐桐等人或死或失势，王文韶和荣禄起了主导作用。光绪二十六年闰八月，钦命留京办事大臣大学士崑冈等为咨行事：

> 查本年七月二十一日，銮舆西狩，此后一切钦奉上谕事件，除业将接到各件已另缮清单咨复贵处外，其余谕旨，京内现无邸抄，无从知悉。近闻文武大员间有调升之处，本大臣等亦未奉到明谕。相应咨行贵处，迅将七月二十一日以后所奉谕旨补咨本大臣等祗遵。其嗣后遇有钦奉上谕事件，并希随时知照可也。须至咨者右咨军机处光绪贰拾陆闰八月初九②

另外，"军机大臣面奉谕旨"也是支持义和团者利用的一条重要渠道。其作用也是可以绕过军机处渠道，直接向西太后递交奏折，避免军机处的裁抑，也可以绕过军机处，甚至可以制约军机处。例如，五月七日，军机大臣面奉谕旨：近畿一带拳民聚众滋事，并有拆毁铁路等事。迭此谕令派队前往保护弹压。此等拳民虽属良莠不齐，究系朝廷赤子，总宜设法弹压解散。"该大学士不得孟浪从事，率行派队剿办，激成变端，是为至要。钦此。"③该大学士指荣禄。此即荣禄在密信中所说满洲王公"抬出廷寄"禁止其镇压义和团的事情。宣战之后，令五台山南山极乐寺主持僧普济联络义和团"设法御击剿办，灭此凶夷"的上谕，也是"军机大臣面奉谕旨"，

---

① 中国社会科学院近代史研究所编：《义和团史料》上册，中国社会科学出版社1982年版，第96、97页。
② 军机处录副奏折，崑冈等为咨行事，光绪二十六年闰八月。又参见王彦威：《西巡大事记》卷一，第7页对七月二十七日一份上谕的注释："寄保定府交署直督廷雍迅寄京城。凡途中恭奉明谕旨发，均照此办理。"卷三，第33页对十月十二日对惩办董福祥上谕的注释："电知庆亲王等由京交内阁发抄。"这显示，西逃后内阁明发谕旨经过了军机处之手。
③ 中国第一历史档案馆编：《义和团档案史料续编》上册，中华书局1990年版，第593页。

上谕档注明"交片，启，转传该僧"。① 时论多认定相关支持义和团的上谕为军机大臣赵舒翘、启秀和军机章京连文冲所拟，显示这类拟旨者仍为军机大臣和章京，但因其支持义和团，启秀又为徐桐识拔，其意图容易得到西太后认可并通过上谕发出，不必经过持异议的军机处。②

义和团时期的这类政策分歧和前后不一致现象，清廷内部常见，也并不限于义和团事件，但义和团事件影响重大引人注目；③ 另外刚毅、徐桐等人绕过军机处，涉及的是一系列清廷重大政策，较之个别人谈论具体事件影响尤大。戊戌变法时期，光绪发布的很多上谕，大略和杨锐、林旭、刘光第和谭嗣同四人阅览后拟稿，也通过"内阁奉上谕"和"军机大臣面奉谕旨"渠道发出，事先并未经过军机处，也未必是交军机处办理的事件，有的事情实际也不适合明发上谕。④ 王文韶说："上意已定，必从康言，我全驳之，则明发上谕，我等无权矣，不如略敷衍而行之。"⑤

刘坤一以"部文未到"为由拖延变法措施，与义和团时期洋务派督抚不支持义和团的做法异曲同工；军机处对西太后支持义和团的做法有一些策略性解释，也是一种常见权变。⑥ 戊戌政变后，西太后延续了这类作法，仍然通过"内阁奉上谕"和"军机大臣面奉谕旨"废止一些变法措施，但也通过"军机大臣字寄"的形式惩办维新派，显示西太后完全掌控局势。⑦

① 中国第一历史档案馆编：《光绪朝上谕档》第二十六册，广西师范大学出版社1996年版，第199页。另参见王彦威：《西巡大事记》卷首，第29页。
② 具体传送渠道的描写，尚未发现直接资料。参见王彦威《西巡大事记》的有关描写，应是上谕由军机大臣或军机章京拟定后，直接交相关人员递送或交内阁发抄，也有负责这类事务的官员。内阁发抄前未必要经过大学士的同意，未见大学士阻止异议上谕的发布。见该书卷一，第2、3、12页。从王彦威相关记载看，清廷西逃前，似非军机处核心人员，因宣战之后的一些描写较为泛泛。
③ 例如，光绪二十四年十九日关于推荐人才的内阁奉上谕，就和之前的很多这方面上谕精神不一致，见中国第一历史档案馆编：《光绪朝上谕档》第二十四册，广西师范大学出版社1996年版，第635页。
④ 中国第一历史档案馆编：《光绪朝上谕档》第二十四册，广西师范大学出版社1996年版，第393、415、363页；《清议报》第1册，第21页。光绪二十五年二月十一日《清议报》"光绪圣德记"有些光绪避开原有衙门以推行新政的描写，又说光绪与维新派联系时"仅借奏折以通之，而奏折皆与天下共之。"见《清议报》第1册，第517、518页。《康南海自述年谱》中对此描写极多，也可信，见《戊戌变法》四，第147、153、157、160页，军机四卿中有些人在内阁兼职。
⑤ 中国史学会主编：《中国近代史资料丛刊》（《戊戌变法》四），上海人民出版社2000年版，第153页。
⑥ 中国第一历史档案馆编：《光绪朝上谕档》第二十四册，广西师范大学出版社1996年版，第319页。
⑦ 中国第一历史档案馆编：《光绪朝上谕档》第二十四册，广西师范大学出版社1996年版，第428页。

　　三月十八日上谕公布之前，京畿地区义和拳的规模并不大，都是和本村落、本地区的民教矛盾有关。上谕发布后，京保沿线义和拳开始大规模公开活动，打着团练的旗号，省城保定一带开始发生武斗，清军开始疲于奔命。杨福同上报：

　　　　顺、保各属莠民，自闻三月十八日邸抄，有民间学习拳棒自保身家等语，无不公然练习。即无教民之村亦皆迎师立场，不服劝谕。甚至红巾黄带千百成群，往来游荡，无处不有。一若官军不能惩办，教民理应杀害，视焚杀抢掠为无辜，抗官诬良为本职。高洛学仅十日，竟敢以数百乌合之众，谋袭国家劲旅，并有拆去铁路，杀尽洋人之语。①

　　直隶总督裕禄不敢再对义和拳练习者武力镇压，有来自军机处和总理衙门的指令。其奏折内容很杂，实际措施仍是清廷上谕中反复指授、点明的对反洋教活动采取弹压解散或晓谕解散的策略，不管是军机大臣字寄还是内阁奉上谕在这方面都是相同的。②《拳祸记》中有一段描写：聂士成向裕禄"面询方略。裕禄传懿旨，略云义和团保清灭洋，实为义民，即使稍有滋扰，务须善言相劝，切勿威以兵力。聂又接大学士荣禄札，亦谓贵军装束，颇类西人，易为团民误认，遂致寻衅。团民志在报国，具有忠义之忱，不宜肆行杀戮，执事慎之"③。总理衙门文件中存在所谓"查拿首要、解散胁从"和"严行剿捕"之类字眼，这仅是表面文章，同时又会提醒不要操切。三月十八日，裕禄电总理衙门：义和拳、大刀会始于山东，自上年秋冬逐渐蔓延到直隶各处，"皆由外来匪徒，以练习此等拳棒能降神附体枪炮不伤之说，煽惑乡愚，其中即有素与教民结怨者延为教练"。"实则全为射利起见"，表示已派兵分路弹压，教民有时夸大其词。④ 四月十八日奏折中说，义和拳会"无非为诓骗钱文，牟取衣食之计"，结论却是"查有学习拳技之处"，"只论其匪不匪，不问其会不会，分别妥为办理"。四月二十五日致总署电，说义和拳"聚众设厂，借仇教为名，烧杀抢掠，扰害地方"，"恃众戕官"，"穷凶极恶，法所难容"，实际措施是"劝导""劝

① 中国社会科学院近代史研究所编：《义和团史料》上册，中国社会科学出版社 1982 年版，第 948 页。
② 中国第一历史档案馆编：《光绪朝上谕档》第二十六册，广西师范大学出版社 1996 年版，第 103、117、128 页。
③ 李杕：《拳祸记》，上海土山湾 1905 年版，第 103 页。
④ 故宫博物院明清档案部编：《义和团档案史料》上册，中华书局 1979 年版，第 79、80 页。

散""查禁"和"查拿首要，解散胁从。如敢再行抗拒，即饬严行剿捕"。总署复电是，奉旨："裕禄电悉。查拿首要，解散胁从办法，均是。此事各处情形不同，迁就适足养奸，操切亦恐滋变。"①四月十九日军机大臣字寄步军统领衙门、顺天府、五城御史和直隶总督裕禄："奉上谕，前因义和团拳会延及京师，曾经寄谕步军统领衙门认真查禁。近闻京城内外奸民以拳会为名，到处张贴揭帖，摇惑民心，事关交涉，深恐酿成衅端，应如何防范查禁之处，著步军统领衙门顺天府五城御史会同妥议章程，迅速办理，仍将筹办情形先行覆奏，并著裕禄一体严禁。"②高洛村事件后，义和拳练习迅速风行。四月，直隶布政使、按察使派清军将领王占魁，弹压保定府十六个州县。王占魁所奉札文中规定"迅往弹压，妥为解散"。裕禄的真实意思是"专主解散，不准言剿"。③四月二十六日，军机大臣荣禄从北京遣武卫军营员吴炳鑫到定兴，说荣禄再三嘱咐勿失民心。吴炳鑫还说，昨日改装到石家庄，亲见拳术神奇，恐属天意，何可轻剿。且事属地方官办理不善，咎实不在民，阻止清军攻打义和团。④

报刊中关于这个时期各地义和团活动的报道很多，但极少有精确者，对事件过程的描述、人名地名以及种种评论皆是如此，难以作为准确的史料征引，远不如《山东义和团案卷》《筹笔偶存》《直东剿匪电存》等官府档案。⑤一些报刊有京津一带的官员作为信息源，对政策动向的描述有些颇能和官府档案吻合，尤其是维新派和《清议报》较为注意，但没有完整和系统的报道，很多相互矛盾，传闻和孤证居多，外界无法证实真伪。⑥

五月份，清廷政策逐步明朗化，逐步倾向于对八国联军要求采取强硬对抗政策，利用义和团成为其中选项。八国联军步步紧逼，阻止八国联军入京成为清廷讨论的焦点。政策转折过程中，满洲王公和一些军机大臣的作用十分明显，京官作品中有一些零散的记载。如光绪二十六年，"当五

---

①　北京大学历史系：《义和团运动史料丛编》第二辑，中华书局 1964 年版，第 25、26 页。

②　中国第一历史档案馆编：《光绪朝上谕档》第二十六册，广西师范大学出版社 1996 年版，第 100 页。

③　中国史学会主编：《中国近代史资料丛刊》(《义和团》第一册)，上海人民出版社 2000 年版，第 449、450 页。

④　中国社会科学院近代史研究所编：《义和团史料》上册，中国社会科学出版社 1982 年版，第 355 页。

⑤　路遥主编：《义和团运动文献资料汇编》中文卷上，山东大学出版社 2012 年版，第 259~263 页。

⑥　路遥主编：《义和团运动文献资料汇编》中文卷上，山东大学出版社 2012 年版，第 254~256、271 页。

月初，骆成骧殿撰放贵州主考时，往见礼部尚书启秀，启谓之曰：'俟尔回京销差时，北京当无洋人踪迹矣'"①。《拳变余闻》据此分析，"其时政府已蓄意灭洋，偶一流露也。"②

五月，义和团控制涿州城，"各城门均让义和团匪把守，稽查出入，一若官应为之事皆其事，然亦不驱逐官长，是占城之别开生面也。"③二日，召见庆亲王奕劻、端郡王载漪和军机大臣。同日，内阁奉上谕：近畿一带乡民练习拳勇，良莠错出。近闻拳民中多有游勇会匪混迹其间，着严拿首要，解散胁从。如敢列仗抗拒，应即相机剿办。凡有教堂教民地方，均应实力保护。④ 同日，驻涞水的清军接京都电报："不准开仗"。涿州、涞水一带的义和团"益肆行无忌"。⑤

义和团势力渐大，列强要求出兵保护使馆镇压义和团的呼声很高。五月二日，荣禄上奏，提出的方法仍是通过查禁反洋教活动来阻止洋兵入京，但也认可光绪二十五年年底支持义和团上谕的权威性：

> 查近来拳教滋事，论拳民本意，不过自卫身家，其仇教嫉洋尤见乃心。中国若因有教案一味严拿，不惟虑失民心，兼恐激之生变。持平办法，不但于拳民之中当分良莠，而且于匪民之中当分首从，此不易之理也。惟近闻拳会中颇有会匪、游勇、盗贼之类，借习拳之名，以逞其为匪之技者。如焚抢教堂，拆毁铁路，拒捕官兵等事，若不严拿重惩，其害胡底！今各国使馆深为惶惧，法使欲调洋兵入京，以资保护。若洋兵果来，其害又甚于拳匪。
>
> 窃思严禁匪类，原系应办之事，并非虐民媚洋，仍应遵上年谕旨，但论其匪不匪，不问其会不会，会而不匪，虽会何伤？若既为匪徒，例应严办，而况冒拳名以张匪势乎？拟请明降谕旨，通饬各该管地方官，遇有拳会，分别良莠，禁谕兼施。如定兴、涞水已成之案，则歼除首要，解散胁从。倘有托名拳会安心为匪，甚或戕害人命扰乱地方者，一经拿获讯实，立置重典，决不宽贷。如此分别办理，则匪

① 中国史学会主编：《中国近代史资料丛刊》（《义和团》第一册），上海人民出版社 2000 年版，第 310 页。
② 中国历史研究社编：《庚子国变记》，上海书店出版社 1982 年版，第 39 页。
③ 清议报报馆编：《清议报》第 3 册，中华书局 2006 年版，第 3169 页。
④ 故宫博物院明清档案部编：《义和团档案史料》上册，中华书局 1979 年版，第 106 页。
⑤ 中国史学会主编：《中国近代史资料丛刊》（《义和团》第一册），上海人民出版社 2000 年版，第 453 页。

徒之技穷，洋人之口塞。我办我匪，彼兵即不可来，而京师亦获安堵矣。①

依据此奏折，参考荣禄的实际做法，他也想通过查禁反洋教活动以阻止列强派兵进京，但内心认同义和拳练习者自卫身家的做法，不愿禁止练习义和拳；也不愿对教案采取过于严厉的措施，不愿严拿反洋教者。对于清廷对反洋教活动"晓谕解散"的谕令，荣禄也执行，并未极力反对，这也符合训政时期军机处对教案的态度。

又据光绪二十六年五月三日刑部尚书兼顺天府尹赵舒翘奏折，顺天府辖区自光绪二十五年年底开始到二十六年五月，一直执行清廷支持义和拳的上谕，只是顺天府义和拳规模不大未引人注意：

> 伏查顺天各属，自去冬以来，叠奉谕旨，钦遵通饬各该牧令，开诚布公，随时劝化。复乘其因公来见时，面授机宜，饬以务须仰体圣意，多方开导。半载以来，民教相安，并未激生事端。……上月，霸州拳民复有蠢动，经督臣派兵前往。臣等当饬该署牧刘于祐往见带兵队长，嘱其遥为驻扎，暂缓入境，一面亲赴各村，宣布朝廷爱民如子之仁。该拳民等无不感激涕零，立时解散，随即告知队长撤队回省。至今霸州民教安堵如常。其余各属，亦均闻风帖服。②

赵舒翘奏折也说明了地方官如何贯彻清廷支持义和拳的上谕。鉴于光绪二十五年十二月底支持义和拳的上谕公认为赵舒翘所拟，赵舒翘的做法对理解清廷上谕具有权威性。对照赵舒翘奏折和清廷相关支持义和拳的上谕，上谕所谓只问其为匪与否，肇衅与否，不论其会不会、教不教，实际执行时，就是允许民间练习，对义和团反洋教以及拆铁道电线等活动采取"晓谕解散"之类做法。赵为军机大臣，此种"晓谕解散"处理民教冲突的用语亦沿袭光绪二十五年年底军机处字寄袁世凯上谕精神，只是在查禁方面已经不同。外界容易误解"晓谕解散"为解散义和拳练习者，又发现各

---

① 《荣禄存札》，齐鲁书社1986年版，第396页。
② 故宫博物院明清档案部编：《义和团档案史料》上册，中华书局1979年版，第108、109页。光绪二十六年正月二十日军机大臣字寄直隶总督裕禄和山东巡抚袁世凯查禁各属义和拳会的上谕，并未提到顺天府；四月份一些军机大臣字寄上谕，提到查禁京城义和拳会的情况，但显然未获执行。见中国第一历史档案馆：《光绪朝上谕档》第二十六册，广西师范大学出版社1996年版，第23、92、100页。

地练习者并未解散，这种理解不符合清廷上谕中"果能安分守法，原可听其自便"的原意。①

对照荣禄奏折、光绪二十六年年初王文韶、奕劻主导的查禁义和拳会的上谕及赵舒翘奏折，可发现三者在对反洋教活动采取"弹压解散"和"晓谕解散"这类较为温和的态度方面是一致的，即刚毅等人也并无不同；差别是荣禄、王文韶和奕劻对列强干涉问题较为顾虑，有潜在的想查禁又不愿过分使用武力查禁的心态；刚毅、赵舒翘等人则想利用义和拳抵抗列强，潜在的心理是不但不想查禁，还想鼓励和利用。荣禄、王文韶和奕劻三者之中，荣禄在顾虑列强干涉的同时，也倾向于西太后和利用义和拳的一方，认同义和拳自卫身家，有潜在的保护和利用动机。在清廷中，荣禄属于较为了解中外局势，也较为机灵，但又有一些和李鸿章等汉族洋务派不同的满洲贵族仇外、守旧和满洲中心心理的人物。京畿地区义和拳练习者众多，民教矛盾广泛分布，"晓谕解散"的政策会使清军防不胜防，疲于奔命，并不是有效办法。

有一些查禁义和拳会的上谕，主要针对京城，和直隶的措施有所不同，这是迫于列强及京城一些主张查禁义和拳的官员的压力。具体办法由步军统领、顺天府、五城御史制定，也主要是针对京城，和直隶无关，但也遭到满洲贵族的阻挠无法实施。② 这些上谕的原意，仍是以"晓谕解散"为主。但上谕的意思较为矛盾含混，也罗列了很多"查拿首要，解散胁从"之类的威胁性语言，仔细琢磨才会发现真实意图。例如五月三日，内阁奉上谕：此等乡愚良莠不齐，办法不外严拿首要，解散胁从。著步军统领、顺天府、五城、直隶总督，如拳匪中实系滋扰地方，甘心为乱者，即当合力捕拿，严行惩办。其有随声附和并无滋扰实迹者，应晓谕立时解散。③ 这类上谕内容看起来有些矛盾，既有镇压的倾向，也有一些保护的倾向，其实大多数是外国驻华公使向总理衙门施加压力，要求总理衙门向清廷提出发布查禁义和拳上谕的情况下出台的。④ 五月初《中外日报》："北京团匪亦于各处明目张胆操演，甚至往肃王藩邸外操演者亦不少，该处相距英使馆不远。至端王亦深以洋人为恨，故英、法、美等国使臣兹特

---

① 另外可参阅光绪二十六年五月七日军机大臣字寄荣禄和裕禄密旨，见中国第一历史档案馆编：《光绪朝上谕档》第二十六册，广西师范大学出版社 1996 年版，第 116、117 页。

② 中国社会科学院近代史研究所编：《义和团史料》下册，中国社会科学出版社 1982 年版，第 701 页。

③ 故宫博物院明清档案部编：《义和团档案史料》上册，中华书局 1979 年版，第 106 页。

④ 胡滨译：《英国蓝皮书有关义和团运动资料选译》，中华书局 1980 年版，第 70 页。

严词向总署责问，总署答以团匪人数过多，难以拘捉，且其中良莠不齐，亦不能一律拘办，当为出示严禁可也。"《中国旬报》："北京确信云：近日京城满洲贵族入义和拳者甚多，盖因各亲王等允准也。""接北京确信云：满洲贵家世族入义和拳党者甚众，王公贝勒等并亦允为保护。而北京城墙上又遍贴告示，严禁拳党，谓入会之人均系干犯法纪者，照例获案后即须正法等语。"①陈璧的《五城公牍汇存》收录大量"查禁"京城义和拳会的告示，即为此类做样子的措施，告示显示是根据上谕张贴，由步军统领衙门主稿，会同顺天府和五城御史拟订。单看告示内容，神乎其神，霹雳手段，令人心骇，其实是在隆隆响空雷也。正所谓"惟只以舌上之慰劝，并不出以实力，故匪党益肆"②。单纯引用这类告示没有什么意义，需要看看告示张贴之时京城情况是什么样子。不过，这也显示京城保甲机构内部存在一些分歧，有些人如陈璧也可能倾向于稳定局势，但不足以改变载澜等满洲王公的态度。实际上，陈璧也只是做做样子，不是力主查禁。③

胡思敬《驴背集》：

> 刚、赵既还，拳匪相继入城，借庙宇设坛，练习拳勇。已乃盘踞民房，竖"保清灭洋"大旗，造七字歌谣，榜揭通衢。五城察院，以六言韵语出示禁之，都人谓御史与拳匪以诗歌相唱和，一时传为笑柄。④

五月七日，军机大臣面奉谕旨：近畿一带拳民聚众滋事，并有拆毁铁路等事。叠此谕令派队前往保护弹压。此等拳民虽属良莠不齐，究系朝廷赤子，总宜设法弹压解散。"该大学士不得孟浪从事，率行派队剿办，激成变端，是为至要。钦此。"⑤该大学士指荣禄。这个上谕的主旨，和弹压解散、晓谕解散以及裕禄给清军的授意专主解散、不得用剿是一致的，实际是得到西太后批准的。相似谕旨还发给裕禄。上谕档注："遵拟电知裕

---

① 路遥主编：《义和团运动文献资料汇编》中文卷上，山东大学出版社 2012 年版，第 264 页。

② 清议报报馆编：《清议报》第 3 册，中华书局 2006 年版，第 3171 页。

③ 故宫博物院明清档案部编：《义和团档案史料》上册，中华书局 1979 年版，第 451、452 页。

④ 中国史学会主编：《中国近代史资料丛刊》（《义和团》第二册），上海人民出版社 2000 年版，第 485 页。

⑤ 中国第一历史档案馆编：《义和团档案史料续编》上册，中华书局 1990 年版，第 593 页。

禄一道，缮稿呈览，恭候钦定，俟发下后交该衙门办理，谨奏。"①

这时，地方督抚无力阻止京畿地区形势的发展。李鸿章已经对局势的走向有了清晰预判，也清楚自己的分量。五月七日，盛宣怀电两广总督李鸿章，说"洋兵入京保护使馆，清议主抚，养痈成患，各国生心"。建议李鸿章电奏，责成聂士成肃清畿辅，并请刘坤一、张之洞电奏请剿。"荣相、王相甚明白，但须借疆吏多持正论，以破迂谈，九重乃可定见。"八日，李鸿章复电说，"清议不以铁路为然，正快其意。时事尚可问乎？似非外臣所能匡救"②。

五月九日，总理衙门和窦纳乐对话，说义和拳"本与教民龃龉而起，却未扰害平民，所以彼等若不抗拒，实不能骤施攻剿"。"弹压土匪，乃中国内政，应行攻击与否，聂提督必有权衡，断无庸各国预闻。"③总理衙门在这里实际也是阐述了弹压解散、不得用剿的观点。由于列强驻华公使一直和总理衙门交涉查禁反洋教活动，一些查禁义和团的上谕也和总理衙门有关，列强对总理衙门对义和团的态度变化没有在意，在向国内报告中，总理衙门及奕劻在事件过程中显示出无能为力的文字很多。

　　五月初十日内阁奉上谕：……至义和拳会，在嘉庆年间亦曾例禁。近因其练艺保身，守护乡里，并未滋生事端，是以累降谕旨，饬令各地方官妥为弹压，无论其会不会，但论其匪不匪，如有借端滋事，亟应严拿惩办。而教民拳民，均为国家赤子，朝廷一视同仁，不分教会，即有民教涉讼，亦曾谕令各地方官，持平办理。

　　……拳民以仇教为名，倡立团会。再有奸民会匪，附入其中，藉端滋扰，拆毁铁路，焚烧教堂。至铁路原系国家所造，教堂亦系教士教民所居，岂得任意焚毁。是该团等直与国家为难，实出情理之外。昨已简派顺天府兼尹、军机大臣赵舒翘，前往宣布晓谕。该团民等应即遵奉，一齐解散，各安生业。倘有奸民会匪从中怂恿煽惑，希图扰害地方，该团即行交出首要，按律惩办。若再执迷不悟，即系叛民，一经大兵剿捕，势必父母妻子离散，家败身亡，仍负不忠不义之名，后悔何及。朝廷深为吾民惜也。

　　经此次宣谕之后，如仍不悛改，即著大学士荣禄，分饬董福祥、

①　中国第一历史档案馆编：《光绪朝上谕档》第二十六册，广西师范大学出版社1996年版，第117页。

②　顾廷龙、叶亚廉主编：《李鸿章全集》电稿三，上海人民出版社1987年版，第924页。

③　《清末教案》第2册，第902页。

宋庆、马玉崐等，各率所部，实力剿捕。仍以分别首从，解散胁从为要。①

五月，报刊舆论开始对清廷与义和团的关系广泛关注，五月十日上谕引起东南省份震动，是舆论关注的焦点。评论的主基调是认为该上谕"大旨在袒护团匪，有不肯痛剿之意"，也是大体中肯的。② 一般认为这个上谕出自荣禄之手，至多是其中更为详细的部分由荣禄幕僚樊增祥拟订的。上谕中涉及荣禄所部军队，如果没有荣禄的同意也无法执行。这个上谕并没有达到解散胁从的目的，京城普遍练习义和拳，这个上谕的发布甚至有推波助澜作用。③ 列强驻华使馆的反应大略相同。荣禄对东南督抚的解释是首先解散胁从，然后剿捕。他突出剿捕的内容，不完全符合上谕原意，没有完全透露实情。

此时，直隶总督裕禄的真实态度仍是查禁义和团，也在奏折中说出了现有处理义和团的不足及应该采取的方法。五月十日，裕禄电总理衙门，对义和拳"断非仅恃劝导所能解散"，"必须剿抚并用"，建议请旨令聂士成及带兵各员"先于涿州、定兴一带拳匪聚集之处，探明巢穴，迅速认真剿办，不得迁延观望，致误事机。其果系胁从者，亦即查明解散，以免株累"④。

就此而言，裕禄在京畿地区满洲贵族中尚属于极为明白者。不能坚持己见是其致命弱点。

英国公使向总理衙门要求自行派兵保护京城教堂，总理衙门"嘱令从缓"⑤。

五月十一日开始，清廷逐步进行京城军事布局。《那桐日记》五月十一日，与人谈"庆邸传谕派兵防守事"，到神机营与诸翼长谈；十二日，"赴颐和园回庆邸禁城内外驻兵事"；十三日，"进内议守卫事，今日禁城内外驻兵二千名"。⑥

① 故宫博物院明清档案部编：《义和团档案史料》上册，中华书局 1979 年版，第 118、119页。
② 路遥主编：《义和团运动文献资料汇编》中文卷上，山东大学出版社 2012 年版，第 279页。
③ 中国社会科学院近代史研究所编：《义和团史料》上册，中国社会科学出版社 1982 年版，第 186 页。
④ 故宫博物院明清档案部编：《义和团档案史料》上册，中华书局 1979 年版，第 120 页。
⑤ 故宫博物院明清档案部编：《义和团档案史料》上册，中华书局 1979 年版，第 120 页。
⑥ 北京市档案馆编：《那桐日记》上册，新华出版社 2006 年版，第 344 页。

事情起因于五月十日。《庸扰录》记载：

> 五月初十日，英、俄、德、法、美、日六国钦使齐集总署，声言若再不从速将义和团匪剿办，各国将派兵来京，代行剿匪。朝廷遂派尚书赵舒翘至保定府，又派副都御史何乃莹至天津查办。翌日又派大学士刚毅至涿州。盖欲宣布德音，将匪解散也。①

五月十一日，西太后派刚毅、何乃莹到涿州，名为解散义和团，实为查看情势。京官作品频繁提及此事件，有一些浮夸的描写。涿州之行是奉西太后的命令，西太后正是主张对义和团会采取劝导解散方式，禁止武力镇压。② 刚毅之晓谕拳民手稿是此时西太后立场的表达。③ 刚毅奏折说他接触的是义和团团头，不是京官作品渲染的李来中："复经奴才传集该团首事，详加开导，并将所撰手谕分布。""首事"是京城对义和团团头的称呼。④

五月初清廷内部发生的变化，《清议报全编》"庚子国难纪事本末"的记载值得注意：

> 二十六年四月，满洲贵族世家多入义和团。王公贝勒等，皆允为保护。

> 五月初一二间，召见董福祥二次，面授以抵制西兵机宜。董福祥慷慨自效，有仰体慈意，誓立寸功之话。宫中内侍、及年女宫女等，习学练拳，不时操演。

> 初十日，命顺天府尹兼军机大臣赵舒翘出京招抚团民。荣禄至马家堡保护铁路，或云实系会商董福祥力阻西兵不许入京。皇太后在宫内召集各大臣密议团匪乱事。为时极久。旋即决议定计，不得将义和团剿除，以该团皆忠心于国之人，如以上等军械好为操演，即可成为国家劲旅，以之抵御洋人，颇为有用。荣禄庆王端王刚毅启秀赵舒翘等俱同声附和，谓不可剿办。乃即定议。时团匪几于到处皆是，入会

---

① 中国社会科学院近代史研究所编：《庚子记事》，知识产权出版社 2013 年版，第 245 页。
② 故宫博物院明清档案部编：《义和团档案史料》上册，中华书局 1979 年版，第 137、138 页。
③ 故宫博物院明清档案部编：《义和团档案史料》上册，中华书局 1979 年版，第 139、140 页。
④ 故宫博物院明清档案部编：《义和团档案史料》上册，中华书局 1979 年版，第 138 页。李来中是涿州义和团的一个大师兄，后来可能在董福祥部中统帅义和团。

者日数百人，且均彰明较着，并不避忌。凡属满人，不分大小老少，均系义和团中人。其腰间均束红带，以作记号。御史王培佑召见时，太后问你是本处人，义和团究竟如何。王奏义和团忠君爱国。太后言惟愿他莫乱动为是。王奏臣家大小均练义和拳，太后大喜，三日即擢府丞。

十一日，刚毅奏言赵舒翘往抚团民，恐致决裂，奴才请即行。于是至涿州，赵舒翘欲留聂士成剿匪，刚素恶聂，谓其私通洋人，决不可用。赵微笑即回京。①

查这段史料并非《清议报》原文，乃是依据日本人佐原笃介辑《拳匪纪事》改编而成，但关于初十日会议的内容和原文有较大不同：

北京访事来电云：皇太后昨晚在宫内召集各大臣，密议团匪乱事，为时极久，旋即议定，决计不将义和团匪剿除。因该团实皆忠心于国之人，如与以上等军械，好为操演，即可成为有用劲旅，以之抵御洋人，颇为有用。当定议时，只荣相、礼王不以为然，又因势力不及他人，故不能为功，余如庆王、端王、刚相、启、赵二尚书等，俱同声附和，谓断不可剿办团匪，王中堂则默然无语。皇太后胸中业已早有成竹，故即照其本意办事。②

此段记载，从后来的局势演变看，更为精确一些，可说明清廷内部的差异，并与诸多资料相印证。维新派因为憎恶荣禄，有些曲笔。其实《清议报》最初也有和上引《拳匪纪事》相似记载，是同一信息来源，日期上有些问题：

初九日北京电云：皇太后于昨夕同各亲王等在便殿会议良久，终曰，义和团匪诚属忠君爱国，设俾之以器械，便成有用之师，且可借以御侮，自应未便议剿云。荣禄并礼亲王独以此议为不然，无如为庆、端及刚毅、赵舒翘等所抑耳。王文韶则默口不言，而皇太后遂决议不剿。目下团匪日聚日众，都中遍处皆是。附之者日以百计，亦且

---

① 《清议报全编》卷二十二，纪事二，庚子国难纪事本末上，第9、10页。
② 中国史学会主编：《中国近代史资料丛刊》（《义和团》第一册），上海人民出版社2000年版，第124页；佐原笃介编：《拳匪纪事》卷二，光绪二十七年铅印本，第192页。

公然无忌。满人多半皆其党羽，腰间各束红带，以为识别。现危机紧迫，殆有朝不保暮之势。一旦变生仓猝，则寥寥数千之洋人，仅足以供二十万众团匪之一饱，而神机营各旗兵，尚不在二十万众之列也。①

结合各种情况，此处之"初九日北京电"应误，事情并非发生在五月八日，应是转引时产生的问题。② "在便殿会议"正是西太后训政时期的做法。③ 恽毓鼎《庚子日记》五月十日条云"知太后圣意，颇右义和团，欲倚以抵制外洋，为强中国之计"即暗含这类信息。④ 相关信息在京城流传甚广，《中外日报》五月十八日有一条相似报道：

> 近日团匪之乱愈闹愈大，颇觉不可收拾。……朝中诸人无日不称述团匪之神奇，均信其能抵御西人，故不再加阻止。某大臣至向众明言：此等义和团皆是天生奇材，有无穷法术可以包打西人，故西兵如欲进京，我等亦不必阻止，听其与义和团打仗，俾知团民之利害云云。……当西兵入京之时，皇太后急召枢臣入见，商议处置之法。某大臣倡言宜与西兵开仗，不患不胜，可令西兵片甲不存。荣中堂竭力阻止，谓俄与满洲乃唇齿之邦，不宜开罪于彼，致将来无可依赖云云。太后深以为然，故现在朝意与俄使甚为亲密。⑤

对于上述西太后召见军机大臣等的会议，廖一中等颇有注意和引用，但并未继续追究这次会议确定的策略和宣战后清廷政策以及一些重要人物如荣禄和王文韶等在对外宣战前后具体态度的关系。⑥

引文中提到庆亲王奕劻也同声附和，这是可信的，但可能持续时间不长。《北华捷报》8月8日刊登英国前总领事杰米逊来信，信中转引5月16

---

① 参见《清议报》第3册，第3105、3106页，《清议报汇编》改编《拳匪纪事》，可能是《拳匪纪事》较为概括所致。

② 路遥主编：《义和团运动文献资料汇编》中文卷上，山东大学出版社2012年版，第287、302页。应是"六月九号"北京电，乃是阳历，见该书第287页。

③ 《戊戌变法档案史料》，第467页。

④ 北京大学历史系编：《义和团运动史料丛编》第一辑，中华书局1964年版，第48页。

⑤ 路遥主编：《义和团运动文献资料汇编》中文卷上，山东大学出版社2012年版，第294页。

⑥ 见张海鹏主编、马勇著：《中国近代通史》第四卷，从戊戌维新到义和团（1895—1900），江苏人民出版社2013年版，第410、414、424、426、427页。该书基本参考和引用廖一中等：《义和团运动史》第154页的观点。

日《北华捷报》在北京记者致上海信，通知说守旧派反对除俄国人之外的所有外国人，"有一个大的秘密计划"，"目标是消灭所有在中国的外国人和收回租借地"，主要领导者是西太后、庆亲王、端王、刚毅、赵舒翘和李秉衡。取得此目标的主要力量是满洲人，包括庆王统率的神机营、端王统率的虎神营和刚毅等统率的各种八旗兵共72000人，这是复仇军队的主力，义和拳作为辅助。"所有中国上层知晓此事"。① 参酌事后的演变，这应是端王、刚毅等人的最初方案。结合胶州湾事件后清廷运用国际法的策略，清廷后来让义和团打头阵的策略，应即在此时出自奕劻之手并经清廷确认，而不是外界所知的端王、刚毅等人将义和团作为官兵辅助的策略。② 清廷对外宣战之后，驻英使馆提出攻打使馆的部分清军为叛军的观点，意在为清廷推脱责任，与此种倾向如出一辙，可作为旁证。③《拳匪纪事》五月初十日条载："北京西电：庆邸知西兵大至，不平乱无以谢客，始与刚毅辈议论相左。""又得通州函：此间警信日迫，大都将甘心于洋人。达于保定之电线，已遭拳匪割断。荣相亲至马家堡保护铁路，军中反盛传中堂此来，实系会商董福祥力阻西兵，不许入京，非与义民为难。"④ 十三日条记载："是日，董军入都。先是，董军屯南苑，端邸、刚相以城内空虚，请调董入都。初四，召见董。是日，董军入都。其先锋差弁持令箭入城，宣言现已奉太后命剿灭洋人，命义和团为先锋，我军为接应，闻者骇然。"⑤ 十四日条又记载："有京友坐土车至津，据云，京师人心尚静谧，独团民日夜持械，百十为群，扬言奉旨逐杀洋人。董军入都约千人，其所声言亦相同。""昨日友人出京，正值皇太后由园回宫之日。因患路中不靖，坐镖车出都。临行时，适有三四军人系自董军来者，手持令箭扬言曰：本军已与义和团成约，并力杀逐洋人，本日佛爷回宫，正为此事云云。"⑥ 一些杀洋人的揭帖，皆出自此时：

> 我皇即日复大柄，义和团民是忠臣。只因四十余年内，中国洋人到处行。三月之中都杀尽，中原不准有洋人。余者逐回外国去，免被

---

①　*North China Herald*, Aug 8, 1900. 此记载与中文记载暗合但较为详细，见路遥主编：《义和团运动文献资料汇编》中文卷上，山东大学出版社2012年版，第265、287、302页。神机营是清廷利用义和团时期的一支重要力量。

②　*North China Herald*, Aug 8, Oct 17, 1900.

③　*Statement by the Chinese Minister*, *The Times*, September 12, 1900.

④　佐原笃介编：《拳匪纪事》卷二，光绪二十七年铅印本，第190页。

⑤　佐原笃介编：《拳匪纪事》卷二，光绪二十七年铅印本，第196页。

⑥　佐原笃介编：《拳匪纪事》卷二，光绪二十七年铅印本，第198页。

割据逞奇能。……众家弟兄休害怕，北京今有十万兵。待等逐尽洋人后，即当回转旧山林。

又有揭帖贴于新关租界之中，略谓：现有神兵八百，定于本月十三日下降扫灭洋人云云。①

外界大体也是依据这类信息，认为西太后支持义和团，并判断形势危急，只是无法掌握和理解清廷的整个战略部署。② 事后也颇有记载把五月十日前后作为"朝旨大变"，决定利用义和团驱逐洋人的一个转折点：

　　义和团肇自山东，本年春间始延至顺直界，以戮教民焚教堂杀洋人为事，聚众筑坛，设祖师位祝之，自称神附其体，即能运械如飞，不畏枪炮，且能使敌人之枪炮不燃云。举国信从，入团者童子尤众。四月间，据涿州城，戕官且毁铁路。上意已主剿矣，而执政王大臣信之甚深，护之益力。五月初四日，董帅召对，又以力敌洋人为己任，由是朝旨大变，特命大臣刚、赵等出示近畿招抚之，而各国亦调兵约四百余人入都保护使馆。至初七日，京津铁路亦毁。团匪之入京城者日以千计，遍地设坛。斯时近畿教堂尽毁，教民避难纷纷入都中东交民巷使馆潜居自固。此初十前后情形也。③

大致也是从五月份开始，东南督抚开始对京畿地区义和拳势大的情况有所耳闻，要求清廷镇压义和拳。五月十二日，两江总督刘坤一电总理衙门，说义和拳"名为忠义，实则叛乱，即使宣布解散，亦难保不散而复聚，蔓延日久，收拾益难"，"似应一意主剿，痛剿一二股，则余股自灭"，要求代奏。④

《清议报》记载："又上海函云，西后因总理衙门与驻京各公使交涉正多，已于十三日由颐和园回宫，以便指授机宜。"⑤西太后在皇宫中，军机大臣可以随时面奉谕旨，进行军事指挥。⑥

杨典诰《庚子大事记》记载："十一日，是夜颐和园外，人声杂遝，值

① 佐原笃介编：《拳匪纪事》卷二，光绪二十七年铅印本，第187页。
② 佐原笃介编：《拳匪纪事》卷二，光绪二十七年铅印本，第192页；卷五，第802页。
③ 佐原笃介编：《拳匪纪事》卷二，光绪二十七年铅印本，第216、217页。
④ 故宫博物院明清档案部编：《义和团档案史料》上册，中华书局1979年版，第121页。
⑤ 《清议报》第3册，第3169页。
⑥ 参见《第二次鸦片战争》二，上海人民出版社1978年版，第292、293页。

班大臣桂春出查，见无数男女扶老携幼往西而行，闻其来自何处，佥云京城反了，我等逃难出来。该处居民有见有闻者。桂春策马到西直门探视，见城门关闭，安然无事。翌日面奏皇太后，即于十三日进城。"①

杞庐《都门纪变百咏》记载："皇太后、皇上驻跸颐和园。五月十二日夜半时，附近居民讹言神仙下降，争购香蜡向空叩拜喧达。禁中翌日遂有回銮之谕。宫中呼皇太后为佛爷。"②"六月十二日，团匪传神谕，令官民各户门悬红布，夜张红灯，人情惴惴，无敢不遵者。次日忽又传谕禁止矣。"③佚名《拳匪构祸纪实》："十二日，海淀奸民忽言关圣显圣，居民为其所惑，无不焚香罗拜，而喊杀之声，彻夜不绝，致警宫苑。"④

杨典诰《庚子大事记》："近日相传有红灯照，每晚于亥子之间，游行天空，有见之者，如风筝之悬灯，或东或西，其行如飞。亦有仅见红光闪烁，忽南忽北。是义和团所收十二三四岁未通经之闺女，教以法，便能游弋半空，以为起火之媒。故自有红灯照，而城内外教堂及教民之屋，相继起火。"⑤

十三日，"董军入京。先是董军屯南苑，载漪刚毅请调入都。其先锋差弁持令箭入城，宣言奉太后命剿灭洋人"⑥。

十四日早晨，总税务司赫德电李鸿章称，京城局势危险已极，各使馆甚虞被击，均以为中国政府若非仇视外人，即系无力保护，倘稍有不测，或局面无速转机，各国必定并力大举。中国危亡即在旦夕。要求李鸿章电奏皇太后，务须将各使馆保护万全，并宣明凡有臣工仇视洋人之条陈，朝廷必不为所摇惑云云。李鸿章据此转达总理衙门。⑦

十四日，内阁奉上谕，端郡王载漪管理总理衙门，礼部尚书启秀、工部右侍郎溥兴、内阁学士兼礼部侍郎衔那桐，在总理各国事务衙门大臣上行走。载漪上奏推辞，说自己腿脚不好，也不熟悉外情，奏折中说"奉上谕"，虽没有提及是奉西太后懿旨，但很明显是西太后的意图。十五日上谕又说，端郡王载漪差务繁重，不能常川进署，总理衙门遇有紧要事件，仍随时会商。《庸扰录》："然四人皆系不明外事，专袒义和团匪者，识者

---

① 北京大学历史系编：《义和团运动史料丛编》第一辑，中华书局 1964 年版，第 4 页。
② 杞庐：《都门纪变百咏》，第 4 页。
③ 《都门纪变百咏》，第 12 页。
④ 佚名：《拳匪构祸纪实》卷上，第 2 页。
⑤ 北京大学历史系编：《义和团运动史料丛编》第一辑，中华书局 1964 年版，第 5 页。
⑥ 陈陆：《拳变系日要录》，台湾文海出版社影印本，第 82 页。
⑦ 顾廷龙、叶亚廉主编：《李鸿章全集》电稿三，上海人民出版社 1987 年版，第 926 页。

忧之。"①《清议报》：西后简派端王管理总理衙门事务，"盖欲以一事权，俾办理交涉，较有把握。目下西后已将所有庶政，悉行付托端王，令其自行裁夺也。"②

这些人事变动，显然不是出自军机处和总理衙门之手，既削弱原有军机处和总理衙门大臣权力，双方之前的对义和团态度也不尽相同。据军机处随手登记档，实为军机处交总署，面奉谕旨办理之事。这批人物有些和端王有关，如载澜和载勋，有些参与了颐和园谋划，如徐桐、崇绮和启秀。涉及利用义和团的奏折和措施很多出自这批人之手。京城保甲机构是中介，以载澜为首，在京城镇压义和团的措施多为这批人阻止。其后一些主战派或支持义和团的人物，大多与这些人有关，如徐桐欣赏的曾廉和王龙文，刚毅、赵舒翘、启秀、何乃莹和王培佑，京城总团审判官载勋、贻谷、芬车和桂春。③ 徐桐、贻谷为军务处人员，京官左绍佐上书提建议，又通过贻谷或徐桐。④ 贻谷曾担任翰林院编修和内阁学士，与徐桐有交际，为徐桐的门生。溥兴、有泰为载漪所统虎神营的下属。⑤ 光绪二十五年十一月，溥兴和那桐被任命为内阁学士。那桐是徐桐在会典馆的下属，由刚毅、徐桐二人保举。⑥ 荣禄、奕劻的私人在利用义和团问题上表现均不是十分抢眼，如荣禄之陈夔龙和奕劻之陈璧。

十五日，日本使馆书记生杉山彬为董福祥军队所杀。十六日，崇文门教堂被烧。杞庐《都门纪变百咏》："五月十六日傍晚，都下喧传仙师洪钧老祖下降，披红裂裳，手执月牙铁铲，已牌发山东省城，申牌已抵京，六小时行千余里矣。是晚，始有焚毁教堂之事。"⑦十七日，顺治门一带南堂被烧。端王召见各师兄。⑧

顺天府东路厅驻天津密探报告："查津门自月十六以来，城厢各处拳民设坛络绎不绝，城外处所查不如法，城内三四处以东北城根三义庙为最盛，十八日以后或烧教堂，无日无之。""津门十六日团民在城内东北隅设

---

① 中国社会科学院近代史研究所编：《庚子记事》，知识产权出版社 2013 年版，第 248 页。
② 《清议报》第 3 册，第 3171 页。
③ 中国社会科学院近代史研究所编：《义和团史料》上册，中国社会科学出版社 1982 年版，第 49、50 页。
④ 中国社会科学院近代史研究所编：《义和团史料》上册，中国社会科学出版社 1982 年版，第 230 页。
⑤ 朱寿朋编：《光绪朝东华录》第四册，中华书局 1984 年版，总第 4464 页。
⑥ 北京市档案馆编：《那桐日记》上册，新华出版社 2006 年版，第 327~329 页。
⑦ 杞庐：《都门纪变百咏》，第 6 页。
⑧ 中国社会科学院近代史研究所编：《庚子记事》，知识产权出版社 2013 年版，第 138 页。

坛练习"，"士民纷送米麦香钱"。①

佚名《天津一月记》："光绪二十六年五月十七日，午间传闻天津土棍王某，在城内三义庙，树义和团旗，设坛聚众，无业游民纷纷往投。府县闻之，谒制军裕帅禄，请兵围捕不许。且饬保甲局派勇四名护坛，于是气焰大张。城内外闻三义庙设坛弗禁，相率立坛。两日间，城内立坛十余处，城外二三十处，每处或数百人，或数十人。附近村镇，及各州县，向因严禁，已撤坛敛迹，至是复起。"②

十八日上谕档：

> 臣等顷闻义和团众约于午刻进皇城地安门永安门焚烧西什库教堂之议，业经弁兵拦阻，仍约于今晚举事。现在该团聚集日多，固虑激则生变，然亦不可不亟为弹压，以遏乱萌。拟请饬下左翼总兵英年、署右翼总兵载澜于拳民聚集之所，务须亲自驰往，面为剀切晓谕，该拳民既不自居匪类，即当立时解散，不应于禁城地面肆行无忌。倘不遵劝谕，即行设法拿办。是否有当，谨奏。
>
> 光绪二十六年五月十八日奉旨，依议。钦此。③

十八日，军机大臣面奉谕旨：闻义和团众约于本日午刻，进皇城地安门、西安门焚烧西什库教堂，著英年、载澜于拳民聚集之所，亲自晓谕，该拳民既不自居匪类，即当立时解散，不应于禁城地面，肆行无忌。倘不遵劝谕，即行设法拿办。④

十八日，李鸿章针对刘坤一等人要求他上奏建议清廷自行镇压义和拳，在一份电报中说："鄙人知内意主抚，电奏无益。昨据赫德来电，呼吁代陈，适电断到迟。洋兵业经开仗。荣拥兵数万，当无坐视。群小把持，慈意回护，必酿大变。奈何！"⑤当日，八国联军与义和拳在落垡一带开仗。

十八日，翰林院侍讲学士朱祖谋奏折显示，此时清廷内部有两派意

① 蔡世镕：《庚子义和团情报纪略》，国家图书馆藏稿本。
② 中国史学会主编：《中国近代史资料丛刊》(《义和团》第二册)，上海人民出版社 2000 年版，第 141 页。
③ 中国第一历史档案馆编：《光绪朝上谕档》第二十六册，广西师范大学出版社 1996 年版，第 131 页。
④ 中国第一历史档案馆编：《光绪朝上谕档》第二十六册，广西师范大学出版社 1996 年版，第 131、132 页。
⑤ 顾廷龙、叶亚廉主编：《李鸿章全集》电稿三，上海人民出版社 1987 年版，第 928 页。

见，一是认为义和拳"声势已大，宜一律痛剿，以除内乱。此未免不分良莠"。一是认义和拳"为义民，欲倚以剿灭洋人。……持此说者，亦明知中国兵力未足，所恃者拳民忠愤，且其术不畏刀炮耳。"朱祖谋所提办法是查拿首要解散胁从，平息事态，然后和列强谈判传教条约。① 从朱祖谋的论述看，第一种办法大体是洋务派督抚的意见，第二种大体是载漪等人的意见，朱祖谋的看法大体接近山东平原事件后军机处的意见。

十九日，内阁奉上谕，昨因拳匪滋扰禁城，曾谕令步军统领等衙门严拿首要。昨闻城内各处焚烧如旧，著严拿首要，解散胁从，城内坛棚尽行拆去。②《高枏日记》：上谕命九门提督会同神机营、虎神营、武卫军一体严拿。诸王则以庆王为首，贝子等守城。陈璧会同五城御史办理拆除拳棚。"五城先曾联名上折，谓宜拿办，不然延染一宽，不胜拿矣。内廷寝其奏而骂为糊涂。"③《石涛山人见闻志》："东西长安、地安、东华、西华之门，皆闭而不开。至次日开一门缝，盘查诘问，实有差者放行。此四门外，兵皆枪立如林，弓上弦，刀出鞘。前门、顺治、崇文三门，亦皆如之。实可笑者，拳匪进城，各堆拨打消息，喊老团来了往何处去。官厅官弁皆带拳匪游街而焚烧之。"④二十日，焚烧大栅栏老德记西洋药店。

这时，直隶总督裕禄对京畿地区形势看的很清，也提出了非常合理的建议。东南督抚如刘坤一、张之洞要求裕禄上奏清廷，镇压义和拳。⑤ 十九日，直隶总督裕禄奏：经与聂士成、罗荣光等详细筹商，"若再有洋兵进京，自当以理阻止。彼如不听，若以兵力拦阻，必即开衅。现在中国兵力、饷力，即一国尚不可与敌，况以中国而敌八国之兵，其势万难与争衡，断无失和之理。天津本京师门户，军火粮饷均储于此，尤为各军根本重地；一有疏失，则各军均无所恃。咫尺京畿，何堪设想！奴才与聂士成、罗荣光，受恩深重，何敢存畏葸推诿之见。惟事关全局安危，断不敢轻于一试，致令衅自我开，不可收拾。此奴才等所以踌躇至再，不敢不慎重从事也。""察探各国领事之意，如中国肯于剿办拳匪，诸事尚可和商。即以现时拳匪而论，虽经刚毅、赵舒翘前往宣抚，而该匪等仍复在各属焚杀抢掠，鸱张如故。为今之计，如能庙谟早定，明降严旨，特派大员将滋

---

① 中国第一历史档案馆编：《义和团档案史料续编》上册，中华书局 1990 年版，第 600 页。
② 中国第一历史档案馆编：《光绪朝上谕档》第二十六册，广西师范大学出版社 1996 年版，第 132、133 页。
③ 中国社会科学院近代史研究所编：《庚子记事》，知识产权出版社 2013 年版，第 139 页。
④ 北京大学历史系：《义和团运动史料丛编》第一辑，中华书局 1964 年版，第 76 页。
⑤ 赵德馨主编：《张之洞全集》第十册，武汉出版社 2008 年版，第 52、53 页。

事拳匪，严行剿办，庶各国洋人无词可藉；即续派兵进京，既可以理商阻，于大局亦可藉资补救。刻下事机危迫，倘再迟疑不定，则内患外侮，相逼而来，实属无从措手。愚昧之见，是否有当，伏候宸断施行。"裕禄又奏请明降谕旨，在京各国使馆及洋人住居处所，多派得力将弁兵丁，加意保护。若各国驻京公使及各国洋人眷属有愿出京者，一经各国驻京公使照会总理衙门，即妥派大员，多带弁兵，送至廊坊，由火车来津。①

十九日，清廷谕令协办大学士、吏部尚书刚毅和都察院左副都御史何乃莹迅速回京。②

二十日，内阁奉上谕，著荣禄速派武卫中军得力队伍，即日前往东交民巷一带，将各使馆实力保卫，不得稍有疏虞。如使馆眷属人等有愿暂行赴津者，原应沿途一体保护，惟现在铁路未通，若由陆路行走，防护恐难周安，应仍照常安居，俟铁路修复后，再行察看情形，分别办理。同日，军机处寄裕禄等上谕，现在各国使馆，已饬荣禄派武卫中军认真保护，明降谕旨矣。此后各国如有续到之兵，仍欲来京，应即力为阻止。③ 总理衙门还和列强驻华使馆，就具体的防区问题达成协议。这个上谕是根据裕禄要求发出的，显示裕禄也从列强驻天津领事处获知颐和园谋划的情况。

也是从五月二十日开始，军机处执行清廷上谕，陆续发出了一系列组织和利用义和团、指挥前线战事及与徐桐、崇绮等协商的密旨：

军机大臣字寄协办大学士刚、署甘肃提督董，光绪二十六年五月二十日奉上谕：拳民仇杀教民，肆行无忌，本应严行剿办。本日召见世铎、奕劻、讷勒赫、溥伟、载沣、魁斌、载勋、载漪、那彦图、载滢、载濂、载润、荣禄、崑冈、刚毅、王文韶、立山、崇绮、启秀、敬信、崇礼、廖寿恒、徐用仪、赵舒翘、松溎、裕德、怀塔布、崇光、溥善、英年、溥良、景澧、那桐、溥兴、寿耆、联元、崇寿、葛宝华、陆润庠、陆宝忠、陈学棻、溥静、陈秉和、朱祖谋、秦绶章、黄思永、贵昌、孚琦、铁良、刘永亨、袁昶、许景澄、荣惠、曾广汉、会章、恽毓鼎、文海、范广衡、荣庆、王福祥、崧杰、长萃、张亨嘉、吴廷芬、恩顺、崇勳、徐会澧、常明、曾广銮、梁仲衡等，沥

---

① 故宫博物院明清档案部编：《义和团档案史料》上册，中华书局1979年版，第143～145页。

② 中国第一历史档案馆编：《义和团档案史料续编》上册，中华书局1990年版，第602页。

③ 故宫博物院明清档案部编：《义和团档案史料》上册，中华书局1979年版，第144、145页。

陈愚民无知，姑开一面之网。即著责成刚毅、董福祥，一面亲自开导，勒令解散；其有年力精壮者，即行招募成军，严加约束。该拳民既以义勇为名，如足备折冲御侮之资，朝廷原可宥其前愆，以观后效。究竟该拳民临敌接仗、有无把握，世铎等须细加察验，谋定后动，万不可孟浪从事。将此各谕令知之。钦此，遵旨寄信前来。①

　　查此名单，以满洲王公、军机大臣、总理衙门大臣、部院大臣、内阁学士、翰林院、詹事府和科道居多。满洲王公以载漪为首，参与了颐和园谋划。内阁出上谕，内阁学士之类的人物和军机大臣及总理衙门大臣大多了解内情。翰林院以徐桐为首，该机构官员也了解一些传闻。廷议时载漪侃侃而谈，荣禄和奕劻不动声色，寥寥数人持异议是正常现象。京畿地区利用义和团的人物大多出自此名单之中，或与此名单之人有联系。

　　至此，五月十日以后清廷对义和拳的政策以及刚毅在涿州的奇怪做法真相大白。对照此上谕和五月中旬刚毅在涿州一带晓谕拳民手稿，上谕中所说"即著责成刚毅、董福祥，一面亲自开导，勒令解散；其有年力精壮者，即行招募成军，严加约束"与晓谕拳民手稿所言倾向完全一致：

　　　　当今皇太后、皇上，以天地之心为心，以苍生之苦为虑，勤政爱民，超越前古，汝等何其忍心，作此不法。曾不知铁路系国家之物；教民不应擅杀；戕害洋人，致启祸端。抗拒官兵，岂不反为叛民！汝等既称保我大清，灭彼外洋，自居忠臣义士，即当听本阁部堂至理名言：官兵系国家所派，万不可抗。如被官兵杀伤，徒损己身；若杀伤官兵，即为叛逆。汝等赶紧撤队，各散归农。铁路栈房系国家之物，万不可毁。即教堂、洋楼，亦不可动。倘有拆毁，皆耗国家之财。汝等嗣后，不论何处教堂、洋楼，不准烧毁。教民虽属可恶，既系国家之民，其罪亦不至死，汝等岂应擅杀！此后教民不欺压汝等，汝等不准寻衅。洋人为中国之害，孰不知其难容！然非今日所办之事；今日戕害，徒然上累国家。汝等既为忠臣义士，应俟有事之时，聚齐造册投营，以告奋勇，岂不名利兼收。②

---

① 故宫博物院明清档案部编：《义和团档案史料》上册，中华书局1979年版，第145、146页。
② 故宫博物院明清档案部编：《义和团档案史料》上册，中华书局1979年版，第139、140页。

刚毅在涿州时，义和拳民说上谕不准练习，刚毅则说上谕不要紧。此举貌似刚毅违背清廷上谕，实际清廷的一些查禁义和拳的上谕本来就是形式，内部政策早已确定。刚毅敢于叮嘱拳民勤加练习，并不违背清廷意图，他也确实对拳民进行了一番晓谕解散。这些方面沿袭清廷之前支持义和拳的上谕，即不问其会不会，只问其匪不匪，允许民间练习义和拳，对反洋教活动采取晓谕解散的既不支持也不武力镇压态度，和赵舒翘在顺天府采取的策略相似。

刚毅晓谕拳民时所言"汝等既为忠臣义士，应俟有事之时，聚齐造册投营，以告奋勇，岂不名利兼收"和招募义和团成军的方式是一致的。对刚毅在涿州的举动，外界注意到清廷令刚毅晓谕解散，并未特别注意还有招募成军的方法。

此种招募成军的方法，见之于赵舒翘奏折，有其特殊考虑。五月三日，刑部尚书兼顺天府尹赵舒翘和何乃莹联名上奏，提出了利用义和团的问题：

> 拳会蔓延，诛不胜诛，不如抚而用之，统以将帅，编入行伍，因其仇教之心，用作果敢之气，化私愤而为公义，缓急可恃，似亦因势利导之一法。特拳民以灭洋为名，洋人视如仇雠，我若收而用之，彼必谓为不然。然各国练兵，所以自卫，例非他国所能干预。且约束不令滋事，于和局固无妨碍也。①

对外宣战后，清廷令各省招募义和团成军的上谕颇多，只是京城因简便起见，大多沿袭义和团自身的组织形式，但山西省依然采取招募义和团成军的方法。

细绎手稿对义和团的态度，实际也和五月十日樊增祥为荣禄拟订的上谕稿的倾向一致，即对义和团反洋教活动采取晓谕解散的态度，所谓剿捕只是恫吓之言，清廷的实际措施也是晓谕解散，并无剿捕。这说明，五月十日开始，清廷内部对义和团的政策已定，荣禄和奕劻也都是执行者。如果说有何区别，主要还是荣禄和奕劻执行西太后反对武力镇压的意图，但没有像满洲王公那样采取明显的鼓励和鼓动方面的举措，也没有像一些满洲王公那样支持反洋教活动，当然他们也不是清廷内部利用义和拳的发起者。五月十日上谕、刚毅的晓谕拳民手稿、西太后对义和团的态度以及荣

---

① 故宫博物院明清档案部编：《义和团档案史料》上册，中华书局1979年版，第110页。

禄和裕禄对义和团采取的实际措施并无不同，都是对反洋教活动晓谕解散，不能用兵剿捕，对一般练习者不加禁止，沿袭光绪二十五年底只问其匪不匪、不问其会不会的做法。

手稿中"洋人为中国之害，孰不知其难容！然非今日所办之事"显示刚毅在涿州之时，清廷对何时宣战问题尚未确定。到二十日，清廷已确定招募义和拳成军对抗列强的政策，但态度较为谨慎，对义和拳能否战胜仍无把握，令领班军机大臣世铎等具体考察，"谋定后动，万不可孟浪从事"。清廷利用义和拳助战时较为仓促，事先没有经过严格的训练和严密的组织。

此时发生归政照会事件。据云：五月十九日，江苏督粮道罗嘉杰到达天津，以密书致荣禄，言须给各国兵权、利权及铁路、海口四事，乃许和。荣禄知其言之无稽，但急持入告，"冀以杜臣工之沮议者。太后果大怒，主战之意益坚"①。又有说法是端王暗中使军机章京连文冲伪造。龙顾山人推测，西太后本来已接受荣禄建议令外国公使离京。端王和启秀入宫上奏此照会后，西太后大怒，改为主战。②《高枬日记》的说法是：荣禄初与某某等争论不胜，适接江苏候补道函，言洋人已定四条，有天下兵马钱粮归其掌管，政府要干预。荣禄得此函，送入，"将以恫骇沮其谋，转而归剿办之议也。不料送入，遂大怒决裂。后乃知使馆并无照会到来。"③端王伪造说以杨典诰作品较为典型，但该书论及端王之事多不可信。端王伪造说的最初源头出自《景善日记》。④ 李希圣《庚子国变记》推测，是荣禄上奏罗嘉杰风闻言事。荣禄为军机大臣，一些外地官员为了升官讨好于他大有可能。罗嘉杰此人颇有来历，久与清廷中枢有联系。⑤ 廖一中等《义和团运动史》提出，载漪为了促使西太后迅速宣战，还于 16 日晚煞费苦心地伪造了一个列强的"归政照会"，派遣江苏粮道罗嘉杰之子于午夜呈交荣禄。荣禄一见，信以为真，急得"绕屋行，旁皇终夜，黎明遽进"西太后。⑥ 据此说的注释，实据恽毓鼎《崇陵传信录》而来，所谓端王派罗

① 中国社会科学院近代史研究所编：《义和团史料》上册，中国社会科学出版社 1982 年版，第 209 页。
② 中国社会科学院近代史研究所编：《义和团史料》上册，中国社会科学出版社 1982 年版，第 45 页。
③ 中国社会科学院近代史研究所编：《庚子记事》，知识产权出版社 2013 年版，第 149、150 页。
④ 马士著：《中华帝国对外关系史》第三卷，上海书店出版社 2000 年中译本，第 263 页。
⑤ 陈义杰整理：《翁同龢日记》第二册，中华书局 1998 年版，第 901 页。
⑥ 廖一中等：《义和团运动史》，人民出版社 1981 年版，第 226 页。

嘉杰之子交给荣禄的说法是作了些发挥，并不符合原意："乃知二十夜三鼓江苏粮道罗某遣其子扣荣相门，云有机密事告急，既见，以四条进，荣相绕屋行，旁皇终夜，黎明遽进御，太后悲且愤，遂开战端。"①

据《荣禄书札》，罗嘉杰以后和荣禄也有通信。罗嘉杰此信反映的是否为列强真实情况，一直存在争议；因不符合外交惯例，可知不是外国列强正式外交文件。但加速西太后及清廷内部主战，则意见相同。其实，照会未必是罗嘉杰提出的。因为照会内容明显针对京畿地区的局势，且正好符合京畿地区的主战需要，恰好针对西太后提出，不是南方一个官员所能拟定的。比如照会中的兵权、利权和海口之事，恰好符合光绪二十五年年底对外强硬上谕所提主战条件，是京畿地区的观点，南方下级官员怎么会清楚？另有归政一条，是光绪二十六年年初西太后痛恨不已的事情。此必为深悉西太后动向及清廷政策者所为，其结果是刺激西太后主战和痛恨使馆，符合端王、启秀等人的思路，其内容和效果很像是颐和园谋划的一部分，端王、启秀等人谋划的可能性也不能排除。照会的提出和刚毅招集义和拳人京，隐约具有配合的关系。列强是否有类似意图对理解归政照会是并不重要的，为何恰在此时提供给西太后才是最为关键的。以前即使列强有类似意图，也不会导致清廷立即攻击使馆。按理说，西太后已经令荣禄带兵保护使馆，显示其态度尚在犹豫，也派刚毅到涿州再实地观察，不料照会事件给西太后烧了一把火。照会的内容恰好和京畿地区的主战形势若合符节，如果不是蓄意安排，事情哪有这么巧？罗嘉杰从江苏运粮到天津，沿运河行走，至少得十天时间，十天之前京畿地区局势还不是十分严重，还没有打仗，何来索取兵权、利权和海口之说？此照会一宣读，主和者无法再提出强有力的反对理由，且主和者在京城会成为众矢之的，其作用非常明显。胡思敬另有罗嘉杰获悉上海各国领事在戊戌变法后"欲联盟逼太后归政"，"罗嘉杰闻其谋，密告政府，电函为端郡王载漪所见，怀以奏太后，太后大恶之"，不敢立即实行废立的说法。胡思敬未提出确证。② 其时京城电报局设在总理衙门，如果有此事，总理衙门应该有记载，此说可信性不大。据《恽毓鼎庚子日记》和《石涛山人见闻志》，五月十八日开始京城局势已乱，城门白昼关闭。十九日至二十四日，西太后均在西苑。二十日，西太后在西苑召见大臣，事后军机大臣留下。③ 显然，

①　中国史学会主编：《中国近代史资料丛刊》（《义和团》第一册），上海人民出版社 2000 年版，第 49 页。
②　胡思敬：《国闻备乘》，中华书局 2007 年版，第 128、129 页。
③　北京大学历史系编：《义和团运动史料丛编》第一辑，中华书局 1964 年版，第 50 页。

照会事件是发生在西苑的事情，其时荣禄在西苑，清廷未召见，罗嘉杰如何能恰在这时跑到西苑呈递照会？西苑管理极严，不是一个可以随便进出的地方，李鸿章即因为这类事情被政治对手弹劾过。

荣禄档案中有一些《荣禄存札》没有收录的重要内容，涉及一些关键问题的解决。荣禄档案证明罗嘉杰照会事件纯属子虚。罗嘉杰确和荣禄素有联系，但据其致荣禄信件，五月份押运两船到天津后，值天津局势紧张，租界戒严，"粮船无从出入。五月二十左右，拳民与洋兵接仗，炮火云腾，枪弹雨下，局门以外咫尺莫逾，不得已"，"禀商裕寿帅，会同浙省，请奏停运，率属南旋，由山东旱道而行，于六月念七日到署，遵即赶将存沪余漕改办河运。"①"闻此函到京时，值扈跸行间。"②也就是说，五月份，罗嘉杰根本就没有进京，其致京城信件迟迟未到，由天津南返走的是一个多月的旱路，这是清廷有一段时期不知罗嘉杰下落的原因所在。罗嘉杰事后任职如常，无人在官方正式场合指认或弹劾之。

根据孔祥吉从德国档案中发现的一份庚子谈判时期列强向清政府提出的要求惩办的官员名单，其中有"连文冲，军机章京，他伪造照会，命令军队进攻天津、北京的外国使馆"之语。③ 这显示，归政照会的事情，庚子谈判时期已为列强所知，并断定为连文冲所拟，归政照会出于伪造，无疑义，也具有通过端王之手递交给西太后的条件。

由于事前清廷已令荣禄带兵保护使馆，且总理衙门和列强使馆已有成议，忽然转向刺激西太后决定攻打，与总理衙门主张不符，也会把荣禄及其武卫军置于众矢之的，不符合荣禄的行事风格，因为先前清廷让荣禄派武卫中军保护使馆已见于明发上谕。至于说荣禄为了恫吓主战者，仓促将罗某说法上奏，这种可能性极小，因为当时荣禄正和奕劻在一起，和载漪、载澜意见不合。《高枬日记》五月二十日条记载："荣、庆、端、澜意见尚不相合。"④归政照会对端王有利，奕劻原可轻易揭破其假，但归政照会刺激了西太后，局势发展趋向对端王有利。从后来东南互保时的情形看，东南督抚为了防止过分刺激西太后，一般不主张将列强的一些威胁性要求迅速上奏。东南督抚尚且如此，为西太后亲信的荣禄能不知道归政照会之类的东西会深深刺激西太后？荣禄何时有主动刺激西太后之举？西太

---

① 《近代史所藏清代名人稿本抄本》第一辑68，第517~520页。

② 《近代史所藏清代名人稿本抄本》第一辑68，第522页。

③ 义和团研究会编：《义和团运动一百周年国际学术讨论会论文集》下册，山东大学出版社2002年版，第1400页。

④ 中国社会科学院近代史研究所编：《庚子记事》，知识产权出版社2013年版，第139页。

后和主战派相信刀枪不入，又岂能被吓住？实际上，荣禄针对西太后的大部分活动是平息事态，不是刺激西太后和主动挑事。

归政照会事件影响颇大，但在宣战问题上主要起加速的作用。人事变动早已完成，宣战决定最后确定是等待刚毅从涿州返回，并不是事先预计到有此照会事件，因而照会事件是一个插曲，主要是有针对性地刺激和加速了西太后主战宣战，一般京官无法反对。从仲芳氏日记看，一般京官不办理洋务，往往不太追究事情细节，将报刊报道和京报之类刊登官府文件的东西等同，或如恽毓鼎根据传闻预估列强侵略形势，归政照会之类的东西很容易引起公愤。事后回过味时，局势已然确定。这个照会内容也和颐和园谋划的方案一样，对外宣战上谕中根本没有提及。《清史稿》德宗本纪关于宣战之前的廷议的说法为《拳变系日要录》等书所广泛征引，实际来自京官作品，并未写出廷议背后的清廷决策："皇太后连召王大臣等入见，谘众论。载漪持战甚坚。载勋载濂载润徐桐崇绮启秀溥良徐承煜更相附和。荣禄依违其间。独许景澄袁昶言匪宜剿，衅不可开，杀使臣悖公法，辞殊切直。"①德宗本纪成于郭曾炘之手。②

二十日，贝勒载濂奏，主张利用义和拳，派人招抚。③

清廷密令端王、董福祥招抚义和团。军机大臣字寄刚毅、董福祥，奉上谕，拳民仇杀教民，本应严行剿办。本日召见世铎、奕劻等，愚民无知，姑开一面之网，责成刚毅、董福祥一面亲自开导，勒令解散。其有年力精壮者，即行招募成军，严加约束。④

二十一日，廷议，西太后宣谕归政照会，端王等支持宣战，西太后先派徐用仪、立山、联元往使馆，谕以利害，若必欲开衅，可即下旗回国。"复谕荣禄布置战事，群臣始退。"迹象显示，西太后已经决定宣战，也做好了军事部署，但是否攻打使馆尚未确定，也倾向于如果外人撤走，即可不攻打。⑤

军机大臣字寄直隶总督裕禄，奉上谕，天津一带义勇聚集甚多，著裕禄迅速派员招集，编成队伍。⑥

① 陈陆编：《拳变系日要录》，台湾文海出版社影印本，第92页。
② 郭则沄：《郭则沄自订年谱》，凤凰出版社2018年版，第114页。
③ 故宫博物院明清档案部编：《义和团档案史料》上册，中华书局1979年版，第146页。
④ 《光绪朝上谕档》第二十六册，第133、134页。
⑤ 北京大学历史系编：《义和团运动史料丛编》第一辑，中华书局1964年版，第50~51页。
⑥ 中国第一历史档案馆编：《光绪朝上谕档》第二十六册，广西师范大学出版社1996年版，第135页。

军机大臣字寄各直省督抚，奉上谕，近因民教寻仇，匪徒乘机烧抢，京城内外扰乱，著迅速挑选马步队伍，驰赴京师，听候调用。①

同日，直隶总督裕禄奏：接到法国总领事杜士兰照会：各国水师提督、统领，限至明日早两点钟时，将大沽口各炮台交给伊等收管，过时则以力占据。②

杜士兰照会正好符合光绪二十五年底上谕要求坚决武力抵抗列强占领海口炮台的条件。随后发生炮战，战争爆发，八国联军不断增加侵华军队规模。

顺天府东路厅驻天津密探报告："二十一日未刻，开仗，水师营在老龙头放炮助阵，团民在南门外南洼地方接仗，同时见有红灯照五女乘青气，在半空从紫竹林来，用手下指，仍往东而返去，立刻见紫竹林烟起，历三时久。"③

二十二日，军机大臣面奉谕旨："京师现办军务，著派徐桐、崇绮与奕劻、载漪并军机大臣会商一切事宜。"④据军机处随手登记档，此为西太后之决定："交端郡王载、管理礼部事务荣、大学士徐、庆亲王奕，军机大臣面奉谕旨：京师军务，著派徐桐、崇绮与奕劻、载漪并军机大臣会办由，分交领去。"

湖北巡抚于荫霖奏请招李秉衡进京，帮办武卫军事权。⑤

二十三日，廷议，"太后力决战议，诸臣有虑拳民法术难恃者"。西太后传谕，限各国使臣二十四点钟内起身出京。这显示清廷内部意见尚不一致，西太后也依然不是决意攻打使馆，延续了二十一日廷议时的态势。⑥

"为照会事：现据直隶总督奏报，称本月二十一日，法国总领事杜士兰照会内称，各国水师提督统领，限至明日早两点钟，将大沽口各炮台交给伊等收管，逾此时刻，即当以力占据，等语。闻之殊为骇异。中国与各国向来和好，乃各水师提督遽有占据炮台之说，显系各国有意失和，首先开衅。现在京城拳会纷起，人情浮动，贵使臣及眷属人等在此使馆情形危

---

① 中国第一历史档案馆编：《光绪朝上谕档》第二十六册，广西师范大学出版社1996年版，第135页。
② 故宫博物院明清档案部编：《义和团档案史料》上册，中华书局1979年版，第147页。
③ 蔡世镕：《庚子义和团情报纪略》，国家图书馆藏稿本。
④ 中国第一历史档案馆编：《义和团档案史料续编》上册，中华书局1990年版，第604页。
⑤ 故宫博物院明清档案部编：《义和团档案史料》上册，中华书局1979年版，第151、152页。
⑥ 北京大学历史系编：《义和团运动史料丛编》第一辑，中华书局1964年版，第51页。

险，中国实有保护难周之势，应请于二十四点钟之内，带同护馆弁兵等，妥为约束，速即起行前赴天津，以免疏虞。除派拨队伍沿途保护并知照地方官放行外，相应照会贵大臣查照可也。"①

军机大臣字寄直隶总督裕禄，奉上谕："据裕禄奏，各国洋兵欲行占据大沽炮台一折。事机紧迫，兵衅已开，该督须急招义勇，固结民心，帮助官兵节节防护抵御，万不可畏葸瞻顾，任令外兵直入。设大沽炮台有失，定惟该督是问。兵机顷刻万变，朝廷不为遥制，该督若再贻误，试问能当此重咎乎？将此由八百里谕令知之。钦此。遵旨寄信前来。"②

顺天府东路厅驻天津密探报告：二十三日，督宪传见司道府县运同于签押房筹办军事，"义和团首六人，韩以礼、陈开途、杨得天、王荫榕、张承祐、韩少师，团民共五万归其统率。派武官徐得镳、谭子云二员招呼，凡有需索，均凭执照给发。"③

二十四日，廷议，"适使臣复来照会，请庆、端二王往议；随召二王及枢臣入见。二王先下，复使臣：有话但持函来，二王不能前往。又候半时，枢臣下；太监传旨撤全起，诸臣皆退。"恽毓鼎《崇陵传信录》推测，"方事之兴，庙谟盖已预定，特借盈廷集议，一以为左证，一以备分谤。"④

军机大臣字寄各直省督抚，奉上谕，近日京城内外，拳民仇教，与洋人为敌，令各直省督抚联络一气，共扶危局。⑤

二十五日，西太后已经决意宣战，但对能否获胜依然犹豫不定，"午前，虔谒关圣帝君前默祷，拳民是否仰邀神祐？洋人能否聚而歼旃？并问京城安危。"⑥

内阁奉上谕，对外宣战，但并没有指出向哪个具体的国家宣战，没有向宣战的国家递交外交照会，也没有将宣战上谕行文各省。晚，拳民与甘军合攻各使馆。"城闭，消息不通。"⑦

---

① 故宫博物院明清档案部编：《义和团档案史料》上册，中华书局 1979 年版，第 152 页。
② 故宫博物院明清档案部编：《义和团档案史料》上册，中华书局 1979 年版，第 153 页。
③ 蔡世镕：《庚子义和团情报纪略》，国家图书馆藏稿本。
④ 北京大学历史系编：《义和团运动史料丛编》第一辑，中华书局 1964 年版，第 50～52 页；《恽毓鼎澄斋日记》第 2 册，浙江古籍出版社 2005 年版，第 786、787 页。
⑤ 中国第一历史档案馆编：《光绪朝上谕档》第二十六册，广西师范大学出版社 1996 年版，第 139、140 页。
⑥ 北京大学历史系编：《义和团运动史料丛编》第一辑，中华书局 1964 年版，第 52 页。
⑦ 北京大学历史系编：《义和团运动史料丛编》第一辑，中华书局 1964 年版，第 52 页；《恽毓鼎澄斋日记》第 2 册，浙江古籍出版社 2005 年版，第 786、787 页。

总的迹象显示，在归政照会之后，沿海战争已经开始，西太后在是否攻打使馆问题上仍然是犹疑的。洋人如果离京，也可能不攻打。决定攻打的直接契机是二十四日洋人拒绝离京。

军机大臣字寄直隶总督裕禄、浙江提督马玉崑，从前明发谕旨，谕令马玉崑攻剿拳民，既经国家招抚，而又连日协助官军得获胜仗，此类义勇，马玉崑当联络一气，切勿误会前旨。①

内阁奉上谕，裕禄奏开仗获胜。所有助战之义和团民人，先行传旨嘉奖。②

《拳匪构祸纪实》："二十五日，裕禄奏报洋人肇衅，猝启兵端，连日接仗获胜，奉谕嘉奖，始称拳匪为义民。同日奉宣战上谕。"③

内阁奉上谕，步军统领著载勋补授。④

军机大臣面奉谕旨，英年、载澜会同刚毅办理义和团事宜。⑤

二十七日，内阁奉上谕，义和团民分集京师及天津一带，未便无所统属，著派载勋、刚毅统率，并派英年、载澜会同办理。⑥

第二节　对外宣战后的清廷决策机制

对外宣战后的清廷整体部署是一个谜团。京官作品和研究者受庚子谈判时期追查责任和关注京城战事的影响，对清廷整个对外目标、决策机制和整体作战部署注意不够。时论也呈现此种趋势，较为注意追索清廷决策中驱夷灭洋的一面，并据此追究相关人员责任，对清廷在宣战之后应对列强瓜分的一面及其和清廷之前政策的关系仅有简单罗列但并无深究，实际这两个层面的对外目标及相关策略不尽相同，是说明荣禄和徐桐等人异同

---

① 中国第一历史档案馆编：《光绪朝上谕档》第二十六册，广西师范大学出版社 1996 年版，第 140 页。
② 中国第一历史档案馆编：《光绪朝上谕档》第二十六册，广西师范大学出版社 1996 年版，第 142 页。
③ 《拳匪构祸纪实》卷上，页七。
④ 中国第一历史档案馆编：《光绪朝上谕档》第二十六册，广西师范大学出版社 1996 年版，第 142 页。
⑤ 中国第一历史档案馆编：《光绪朝上谕档》第二十六册，广西师范大学出版社 1996 年版，第 142 页。
⑥ 中国第一历史档案馆编：《光绪朝上谕档》第二十六册，广西师范大学出版社 1996 年版，第 146 页。

点的关键视角。①《申报》评论说：

> 义和拳匪之始起于山东也，星火耳，涓流耳，禁之惩之一举手而即绝。前山东巡抚毓贤纵其狂悖，以妖术惑人，以练拳纠党横流泛滥，遂至沿及京津。罪魁祸首舍毓贤谁与归，故曰毓贤可杀。或谓拳匪之乱，启之者毓贤，成之者刚毅，毓贤可杀，刚毅亦可杀，不杀刚毅不足以平拳匪，不平拳匪不足以谢各国。今之忧时愤世者，未尝不痛吾宗庙之震惊，宫阃之坐困，而欲手刃此权奸乱贼以安吾天下也。余则曰杀一刚毅犹未足以安天下。夫刚毅入枢密，掌军机，其于朝廷之上，事无巨细，皆参知之，翼赞之，乃惑于邪教，误为良民，信其能灭洋人，妄思剪灭各国，于是不主剿专主抚，抚者其名，阴实欲纵拳匪以与洋人为敌，卒至祸变起，衅端开。西兵则夺大沽炮台，华人则攻天津租界，时局糜烂，岌岌可危，皆刚毅一人之罪也，刚毅何得而辞其杀。然余以为刚毅一人之力犹未足以至此。间尝闻之自京师来者，曰拳匪之主抚不主剿，盈廷之上不知凡几。大抵满人无不以抚为得计，而尤深信拳匪之神异，敬服拳匪之忠义者，则刚毅而外，尚有数人，一曰端郡王载漪，一曰承恩公崇绮，一曰大学士徐桐，一曰礼部尚书启秀。之四人者，皆与刚毅臭味相投，同以义和拳匪为能代国家御外侮者也。②

实际上，清廷总体目标和重大和战步骤乃协商形成，京城战事和沿海战场的决策和指挥机制乃是一体，呈现出抵制列强瓜分和驱夷灭洋两个目标并存的局面。具体作战由荣禄和军机处暗中指挥，奕劻和王文韶予以呼应，这就使得军机处、总理衙门和清廷关于事件的解说和政策在很多方面和胶州湾事件后抵制列强瓜分的政策形成了呼应关系，在强调武力抵抗和主战的同时，掩盖官府和官军意图，国家间外交活动照常进行，实为胶州湾事件后策略的翻版和延伸。同时，载漪、启秀参与总理衙门的外交决策活动，徐桐、崇绮等人有和军机大臣会商的权力，双方意见有分歧，但又非完全对立关系。双方在军事、外交方面的很多策略步调一致，尤其是在对外强硬和主战、利用义和团的策略、停战议和、调兵筹饷、东南互保及

---

① 陈陆编：《拳变系日要录》，台湾文海出版社影印本，第71页。
② 佐原笃介编：《拳匪纪事》卷五，光绪二十七年铅印本，北京大学图书馆藏，第800、801页。

西逃后的军事部署等一系列重大问题上相互协商具有共识；分歧集中在京城战事、驱夷灭洋、惩办汉奸及推卸责任方面，荣禄等表现出权变的一面。西太后在一锤定音的同时，延续了通过内阁直接发布上谕的做法，致使清廷很多上谕和军机处、总理衙门的说法不相一致。

对外宣战后，清廷既攻打、又照常和列强交涉的策略极为隐秘，知情者甚少。《石涛山人见闻志》：六月五日，"现在神机营、武卫军、义和拳皆攻打英馆所集聚各洋人，枪炮不息，处处皆闻其声，不得安定。"六月七日，"义和团仍在署保护。并有致各国国书，英、俄、日本三国。言辞内惟望照常交涉。"六月九日，"大约洋人还有数百，城内连连轰击，不留一活路于外夷；内廷发信电国书，皆又望救，望联络照常交涉，不可观望袖手等语，实令人不解也"①。六月二十八日，京城既攻打，上谕又言保护，"以友邦礼敬之，不知是何意见，亦不知有何妙理，令人不解"②。清廷决策机制也变得隐秘起来，"南中时时胜败互传，谣诼纷歧，无确实消息"③。报刊中的报道连篇累牍，六月十九日《知新报》刊登的关于京津一带的信息来自各报刊汇编，但无一提及和荣禄关系密切的清廷利用义和团的具体策略。④ 京官作品在这个方面有一些观察和思考，较之报刊连篇累牍的报道深入一些。但因长期不掌握系统的军机处文件，对清廷内部协商机制不甚了了，形不成整体判断，很多推测难成定论。

但京官作品提供的大量实地观感和个人思考，仍是重要线索。依据清宫档案，参酌时人记载，很明显是军机处和总理衙门负责整体战略，荣禄居中调度，是军事总指挥；总理衙门负责外交，应付列强。这主要是清廷对外战略较为特殊，既要利用义和团对抗列强，又不愿以国家和官府名义宣战，不愿意对外界透露自己的真实意图，各种做法看似互相矛盾，实则一脉相承，只不过荣禄从中动了手脚而已，比较强调保守疆土，武力坚决抵抗八国联军进犯，带有胶州湾事件后清廷强硬政策的明显色彩：

1. 总体目标秘而不宣

外界普遍提及清廷驱夷灭洋的目标，全局战略则未见论述。光绪二十

---

① 北京大学历史系编：《义和团运动史料丛编》第一辑，中华书局 1964 年版，第 84、85 页。

② 北京大学历史系编：《义和团运动史料丛编》第一辑，中华书局 1964 年版，第 92 页。

③ 中国社会科学院近代史研究所编：《义和团史料》上册，中国社会科学出版社 1982 年版，第 225 页。

④ 路遥主编：《义和团运动文献资料汇编》中文卷上，山东大学出版社 2012 年版，第 363~365 页。

六年六月二十三日刑部尚书贵恒奏折，提到清廷对外宣战后的总体战略：

第一步，"连日攻击逆馆、逆堂，将近一月，终日炮声震耳，人心镇定欣悦，皆谓不日报捷，全师直抵津沽，逆夷授首，同声感颂皇太后为我朝圣人，直为亘古神人。"对照清廷令董福祥将现在所办之事赶紧办理，腾出兵力赶赴天津海口，也令京城义和团赴前敌，证明此战略属实。如果顺利，各路大军即可由京城东下，会师津沽，击败天津海口聚集的八国联军。此为主要依靠京畿地区自身军事力量之策，主要是京城在执行过程中出了一些问题，又有东南督抚从中作梗，各地援军没有迅速奔赴天津战场。外界主要是无法甄别相关矛盾信息。《拳匪纪事》："中国致英国之国书，乃于六月初七日由军机处交总理衙门转递与英国公使者。查华廷发此国书之时，虽匪人时与西人为难，然皆非出朝廷之意，亦无明文可据。及至发出国书之后，即见华廷明降上谕，令招抚拳匪杀戮教民，又令各督抚驱逐教士出境，严拿教民，逼令悔教，又另旨嘉奖匪徒，并令王公大臣督率拳匪随时遵旨办理云。"①

第二步，形势不利，一方面准备车马，准备西逃，同时令李鸿章北上，通过和谈迟滞八国联军进攻态势；另一方面令各地援军北上，各路会师，击败聚集天津海口的八国联军："不日各路大兵陆续齐到，皇太后、皇上默运于中，统帅应变于外，于津沽以抄其后，于要路以截其前，逆夷前后受制，必不能全师而归。"②此为调动全国各地大军之策，和谈是为了争取时间，是缓兵之计或将计就计。③ 曾廉在一份奏折中提到，李秉衡入京后，"迅速出师，初意在与宋、马合军，深沟高垒，持久困敌，待各省援师大集，兵力既厚，更行广为布置，进复津沽"。④ 七月二日，军机大臣字寄前直隶总督裕禄、帮办北洋军务四川提督宋庆："裕禄等奏，遵旨激励诸军，誓图进取一折。天津为敌人所踞，已及半月，非激励诸军急图进取，恐敌人布置周密，更难规复。宋庆老于军事，该督务与熟商妥筹，谋定后动。断不可迁延观望，致误戎机。各省援兵陆续将到，该督等当相度机宜，督饬各军，稳慎前进，力图恢复。是为至要。至联络义民及水会人等，系地方官之专责，裕禄身任兼圻，既不能联络于前，用其死命，复

① 佐原笃介编：《拳匪纪事》卷二，光绪二十七年铅印本，第259页。
② 中国第一历史档案馆编：《义和团档案史料续编》上册，中华书局1990年版，第690、691页。
③ 中国社会科学院近代史研究所编：《庚子记事》，知识产权出版社2013年版，第143页。廖一中等人在分析西太后由主战转为主和的原因时，似未对"缓兵之计"的策略深加关注，见《义和团运动史》，第233~236页。
④ 《清代诗文集汇编》第784册，第311页。

不能招徕于后，任其涣散。裕禄著传旨严行申饬。仍著该督迅速招集，妥为驾驭，以辅兵力之不足。倘仍饰词推诿，断难逃朝廷洞鉴也。将此由六百里加紧各谕令知之。钦此。遵旨寄信前来。"①

第三步，京城失陷后，固守直隶省城保定，力图恢复京城，荣禄为总指挥。八月七日，军机大臣字寄大学士荣禄："现在和战尚无定局，亟宜乘此时力修战守之备。该大学士手握兵符，尤当鼓励各军，联为一气，俾有事互相援应，庶几于大局有济。"②此为以战促和之策，目的是争取较好的谈判条件，同时作最后一搏。因荣禄在保定看形势不允许，最后放弃。崇绮失望之余，万念俱灰，在保定自杀。

这些目标显然是西太后主导的，延续颐和园谋划的特征清楚，载漪、徐桐等人的倾向明显；在具体的军事和方略方面，军机处的作用为大。由于清廷目标和军事外交策略不完全一致，单纯强调某一方的作用否定另一方的作用都不符合史事，相关的论文和作品因而乱成一团，并未解决各种记载互相矛盾的问题，实际思路仍是局限于庚子谈判时期追查责任的范畴。清廷总体目标并非军机处制定，很多重大人事安排和决定也不是出自军机处，但军机处是执行者，只不过是执行时有权衡，注意轻重缓急和留有余地。这主要和荣禄"相机进取，以期稳慎"的指挥风格有关，"稳慎"是军机处指令中经常出现的字眼。③ 若按照载漪、刚毅和徐桐等人的思路，则会一鼓作气；但如果没有军机处的配合，载漪、徐桐等人也无法执行；如果没有总理衙门的外交配合，清廷事后也很难在国际法层面求得自保，因为载漪、徐桐等人不懂外交。事实是各方并不是针锋相对的关系，除义和团事件之外，清廷很多事务运行如常。问题是如何确定各方作用，并探讨其演变，而不是引用单方面的史料，支持一方否定另一方。

对外宣战后，清廷的决策机制是一个系统或体系，具体某个人的作用则有大有小。有些人没有被追究，主要是和使馆及民教纠纷无关。也有一些支持义和团但没有参与京城活动的人员的主战言行在京官作品中有所提及，涉及人员却又并不全面，体现了外界并不掌握清廷整个战时决策和运行体系的特征。如对外宣战之后，李端遇、王懿荣奉旨办理京师团练，设

① 故宫博物院明清档案部编：《义和团档案史料》上册，中华书局 1979 年版，第 390、391 页。

② 中国第一历史档案馆编：《义和团档案史料续编》上册，中华书局 1990 年版，第 746、747 页。

③ 故宫博物院明清档案部编：《义和团档案史料》上册，中华书局 1979 年版，第 468、485 页。

立总局、分局，"事务殷繁，地段广袤"，仿照光绪二十年甲午战争时期办理京师团防办法，分文案、收支、问案、巡查四项，文案专司折奏、咨行文件，收支专司出入钱粮，考核局用。巡查专司分段巡查，问案专司究问拿获奸细、抢窃各犯分别惩办。统计主要成员有李端遇、王懿荣、文瑞、陈璧、英寿、徐道焜、麟绪、韩培森、连陞、彭述、成昌和张兆兰。除前两人外，其余人员都是原来的五城御史。① 其中有些人被认为支持义和团，如徐道焜和彭述，其实整个京师团练局也并没有处理民教纠纷。李希圣《庚子国变记》："山东人官京师者，王懿荣、李端遇，又翕然称其忠，相附和。"②"称其忠"指称赞毓贤，王懿荣为山东福山县人，李端遇为山东安丘县人。

2. 既利用义和团又掩饰官军和官府意图

清廷的相关策略极其隐秘，知情与否，是判断是否为清廷核心决策层面人物的试金石。

在几个作战省份，清廷利用义和团有相同的策略，事实上隐含着一个全局性的指挥和决策系统，并与外界报道的驱夷灭洋目标形成对照。对东北三省的上谕显示的非常清晰，在如何掩盖官府官军意图、军事行动如何进行、如何控制战局范围、如何拆毁铁路以及如何组织义和团等方面事无巨细皆有指授。③

六月二十六日，军机大臣字寄盛京将军增祺、吉林将军长顺、署黑龙江将军寿山、盛京副都统晋昌：

> 光绪二十六年六月二十六日奉上谕：现在中外开衅，将来收束地步，亦不能不豫为筹计。前据长顺奏，修路监工与敌人不同，传教各国与俄无涉。持论极有分晓。现奉天业经拆毁铁路，自系拳民所为。江省所奏备战情形，亦尚未能通筹兼顾。要之，现在办法，总以保守疆土为第一要义。如果敌兵大队直入，自当极力抵御，认真防剿，不准稍有疏虞。至此次衅端，本由拳民而起。拳民首先拆毁铁路，我仍

---

① 军机处录副奏折，办理团练折，光绪二十六年六月李端遇、王懿荣奏。
② 中国史学会主编：《中国近代史资料丛刊》(《义和团》第一册)，上海人民出版社 2000 年版，第 37 页。
③ 北京大学历史系编：《义和团运动史料丛编》第二辑，中华书局 1964 年版，第 209、215、226、227、251、262、263、265、267、268 页；故宫博物院明清档案部编：《义和团档案史料》上册，中华书局 1979 年版，第 403、404、415、422、434 页。

可作弹压不及之势，以明其衅不自我开。各该省如有战事，仍应令拳民作为前驱，我则不必明张旗帜，方于后来筹办机宜可无窒碍。①

七月四日，军机处字寄盛京将军增祺等电旨："稳慎办理，以保守疆土为第一要义。""通筹全局，断不可越境构衅。各处铁路，亦不可稍露不禁拳民拆毁之意。兵勇尤应严加约束，不准随声附和。总于明为保护之中，寓暗为防范之意。毋致一发不可收拾，是为至要。"②

描写各地战事及清廷让义和团打头阵的作品甚多，似未深究其背后隐含的全局性决策体系和指挥系统。③上述虽是六月底七月初酝酿议和时期所发上谕，所说指令却和对外宣战后京畿地区清军的做法乃至五月初开始京城风传的利用义和团方法一致。对外宣战后，在天津沿海，谕令直隶总督裕禄和帮办北洋军务四川提督宋庆，联络义和团，坚决阻止八国联军。④外界奇怪裕禄平时深畏洋人，此时主战态度何以如此坚决，乃因不清楚裕禄屡奉清廷命令。攻打天津租界时，有"华兵在后，义和团在前"的记载，清军令义和团"充先锋当前敌"。五月二十七日，李鸿章电袁世凯："鸿闻保定电云，天津租界被拳匪攻破，洋电谓美领事署为巨炮击毁，似有官兵在内。"⑤《知新报》报道的聂士成部与义和团攻打天津租界，以及盛京一带战事情形大略相同。时人以为是官兵痛恨义和团，或义和团有法术所致，并不清楚这是清廷不想以国家名义承担责任的密计。⑥聂士成部受荣禄指挥，其在天津抵抗八国联军较为积极，攻打租界时又让义和团打头阵即"打前队"，都是按照清廷命令采取的做法，并不是个人行为。刚毅在京城督战时穿的是义和团的服饰，而不是官服；⑦各王府总团也是

① 故宫博物院明清档案部编：《义和团档案史料》上册，中华书局1979年版，第360页；北京大学历史系编：《义和团运动史料丛编》第二辑，中华书局1964年版，第252页；《光绪朝上谕档》第二十六册，第216页。
② 故宫博物院明清档案部编：《义和团档案史料》上册，中华书局1979年版，第403、404页。实际措施如上谕所言，见《知新报》二，上海社会科学院出版社1996年版，第2005页。
③ 如廖一中等：《义和团运动史》，人民出版社1981年版，第305页。
④ 故宫博物院明清档案部编：《义和团档案史料》上册，中华书局1979年版，第390、391页。
⑤ 顾廷龙、叶亚廉主编：《李鸿章全集》电稿三，上海人民出版社1987年版，第947页。
⑥ 中国史学会主编：《中国近代史资料丛刊》（《义和团》第二册），上海人民出版社2000年版，第171页；《义和团运动文献资料汇编》中文卷下，第423、425、427页。
⑦ 北京大学历史系：《义和团运动史料丛编》第一辑，中华书局1964年版，第11页；中国社会科学院近代史研究所：《义和团史料》上册，中国社会科学出版社1982年版，第238页。

沿用义和团的习俗，而非张挂官府旗帜。京城泄私愤时，渲染先有义和团后有董军，实际带领义和团充当先锋战死的也是董军将领。机密奏折中报告军情战事时会说出军事布局的实况，又指责义和团避战、战斗力不行、故意拖延或抢劫清军武器，致战斗失利。《高枏日记》：马玉崑"屡次皆遵旨与团联络而行"，七月"十七日，请曹、韩、王、张面问，知闭枪者四千余，闭炮者一千余，且允十八该团出仗而兵后继"。次日开仗，"各大师兄驱团众上"，义和团战不利，后退，马玉崑"饬兵开一路让之。马领队上前，洋兵已退"。在京城，有"团匪出头"，"官兵让路，府尹派人持黑鞭引路，大开正阳门迎神"的事情。① 曹、韩、王、张，即在天津的义和团大师兄曹福田、韩以礼、王成德和张德成。

这显示，清廷在具体作战方法和说辞方面有一些授意，在作战重心和攻击方向上也有所权衡，已经偏离了清廷原定目标和策略，较为明显地体现了荣禄和军机处的意图，实为胶州湾事件后清廷强硬政策的继续实施和延伸，其他官员提出的建议甚多，采用与否，大体也是围绕着军机处的策略展开。京官作品把寿山主战定为受徐桐、刚毅之欺，② 这和把直隶总督裕禄在天津沿海抵抗八国联军定为受徐桐、崇绮指使如出一辙，实为不知军机处密旨的缘故。

可以说，废立因素的出现和京畿地区民教矛盾及义和团的兴起，使清廷作战样式从局部的军队在沿海抵御列强扩张、清廷隐居幕后佯装不知，逐步演变为驱夷、灭洋和抵御列强扩张兼而有之，义和团成为主角，军队隐居幕后，朝廷佯装被义和团挟制，势出无奈和剿抚两难。具体的战场从沿海转向京畿地区。

清廷内部对上述策略高度一致，经过了相当长时期的酝酿。胡思敬《驴背集》：刚毅在涿州对义和团言："尔等皆义民，当努力自爱，毋伤害百姓。异日朝廷征服东西洋，必用汝为先驱。"③ 柴萼《庚辛纪事》："五月十三日，董福祥奉召入都，宣称已命义和团充先锋，剿灭洋人，我军为之后应。闻者骇走。自刚回京未数日，即有拳匪数万人到京。"④ 五月二十日，载濂奏："倘饬统兵大员忠信素孚如董福祥者，妥为招抚，练为前

---

① 中国社会科学院近代史研究所编：《庚子记事》，知识产权出版社 2013 年版，第 158 页。

② 中国社会科学院近代史研究所编：《庚子记事》，知识产权出版社 2013 年版，第 210 页。

③ 中国史学会主编：《中国近代史资料丛刊》（《义和团》第二册），上海人民出版社 2000 年版，第 485 页。

④ 中国史学会主编：《中国近代史资料丛刊》（《义和团》第一册），上海人民出版社 2000 年版，第 306 页。

队，可以资敌忾而壮军声。"①《纵论义和团》："太后大喜，谓果恃以驱逐洋人，一抒夙愤。是以待之极优，饬令充当前队，继以官兵，与洋人开仗。"②

由此也可以判断一个重大谜团，即外界所传荣禄和董福祥通信的真假。《清议报》所得京城相关信件，涉及此时的清廷情况及利用义和团的策略，是有根据的，且包含了很多独特的信息：

抄白京师某部郎来信

再启者：前书言通拳匪逐西人之事，实荣禄创谋，而端王、刚毅等从其指挥。今查荣禄之招募武卫军各营，团匪居其大半，其论说皆以屠逐为要图。端、刚诸人，联为一气。外去西人敌新党，因以内图废弑。而以权谋论，则莫如荣禄。狡黠诡谋。欲以团匪拒西人，而国家佯为不预。又欲以结团匪、屠西人之事，委于端邸，而己不预。皆胜则居功、败不居过之法。今得其与董福祥来往密函，由董幕传出者，可以为证。此人不通外事，而阴狡有才，害皇上、害西人以祸中国，迥非端邸、刚毅蠢愚之比。仆在京观察实情，深为忧虑。既酿成团匪之骄横如此，将召怒万国，中国恐不可收拾。士大夫咸知之、咸痛之而无如何。此间纷乱如麻，乱象不可言。某亦已收拾行装，不久南下。到时再图面话，以罄所怀。此复。再请大安，某顿首。五月十三日。

抄白荣禄与董福祥信

星五仁弟得书已悉，具见忠愤。各彝欺凌我国甚矣，近来尤多干预挟制，令吾办内事不便，尤可愤恨。讲洋务者皆畏之如虎，其实彼除以船坚炮利借为恐吓外，彼地小民少，且借攫中国之货以为计耳。彼除船坚炮利枪制颇好可以恐吓外，更无他物。今其枪炮我已有之，诸军近来训练渐精，可不畏彼。去岁意国索三门湾之事，我坚拒之，彼即无法。今与端邸新抚有义和团民数十万，皆热心嫉恶洋彝教民者，又有神术。得此义民，天助我也。各彝在此无多，除之极易。誓当尽屠彼族，以绝其挟制。弟将才命世，所部精锐，诸彝向来畏之，又宿抱屠灭诸彝之志。今有义民相助，可善用之，并助以军械，俾之

---

① 故宫博物院明清档案部编：《义和团档案史料》上册，中华书局 1979 年版，第 146 页。
② 中国社会科学院近代史研究所编：《义和团史料》上册，中国社会科学出版社 1982 年版，第 163 页。

拒敌，建不世之功也。此问筹安，荣禄顿首。

抄白董福祥复荣禄书

中堂钧座敬禀者：昨蒙钧示，教以各彝欺凌太甚，誓当尽加屠灭，以绝挟制，并以团民忠义，可抚用拒敌。仰见中堂舍身为国，忠愤激昂。福祥不才，久存此志。今奉中堂之令，敢不努力？所幸义和团民，技术神奇，咸皆忠勇爱国，奋不顾身，勇不畏死。将来扫荡彝狄，驱除洋人，必有其效，此皆中堂明决卓识之功也。福祥奉命后，已戒备一切，相机行事，惟有以一死报中堂。务祈中堂随时教示为幸。所有军情，自当随时禀报，谨请崇安，福祥谨禀。①

外界所传荣禄与董福祥通信是真的，《清议报》基于其中涉及废立的语言有些分析。② 其实，信中很多说法与密折、密信和密旨暗合，不少是清末民国时期外界并不清楚的档案资料，知道内情者寥寥无几，外界无法伪造，相关说法对荣禄不利，荣禄也不可能去伪造。京师来信的时间是五月十三日，正是清廷已经决定强硬对抗之时。所言策略如荣禄"欲以团匪拒西人，而国家佯为不预。又欲以结团匪、屠西人之事委于端邸，而己不预"完全符合荣禄在对外宣战后的做法，也印证了对外宣战后清廷的整个战略的确确定于五月十日，荣禄、奕劻和王文韶都是决策参与者，事实上也在和外界联络时呈现出互相配合的关系，并与胶州湾事件后清廷对外政策变动呈现出连续的关系。荣禄信件中"今有义民相助，可善用之，并助以军械，俾之拒敌，建不世之功也"和对外宣战后清廷利用义和团的策略是一致的。外界主要是不了解清廷既要泄私愤，又有所节制的意图。信件中所说"各彝欺凌我国甚矣"及"去岁意国索三门湾之事，我坚拒之，彼即无法"，皆符合光绪二十五年年底清廷对外政策变动时的情况。"欺凌我国家"和"专恃兵坚器利"之类的语言，也见之于清廷宣战上谕。③"讲洋务者"的说法，见之于荣禄致奎俊等人密信中。说义和团民"皆热心嫉恶洋夷教民者"之类说法，见之于荣禄五月十日奏折。说董福祥"将才命世"之类说法，见之于其后清廷给董福祥上谕。清廷上谕有"董福祥所办之事"之类隐秘说法，更是荣禄此信可靠的佐证。因董福祥部为军队，除荣禄外

① 《清议报》第 4 册，第 3457、3458 页。

② 《清议报》第 4 册，第 3457、4153 页。另有一些报道，见《清议报》第 5 册，第 80 期，第 5045~5047 页。

③ 故宫博物院明清档案部编：《义和团档案史料》上册，中华书局 1979 年版，第 162、163 页。

别人无法指挥，无荣禄令无法行动。说清军已经掌握洋枪洋炮及义民不畏枪炮，更是光绪二十三年荣禄奏折所提复仇战略的翻版。董福祥密信中说"务祈中堂随时教示为幸。所有军情自当随时禀报"，完全符合清廷军事部署，此种随时禀报的口径，和载勋奏折中所说相同。以往考察荣禄与董福祥往来信件的作者不少，从荣禄政见、作品文字出现的时间及作品内容方面考察的还不多。荣禄档案中收录樊增祥密信，提到董福祥"牢骚悖逆之言不一而足"，和董福祥义和团事件之后的信件内容暗合。①

对外宣战后军机处的一些说法早有风传。5月20日，赫德致金登干："传闻慈禧太后本人就是被'控制'了，同情义和团。实际上，我们对官方的态度并不太清楚，只看见表面，不了解底细。"5月27日，赫德致金登干："各国公使馆正在就义和团问题进行磋商，北京似将面临外国占领的局面。朝廷似乎处于进退两难的境地，如果不镇压义和团，各国公使馆就要采取行动。如果准备镇压，这个狂热的爱国组织就要变为反对朝廷的运动！"②五月二十七日《新闻报》载"袒护团匪述闻"："有津友来述，此次肇祸之义和团匪多系河间府人，而宫中太监亦全是河间人，故日在太后前陈说义和团之忠义可以抵制外人，太后信之。军机中除荣中堂外，亦皆信之。故各省督抚纷纷请剿，词语危悚。裕制军亦痛陈利害，三次奏请剿匪，均未得旨允准。至袒护团匪最为竭力者，群指为董军门。董兵击毙日员后，裕制军曾劝以约束兵丁，毋滋事端。董答称：'日员即为我所杀，如欲抵命，我亦不惧。'盖其不受节制，虽荣中堂无如之何也。至天津道黄花农观察处，友人曾于二十日前往禀辞，可见风传避地之说全系伪造也。"③黄花农即津海关道黄建莞，并非天津道。其他如端王掌权太后被胁制等传言，在五月十四日端王负责总理衙门时即广为流传。④ 种种迹象显示，军机处和总理衙门无力阻止载漪等人的谋划，但最初即可能酝酿过一些应变策略，诸如放风说西太后被挟制之类以应对舆论。

由荣禄武卫中军在京城泄私愤事件中始终未大规模出动，西太后、刚毅及载漪等始终没有要求荣禄武卫中军出动，局势危急之时和西逃之时也是如此，使馆没有攻打下来，也令京城义和团赴前敌，京城只准出不准入可知，清廷也不是执意攻下西什库和使馆，内部有默契和节制。荣禄抓住

---

① 《近代史所藏清代名人稿本抄本》第一辑68，第144页。
② 中国第二历史档案馆编：《中国海关密档》第七卷，中华书局1995年版，第55、58页。
③ 路遥主编：《义和团运动文献资料汇编》中文卷上，山东大学出版社2012年版，第317页。
④ 《清议报》第3册，第3171~3174页。

八国联军不明清廷决策底细，以为是义和拳在攻击的弱点趁机上下其手，策划和谈调停。六月二十二日，荣禄致奎俊：

> 端王进攻西什库教堂，董军攻各使馆，旬余日均未下。现在他们都知道不容易，已晚矣。侄现仍竭力保护各使臣无伤，尚可作将来转圜地步；否则长驱直入，势将灭国矣。岂不恸哉！幸各使尚未死。昨好容易拿住一汉奸，令其送信，以通消息。总算[以]拳民攻击为词，好在各使亦怕到极处，求救不得，得着侄信，感激万分，即请不必开枪炮。现在已阻住不相攻。昨又活捉一鬼，侄赶紧送回，以全和好。①

"总算[以]拳民攻击为词"验证了军机处让义和团打头阵的作法。外界有零散传闻，如说西太后"大喜，意谓果可恃以驱逐洋人，一抒夙愤，是以待之极优，饬令充当前队，继以官兵与洋人开仗。"②

确切地说，主导攻打使馆的并不是义和团，而是端王等满洲贵族借义和团之手攻打使馆以泄私愤，并得到西太后的支持。但此种做法受到荣禄、奕劻和王文韶的牵制，在策略方面做了很多变动，也没有孤注一掷，而是处处留有余地，不动声色，时刻观望动向，然后对外称为乱民土匪所为，不想以官府的名义承担责任。乱民土匪攻打使馆的说法是军机处和总理衙门筹划和谈时出现的，但宣战之前清廷内部已有成议，并且是清廷利用义和团时期的一贯思路。这就可以理解徐桐所说，"义和团无过，我将赦而不办"问题。③ 恽毓鼎日记说"晓然圣意所在，拳民必可成事矣"④。五月二十日清廷上谕中已经有类似说法："该拳民既以义勇为名，如足备折冲御侮之资，朝廷原可宥其前愆。"⑤各种日记大多渲染义和团攻打使馆和西什库教堂。在描写董福祥军队时，大多渲染董军原来为土匪，不听指挥，暗示董军非正规军，其参与攻打非政府之意。因此，清廷对外宣战实际是折衷两派意见的结果，并不是完全按照载漪、启秀等人的意思行事，而是采纳了军机处和总理衙门的很多意见，尤其是整个解释系统出自军机处和总理衙门。清廷对外宣战时含糊其词，也是因为不想以国家和官府的

---

① 北京大学历史系编：《义和团运动史料丛编》第一辑，中华书局 1964 年版，第 138、139 页。
② 佐原笃介：《拳匪纪事》卷二，光绪二十七年铅印本，第 246 页。
③ 中国社会科学院近代史研究所编：《庚子记事》，知识产权出版社 2013 年版，第 150 页。
④ 北京大学历史系编：《义和团运动史料丛编》第一辑，中华书局 1964 年版，第 52 页。
⑤ 故宫博物院明清档案部编：《义和团档案史料》上册，中华书局 1979 年版，第 145、146 页。

名义宣战，进退留有余地。一些京官渲染军队和官府作用，乃是不了解军机处对攻打使馆的解释，一些作品乃事后所作的缘故。较早期的一些作品如杨典诰和仲芳氏绝不渲染京城总团的官府背景。描写京畿义和团的作品，只要渲染义和团的主导地位并掩饰官府作用，一般是深知清廷内幕的人士，如恽毓鼎；反之则否，或为事后作品，如龙顾山人。又据佚名《综论义和团》："初荣相及总署堂官常与各国公使通信，盖中国政府自知德使被害，其曲在己，后来致祸，必至不可胜言，故有是举，冀为日后地步。继而政府欲将德使被害一事，委过于土匪，不知其时有德人柯德士在场。"①

另外，在参与作战的清军将领之中，外界多注意董福祥，实则马玉崑和宋庆也是深受清廷信任的核心人物，迥然不同于聂士成和梅东益。宋庆、董福祥、马玉崑和李秉衡是清廷在京畿地区战场倚重的核心将领。

3. 对外掩盖清廷内部决策机制，但军事和外交活动步调一致

对外宣战之后，清廷对京城泄私愤活动及利用义和团的策略控制极为严密，有前后极为一致的说法。载勋统率义和团，各种具体活动随时需要上报。六月十九日，载勋奉命"带领团民官兵两次往查"户部尚书立山有无私藏洋人及勾通行迹，并请旨将立山革职，交刑部监禁，完全不是京官作品渲染的义和团与载勋公报私仇。② 六月二十四日载勋奏，其一切活动"随时奏请训诲"，由"皇太后、皇上圣鉴，训示施行"。③ 由此可见，京城的活动由载勋、董福祥、刚毅等负责，乃因其绝对服从命令，是清廷股肱之臣，绝不是京官事后渲染的董福祥不听指挥，否则清廷事后何必力保董福祥。光绪二十年，翁同龢日记中说董福祥"忠勇无饰词"。④ 光绪二十六年六月二十九日，内阁奉西太后懿旨，大学士荣禄加恩在紫禁城内及西苑门内乘坐二人肩舆。⑤ 七月一日，内阁奉西太后懿旨，李秉衡加恩在紫禁城内骑马，并在紫禁城内、西苑门内乘坐二人肩舆。⑥ 七月十七日，军机大臣奉西太后懿旨，传谕荣禄、董福祥，激励统带营官兵丁等奋勇立功，从优破格奖赏。这是荣禄负责京城总指挥和董福祥受荣禄节制的强有

① 中国社会科学院近代史研究所编：《义和团史料》上册，中国社会科学出版社1982年版，第176页。
② 故宫博物院明清档案部编：《义和团档案史料》上册，中华书局1979年版，第312页。
③ 故宫博物院明清档案部编：《义和团档案史料》上册，中华书局1979年版，第349页。
④ 陈义杰整理：《翁同龢日记》第五册，中华书局1998年版，第2771页。
⑤ 中国第一历史档案馆编：《义和团档案史料续编》上册，中华书局1990年版，第711页。
⑥ 中国第一历史档案馆编：《义和团档案史料续编》上册，中华书局1990年版，第715页。

力上谕。① 七月十八日，内阁奉西太后懿旨，董福祥在紫禁城内乘坐二人肩舆。② 七月十八日，军机大臣面奉谕旨，刚毅帮办武卫军事务。③ 八月七日，内阁奉上谕，载漪授为军机大臣，载澜补授御前大臣。④ 董福祥和荣禄、刚毅、载漪、载澜及李秉衡都是和京城局势关系非常密切的中坚人物。

外界对清廷在京城的军事指挥架构并不掌握，但京城分工负责战事的王公大臣是清楚的，内部也有联络渠道，⑤ 并不会认为是端王执政，因为徐桐、崇绮、奕劻和载漪有和军机大臣会商的权力，载勋又和刚毅一起统率义和团，董福祥为荣禄部将，这是一个互相制衡的局面。光绪二十六年六月十七日，"军机大臣面奉谕旨：载勋等奏，筹办城守事宜各折片。据称：每城垛口不足四十人，似觉单薄，必须加派兵丁等语。即著载勋等会商总统各营王大臣，按段酌拨"⑥。六月二十四日，载勋等奏，则显示出军机处的作用，此时端王并不是军机大臣：

> 奴才载勋等谨奏，为遵旨覆陈仰祈圣鉴事。窃奴才等六月十七日承准军机处片交军机大臣面奉谕旨，载勋等奏，筹办城守事宜各折片，据称每城垛口不足四十人，似觉单薄，必须加派兵丁等语。即著载勋等会商总统各营王大臣按段酌拨。⑦

对外宣战后，东南督抚接到的以"军机大臣字寄"形式递交的大量涉及调兵和筹饷之类主战的密旨是完整的，和外界了解到的明发"内阁奉上谕"有所不同，地方督抚复奏时也会引述。⑧ 京官作品和邸抄中罕载军机处和地方督抚之间的往来密旨和密奏，仲芳氏《庚子记事》和杨典诰《庚子大事记》等作品鲜能说清军机处和地方督抚之间的详细运作情况，对相关人物的政见更罕有整体把握，仅能举个别例子或描写大概。列强对军机大臣一些调兵和作战的密旨也并不掌握，很难确切掌握荣禄等人的把柄。问

---

① 中国第一历史档案馆编：《义和团档案史料续编》上册，中华书局 1990 年版，第 732 页。
② 中国第一历史档案馆编：《义和团档案史料续编》上册，中华书局 1990 年版，第 733 页。
③ 中国第一历史档案馆编：《义和团档案史料续编》上册，中华书局 1990 年版，第 733 页。
④ 中国第一历史档案馆编：《义和团档案史料续编》上册，中华书局 1990 年版，第 746 页。
⑤ 中国第一历史档案馆编：《光绪朝上谕档》第二十六册，广西师范大学出版社 1996 年版，第 392 页。
⑥ 故宫博物院明清档案部编：《义和团档案史料》上册，中华书局 1979 年版，第 296 页。
⑦ 军机处录副奏折，光绪二十六年六月二十四日载勋等奏。
⑧ 故宫博物院明清档案部编：《义和团档案史料》上册，中华书局 1979 年版，第 242 页。

题是东南督抚如刘坤一和张之洞等人不清楚对外宣战后这类密旨的来源及用意，认为是拳党所为和矫诏，执行这类上谕时颇为持重、犹豫和变通（参见"互保下的众生相"一节）。①

军机处的指挥机构极其隐秘，京官作品有一些片段和局部的记载，真假参半，有待考证和验证。从总的情况看，即使荣禄不露面或和清廷不在一起，军机处局面也不会失控，王文韶乃是关键人物。清廷西逃初期，载漪才被任命为军机大臣，刚毅才被任命参与军事指挥，荣禄在保定，赵舒翘无军事经历，启秀滞留京城，王文韶实为西太后和荣禄之中的牵线人和二人信任的人物，奕劻参与了谋划。下级官员涉及高层的说法往往缺乏精确性，仅有参考和比照的价值，较难独立使用。黄曾源《义和团事实》说："家有兵书胜算操（刚毅著兵书，素以知兵自负）。"②龙顾山人《南屋述闻》卷二：

> 军机章京拟旨而退，从不泄于人，故罕知为何人所拟。庚子拳乱作，枢直中惟连聪叔太守文冲附端、刚，主拳甚力，宣战诏即其属草，有云："与其苟且图存，偷安旦夕，何如大张挞伐，一决雌雄。"词殊庸滥，而聪叔深自喜，辄侈述于人。及联军陷京师，索罪魁甚急，聪叔虑不免，乃亟求外郡，然终以袒拳褫官。当拳乱亟时，喋血遍都市，内外城之路皆梗，枢僚遂不得按班入直。端、刚辈之杀戮大臣，辄矫旨行之。其旨不出自枢阁，且词甚俚鄙。时端邸亦为枢堂，故旧档中间有存者。迨两宫仓皇西幸，章京在直得扈者，只鲍太守心增一人，沿途所降谕旨，皆鲍手笔。至太原，枢僚乃稍集，然犹不及平时三分之一。余奉母避地于晋，闻枢垣外直庐设于贡院，陈瑶圃师在焉，亟往谒之，欲知先公消息，见各章京所栖止者，为各同考房，供帐家具，一切简率，其主考堂则枢堂居之。

陈瑶圃即陈邦瑞。心增即鲍心增，字川如，江苏丹徒人。

荣禄和军机处一些指授军事战略的上谕，以荣禄自拟的可能性较大，其中一些词汇如稳慎、晓事等都符合荣禄自己的性格和语言风格，也具有连续性。③荣禄把责任推给端王和否认自己主战，不可能让外界知道是军

① 故宫博物院明清档案部编：《义和团档案史料》上册，中华书局 1979 年版，第 297 页。
② 北京大学历史系：《义和团运动史料丛编》第一辑，中华书局 1964 年版，第 133 页。
③ 机密奏折由军机大臣自拟的情况，参见李宗侗、刘凤翰著：《李鸿藻年谱》，中华书局 2014 年版，第 129 页。

机处在指挥战事，荣禄的总指挥身份一旦泄露，自身难保。① 胡思敬《国闻备乘》："戊戌后，荣禄当国，尝在私第拟旨，同僚皆不与知。"②

这类密信极其机密，事后有些传闻，亦不确。直隶总督裕禄幕府王荣甲信：初疑裕禄"何以如此坚决，平日深畏洋人，前后如出两人，不料别有所恃；近日方知裕由司道升督抚已卅年，专用揣摩之法。自拳匪起，乃崇、刚持之甚坚，军机有密信，以义和团神通广大，且各处布置已定，可以放手为之，深宫所以相信，阉人亦有习此者。"③许同莘编《张文襄公年谱》时，从赵凤昌处得到樊增祥的不少资料，但该书涉及义和团时期清廷内部动向的记载无特异之处。④

林华国对京城战事的分析较为符合实情，认为始终是西太后主导，以清军为主，义和团所起作用较小，但认为荣禄"思想上反对"的推论则不符合实情，这主要是没有仔细分析荣禄的政见，没有发现荣禄的总指挥角色。⑤ 高枬《庚子日记》闰八月十九日："闻荣与庆、肥电，议款力担，不必忌讳。此荣悟后语。"⑥

京官作品中提到的一些军机章京所拟上谕是清廷政策的体现，强调不是朝廷意图而是个人责任显得视野狭窄，更多的属于政治目的而非学术研究。龙顾山人依据其父军机章京郭曾炘的说法，表示和镇压义和团及东南互保有关的上谕出自郭曾炘之手，乃荣禄之意："先公因请于文忠，凡仇外诏旨，概免属草。其间剿伪拳，护外使，饬督抚相机保境诸诏，则先公主之。适东南各省有订约互保之举，阴取决于文忠，其往复电文胥由先公与东抚辗转代达。此事外间罕有知者。"⑦宣战上谕则出自连文冲之手，"其人颇附端、刚，奖拳仇外文告多出其手。"⑧郭曾炘所拟不涉及交给裕禄和增祺等指授军事方略的内容，但也间接印证了军机大臣字寄外省督抚

---

① 胡钧编：《清张文襄公之洞年谱》卷四，页四。

② 胡思敬著：《国闻备乘》，中华书局 2007 年版，第 147 页。此种情况确实存在，又可参见胡思敬《退庐笔牍》卷二，"与善化相国询先朝掌故书"。

③ 中国社会科学院近代史研究所编：《义和团史料》下册，中国社会科学出版社 1982 年版，第 650、651 页。

④ 许同莘编：《张文襄公年谱》，第 162 页。

⑤ 林华国著：《义和团史事考》，北京大学出版社 1993 年版，第 115 页；义和团研究会编：《义和团运动一百周年国际学术讨论会论文集》下册，第 1299、1300 页。

⑥ 中国社会科学院近代史研究所编：《庚子记事》，知识产权出版社 2013 年版，第 197 页。庆、肥指奕劻和李鸿章。

⑦ 中国社会科学院近代史研究所编：《义和团史料》上册，中国社会科学出版社 1982 年版，第 43 页。

⑧ 中国社会科学院近代史研究所编：《义和团史料》上册，中国社会科学出版社 1982 年版，第 47 页。

的一些上谕出自军机处之手，荣禄和军机处是最高军事指挥机构的判断，因为其中包含有相同的特别强调保守疆土方面的内容（参见"互保下的众生相"部分）。龙顾山人在《南屋述闻》中的说法，较为近情："故事，一折中条陈数事，若上意仅取其一二事，则即抄其可取者交议，余者作为留中，或以原件交议，则其余各事得裁去之。庚子拳乱作，翰林王廷相条陈中，有按户搜查汉奸及严惩抗旨督抚二条。时先公在枢直，于行部时裁去，即依是例。后一事当时未必能行，前一事则保全多矣。会东南各督抚有中外互保之议，枢臣中荣文忠、王文勤亦阴主之。凡所接洽皆密由先公往复转致，事既宁，诸与议者皆得优叙，而先公不言功，赏亦不及。"①军机处对文件管理极为严格，"所治文件，概不得携归私邸，亦见于明谕"。②义和团时期，军机处诸多机密文件如指授前敌方略的上谕，没有泄露的迹象。"军机章京拟旨而退，从不泄于人，故罕知为何人所拟。"③追寻谕旨为何人所拟是义和团时期特有的现象，与惩办当事人有密切关系，很多是军机处内部事后的揭发。杨典诰在六月份的日记中说："五月以来，每颁一诏，端邸辄言与李总管商定而后行者。"在清宫档案面前，这是极为滑稽的说法。杨典诰随后又提到总理衙门传皇太后懿旨送瓜果蔬菜给外国使馆以及西太后召见王公大臣，皆与此类说法相矛盾。

据军机处随手档和龙顾山人《南屋述闻》卷二末尾，军机大臣在军机章京中各有一批亲信，另外就是各军机章京在拟定上谕时有分工，因而出现把支持义和团的内阁奉上谕推给军机大臣启秀和军机章京连文冲的情形。④这种内部分工、军机处保密制度非常严格以及一些相关人员事后被惩办，也造成很多关键环节缺少当事人自身说法的情况。仅利用京官作品是无法完整描述这段时期历史的，也仅有少数当事人事后有一些作品。

京官作品多认为对外宣战之后利用义和团的上谕大多来自军务处，并强调徐桐和载漪的作用，采纳此说者颇多。⑤李希圣《庚子国变记》：对外宣战后，"时有诏征兵，海内骚然，羽书相望，乃以载漪、奕劻、徐桐、崇绮主兵事，有请无不从，政在军府，高下任心，奕劻支吾其间，嗫不敢言，取充位，桐以暮年用事，尤骄横。太后亦以桐旧臣，更事久，以忠愤

① 龙顾山人解：《南屋述闻》，中华书局2007年版，第133页；廖一中等著：《义和团运动史》，人民出版社1981年版，第155页。
② 《南屋述闻》，第121页。
③ 《南屋述闻》，第156页。
④ 此时的军机章京名单，见中国第一历史档案馆编：《光绪朝上谕档》第二十六册，广西师范大学出版社1996年版，第170、171页。
⑤ 清史编委会编：《清史人物传稿》下编第三卷，辽宁人民出版社1987年版，第56页。

号召揣摩取富贵之士，负当时大名，思壹用其言以风动天下"①。

这个论断实是大错特错。清宫档案可轻易揭破这种说法的错误。

清廷五月二十二日上谕，实为分析清廷对外宣战后决策机制的定盘针：

> 军机大臣面奉谕旨：京师现办军务，著派徐桐、崇绮与奕劻、载漪并军机大臣会商一切事宜。②

外界不掌握军机处档案，没有觉察到有此会商的谕旨。维新派认定荣禄为首，却也无法引用此类密旨做证。外地军队进京后要到军务处报到，遂产生军务处是最高军事指挥机构的误解，以为调兵之类的主战活动乃军务处所为。根源在于外界掌握的军务处信息不全，如吉林将军衙门公文：

> 本年六月二十六日准督办军务处札开："光绪二十六年六月初十日钦奉旨谕，设立军务处，所有各处文报有关涉军务者，均应另备咨文知照本处，以免错误。现在派有文报处文报委员，在东华门外兵部捷报处常川值班，专收军报。相应札行各直省将军、都统、督抚照办可也"等因。③

对外宣战之后，军务处主要是一个调兵机构，和步军统领衙门、京城团练大臣等各自负有不同的职能。甲午战争时期的督办军务处已在光绪二十四年四月上谕以"现在军务各有专司"为由裁撤，义和团时期的军务处与甲午战争后是统兵和练兵的首脑机构有所不同。外界不知其详，遂把光绪二十六年的军务处也当成军事指挥机关。④ 二者为何不同，据军机处录副奏折，乃因军务处成立之前奕䜣不是军机大臣，清廷确需威望较高的王大臣统兵，之后奕䜣担任军机大臣，军机处和军务处的职能逐渐重叠。在军务处会议，只是便利李鸿藻、翁同龢和总理衙门大臣参与议事，因军务处成立不久李鸿藻和翁同龢担任了军机大臣、总理衙门大臣本来就办理洋务，事后觉得该机构和军机处重复，且其中人员很杂，容易泄密。光绪二

---

① 中国史学会主编：《中国近代史资料丛刊》(《义和团》第一册)，上海人民出版社 2000 年版，第 18 页。
② 中国第一历史档案馆编：《义和团档案史料续编》上册，中华书局 1990 年版，第 604 页。
③ 北京大学历史系编：《义和团运动史料丛编》第二辑，中华书局 1964 年版，第 248 页。
④ 谢俊美著：《翁同龢评传》，南京大学出版社 2001 年版，第 114~118 页；朱寿朋编：《光绪朝东华录》第四册，中华书局 1984 年版，总第 4123 页；中国第一历史档案馆编：《光绪朝上谕档》第二十四册，广西师范大学出版社 1996 年版，第 182、183 页。

十六年任命徐桐、崇绮、奕劻和载漪与军机大臣会商军务，乃因其不是军机大臣的缘故。但西太后指定荣禄部署军事，荣禄又不愿公开露面，集中在军务处办公必然会暴露荣禄的总指挥身份，于是出现了徐桐负责军务处的局面。细绎上面的军务处札文，这属于成立军务处时的安排。五月二十二日上谕令徐桐等与军机大臣会商一切事宜，但未明言成立军务处，应是军务处成立稍迟，也不甚规范。

京城很多人不甚清楚军机处和军务处的区别和各自职能，原因大略相似，接触不到荣禄和军机处的绝密信息，荣禄似乎也在有意把外界视野引向军务处。例如，七月十二日，"交城守王大臣、军务处王大臣"：军机大臣面奉谕旨，令城守王大臣"会同督办军务王大臣"协商京城防守事宜。① 十四日，军机大臣字寄督办军务处、统率义和团王大臣、城守大臣、步军统领衙门和团练大臣，奉上谕，李端遇等奏，为防止倭人装扮拳民袭击京城城门，令近畿各乡村团民暂缓来京挂号，除前三门外，其余各城门只许出不许入。各路援兵驻扎城外，由督办军务处知照各路统兵大员，凡有弁兵进京，必须先将勇丁数目详细报明，由军务处派员查点。著照所请，即由李端遇等分咨各衙门查照办理。② 实际上，调兵活动乃荣禄主导。五月三十日，"交大学士荣，本日军机大臣面奉谕旨：现在事机紧急，兵力必须加厚。应否添募马步队若干，著荣禄酌量情形，迅速办理，钦此。相应传知贵大学士钦遵办理可也"③。六月八日，军机大臣字寄各督抚，酌派营队来京，听候调遣，由保定的廷杰转达各省。④ 各省北上援兵大都到军务处报道，但袁世凯在奏折中指明所部归荣禄指挥，且与军机处消息灵通。

诸多把荣禄和奕劻作为主张镇压义和团的人物和相信荣禄自己解释的研究作品，大约是没有充分注意到上述清廷会商上谕。有些作品注意到了荣禄和奕劻的作用并发现西太后频繁召见奕劻，但并未挖掘出奕劻和徐桐、荣禄、载漪等人的协商情况。京官作品如龙顾山人《庚子诗鉴》只是提到"至是别设军务处，载漪、奕劻、徐桐、崇绮等领之，如枢臣之例"，

---

① 中国第一历史档案馆编：《光绪朝上谕档》第二十六册，广西师范大学出版社1996年版，第250页。
② 中国第一历史档案馆编：《光绪朝上谕档》第二十六册，广西师范大学出版社1996年版，第253页。
③ 中国第一历史档案馆编：《光绪朝上谕档》第二十六册，广西师范大学出版社1996年版，第152页。
④ 中国第一历史档案馆编：《光绪朝上谕档》第二十六册，广西师范大学出版社1996年版，第170页。

并未提及与军机大臣会商一切事宜的情况。① 又如六月二十九日，张之洞在一份电报中说：

> 李鉴帅过山东，满口主战，力诋刘、张，诋张不当请剿匪，向来所佩服大臣止徐相、崇公二人，所赞大将止董福祥一人。此三人去年到京皆往拜，余人皆不拜，乃在鄂面说。今端、庆、徐、崇已派督办军务处，董又恃眷跋扈，鉴帅到京，志同道合，不知又有何怪论，必闹到宗社已危而后醒悟，鄙人实不敢再谓此老能安内也，可痛可恨。②

尚未发现清宫档案中有系统的以军务处名义上奏或单独出台的谕旨。有些调兵、筹饷之类的措施大多是个人上奏后，经清廷批准，由军机处发交地方督抚执行的，显示徐桐、崇绮等人主要还是参与会商而非主导军机处决策。如六月九日，陈璧上奏，建议储备京城粮食、军械，防范山海关以南沿海地区和省城保定一带，并说要联络"团民"，迥然不同于事后标榜主张查禁义和拳和张贴查禁义和拳告示。陈璧的建议为清廷接受，由军机大臣字寄刘坤一等地方督抚操办。③ 翰林院掌院崑冈和徐桐联名转交的剿灭洋人和主战奏折，无下文的也不少。④ "军机大臣字寄"是密旨，京官如左绍佐等只是觉得相关提议已被采纳，对如何采纳及实施情况并不掌握。⑤ 军务处接待外地调京军队、地方督抚从各地转运粮米等，也要由军机处批准并监督实施。⑥ 左绍佐《悟澈源头》中所收致军务处人员贻谷信和军务处条陈，说贻谷"迩来赞划枢垣，光翊大业，神机妙算，化险为夷"，并请求贻谷将信件转给徐桐和崇绮阅看，但没有提到决策的详细情况，当是不知详情。⑦

---

① 中国社会科学院近代史研究所编：《义和团史料》上册，中国社会科学出版社 1982 年版，第 144 页。
② 赵德馨主编：《张之洞全集》第十册，武汉出版社 2008 年版，第 115 页。
③ 故宫博物院明清档案部编：《义和团档案史料》上册，中华书局 1979 年版，第 240~242 页。
④ 中国第一历史档案馆编：《义和团档案史料续编》上册，中华书局 1990 年版，第 629、685 页。
⑤ 中国社会科学院近代史研究所编：《义和团史料》上册，中国社会科学出版社 1982 年版，第 239 页。
⑥ 中国社会科学院近代史研究所编：《义和团史料》上册，中国社会科学出版社 1982 年版，第 230~243 页。
⑦ 中国社会科学院近代史研究所编：《义和团史料》上册，中国社会科学出版社 1982 年版，第 237、241 页。

　　然而，外界关于一些"矫诏"出自军务处的说法也非空穴来风，主要是这类通过内阁奉上谕明发的利用义和拳谕旨，整体思路和军务处及徐桐、崇绮等人一致，显示诸人在内阁和军务处均有较大影响。确切地说，一些"矫诏"出自军务处和徐桐诸人倡议或拟旨，通过内阁渠道发出，仍然反映了西太后的意图。京官作品不清楚此类上谕出台的具体过程，但颐和园谋划有一定传闻，沿着此条线索推论，也有一定的合理性，主要是无法精确掌握军机处的思路、意图和作用。

　　八月五日，"督办军务荣、崇咨：夏军留防保定"。荣、崇即荣禄、崇绮，夏军指山东北上的夏辛酉部队。这是清廷西逃后试图恢复京城的布置，同时徐桐在京城坐镇，仍可看出军机处和军务处大臣是协商合作的，都是"督办军务"亦即担任督办军务大臣，并不是只有徐桐、崇绮等人"督办军务"，荣禄可以置身事外的局面。① 荣禄、徐桐和崇绮担任留京办事大臣，这是由上谕明确规定的，也明确由军事方面的指挥权。七月二十三日上谕规定，"荣禄、徐桐、崇绮均著留京办事，所有军务地方情形随时奏报"②。

　　不过，刘坤一、张之洞和袁世凯从荣禄处接到的信息不同。袁世凯处接到的是荣禄"督办军务"的军事命令，但荣禄对刘坤一和张之洞则否认自己有这方面的职责。八月十三日，袁世凯电李鸿章、盛宣怀、刘坤一和张之洞：

　　　　顷接荣相十一日自正定来书，谓同崇、徐留京，系照例事，无留守议和字样。拟赴行在，免夜长梦多。现事已至此，总以停战议和为急要。现在办法，惟有按李相所奏办理，或可转危，否则，期于必亡而后已。③

所谓荣禄自正定来书所言明显是假话，上谕中且指出其总指挥身份：

　　　　军机大臣字寄大学士荣：光绪二十六年八月十三日奉上谕，荣禄奏，现在督师，势难留京办事，现拟将沿途防务布置周密，即驰赴行在一折。荣禄总领师干，御侮乃其专责。前已有旨命该大学士仍驻保定，调度一切，以固省防，毋庸前往获鹿，更不宜亟来行在，以致畿

---

① 骆宝善等编：《袁世凯全集》第六卷，河南大学出版社 2013 年版，第 279 页。
② 中国第一历史档案馆编：《光绪朝上谕档》第二十六册，广西师范大学出版社 1996 年版，第 266、267 页。
③ 骆宝善等编：《袁世凯全集》第六卷，河南大学出版社 2013 年版，第 317 页。

辅空虚。且该大学士所统武卫中军大半溃散，沿途滋扰，日有所闻，亟应收集整理。著仍遵前旨驻扎保定，将一切战守事宜严密布置，并将该军溃勇重加查点，分别归并遣散，以弥后患而振军声。将此由五百里谕令知之。钦此。①

《清议报》的相关报道，云据保定来电，皇帝及西太后于七月十九日以董福祥所率之军队护卫出都，经涿州、易州及紫荆关，望五台山一路进发，端郡王、刚毅、徐桐、崇绮等有旨命其留守北京，"刚毅任武卫军之总指挥官云"。"李鸿章得接十九日北京之报，兵部尚书徐用仪、户部尚书立山、总理衙门大臣联元等处斩。军机大臣荣禄、内阁学士某某二人，翰林院侍讲学士黄思永等监禁云。"②

对一般的武卫军将领，荣禄并未显示其有指挥权。据聂士成幕僚汪声玲《枕戈偶录》，对外宣战后，在京津一带作战的武卫军受直隶总督裕禄指挥，主要命令来自奉旨和督办军务处札文，未言详情，但也从侧面证明军机处密旨的事。③ 武卫军暗中向荣禄联系，荣禄没有公开露面，但所说口谕表现出来的倾向和军机处密旨相同：六月十一日，汪声玲

乘轿车进宣武门，绕至荣相府请见。陈弁等曰：董福祥来言我军溃败骚扰，端王、庄王众口一词，中堂亦无可如何。此间耳目多，直言恐得祸。我等以来意密达，何如？余遂出。……

十四日，陈弁等传荣相谕，嘱公振刷精神，实为战守，常川函报军事。如有意外，当以身任之，不令受屈云云。④

《高枬日记》对荣禄控制、侦探京津一带武卫军动向的描写颇为生动，将领一举一动不出荣禄手掌之外，和《荣禄书札》中各地武卫军将领向荣禄密报各地动态及维新派对荣禄严密控制军队颇有方法的感触一致。⑤

① 中国第一历史档案馆编：《光绪朝上谕档》第二十六册，广西师范大学出版社1996年版，第297页。
② 清议报报馆编：《清议报》第4册，中华书局2006年版，第3538页。
③ 参见《近代史所藏清代名人稿本抄本》第一辑74，第516~519页。
④ 中国社会科学院近代史研究所编：《义和团史料》上册，中国社会科学出版社1982年版，第488、489、490、495页。
⑤ 中国社会科学院近代史研究所编：《庚子记事》，知识产权出版社2013年版，第203页；路遥主编：《义和团运动文献资料汇编》中文卷上，山东大学出版社2012年版，第439~443页。

另外，宋庆清楚军机处的指挥作用，但可能不清楚荣禄在其中的角色。杨典诰《庚子大事记》七月十九日：西太后召见宋庆后，宋庆"赴军机处谒见诸王大臣云：'诸君信任团匪，酿成巨祸，此时团匪已散，我一国势难抵敌联军，恐京师终难保守。'诸王大臣面面相觑。"①这显示，宋庆和裕禄接到过军机处的一系列指令，但宋庆可能并不清楚军机处的内部情况，没有想到出自荣禄之手，有些军机大臣也莫名其妙。

就此而言，对外宣战后，清廷在京城的决策机制大体还是根据上谕组成。军事方面，由荣禄和军机处负总责，徐桐、崇绮、奕劻和载漪参与军机大臣会商；外交方面，端王载漪和庆亲王奕劻负责，另有许景澄、袁昶和一些总理衙门大臣及章京，总理衙门接受各地督抚电奏，转交荣禄或清廷，军机大臣荣禄、王文韶、赵舒翘时常参与会商。被清廷任命在总理衙门大臣行走的启秀等人偶尔参与。② 这在《高枬日记》和《石涛山人见闻志》中都有所记载，尤其是《石涛山人见闻志》系统透露出清廷最顶层决策隐秘的线索：

《石涛山人见闻志》显示，对外宣战后，奕劻、袁昶、许景澄、赵舒翘、徐用仪、荣禄和王文韶频繁协商和各国谈判事宜，一些重大决定如送使馆瓜果蔬菜也是诸人协商后确定。③《石涛山人见闻志》不清楚的是"大内"的情况，但透露出各地奏折、电文到达京城后，最终去向是"大内"。一些地方督抚和外国列强的重要电文交给"大内"，并说"不知大内作何设想，作何处治。有谁筹划军情善策之妙端"④。六月二十二日，奕劻、袁昶、赵舒翘、徐用仪、王文韶、荣禄商酌派总理衙门章京文瑞前往英国使馆会议事务，"后文瑞回署，拟问答底一纸，带内阁各堂宪"⑤。七月初，总理衙门在隆宗门外设有一处公所，有专门缮写进呈大内的电文，《石涛山人见闻志》的作者在其中值班，有"赴大内隆宗门外大公所值电报班"和"余在大内值班，接有俄国出使杨大臣电"字眼。⑥ 各地由保定和山海关转

---

① 中国社会科学院近代史研究所编：《庚子记事》，知识产权出版社 2013 年版，第 87 页。
② 北京大学历史系编：《义和团运动史料丛编》第一辑，中华书局 1964 年版，第 81、87、89、90 页。
③ 北京大学历史系编：《义和团运动史料丛编》第一辑，中华书局 1964 年版，第 90、91页。
④ 北京大学历史系编：《义和团运动史料丛编》第一辑，中华书局 1964 年版，第 87 页。
⑤ 北京大学历史系编：《义和团运动史料丛编》第一辑，中华书局 1964 年版，第 90、91页。
⑥ 北京大学历史系编：《义和团运动史料丛编》第一辑，中华书局 1964 年版，第 94、96页。

达总署和荣禄电文，要进呈"大内"。① 又据唐文治所记，他"奉派在内廷译密电，间日住班"。②

这显示，对外宣战后，最高决策机构设在皇宫之中，地方督抚和驻外公使的奏折均集中此处，相应的批示谕旨亦出自此处。"大内"是最高决策机关所在地，宣战之初即是如此。清廷没有以国家名义对外宣战，皇宫实为京城最安全的地方。清廷布置军队守卫皇宫的时间，如前所述，为五月十一日，西太后和奕劻都是决策者，载澜、那桐都是直接经手人。③

由此可知，清廷的总体军事计划确定于五月十日。随后的备战措施在争议中进行，总体趋势未变。

但详细决策情况，下级官员并不知情，或仅有传闻，或略知一二，是无法系统描述的。《石涛山人见闻志》：

> 五月二十六日，早闻炮声甚大，不知何处。后英股朴宪进署，说炮声是北堂，即西什库法国教堂。官兵用大炮轰击，是奉大内寄谕。外东交民巷改名切洋鸡鸣街。各官兵洋枪队、武卫军、神机营兵，均用洋枪击打各使馆洋人。各兵勇将东单牌楼、东长安街头条胡同、二条胡同一带，均抢掠一空。兵勇皆手持利刃行抢。是晚回家，同韦镜翁走，一路皆见所抢兵勇，手持利器往来。④

也就是说，改东交民巷为切洋鸡鸣街之类事情发生在对外宣战之初，是一种灭洋倾向，并不是民间所为。

《高枬日记》弥补了《石涛山人见闻志》不掌握"大内"决策情况的缺陷，证实军机处的很多重大事情事先与徐桐、崇绮和载漪等人协商过。高枬从其兄高树处得到不少军务处的消息。二者记载与清宫档案能形成互证的关系。如六月二十日条："各督抚电奏，请勿攻使馆，勿害使臣。话总好说。徐、崇欲杀前日所拿细作，荣止之，命通信于各公使，并问以后通信当如何。"二十一日条："昨日宫内哄者，以闻津警，将西行。荣

---

① 北京大学历史系：《义和团运动史料丛编》第一辑，中华书局 1964 年版，第 82~85 页。

② 中国社会科学院近代史研究所编：《义和团史料》下册，中国社会科学出版社 1982 年版，第 746 页。

③ 北京市档案馆编：《那桐日记》上册，新华出版社 2006 年版，第 344 页。

④ 北京大学历史系编：《义和团运动史料丛编》第一辑，中华书局 1964 年版，第 79 页。

相恳止曰：'出去更险。'"六月二十二日问答底稿"带内阁各堂宪"后，二十三日清廷即同意送使馆蔬菜，相关谕旨正是"内阁奉上谕"。六月二十三日条：

> 东海今日向人言，使馆竖白旗，缴军械，专人出来求和。董福祥与以西瓜。曰，饿极，乞与食。乃与饼，且告之曰："要和不难，使馆有二毛子二千余人，可杀净。义和团无过，我将赦而不办。"其人唯唯。不知何人造此言，达诸徐耳。又曰："刘博泉在津一奏，寒碜义和团，就叫不是人。"……王枚岑曰："俄远不能来。倭只有兵六千，而有华商八千在彼，皆习此团。且闻各国皆有义和团，是以不能来。"又曰："必还台湾乃和。"宝丰曰："如和，须不传教，京师不立使馆。"①

东海指徐桐。

七月十二日条："二老尚欲以毓易袁，荣力争乃止。"十三日条："当下全权之谕时，先请二王，二王无语；继请二老，二老无言，乃下。"这里的二王和二老，应指和荣禄、奕劻政见有所不同的载漪、载澜和徐桐、崇绮。七月三日条：六月"廿八日召见廷臣。王公要战，政府偏重于和"，即是"二王"的注脚。② 日记没有说明协商发生的地点。查所记协商活动发生的环境，基本和《石涛山人见闻志》所载各地督抚等向清廷递交奏折的情况一致，即发生在皇宫之中。③

七月五日条："简有与四皓合之势。朝内欲以简易张，以毓易刘，而兴义和团于南省，则南北合流。或曰来不及。"④简指李秉衡，四皓指徐桐、崇绮、高赓恩和宝丰。毓指毓贤，张指张之洞，刘指刘坤一。

左石涛不清楚皇宫内部决策机制，按照清廷习惯并参酌《高枬日记》，交"内阁各堂宪"当指交内阁，即徐桐、崇绮、奕劻、载漪和军机大臣会

---

① 中国社会科学院近代史研究所编：《庚子记事》，知识产权出版社 2013 年版，第 149、150、151 页。

② 中国社会科学院近代史研究所编：《庚子记事》，知识产权出版社 2013 年版，第 154、159、160 页。

③ 中国社会科学院近代史研究所编：《庚子记事》，知识产权出版社 2013 年版，第 149、156、157、160 页。

④ 中国社会科学院近代史研究所编：《庚子记事》，知识产权出版社 2013 年版，第 156 页。"四皓"的说法，参张戬编：《张亨嘉文集》，北京大学出版社 2003 年版，见第 96、97 页。

商的地点在皇宫内阁公所，相关文件交"内阁各堂宪"即指交到内阁会议的各大臣而言。在内阁会议相对于在军务处会议，自然要保密一些。例如，中法战争时期，清廷有召集六部九卿等到内阁阅读相关文件，并要求保密的做法。各地军队到军务处报道，有可能泄密。

现有京官作品中，出自军机处和总理衙门官员之手的不少，出自内阁人员的作品稀少，主要是内阁这条渠道的情况较为含混。然而，观察陈陆编《拳变系日要录》和叶昌炽《缘督庐日记》，对照其中所载恽毓鼎、左石涛、叶昌炽和王彦威的反应，可发现内阁学士陆润庠和翰林院侍讲学士秦绶章大致了解清廷政策，有一些外界不掌握的信息，明显是在六月底七月初阅读过大臣奏折，了解清廷的确切政策，有可能参与过内阁会商。如六月二十九日"柬凤石询和局，以战事对。"七月三日，"李鉴帅到京，召对两次矣。"李秉衡召对时的内容，叶昌炽"以一函询凤石。云闻与八省督抚公疏若合符节。又闻面折崇公，极中肯綮。"七月十一和十二日秦绶章来函告知李秉衡带兵赴前敌。十五日得陆润庠和秦绶章函，陆润庠说"出城容易进城难"，又提到各省局势情况。秦绶章函中说"已电各国停战。如能耐心十日，或有转机"云云。① 另外还有葛宝华。②

结合庚子谈判时期的揭发和京官作品的思考，内阁这条渠道的大致名单也可罗列。孔祥吉从德国档案中发现了一份名单，庚子谈判时期八国联军向清政府提出要求惩办的官员，其中颇多军机处、内阁和翰林院人员，和京官作品中记载的人物也大体一致，证实了上述判断的内阁人员在宣战过程中起重要作用的论断。名单如下：

> 贻谷，兵部侍郎，与晋昌一起制定与推行命令，反对外国人。连文冲，军机章京，他伪造照会，命令军队进攻天津、北京的外国使馆。萧荣爵，翰林院官员，帮助连文冲制定命令，进攻天津、北京的外国人。高赓恩，四品官衔，是大阿哥的师傅。黄凤歧，义和团的头领，或者说是负责为义和团出谋划策者。洪嘉与，内阁主事，建议端王载漪篡位，放火焚烧北京的外国使馆。夏振武，内阁主事，他是洪嘉与的追随者。溥良，都察院的长官，他提醒太后处死许景澄、袁昶。檀玑，翰林院官员，他支持与追随溥良。

---

① 陈陆编：《拳变系日要录》，第119、120、123、124页。宋廷模为内阁人员，但级别较低，似不深悉上层决策。

② 中国社会科学院近代史研究所编：《庚子记事》，知识产权出版社2013年版，第144页。

黄嗣东，湖北省官员，支持于荫霖进攻汉口的外国人。胡祖荫，五品级官员，他曾带领二十个义和团头目到湖南省，准备进攻岳州的外国人建筑。俞鸿庆，翰林院的官员，支持胡祖荫，向他提供帮助。叶德辉，内阁主事，他也是支持胡祖荫的排外行动。张祖同，候补道台，他也支持胡祖荫的排外行动。孔宪教，翰林院官员，同样是胡祖荫的支持者。

这个决定是在很短时间内提出的，在上述人员中，贻谷、连文冲被列为应惩处的主要人物。①

贻谷和连文冲都属于内阁这条渠道。上述人物在京官作品中多有提及，当是在庚子谈判时期由京官泄漏，并非别有信息源，如洪嘉与和夏振武②、萧荣爵和檀玑等。③ 有些人的情况在现有京官作品中缺乏详细记载，显示现有已刊京官作品记载的当时传闻也不全。

高枬日记中提到一份名单：

> 五月半以后……生杀之权……决于章甫，而徐、崇、启、赵则煽于上者也。主事琦章、连文冲、鲍琪豹、曾鉴、郎中左绍佐、御史刘家模、黄桂鋆、举人曾廉、编修张星吉、王廷相等则煽于下者也。徐承煜专意助恶者也。李简堂到京而烧热灶者也。何乃莹则不顾成败，依违其间，而专意逢迎者也。④

章甫指载漪。

双方能够协商，并就宣战、议和、调兵、筹饷、用人等诸多重大问题达成一致，乃是政见很多相同或相近的缘故。这时，徐桐和荣禄、内阁奉上谕和军机大臣字寄就呈现出互相呼应而不是分歧的关系。荣禄对外力主强硬，在武力对抗列强瓜分和扩张方面态度积极，支持开战，也有一些复

---

① 义和团研究会编：《义和团运动一百周年国际学术讨论会论文集》下册，第1400、1401页。
② 中国社会科学院近代史研究所编：《义和团史料》上册，中国社会科学出版社1982年版，第153页。
③ 中国社会科学院近代史研究所编：《义和团史料》上册，中国社会科学出版社1982年版，第212、213页。
④ 中国社会科学院近代史研究所编：《庚子记事》，知识产权出版社2013年版，第193页。曾鉴是一个主事，见赵声伯作品，但写作曾衔似误，应为曾鉴，四川人，因而同乡高枬较为熟悉，见《戊戌变法档案史料》第306页。

仇和灭洋的想法，未必不想灭洋人，甚至乐观其成，并不是反对开战。武卫中军没有积极参战，但也没有积极阻止京城战事。对外宣战之后，荣禄和徐桐等人做法有所差异，但也并非互相对立。荣禄捐银二万两解往前敌，"杀洋一人赏一百，二毛赏五十"①。七月十六日上谕有督办军务处上奏荣禄捐银二万两，著赏收交户部的记载。② 李秉衡到京后，领兵赴前敌，"荣、简芥蒂，徐调和以为功，以胡文忠和官文恭责荣"③。简即李秉衡，徐即徐桐，胡文忠即胡林翼，官文恭即官文。七月一日内阁奉上谕，李秉衡帮办武卫军事务，所有张春发、陈泽霖、万本华、夏辛酉四军均归该大臣节制。七月六日，军机处字寄李秉衡、宋庆和董福祥，奉上谕，"现在军务吃紧，各统兵大员必得同心勠力，通盘筹画"，令三人"将一切战守事宜和衷商榷，务令各军联络一气，同仇敌忾，共建殊勋。实有厚望焉"④。这个时期，内阁和军机处渠道都向李秉衡、董福祥和宋庆寄送很多上谕。对于徐桐在荣禄和李秉衡之间的协商，赵凤昌等东南舆论并不知情，赵声伯等的信件也无描写，对荣禄的认识也就出现了偏差。⑤

对外宣战之初，清廷谕令裕禄等人在沿海坚决抵抗，乃是基于一种敌情判断，主战派对八国联军进攻的实力估计不足。徐桐欣赏的王廷相"方天津未陷时，尝言诸国远，兵不能来，仅倭兵数千，无能为。且诸国所属华民，均已习神拳，方内乱矣。徐桐极信之"⑥。《高枬日记》记载，光绪二十六年六月底，王廷相说："俄远不能来。倭只有兵六千，而有华商八千在彼，皆习此团。且闻各国皆有义和团，是以不能来。"⑦恽毓鼎六月二日日记："现在如能在津沽大挫其锋，迫令解去，军威既振，兵气自扬。再能节节措置得宜，用人得力，亦未见必有阽危之势也。"六月三日日记："闻俄罗斯调陆军四万，由俄京而来，须三礼拜入华境。余谓此军虽盛，然数万里悬军深入，军饷未必能继。倘东三省控扼有人，将其铁路掘断，可复而取也。所恐我军偾事，望风而逃，则长驱叩关矣。"⑧清廷令裕禄在

---

① 中国社会科学院近代史研究所编：《庚子记事》，知识产权出版社 2013 年版，第 166 页。
② 《光绪朝上谕档》第二十六册，第 257 页。
③ 中国社会科学院近代史研究所编：《庚子记事》，知识产权出版社 2013 年版，第 157 页。
④ 故宫博物院明清档案部编：《义和团档案史料》上册，中华书局 1979 年版，第 385、414 页。
⑤ 黄濬著：《花随人圣庵摭忆》上册，中华书局 2016 年版，第 431 页。
⑥ 中国社会科学院近代史研究所编：《义和团史料》上册，中国社会科学出版社 1982 年版，第 216 页。
⑦ 中国社会科学院近代史研究所编：《庚子记事》，知识产权出版社 2013 年版，第 150、151 页。
⑧ 北京大学历史系编：《义和团运动史料丛编》第一辑，中华书局 1964 年版，第 54 页。

天津沿海坚决抵抗，同时从外省调动军队北上，在东北三省掘断铁路，种种措施都和主战派的思路一致，实际作战也以天津沿海为激烈。

双方互相协商，但也互相防范：

其一，军机处防范载漪，载漪负责总理衙门，但奕劻附和荣禄，总理衙门的很多说法对载漪不利。《石涛山人见闻志》不清楚"大内"对很多奏折、电文的答复情况。相关成因，据龙顾山人《庚子诗鉴》："时端邸兼领总署，故不由总署而由枢廷。"①查军机处档案和上谕档，相关答复一般是以军机大臣字寄或军机处的名义发出密旨或指令的。清廷采取收、发分离做法，很多答复并不通过总理衙门，但涉及外交的一些谕旨，总理衙门官员也有抄录。如六月三日军机处寄出使俄国大臣杨儒等说明朝廷口径的电旨，是由军机处直接经过保定外转的，但《石涛山人见闻志》也有抄录，只是不清楚谕旨出台过程。② 电旨后附：

同日军机处札直隶布政使廷杰

办理军机处为札行事：本日奉有谕旨一道，照录咨行，该藩司接到后，即刻电致苏松太道余联沅，速即分电出使大臣杨儒、吕海寰、裕庚、罗丰禄、伍廷芳、李盛铎。该藩司迅速办理可也。此札。右札直隶布政使廷杰。③

更多的军机处字寄毓贤、裕禄和袁世凯等地方督抚的密旨，是通过寄信的方式由军机处直接送达的，不经总理衙门之手。④

其二，徐桐等人的很多建议没有奏折；也有很多通过上奏形式提出，有为军机处裁抑的记载。⑤

对外宣战后，"内阁奉上谕"涉及利用义和团的文字和军机处文件风格不同。军机处经常在公开场合隐藏真实意图和做法，"内阁奉上谕"则否。军事部署和外交活动多与军机处和总理衙门有关，但前者也有相当多的支持和拥护者。军机处和总理衙门可以直接向地方督抚和驻外使节发号

---

① 中国社会科学院近代史研究所编：《义和团史料》上册，中国社会科学出版社1982年版，第61页。
② 北京大学历史系编：《义和团运动史料丛编》第一辑，中华书局1964年版，第83页。
③ 故宫博物院明清档案部编：《义和团档案史料》上册，中华书局1979年版，第203页。
④ 故宫博物院明清档案部编：《义和团档案史料》上册，中华书局1979年版，第207、215页。
⑤ 中国社会科学院近代史研究所编：《义和团史料》上册，中国社会科学出版社1982年版，第76页。

施令，通过行政机构上下级渠道；内阁发出的上谕没有这个渠道，但民间和地方督抚仍然通过邸抄等环节有一些了解和反应。有一些与义和团有关的人事任命和支持义和团的上谕直接通过内阁发出，没有行文地方督抚，前因后果也没有说明，非常突然。事后，军机章京郭曾炘等说军机章京中只有连文冲附和端王和刚毅，徐桐又为大阿哥师傅，刚毅和徐桐为大学士，启秀附和徐桐，刚毅在军机处中位居荣禄之下，则内阁奉上谕这条线基本反映了载漪、刚毅、徐桐、启秀的策略，并通过影响西太后表现出来。军机处长期无法阻止这种局面，显示对内阁奉上谕的发布较为忌惮。这种差别并未改变清廷利用义和团时兵民联合、让义和团打前站的策略，因为具体的战场指挥权又落到军机处手中。

徐桐等人的驱夷作战计划和军机处强调保守疆土的策略不尽一致，作战范围也比军机处字寄上谕中的大，有"中原"大战的概念。

光绪二十六年五月二十七日，御史攀桂奏：

> 奴才愚见，就此收抚义和团，更其名为神武军，即请旨饬派妥员督帅经理，分按八卦结为管制，乘此暇豫，及时操练，免得杂乱无章，以备洋人秋日必犯中原，尔时兵勇大集，正可与之大战，胜负虽不可预知，大概有此臂助，总可与之抗衡。如遇三省有事，亦可以留一半拱卫京畿，分一半与俄人交战。幸邀神助，天津海口水退沙限，外船不得进口，洋兵莫能登岸，此天意也。时会如此，请皇太后、皇上勿庸忧心，执此一定之见于上，而诸臣等操持于下，庶可有济。若能由此将洋人驱逐净尽，各省海口除通商而外别无所事，岂不甚善。①

《高枏日记》光绪二十六年七月十一日："军务处持正论者言，须一打三年五年。"②清廷西逃之后，到光绪二十六年闰八月，"随扈王大臣仍力主战。"③这已是徐桐、刚毅死后的事情，显示此派在西安仍有相当势力。

光绪二十六年十月二十九日，张之洞电盛宣怀、刘坤一和袁世凯：

> 今日见自陕来人言，西安京外官绅士多言，敌不能深入，若添足

---

① 中国第一历史档案馆编：《义和团档案史料续编》上册，中华书局 1990 年版，第 614 页。
② 中国社会科学院近代史研究所编：《庚子记事》，知识产权出版社 2013 年版，第 158 页。
③ 吴剑杰编著：《张之洞年谱长编》下卷，上海交通大学出版社 2009 年版，第 649 页。另参见《知新报》二，上海社会科学院出版社 1996 年版，第 1979 页。

董军一百营，必能破敌，京、津破败，皆汉奸为之，等语。今日又见自湘来人言，湘绅多言必须战胜方可和，由鄂省昌言保护两湖平安无战事，以致湘人勇猛，无从施展。电报局于洋胜则报，华胜则讳，皆是汉奸，等语。①

这说明，有些主战派的作战计划时间较长，范围较大，基本是颐和园谋划的驱夷灭洋目标。这里的"中原"指"中国""中土"而言。所谓"洋人秋日必犯中原"乃是攀桂在五月底预计洋人秋日会大举进攻中国而言，和清廷酝酿动手驱夷的时间暗合，显示清廷内部已估计到驱夷时会遭到列强进攻，会发生一系列战事。此种"中原"乃是一种习惯说法。咸丰十年，陕甘总督乐斌和署陕西巡抚谭廷襄在联名奏折中，提到采取一些经济军事措施后，"即有西巡一事，并非竟拟迁移，以系人心而维大局。庶几可以壮中原之气势，扫除群丑，共济时艰"②。同月，安徽巡抚翁同书奏折中有"中原多事之日"的说法。③ 同治八年，乌里雅苏台将军奏折中有在俄国的一些原新疆居民"悔过自新望返中原"的说法。④ 光绪四年，御史李廷萧奏折中有"现在中原无事，各省留驻营勇，原以备豫不虞"的提法。⑤ 光绪五年，王先谦奏折中有"本朝奠鼎中原，臣句丽而役蒙古，前代边患一举而空之"的说法。⑥《纵论义和团》也记载："夫如太后，惟端、刚之言是从，卒动列强之公愤，招八国之联军，竟以全球兵力，决胜中原。"⑦

有些揭帖含有"中原"大战的思想：

> 玉皇饬旨九重天，分遣神兵下人间，扶保西北真男子，劝君快把空业般。众人未看清，上帝降神兵，扶保真君主，挪位让真龙。
>
> 注：庚子六月正京城惨杀酿祸之时，有人请乩得此乩文，内中直谓西北有真主，不久临世，抚育海内苍生，又遣下多数辅弼诸臣，并

---

① 骆宝善等编：《袁世凯全集》第七卷，河南大学出版社2013年版，第592页。
② 《筹办夷务始末》咸丰朝第八册，中华书局1979年版，第2666页。
③ 《筹办夷务始末》咸丰朝第七册，中华书局1979年版，第2590页。
④ 《筹办夷务始末》同治朝第七册，中华书局2008年版，第2805页。
⑤ 朱寿朋编：《光绪朝东华录》第一册，中华书局1984年版，总第617页。
⑥ 朱寿朋编：《光绪朝东华录》第一册，中华书局1984年版，总第812页。
⑦ 中国社会科学院近代史研究所编：《义和团史料》上册，中国社会科学出版社1982年版，第159页。

有无数谓之神兵，先行戡定中原，后复大战洋人，杀得尸骨堆山。①

洪钧老祖降坛曰：年年有个七月初七日，牛郎会亲之日，众民传到此日之夜，家中老少不论男女全要红布包头，灯烛不止，向东南方三遍上香叩首，一夜不许安眠。如若不为者，牛郎神仙不能降坛，亦不能救众民之难。传到十五日一为此。自八月初一日至十五日众民不许饮酒，如若饮酒一家老少大小必受洋人之害。九月初一日与初九日为月之首，初九日为重阳之日，必将洋人剪草除根。众民不许动烟火，如若不遵者闭不住洋人之大炮。至十五日众神仙归洞。七月初七日、十五日、九月初一日、初九日，此四日不许动烟火，多言示尽此单，千万千万诚信，众善人急传一张免一身之灾，十张免一家之灾，百张免一方之灾。②

据《那桐日记》，对外宣战之后，清廷处理政务的相关奏折及其执行，实际仍是由原有机构完成，如那桐在五月十五日补授理藩院左侍郎，三十日管理八旗两翼前锋护军营督练操演事宜，因而理藩院和相关营务多所参与，营务方面多和右翼总兵载澜协商。③ 崇绮任户部尚书，裕德任理藩院尚书，这都是为清廷重用的人物。裕德字寿田，对外宣战后担任巡城大臣，六月二十日根据"军机大臣面传谕旨"布置京城防务。同时担任巡城大臣的还有敬信、贵恒等人。④ 对外宣战之后，军务之外的日常事务多不办理，翰林院、国史馆等京官不知清宫内部运作详情，才为端王把持朝局之类的渲染所惑。实际其间大学士、军机大臣等并未被免职，人事任免的上谕也仍然有效。这类人员不参与，其他人员有何权力越俎。

即使对荣禄作用有所怀疑和对清廷内部有所考订的《纵论义和团》，也并不清楚宣战之前内阁渠道的作用、军机处的实际运作和清廷利用义和团的策略，对徐桐和荣禄等的协商决策情况更无所闻，这在京官中是普遍情况。⑤ 显然，内阁处理例行事务的固定思路，限制了人们思考的视野，未能发现出内阁奉上谕、军务处与颐和园谋划在对外义和拳问题上的三位

① 中国社会科学院近代史研究所编：《义和团史料》上册，中国社会科学出版社 1982 年版，第 17 页。
② 中国社会科学院近代史研究所编：《义和团史料》上册，中国社会科学出版社 1982 年版，第 20 页。
③ 北京市档案馆编：《那桐日记》上册，新华出版社 2006 年版，第 345、347 页。
④ 军机处录副奏折，裕德等奏为遵旨各城安置炮位等事，光绪二十六年六月二十四日。
⑤ 中国社会科学院近代史研究所编：《义和团史料》上册，中国社会科学出版社 1982 年版，第 163、166 页。

一体关系。

对外宣战后，西太后令徐桐、崇绮、奕劻、载漪为军务处成员，和军机大臣会商事务，大体就规定了核心决策层的人员。参与会商者无以军机处名义拟旨和向地方督抚发布命令之权，意见常遭军机处和总理衙门这些负责实施机构的裁抑。但徐桐负责军务处，奕劻负责总理衙门，载漪统率义和团，皆为联合作战的关键决策部门。西太后频繁召见的军机大臣和御前大臣，大体也和这些部门有关。他们是：

> 世铎
>
> 荣禄
>
> 刚毅
>
> 王文韶
>
> 赵舒翘
>
> 启秀
>
> 载漪
>
> 徐桐
>
> 崇绮
>
> 奕劻

上述人员足以保障战时清廷中央机构的正常运行。各机构细事不办，但重大决定无误，各地所上众多奏折也大都有各部的议覆。刚毅为吏部尚书，崇绮为户部尚书，启秀为礼部尚书，敬信为兵部尚书，赵舒翘为刑部尚书，裕德为理藩院尚书，主要是翰林院、都察院、詹事府、工部等事情较简机构的事情暂缓办理。翰林院、都察院也都有人员在军务处和总理衙门任职，重大事情也不会贻误。都察院的溥良也是主战的知名人物。据陈夔龙在庚子谈判时期致荣禄密信所言，"惟京秩除枢译暨六曹尚书外，凡侍郎以次均无办事之权"①。

对外宣战后的此种人事格局已经酝酿过一段时间。三月，刚毅任吏部尚书，敬信任兵部尚书，立山任户部尚书。五月，启秀任礼部尚书，十四日上谕任命载漪管理总理衙门，启秀、溥兴和那桐在总理衙门大臣上行走，二十二日上谕派徐桐、崇绮、奕劻和载漪并军机大臣会商一切事宜。六月，崇绮任户部尚书。新进者很多和刚毅、徐桐关系密切，为西太后所

---

① 《近代史所藏清代名人稿本抄本》第一辑68，第53页。

信任，并无明显倾向于荣禄和王文韶的人员，其中除了立山外无明显持异议者。因而荣禄掌握兵权，但其势颇孤，确也不虚。后来清廷中央机构倒台者，多为新进之人。相关记载也可验证。龙顾山人《庚子诗鉴》有云："时兵部为甘军所踞，礼、户、刑三部皆驻拳坛，银库、监牢悉归把守。于是迤东各署将堂司印悉移存内阁，以朝房为治事之所。百官入内，咸由西长安门，值戒严，或阻不得入。连日激战，炮声震殿瓦，飞弹及宫城。中书舍人顾某入午门，中弹伤股。由是人有戒心，非题奏要件，皆束阁矣。"①也就是说，兵、礼、户、刑各部大印在内阁之中，各部尚书又皆在皇宫，这样才能办事无误，且在内阁中也可参与会商。战时的议覆和明发上谕，大多和这几个部有关，如户部等议奏军事经费，礼部议奏各地科考，刑部审讯白莲教犯人等。②据赵声伯描绘，这几个部门都是义和团的支持者，兵部由甘军驻扎，礼部由义和团驻扎，刑部由义和团把守，监狱和户部由义和团保护，内城东边"一带衙门，皆将堂司各印存于内阁，办公则假禁城内朝房等处"③。邸抄中记载这个时期清廷上谕交办各部和人事任免的资料颇多。又据杨典诰《庚子大事记》：

> 吏、户、礼、兵、工等部，借东华门内会典等馆为办事公所，而令义和团守护各衙门。④

上述名单恰好和清廷西逃后安排的留京办事大臣及其所属部门相似，证明留京办事大臣和在西安的机构实即将战时决策机构一分为二，其中大学士、军机大臣、吏部、户部、兵部、刑部、礼部和理藩院皆有人在其中承担重要角色，但各部的作用往往被人忽略，实际很多奏折由各部议覆。光绪二十六年八月十三日，有崑冈等致全权大臣李鸿章电，所附名单中有崑冈、敬信、裕德、崇礼、阿克丹、溥善、那桐、舒文、许佑身和陈夒龙。⑤据八月十四日内阁奉上谕，荣禄、徐桐、崑冈、崇绮、阿克丹、裕

---

① 中国社会科学院近代史研究所编：《义和团史料》上册，中国社会科学出版社1982年版，第133页。

② 故宫博物院明清档案部编：《义和团档案史料》上册，中华书局1979年版，第411页。

③ 阿英编：《庚子事变文学集》下册，第1137页。外界传说六部人员星散及各部公章保存在军机处之中，误以为已无政府机构运作，并不知内情，见 *The Peking Legations*, *The Times*, Aug 17, 1900.

④ 中国社会科学院近代史研究所编：《庚子记事》，知识产权出版社2013年版，第79页。

⑤ 骆宝善等编：《袁世凯全集》第六卷，河南大学出版社2013年版，第317页。

德、敬信、溥善、那桐和陈夔龙是清廷派出的留京办事大臣。① 又根据一份上谕，两次钦派留京办事大臣并现拟请留署人员名单：大学士荣禄、徐桐，户部尚书崇绮、大学士崑冈、刑部尚书崇礼、理藩院尚书裕德、兵部尚书敬信、吏部侍郎溥善、兵部侍郎阿克丹、理藩院侍郎那桐、顺天府府丞陈夔龙，以上各员已蒙钦派留京。内阁学士孚琦、陆宝忠，翰林院侍讲学士秦绶章、侍讲学士熙瑛、侍读崇寿、侍讲檀玑，詹事府詹事李昭炜、左庶子伊克坦、吏部右侍郎溥颋、署右侍郎李端遇、户部署左侍郎曾广汉、右侍郎溥良、礼部左侍郎荣惠、兼署右侍郎徐承煜、兵部尚书徐会沣，刑部左侍郎徐承煜，工部尚书松湉、右侍郎李端遇，宗人府府丞成章、都察院左都御史吴廷芬、左副都御史庆福，通政使司通政使儒林、副使李荫銮，大理寺卿王福祥、少卿溥鋹，监副桂山，太医院院判冯国治、白文寿，以上各员拟令留署。

对外宣战之后，荣禄、西太后和光绪很少公开露面，这是外界难以精确探测清廷真实意图的原因所在。《清议报》载五月二十日天津电："西后简派端王管理总理衙门事务，盖欲以一事权，俾办理交涉，较有把握。目下西后已将所有庶政，悉行付托端王，令其自行裁夺也。又云驻京各国公使公同照会北京政府，力拒简派端王管理总理衙门事务。"二十五日上海电云："皇上住居之宫殿被烧，皇上被杀，西后自杀，此事不知确否？上海各国领事均严禁各报馆登载。"②外界在明发上谕中，难以找到荣禄支持义和团的证据。六月二日《新闻报》记载：

　　团匪之猖獗，由于朝廷之不剿办；朝廷之不剿办，由于臣下之蒙蔽，夫人而知之矣。然而凡事可蒙蔽于一时，不能蒙蔽于日久；可蒙蔽于耳目所不及，不可蒙蔽于耳目之前。自团匪窜扰京畿以来，匪势日炽，大臣一意袒匪，讳为拳民，宦竖尽行串通，日夕摇惑慈聪。故虽十三日以后团匪扰及京城之内，而十五日上谕犹称拳民业已具结，焚杀之案为奸匪所为，为之分别。则盖蒙蔽于刚、赵勒令匪徒所具之结也。既已具结，地方应可平靖，而乃京城之内朝廷耳目能及之处，骚扰日甚。至十八日之夜，各处焚烧如旧，明目张胆沿途喊杀，持械寻仇，间有杀害。官兵任其猖獗，城门由其出入，匪势日甚。若此为

① 骆宝善等编：《袁世凯全集》第六卷，河南大学出版社 2013 年版，第 364 页。
② 路遥主编：《义和团运动文献资料汇编》中文卷上，山东大学出版社 2012 年版，第 335、337 页。

日之久，若此耳目之近，若此而谓朝廷圣聪犹可以蒙蔽乎？此十九日上谕所以实指为拳匪，而不能复称为拳民也。恭读十九日上谕，知向时之蒙蔽如云雾之已散，故既饬步军统领督率兵队勒限拿犯，一有拿获立即正法。又恐队伍缉捕不力，派护军统领四员随时稽查参办。又恐城门由其出入，派副都统九员监查出入，城外则派五城御史认真查办。犹恐各员疏懈坐误，派庆亲王等二王、一贝勒、一宰相，总其大成。似此云雾尽散，皎日当空，蒙蔽扫除，圣聪独断，则团匪当即日可平，而官闱可安，社稷可保，外衅可弭，岂非中国之大转机哉？然窃以为事机之转，不过略有端倪。……今京城之内，明目张胆持械喊杀，官兵任其猖獗，城门任其出入，较之白莲教之起事尤为可骇，岂弹压梭巡严拿解散即能平乱？盖非亲藩重臣率先剿办，则不足以平匪乱、安官闱、保社稷、弭外衅也。……十七日派员剿办不用董军，而用宋、马，十九日上谕不提刚、赵，而任荣相。似朝廷已知刚、赵、董诸人袒护匪徒，蒙蔽圣聪，为逼召外衅图危社稷之祸根乎？然非将蒙蔽之各大臣、各奸竖立即治罪，则匪乱终不能平。①

第三节　居中调度荣总统

在《石涛山人见闻志》中，"荣总统"派武卫军保护总理衙门，以及"荣总统行营"之类的描写甚多，并见到相关手令。如五月二十七日，"见字谕，总统荣中堂派员拿住兵勇十一人，假冒兵勇二十三人，均就地即刻正法"。六月五日，总理衙门"堂官启秀谕章京往探英馆竖白旗有无其事，瑞、顾二宪派武卫军赵得胜往探；因本署有荣总统派来武卫军保护总署，故能派武卫军之便。"六月九日，闻"荣总统、董提督皆亲临其阵，开放三炮，将英馆洋楼轰去楼顶"。六月二十一日，"大街上传言"，有"洋人言是美国翻译，要见总统。各兵将洋人解至董福祥处，问数语后解至荣总统行营"。此处的"荣总统"，指武卫军总统，是总统领之缩写，因而只有荣禄能派遣武卫军和执行军纪，端王、刚毅则无法。② 廷议时，西太后令荣

---

① 路遥主编：《义和团运动文献资料汇编》中文卷上，山东大学出版社 2012 年版，第 339、340 页。

② 北京大学历史系编：《义和团运动史料丛编》第一辑，中华书局 1964 年版，第 79、83、84、90 页。

禄布置军事，荣禄又为军机处首脑，荣总统就从单纯的武卫军统领变成清廷的战场总指挥，因而义和团与清军的联合作战样式，在京津和东北相同，出自军机处。义和团总指挥为载漪和载勋，二人派遣义和团的活动较多，并无指挥清军方面的活动。

由此可见，荣禄是武卫军总统，又依托军机处发号施令，实际也是整个前线清军的军事总指挥。军机处是战时最高指挥机构。这就可解释荣禄和王文韶口径一致；刚毅、赵舒翘和启秀与荣禄态度不尽相同，但并未对荣禄以军机处名义对东南督抚的说辞表示异议，也未以军机处名义发布何种异说。

结合佚名《综论义和团》所列荣禄饬令开战事，荣禄是支持宣战的："荣相后虽竭力保护使馆，实则构乱之罪魁也。彼盖欲乘此乱机，张其权力。既欲保护使馆，何以五月廿四日发令饬董军开仗；且杀德使者亦武卫军与董军也。当聂军门败拳匪于杨村时，荣曾责其轻举，且札饬聂公曰：义和团忠义之民，万不可剿。揆其初心，实欲邀侥幸之功；既见敌势强盛，遂幡然变计。诽外人，主废立，重拳匪，皆由荣主谋，故罪魁祸首皆荣为之。惟狡猾异常，故西人亦为其蒙蔽，不列名罪魁。至西安后，依然执政弄权。"①

《综论义和团》作者不了解军机处整体军事意图，无法将荣禄饬令开战和军机处又对外声明无意攻打教堂使馆联系起来。该作品也是收录各方资料而成，真伪俱存，但作了一些考证。关于清廷宣战前后荣禄动向的考订，是较为可靠的，如说五月十九日夜，刚毅从涿州回京复命，力主开战之议。二十日，西太后召见王公、贝勒、六部、九卿、翰、詹、科、道。先召王公、贝勒及荣禄、刚毅密议后，这些人再和各大臣一起进见，太后宣布开战之议。王文韶、许景澄等数人反对。刚毅说："无论如何，现在总以阻截西兵入京为第一要策。"二十四日下午，"荣相发令饬董军开仗。当议发令时，皇上痛哭言曰：'如此，则数千万生灵必遭涂炭，三百年宗社必致不守。'而诸臣争之甚力，太后不能作主，遂即下令。（观此则荣禄之罪魁恶首明矣）"②。荣禄、刚毅皆得至大官，"刚浮沉部署远不能及。及得政后，一意反抗皇上，故太后因而用之，其宠任遂与荣捋。大抵荣险而巧，刚悍而愎。每欲举大事，荣阴谋于室，刚公言于朝。荣起于但贪富

---

① 中国社会科学院近代史研究所编：《义和团史料》上册，中国社会科学出版社 1982 年版，第 160 页。

② 中国社会科学院近代史研究所编：《义和团史料》上册，中国社会科学出版社 1982 年版，第 164、165 页。

贵，刚出于有所憾恨，此其显殊。其同为国贼，同酿国祸，则二人之所共谋，虽及没世不能别也。而近日议者见刚已死，则从而下石；闻荣犹贵，则为之游说，欲以按之入地，举之升天，难哉！难哉！"①"惟谋立大阿哥一事由荣禄主之，刚不与闻。盖刚性最急，固在速行大事，不欲多此一折也。"②这说明，京官作品过于推崇荣禄，显示他与刚毅的区别，在当时就有一些人看不过眼。刚毅性子急，可从他到江南搜刮时较为激进看出，荣禄处事则较为深沉隐蔽，瞻前顾后，性子较慢。由此也可看出，义和团事件之后荣禄掌权时期的京官作品问题最大，一些荣禄死后或民国时期的作品相对客观一些。

所谓西太后操纵问题的内幕就展现出来：端王等人统率义和团，极力主战，一些军机大臣和满洲王公响应之，声势很大，但始终没有军队指挥权，无法完全实施其主张。清廷不愿以国家名义作战，端王等无法使用官僚系统上下级正式网络向地方督抚等发号施令，宣战之后只能派义和团成员到各地招集的方式采取一些措施。一些省份如山东巡抚袁世凯拒绝执行非官方正式公文。军机处对外否认官府支持义和团，清廷可以根据情况与八国联军或战或和，保持了一定的余地。荣禄统帅军队，经常采取观望战局进程的态度，并和东南督抚保持联系，可以采取一些对清廷有利的措施。荣禄为西太后亲信，整个局势的进展状况如何，或宣战，或调停，都在西太后掌控之中。荣禄死后，清廷上谕肯定其维持调护作用。但荣禄没有完全执行西太后的驱夷灭洋主张，死前颇受冷遇。

整个军事行动中，荣禄的武卫中军并未接到任何有针对性的上谕，迹近闲置，直到战事结束。在利用义和团时期，荣禄、奕劻并未就义和团的编制、训练等问题主动提出建议，也没有争夺义和团的指挥权，没有要求清军支持义和团攻打教堂活动的上谕。七月六日，军机大臣面奉谕旨："现在各兵团围困西什库教堂，如有教匪窜出抢掠等情，当饬队力剿；倘彼死守不出，应另筹善策，暂无用枪炮轰击。钦此。"③

这就是说，对外宣战后清廷内部意见分歧，但军事指挥权始终是统一的。端王、刚毅统帅义和团，徐桐负责军务处，荣禄统帅武卫军，整个义和团和清军的活动，包括京津和东北方向的军事战略，要受荣禄的指挥和

---

① 中国社会科学院近代史研究所编：《义和团史料》上册，中国社会科学出版社 1982 年版，第 197 页。

② 中国社会科学院近代史研究所编：《义和团史料》上册，中国社会科学出版社 1982 年版，第 187 页。

③ 故宫博物院明清档案部编：《义和团档案史料》上册，中华书局 1979 年版，第 414 页。

军机处的节制。这是在对外宣战时的廷议时确定的。荣禄有全面的军事指挥权。他的总司令部,就设在其官邸之内,对外则声称其在官邸躲避是害怕被端王所杀和养病。荣禄也要执行西太后的命令,但西太后的怒气起伏不定,这使京城战事出现时急时缓现象。策略上掩饰清军意图,让义和团打头阵;掩饰朝廷和官府意图,把责任推给端王,说端王势力很大,执掌朝廷大权,朝廷为义和团所挟制,从而为清廷与列强谈判留下了余地和空间。

荣禄深自隐匿及其和董福祥"深相结"的记载颇多,此乃中国历史中常见策略,如《资治通鉴》记载:北周宇文护专权,"周主深自晦匿,无所关预,人不测其深浅",宇文护无备,被周主突袭杀死。① 较为详细的例子,见该书所记西汉时期陈平应对吕后篡权:

　　陈平患诸吕,力不能制,恐祸及己,尝燕居深念,陆贾入,直入坐,而陈丞相不见。陆生曰:"何念之深也!"陈平曰:"生揣我何念?"陆生曰:"足下极富贵,无欲矣;然有忧念,不过患诸吕、少主耳。"陈平曰:"然。为之奈何?"陆生曰:"天下安,注意相;天下危,注意将。将相和调,则士豫附;天下虽有变,权不分。为社稷计,在两军掌握耳。臣尝欲谓太尉绛侯;绛侯与我戏,易吾言。君何不交欢太尉,深相结!"因为陈平画吕氏数事。陈平用其计,乃以五百金为绛侯寿,厚具乐饮;太尉报亦如之。两人深相结,吕氏谋益衰。陈平以奴婢百人、车马五十乘、钱五百万遗陆生为饮食费。②

荣禄依违其间,大体是较为中肯的评价,然仅指攻打使馆而言,在沿海抵抗列强则态度坚决。所谓"依违其间"乃中国古史评价人物常用语。《资治通鉴》有"依违从之"的说法,胡三省解释:"依违者,不敢言其不可,而心不以为可。"③除了《清史稿》有此评价外,义和团事件之后,罗正钧信件中也指出这一点:"刚相以十八日返京。其日即将杨邢各军悉数撤退回津。涿州拳众从刚相入京者且数千人。十九日遂开御前会议,津京同日启衅。盖是役端邸欲借拳以遂苗刘之谋。十八日刚相归而决议,而荣相依违其间以成之。"④苗刘之谋是南宋时期的一场兵变,意在逼迫皇帝让

---

① 《资治通鉴》第 12 册,中华书局 2016 年版,第 5404 页。
② 《资治通鉴》第 2 册,第 431、432 页。
③ 《资治通鉴》第 12 册,第 5539 页。
④ 中国社会科学院近代史研究所编:《义和团史料》上册,中国社会科学出版社 1982 年版,第 361 页。

位，但失败。

荣禄事后否定自己下令开战，这并不可信。恽毓鼎庚子日记载：五月二十一日廷议决定宣战后，"复谕荣禄布置战事，群臣始退"①。显然，荣禄部署军事活动乃是廷议时的决定。杨典诰日记还记载了京城具体的军事部署。② 恽毓鼎又记载，"荣相一无主张，""荣相退直，惟倚壁长叹而已"③，"其实拳民焚杀，端王、澜公默主之"，则是夹杂了一些事件之后的说法。④

到六月十九日，张之洞在电报中说，"鄙人电奏暨电庆邸、荣相，前后已经九次。"得到的却是董福祥不听荣禄节制的传闻。⑤ 荣禄答复是自己无可奈何，西太后也无可如何，并未透露京畿地区的军事部署和清廷意图。六月二十六日，由保定的廷雍转达荣禄致刘坤一和张之洞电报，如此解释京城局势：

> 能留使臣，正是为将来地步。无如自德使被戕后，英使威逼将肃王逐出府邸，令教民居住，约有万数千人。各国均联为一气，逐日向外枪炮不绝，伤毙官民无数。四次扑犯东安门，均经董军击退。中兴台城上彼族站据，日用枪炮向皇城内施放，宫内时获炮子，武卫中后军亦不能不防守攻击，而拳民又从中乱搅，区区欲作保护调停之计，出示教民，予以自新。廿九日大书奉旨保护使臣，不准开枪，彼此照会。其不但不理，而仍施。日来陈奏留使臣者不少，苦于无法以通消息。奈何！事事不凑巧，两宫亦无可如何。惟有竭尽人事，以待天命，公其何以教我哉？⑥

对东南各省的洋务派督抚既搪塞，又利用，是荣禄的基本态度。在解释京畿地区局势时，是搪塞；在调动东南各省军队，策动东南督抚参与议和时，是利用。

其时南方焦点集中在京城活动上，在天津一带多注意到裕禄的作用，并未发现清廷整个指挥系统及内部协商机制。由于荣禄的渲染，即使有些

---

① 北京大学历史系编：《义和团运动史料丛编》第一辑，中华书局 1964 年版，第 50、51页。

② 北京大学历史系编：《义和团运动史料丛编》第一辑，中华书局 1964 年版，第 8 页。

③ 北京大学历史系编：《义和团运动史料丛编》第一辑，中华书局 1964 年版，第 53 页。

④ 北京大学历史系编：《义和团运动史料丛编》第一辑，中华书局 1964 年版，第 49 页。

⑤ 赵德馨主编：《张之洞全集》第十册，武汉出版社 2008 年版，第 103 页。

⑥ 苑书义等主编：《张之洞全集》第十册，河北人民出版社 1996 年版，第 8157、8158 页。

奖励义和团的谕旨明显是奉懿旨，东南舆论也并不相信，反而认为西太后、光绪为端王控制，不能自主(本书所谓东南舆论，主要是在上海一带流传并为清廷方面注意的报刊，相关消息来源大都和京城及上海有一定关系，并非一定在上海出版如改良派在海外创办的《清议报》和革命派在香港创办的《中国旬报》)。如七月十二日《新闻报》："吾于许侍郎、袁京卿之被戮，恍然大悟两宫之不能自主矣。夫天理、国法、人情三者为立国之具，今二公之死，朝廷盖无天理、无国法、无人情。自团匪起衅，朝廷颁诏有治命、乱命之别。治命者，两宫之命；乱命者，端邸、刚相之命也。疆臣之所以遵治命、抗乱命者，盖以两宫深仁厚泽涵濡人心，又能英明决断，不为群小蒙蔽，故慨然陈说东南大局，而皆以剿灭团匪、和睦邦交为宗旨，以冀社稷之不即灭亡。内廷如庆邸、荣相、许侍郎、袁京卿诸人，皆明白此等事理者也。东南各臣共约保守疆土，故西兵纷纷北上而无意南来，即北上亦申明为剿匪而施，并非有亡人家国之举。……许、袁二公痛陈利害图存社稷而死之，端、刚诸逆助匪倡乱，倾败社稷，而不敢稍抑其权。两公之不能行其治命，是明明不能自主矣。谓二公为端、刚所死，则两宫应生之，谓二公为李帅所死，则两宫更应生之。如是则两宫能自主。今诸臣欲死之，两宫即死之。以诸臣意中所欲死之人，何止二公？"①李帅指李秉衡。

清廷利用义和团的说辞也出自荣禄及军机处之手，以军机处名义发出，奕劻和王文韶配合，表现在对东南督抚有意隐瞒官府与义和团的关系，表示官府为义和团所胁制；因剿抚两难不得已暂时招抚；攻打使馆的是乱民土匪。这类说辞成为清廷和东南督抚策动议和的主要依据。六月十五日《新闻报》："总之，论今日大局，朝廷治命决意不肯与西人开战，决意不肯失和，决意不认焚教堂、杀教士、害钦使为朝廷之意。此将来议和之章本也。至于目前保护使馆，仍复不遗余力。使馆无恙，则团匪之事渐平，西兵之来不涌。此将来议和之易于就绪也。"②

东南督抚收到来自清廷的信息相互矛盾，无法精确掌握清廷真实意图，对清廷利用义和团的具体策略更是不知其详。有些督抚觉察到是西太后在起关键作用，但未敢大张旗鼓明言，如刘坤一致张之洞电报中说：

---

① 路遥主编：《义和团运动文献资料汇编》中文卷下，山东大学出版社 2012 年版，第 415、416 页。

② 路遥主编：《义和团运动文献资料汇编》中文卷上，山东大学出版社 2012 年版，第 361 页。

"内间始终袒匪，甚可疑。"①荣禄又对东南督抚有意隐瞒清廷真实意图：七月一日，荣禄复各省督抚信："以一弱国而衅开十数强国，两国交锋，不斩来使，此皆不待智者而始知也。朱邸贝子左右皆习此。禄力疾入见，剖辨再三。两宫似难拒众说，望各公各尽乃心。以一敌百，非败不可；以百敌一，非得不可。"②荣禄还表示奕劻、王文韶和自己意见相同。东南督抚为策划和谈，遂顺势强调宣战非朝廷之意。京官作品渲染端王等人的作用，使整个过程更加含混不清。有些京官作品如刘福姚《庚子纪闻》，对清廷内部分歧有所论述：

当是时，朝廷之上议论不合，事权不一。主其事者端郡王载漪、军机大臣刚毅为之首，而庄亲王载勋、怡亲王溥静、贝勒载濂、载瀅、辅国公载澜及军机大臣启秀、赵舒翘、大学士徐桐、尚书崇绮等附和之。军机大臣中礼亲王世铎、大学士荣禄、王文韶观望，为自全之计。且愤诸人之夺其权也，更阴掣其肘，电致各督抚谓"主战非我辈意，同志者惟仁和"云云。且谓五月廿二以后上谕皆属伪造，不可奉行。是以虽有开战之旨，且有谓为假托者。诸王公等率皆庸鄙，无济事之才，而又一国之中自分两党，盖不待事败，而知其祸之不旋踵矣。③

仁和即王文韶。

荣禄主持战事却没有暴露自己的行踪，主要是有些关键信息外界并不掌握。他主持战事时利用军机处和上谕的渠道发号施令，且是发给特定对象如裕禄和毓贤，外界并不清楚。刚毅、赵舒翘等人有所提议，多通过影响西太后或上奏的方式，无法控制军机处，徐桐、载勋等人也是如此，并不是外界渲染的他们把持朝政。京城战斗及和列强使馆联系过程中，荣禄很少公开露面，外界并不掌握其确切动向。京城经常出面和使馆打交道的是奕劻和总理衙门，一些报道把奕劻和端王、刚毅、赵舒翘等误认为首领。六月二十三日《中外日报》中提到："闻庆邸奉两宫严旨保护在都使馆，故洋兵虽仅五百名，兵匪亟攻十数次，均由神机、武卫两军却退。至于食物等项，则由庆邸致赠。荣相则不敢出面，深恐触怒端王故也。"④外

① 赵德馨主编：《张之洞全集》第十册，武汉出版社 2008 年版，第 64 页。
② 中国社会科学院近代史研究所编：《庚子记事》，知识产权出版社 2013 年版，第 154 页。
③ 中国社会科学院近代史研究所编：《义和团史料》上册，中国社会科学出版社 1982 年版，第 223 页。
④ 路遥主编：《义和团运动文献资料汇编》中文卷上，山东大学出版社 2012 年版，第 383 页。

界对西太后确切动向也不清楚，以为她在颐和园，容易相信京城是端王主政之说。① 整个清廷利用义和团事件过程中，荣禄在京城公开露面的场合寥寥无几，偶尔接见列强驻华使馆信使，也是"被引至荣禄的官邸，在那里受到很好的待遇"，信使完全没有觉察清廷战场指挥关系，也绝未料到荣禄是军事总指挥，这和个别京官作品如《石涛山人见闻志》显示是荣禄以"总统"即战场总指挥官身份接见大有不同，说明使馆信使是中国教徒，政治洞察力不够，对军事布局迹象全无观察。随后和列强外交官直接谈判，荣禄即不出面，而是由军官及总理衙门章京与之接触，荣禄与使馆保持信件往来，传递的信息或是保护使馆人员安全，或是休战。荣禄的武卫中军和董福祥所部表现不同，列强使馆有所觉察，的确不容易想到荣禄是总指挥。② 此时列强驻华使馆获得清廷和外界信息的一个来源是《京报》，从中获悉谁同情和支持义和拳，这类资料中显然没有荣禄饬令开战和支持义和拳的信息。③ 传教士对荣禄饬令开战及荣"总统"的事情一无所知。丁韪良说："围攻明显分为两个阶段。第一个阶段只有十天，我们所注目的敌人是义和拳，清朝政府和帝国士兵审慎地隐藏在幕后。第二个阶段延续了八周，清朝政府和士兵显然走到了前台，而义和拳则几乎消失了。"④ 马士没有见到《综论义和团》之类的作品，其著作中没有这方面的思考。

京官事后仍长期不掌握荣禄确切动向，显然也和国史馆官员能够见到一些上谕、奏折和公牍，但缺少军机处机密资料有关，诸多推测或虚或实，歧说纷纭，难成定论。

由此也可看出，荣禄躲藏起来的时间，正是颐和园谋划及废立事件这段敏感时期，属于借病做文章，深自隐匿以掩人耳目。李希圣谓出自李鸿章所提策略，未记载出处，然可作为荣禄谋略及李鸿章在攻打使馆过程中不动声色和说荣禄不会坐视的背景资料。《庚子国变记》记载：

　　　　李鸿章之自日本归也，失势居萧寺中，宾客皆引去，荣禄新用

---

① 路遥主编：《义和团运动文献资料汇编》中文卷上，山东大学出版社 2012 年版，第 383、347 页。

② 胡滨译：《英国蓝皮书有关义和团运动资料选译》，中华书局 1980 年版，第 101、104、105、308 页。

③ 胡滨译：《英国蓝皮书有关义和团运动资料选译》，中华书局 1980 年版，第 106、108 页。

④ 路遥主编：《义和团运动文献资料汇编》英译文卷下，山东大学出版社 2012 年版，第 22 页。

事，将五大军，贵幸倾天下，大从车骑过之日："两宫方隙，君之所知也，即有变，吾不知死所矣。"因泣下，鸿章笑曰："君何忧之甚也？太后方向君，君何虑？"禄曰："太后春秋高，吾任重，祸之所集也，太后百岁后，吾宁能为鱼肉耶？"鸿章良久，乃言曰："君何不早自为计，太后方盛时，君徐自引避，何求不得，安用涕泣乎？"禄颔之，遂结欢而去。鸿章起督广东，荣禄饯之，剧饮大欢，解貂裘而别。及鸿章以直隶总督内召，太后意不测，荣禄私报鸿章，鸿章谢病不行免，故德禄尤深。拳乱起，禄以武卫中军攻使馆，董福祥又禄所部也。夷人诛首祸，禄名在约中，乃求解于鸿章，鸿章出之，至其所以脱，事秘世不尽知也。禄内主拳匪附载漪，而外为激昂，称七上书争之不能得，颇扬言自解，世或多信之。①

荣禄档案显示，荣禄是有内线为其通过官方驿递渠道传递信件的，一些奏折是否上交也由荣禄暗中确定，相关人员如袁励准、稚云和许秉琦在京官作品中从无描写。袁励准甚至"自营新宅，密尔门墙，借以时领训言"，内线住在荣禄家门口，此举可谓神鬼不知，狡猾之至。也有一些人如樊增祥等为荣禄草拟信件、出谋划策和提供信息。② 庚子事变后，阿附荣禄者依据邸抄所载上谕口径称赞荣禄的中流砥柱作用，不再说荣禄无所作为。荣禄档案中这类信件极多。③ 对外宣战后，清廷上谕交荣禄办理之事甚多，如五月三十日，"交大学士荣：本日军机大臣面奉谕旨，现在事机紧急，兵力必须加厚，应否添募马步队若干，著荣禄酌量情形，迅速办理，钦此。相应传知贵大学士钦遵办理可也"④。

《庸扰录》中有："大学士荣禄，屡次乞假，高卧私衙，并不以国事为念。"⑤这段时期，荣禄并未失去军机处和京畿地区军队控制权，直到光绪二十六年三四月，荣禄一直对山东清军情况行使指挥权，上谕档也显示山东巡抚袁世凯以及其他省份一些军事方面的奏折交给荣禄筹议。⑥ 或者

---

① 中国史学会主编：《中国近代史资料丛刊》（《义和团》第一册），上海人民出版社 2000 年版，第 26、27 页。

② 《近代史藏清代名人稿本抄本》第一辑 68，第 115～120 页。稚云为恩棨之号。

③ 参见《近代史所藏清代名人稿本抄本》第一辑 68，第 150、151 页；356、357 页。

④ 中国第一历史档案馆编：《光绪朝上谕档》第二十六册，广西师范大学出版社 1996 年版，第 152 页。

⑤ 中国社会科学院近代史研究所编：《庚子记事》，知识产权出版社 2013 年版，第 244 页。

⑥ 骆宝善等编：《袁世凯全集》第五卷，河南大学出版社 2013 年版，第 405 页；《光绪朝上谕档》第二十六册，第 70、76、77 页。

说，荣禄是否有病，是否请假，是否躲在官邸中是不重要的，他仍然担任军机大臣和统率军队才是关键的。他请假，但并未指定代理人。因而，《那桐日记》显示的这段时期那桐等人拜见荣禄的事情如常。涉及废立事件的一些消息，亦由荣禄幕府透露，即"此事泄于荣府"，京城官员议论一年，未获实证。① 陈夔龙《梦蕉亭杂记》提出了不同于时人的说法："传曰：一人定国。此言岂不谅哉。当戊戌政变后，宫闱之内，母子之间，盖有难言之隐矣。而一班薰心富贵之徒，致有非常举动之议。东朝惑之，嘱荣文忠从速办理，此乙亥冬间事也。公谏阻无效，忧惧成疾。"在这个时期，荣禄实际暗中有一系列密谋活动。② 胡思敬描写荣禄在废立事件中的活动不少，并不是有足疾就不理政事的模样。③ "东朝惑之，嘱荣文忠从速办理，此乙亥间事也"解释了徐桐、崇绮为何找荣禄商量废立以及很多记载为何说刚毅没有参与的原因，显示荣禄参与废立，和他是西太后的亲信又是军机处的实际负责人有关。这段时期，荣禄涉及义和团的活动不多，但涉及废立事件的记载很多。显然此时清廷内部的核心问题是废立事件，义和团在京畿地区规模并不大，还不是焦点。荣禄对东南督抚只是强调自己有病却没有说明颐和园谋划，并没有完全透露真相。

东南督抚对荣禄的解释并未提出质疑，尤其是没有指出荣禄统率京畿地区数万军队，要求其出兵镇压义和团的问题，也是了解一些清廷内幕的缘故，寄希望于荣禄，也不敢公开点破是西太后起关键作用，不敢说得太明白。李鸿章清楚是西太后支持义和团，在向驻外公使解释时说是"事由端、刚主持，与鄙意龃龉，不可救药，奈何"④！列强驻华机构从刘坤一、李鸿章等人处得到了荣禄的信件，对清廷内部的分歧有所了解，也不是过分追究荣禄的角色。⑤ 庚子谈判时，"荣禄此次洋人虽不接待，亦颇谅其当日调停之苦心"⑥。

真正掌握清廷对外宣战之后军事部署的，只有荣禄、奕劻、刚毅、端王、世铎等寥寥数人而已，正是五月十日宫内会议和二十四日廷议时西太后预先召见的庆、端二王和军机大臣。京官记载了廷议场景，并不清楚清廷关键性的决策布置和具体策略。荣禄敢于"依违其间"，实际也是看透

---

① 中国社会科学院近代史研究所编：《庚子记事》，知识产权出版社 2013 年版，第 213 页。
② 陈夔龙著：《梦蕉亭杂记》，中华书局 2007 年版，第 13、14 页。
③ 胡思敬著：《国闻备乘》，第 92、93 页。
④ 顾廷龙、叶亚廉主编：《李鸿章全集》电稿三，上海人民出版社 1987 年版，第 950 页。
⑤ 胡滨译：《英国蓝皮书有关义和团运动资料选译》，中华书局 1980 年版，第 59 页。
⑥ 中国社会科学院近代史研究所编：《庚子记事》，知识产权出版社 2013 年版，第 201 页。

了西太后犹豫不决的心态。

荣禄把清廷利用义和团的责任推给满洲贵族，没有透露清廷决策过程和整体意图，是对西太后极大的保护。王文韶、奕劻也没有透露实情，对东南督抚口径一致，证实三人尤其为核心决策人员。王文韶装聋作哑，乃有其手段。佚名《纵论义和团》：

> 杭绅王夔石协揆，家眷半留都中，其半于六月间回籍。闻有义和团二十名并荣相饬派之差官二人，带有令箭，沿途护送。义和团每到一村，迭次换班，送至尽直隶界而止。入山东境，纷纷贴有袁慰帅禁止团匪告示，绝少团匪的踪迹。惟北上之兵，拥挤不堪，以有荣相令箭，得以一路平安云。非新非旧，亦团亦洋，模棱两可，中西皆宜，可与长乐老人为友。①

南方舆论因清廷上谕和军机处解释存在诸多矛盾和难解之处，绝未料到清廷不愿以国家名义宣战的策略，而是风闻端王控制朝局和掌握大权。六月十一日《清议报》引来自上海的电报："各总督多认端郡王为正式有实权之皇帝，现光绪帝及西后并被端郡王所幽囚。"②六月十三日《中外日报》说"端逆窃柄"。③ 六月十五日《知新报》："又天津访事人来信云，北京大权尽归端郡王掌握，业将义和团中人仿照满洲兵营制分为八旗。自五月廿二日起，所有一切上谕悉皆出于端郡王，并经派有虎神营兵一大队严守各处，宫门非其手下之人，俱不准擅行出入。故皇上、皇太后业已不测之说，津沪纷传。"④这类传言来自荣禄，实为荣禄伙同王文韶和奕劻推卸责任之权谋。六月二十一日《清议报》引上海来电："刘坤一接荣禄来电云，今回匪乱，始有平和结果之望。不料及后形势一变，致生此大事。今急不能为策，且端王之力量甚大，其党与亦甚众。西后尚不能抑制之，况于我哉？独力难支，没如之何，今只万事由天而已。（按此乃荣禄造谣者，彼手拥重兵，五军皆其节制，而云独力难支，其谁信之耶？）又云庆

---

① 中国社会科学院近代史研究所编：《义和团史料》上册，中国社会科学出版社1982年版，第181页。

② 路遥主编：《义和团运动文献资料汇编》中文卷上，山东大学出版社2012年版，第355页。

③ 路遥主编：《义和团运动文献资料汇编》中文卷上，山东大学出版社2012年版，第358页。

④ 路遥主编：《义和团运动文献资料汇编》中文卷上，山东大学出版社2012年版，第364页。

王及王文韶援助各国公使，但奈无力不堪其任。一说庆王尽力欲救公使
等，经三次将救出皆被击退云。"①

荣禄和刚毅的不同结局，也为好事者所探究：

记客谈某中堂事

惟庚子九月，有客造余庐而问曰，顷者刚毅既死，吾子以三大罪
论定之说诚当矣。虽然，自戊戌八月以后，北京政府执大权者某中堂
与刚毅并称，夺政之事，某中堂谋最多，事后则刚毅负谤独深，某中
堂不及也。及排外议起，某中堂主持最先，事败则外人又以其罪并归
刚毅，亦不及某中堂。其果操何术，抑比之刚毅有巧拙之分乎？余答
之曰：是诚然矣。虽然某中堂内主阴谋，外博时望，海内人士，为之
延誉者甚多，非详语之，则不足以尽事实而抉幽隐，吾子其粗略言其
所以，愿卒闻之。客曰：某中堂之给事内廷也，在三十年前，及初得
志任步军统领时，与今上师傅常熟相公为最不协，而与提督董福祥称
最善。任西安将军时，深结之。暨重入京师任尚书，亲见两宫嫌隙日
深，是时上倚常熟，委任甚隆。某中堂则大恨，而无如何，益自亲附
于太后，数预宴见，陈密谋，因力言董福祥可任，召赴京师，又令御
史某上奏请太后观香山京营兵，厚加赏赐以要之，俾应缓急。谋既
定，则先以全力退常熟相位，且即令出京以翦其羽翼，己则任直隶总
督，为北门锁钥，以制京师。复谋奏请太后幸天津，观聂、宋、袁、
董诸军，将以其时行大事，皆某中堂之谋也。

及八月事发，某中堂乘传直驱京师，遂入政府。先是军机章京林
旭与某中堂有旧，曾入其幕中。七月间，方为上信任，某中堂恐所谋
万一不成，则无以自立于上前，故其时致林信通殷勤，多寓依托，至
是欲急杀林以灭口，乃使御史奏促诛之，而外对人言极力保全而不得
也。与端邸尤至密，大阿哥之立也，实某中堂一人主谋，刚毅并不预
闻，事后刚犹恨。以屡谋废立，西人每力阻之，尤恨经元善等阻止
立嗣一电，欲悉诛之，赖仁和营救，得免兴大狱，而求经甚急，西人
复力保之，则又大恨，而是时义和团适起京师，因力保可用于太后
之前。

至五月二十日，遂奉命督兵亲攻使馆。闻聂军在天津方痛剿匪，

---

① 路遥主编：《义和团运动文献资料汇编》中文卷上，山东大学出版社 2012 年版，第 378
页。

则大不怿，以书致聂曰："贵部装束，颇类西人，故团民不无误犯。团民志在报国，具有忠义之忱，似不宜妄行剿戮，惟公慎之"云云。方攻使馆命下，上焦甚，无如何，惟徐顾某中堂曰：董福祥恐不受节制如何？某中堂直对曰：若董敢如此，臣得以军令斩之。上默然。此当时情事如此。及数日后，见事不顺，又持两端，因又有电致南方一举，则与当日结交帝党，同一用意。然则合前后观之，某中堂之视刚毅，孰拙乎孰巧乎？①

从上述分析看，荣禄有很多出乎意料的做法，如长期请假、对外放风自己不管事、清廷和军机处总指挥部设在皇宫之中、外地军队到军务处报道等，皆足以掩人耳目。而刚毅的一举一动大张旗鼓，外界无不深悉。荣禄机动余地较多，和军机处首脑地位关系很大。涉及荣禄的描写甚早，持续时间极长，渠道也很多，发现的资料只是一鳞半爪，尚未发现荣禄密谋的完整记载。

总的来看，荣禄任军事总指挥后，又是军机处首脑人物和西太后信任的人，实际是加强了局势控制力。这也说明荣禄为何要求西太后回銮。西太后在皇宫，形势对荣禄有利；在颐和园，对端王等满洲王公有利。载漪担任御前大臣，地位高于军机大臣但实权不及，一旦其子被立为大阿哥，载漪将成为醇亲王奕譞第二，必然管理军机处，适削弱荣禄的权力。因而荣禄有废立意图，但和打仗时强调"相机进取""稳慎"一样，属于小心谨慎一类人物，对废立事件不太着急，端王则急不可耐。西太后痛恨光绪，但自己已经训政，因而有废立想法，但急也可，缓也可，容易受撺掇。军机处中，刚毅地位在荣禄之下，故荣禄攻击的矛头对准端王，不太提刚毅，死保西太后。西太后在义和团事件之后偏信荣禄和奕劻，和庚子事变有密切关系。

此过程中，荣禄固然狡猾，但更多地属于权谋的范畴，着眼于暗中谋划，偷鸡摸狗的色彩较浓，私心较重，保存武卫中军实力的色彩较强；优柔寡断，在增援天津沿海战场时不积极；投鼠忌器，瞻前顾后，在保定时没有积极组织各路清军，缺乏孤注一掷、破釜沉舟的勇气，不是军事方面的指挥型人才。他对外隐匿自己行踪的做法，西太后未必知道，有让荣禄大张旗鼓攻打使馆的命令。如七月十八日军机大臣面奉懿旨，"传谕荣

---

① 中国史学会主编：《中国近代史资料丛刊》(《义和团》第一册)，上海人民出版社2000年版，第263、264页。

禄、董福祥，激励统带营官兵丁等奋勇立功，从优破格奖赏，即刻传知各处，张贴告示，钦此"①。龙顾山人《庚子诗鉴》中有：李秉衡所部请求火药，荣禄言取诸山东。越日询其事，则忘之矣。② 五月廷议时，朱祖谋、恽毓鼎言决战当召袁世凯，荣禄曰："已有旨宣召矣。"然山东、直隶近在咫尺，袁世凯部始终未至。③ 实际是袁世凯派军本已迟缓，中途又被军机处寄谕，以山东海防紧要，毋庸进京，各部从直隶撤回山东半岛一带防守胶州湾，中途又令转赴天津，"并勿用洋操服饰冠履，以资辨别"，频繁改道，再调他军，行动已经迟缓，所谓被义和团阻止仅是托词。④ 荣禄的一些信件痛哭流涕，似以诚待人，但和同时期档案所载军机处言行对照，其狡诈即如光天化日。⑤ 他捐银二万两赴前敌，杀洋人一个赏一百，二毛赏五十正发生在他痛哭流涕地向东南督抚表示自己无能为力、把责任推给端王、徐桐等人不久的事。确切地说，把责任推给义和团，从政策层面看是为清廷留退路，荣禄处处隐匿自己的意图和动向，也有为自己留退路之意，但他也要求地方督抚抵抗，则也抱有成功之念。《汪穰卿先生传记》分析清廷主战者意图灭洋，"其始尚冀其事之成，又恐其事之不成，故为实与而文不与之计。迭下张皇声势之诏，称之曰'拳民'，而以持械寻仇、杀人放火等等诿诸奸民、会匪。"⑥

　　刘福姚《庚子纪闻》中有：

　　　　李秉衡者，数年前为山东巡抚，洋人深恶之，胁朝廷加罪，遂得降调处分。至是朝廷将倚以为重，其实李虽忠义，并未尝握重兵也。袁世凯练军万人，在天津已数年，此时乃置之山东。袁遂与南省联为一气，保护教民，极力弹压团会。此军平日本以拟敌，有事竟不调往，真不可解。又闻董军只守都门，其在前敌者只有直隶练军及宋庆、马玉崑之兵，亦可见诸人之谋画矣。先是大学士荣禄创立武卫军，令

---

①　中国第一历史档案馆编：《光绪朝上谕档》第二十六册，广西师范大学出版社 1996 年版，第 260 页。

②　中国社会科学院近代史研究所编：《义和团史料》上册，中国社会科学出版社 1982 年版，第 146 页。

③　中国社会科学院近代史研究所编：《义和团史料》上册，中国社会科学出版社 1982 年版，第 147 页。

④　骆宝善等编：《袁世凯全集》第五卷，河南大学出版社 2013 年版，第 516 页。

⑤　北京大学历史系：《义和团运动史料丛编》第一辑，中华书局 1964 年版，第 138、139 页。

⑥　汪康年著：《汪康年文集》下册，浙江古籍出版社 2011 年版，第 722、723 页。

江西臬司陈泽霖、武官张春发募兵江淮间，至此李遂帅之赴敌。①

也就是说，在天津沿海和八国联军对垒过程中，荣禄的核心力量董福祥部和袁世凯部并未出动。给出的理由是前者原来是土匪，不听节制；后者会遇到义和团，打不过义和团。因而，未经训练的陈泽霖和张春发部沿途才能顺利开拔，不怕义和团，但遇到八国联军一触即溃。《郑孝胥日记》光绪二十七年四月条："闻王幼遐劾荣禄'本不知兵，妄揽兵柄，致京师倾覆之祸。至西安后，复引用私人达斌、樊增祥、谭启瑞。'疏留中。"②王幼遐即王鹏运。据军机处随手登记档，光绪二十七年王鹏运折"参大学士荣由"，注："见面带上未发下"。《知新报》有报道以"八面宰相"为题，说"应酬工夫"，当今"只有荣中堂一人"，"上自两宫，旁及端邸刚相，内有各公使，外至各疆臣，无不八面圆融，联络一气。要讲究应酬工夫，除了他，那还有第二个。"③

第四节　互保下的众生相

义和团事件是判断地方督抚层面政见、人品及相互关系的试金石。地方督抚面临如何应对清廷内部多种意见的问题，个体的判断力在此暴露无遗。何人阴暗、何人光明、何人忠诚、何人奸诈，何人首鼠两端，何人心地实诚，大白于天下。

对于东南互保的大致过程，学术界耳熟能详，自不待言，细读地方督抚奏折，发现督抚之间心态及其和京城的关系大有奥妙。

宣战之后，清廷沿袭军队和团练相结合的思路，强调利用民心，聚焦于选将、练兵和筹饷三大方面，并在各省推广义和团。东南地区舆论受盛宣怀、李鸿章及荣禄和军机处解释的影响，提出了"矫诏"的观点，倾向于认定这些对外强硬的上谕是端王伪造。④ 五月二十九日，盛宣怀电李鸿章及刘坤一，提到五月"初十以后，朝政皆为拳党把持，文告恐有非两宫

---

①　中国社会科学院近代史研究所编：《义和团史料》上册，中国社会科学出版社1982年版，第224、225页。

②　中国国家博物馆编：《郑孝胥日记》第二册，中华书局2016年版，第798页。

③　《知新报》二，上海社会科学院出版社1996年影印本，第1916、1917页。

④　路遥主编：《义和团运动文献资料汇编》中文卷上，山东大学出版社2012年版，第352页。

所自出者。将来必如咸丰十一年故事，乃能了事"。同日李鸿章复电，"廿五矫诏，粤断不奉，所谓乱命也"。并要求盛宣怀将此电密告刘坤一和张之洞。① 英国驻上海代总领事从刘坤一和上海道处了解到清廷调兵上谕的内容，但不了解上谕的确切背景。② 此时还没有确定是何人矫诏，义和团事件之后，清廷确认是端王矫诏或首祸诸臣矫诏。

地方督抚真实的反应不是舆论认定的那么简单。这不是伪诏，上谕罗列内容基本是清廷政策。筹饷练兵的总体思路沿袭清廷在胶州湾事件之后应对瓜分的策略；对外宣战后的具体措施如调兵、备战、利用义和团及反对轻易议和乃折衷清廷内部主战各方意见，是清廷作战战略的组成部分。原因如前所述。山西巡抚毓贤就不怀疑这类诏书的真实性。研究者因侧重从维新变法和废立事件找原因，对这类上谕引而不论。据前引郭曾炘作品，这类上谕是郭曾炘所拟，乃荣禄和军机处之意，并特别强调其中保守疆土方面的内容是东南互保的依据。

此时，来自清廷的说法异常矛盾。六月十七日，盛宣怀电奕劻、王文韶："各督抚迭奉明旨寄谕，宗旨两歧，无所适从。如五月三十谕，述万不得已之苦衷，六月初三寄谕出使各国大臣，初七寄三国国书，核与初七明旨，将和之一字先扫除于胸中，初八明旨招集天津水会与拳民联为一气，以挫敌锋，显分两意。各疆臣达变者联络稳住，暂保疆土，守经者煽动土匪群起焚掠。"③所谓"明旨寄谕"，"明旨"指内阁奉上谕，"寄谕"指军机大臣字寄上谕。刘坤一、张之洞综合诸多上谕内容，将其中筹饷、调兵之类和主战有关的内容略去，剩下保守疆土之类内容在维持治安的告示中简略提及，作为东南互保的根据，如张之洞告示："为遵旨保卫地方事。照得北方因匪徒滋事，以致各国生衅，人心摇动，大局攸关。本部堂院奉到五月二十九、三十等日寄谕，有现在京城仍极力保护各国使馆，及各省督抚务须相机审势保定疆土等语。自当钦遵此次谕旨，设法办理。已会同两江督部堂刘详加筹画，将东南各省均行一力保全。"④

东南督抚和清廷中主战派的关系，也就清楚地显示出来。因东南督抚不清楚清廷内部的确切动向，各种上谕又前后矛盾，对上谕执行与否主要

---

① 顾廷龙、叶亚廉主编：《李鸿章全集》电稿三，上海人民出版社1987年版，第954、955页。
② 胡滨译：《英国蓝皮书有关义和团运动资料选译》，中华书局1980年版，第59页。
③ 夏东元编：《盛宣怀年谱长编》下册，上海交通大学出版社2004年版，第688页。
④ 路遥主编：《义和团运动文献资料汇编》中文卷上，山东大学出版社2012年版，第349、351页；中文卷下册，第420页。

还是和平时的政见有关，局部掺杂着个人与清廷的关系。和清廷政见相同，就会采取支持态度；不一致，就会斟酌权变；政见不清晰，就容易观望动向或闪烁其词。这方面的分歧实际是洋务派和京畿地区驱夷派的政见区别（关于驱夷派的论述，详后），只是掩盖在满汉关系、维新派与保守派、洋务派与保守派、南方与北方、排外与进步等外表之下。这时期的满汉关系也带有洋务派与驱夷派分歧的性质，不尽依靠种族和民族划分，满人之中也有支持洋务派者，汉人之中也不乏驱夷派和要求杀掉李鸿章等人的人物。把东南互保时相关地方督抚的反应放在各自内政外交思路中进行考察，真相一目了然。①

约略说来，东南督抚怀疑和暗中不执行清廷宣战上谕，有些人态度十分坚决，但不敢公然拒绝，在对清廷如何措辞方面极费踌躇。② 东南督抚和山东巡抚袁世凯有一些往来电文筹商的活动，一些倾向大略相同：第一，洋务派如张之洞和刘坤一，对京畿地区盛行的"战亦亡，不战亦亡"之类主战观念感到十分惊诧，但对保全疆土的要求并不拒绝，只是主要通过外交手段。清廷决策层对洋务派疑忌较大，不愿向其透露整体内情，但也要求洋务派在某些方面配合。第二，在奏折中不是指明是伪诏或矫诏，而是挑选一些上谕中符合自己胃口的言论，婉转地解释东南互保符合上谕要求，也没人断然拒绝派兵北上援助和临敌不战。只是有些督抚往往强调清廷上谕中保守疆土、派兵援京、接济京师方面的内容，对举办团练以及坚决抵抗列强进兵这些关键环节避而不谈、闪烁其词或以各种理由推脱。有些督抚如毓贤则强调举办团练以及主战这方面的内容，和清廷立场非常一致。地方督抚和清廷主战派的疏密关系及其政治倾向，立即洞若观火。第三，对于清廷对外宣战的上谕，以及随后发布的一些对外态度强硬的上谕，东南督抚采纳了袁世凯提出的"不声张"策略，并未在辖区公布，如刘坤一和张之洞，以防辖区出现反洋教活动。如六月六日张之洞一份电文："是以各省会商，所有近日开战赏拳各谕旨，一概暂勿宣播，内防奸匪借端，外免洋人口实，顾全东南大局，方能接济京师也。迨奉招集义和团御侮之旨，更未敢宣布，并已会岘帅奏明，长江只有会匪，并无此项义民等语，盖恐长江会匪借端一起，大局立即瓦解。"③岘帅即刘坤一。第四，避免把列强一些足以刺激清廷主张的要求直接转达给清廷，在和列强

---

① 参见路遥主编：《义和团运动文献资料汇编》中文卷下，山东大学出版社 2012 年版，第533 页。

② 赵德馨主编：《张之洞全集》第十册，武汉出版社 2008 年版，第 64 页。

③ 赵德馨主编：《张之洞全集》第十册，武汉出版社 2008 年版，第 84 页。

商议停战时也避免使用"议和"字眼，而是使用"排难解纷之法"，因为清廷上谕明确反对议和。①

清廷对东南互保没有明确反对，也是根据中外形势作出的权宜之计（主要是在南省兴办义和团，需要更换督抚，时间来不及），即"目下情形，只好南北分办"，并未采纳在东南省份主动向列强发起进攻的建议。②

东南督抚有一些协商和约定，但在各自上奏清廷时另有一些微妙的说法，内部心态并不一致。有些人如袁世凯暗中和东南督抚私通款曲，同时又和西太后及荣禄私通款曲。有些人顾虑清廷颜面，如刘坤一和张之洞；有的人则全然不予理会，如李鸿章。还有的人对清廷小心翼翼，如鹿传霖。对清廷政策拍掌叫好的，有毓贤等人。以下以清廷上谕和地方督抚的反应为中心，对义和团时期地方督抚的政治倾向作一概括介绍。

五月二十一日，军机大臣字寄各直省督抚，"奉上谕：近因民教寻仇，匪徒乘机烧抢，京城内外扰乱已极，著各直省督抚迅速挑选马步队伍，各就地方兵力饷力，酌派得力将弁，统带数营，星夜驰赴京师，听候调用。根本之地，情形急迫，勿得刻延。将此由六百里加紧各谕令知之。钦此。遵旨寄信前来"③。

五月二十四日，军机大臣字寄各直省督抚，"奉上谕：近日京城内外拳民仇教，与洋人为敌，教堂教民连日焚杀，蔓延太甚，剿抚两难；洋兵麇聚津沽，中外衅端已成，将来如何收拾，殊难逆料。各省督抚均受国厚恩，谊同休戚，事局至此，当无不竭力图报者。应各就本省情形，通盘筹画，于选将、练兵、筹饷三大端，如何保守疆土，不使外人逞志，如何接济京师，不使朝廷坐困，事事均求实际。沿江沿海各省，彼族觊觎已久，尤关紧要。若再迟疑观望，坐误事机，必至国势日蹙，大局何堪设想。是在各督抚互相劝勉，联络一气，共挽危局。事势紧迫，企盼之至。将此由六百里加紧通谕知之。钦此。遵旨寄信前来"④。

五月二十五日，军机大臣字寄各直省督抚，"奉上谕：现在中外已开战衅。直隶天津地方义和团会同官军助剿获胜，业经降旨嘉奖。此等义民，所在皆有，各省督抚如能招集成团，借御外侮，必能得力。如何办

---

① 苑书义等主编：《张之洞全集》第十册，河北人民出版社1996年版，第8082、8083、8160页。
② 中国社会科学院近代史研究所编：《义和团史料》上册，中国社会科学出版社1982年版，第241页。
③ 故宫博物院明清档案部编：《义和团档案史料》上册，中华书局1979年版，第147页。
④ 故宫博物院明清档案部编：《义和团档案史料》上册，中华书局1979年版，第156、157页。

法，迅速覆奏。沿江沿海各省尤宜急办。将此由六百里加紧通谕知之。钦此。遵旨寄信前来"①。

盛京将军增祺对清廷政策把握尤为精到，最初即深悉晓谕解散的奥秘。五月二十六日奏："前于五月初间，恭阅电抄，拳匪滋事各情。当经钦遵谕旨，通行晓谕，严饬稽查。"②李鸿章让增祺采取一些措施保护铁路，并无效果。增祺向东南督抚通报东北战事时，基本上是按照军机处的口径，说是义和拳烧毁教堂、铁路，俄军搜杀拳民，"并见我弹压队伍互相攻击，势难猝解"③。

五月二十六日，江苏巡抚鹿传霖奏："前因近畿一带，拳会仇教，聚众滋扰，各国洋人借口保护，纷纷增兵、运械入京，闻之骇异。当经会同巡阅长江大臣李秉衡电奏，请筹剿内匪，以止外兵。"④六月六日，鹿传霖又奏，说南北风气不同，江苏团练只能守望相助，并如实奏报东南互保情形，语调平和。⑤其后鹿传霖被任命为军机大臣，不是没有原因的。张謇日记闰八月三日："闻李、刘、张、袁四衔劾端、刚误国，请予罢斥。得旨解端差使，刚、赵交部议处，此初二日事，似有转机，然闻鹿传霖亦入军机，是又一刚也，可危。"⑥其实，鹿传霖和荣禄有密信联系。⑦

五月二十八日，毓贤奏："昨已派队赴京，听候调用。并因晋省空虚，拟先行添募一营，借资调遣，业经奏明，一面招募在案。查山西地方亦有拳民，但不甚多，现于募队时，招集入伍；如来之者众，即招集成团，以备缓急之用。"⑧

五月三十日，河南巡抚裕长奏，支持对外宣战和选将、练兵、筹饷政策，支持招抚义和团，"广为招抚，编立成团，俾得收众志成城之效。惟豫省各属，尚无设立此项团会名目。仅归德府属之永城、夏邑等县，间有练习其艺者。曾饬地方官妥为弹压。……此项团会，以其幻术炫人，初不料必能济事。今既助剿获胜，可谓明效大验。实乃圣朝威德感召，百神效灵，故能有此转移。自甲午年中东之役，官军失利，遂谓洋人枪炮无敌，

①　故宫博物院明清档案部编：《义和团档案史料》上册，中华书局 1979 年版，第 163 页。
②　故宫博物院明清档案部编：《义和团档案史料》上册，中华书局 1979 年版，第 174 页。
③　顾廷龙、叶亚廉主编：《李鸿章全集》电稿三，上海人民出版社 1987 年版，第 995 页。
④　故宫博物院明清档案部编：《义和团档案史料》上册，中华书局 1979 年版，第 167 页。
⑤　中国第一历史档案馆编：《义和团档案史料续编》上册，中华书局 1990 年版，第 626、627 页。
⑥　张謇研究中心编：《张謇全集》第六卷，江苏古籍出版社 1994 年版，第 442 页。
⑦　《近代史所藏清代名人稿本抄本》第一辑 68，第 116~119 页。
⑧　故宫博物院明清档案部编：《义和团档案史料》上册，中华书局 1979 年版，第 181 页。

言战事者，无不谈虎色变。今竟有此抵制之方，军心自壮，又能获此奇捷，更足以慑夷胆而纾众愤。现钦奉谕旨，招集成团"。"至于选将、练兵、筹饷三大端，暨保固疆宇，接济京师，本目前切要之图。……容与司道筹议，并咨商各督抚臣，互相联络，次第办理。"①裕长又和东南督抚通电，说河南省教民不多，民教矛盾不激烈，表示没有必要攻打教民教堂。裕长在清廷和东南督抚之间，采取了两面皆不得罪的策略。其境内有一些反洋教活动，官府镇压措施不及两湖、两江严厉，则裕长观望动向，实际更多地倾向于京城满洲贵族方面，但和京城又有些不同。裕长实际是荣禄的亲信，和鹿传霖、袁世凯都有一些内部信息。②

六月七日，军机大臣字寄各直省将军督抚，奉上谕："现在中外业经开战，断无即行议和之势。各直省将军督抚平日受恩深重，际此时艰，惟当勤力同心，共扶大局。谨守封圻，惟尔之功；坐失事机，惟尔之罪。功多有厚赏，不迪有显戮。各将军督抚等，务将和之一字先行扫除于胸中，胆气自为之一壮。所有一切战守事宜，即著一面妥为布置，一面迅即奏报。务各联络一气，以慑彼族之骄横，以示人心之固结。朕于尔将军督抚不得不严其责成，加以厚望也。"③

六月十日，盛京将军增祺奏："奴才于光绪二十六年六月初十日两奉廷寄：奉天根本重地，兵力尚嫌单薄，著增祺添募数营，所需饷项就地妥筹；并著将和之一字先行扫除于胸中，一切战守事宜妥为布置；一面迅即奏报。各等因，钦此。"增祺奏折描绘的东北战事，也是军队和"义和团民"或"拳勇"配合作战的方式，和京津一带战事没有太大区别。④

六月二十日，军机大臣字寄两江总督刘坤一："敌谋叵测，该督务当随时激励将士，加意严防，倘有敌人侵犯，即行奋勇堵击，力挫凶锋。是为至要。"⑤

六月二十一日，闽浙总督许应骙奏："臣钦奉寄谕：招集义团，自当就本省情形，相机办理。查闽系著名瘠壤，民习于情，纵怀忠爱之念，奈

① 故宫博物院明清档案部编：《义和团档案史料》上册，中华书局1979年版，第192、193页。
② 参见路遥主编：《义和团运动文献资料汇编》中文卷下，山东大学出版社2012年版，第549页。
③ 故宫博物院明清档案部编：《义和团档案史料》上册，中华书局1979年版，第221、222页。
④ 故宫博物院明清档案部编：《义和团档案史料》上册，中华书局1979年版，第306、307页。
⑤ 故宫博物院明清档案部编：《义和团档案史料》上册，中华书局1979年版，第316页。

鲜果敢之风。历募防营，均以外籍应选，此其明证。至漳、泉二府，民俗素称强悍，而多不受钳束，其难轻去其乡，地方官劝练有方，亦仅能内助守卫，断不能外资捍御。更恐强为号召，客匪乘机滋事，扰害闾阎，谣言四起之秋，尤未敢轻发。"①这些说法大致是委婉的推脱，许应骙的做法和东南督抚一致。

六月二十二日，军机大臣字寄署理福州将军善联、闽浙总督许应骙、山东巡抚袁世凯："奉上谕：袁世凯代奏，善联、许应骙请保卫使臣各折片。春秋之义，不戮行人，朝廷办法，亦岂有纵令兵民迁怒公使之理。一月以来，除德使被乱民戕害，现在严行查办外，其余各国使臣，朝廷苦心保护，幸各无恙。惟保护使臣是朝廷之大体。设敌兵来犯，自当同心御侮，以保疆土。前经降旨，和之一字万不可存于胸中。该将军等务当凛遵前旨，不得稍涉松劲，致误战守机宜。倘若误会朝旨，海疆万一有失，定惟该将军等是问。"②

六月二十三日，军机大臣字寄沿江沿海各督抚，奉上谕："现在天津失陷，京师戒严，断无不战而和之理。惟春秋之义，不戮行人。一月以来，除德使被乱民戕害，现在严行查办外，其余各国使臣，朝廷几费经营，苦心保护，均各无恙。但恐各督抚误会意旨，以保使为议和之地，竟置战守事宜于不顾，是自弛藩篱，后患更何堪设想。著沿江沿海各督抚等振刷精神，于一切战守事宜赶紧次第筹办。倘竟漫无布置，万一疆土有失，定惟该督抚等是问。将此由六百里加紧各谕令知之。钦此。遵旨寄信前来。"③

六月二十九日，军机大臣字寄各省督抚："光绪二十六年六月二十九日奉上谕：前因中外开衅，谕令各省速派营队北上，以资调遣。现已浃月，各省有已奏派员带队起程者，有尚未奏到者。近日津郡失陷，敌人势必逼近都城，各该督抚志切同仇，勤王何容稍缓。所有业经北来各营，即著星夜兼程前来；并由沿途各省督抚随时查催，某日某营行抵何处，由该地方官飞报军务处，以备查核。如查有逗留观望情形，定以军法从事，决不姑宽。其尚未奏报起程者，著派出之将弁，迅即管带，星夜趱程前进，毋再迟误，致干重咎。各该督抚亦难辞其责也。将此由六百里加紧各谕令知之。钦此。遵旨寄信前来。"④

---

① 中国第一历史档案馆编：《义和团档案史料续编》上册，中华书局 1990 年版，第 685 页。
② 故宫博物院明清档案部编：《义和团档案史料》上册，中华书局 1979 年版，第 339 页。
③ 故宫博物院明清档案部编：《义和团档案史料》上册，中华书局 1979 年版，第 344 页。
④ 故宫博物院明清档案部编：《义和团档案史料》上册，中华书局 1979 年版，第 370、371 页。

七月十二日，山西巡抚毓贤奏：二十四顷地方天主教堂窝藏在逃凶犯，聚众起事，派兵剿办，已经扑灭。奉旨招募义和团成军，访问有义和拳民之处，先后派员前往招集，陆续到省会者约有六七百名，从中选得精壮五百余名，"现已成军，名曰神勇队"①。

八月十九日内阁奉上谕：朕与皇太后"暂时西巡。所有与各国应议事件，已派王大臣等妥为商办。各省将军督抚务当照常办事，镇静民心，勿令扰乱，保守疆土，勿稍疏虞。于交涉事件仍遵叠次谕旨，按照条约办理。"②至此，政策层面基本恢复常态。

东南督抚对清廷上谕采取选择性执行的态度，并不是公开对抗。两江总督刘坤一对清廷的对外解说有系统准确的把握：六月二十五日刘坤一奏："军事既起，各省自应力筹战守，臣等已将防务严密筹备，倘彼族前来进犯，即当奋力抵拒，不敢稍涉疏虞。……各国如不侵犯，我当照常保护。……是朝廷于天津犯顺之洋人则痛予惩创，于未与战事之洋官商教则曲为保全，威德兼施，昭如日月。"③清廷没有公开反对东南互保，但也阐述了自己立场，强硬政策并无变化，基本思路仍与光绪二十五年年底宣示强硬的上谕和光绪二十六年宣战上谕相同：六月二十八日，军机大臣字寄两江总督刘坤一、湖广总督张之洞、四川总督奎俊、安徽巡抚王之春、浙江巡抚刘树堂和署江苏巡抚聂缉椝："光绪二十六年六月二十八日奉上谕：刘坤一等奏，相机审势妥筹办法一折。朝廷本意，原不欲轻开边衅，故曾致书各国，并电谕各疆臣，及屡次明降谕旨，总以保护使臣及各口岸商民为尽其在我之实。与该督等意见正复相同。现幸各国使臣，除克林德外，余均平安无恙。日前并给各使馆蔬果食物，以示体恤。如各国恃其兵力进犯，各省自应保守疆土，竭力抵御。即使目前相安无事，亦应严密筹备，以防意外之变。惟总不欲兵衅自我而开。一面将坦怀相与之意宣示各国领事，共筹备救之方，以维大局。"④七月一日，东南互保的一些督抚在联名递交的要求议和的奏折，也声明执行此对外政策，派兵北上和在本省备战："将一切战守事宜赶紧次第筹办，严密布置。无论何国来犯，即尽

---

①　故宫博物院明清档案部编：《义和团档案史料》上册，中华书局 1979 年版，第 437～439 页。

②　中国第一历史档案馆：《光绪朝上谕档》第二十六册，广西师范大学出版社 1996 年版，第 304 页。

③　故宫博物院明清档案部编：《义和团档案史料》上册，中华书局 1979 年版，第 356、357 页。

④　故宫博物院明清档案部编：《义和团档案史料》上册，中华书局 1979 年版，第 365 页。

力遏剿，断不敢稍涉疏懈，自弛藩篱。"①

六月二十四日，山东巡抚袁世凯奏请山东北上援军由总理武卫各军的荣禄调遣。② 这说明袁世凯对荣禄掌握京畿地区清军指挥权情况有准确把握，但没有点明荣禄是清军作战总指挥，和其他督抚所派援军大多到军务处报到有所不同。又据河南巡抚裕长奏折，向河南省调取军队武器的活动是大学士荣禄所为。③ 此二人似清楚荣禄的军事总指挥身份。

山东巡抚袁世凯对清廷政策的把握十分精到，也并不是和东南舆论那样认定为伪诏，而是清楚是西太后和荣禄所为，密奏中绝无对抗清廷上谕之意："以臣至愚极庸，渥荷殊恩，忝膺疆寄，顾瞻时局，忧愤涕零。慎守封圻，是臣之责，决不敢稍忘战备，将和之一字存于胸中。惟当懔遵迭次谕旨，振刷精神，严密布置，务期内乱不作，使运道常通，饷源有出，方可专心御侮，与决雌雄，无论何国来犯，即当亲督各营，竭力剿办，但有臣在，必当尽守土之职分，冀可捍患固圉，稍答高厚鸿慈于万一。"④这种表态是东南督抚绝对想不到的。查袁世凯任山东巡抚时期的山东情势，真相恍然大白，原来袁世凯任山东巡抚，在毓贤之后带兵入山东，异于一般督抚上任，实际是西太后和荣禄的意图，正是清廷积极备战，强硬抵制德国在山东占领土地的时期。⑤ 袁世凯在一些观点上也附和西太后、荣禄和翁同龢等人，倾向于变法和备战主战，表达了和洋务派不同的倾向。光绪二十三年十二月《上翁同龢论变法说贴》，就胶州湾事件后的形势，论及如何变法说："第于积重之秋，骤行变法之政，兹事体大，猝难毕举。而究其所最要者，如用人、理财、练兵三大端，实属瞬刻不容稍缓。诚就斯三者而实力变革，汰其宿弊，矫其积习，用以培养元气，护持根本，二三年间，可望自立。纵不能抗拒群雄，保我全局，而画疆自守，政自我出，犹可多存数千里土地人民，以为异时徐图恢复之计。"⑥同月《上翁同龢续论变法说贴》又说："中国目今情势，舍自强不足以图存，舍变法不足以自强。""倘能严饬各疆臣破其锢蔽之习，认真变法，实事求是，不出

① 故宫博物院明清档案部编：《义和团档案史料》上册，中华书局 1979 年版，第 386 页。
② 故宫博物院明清档案部编：《义和团档案史料》上册，中华书局 1979 年版，第 351 页。
③ 故宫博物院明清档案部编：《义和团档案史料》上册，中华书局 1979 年版，第 335 页。
④ 故宫博物院明清档案部编：《义和团档案史料》上册，中华书局 1979 年版，第 365 页。
⑤ 路遥主编：《义和团运动文献资料汇编》中文卷上，山东大学出版社 2012 年版，第 188、194 页；中国第一历史档案馆编：《光绪朝上谕档》第二十五册，广西师范大学出版社 1996 年版，第 312、313 页。
⑥ 骆宝善等编：《袁世凯全集》第四卷，河南大学出版社 2013 年版，第 60 页。

十年，可冀自强。五洲各国，孰敢蔑视。"①西太后要求袁世凯增兵，袁世凯给人的印象也是准备率部作战。② 二十四年十二月上《钦遵懿旨敬陈管见折》，表示各强国"种种欺凌，薄海切齿，断非口舌笔墨所能争，尤非忍让迁就可息事。惟有亟图自强，始可杜绝窥伺，湔雪仇耻。查自强首先练兵，而练兵以筹饷为本，以造械为用"。还说如果认真办理，"不过期月，而练兵有资，自强可期"③。袁世凯在山东撰写《劝兵歌》，"以尊君亲上、同仇敌忾相勉励。德人知之，指为挑衅之据，贸贸然贻书总署理论。"④所部士兵也跃跃欲试，"志在一打，如又了事，必挫锐气"⑤。袁世凯及其新军是被西太后和荣禄作为机动部队使用的，经常调往直隶、山东要害地方。⑥ 列强看到袁世凯镇压反洋教活动较为积极，但袁世凯是明白清廷内部情势，并不总是和清廷唱反调的。张国淦说袁世凯在甲午战争后的提升主要和荣禄有关，这是符合事实的，即袁世凯训练新军，实际是荣禄的部下或受荣禄节制，这个时期李鸿章已经不是能够直接指挥和决定袁世凯升迁的人。义和团时期的情况验证了袁世凯如何在政策层面应对西太后和荣禄，和张国淦的说法形成互补。⑦ 另外，维新派提到翁同龢，但翁此时并不统兵，不是袁世凯的直接上司。袁世凯对外没有张扬他和荣禄的这种关系，反而通过大量电文显示和李鸿章、张之洞等洋务派打得火热，因而外界猜测纷纷。⑧

确切地说，袁世凯在山东省内部镇压反洋教活动，但也没有阻止山东义和团北上助战，不过不愿由官府出面组织且再三拖延，并且在奏折中解释自己采取了变通办法。六月十六日，袁世凯奏：

> 臣前奉寄谕，饬令龙殿扬迅速招集义和团勇，筹给饷械，星夜兼程北上，等因。钦此。遵即咨令曹州镇总兵龙殿扬立即来省会商办理。业经附片具奏。钦奉朱批，知道了。钦此。在案。嗣该总兵于六

① 骆宝善等编：《袁世凯全集》第四卷，河南大学出版社 2013 年版，第 61 页。
② 骆宝善等编：《袁世凯全集》第四卷，河南大学出版社 2013 年版，第 63 页。
③ 骆宝善等编：《袁世凯全集》第四卷，河南大学出版社 2013 年版，第 311、312 页。
④ 路遥主编：《义和团运动文献资料汇编》中文卷上，山东大学出版社 2012 年版，第 198 页。
⑤ 骆宝善等编：《袁世凯全集》第四卷，河南大学出版社 2013 年版，第 319 页。
⑥ 骆宝善等编：《袁世凯全集》第四卷，河南大学出版社 2013 年版，第 714 页。
⑦ 参见张国淦著：《北洋述闻》，上海书店出版社 1998 年版，第 2、13、15 页。从中看出荣禄是消息极为灵通的，袁世凯对京城传闻十分注意。
⑧ 维新派对袁世凯的了解较为表面，见《清议报》第 1 册，第 23 页。袁世凯因应清廷，又参见胡思敬《国闻备乘》，中华书局 2007 年版，第 136 页。

月初十日抵省，与臣会晤。迄据该总兵面称：东省拳民，现闻北方招抚，其精壮者多已争赴京津效力，所留皆系老弱，不堪驱策；或迫农事不愿远征。而曹、沂一带，伏莽素多，游勇、会匪、盐枭、马贼所在充斥，平日专以剽掠为事，近多冒充义民，借避捕治。若于此时一概招集，势将人人应募，真伪不分，各挟一效力之名，无从定去取之准，情志既不相属，法令亦莫能伸，率以北行，恐难免沿途骚扰，驱之赴敌，又安禁临阵溃逃。再四筹维，诚不敢轻率从事，致兹偾误。第值此国家多事之日，正臣子效命之秋，亦断不敢畏难偷安，稍涉诿卸。现拟酌量变通办理，赶紧驰回曹州防次，另募义勇四营，刻期编伍，备齐饷械，一俟成军，即兼程带领北上，以资调遣。等情。……
光绪二十六年六月十九日奉朱批：著即饬令龙殿扬剋日挑选成军，星驰北上。①

袁世凯附和李鸿章等人表示反对攻打使馆，但在单独奏折中也表示坚决支持清廷对外强硬政策。在派兵北援时没有派遣新军且行动迟缓，但也随时向清廷通报军队前进动向。袁世凯仅向东南督抚和列强方面说明自己在境内镇压义和团"先后诛毙四千余人"的一面，对视北上助战拳民为"义民"之类做法则闭口不谈，京官作品甚少知情和提及。② 袁世凯对清廷则并未详报在境内大量击杀拳民的举动，但京城对袁世凯在山东境内镇压义和团有所了解，其做法不尽符合清廷利用义和团的政策，但袁世凯更多地是附和荣禄，以"受业"门生自称，其致盛宣怀及东南督抚电和荣禄的活动具有潜在的互动关系，并对东南督抚有安抚作用。徐桐、崇绮有以毓贤替换袁世凯的想法，荣禄"力争乃止"。③ 袁世凯也附和东南督抚意见，向李鸿章等人通报获得的京城消息，但没有透露荣禄的动向及其和荣禄的联系。④ 张謇日记六月十四日，有人"自山东回，言本初黑瘦，意徘徊南附，

---

① 故宫博物院明清档案部编：《义和团档案史料》上册，中华书局 1979 年版，第 293 页。
② 赵德馨主编：《张之洞全集》第十册，武汉出版社 2008 年版，第 162 页；中国历史研究社编：《庚子国变记》，上海书店出版社 1982 年版，第 121、234、235 页。《知新报》二，第 1896 页。
③ 中国社会科学院近代史研究所编：《庚子记事》，知识产权出版社 2013 年版，第 159 页；中国社会科学院近代史研究所编：《义和团史料》上册，中国社会科学出版社 1982 年版，第 147 页；骆宝善等编：《袁世凯全集》第十卷，河南大学出版社 2013 年版，第 245 页。
④ 顾廷龙、叶亚廉主编：《李鸿章全集》电稿三，上海人民出版社 1987 年版，第 982、983 页。

拥兵自卫"①。本初，这里指袁世凯。这说明，袁世凯也对东南方面玩了两手。袁世凯没有像裕禄、增祺那样接到过军机处的秘密授意，则对荣禄及京城满洲贵族而言，袁世凯还不能算是他们的同道和亲信。袁世凯对京城局势是较为掌握的，表现在有着刘坤一和张之洞所不掌握的信息，但袁世凯又不愿完全透露，隐约其辞，实际明显看出其信息来自荣禄。袁世凯所部长期受荣禄节制，军队内部有联系渠道。②《高枬日记》五月二十日："闻密旨调袁与合肥去矣。不知能急至否。后又止之，以其深恶团也。"③七月六日，张之洞收到来自袁世凯的电报：

> 战事初起，显贵谓人心可恃，天意默佑，故毅然决裂。今见日败，顿痛悔，然仍有不战必亡、战未必速亡及断不可束手受缚，拱手授人等语。前经相机委婉进言，始有转机。现海城初一入觐，高谈者气复少振，此时措词总以婉转易入、与事有济为主，如过激烈，恐反到底拼与决裂，前功尽弃。④

海城指李秉衡。"显贵"明显指西太后，"委婉进言"者明显指荣禄。张之洞受清廷被义和团胁制之类说法误导，不能完全理解这类说法真实所指。⑤ 袁世凯和荣禄有书信联系，掌握荣禄的一些信息。⑥ 袁世凯对列强方面"劝告"他仿效东南互保，"坚定不移地维护秩序"的要求，说"鄙见与各督所见相同"，也同时满足了列强的欲望。⑦

东南舆论对袁世凯的真实做法并不掌握，得出的是近乎相反的结论。六月十二日《新闻报》："乃前日又复传说纷纷，有东抚奉端王命率兵一万八千赴金陵之说。此种骇人之语最为可恨。……北方政府惟荣主剿，荣、袁乃同志之人，此为人所共知。端王虽昏，断不使异己之人，此事之不可信者一也。山东全省可用之兵不过二三十营，统计一万数千人，顷全省之师以南下，置山东防务于不顾，有是理乎？此事之不可信者二也。袁中丞自任山东巡抚后，大反乎前任东抚之政，每以竭力保护外人严谕属吏，固早已中外翕然，而况天津虽已开衅，烟台仍旧相安。未闻袁中丞承认伪诏

---

① 张謇研究中心编：《张謇全集》第六卷，江苏古籍出版社 1994 年版，第 438 页。

② 参见胡思敬著：《国闻备乘》，中华书局 2007 年版，第 98 页。

③ 中国社会科学院近代史研究所编：《庚子记事》，知识产权出版社 2013 年版，第 139 页。

④ 赵德馨主编：《张之洞全集》第十册，武汉出版社 2008 年版，第 126 页。

⑤ 赵德馨主编：《张之洞全集》第十册，武汉出版社 2008 年版，第 131 页。

⑥ 苑书义等主编：《张之洞全集》第十册，河北人民出版社 1996 年版，第 8264、8274 页。

⑦ 胡滨译：《英国蓝皮书有关义和团运动资料选译》，中华书局 1980 年版，第 61 页。

与外人为难，是其宗旨与江督刘宫保实有同心，故亦愿仿照沪约一体保护。……此事之不可信者三也。上月二十日东抚曾奉旨调兵二十营北上，然东抚以保全疆土为重，至今未闻调兵北上。是奉旨之事尚需相机审势，不能遽尔遵行，而谓端王能命之乎，而谓东抚能忘保守疆土之旨乎？此事之不可信者四也。"①

　　袁世凯和荣禄、王文韶、鹿传霖是义和团时期清廷四大滑，具有李鸿章、刘坤一和张之洞所不具备的有自己的固定政见、但又能在复杂局势下观察各方动向留有余地不完全实行自己政见的"察机"和应变能力。奕劻和鹿传霖的一些做法和荣禄相仿，比如奕劻对外隐藏自己活动，《西巡回銮始末记》：五月份，"各公使往总署，欲言昨日书记生被戕之事，各堂官均不在署。署中只有章京数人。闻庆王已出总署，政归端王管理。卫兵未至之前，西人未经尽遭屠杀者，皆庆王之力也"②。在西安时，"鹿尚书肝气太甚，于两江最为吹求，深赖两湖为之调处；荣中堂尝劝其意气勿过甚，又勉其凡事外面圆融，使人不测"③。鹿传霖政见保守，但其采取的措施未必保守，也未必执行保守派的政策。王文韶和鹿传霖附和荣禄，并无独立性，荣禄和袁世凯有自己的思虑，手段相仿，堪称对手，袁世凯此时在京城可动用的资源远不及荣禄，在地方督抚中也不是领头羊，羽毛尚未丰满，但他在义和团事件及善后过程中既附和洋务派、又暗中向荣禄表示效忠的能力是李鸿章、刘坤一和张之洞所不具备的。李鸿章、刘坤一和张之洞只是通过荣禄疏导，而袁世凯则是暗中表示效忠，并为荣禄免于被追究出力。由于袁世凯主要是附和荣禄，军事调动和军队募兵皆向军机处和荣禄报告，其采取的措施总能得到军机处的首肯。十月十五日，袁世凯致电军机处，据报洋兵在直隶"行踪甚速，意向叵测"，拟抽调三千人以备接应，等查看洋兵由何路进犯，即相机拨队"迎御"。是否有当，等候训示。十月十七日，军机处电寄谕袁世凯："奉旨。袁世凯咸电悉。洋兵趋向莫定，防务自宜妥为筹备。著该抚视洋兵所向，相机因应，稳慎办理，总以毋碍和局为要。"④"相机因应，稳慎办理"是对外宣战后军机处寄谕中经常出现的字眼，乃是荣禄的典型风格。对于清廷保守疆土谕旨，袁世凯也是执行的，只是其策略非常灵活。九月一日，山东巡抚袁世凯复

①　路遥主编：《义和团运动文献资料汇编》中文卷上，山东大学出版社 2012 年版，第 357 页。
②　中国历史研究社编：《庚子国变记》，上海书店出版社 1982 年版，第 155 页。
③　《庚子国变记》，第 187、188、189、190 页。
④　骆宝善等编：《袁世凯全集》第七卷，河南大学出版社 2013 年版，第 246 页。

总兵孙金彪函：

> 现当和议初开，断无自我开衅、牵动全局之理。然如他人犯我疆
> 防，据我土地，有守土之责者，其势不能轻让。即明知其不能取胜，
> 亦惟有拼此身以报国耳。倘系零星弁兵前来查探匪踪，又是一说。仍
> 须格外慎重，随时电商办理。要在不失土地为主。如因彼此误会，驯
> 至开衅，则又非所以昭慎重也。此意曾一一密致信会臣两兄。至于某
> 某以攻教堂而召兵，某某以戮教士而速补，是直谓之误国可耳，可胜
> 叹恨。①

八国联军占领京城后，袁世凯在如何既遵守保守疆土上谕又不轻易开
战方面颇为小心，向相关将领传达军机处寄谕的精神，"相机因应妥慎筹
办"，遇到洋兵以礼接待，派人劝说其不到山东，以便不妨碍和局，切不
可轻启衅端，"庶无负朝廷谆谆告诫保守疆土之至意"②；又通过盛宣怀和
李鸿章，由德国外交官向瓦德西协商，阻止联军向山东进攻。③

李鸿章较为坚持自己的态度，对清廷立场不太附和，有愤激之情，也
并不相信清廷把责任推给义和拳的说法，清楚是西太后起主要作用，但仅
略有提及，如说"东南各督抚均与内意龃龉，多不能遵"，"内廷及王公左
右皆拳匪"，"官军与团民合力"，没有详细说明。④ "内意"是李鸿章致各
省督抚信件中常用的暗指西太后的用词。奏折中根本没有如外敌来犯就决
一死战之类表示，显示对此政策不以为然。⑤ 对列强的一些威胁性要求，
李鸿章直接转达军机处和总理衙门，不像刘坤一和张之洞那样顾虑清廷态
度。⑥ 李鸿章对清廷使用的一些概念较为了解，但并未明显表示支持，如
反对清廷西迁的奏折中试图以主战派的思路打动清廷："中国地大物博，
保守大一统自主之权，虽迫于事机不得不弥缝迁就，苟能仗祖宗之灵，得
人则理，犹可以为善国。"⑦当清廷召李鸿章北上时，李鸿章在六月底决定

---

① 骆宝善等编：《袁世凯全集》第七卷，河南大学出版社 2013 年版，第 8 页。
② 骆宝善等编：《袁世凯全集》第七卷，河南大学出版社 2013 年版，第 421 页。
③ 顾廷龙、戴逸主编：《李鸿章全集》第七卷，安徽教育出版社 2008 年版，第 338 页。
④ 顾廷龙、叶亚廉主编：《李鸿章全集》电稿三，上海人民出版社 1987 年版，第 974、
984、995 页。
⑤ 故宫博物院明清档案部编：《义和团档案史料》上册，中华书局 1979 年版，第 317、
318、415~417 页。
⑥ 苑书义等主编：《张之洞全集》第十册，河北人民出版社 1996 年版，第 8108 页。
⑦ 故宫博物院明清档案部编：《义和团档案史料》上册，中华书局 1979 年版，第 478 页。

到上海看"救使会奏有效否，再取进止"，此时清廷"累诏催令北上，并未指授方略，即调任北洋之说闻亦子虚"①。

李鸿章说张之洞是书生之见，张之洞说李鸿章是中堂意气，二人政见差异颇大。张之洞是从国家层面考虑，相信京畿地区官府把事件责任推给义和团的说法。李鸿章了解了事实真相，清楚是清廷所组织，和西太后有关，对张之洞的说法不以为然。这类分歧在清廷利用义和团时期双方即存在。② 李鸿章和袁世凯对清廷动向把握较准，除了他们本来熟悉京津二地情况外，还和能从京津二地得到清廷内部一些机密信息有很大关系，如李鸿章有来自其亲信津海关道黄建莞的秘密报告，李鸿章幕僚于式枚滞留京城，袁世凯在京城派有探报，有的消息来自总理衙门总办，显得较为可靠；张之洞得到的信息主要来自直隶布政使廷杰安排的文案委员，另外有一些王懿荣等人通报的信息，真正的清廷内幕消息较少。刘坤一的情况大略和张之洞相似。李鸿章和翁同龢离京之时，荣禄和刚毅的政策已经推行了一段时间，二人又阅读过很多京城官员的奏折，对西太后也有相当了解，凭借这些信息，对义和团时期的京城局势是能够大致得出尚不离谱的判断的。张之洞和刘坤一二人没有这方面的阅历，判断较为困难也属正常。

第五节　伪奏与伪书

清廷决策机制清楚以后，伪书、伪奏及史料真伪问题是容易解决的，谁是谁非及问题所在也是容易判断的。

很多作品是事后伪造，内容问题重重。除了学术界有定论的《景善日记》和有争议的许景澄、袁昶奏稿外，袁昶的《乱中日记残稿》及《太常袁公行略》亦为假货。《乱中日记残稿》已有孔祥吉认定为假，但尚非定论，这里从内容上作些分析。③

一个被忽略的事实：许景澄、袁昶和王懿荣是荣禄的亲信，因为他们可以通过军机处向张之洞传递信息，传递的信息和荣禄自己的说法一致，并没有完全透露清廷决策内幕。许景澄和袁昶属于总理衙门的原班人马，

---

①　苑书义等主编：《张之洞全集》第十册，河北人民出版社 1996 年版，第 8131、8159 页。
②　苑书义等主编：《张之洞全集》第十册，河北人民出版社 1996 年版，第 8166、8167 页。
③　孔祥吉，袁昶：《乱中日记残稿》质疑，《史学月刊》1991 年第 2 期。

王懿荣参与办理京师团练局，实际都和荣禄及军机处有联系。夏曾佑分析，袁昶"与樊增祥有素，因以识荣，而荣之秘计，昶不知也。"①荣即荣禄。

荣禄主要是有选择地对某些关键人物有一些授意，这是另外有一些人质疑荣禄所为的原因所在。荣禄系统的部署资料尚未发现，但很多证据提示了这方面的线索，大多是荣禄亲信暗中所为，秘而不宣。相关授意在八国联军占领北京之前即已形成，也成为京城描写清廷与义和团关系的大框架。张之洞光绪二十九年入京城时所作祭王懿荣诗："举朝昏不学，听妖如听神。五斗踞朱邸，六甲塞禁闥。衮衮狂且醉，翘足策殊勋。读君贻予书，赫蹄墨犹新。上言韩贾缪，编虎殃君民。下言素志定，掘井如广轮。身为国子师，臣道自我存。"②韩指南宋韩侂胄，贾指南宋贾似道。王懿荣致张之洞的说法，实际是来自荣禄。光绪二十六年六月底，张之洞致许竹筠、袁爽秋、樊云门、王廉生：

> 再，前奉高密相公覆电，言至痛切，愤恨无极，惟其中尚多未尽之词。自肇事至今，内间秘密宗旨、兵事曲折情形，务恳详悉示我，其有关重要者，请速用密码翻好，付原差至保定电发，以便早得所闻。③

高密指荣禄。许竹筠即许景澄，袁爽秋即袁昶，樊云门即樊增祥，王廉生即王懿荣。保定是对外宣战后军机处的对外联系渠道。这说明，许景澄和袁昶实际是荣禄的亲信。黄濬据底稿推断，是黄仲弢手书，张之洞涂改，另有致乔茂轩、甘少南和王弢甫书，也是黄仲弢手书稿。据此推断，市面流传的袁昶《乱中日记残稿》和《袁京卿日记》，可能是专门伪造给黄仲弢和张之洞看的，和许、袁奏稿实为同一性质和同时出现的不符合事实的东西。王懿荣、乔茂轩和黄仲弢均是旧交。④《纵论义和团》：许、袁

---

① 杨琥编：《夏曾佑集》上册，上海古籍出版社 2011 年版，第 59 页。
② 赵德馨主编：《张之洞全集》第十二册，武汉出版社 2008 年版，第 492 页；中国社会科学院近代史研究所编：《庚子记事》，知识产权出版社 2013 年版，第 154、186、187 页。
③ 赵德馨主编：《张之洞全集》第十二册，武汉出版社 2008 年版，第 120 页。又参见吕伟达著：《王懿荣传》，黄海数字出版社 2009 年版，第 308、309 页。关于《袁京卿日记》的流传，见袁昶：《袁昶日记》前言，凤凰出版社 2018 年版，第 5 页。观《袁京卿日记》第 1296 页说错他参与会商的军务处的地点，本书即不再对其内容作考证。
④ 黄濬著：《花随人圣庵摭忆》上册，中华书局 2016 年版，第 107 页；吕伟达主编：《王懿荣集》，齐鲁书社 1999 年版，第 241 页。

"先后奏稿，皆袁公手削。又有日记一册，于拳匪起事以后中外肇衅、枢轴主谋诸事，载之綦详，现皆散失无存"①。据《许文肃公日记》，六月二十四日，"覆香师、梁星海函，示从子鼎钧"②。香师指张之洞，梁星海指梁鼎芬。王懿荣原信，现存不全：

> 香涛妹倩老前辈亲家大人坐下：得书如获拱璧，盖正在艰难尤愤中也。前已有零纸条闻数事，未具款，属玉叔令侄附竹报中速上，刻想鉴及。弟自奉简命，实作看街老兵，朝廷亦未尝以兵事责之。然自甲午以来，及今又六七年，中国兵事仍是不行。津事已丞，则重臣之不得无罪夫！日不得安靖，弟亦随时缓急，尽其心力之所能为者而已。前曾附片奏向鄂局暂乞军械，交片传谕，团练只是弹压地方，与行军不同，即著自行酌核筹备。此一千五百人赤手白战，即有钱亦无处筹买，复何辞？鳅生一命何足道哉！弟全眷俱在京寓，师旅饥馑，一时洊臻，好在为时亦不必能久。次儿崇烈先于五月十二日乞假，携其妇子乘海晏轮船，径归里舍，紫竹林枪炮声中，弟又少此一种心事。至京师地面，如甘军及义和团一日不出，便一……公能稍为捐置相助否？此垂泣而道之者也。即颂勋安，并询合署清福。弟懿荣顿首。六月二十三日。③

从信中"至京师地面，如甘军及义和团一日不出，便一"的字样看，王懿荣是未提荣禄和武卫军的作用。也显示后来清廷令京城义和团赴前敌，或有荣禄的运筹在内。

张之洞后来的反应显示，许景澄、袁昶、樊增祥和王懿荣也没有向他透露涉及西太后和荣禄的信息。以后樊增祥将自己在事变过程中的诗作函寄张之洞，这些诗作阐述的涉及京城政治的内容，和京官作品及荣禄口径大体是一致的。④ 又据李希圣《中兴一首和广雅尚书》："艰难又见中兴年，五胜临朝尚俨然。上相自求王导节，深宫新赐邓通钱。贾生三表真何益？夷甫诸人太可怜。父老极知哀痛意，白头流涕诏书前。"⑤所谓"五胜

① 中国社会科学院近代史研究所编：《义和团史料》上册，中国社会科学出版社1982年版，第171页。
② 许景澄：《许文肃公日记》页三十八，载《清代诗文集汇编》第758册，第573页。这部分日记仅有寥寥半页。
③ 吕伟达主编：《王懿荣集》，齐鲁书社1999年版，第240、241页。
④ 赵德馨主编：《张之洞全集》第十二册，武汉出版社2008年版，第86页。
⑤ 李希圣著：《李希圣集》，华东师范大学出版社2011年版，第13页。

临朝尚俨然"盖指宣战后最初前线传闻获胜，朝廷运行尚正常而言；"上相自求王导节"，盖指徐桐有效法东晋王导实现中兴的做法而言；"深宫新赐邓通钱"暗示刚毅为西太后宠信。邓通为汉文帝宠臣，擅长划船，汉文帝死后汉景帝即位，邓通被革职，死时不名一钱。"贾生三表真何益"暗指一些主战的清流上奏空言战事而言；"夷甫诸人太可怜"暗示徐桐等人不明时势而言。

许景澄最初还是较为胆小的。五月九日，湖广总督张之洞依据来自总理衙门许景澄的电报，了解到义和团势力越来越大，"官兵未剿，洋舰已集"的情况，张之洞急切地想了解"朝旨如何，时论如何，速示"，但长期没有确切消息。①

荣禄这类解释的最初目标是应付东南督抚和东南舆论，但因清廷上谕采纳了这类说法，京官作品沿袭此类说法也是正常的。

易顺鼎的相关记载恰和清廷的一系列作法相验证，也表明荣禄在事件中处理和洋务派督抚关系的做法，和光绪二十六年的倾向约略相似，可作参照：

> 易顺鼎《送抱冰师入觐诗序》记载，光绪己亥冬十一月二十三日，鼎以道员召见，奏言皇太后春秋高矣，皇上圣学无人辅导，圣躬无人调护，敬举吾师鄂督张公，学问干济公忠并当代第一，请召入备顾问，于圣学圣躬皆有益，将来皇太后亦可放心。语毕，天颜均甚和。闻慈圣称公人极正派，但恐事烦不能离鄂耳。比枢臣入对，慈圣即述鼎奏，将召公，枢臣或尼之，不果。甫半月，遂有立储之举。至次年五月，遂有拳匪之变矣。
>
> 戊戌入觐，以沙市有交涉之案，中道折回。知其事者，谓翁文恭实尼之。然当时朝局，措手正自匪易。而江湖伏莽，随时窃发。非重臣坐镇其间，一旦有事，且溃决而不可收拾。故戊戌以后，中外交推，谓宜入参枢密，而公以为不可。戊戌七月，袁忠节入觐，闻其将以入对时请旨内召。亟电止之，谓才具不胜，性情不宜，精神不支。庚子六月，李文忠自粤抵沪，有到京后引入要地之说，公致电自述病状，请罢此言。既而日本亦有此语，公电致李木斋钦使，言长江大局所关，无益有损。及鹿文端入枢府，又致电言之，谓此时一离鄂，两湖必乱。乃实在情形也。

---

① 赵德馨主编：《张之洞全集》第十册，武汉出版社 2008 年版，第 54 页。

戊戌十二月得京讯，十六、十七两日，皇太后召见溥字辈幼童十余人。此立储以前事也。立储事盖酝酿一年而始决。此一年间，惟责各省以练兵筹饷，办团御侮，未尝以密事问鄂。《惜阴堂笔记》言此事甚详，附录于后：戊戌以后，太后欲行废立甚急。已亥，合肥在大学士任。一日法使往访，询果有此事否。外国视一国君主无端废立，决难承认。午后荣禄往访，传太后意旨，欲探外使口气。合肥即以是晨法使言述之。合肥知都下不可居，谋出外，旋督两广。同时荣禄密电江督，探新宁口气。刘覆电谓君臣之义已定，中外之口难防。李既不能助，刘又有违言，事即难举，不得已而先立大阿哥。荣禄只探两人者，因湘淮军仅存之硕果，不无顾虑，而先探其意。此外疆吏，盖可置之。荣禄早年为清流弹劾罢职，参者即系侯官。荣禄在日，虽经屡荐，终未起用。南皮清流领袖，荣素不与通函电，亦在可置之列。传言同有电询，非悉当年情事者也。按戊戌七月，盛京堂自京来电，述荣语，谓素来佩服，拟先通函，公未即答。至庚子四月，始有书问往还，见于本集，语似推重而实凌虚。废立大事，岂有素未谋面、并未通函而密询及此者。惜阴之言可信。①

袁忠节即袁昶，李文忠即李鸿章，李木斋即荣禄亲信李盛铎，鹿文端即鹿传霖，新宁指刘坤一，侯官指陈宝琛，南皮指张之洞，盛京堂指盛宣怀，本集指《张文襄公全集》。赵凤昌《惜阴堂笔记》的记载见黄濬《花随人圣庵摭忆》。② 又据《汪康年师友书札》载吴某来信："国事大非，想有所闻。日内闻恭邸病危，甚确。又闻有与上立后之说，不可测。闻系端王之子。此绝大关系，朝局恐有大变。"③董福祥上荣禄书中提到："戊戌八月时，中堂为非常之举，七月二十九日电饬福祥统兵入京，祥立即奉行。去年拳民之事，累奉钧谕，嘱抚李来中，嘱攻使馆。祥以事关重大，犹尚迟疑，承中堂驱策，故不敢不奉命。后又承钧谕及面嘱，累次围攻使馆，不妨开炮。祥始尚虑得罪各国，杀戮其使，恐兵力不敌，祥任此重咎，又承中堂谕谓勠力攘夷，祸福同之。"④这些记载皆能互相验证。

当时报刊中对许、袁等被杀的描述来自南下京官，是很有问题的，实际其家属也可能已被荣禄收买，描写的很多说法明显和荣禄相似，有的是

① 许同莘编：《张文襄公年谱》，第162、163页。
② 黄濬著：《花随人圣庵摭忆》上册，中华书局2016年版，第455页。
③ 上海图书馆编：《汪康年师友书札》1，上海书店出版社2017年版，第351页。
④ 中国历史研究社编：《庚子国变记》，上海书店出版社1982年版，第373页。

胡编乱造。八月十八日《中外日报》有言：

追述袁、许二公遇害事

许尚书及袁侍郎被害之事，本馆已屡据所闻登报。日昨袁侍郎之家属由京南下，本馆亲往访问，承以详细情形见告，与前所登载略有异同，兹为照录如下。据云：

先是五月下旬及六月中旬曾两次拜疏。首疏大旨谓义和拳能避枪炮，乃愚人自愚大不可信，臣等往东交民巷亲见尸骸狼藉，显被洋枪击毙，此等不法之民愈纵愈横，宜剿不宜抚。疏上，端、刚谓死者乃伪义和团，真正义和团实无一死者，将其折留中。次疏大旨谓春秋之义不斩来使。此次因乱民肇衅，攻毁使馆，不合公法，激怒各国，以一敌八，自古为戒。请旨保护使馆，仍以剿匪为第一要义，荣相既拥重兵，宜事权归一，应抚应剿请饬荣相相机行事，不宜另简重臣以致分歧。时刚相适总统义和拳，谓为倾己，亦置之不报。迨六月下旬，西兵麇集势将直扑京师，二公相对曰："等死耳，奚待为？"遂又会衔上疏，大旨谓拳匪始萌之际，一旅之师足以剪除，乃养痈成患以至于此。亲而天潢贵胄，尊而师保枢密，莫不信为神术，屡创不悟。今西兵日逼都下，万一不幸，其如宗社何？非剿拳匪不足谢敌，非诛主持拳匪之人不足以剿匪，疏上而祸作矣。七月二日，步军统领逮二公下狱。闻狱卒言，二公在狱中谈笑自若。次日赴菜市，许公大骂端、刚不绝口，袁公仰天长叹曰："至此尚不悟耶！"就义时，拳匪充塞道路拍手大笑，端、刚、赵、董相贺于朝云。①

八月廿五日《中国旬报》有言：

存疑：许、袁被戮缘由：许景澄、袁昶被戮缘由，其说不一，屡纪本报。兹者袁侍郎之两公子奉其母夫人旋里过沪，采访前往探问，始悉二公于六月下旬曾联名上疏，极言团党之不足恃。且谓有事与外国开衅则可，无故与外国开衅则不可；与一国开战犹可，动天下之兵则不可。其末有一疏词尤激烈，谓今日之时局非急议和不能图存，非剿拳党不能议和，非罢斥祖拳之大臣不能剿拳。端、刚见而大怒。于

---

① 路遥主编：《义和团运动文献资料汇编》中文卷下，山东大学出版社 2012 年版，第 500 页。

七月初二日午后被逮，初三午后就刑。二公在狱中草有《孤忠录》数十纸，为团党所焚弃，故遗稿遂不可得。二公之尸骸系徐小云尚书闻信前往收殓。①

十月一日《知新报》所载许景澄、袁昶和立山被杀过程及被杀时的情况，也出自南下京官之口，渲染端王的作用。② 其后，京官作品渲染义和团观刑，洋洋有得色。正是这类记载被八国联军作为证据，导致徐承煜被杀。庚子谈判过程中，法国公使向奕劻、李鸿章提出："袁昶（上折反对攻击各国使馆者之一）被押往刑场的时候，发觉徐桐的儿子在场，向他预示以后将轮到他被处死，这意味着他应对那些已经发生的事情负责。徐承煜已落入外国人手中，可以交给中国人处死。"其实，之前八国联军谈判代表根本没有提到徐承煜的名字。③ 另有启秀和赵舒翘。启秀没有具体参与统率义和团的活动，但京官作品描写的启秀的一些话，显然使列强确信他对攻击使馆负有责任。④ 赵舒翘乃英国依据京城舆论得出必须惩办。光绪二十六年十二月，英国驻京使馆"据称赵一味附和刚毅，称拳匪为义民。去冬曾有不禁办团习拳之明发谕旨，系赵所拟，是主持义和团之实据。又，拳匪进京时，赵曾出迎，其家眷出京系拳匪护送，都人皆能言之。且无论有无证据，各国必欲治死"⑤。

《高枏日记》："贵午桥先生谓徐、启乃袁、许子弟暗中酿成，袁有子，许无子。"⑥贵午桥即刑部尚书贵恒，此时滞留京城。许景澄实际有子，但袁昶之子为刑部主事袁允肃，因而了解一些京城情况。⑦

已刊许、袁奏折是大有问题的，并不是完全可信的东西，军机处随手登记档中无记载，清宫档案中无原件。其后清廷否认存在这些奏折，但很多作品收录，如《清季外交史料》。⑧ 据华学澜日记，京官获悉奏折内容很

---

① 路遥主编：《义和团运动文献资料汇编》中文卷下，山东大学出版社 2012 年版，第 506 页。此段内容原书编者校对不精。
② 路遥主编：《义和团运动文献资料汇编》中文卷下，山东大学出版社 2012 年版，第 585 页。
③ 胡滨译：《英国蓝皮书有关义和团运动资料选译》，中华书局 1980 年版，第 456、460、461 页。
④ 胡滨译：《英国蓝皮书有关义和团运动资料选译》，中华书局 1980 年版，第 460、461 页。
⑤ 苑书义等主编：《张之洞全集》第十册，河北人民出版社 1996 年版，第 8500、8501 页。
⑥ 中国社会科学院近代史研究所编：《庚子记事》，知识产权出版社 2013 年版，第 227 页。
⑦ 中国第一历史档案馆编：《光绪朝上谕档》第二十七册，广西师范大学出版社 1996 年版，第 271、272 页。
⑧ 王彦威、王亮编：《清季外交史料》卷 143，书目文献出版社 1987 年影印本，第 12~14 页。

迟，是有人主动提供的，不是京官查阅的档案。① 由于总理衙门在五月份从事过和列强的谈判，又大体和荣禄的态度相近，也没有声称义和团是邪教，许、袁奏折极有可能是荣禄指示人伪造。颇多人怀疑为伪造。为什么伪造这类东西？查奏折中弹劾了一些人如毓贤、裕禄、董福祥、徐桐、刚毅、赵舒翘和启秀，说："推原祸首，罪有攸归，应请旨将徐桐、刚毅、启秀、赵舒翘、裕禄、毓贤、董福祥先治以重典。其余祖护拳匪，与徐桐、刚毅等谬妄相若者，一律治以应得之罪，不得援议亲议贵为之末减。庶各国恍然于从前纵匪肇衅，皆谬妄诸臣所为，并非国家本意，弃仇寻好，宗社无恙。然后诛臣等以谢徐桐、刚毅诸臣，臣等虽死，当含笑入地，无任流涕具陈，不胜痛愤惶迫之至。"②这是借许、袁之口，陈述了荣禄的主张啊！奏稿中明显不符合事实的内容甚多：许、袁明显清楚京城义和团的组织形式，奏稿和其家属在庚子和谈时期在上海所说如出一辙，已经明显受到京畿地区官员的影响。袁昶奏折中保举的一些可以任命为镇压义和团的人物如王廷相、黄桂鋆等明显是京城人尽皆知的支持义和团的人物，这类保举匪夷所思。另有桂春，义和团事件之后传教士樊国樑从庄王府查出带领义和团人员名册，其中有桂春名字，桂春确实和贻谷、芬车在其中。桂春列举袁昶奏折做证，说奏折中保举桂春"忠勇明决"。桂春又说自己曾写奏折，"力主痛剿"，只是外界不知。最终奕劻、李鸿章出面向英国公使萨道义解释，桂春免于被追究。③ 袁昶的《乱中日记残稿》明显是事后胡编乱造的，可能和该日记出自《太常袁公行略》有关，该行略是事后有意图的作品。该日记显示和荣禄幕僚樊增祥很熟，该日记和《景善日记》有相似之处，似乎出自樊增祥之手，樊增祥是荣禄的幕僚、策士和文胆。很多语气如称西太后为佛相似，语言风格相似。许景澄擅长八股，有江浙五大家之称。④ 此种背景，几乎非樊增祥无二。

翰林院京官并不了解许、袁被杀详情，奏折中完全没有体现出西太后在此事中的作用。据《高枬日记》十二月二十一日条："饭后介甫来，嘱代致晦若一信。夋如来，言五大臣（许景澄、袁昶、徐用仪、立山、联元）已昭雪。夜，石生来，言十九夜电谕已到，又电奏去矣。"⑤报纸补刻许、袁奏折内容也是此时，京官依据这类奏折发布评论，说奏折中有弹劾执政

① 中国社会科学院近代史研究所编：《庚子记事》，知识产权出版社 2013 年版，第 135 页。
② 戴玄之著：《义和团研究》，北京大学出版社 2010 年版，第 152 页。
③ "上书辩诬要录"，《汇报》光绪二十七年九月九日。
④ 清议报报馆编：《清议报》第 4 册，中华书局 2006 年版，第 4073 页。
⑤ 中国社会科学院近代史研究所编：《庚子记事》，知识产权出版社 2013 年版，第 225 页。

方面的内容。① 有的说许、袁奏折为端王、刚毅留中，果真如此，外界就更无从获悉奏折内容了。庚子谈判时期，报纸已成为政坛动向表，为官府高度关注，很多资料为官府主动提供，报纸视为奇货可居，搞不清真假。② 京官长期不能断定这类材料的真伪，也查不到清宫原始档案，一些信息就是在义和团事件之后来自奕劻。恽毓鼎《崇陵传信录》："外传太常有谏止信拳开衅三疏，或云疏虽草，为侪辈所阻，实未上。"胡思敬亦持未上说。③ 描写的相关事件，矛头指向载漪，说西太后宽厚，王文韶、那桐等岌岌可危，荣禄欲搭救而不可得，这哪里和清宫档案的记载对的上号？④ 也有京官根据奏折文笔、袁昶性情及袁昶和徐桐日常关系推测奏折"皆上海好事人伪作"⑤。又有记载，六月份，京城：

> 东四牌楼头条胡同起至王府井胡同止十余条胡同，满汉官大宅门抢去不下二千家。(惟二条胡同袁爽秋家，弄了八个义和团把门，官兵竟不敢抢，不料后来又有奇祸也。)⑥

袁爽秋即袁昶。高枏日记六月五日："获使馆细作，两信求援。宗山欲斫之。本号曰：'如打不透，不如将计就计。'乃命初八仍回馆。""宗山"暗指崇绮，"本号"暗指袁昶。⑦

许景澄的表现也甚为可疑。赵声伯《庚子记事长札》提到，五月二十四日，"命许侍郎景澄传旨董福祥督兵围攻交民巷"。"惟闻当宣战日，命许传旨攻打交民巷，上揽其裾不令行，许泣下，上亦泣，其死机肇于此。"⑧对外宣战之后到被杀前，许景澄和袁昶是清廷核心决策层的重要人物，也是熟知内情的人物，岂能不清楚西太后的作用。按照张之洞纪念王

① 北京大学历史系编：《义和团运动史料丛编》第一辑，中华书局 1964 年版，第 70 页。
② 中国社会科学院近代史研究所编：《庚子记事》，知识产权出版社 2013 年版，第 51 页。
③ 胡思敬著：《退庐文集》卷三，"介石山房记"。
④ 恽毓鼎著：《恽毓鼎澄斋日记》第 2 册，浙江古籍出版社 2005 年版，第 787 页。
⑤ 中国社会科学院近代史研究所编：《庚子记事》，知识产权出版社 2013 年版，第 216 页。
⑥ 中国社会科学院近代史研究所编：《义和团史料》上册，中国社会科学出版社 1982 年版，第 255 页。
⑦ 中国社会科学院近代史研究所编：《庚子记事》，知识产权出版社 2013 年版，第 143、163 页。袁绍字本初，"本号"字型暗指袁昶。"本号"为萧统《文选》第五册一典故，说王俭"以本号开府仪同三司"。注："本号，卫将军也。"见上海古籍出版社 2014 年版，第 2079 页。又据《三国志》袁绍传，袁绍起兵讨伐董卓时，"自号车骑将军"。据《石涛山人见闻志》，袁昶也确实参与商讨。
⑧ 中国社会科学院近代史研究所编：《义和团史料》下册，中国社会科学出版社 1982 年版，第 655、657 页。

懿荣诗文所说的情况推断，许景澄和袁昶在对外宣战之后的态度是和荣禄一致，实际作用与奕劻和总理衙门相似，即在外交方面出谋划策，如袁昶所说将计就计实即京畿地区主战派所说视议和为缓兵之计的常见思路。袁昶是张之洞的门生，王懿荣和张之洞关系密切，他们致张之洞电文传递出和荣禄相同的信息，暗示彼此之间有相当多的谋划和协商。但有些事情，如许景澄传旨董福祥督兵围攻东交民巷当是奉旨行为。

《汪康年师友书札》载光绪二十六年年底黄遵宪族弟黄遵楷从山东烟台的来信，提示了奏折在《中外日报》的刊布过程：

> 弟频年伏处东隅，其于海外二三知友，阒然无所闻，即海内之事，亦唯借《中外日报》以知一二。然此间自五月后，电报往返时有新事，又本处情形如何？而苟获安全，亦颇有故，时欲奉上《中外日报》，然未详阁下行止，苟非其人，未免唐突，故复置之。今兹有友人钞袁爽秋京卿三疏，（亦见诸《日报》者。）欲印单行本以广传流，不知贵报馆能代办否？（另有序有跋。）如按价给资，每本约钱几何？如不给资，托购之人能领回几何？均乞详教。此外或有他本排印亦未定也。弟前此大挑，签掣福建截留候咨者，现奉闽督咨取，作速赴省，大约开春必当成行，然俗务纷繁，或迟至花朝前后亦未可知。周玉山方伯与绰留存同来烟台，假通商银行为行台，绰于昨日乘俄兵舰往旅顺矣。徐进斋星使本早到烟，即过驳丰顺与周方伯驰赴秦皇岛云。拉杂书此，又盈一纸，节过岁终，众感缠心，所怀曷馨。①

周玉山即周馥，时为直隶布政使。徐进斋为驻朝鲜公使徐寿朋，绰留存为成都将军。此事发生在周馥由四川布政使改任直隶布政使后赴任途中。

黄曾源在其作品中引述兵部侍郎贻谷的说法，推测是为了打击张之洞，因为许为张之洞门生，被杀原因是许给张之洞的电报在山海关被截获。其实这只是推测，张之洞显然不清楚京城内情，说明许景澄和袁昶并没有透露清廷决策详情。另外，向山海关发电报要通过总理衙门，总理衙门有载漪的人员，此举并不保密。另有说法是因为二人主和。《高枬日记》渲染荣禄和奕劻欲搭救而不可得，并暗示徐桐和崇绮说话算数，这是明显的推卸责任。② 实际上，这是六月份清廷清除内奸政策所致，并受到

---

① 上海图书馆编：《汪康年师友书札》3，上海书店出版社 2017 年版，第 2131 页。
② 中国社会科学院近代史研究所编：《庚子记事》，知识产权出版社 2013 年版，第 210 页。

康有为、梁启超事件的影响，主持者为西太后，起因是廷议时反对宣战，乃是载漪等人的建议，西太后也有此种想法。五月二十九日，载澜奏折中涉及建议处死西太后召见时的一些人物，但没有提到具体名字："奴才蒙恩与诸王大臣屡次召对，其间谁正谁邪，自难逃圣明洞鉴之中，不待奴才一一指出，惟祈宸断，将迹近反叛，甘为汉奸者，立即正法，以伸天讨。"①六月七日，载漪奏："窃以洋夷迫挟，荐至艰危，时局如斯。前犹仰蒙皇太后虚怀下问，冀收集思广益之效，凡在臣工，允宜各抒悃忱，力图报效。不意发言盈廷，是非淆杂，或顾惜身家，一味敷衍；或心存首鼠，荧惑圣聪。深幸皇太后洞烛其奸，不为所摇，背城借一，立施宸断。诚如圣谕，肘腋之患不得不除。奴才愚衷顾虑，未敢即安，以为前日议和诸臣，莠言乱政，柔奸巧佞，包藏祸心，尤为腹心之疾。如联元等，其情罪显然，即处以极刑，亦不为过。切勿任其肖康逆之所为，致贻少纵即逝之患也。幸甚，幸甚。盖洋夷居华年久，奸佞之徒，背顺效逆者甚众。今兹惩一警百，而赏罚分明，庶几忠正之臣，竭诚图报；奸佞之辈，革面洗心，则不求治而自治，振作元气，恢复中兴，此其时也。"②

《拳变余闻》提到李秉衡的作用："适李秉衡自南京奉命带兵入卫，载漪令其沿途搜捕间谍，至清江浦北四十里，获二人，自京来者：一为景澄致江督刘坤一书，一为袁昶致铁路督办盛宣怀书，皆力诋端、刚，及太后受愚，语极愤痛。秉衡系之北上，以书呈载漪。载漪大恨，请旨逮捕。"③这只是猜测。据李秉衡幕僚居巢《庚子劫余草》序言，居巢在六月初五日抵达清江浦，初六日随李秉衡进发。李秉衡沿途进发甚急，没有迹象显示有时间沿途搜捕间谍。二十九日抵达京城，召见三次，七月十二日出京到前敌。居巢并未记载截获许景澄等密信之事。④ 李秉衡沿途进发甚急，和上谕要求其"来京陛见，毋稍刻延"一致。⑤ 处死许景澄和袁昶上谕并未罗列和端王有关的内容。七月中旬处死立山等人已在李秉衡离京之后，罗列的罪名和许景澄大略相同。上谕罗列的召见时情况，是李秉衡无法知道的，难以起到首倡或主要作用，外界猜测主要是李秉衡进京时间和诸臣被杀大略有些巧合，但并无证据。另外，有的记载提到李秉衡从徐桐和刚毅

① 义和团研究会编：《义和团运动一百周年国际学术讨论会论文集》下册，山东大学出版社 2002 年版，第 1402 页。
② 中国第一历史档案馆编：《义和团档案史料续编》上册，中华书局 1990 年版，第 628、629 页。
③ 中国历史研究社编：《庚子国变记》，上海书店出版社 1982 年版，第 47 页。
④ 《清代诗文集汇编》第 645 册，第 704 页。
⑤ 中国第一历史档案馆编：《光绪朝上谕档》第二十六册，广西师范大学出版社 1996 年版，第 148、166 页。

等人处获悉廷议情况，然后一起上奏，导致许、袁被杀，这属于荣禄方面的故意放风。①

有的作品暗示启秀的作用。佚名《纵论义和团》："启秀、赵舒翘同以政变后入军机。启荐自徐桐，赵引自刚毅。"赵舒翘"及入政府，亦多预阴谋。启之进虽由徐桐，然刚毅方贵，启尤附之。……今岁杀许、袁上谕，即出自启手，启所最得意。及许、袁既死，启尤自负手笔，自举以告外人云"②。这种判断和"矫诏"说是一致的，意在把责任推给个别受到惩办的王公大臣。

真正的原因，仍以光绪二十六年十月上谕所言较为准确：联元等召见时"词意均涉两可，而首祸诸臣，遂乘机诬陷，交章参劾，以致身罹重辟。"③罗列的内容和载滢奏折暗合。"交章参劾"也说明弹劾者不止一人。载滢所说的"前日议和诸臣"仅提及"如联元等"，未一一列名，但清廷处死的人物和恽毓鼎《崇陵传信录》中罗列的廷议时反对宣战人物基本一致。④处死许景澄、袁昶等人是八国联军打到通州，西太后酝酿西逃的危机时期。⑤同时期西太后还令荣禄和董福祥猛攻使馆。⑥弹劾的奏折很多，但最初局势尚缓，未被采纳。

庚子谈判时期，报刊中发表的一些关于京畿地区政治的秘闻，很大程度上已成为清廷内部打击政敌、推卸责任和八国联军侦探清廷内部动向的工具，提谁、不提谁大有奥妙。对外宣战之前，报刊报道中提到西太后及满洲王公大臣支持义和团的文字不少，但具体涉及的大都是重要人物如端王、徐桐、刚毅、赵舒翘等，基本没有描写启秀等是主要出谋划策的人物的报道。⑦列强方面主要根据清廷官方发布的一些与义和团反洋教有关的

① 中国史学会主编：《中国近代史资料丛刊》(《义和团》第一册)，上海人民出版社2000年版，第20页，参见本节后面关于陈夔龙的论述。
② 中国社会科学院近代史研究所编：《义和团史料》上册，中国社会科学出版社1982年版，第197页。
③ 《清史列传》第十六册，第4810页。
④ 路遥主编：《义和团运动文献资料汇编》中文卷下，山东大学出版社2012年版，第453、454页。综合上述资料，对于宣战之前廷议时反对主战的场景，以恽毓鼎《崇陵传信录》的记载较为全面；比较之下，《新闻报》八月一日的报道也较为可信，语言也是京话，但涉及徐用仪的内容不多。所记当事人语言不尽一致但大意相符，即廷议时反对宣战的有许景澄、袁昶、联元、立山和徐用仪。廷议时人多嘴杂，各人具体原话如何没有非常精确的记载，但大致态度是清楚的。
⑤ 中国社会科学院近代史研究所编：《庚子记事》，知识产权出版社2013年版，第23页。
⑥ 中国第一历史档案馆编：《光绪朝上谕档》第二十六册，广西师范大学出版社1996年版，第254、257、260、261页。
⑦ 路遥主编：《义和团运动文献资料汇编》中文卷上，山东大学出版社2012年版，第270页。

公文署名、具体的活动以及上下级关系向奕劻、李鸿章提出具体的名单，对一些没有出头露面参与具体反洋教活动的内幕性人物并不是很了解。①一些京官如连文冲、左绍佐等，如果无人揭发，根本不会被提及。这类名单，荣禄提出很多。②庚子谈判时期，报刊中涉及支持义和团的人物报道和一些作品，很多是打击政敌的工具，有的是假托日本人所作，一些较为保守的义和团支持者成为众矢之的，噤若寒蝉，在官场中很难再发挥出原有的抨击和弹劾作用，失去了原先的锐气。王龙文在一封信中心有余悸地说：

> 庚子之役，我军失利，圣驾不得已而西幸，议和者痛惩主战诸人以媚夷虏，以锄异己。诸不以变法为便者，辄诬以拳党而株累之，于是旧好中有比附□□恨仆直言者，谓今日可以辱曾廉、王龙文矣，诡假倭人姓字著《庚子传信录》，造作言语，希图嫁祸。既已腾播海外矣，方各夷犯阙，遂书仆与伯隅名氏，由翻译递倭兵官野口多内，又渡海计抵驻沪倭领事大隈伯，求其列名责索，置之重典，彼皆不之纳也。则又日撰一稿，付刊报章，其大旨不出袒拳仇夷四字。盖是时方以仇视夷人科诸王大臣罪，而袒拳则此次致祸之由，谓非此不足以罗织大狱也。其后两宫回銮，上下惊疑，汹汹未定，复稿授御史黄曾源，嗾其诬劾仆与伯隅，遂奉革职永不叙用之命。是为辛丑十二月之初四日，皇太后、皇上于时还都才六日矣，然劾中有日曾廉始负直声，王龙文好以名义自处。③

伯隅即曾廉。所谓辛丑十二月初四日，即指本日上谕：

> 光绪二十七年十二月初四日，内阁奉上谕：上年拳匪内讧，酿成巨祸，皆由无知之王大臣纵庇邪术，挟制朝廷，职为厉阶，其罪固无可逭，而当时愚妄之徒逢迎附和，与该王大臣等此呼彼应，论议嚣张，淆乱观听，实属贻害国家。虽情节轻重不同，要亦难逃洞鉴，自

---

①　胡滨译：《英国蓝皮书有关义和团运动资料选译》，中华书局 1980 年版，第 454、455 页。

②　北京大学历史系编：《义和团运动史料丛编》第一辑，中华书局 1964 年版，第 140、142 页。

③　王龙文著：《平养文待》卷五，页九，《清代诗文集汇编》第 790 册。

应一并惩创，以肃官常。开缺都察院左副都御史何乃莹、翰林院侍讲学士彭清藜、编修王龙文、江西赣州府知府连文冲、陕西补用知府曾廉，均著革职，永不叙用，钦此。

报刊中发表的揭露王龙文等的作品并非康、梁维新派指使，乃是洋务派主谋，"变法"也经常指洋务新政，不限于维新变法，维新派的作品以揭发西太后和荣禄为主。在酝酿清末新政时期，刘坤一等就有把一些反对变法的人的情况在上海报纸上刊登，通过列强之手加以惩办的做法。所谓假托日本人姓名著《庚子传信录》，实即李希圣《庚子国变记》中的一部分，出版信息为明治三十五年嵩云书社出版，作者小山重信。① 该书"叙"说：

> 支那庚子之乱，著书纪事变者，曰拳匪纪事、京津拳匪纪略、西巡大事本末记，种种不可殚述，大抵庞杂而不得要领。吾友小山君，游支那久，日接其都人士，得悉事变之颠末，著录一编，名曰庚子传信录。凡废立之秘画，与召乱民以排外之本谋，支那人忌讳而不敢斥言者皆著焉。诚信史也。或曰庚子之变，荣禄实为首谋，盖以手握重兵之大臣，又最为太后所亲信，岂有发天下之大难而不与闻者。况武卫中军，日与董军协攻使馆，此固其麾下亲军，岂有不奉将令而自往者乎。乃事变既平，祸首诛窜，荣独以笃重邦交，弥缝祸乱，论功于朝，列国政府，或以阴有所规取，而相与利用而不言。史家执笔，将以信今而传后，固当据实直书矣。今观小山君之书，罪状首祸诸人，独不及荣，其犹直笔之缺憾乎。予既习闻是说，又三复小山君之书，于以叹奸雄藏身之固，而儒者著书之难也。庚子之变，荣禄之恶，皆隐伏于无形者也。其可见者，惟以执政大臣，躬值大变，日以病请假而已。夫奸人举事，权略最优者也。其深谋密画，无论事之成败得失，皆可以进退自得，而必不肯以丝毫瑕疵，授人为口实。惟至无所得其瑕疵，乃真足以谓奸雄。而一时载笔之士，既求之事迹而不得，又未可以诛心之论，遂引为实证，则姑还其事实，明著其简默无为，进退自得已耳。夫天下安有身总一国之大权，值非常之变动，而能简默无为者哉。其简默无为者，正其计画一定而无待张皇也。此古今观人之要道，而史家著录之微旨也。今小山君之书，其于荣禄，若始终

---

① 参见罗惇曧的说明，见阿英编：《庚子事变文学集》下册，中华书局 1962 年版，第 945 页。

不与于变者。夫戊戌以来，幽其君而奉母后者何人，身值枢廷，手握武卫七军者何人，乘舆出走，城下乞盟，即膺全权者何人，而独庚子夏秋三阅月之顷，则退闲无所事焉，此虽五尺童子，而知其必不然矣。事之所必不然，而小山君著之，且是义也，惟读小山君之书而后知之，则是书之彰瘅何如哉。吾愿持此以告天下之读是书者。

　　明治三十五年二月松平直三郎叙

　　又，《西巡回銮始末记》署名"日本横滨吉田良大郎口译，大清吴郡咏楼主人笔述"。①

　　关于《景善日记》。以往考证该日记非景善所作。此作也非白某所能伪造，作品中很多内容是光绪二十六年八月后京畿地区才出现的观点：其一，在京城泄私愤的描述上，乃是官府口径，如"惟有土匪成群结队，游行自如"。其二，有些言论为义和团之后清廷意见，如宣战"非上本意"，"老成谋国"者之类，约略是经过了翰林院编修之手；其三，有些言论，出自闰八月廷雍奏折，如说义和团"拳人众，日惟勒索"；其四，有些说法明显不符合事实，或说明袁昶清楚义和团内情，如又至沿街乞化香资，杀者不尽教民；遂相率抢劫，团与团亦相仇矣；其五，日记中使用"夷人"的说法，大不似办理外交者所言。该日记大约成书于八国联军占领北京的八月二十一日之后，除了樊增祥的可能性外，也可能是顺直京官的作品，和杨典诰、仲芳氏作品有相似之处。作品中肯定的，乃庚子谈判时期仍然掌权的人物，如荣禄、王文韶、奕劻、李鸿章和张佩纶，疑张佩纶参与其中。奏折及其家属强调端王，未提西太后，显然也是荒诞不经。其六，惟妙惟肖地描写许、袁奏稿上奏情况的居然是《景善日记》，而且说西太后大为欣赏二人奏稿，表示不加怪罪，后为李秉衡和刚毅中伤，说二人擅改谕旨，导致被杀。恽毓鼎又说，袁致信奕劻，"劝载漪善处嫌疑，勿为戎首"，载漪得信后，上报西太后，导致被杀。实际上，京官所得许、袁等人被杀消息，多是传闻，京官本人也表示不能确信。②

　　《景善日记》所载西太后、荣禄和奕劻的资料，完全看不出西太后、军机处和总理衙门对义和拳从查禁，到允许民间练习，再到利用义和团的政策变动趋势。所载清廷决策人物，大致和庚子谈判时期的情况一致，较

---

① 中国历史研究社编：《庚子国变记》序言，上海书店出版社 1982 年版，第 11 页。
② 中国社会科学院近代史研究所编：《义和团史料》上册，中国社会科学出版社 1982 年版，第 63~65 页。

为强调端王的作用，对西太后、荣禄和奕劻有利。整个作品的开端从维新变法写起，八国联军占领京城结束。此作和京官所作义和团史的倾向一致，不同之处是翰林院京官多不了解清廷具体决策过程，此作则有系统记载，但显然和清宫档案揭示的情况不一。

由《景善日记》的内容可知，该书是借景善之口描述了从光绪二十五年年底毓贤进京到对外宣战之后的清廷内部谋划，和列强驻华公使一直关注的内容有很多吻合，由不得洋人不信。洋人关注的内容因为向总理衙门反复交涉过，也不是秘密。但该书对一些重要人物的描写大有来头。在对西太后和荣禄进行辩解，说他们本来不信义和团的同时，把荣禄密信中说的应该惩办的大臣罗列了一番，如裕禄、刚毅、毓贤、载漪、载勋、载澜、载滢、启秀、徐桐、崇绮和李秉衡，将责任推给他们。① 虚构了一些罪状。如说五月十四日启秀"将所拟绝裂上谕底稿持出，企盼日后太后认可"。五月二十四日裕禄有奏折到京，"以洋夷胆敢要索我大沽炮台，归彼族看管，并请皇太后立时宣战，以申天讨而正国法"。说赵舒翘奏请西太后降旨，"将在内地寄居之教士等立刻戕杀，免有间谍之患"。所以，此作非景善之作，也非一个英国人白克浩斯能够作出，因为整体思路和翰林院编修的作品相似，又恰好符合庚子谈判时期京畿地区的需要。此时清宫中是妃子在管事，之前又有端王等在搜查，哪里还能藏个英国人？即使景善为端王师傅，又怎能恰好知道庚子谈判时期列强要惩办哪些人？然而，民国时期外界主要根据荣禄和王文韶的说法和《景善日记》对照，认为其可信，对荣禄捐资悬赏杀洋人二毛和军机处的作战指令并不了解，从而产生误解。②

英国方面的反应显示，关于端王掌权之类的种种渲染达到了效果，真正得利者是西太后和荣禄，奕劻和王文韶也沾了一点实惠，这都是义和团事件之后的掌权者。据荣禄密信："昨又有人来云：前任英使窦纳乐云：去秋各使臣未死，实系'七九三七'保护，实为中国出力。"③6 月 29 日，英国代理总领事霍必澜电英外相索尔兹伯里："我认为端王在 6 月 21 日前后可能篡夺了朝廷的权力。据说，荣禄正企图同汉族总督们合作，并反对端王。"7 月 1 日的另一份电报中又说："这里收到了北京来的直到上月 26 日为止的消息。一切权力都掌握在篡权者端王手中；局势极为严重。慈禧

① 北京大学历史系编：《义和团运动史料丛编》第一辑，中华书局 1964 年版，第 140 页。
② 黄濬著：《花随人圣庵摭忆》上册，中华书局 2016 年版，第 142 页。
③ 北京大学历史系编：《义和团运动史料丛编》第一辑，中华书局 1964 年版，第 142 页。

太后和皇帝都在北京，但没有权力。"9 月 29 日，窦纳乐电英国外交部索尔兹伯里：

> 关于阁下 9 月 26 日的电报，我荣幸地对那两个问题答复如下：
> 一、完全可能有把握地指出那些犯罪人的姓名，而且我的每一位同事所开名单可能同其他同事的名单完全相同。
> 二、由于端王是主要罪犯之一，而且他似乎是目前事实上的中国政府，所以逮捕罪犯一事是极为困难的。①

对照列强对颐和园谋划的反应可知，对外宣战之前认定谋划的为首者是西太后，对外宣战之后端王逐步被认定为首领，且实际执掌清朝政府。京官作品则渲染对外宣战之后端王掌握生杀予夺之权。列强思路的这种转折，是从对外宣战后舆论渲染端王执掌朝局开始，报刊中的相关报道则自五月十四日清廷任用端王管理总理衙门开始。② 义和团事件过程中报刊出现的一些清廷内部动向的报道也为列强驻华使馆严密注意，有些论断和东南舆论差不多，如一段时期认为清廷为端王控制。列强开始迷惑，清朝驻列强外交官也开始迷惑，德国外交部向清朝驻德国公使询问，"究竟谁秉国政，望实告之"。③ 清廷对端王控制朝局的传言并未明确作答，于六月初由军机处电出使大臣杨儒、吕海寰、裕庚、罗丰禄、伍廷芳和李盛铎，向各国外部说明乱民仇教、朝廷剿抚两难的口径。④ 李鸿章对清廷政治较为了解，不为报刊舆论所迷惑。六月十三日，驻俄公使杨儒电李鸿章："报传朝局大变，钧处当有确闻。"李鸿章复电："新报语多离奇，朝局似无甚变。"⑤庚子谈判时期，列强谈判代表坚决要求清廷发一道上谕，为许景澄等被杀的几名大臣恢复名誉，说他们反对攻击各国使馆，"被端王及其同伙残酷处死"⑥。

由于很多京官作品关于义和团事件的口径异常相似，此必有组织者。笔者查证很多消息源头指向荣禄、奕劻、王文韶和陈夔龙。酝酿"惩凶"

---

① 胡滨译：《英国蓝皮书有关义和团运动资料选译》，中华书局 1980 年版，第 59、61、256 页。
② 清议报报馆编：《清议报》第 3 册，中华书局 2006 年版，第 3171、3173 页。
③ 北京大学历史系编：《义和团运动史料丛编》第一辑，中华书局 1964 年版，第 94 页。
④ 故宫博物院明清档案部编：《义和团档案史料》上册，中华书局 1979 年版，第 202、203 页。
⑤ 顾廷龙、叶亚廉主编：《李鸿章全集》电稿三，上海人民出版社 1987 年版，第 996 页。
⑥ 胡滨译：《英国蓝皮书有关义和团运动资料选译》，中华书局 1980 年版，第 461 页。

名单及处理方法时，荣禄致奕劻信："惩办祸首条，内有日后指出之人云云。窃以为狱或株连，事忌已甚。我之大臣罹法者已逾十人，其三品以下者纵在附和之列，迥非戎首可比。……况向之推波助澜者无非一种极糊涂人，此等人即如各国不言，朝廷亦决不复用。执事与李相似可婉商各使，暗中斡旋。"①有些人物的消息是奕劻有意向滞留京城京官透露出来的，如暗示徐用仪被杀和徐桐有关。

很多关于荣禄的说法，来自荣禄的亲信顺天府尹陈夔龙，并且在八国联军占领北京后传到报刊之中，矛头指向端王，把荣禄及一些京官指定为受害者，已经具备了"一龙二虎三百羊"的雏形。如《清议报》报道："七月二十七日上海电云，端王去北京之前日，杀皇族十二三人，盖谓彼等不欲去北京，恐其与外人通结也。""八月初一日上海电云，前各处皆传言荣禄下狱，或又传其自杀，或又传其有上谕赐死。种种皆属风说，实荣禄之故播谣言者，否则好事者故为此无稽之说也。今得确实消息，荣禄与崇绮共往保定，欲与西后同行云。又云李秉衡实非战死，实服阿片自尽也。"②

陈夔龙在庚子谈判时期在奕劻和荣禄之间穿针引线，也是滞留京城的京官中的一个头目。大多数翰林院编修没有直接接触荣禄的机会，难以直接从荣禄口中得到这方面的信息，记载了相关传闻却没有说明信息源，故而显得神秘。一经发现信息源及传闻对谁有利，又发现是否和西太后、荣禄对的上号，事情即索然无味。各种传闻和官府档案不尽对的上号，很不靠谱的记载甚多，依靠这类资料评论许景澄、袁昶和荣禄、西太后等人，是没有什么价值的，因为根本不符合事实。以下对相关内容只作详略不等的介绍和考证：

（1）"一龙、一虎、三百羊"。是和废立有关的传闻，但和主战派惩办汉奸等传闻连在一起。有一些影子，但很多说法不实。九月十五日《中国旬报》第二十八期：

> 拳党之起，本拟毁使馆，即行非常之事。其语云："一龙一虎三百羊"。"龙"指光绪帝，"虎"指庆王，"三百羊"则指京官也。谓京官可勿杀者只十八人，余皆可杀。故急时，太后常令礼、庆二邸住宫

① 中国社会科学院近代史研究所编：《义和团史料》上册，中国社会科学出版社 1982 年版，第 262 页。
② 清议报报馆编：《清议报》第 4 册，中华书局 2006 年版，第 3538、3589、3590 页。

中。盖恐其被戕也。①

礼亲王世铎和庆亲王奕劻住在宫中，不是西太后怕二人被杀，而是此二人正为西太后出谋划策啊！礼亲王世铎是军机处首脑，事件过程中有和荣禄相似的不公开露面现象。

和废立事件结合，满洲王公等可能有一些私下的谋划。据《高枬日记》六月二十二日条："果闻朱邸有一龙二虎十羊之隐语，令人骇愕。宋所闻者，想必此也。"据日记下面内容，宋似即宋芸子即宋育仁，提到王枚岑即王廷相"上封事"，"封事有格天一条，言上多病，请派大阿哥祭祀。先欲凭神，此欲问天"。② 王廷相所上"封事"，即六月二十二日"大学士崑冈奏为代奏编修王廷相呈"，内容为徐桐、崑冈代奏王廷相条陈军务奏折，"拟请靖都城、驭团会、厚津防、审敌势四议，并敬逆天眷，共五事"。"一龙二虎十三羊"之说出自京城满洲王公，和废立有关。③ 事情无法查实，但结合当时的中外形势，和西太后处死许景澄、袁昶等人的背景基本相似。传闻光绪三旬万寿策划废立，时间大体吻合。《拳变系日要录》六月二十六日条依据叶昌炽日记："皇上三旬万寿令节，病不克祝嘏。"依据《崇陵传信录》："是日帝三旬万寿，东华门不启，群臣皆入神武门。冠裳寥落，仅成朝仪。"④

事后京官趁机渲染，千方百计把自己列入"三百羊"之中，以便和庚子惩凶活动摆脱干系。其实，如果确实存在"一龙二虎三百羊"的谋划，按照当时京城形势，"一龙"似指光绪，"二虎"似指许景澄和袁昶，"羊"似指一些反对宣战的京官。这"三百羊"的说法一出，京城的大多数京官就摆脱了与义和团事件的干系。后人受其蒙蔽，在分析清政府与义和团关系时，注意力集中在少数满洲王公身上。

龙顾山人《庚子诗鉴》说："拳众口号云：'必斩一龙二虎十三羊'。龙谓德宗，二虎谓荣、李二相，十三羊亦皆朝贵。"此"拳众口号"之说太不精确。更为详细的记载是：

---

① 路遥主编：《义和团运动文献资料汇编》中文卷下，山东大学出版社 2012 年版，第 575 页。另有其他一些描绘，见《清议报》第 5 册，第 81 期"宦官误国"条。

② 中国社会科学院近代史研究所编：《庚子记事》，知识产权出版社 2013 年版，第 149、150 页。

③ 参见路遥主编：《义和团运动文献资料汇编》中文卷上，山东大学出版社 2012 年版，第 258 页。

④ 陈陆编：《拳变系日要录》，台湾文海出版社影印本，第 117 页。

　　　　相传团首某自山东来觐见，皇太后询以欲作何官，对言：不愿为官，但愿杀一龙二虎三百羊以了心事。盖隐语也。①

　　此团首要觐见西太后，必有引见者，其说法盖出自端王等人的授意，一般的团首不会确切清楚朝廷内部主和者的具体情况。

　　客观看来，京城主战派势盛，但义和团时期多数京官的确没有参与具体的攻打使馆决策，这主要是荣禄等人办事非常隐秘，多数京官不知其详的缘故。另外，庚子和谈时期，滞留京城的京官有一些悬挂良民旗、与八国联军联络之类的活动，受到攻击，京官作品遂趁机极力渲染自己是义和团事件的受害者或反对者。《高枬日记》光绪二十六年八月十二日："某侍御以未出城者皆汉奸"，然则城内如崑冈、敬信、崇礼、礼王、溥善，"城外未走者尚多，皆汉奸乎。"②《高枬日记》估计，九月以后仍然滞留京城"汉京官大小在京者，寥寥二三百人。大约不能南还，又不能赴行在者"③。京官平时人数众多，剩余三百来个仅在庚子和谈时期。这已经是义和团被镇压之后的事情。又据杨典诰《庚子大事记》，京官获悉西太后西逃时，随扈者除满洲王公外，有大臣刚毅、王文韶、赵舒翘等5人，"各部院司员十二三人而已"④。此暗合不杀的18人之数。否则，军机大臣、总理衙门大臣和军务处成员都不止18人。据陈夔龙《梦蕉亭杂记》，"一龙二虎十三羊"说法的最初源头来自荣禄，陈夔龙放风，除荣禄外无人能够证实：五月，荣禄入直军机处，"两宫发下端邸封奏一件，共参十五人，首李文忠，次王文勤，均请即行正法。余第十五，折中不言余由兵部出身，但言余由总理衙门出身。意余与洋人办过交涉，因以罪余。"李文忠即李鸿章，王文勤即王文韶。⑤去掉一个光绪帝，这十五人正好包括了二虎和十三羊。胡思敬《国闻备乘》亦记此事，内容略异，出自荣禄权略，当时除荣禄外，无人见具体名单，军机处随手登记档并无记载。⑥李希圣《庚子国变记》中的描述惟妙惟肖，实际明显不可信。⑦

① 杞庐著：《都门纪变百咏》，国家图书馆藏稿本，页十三、十四。
② 中国社会科学院近代史研究所编：《庚子记事》，知识产权出版社2013年版，第182页。
③ 中国社会科学院近代史研究所编：《庚子记事》，知识产权出版社2013年版，第209页。
④ 北京大学历史系编：《义和团运动史料丛编》第一辑，中华书局1964年版，第21页。关于西逃的王公大臣对京官插顺旗的态度，见中国社会科学院近代史研究所编：《庚子记事》，知识产权出版社2013年版，第205页。
⑤ 中国社会科学院近代史研究所编：《义和团史料》下册，中国社会科学出版社1982年版，第683、698页。
⑥ 胡思敬著：《国闻备乘》，中华书局2007年版，第97、98页。
⑦ 中国史学会主编：《中国近代史资料丛刊》（《义和团》第一册），上海人民出版社2000年版，第22页。

考虑到视一些主和者及办理洋务者为汉奸，要求罢免或处死是主战派中长期存在的观点，义和团时期也有类似主张和实践，此类传闻应属事出有因。

（2）揭发李秉衡。说李秉衡首鼠两端，先是反对宣战，然后又主战，又向荣禄要求早日和谈。①

（3）董福祥、荣禄和陈夔龙关系事，暗示董福祥和端王关系密切。②

（4）西幸事。由陈夔龙准备西巡车马。③

（5）徐承煜监斩事。遇徐承煜与荣禄"密语，余从旁窃听"，暗示徐承煜和徐桐与五大臣被杀有关。④

（6）许景澄、徐用仪等人被杀事，乃奕劻放风，陈夔龙记而传之。⑤

（7）王培佑和陈夔龙关系事，打击王培佑。⑥

（8）荣禄主动向陈夔龙透露他如何劝说西太后同意惩凶事。⑦

（9）关于启秀、徐承煜被杀事，说是李鸿章无意之中向列强驻华公使透露，致被八国联军抓住把柄。⑧

又据李超琼《庚子传信录》，杀许景澄、袁昶时，"荣禄故扬言率诸臣入争，徐桐、崇绮尼之，遂止"⑨。

在义和团事件之后擢升很快的人物当中，值得注意的是陈夔龙、樊增祥、于式枚和袁世凯。这都是和荣禄及义和团事件有密切关系的人。陈夔龙、樊增祥和袁世凯与荣禄关系密切，于式枚也是如此。⑩ 其后，政务处

---

① 中国社会科学院近代史研究所编：《义和团史料》下册，中国社会科学出版社1982年版，第684、685页。

② 中国社会科学院近代史研究所编：《义和团史料》下册，中国社会科学出版社1982年版，第682、683页。

③ 中国社会科学院近代史研究所编：《义和团史料》下册，中国社会科学出版社1982年版，第685页。

④ 中国社会科学院近代史研究所编：《义和团史料》下册，中国社会科学出版社1982年版，第687页。

⑤ 中国社会科学院近代史研究所编：《义和团史料》下册，中国社会科学出版社1982年版，第689页。

⑥ 中国社会科学院近代史研究所编：《义和团史料》下册，中国社会科学出版社1982年版，第691页。

⑦ 中国社会科学院近代史研究所编：《义和团史料》下册，中国社会科学出版社1982年版，第694、695页。

⑧ 中国社会科学院近代史研究所编：《义和团史料》下册，中国社会科学出版社1982年版，第696页。

⑨ 中国社会科学院近代史研究所编：《义和团史料》上册，中国社会科学出版社1982年版，第217页。

⑩ 《近代史所藏清代名人稿本抄本》第一辑68，第115页。

中这类人颇多，有些人不明来路地受到重用，实为义和团事件过程中和荣禄有关系的人物和荣禄的亲信如张百熙、于式枚、陈邦瑞和郭曾炘。龙顾山人《南屋述闻》卷二记载：

> 先公在枢直与瑶圃师同为荣文忠倚重。……迨创设政务处，仿宋之条例司，师与先公同以领班充提调，综核新政，多所献替，师旋擢侍郎，先公署侍郎，仍留直，遂为两班领袖，每有大事，文忠恒就咨焉。一日在军机堂，文忠顾先公曰："慰庭欲以直督兼领山东，君意如何？于昔亦有例乎？"先公悚然曰："往者鄂文瑞、年羹尧等虽有其例，然皆以用兵暂资节制，非今所宜援。"文忠韪其言，既而叹曰："此人有大志，吾在，尚可驾驭之，然异日终当出头地。"又尝于直庐中语及变法，文忠曰："是事得失，关系甚巨，行之不善，适足以召乱促亡，上既决行之，吾亦不敢谏阻，异日之变，或病躯不及见耳。"其言皆有前识。

慰庭即袁世凯，文忠即荣禄。

陈夔龙透露的消息是有独特的目的和背景的。其《梦蕉亭杂记》关于荣禄在义和团时期的表现文字，是受民国时期胡思敬的影响，带有为荣禄辩解的目的。胡思敬致陈夔龙信：

> 辛丑回銮以后，公居荣幕，当时朝局是非，必得其详。文忠不死，袁氏断无此猖獗。此老功过参半，而康党极力讥诬。公与文忠有一日之知，何妨采辑事实，勒成一编，用昭信史。①

胡思敬《驴背集》："荣禄尽丧其军，奔赴行在，复执朝权。……陈夔龙、赀谷、谭启瑞、胡延、樊增祥，皆其幕宾，荣禄既入西安，即擢夔龙为河南布政使，启瑞为潼关道，延为西安知府，增祥由渭南知县、不二年径升陕西臬司，内廷机要文字，皆其撰拟。"②《郑孝胥日记》光绪二十六年十二月二十六日条："略询西安情形。……枢府多鹿主政，荣则尽植其私人，王依违其间，鹿与岑抚不合，上养晦而已。"③鹿、荣、王分别指鹿

---

① 胡思敬著：《答陈筱石书》，《退庐全集》之《退庐笺牍》卷四，页二十。
② 中国史学会主编：《中国近代史资料丛刊》（《义和团》第二册），上海人民出版社 2000 年版，第 527 页。
③ 中国国家博物馆编：《郑孝胥日记》第二册，中华书局 2016 年版，第 783 页。参见《知新报》二，第 1729、1750 页。

传霖、荣禄和王文韶，岑抚指岑春煊。

庚子谈判期间，京官了解在保定的荣禄和廷雍动向，乃因荣禄主动屈尊派人将一些上谕及他写的信件送交翰林院，京官作品中遂大量出现反映荣禄观点的言论。据叶昌炽《缘督庐日记抄》，同时期获得战事进展和京城动向，主要来自向地位较高和了解内幕较多的京官打听，并无清廷决策层的系统解释说明，所获信息较为零散，真真假假和无法核实的传闻很多。荣禄善于利用此种渠道主动透露一些较为隐秘的东西。京官如陈夔龙也从京城向在保定的荣禄传递京城信息，荣禄可以对庚子和谈施加影响。① 华学澜八月二十八日日记：

> 酌升之妻表弟李松生来，昨由保定归，持来荣相致庆王、崑相公文各一。云内系廷寄。并云廷劝民方伯现又不信义和团，已拿获数名在省正法。合肥令各省来京余兵，并力剿除拳民，以免洋人蹂躏。②

酌升即王焯，顺天府宁河人王燮之弟。李松生为王燮幕僚。王燮为步军统领衙门官员，光绪二十六年被杀。

义和团事件之后相关作品的作者及审定者，很多是荣禄亲信或和荣禄有关系以及受到清廷重用之人，如陈夔龙、郭曾炘、张百熙和于式枚。翰林院首脑崑冈也是和荣禄关系密切之人，清廷西逃后京城内阁负责者。华学澜日记闰八月十四日条："早，灵寿芝来，言崑中堂在报房胡同法华寺设立内阁公所，于十九日起办事。凡在京大员有请安折件，均为代办，嘱酌升知会颂阁师。午后酌升往颂师处，梅生为人招去。酌升归，言在颂师处见张燮均信，两宫又行幸西安。"③颂师即徐郙。

维新派奇怪，清廷事秘，外界不知其详，大臣观点不为人知，"即端、刚逆谋，亦复难传。尊如礼王，未闻一言传出。而荣禄言论意旨，乃报上频频登之。考之京官来书，则大相反，何也？"④荣禄异常狡猾，利用舆论制造声势，自己又很少直接出头是其一贯风格。光绪二十六年五月一日《知新报》载"废立要闻汇志"："都下近日传闻，谓太后见国中人民爱戴皇上，各国亦仰慕爱敬颂赞不休，甚悔腊底所为。今拟俟六月三旬万寿

① 北京大学历史系编：《义和团运动史料丛编》第一辑，中华书局 1964 年版，第 140 页。
② 中国社会科学院近代史研究所编：《庚子记事》，知识产权出版社 2013 年版，第 120 页。
③ 中国社会科学院近代史研究所编：《庚子记事》，知识产权出版社 2013 年版，第 122 页。
④ 路遥主编：《义和团运动文献资料汇编》中文卷下，山东大学出版社 2012 年版，第 441 页。

时，竟行归政，不为干预云云。本馆案：此信不过京中士大夫冀幸之意，遂尔造出谣言。或系荣禄知天下人心系属于皇上者殊深，若不归政，不久定有乱事，故造作此谣言，以安都中士大夫及天下人之心，以缓其势而便缮治甲兵。俟万寿之时，做出废立大事。盖荣禄诡谲万端，造谣尤其长技，每与李联英狼狈为奸，煽布谣言。自丁酉戊戌以来，所播皇上疾病，均李凶与内务府所为。及去腊以后，且有荣禄得罪太后，及批李凶颊，谏废立事，几乎权位不保。京中士大夫辄被其欺，即各报馆亦叠登其事。究之荣禄权位愈高，宠眷愈重，竟至掌握二十一省兵柄。观此一节，便知太后悔悟及拟归政，皆荣禄所布谣言，而万无其事也。录《日新报》。"①"三旬万寿"即六月二十六日。②

直到光绪二十七年，还有人通过上海道台，在中文和外文报刊中组织刊登这类对荣禄有利的文字：

某某密致上海道袁海观函

密启者，近日各报章屡诋荣相，各国亦有不满之意。总以上年武卫军围攻使馆为疑，不知荣相当时具有苦衷，亦有深意，不得不依违隐忍，暗相维持。否则自罹奇祸，各馆亦复同归于尽。中外大局，几将无可转圜，是荣相于此事所全者大，何得转以为罪。兹将上年闰八月间会同香帅致全权电稿抄寄为荣剖白各语，具详电中，尚希执事密为设法登之报章，俾释中外之疑团，不为群言所摇惑。……

再，报馆如以隔年之事为疑，即作为南洋之意，请其补登报章。缘上年电致全权转达各国钦差并由上海道告各总领事，究未能使各国官商一律了然也。弟只可托人登西字洋报，至中国各报则可勿须托登。③

袁海观即袁树勋，为荣禄亲信，相互之间有密信联系。香帅即张之洞，南洋即南洋大臣刘坤一。

又有姚文栋致荣禄密函：

---

① 路遥主编：《义和团运动文献资料汇编》中文卷上，山东大学出版社 2012 年版，第 258 页。

② 北京市档案馆编：《那桐日记》上册，新华出版社 2006 年版，第 348 页。

③ 中国社会科学院近代史研究所编：《义和团史料》上册，中国社会科学出版社 1982 年版，第 260、261 页。

中堂钧鉴：敬密禀者：去岁之役，南中各报妄议太多，颇淆观听。职道于七月中旬因公南下，将在京时所悉情形并中堂弥缝补救之苦心与二三同人互相搜讨，拟就粗稿译登外洋各报广为传播。管蠡之见，岂能尽窥高深，其中必多挂漏。但为抵制浮议起见，聊以先尽属吏之悃忱而已。……附呈洋报底稿壹本。①

另有陈夔龙密报荣禄：

至南中报馆，近益妄肆讥评。细加查访，均系二三有才而落魄者秉笔其间。拟设法默化潜移，引为我用，不妨网开一面，以解党祸而全国体。仍望大力主持，实为至幸。②

《郑孝胥日记》光绪二十七年十二月二十六日条："饶石顽智元来，言将应上海《时务纠报》及《时时新报》之聘。《纠报》者，荣禄遣唐廉来设以御各报馆者也。"③饶智元字珊叔，号石顽，湖南长沙人，官江苏候补道。饶智元与汪康年主持的《中外日报》有业务往来。④ 所谓《时时新报》，即《中外日报》馆所办《时事新报》。⑤

荣禄档案中收录的各地官员誉扬其挽回大局的信件极多，但荣禄对各方动向极为警觉。报刊内容显示，荣禄等影响报刊舆论，以《中外日报》《中国旬报》和《新闻报》居多，报纸主要从新闻报道角度刊登消息，其动向受到外界关注，未发现这些报纸清楚荣禄等人的意图。⑥ 致袁树勋函中的发表方法，其他人致汪康年信中也有类似语气，约略相当于时下的熟人介绍、官员推荐之类，报馆未必清楚幕后动机。⑦

荣禄与东南舆论颇有往来。汪康年曾送其所办报刊，东南舆论对荣禄的认识和徐桐"痆诋新学"不同。⑧ 刚毅、鹿传霖、李秉衡等也为东南舆论所不喜，王文韶所获评价也不高。荣禄关注舆论动向、迎合舆论、注意隐

---

① 《近代史所藏清代名人稿本抄本》第一辑 67，第 121 页。
② 《近代史所藏清代名人稿本抄本》第一辑 66，第 206 页；第一辑 68，第 63、64 页。
③ 中国国家博物馆编：《郑孝胥日记》第二册，中华书局 2016 年版，第 821 页。
④ 上海图书馆编：《汪康年师友书札》4，上海书店出版社 2017 年版，第 3881 页。
⑤ 上海图书馆编：《汪康年师友书札》2，上海书店出版社 2017 年版，第 1518、1519 页。
⑥ 张荣华编校：《康有为往来书信集》，中国人民大学出版社 2012 年版，第 271 页。
⑦ 上海图书馆编：《汪康年师友书札》4，上海书店出版社 2017 年版，第 3225 页。
⑧ 上海图书馆编：《汪康年师友书札》2，上海书店出版社 2017 年版，第 1537、1556 页。背景见《汪康年文集》下册，浙江古籍出版社 2011 年版，第 583、584 页。

藏个人真实动向以及东南舆论愿意刊布为荣禄辩护的信息，也有一定的背景。报馆背景、人际关系和政见复杂，以荣禄之谨慎，不会直接和报馆谋划。报纸宗旨也和官府不同。光绪二十七年十一月十三日《汇报》"论上海华字各报"："上海租界有华字日报五家，申报、中外日报、新闻报、同文沪报、苏报是也。""各该报各处均有访事，有事或以信致，或以电传，故其消息颇灵。""五报之内，其宗旨主维新者四家，屡言开设西学堂，建筑铁路，开议院，改宪法政体，广设报馆，然而皆不以顽固党之政策为然。惟申报则反是。盖申报实守旧之尤也。申报虽未明助拳匪，而彼之宗旨，则深服仇视外人之政策。申报云，去年拳匪之乱，皆由洋人刻薄华人，遂令华人舍命救国，以冀免于灭亡，为应为之事等语。""申报虽守旧，然其报纸则销于内地最多，此则因开设最早。"又《清议报》光绪二十七年七月：

> 上海一隅，所发行之新闻纸，颇不为少。汉字新闻有中外日报、苏报、新闻报、同文沪报、游戏报、申报数种。中外日报，乃中国新党之机关，现为汪康年氏所管理，近来报体日益改良，记事持论，大能发抒爱国之血诚，深任觉民之责任，销路亦日见畅旺，各报中自当推此为冠。若苏报若新闻报，宗旨亦甚相符，而销路未能及之。同文沪报，向称字林沪报，亦新党所创设，后因款费难支，遂为我日本所设之东亚同文会所有，爰改称今名。申报系法人某所经理，其基础极坚，而其流毒于中国，实非浅鲜。盖该报创行最早，其主旨惟在获利，不稍知有觉世牖民之责。中国时局，艰危至于今日，而该报犹故作不关痛痒之论，以粉饰太平，而愚惑万众。吾甚不解其主笔之华人某，何以全无心肝，安作亡国之奴也。此外尚有西字新闻数种，颇可就察英人对华之意向，及其所设施焉。新闻之情形大概如此。他关于文学教育及风流游览诸端，自别有游历者之笔记专书，可供参考，兹不具说。①

从荣禄档案反映的情况看，最为荣禄及其亲信注意的发表对清廷及荣禄不利的南中报馆，当属《中外日报》和康梁维新派方面的报纸，被认为是源头，其他报纸多转载其言论。

对外宣战之后，在如何对外解释清廷与义和团关系问题上，东南督抚

---

① 　清议报报馆编：《清议报》第 6 册，中华书局 2006 年版，第 5547、5548 页。

主要采纳荣禄及军机处的说法，朝廷的说法和荣禄及军机处大略相同。荣禄及军机处先是对东南督抚说明，然后通过总理衙门和清朝驻外公使向列强说明。义和团之后的惩办官员，把清廷利用义和团的责任推给一些满洲王公大臣，清廷国家和朝廷层面得以不受牵连。这些说法的最初源头来自荣禄，尤其是如光绪二十六年六月二十二日、十一月二日荣禄致奎俊书："假中曾七上禀片，皆以赶紧剿办、以清乱萌，而杜外人借口；均为枢廷诸人以多事为词，竟将一切办法置之不理，皆不报。后来竟抬出廷寄，谓该大学士勿得孟浪云云。""此事始于端王，继而诸王贝勒各怀心意，从中有犯浑不懂事理，皆以上意为顺，故在殿廷大声急呼。……故众口一词，坚意主战，皆以伲为怯，况现统重兵，如是之伧。""刻于逐日召见时，……并将五、六、七月间，诸祸首崇信邪教之乱。""至田舍当初之不信拳匪及阻战并勿攻使馆各说。"①

荣禄的这类解释不是机密。五月三十日，荣禄致东南各省督抚电报中有相同的说法，东南督抚趁机转达各国领事及列强外交部，"使知朝廷为此辈迫胁，非出圣意"②。翁同龢在六月份已"见荣相与南疆督抚电"③。八月份，东南督抚势大，李鸿章、张之洞、刘坤一等的立场及一些重要电报，已为京官所知。当然，公开电报中没有指明端王、刚毅应负主要责任。④ 这是以后清廷解释义和团事件的官府口径。报刊也广泛传布这类官府方面有意提供的消息。六月廿五日《中国旬报》：

> 国是：荣相电信照录：直隶藩台转送李钦差、刘制台、张制台、鹿抚台、王抚台、松抚台、余抚台鉴：来电敬悉。以一弱国而抵十数强国，危亡立见。两国相战，不罪使臣，自古皆然。祖宗创业艰难，一旦为邪党所惑，轻于一掷可乎？此均不待智者而后知。上至九重，下至臣庶，均以受外欺凌至于极处。今既出此义和团，皆天之所使。为此区区力陈利害，竟不能挽回一二。因病不能动转，假内上奏片七次，无已勉力疾出陈，势尤难挽。至诸王、贝勒、群臣内对，皆众口一词，谅亦有所闻，不敢赘述也。且两宫诸邸左右，半系拳会中人，

① 北京大学历史系编：《义和团运动史料丛编》第一辑，中华书局1964年版，第138～142页。
② 赵德馨主编：《张之洞全集》第十册，武汉出版社2008年版，第82页。
③ 陈义杰整理：《翁同龢日记》第六册，中华书局1998年版，第3276页。
④ 中国社会科学院近代史研究所编：《庚子记事》，知识产权出版社2013年版，第113、120页。

满汉各营卒中，亦皆大半。都中数万，来去如蝗，万难收拾。虽两宫圣明在上，亦难扭众。天实为之，谓之何哉！嗣再竭力设法转圜，以图万一之计。始定在总署会晤，冀可稍有转机，而是日又为神机营兵将德国使臣击毙。从此则事局又变，种种情形，千回万转，至难尽述。庆邸、仁和，尚有同心，然亦无济于事。区区一死不足惜，是为万世罪人。此心惟天可表，怵怵！本朝深恩厚泽，惟有仰列圣在天之灵耳！时局至此，无可如何。沿江沿海，势必戒严，尚希密为布置，各尽全心。禄泣电复。①

七月十五日，《知新报》提出荣禄在对外宣战过程中起主要作用的证据：“此次祸衅，实荣禄暗中主使。盖各军均归伊统属，心中常以与洋人为仇。外面故意装疯，盖恐万一事败，伊尚能为政府也。可谓巧矣。聂军欲剿义和团，荣极力阻止并函责之，谓义和团乃忠义之民，万不可剿。此函人多见之，在津西人亦多知之云。录《同文沪报》。”②此前，东南舆论及督抚一般相信荣禄及军机处的解释。此类报道显然起到了作用，报刊中开始出现为荣禄辩解的文字。

荣禄滞留的保定是一个重要的向上海一带报刊发出信息的源头。除了蒋楷作品来自保定之外，赵声伯也曾在保定滞留，并通过知交向上海一带传递信息。

袁世凯为荣禄之事运筹。光绪二十六年闰八月二十七日袁世凯电刘坤一、张之洞、盛宣怀：

救使事荣相实冒险出力，厥功甚伟，断不可没。此人亦断不可少。请杏公图之。另有记载荣事，由排递沪。③

杏公即盛宣怀。袁世凯在惩办刚毅、董福祥等事情上颇为积极，但力保荣禄。

九月二十日，盛宣怀电袁世凯：

① 路遥主编：《义和团运动文献资料汇编》中文卷上，山东大学出版社 2012 年版，第 388 页。此段原文校对不精。
② 路遥主编：《义和团运动文献资料汇编》中文卷下，山东大学出版社 2012 年版，第 422 页。
③ 骆宝善等编：《袁世凯全集》第六卷，河南大学出版社 2013 年版，第 547 页。

> 尊函附来荣相节略，已登华、洋报，送与各国辨正，总以董罪办
> 否为断。公能否密告于次帅。①

董指董福祥，于次帅即湖北巡抚于荫霖。

九月十一日《新闻报》的一份报道，正好和袁世凯与盛宣怀运筹的时间一致：

> 客有游于沪上者，与予谈北事甚悉。叩之，乃自京师陷后避乱南
> 来者。予因诋袒拳诸公之罪而并归咎荣相，客曰："此事颠末，予知
> 其详，试为君述之。查拳匪于二月间在顺属州县立团惑众，至三月间
> 京师亦渐有之，而地方官查禁不利。荣相二月底因腿疾请假，久不
> 愈。当是时顺属一带拆毁铁路、焚烧教堂之事层见叠出……闻荣相于
> 假内七上奏章，请旨严饬查禁……乃守旧诸公持之，不得径行其
> 意。……朝廷复派甘军、中军前往，意在禁约，本无围攻之命。不知
> 何人进说饬令围攻，荣相闻知力争，谓两国交兵尚不罪使，缘何无故
> 违背公法，招怨邻邦？且以一国而招数国之兵，危亡立见。再三言
> 之，乃王贝勒等怒不听，饬董福祥围攻，且以荣相私通外国不肯出力
> 为词。于是荣相与庆邸扼腕嗟叹，无可如何矣。"②

《新闻报》的这篇报道，显示了京官作品、荣禄解释、袁世凯的态度
和上海方面报刊的关系。杨典诰《庚子大事记》总论的内容和结构和这篇
《新闻报》的报道相似："本年三月，涞水有戕官之事；四月，保定有烧电
杆、毁铁路之举。不知电杆、铁路乃国家营造者，既悬'扶清灭洋'之旗，
而又烧焚公家之物，是直与国家为难，非乱民而何。""端邸信尤深，日与
团首计议。""端王等决计惟团首之言是听。"③该总论作于光绪二十六年闰
中秋日。

十月二日，袁世凯电刘坤一、张之洞和盛宣怀："人以董蒙识拔，多
疑中堂庇纵，时为剖白，仍疑信参半。"④董福祥不遵荣禄节制的一些传

---

① 骆宝善等编：《袁世凯全集》第七卷，河南大学出版社 2013 年版，第 94 页。

② 路遥主编：《义和团运动文献资料汇编》中文卷下，山东大学出版社 2012 年版，第 569 页。

③ 中国社会科学院近代史研究所编：《庚子记事》，知识产权出版社 2013 年版，第 73 页。

④ 骆宝善等编：《袁世凯全集》第七卷，河南大学出版社 2013 年版，第 118 页。

闻，均被袁世凯认定为董福祥的事实。①

此后陆续有一些对荣禄和西太后不利的传闻，但东南互保后南方形势已经稳定，舆论对清廷内部动向关注度已经下降，没有特别追究荣禄和西太后的责任，渲染端王作用的舆论也有不少，来源大多是京畿地区官绅。②

向京官传播各类真伪难辨的信息是荣禄之惯技，维新派对此印象极深，认为是荣禄"托病"，义和团时期维新派主要是没有发现荣禄传播信息的确切证据。③ 光绪二十六年七月二十一日《清议报》推测清廷利用义和团对外宣战为荣禄主使，已经分析了和荣禄相关的传闻。只是《清议报》此文缺少清宫档案等机密资料，从制度和情理层面分析较多，没有想到西太后的决定性作用：

荣禄主谋结拳匪攻西人信据

顷拳匪之变，焚杀西人，几亡中国，中外汹汹，咸知罪端逆、刚毅矣。然有最奇者，于首谋之荣禄多恕词，不特恕词，且有从而群称其力谏者，又有从而称其令各省督抚勿奉二十五后之旨者。鄙人既得京师确信，知荣禄实阴为通拳匪杀西人之主谋，绝无力谏之事。至令各省督抚勿从伪谕之说，尤为齐东野人无稽之谈。今将各信附列于后而先辨之。夫荣禄何官乎？非军机大臣乎？今号称政府出谋定策者，皆出于军机。军机中首座礼亲王，则荣禄之亲家也。军机中旧例，凡有与上问对、传旨、述旨，皆首座、次座为之。荣禄与刚毅虽同在军机，而位居其上，又有兵权。虽同为废上之元勋、李联英之门生，而荣禄多一亲家为军机首座。故荣与刚对较权宠，刚为一军机，而荣兼二军机，一也。刚为下军机，而荣为上军机，二也。荣为总内外兵权之军机，刚为匹夫之军机，三也。荣为机警聪敏之军机，刚为蠢愚冥顽之军机，四也。有此四者，荣、刚之孰为有权无权，不待计矣。荣既有权，然则凡军机之出谋定策出自何人，又不待言矣。通拳匪为如何政？杀西人、戮公使为如何事？若荣禄不肯，彼挟礼王而合争之，岂患不能胜一蠢愚之刚毅哉？凡一切出谋定策、降谕传旨，皆出军机。试问今京津流血，召怒万国，明明庇团开衅，几亡中国，此何

① 骆宝善等编：《袁世凯全集》第七卷，河南大学出版社 2013 年版，第 137、138 页。
② 路遥主编：《义和团运动文献资料汇编》中文卷下，山东大学出版社 2012 年版，第 453、468、474 页。
③ 《知新报》二，第 1791 页。

事？而谓荣禄不允能行之乎？或者曰：刚之力诚不如荣矣，然通拳匪杀西人之事，出自端逆之意也。端逆者，候补太上皇也。荣禄将臣之事之，岂敢抗之，岂能阻之？刚与端亲比，故荣虽在军机，无如之何，此近者信荣禄之理也。然如所信云云，荣禄力请剿团勿攻使馆，且令各省督抚勿奉伪旨，是荣禄深知拳匪之不可用、公使之不可犯、各国之不可开衅、端王之为逆矣。夫杀西人，戮公使，召各国之交攻，则中国将亡，荣禄亦不免矣。夫荣非西后心腹之臣乎？椒房之亲乎？今既频忤端邸而听其横逆，至于能矫旨幽弑太后，矫旨攻各国，矫旨令各督抚通团攻各国，则荣禄既有忤端邸之祸，又失太后之倚，此天下第一大事大祸。即使中国尚存，荣禄亦必见诛于端邸矣！……

然则此等谣言从何来也？夫京朝之事，帷幄密谋，备极秘谨，虽亲子弟，鲜有知者。观于王文韶、廖寿恒、许景澄、袁昶之议论，外间无所传闻可见也。夫此四人者，于大臣中稍明中外之故，必不愿连拳匪杀使臣，以祸中国而祸及其身。其必谏之，可断断也。廖寿恒近逐出总署，此必力谏通团开罪外人之故。此乃力谏之有凭据者，其他言论，实无由传出。盖中国大臣向来风气，不言温室，实无密谋轻传之理。即端、刚逆谋，亦复难传。尊如礼王，未闻一言传出。而荣禄言论意旨，乃报上频频登之。考之京官来书，则大相反，何也？盖结拳匪杀西人御外国之举，其根因实由去年十二月废立而来。去年废立之举，实因前年八月之变而出。①

《清议报》对荣禄的分析，是当时舆论中最为准确的。

历溯荣禄阴谋

荣禄之为人，最狡黠，能造谣言以欺天下。当未入军机时，凡有放官，皆军机大臣主之，荣禄本无是权也。乃一切放人，皆引为自己所放，以卖威福。官人为其所愚，于是其门如市，其贿如山矣。即如黄遵宪之拔用，乃翁同龢爱其所著《日本国志》而大用之。荣禄乃告人称黄遵宪为其所用。袁世凯亦翁同龢所拔，且增其兵。荣禄反告袁世凯自谓其所拔，又欲升袁世凯官而增其兵，翁同龢阻之。其他可类推。又如光绪廿四年废立皇上，荣禄于四月时与那拉后定谋，而先逐

---

① 路遥主编：《义和团运动文献资料汇编》中文卷下，山东大学出版社 2012 年版，第 439~443 页。标点参阅原刊。

皇上师傅翁同龢。逐翁同龢之上谕，乃荣禄门客姓范者之所作，人曾见之。及翁同龢罢相日，荣禄执其手而流涕曰："尔何以得罪皇上至此？"具数千金程仪以送之。于是忽而谓传棺椁，忽而谓裣衣裳，士大夫皆旁皇震动无措。……

盖荣禄因有废立之事，于是立端王之子，故那拉托以大兵以辅翼之。又畏新党之得民心以救上也、外国之干预也，故取山东、直隶数百万之义和团，以为保护北京之计。其事由于欲废皇上，其祸遂成于寇杀西人，而其本原则出荣禄保位而已，然又恐废立不成，拒外国不成。至于中国大逆不道之怒，及西人之恶也，于是阴谋主持之上，而日布谣言，委过于刚毅等，以结欢于中国及外国。事成则居功而可以篡位，事不成则可以免讥而保身，荣禄之阴贼狡黠如此。而不谓中国之人为其所愚，乃至万国有识之人亦为其所愚，荣禄真狡黠之尤者哉！或谓荣禄何以欺天下乎？不知此甚易耳。荣禄位高权重，见奔走之士大夫偶发一二狡诈之言，士大夫乐于辗转传诵，一登报端，辗转登之，遂遍中外。荣禄亦时见各报之信其诈而称之也，益乐日肆其奸以卖天下。去年伪嗣之立，荣禄预托于出东陵。顷义和团之变，荣禄假托称病，又假称欲乞休。狡黠巧谋，同此一术。今即除诸实事不算外，凡大事必问兵权。今试问两年来执中国一国之兵权者为何人？政权兵权并在一人者为何人？则废保皇上为何人？仇杀西人为何人？可断断兮，其他谰言，皆可分别而踪迹之矣。[①]

另有一些注意分析荣禄的作品，也大都带有为维新派的倾向，有称颂光绪和贬斥西太后的倾向，如李希圣的《庚子国变记》和佚名《纵论义和团》。这些揭发荣禄的言论和密信并没有起到作用，主要是英国驻上海代理总领事霍必澜在清廷对外宣战后从东南督抚处获悉荣禄致东南督抚信件的内容，并报告英国政府，洋务派督抚的证据作用更大一些。[②]

那么，清廷内部是否就义和团事件的说法在全国范围内有什么统一的安排呢？根据各种迹象推测，有些安排，但尚不至于事无巨细地在全国范围内统一口径：

（1）京官作品对西太后、荣禄的活动有一些猜测和质疑显示，清廷通

---

① 路遥主编：《义和团运动文献资料汇编》中文卷上，山东大学出版社 2012 年版，第 380~382 页。原文"翁同和"改作"翁同龢"，部分标点参酌《清议报》原文。

② 胡滨译：《英国蓝皮书有关义和团运动资料选译》，中华书局 1980 年版，第 59、61 页。又参见《清议报》第 4 册，第 3407 页维新派的论述。

过一系列上谕、公牍，就义和团事件中的若干问题形成了结论性的东西，也对相关记载作了修改，但主要是和被惩办的王公大臣及义和团有关的东西，没有就西太后、荣禄、王文韶和奕劻有关的诸多重要事情做出确切解释。京官作品中也是对和被惩办的王公大臣有关的描写较为翔实，对和西太后、荣禄等有关的事情或语焉不详，或有种种推测但长期没有形成确定性说法。

（2）光绪二十六年的学政和考官提供的不利于徐桐和启秀等人的证据不少，如骆成骧、林开谟和吴郁生。徐桐长期担任翰林院掌院主持科举考试，启秀为礼部尚书，也负责此类事务，相互接触较多。学政和考官涉及人事任免，有些人和军机处关系密切，相互间有传递荣禄公开说法的举动。①

光绪二十六年乡试考官：

吴纬炳、伍铨萃、骆成骧、田智枚、李殿林、吴同甲、胡孚宸、李传元、华金寿、吴郁生、冯恩昆、刘嘉琛、李荫銮、夏孙桐、沈卫、林开谟、李昭炜、刘福姚、裴维侒、檀玑、载昌、吴士鉴

光绪二十六年学政：

陈兆文、陆宝忠、李殿林、文治、李荫銮、尹铭绶、刘嘉琛、林开谟、叶尔恺、沈卫、檀玑、绵文、吴士鉴、蒋式芬、载昌、吴郁生、溥良、刘家模、田智枚、赵惟熙、吴纬炳

光绪二十七年学政：

张亨嘉、檀玑、秦绶章、彭述、彭清藜、胡鼎彝、柯绍忞、刘家模、吴敬修

光绪二十八年学政：

陈兆文、郑叔忱、朱祖谋、汪诒书、叶昌炽、吴鲁、田智枚

---

① 《近代史所藏清代名人稿本抄本》第一辑64，第700页。

其中有些人提供了不利于徐桐等人的证据，也有一些是义和团的支持者。据吴庆坻《庚子赴行在日记》获知，吴郁生在光绪二十六年年底担任四川学政，接任时间是十二月二十一日，这一带接到清廷惩办刚毅、徐桐等人的上谕已是光绪二十七年正月。① 也就是说，光绪二十六年底各省学政赴任时，庚子惩办大臣事宜尚未最后确定，清廷不会事先就让学政向各地通报。庚子谈判时期，主战的京官在西安势力还很大，全国性宣讲必然会泄露风声，使荣禄、王文韶等人遭到攻击。

王照《德宗遗事》中提到学政有到一些省份宣讲的目的，似乎是支持义和团的。但学政之间态度似乎不一，艾声《拳匪纪略》光绪二十六年五月二十八日和三十日条也提到一些学政介绍京城情况，似乎和荣禄的口径一致，又是反对义和团的。从艾声所记情况看，翰林院编修到各地主持科举考试，和书院人员及州县官有交往，或许不排除其中某些人物受到授意借机讲解京城情况。定兴县知县罗正钧在向东南省份知交通信中沿袭京官说法。描写定兴和新城两县义和团情况的艾声和翰林院编修有交往，并从中得到京城的消息，所记京城情况和京官作品相似，② 但尚未发现学政之间有统一安排的证据。

（3）京官的整体描写对荣禄有利，但也有一些对荣禄不利的言论。《清史稿》说荣禄"依违其间"，这在京城政坛是带有贬义色彩的语言，如《清史稿》倭仁传所说的"依违两可，工于趋避者，小人也"。《清史稿》董福祥传说"荣禄颇信仗之"，并引用了董福祥致荣禄的信，这都是对荣禄不利的描述。但《清史稿》荣禄传的相关记载基本还是沿袭京官作品，如说光绪"二十六年，拳匪乱作，载漪等称其术，太后信之，欲倚以排外人。福祥率甘军攻使馆，月余不下。荣禄不能阻，载漪等益横，京师大乱，骈戮忠谏大臣。荣禄踉跄入言，太后厉色斥之。联军入京，两宫西幸，驻跸太原。荣禄请赴行在，不许，命为留京办事大臣。已而诏诣西安，既至，宠礼有加，赏黄马褂"。也就是说，《清史稿》关于荣禄在义和团时期表现的记载，是相互矛盾的。

京官作品中也有一些对王文韶不利的记载。但《清史稿》王文韶传大体持肯定态度，说光绪"二十六年，拳匪仇教，文韶力言外衅不可启，不见纳"。

① 吴庆坻著：《庚子赴行在日记》，第1、10页。
② 中国史学会主编：《中国近代史资料丛刊》（《义和团》第一册），上海人民出版社2000年版，第459页。

　　总之，京官作品主要还是沿袭官府口径，加上自己的某些见闻，但对一些事情的来龙去脉也不了解，清廷也未说明。但很多作品的体例和内容是相似的，显示其中某些人物有授意。观察高树《金銮琐记》和赵声伯《庚子记事长札》，简直就是恽毓鼎庚子日记的缩写版。① 据赵声伯《庚子记事长札》，作品是有意写给人看的，说"缘内中情形，恐未至京者不能悉解，能为一烦详述解说更好"②。

　　光绪二十六年十二月二十六日，上谕确认矫诏的说法：

> 　　内阁奉上谕：本年夏间拳匪衅起，凭恃城社，挟制朝廷，当时所颁谕旨，首祸诸人竟于事机纷扰之际，乘间矫擅，非出朝廷之意，所有不得已之苦衷，微言宣示，中外臣民谅能默喻。现已将首祸诸人分别严惩。著内阁将五月二十四日以后、七月二十日以前谕旨汇呈，听候查明，将矫擅妄传各谕旨提出销除，以重纶音而昭信史。③

　　"以重纶音而昭信史"，正是国史馆的历史撰写标准。所谓"纶音"即指朝廷说法，是国史馆品评人物的标准；"矫诏"被定为非朝廷声音，不入国史。这个策略是非常有创意的。上谕档对此上谕出台背景有说明："系因各国有内廷谕旨之语，是以力破其疑。臣荣禄所述当时宣战降旨情形，事属密勿，非外间所能探悉，若再指出造意擅拟之人，窃恐各国借此另生枝节，又将纠缠不休。臣等三人再三斟酌，似以不提为要，谨酌改数语恭呈，是否有当，伏候圣裁。"④所谓"臣等三人"，指荣禄、王文韶和鹿传霖而言。提出销毁事，实际没有下文，军机处上谕档中有底。京官作品中频繁追究上谕为何人所拟的做法，会造成牵连太广，也不符合荣禄等人的原意。王文韶日记对这个过程有间接记载。光绪二十六年五月三日，王文韶"蒙恩派充国史馆副总裁"⑤。十二月二十四日：入对，"连日以惩办首祸事深费斟酌，理为势屈，事与愿违，天理国法人情三者皆无所用，惟有长叹息而已"。二十五日，"有惩办首祸谕旨，为力顾大局计不得不

①　中国社会科学院近代史研究所编：《义和团史料》下册，中国社会科学出版社 1982 年版，第 653、729~731 页。
②　中国社会科学院近代史研究所编：《义和团史料》下册，中国社会科学出版社 1982 年版，第 660 页。
③　故宫博物院明清档案部编：《义和团档案史料》下册，中华书局 1979 年版，第 947 页。
④　中国第一历史档案馆编：《光绪朝上谕档》第二十六册，广西师范大学出版社 1996 年版，第 484、485 页。
⑤　袁英光、胡逢祥整理：《王文韶日记》下册，中华书局 2014 年版，第 1011 页。

出于此，真无可如何也"。二十六日，"入对三刻"①。此后，王文韶频繁会见京官作品中提到的一些信息源，如丁宝铨、葛宝华、何乃莹、孙家鼐、陆润庠、继昌、张百熙、郭曾炘等。王文韶是大学士，具备和翰林院、国史馆、军机处接触的机会，这些部门的相关作品才能口径保持高度相似，因为有些作品作者在庚子谈判时期不在北京而在西安，如继昌和郭曾炘。② 有的如张百熙既不在京也不在西安，而是在广东任学政。据《高枬日记》序，日记为张百熙"索去数日，谓可刊布"，于式枚"亦欲为之笺释"。③

光绪二十七年五月，王文韶任国史馆正总裁。光绪二十九年二月，署翰林院掌院学士。

京官描写义和团时期历史的核心力量，来自国史馆和军机处。没有组织活动，难以形成共识。翰林院侍读学士恽毓鼎和领班军机章京继昌的作用值得怀疑。很大的可能是得到了来自荣禄和王文韶的某些授意。这些人以军机处和国史馆居多，相互之间有私交，和徐桐等人没有直接隶属关系，这才敢于在日记中揭发徐桐等主战派的言行。相比之下，总理衙门人员的《石涛山人见闻志》则记载了荣禄很多参与决策的活动，和荣禄自言及很多京官作品渲染荣禄有病请假的态势不符。

最大的可能是：通过上谕确定了首祸诸人矫诏和官府为义和拳胁迫剿抚两难的主基调；荣禄和奕劻"无意"中透露了首祸诸人的某些活动，但未见王文韶提供某些特别信息或纠正某些说法；在出版和撰写京官作品方面有一些组织；但未必在相关国史撰写方面有系统和详细的授意。综合恽毓鼎和仲芳氏等的日记，其中有一些日常交游方面的记载，显然是有原始日记作依托，但其中有很多涉及义和团及其支持者的评论不符合清廷利用义和团时期的上谕口径，京官公然和上谕作对也不符合常理，必然是事后增删而成。又据郭曾炘文集，其在庚子事变时期并无写日记习惯，则京官之中也仅部分人有日记可作依托。又据高枬日记，京官日记相互之间有传阅，义和团之后支持义和团又受到追究，则现在很少见到义和团时期京官的原始日记，乃因事后销毁所致，因原始日记显然容易被当成支持义和团的证据。

国史馆以上谕、公牍为主要资料和线索，人物评价方面以上谕说法为

①　袁英光、胡逢祥整理：《王文韶日记》下册，中华书局 2014 年版，第 1015 页。
②　袁英光、胡逢祥整理：《王文韶日记》下册，中华书局 2014 年版，第 1025 页。
③　中国社会科学院近代史研究所编：《庚子记事》，知识产权出版社 2013 年版，第 138 页。

定评，上谕、公牍的说法确定，自然就会形成口径相似的文字。叶昌炽《缘督庐日记抄》：光绪二十七年正月十八日，"阅邸抄，去年五月二十四日以后，七月二十以前，所有祸首，矫传谕旨，著内阁汇集呈览，提出销除，以重纶音而昭信史，亦史臣所宜知也"①。《叶昌炽日记》光绪二十七年二月二十七日条："谒崑相师，言行在诸公显分畛域，以逭跸者为第一等，奔赴者为第二等，留京者为第三等，吾辈效死危城，流离惊恐，不知何负于朝廷？且史馆为本朝三百年文献所系，诸臣可去，独史臣不可去。此鄙人所以不西行，亦无南归之志也。"②崑相即崑冈。

　　总的看来，清廷利用义和团对外宣战前后，政见之争和权力之争随处可见。列强驻华使馆从总理衙门及京官处可轻易获悉清廷谋划的完整方案，军事准备达半年之久；列强也可从东南督抚处轻易获得清廷调兵密旨副本；③ 事后官员之间互相揭发。这都是战争史上骇人听闻的举动。相关当事方如义和团、东南督抚、外国列强及京城官员被西太后的前敌总指挥荣禄玩弄于股掌之上，荣禄且能稳坐中军帐，一举一动皆引起各方关注，多方攻之而不倒，百余年争论不休，更是天下奇闻。这种人物掌权，又各怀鬼胎，泄露军情，义和团与清军焉能阻挡八国联军攻入京城？马士罗列的义和团种种"罪行"大量来自伪作《景善日记》，义和团焉能得到好评价？④ 荣禄的核心立足点是西太后及清廷利益，不管胜负，进退皆有余地。尤其是对西太后及荣禄自己保护较为有力，诸多传闻异彩纷呈，众说纷纭，实际目的相同，对西太后、荣禄和清廷有利，同时打击政敌，转移外界攻击视线和矛头。诸多措施多是暗箱操作，外界难寻确据。维新派罗列的荣禄的很多狡猾手法，也大多是掩饰西太后和自己的意图，如渲染维新变法时驱逐翁同龢是因为翁同龢得罪皇上，乃是掩饰西太后作用；维新变法后渲染西太后要归政，乃是掩饰西太后意图和掩饰废立事件。这类渲染活动皆指向荣禄，荣禄担任军机大臣之前和荣禄死后皆不存在。

　　由此可见，清末民国时期京官描写义和团历史的作品视野较小，乃因其不掌握官府档案，不了解清廷利用义和团的具体策略，受到清廷把责任

---

① 中国史学会主编：《中国近代史资料丛刊》（《义和团》第二册），上海人民出版社 2000 年版，第 477、478 页。

② 中国史学会主编：《中国近代史资料丛刊》（《义和团》第二册），上海人民出版社 2000 年版，第 479 页。

③ 胡滨译：《英国蓝皮书有关义和团运动资料选译》，中华书局 1980 年版，第 59 页。

④ 马士著：《中华帝国对外关系史》第三卷，上海书店出版社 2000 年中译本，第 251、252 页。

推给少数王公大臣与义和团并否定官府和朝廷责任立场的限制，无法从甲午战争后清廷对外政策变动和列强瓜分的互动关系入手分析问题。这类作品难以显示清廷从应对瓜分到驱逐洋人出境的政策转折过程，难以理解清廷利用义和团的很多言论、策略和具体谋划，对于西太后、荣禄等人的具体作用和政治倾向也就无从详细描述。只能将这类作品视为研究义和团历史的一些初期成果，作为参考而不是定论性的东西，是理所当然的。后人局限于京官作品的视野，哪能说清义和团运动与近代中国社会变动之类较为广阔、深邃的问题？

　　京官作品对义和团事件成因的渲染，把责任推给义和团及少数满洲贵族，政治上产生了意想不到的结果，即暂时转移了人们的视线，没有将矛头对准西太后和清廷，而是以揭露义和团盲目排外及少数满洲王公不了解外情为主，南方舆论更进一步提出"文明排外"的观点，也是将义和团作为反面对象。义和团事件之后鼓动排满的以革命派为主，但列举的反对清廷方面的理由，也是说少数满洲王公支持义和团，揭露清廷签订辛丑条约，没有将矛头对准西太后和清廷。一些民族主义运动如拒俄运动、抵制美货运动和收回利权运动，对清廷仍然是支持的。描写西太后在西安观察形势，发觉国人没有背叛她，大喜过望，同意回銮和实行新政的记载颇多。到清末民国时期，诸多记载在涉及清廷利用义和团原因时，从维新变法和废立因素分析是普遍现象，大体沿袭了义和团事件之后的趋势。"矫诏"说归因于少数王公大臣的说法也为舆论接受和沿用，此后舆论较为关注新政问题，绝少涉及对胶州湾事件后对外政策反思的内容。① 光绪二十六年六月，张謇上书两江总督刘坤一，建议刘坤一和东南督抚推举李鸿章"总统各路勤王之师，入卫两宫"，北上平息废立事件。② 张謇参与了刘坤一幕府的一些活动，赵凤昌也有很多记载，但他们未必了解刘坤一对西太后的怀疑，说明他们只是在某些事情上时断时续地参与谋划，赵凤昌对光绪二十六年清廷在对外宣战期间内部动向的描写是较为简单的。③ 此后清廷涉及新政的很多上谕，仍是以西太后的名义或突出西太后的作用，舆论几乎察觉不到西太后在利用义和团事件中的核心作用。

　　义和团事件之后，一些作品也提到西太后和荣禄的作用，但或为私家

① "论回銮后应行事宜"，《汇报》光绪二十七年十一月十二日。
② 中国社会科学院近代史研究所编：《义和团史料》下册，中国社会科学出版社1982年版，第672、664页；张謇研究中心编：《张謇全集》第一卷，江苏古籍出版社1994年版，第44、45页，日期见第六卷，第438页。
③ 黄濬著：《花随人圣庵摭忆》上册，中华书局2016年版，第428、430、432页。

著述未出版，或为民国时期的作品，或影响力小，并没有改变上述态势，如李希圣和龙顾山人的作品。到民国时期，尽管舆论对西太后和荣禄在义和团时期的活动有一些描写和猜测，但总体趋势是将其责任归之于端王、刚毅和徐桐等人，对西太后和荣禄的作用并无系统描述。1929 年，张元济致信《庚子西狩丛谈》的作者吴永，说此书"见闻真切，尤足备异日史家之甄采"，将当时"误国庸臣""谥以亡国大夫，可称无愧"。①

列强方面其实也没有完全释疑。光绪二十七年十一月，张之洞致鹿传霖：

> 前数日英萨使自京来电，令领事面见，密语云：各国甚不悦荣相，不愿其在政府。直督袁曾为荣相解说，但袁与荣素来亲密，所言不足为据，特电询刘、张之意若何。答曰，从前事皆系董罪，固不待言。近日圣驾到汴后，俄人催定俄约，事甚紧急，赖公与荣相力阻，始未允画，此事甚确等语。鄙人先与辨析多语，英领皆不听，直至说到在汴阻俄约一节，英领顿觉意解。又云，萨使已查知俄人有函重托荣相，令该领详告。鄙人答云，此事未闻，即或有函，在俄何足为怪。荣相顾中国大局，必不偏听。英领当即照以上各语电覆萨使。昨萨使复覆云，刘亦为荣解说，既有刘、张、袁三总督代恳，此时即不深论，但日后尚须留心察看荣相办事若何。若荣相偏袒俄人，仍要说话等语。特此飞布，并望转达略园。②

略园即荣禄。此外，张之洞还劝鹿传霖以后不要推荐贻谷，英国公使拜访时"善为款接，万勿拒绝"③。

钱恂在光绪二十七年致《中外日报》汪康年信中，以调侃的语气写道：

> 报中近攻鹿、荣两贼诚当。荣本为西人所恶，李木斋为缓颊于日本政府，又浼恂向前任外务大臣青木前说项。彼时木斋颇为青木所轻也。青木为电北京，拟召预议和。北京日本公使回电言：免究则可，预议则不可。此去年冬事也。现任外务大臣加藤，颇与木斋善，木斋自变计也。又竭力为荣谋，恂颇重木斋之不负所主也。鹿无外援，惟

---

①　《张元济全集》第 2 卷，书信，商务印书馆 2007 年版，第 79 页。

②　赵德馨主编：《张之洞全集》第十册，武汉出版社 2008 年版，第 334 页。

③　赵德馨主编：《张之洞全集》第十册，武汉出版社 2008 年版，第 334、335 页。贻谷和樊增祥都曾是荣禄的幕僚，见胡思敬著：《国闻备乘》，中华书局 2007 年版，第 137 页。

恃李莲英耳。刚之不死，自在意中。恂于诸元凶中，最佩服刚，以为中国之忠臣。试问已亥、庚子两年，若不有刚毅极力培养，今日安敢发新政议论。虽新政必不行，而议论固已发矣。若庚子有数刚毅，则今日新政其行矣。若戊戌秋冬尽用刚毅办法，尽去行省汉人督抚而易以满人，则庚子新政早行矣。兄试思之，当以弟言为然。去年汉口止杀二三十人，故士气不振。若尽杀容闳、严复、张通典、陶森甲辈，今日士气必大胜。欧洲维新，死者数万人，日本亦不少。中国区区死数十人，焉足言新。俄国之所以不得与德、法、英、美比者，以政府不主杀人政策也。近来学生囚三百余人，请看五年之内，俄国必有起色，此非彼自命为志士者所知也。刚毅为中国尽力，诚可敬，所惜者兼为耶苏教尽力耳。此刚毅无心之过，愿请恕之。①

佚名所著《纵论义和团》等文章对荣禄活动极力猜测显示，如果能够系统掌握军机处档案，有机会看到军机处发出的种种指令，一些对京城政治和人物性格有一定了解且极力追究事情真相的京官，是会发现奥秘、恍然大悟的。

光绪二十九年荣禄死后，夏曾佑在《中外日报》发表《论荣中堂》一文，是有卓越见识的，主要是对荣禄的一些政见及光绪二十六年对外宣战后军机处的一些作战指令不是太清楚：

自戊戌以后，中朝大官为环球所指目者，莫过于荣中堂一人。今者荣中堂死矣，然荣死而中国之前途，亦几几乎与之尽死。则实恨其死之已迟，而未可遽以其死为幸也。按：戊戌政变之举事极仓卒，太后实以荣为谋主。证据确然，人所共知，无烦赘述。其后荣即居中用事，以大学士入军机兼兵部尚书，节制北洋各军。其后设立武卫五军，即畀以总统之任。兵权、政权皆在其手，为本朝所未有。已亥年刚毅奉命南下，实欲搜括巨款，以为起事之备，荣实与为表里。荣任练兵，刚任筹饷，同为中朝所倚任。然刚狠而愎，荣险而狡，故权力半在荣掌握中，其声势之胜，刚犹不能及也。荣既以辅佐太后推翻新政，扰乱国是，故时论多嫉之；而自又招权纳贿，贪得无厌，为政治之大害，故尤为人所訾议。暨乎庚子年拳匪乱起，荣实主持其事，而

① 上海图书馆编：《汪康年师友书札》3，上海书店出版社2017年版，第2757、2758页。

阳若置身事外。迫察知拳匪不足恃，乃又与使馆通馈遗，示殷勤，以为日后解免地步。然其纵容之实据，凿凿可指，无可遁饰也。及联军入京，两宫出狩，荣随驾西奔，颇虑不得自全，意颇惴惴。然其后开议和约，纵拳诸王大臣咸被外人指索，受国家严谴，一一不稍贷，惟荣独得无恙，而于辛丑回銮时，犹得与袁、刘、张诸公同被恩旨、受殊赏。夫以荣之劣迹昭著，为人所公愤如彼，外人指索罪犯，纤悉不遗如此，而荣居然身名俱泰，岂果其智足以自全哉？特以太后于荣特有同心同德之谊，故于颠沛流离之中，犹倚为心腹肱股之寄；内外诸大臣又将恃为奥援，以仰博太后之宠眷。故当各国公使指索最急之时，诸臣无不尽其心力为荣游说，此所以论其罪状，万无可解免之理，而居然得无恙也。自是以后，朝廷大权惟荣实操之，自余诸人，备员而已。荣亦颇惧外人之尚有后言，清议之足畏，乃始取戊戌所行之新政，一一请朝廷降诏，晓谕臣工，重复举行，然行之期年，终于无效，则以文至而实不至，不足以感动天下故也。而其招权纳贿，则更甚于前日，惟以聚敛为急务，惟恐不足于财。去岁一年所入数颇不赀，故尤为政治之大蠹。①

在天主教方面，樊国梁发布《约束教民告示》，公布了和官府达成的约定，承认义和团事件"非朝廷之意，乃拳匪不遵谕旨而横行也"；"当知教民、平民同是皇上之百姓，无差等之分，无贵贱之别，除与教规有碍之事，均得一律奉公守法"；不得互相报复。除赔偿外不可别有要求，云云。②

《知新报》七月十五日译《字林西报》"西报公论"：

昨日路透电所言，德国行文欧洲列强，言中国此次乱事，德国并无乘势瓜分中国之心，本馆已登今日报章。此言正与英政府用意相同。为英相沙侯计，正好乘此机会，请各国会议立约，将来事平不得瓜分中国，亦不准占取地方，以为要索之计。德皇预知将来必有此等事件，故乘此未定之时，照会各国，以免后言。若英国会同德美两国，起而倡议，日本亦必相从。他国虽欲瓜分，亦不能矣。如此办理，长江各督抚，如张、刘等公闻之，亦可释忧国之忧矣。③

① 杨琥编：《夏曾佑集》上册，上海古籍出版社2011年版，第57、58页。
② 路遥主编：《义和团运动文献资料汇编》中文卷下，山东大学出版社2012年版，第772页。
③ 《知新报》二，第1879页。

下篇　义和团时期政治现象溯源

第四章　政策层面的进一步探讨

第一节　京畿地区驱夷派与义和团关系之发现

现有研究中，涉及义和团的支持者，多以保守称之，罗列训政之后执政的荣禄、刚毅等人的一些活动，缺少从政策取向方面深入解剖守旧派的主张及其与利用义和团关系方面的成果。义和团事件不仅是一次反洋教、反瓜分的活动，也是第二次鸦片战争后京畿地区守旧派的唯一一次大规模内政外交实践。义和团时期清廷中枢决策的形成及其内在分歧，是与其以往的政见和以后的演变相一致的。通过研讨清廷利用义和团事件，可发现第二次鸦片战争后曾国藩、李鸿章等反复提及但并未详细说明的以"驱逐出境"和"攘夷"为中心的京城主战力量的内部构成及政策源流。

1900 年 12 月，赫德在《义和团，1900》一文中写道：

> 有关中国最近发生的事，各处已有不少论述文章。但是片面的和个别细节的研究，只会引起人们的兴趣而不会给人们带来启示，还可能把更重要的问题掩盖起来，而不是展现出来。我们渴望找到那种真正的东西，它能使将来的交往变得安全、和平和有利。要达到这个目的，第一步需要弄清楚：是什么使得以往的交往，不管是什么形式和什么程度的交往，为什么只收到相反的效果。60 年来的条约关系竟然导致了这样一个义和团运动，这样的结果又该作何解释？①

现有的支持义和团的人物记载是经过挑选的，并不是全貌。汪康年说：

---

① 《这些从秦国来》，天津古籍出版社 2005 年版，第 96、97 页。

　　　　拳匪事，自吾辈观之，不值一笑。然往北中士大夫，十九倾信，不独人所指目诸人也，特后来隐不言耳。且乱时避难至海上者，犹多奖许此辈，甚至久游各国者亦如此。①

　　义和团时期，主战派内部情形复杂，但有非常相似的倾向和言论，乃因其对外心态较为独特，普遍存在强烈的利用义和团复仇、恢复"大一统"和实现"国运中兴"的思想。和胶州湾事件后清廷强调对外抵抗保守疆土的倾向相比，此种倾向体现了从第二次鸦片战争到义和团事件的历史延续关系。

　　胡思敬《驴背集》中提到一些主战派的目的：

　　　　旧制军国重事，皆令军机处决之。至是别设军务处于国史馆，以徐桐、崇绮、刚毅、赵舒翘、启秀等入参机务，如军机大臣之例；以连文冲、王龙文、汪诒书等，阅中外奏章，撰拟谕旨，如军机章京之例。诸臣以平戎为己任，意在尽戮各国公使，闭关谢客以成大一统之治。②

　　汪诒书字颂年，翰林院编修，光绪十八年湖南善化县进士。

　　《高枬日记》中所载"东海十条"，是徐桐的整体方案。由曾廉拟定，王廷相向徐桐提出，实为"大一统"目标的整体描绘：

　　　　一、还通商口岸；二、只许海口通商，不许上岸；三、英法各国只称君主，不得称大皇帝；四、不许学中国语言文字；五、公事归理藩院；六、琉球、越南各侵地须还；七、税则由我国定；八、都中不许立使馆；九、不许传教；十、要赔我兵费十千万。③

　　《义和团乩语》"神助拳"，与"东海十条"的倾向颇为吻合：

---

①　《汪康年文集》上册，浙江古籍出版社 2011 年版，第 297 页。

②　中国史学会主编：《中国近代史资料丛刊》(《义和团》第二册)，上海人民出版社 2000 年版，第 503 页。王龙文为参酌其他资料补充。

③　中国社会科学院近代史研究所编：《庚子记事》，知识产权出版社 2013 年版，第 155 页。"东海"指徐桐。此目标在光绪二十六年年初即有传闻，可知徐桐等人在酝酿利用义和团之初即有此计划，见陈陆编：《拳变系日要录》，台湾文海出版社影印本，第 71 页。

神助拳，义和团，只因鬼子闹中原……兵法艺，都学全，要平鬼子不费难。拆铁道，拔线杆，紧急毁坏火轮船。大法国，心胆寒，英美德俄尽消然。洋鬼子，尽除完，大清一统靖江山。①

"大清一统靖江山"和恢复大一统、实现中兴的目标一致，义和团扶清灭洋有与之结合的政治基础。

京畿地区盛传的"二四加一五"揭帖，背后描写的是驱夷的作战计划：

庚子义和拳，戊寅红灯照。丙午迷风起，甲子必来到。壬申不算苦，二四加一五。遍地红灯照，壬申到庚午。乙酉是双月，庚子才算苦。等到乾字号，神追鬼又叫。家家户户每晚向东南方焚香叩头，可保平安。②

原注对此揭帖的解释符合颐和园谋划的情况：

此鸾语拳乱已起，皇太后始请乩，其谶谓庚子年义和拳，丙午年真主降生，甲子由秦中到燕京。又谓庚子壬子皆是苦难之秋，等到西北真主追兵到京，那时与洋人决裂，虽即中外构衅，而真龙之主百灵效护，洋人一战即败，再战俄法不能逞其威，英日不能施其计，而我武惟扬，一洗从前耻辱。斯时也，中国威风凛烈洋人运败矣，扬帆而去。③

这是根据京城传闻的颐和园谋划编造的迎合西太后口味的谶语，"斯时也，中国威风凛烈洋人运败矣，扬帆而去"是驱夷的目标。所谓"西北真主"或"真龙之主"，结合废立事件，指大阿哥。《纵论义和团》记载：光绪二十六年"今春，京都有术士善相人，太后召之入宫，命遍相诸小王贝勒等。术者指大阿哥，敬谓曰：'此将来太平天子也。'（此一言杀尽无限生灵。）端王心喜，（适合鄙意。）遂决计驱逐外人，以符太

① 中国社会科学院近代史研究所编：《义和团史料》上册，中国社会科学出版社1982年版，第18页。
② 中国社会科学院近代史研究所编：《庚子记事》，知识产权出版社2013年版，第4页。
③ 陈振江等编：《义和团文献辑注与研究》，天津人民出版社1986年版，第117页；中国社会科学院近代史研究所编：《义和团史料》上册，中国社会科学出版社1982年版，第15页。

平天子之言"。①

颇多研究者引用上述"大一统"的言论，可惜大多只是把它作为支持义和团者盲目排外和试图恢复闭关锁国局面的证据，并引用京官作品中描写的一些人盲目排外的言行证明之，没有以此为线索查阅清宫档案继续研究。黄庆林论述了义和团时期守旧派的情况，认为晚清政府内的清流派与义和团时期的清政府守旧派有着浓厚的血缘关系，并论证了其在西学、洋务、人员等方面的表现，探讨了徐桐等人在吏治、人才、华夷观等方面的观点，足为阅读本书时的重要参考。和以往研究守旧派大多聚焦于甲午战争前的同治和光绪年间一些争论较大的人物相比，黄庆林聚焦于义和团时期的守旧派群体，并征引其文集和奏折，实为难得。当然，黄庆林所说守旧派并未包含西太后和荣禄等人，也不是本书注重的政策源流及政治力量互动层面的探讨，所引资料侧重点也不尽相同。②

的确，徐桐等人追求的恢复大一统，主要是恢复第二次鸦片战争前的中外关系局面，恢复朝贡制度。王廷相、崇绮皆持这类观点，与洋务派的维持和局有着根本区别。③ 很多作品有类似的描写。李希圣《庚子国变记》："徐桐谓：夷且请降，不可许，纳贡献地称臣，偿兵费数万万。疏十事上之，尽如约，乃受。"④但拥有此类倾向的人物非常多，不限于徐桐等和废立事件有关的人物；由来已久，也非源自废立事件，实为一种普遍流行的政治倾向。又如攀桂、载滢。⑤ 广西巡抚黄槐森说的较为详细："万望圣衷坚定，存大一统之志量，振历年姑隐忍之颓，开前古所未有之局。"⑥光绪二十六年六月十三日，黄槐森上奏，响应清廷在各省招集义民上谕，说广西虽无义和团名目，常有效忠杀敌之心，已派唐景崇、唐景崧等人办理。⑦

与复仇和恢复大一统倾向相伴随的政治概念，是"国运中兴"和自强。

---

① 中国社会科学院近代史研究所编：《义和团史料》上册，中国社会科学出版社 1982 年版，第 178、179 页。
② 黄庆林著：《义和团运动时期清政府守旧派思想研究》，北京师范大学历史系 2006 年博士论文，第 21~24 页。
③ 中国社会科学院近代史研究所编：《庚子记事》，知识产权出版社 2013 年版，第 150、151 页。
④ 中国史学会主编：《中国近代史资料丛刊》(《义和团》第一册)，上海人民出版社 2000 年版，第 17 页。
⑤ 中国第一历史档案馆编：《义和团档案史料续编》上册，中华书局 1990 年版，第 614、629 页。
⑥ 中国第一历史档案馆编：《义和团档案史料续编》上册，中华书局 1990 年版，第 640 页。
⑦ 故宫博物院明清档案部编：《义和团档案史料》上册，中华书局 1979 年版，第 270 页。

《恽毓鼎庚子日记》光绪二十六年五月十日条：“知太后圣意，颇右义和团，欲倚以抵制外洋，为强中国之计。”①《高枬日记》：“总望早定和局，銮舆早回，兴利除弊，以图自强，庶有中兴之望。”②高树《金銮琐记》描写左绍佐：“明明狂寇似黄巾，竟说中兴好义民。诵罢新诗忙避乱，短衣负担出城关。注：拳匪为太后、李阉所主张，此名士作诗颂美，盖作热梦。名士，楚人，向山人诵所作颂扬团匪诗，山人曰：‘联军已入内城，尚不知耶。’乃短衣负担，遁出京城。”③所谓诵诗的楚人，参考其他京官作品，指左绍佐。山人，高树自称。此书作于民国时期。《清史稿》中有一些徐桐、载漪等主战派的类似说法，如徐桐说“中国当自此强矣”；载漪等说“雪耻强国，在此一举！”④这说明，载漪、徐桐等人也不仅仅是从废立事件角度考虑问题。

此种“国运中兴”、恢复大一统及复仇倾向，与义和团的“扶清灭洋”遥相呼应，在对外关系中容易采取激进政策，是清廷政策层面支持义和团者众的远因。“国运”是当时流行语，各阶层有自己的想法，“国运亦非人力所能挽回”是官场流行看法，京畿地区把义和团刀枪不入的兴起归之神意而非人力，是国运中兴的征兆。⑤义和团事件是第二次鸦片战争后京畿地区恢复大一统目标的顶峰。又据《回銮纪事》，义和团事件之后，光绪“皇上甚恨奢华。凡太监进膳时，每每念‘卧薪尝胆’四个字。”⑥又有说法：“德宗最恶奢华，每遇太监进馔，便云：诏书屡下卧薪尝胆之句，而吾终日所尝者，肥羹也，吾心殊觉不安，尔等以后进馔，不得过事肥美云。”⑦这是清廷内部长期存在的倾向。光绪二十一年上谕：“当此创巨痛深之日，正我君臣卧薪尝胆之时。”⑧光绪二十七年清廷就江楚会奏所发上谕中有“卧薪尝胆，无时或忘。推积弱所由来，恨振兴之不早”，及“母子

---

① 北京大学历史系编：《义和团运动史料丛编》第一辑，中华书局1964年版，第48页。
② 中国社会科学院近代史研究所编：《庚子记事》，知识产权出版社2013年版，第209页。
③ 中国社会科学院近代史研究所编：《义和团史料》下册，中国社会科学出版社1982年版，第729页。
④ 《清史稿》徐桐传、刚毅传。
⑤ 路遥主编：《义和团运动文献资料汇编》中文卷上，山东大学出版社2012年版，第279页。
⑥ 中国社会科学院近代史研究所编：《义和团史料》下册，中国社会科学出版社1982年版，第740页。
⑦ 中国史学会主编：《中国近代史资料丛刊》（《义和团》第一册），上海人民出版社2000年版，第324页。
⑧ 朱寿朋编：《光绪朝东华录》第四册，中华书局1984年版，总第3631页。

一心，力图兴复"之言。①　张之洞《新旧》诗："璇宫忧国动沾巾，朝士翻争旧与新。门户都忘薪胆事，调停头白范纯仁。"②范纯仁为北宋时期宰相，为人忠厚正直廉洁，乐于荐人。又如张之洞光绪三十年《学堂歌》："卫文公，守残疆，训农劝学是首倡。既惠工，又通商，革车三百季年强。越勾践，把胆尝，生聚教训忙培养。式怒蛙，士气扬，六千君子破吴王。燕昭王，国耻伤，黄金台上招贤良。赵乐毅，来外邦，七十二城夺齐疆。俄国强，彼得皇，亲到荷兰学船厂。德国强，由毕相，人人当兵复故疆。胜强敌，合联邦，皆因小学人才昌。日本强，由尊王，志士伊藤与西乡。三海岛，雄东方，一国三万小学堂。"③

这就提出了下述部分的研究方法：

> 依据义和团时期清廷内部表现出来的强烈复仇、卧薪尝胆和中兴这类关键信息和线索，与以往的清廷文献和各方言行作对照，可发掘出此类现象出现的时间、相关各方的整体思路及心态这类关键信息，以此为基础，可以进一步探索与清廷利用义和团事件关系密切的京畿地区政治力量的内部构成、对外倾向、内政外交策略及其与清廷内部各方关系这些较为深层的东西，进而对清廷利用义和团对外宣战事件，从政策演变、政见政略和政治心态方面进行深度反思。这也使义和团事件成为解读晚清历史的一个标本和参照物，以往的很多官府资料、有争议的问题和隐含的历史环节因此可以得到重新审视，有助于解释义和团时期清廷内部当事人各种复杂决策的深层成因。

光绪二十六年闰八月九日《中外日报》"论今日定乱之难"：

> 中国自与外人立约互市以来垂六十年，虽积弱屡败，然不至有亡国之忧者，以其时为祸虽烈，而处己既固，应敌亦专。所对待者两两相形，无所谓英、俄、法、德、美、日也，曰外国而已。无所谓新旧、满汉、帝后也，曰中国而已。……若参以数年来之近事，则更历多故，殆难言矣。盖自乙未议和而外交大改，戊戌政变而内难亦

---

①　赵德馨主编：《张之洞全集》第四册，武汉出版社 2008 年版，第 37、38 页。
②　赵德馨主编：《张之洞全集》第十二册，武汉出版社 2008 年版，第 487 页。
③　赵德馨主编：《张之洞全集》第六册，武汉出版社 2008 年版，第 450 页。

作。……太后训政，而皇帝百日维新之业一律推翻矣；刚毅主权，而本朝二百余年之事旧案重提矣。新旧有如水火，南北依然胡越。①

　　鸦片战争前，清朝在相当长的时期内，处理涉外关系极为谨慎，对外国来华者有限制，有宽厚，上谕、公牍中表现出来的对外语言体系大体属于华夷观念和朝贡制度的范畴，相关策略以强调一视同仁的情况居多，与义和团时期表现出来的很多倾向如复仇和国运中兴迥然不同。两次鸦片战争期间，也尚未发现清廷内部存在强烈的复仇倾向，"同仇敌忾"或"敌忾同仇"的字眼较为常见，乃是指兵民联合对抗外敌而言。

　　国运中兴、驱夷、复仇和卧薪尝胆的倾向、语言体系及其相关内政外交策略，萌芽于第一次鸦片战争之后，形成于咸丰十年十月英法联军占领北京后的热河，流行于第二次鸦片战争后至义和团时期，其后余波犹存，与晚清历史相始终。西太后、奕䜣、徐桐、荣禄和王文韶等均是其中核心人物，以自强为旗号，追求是复仇和中兴，具有强烈的京城和京畿地区地域特征，与洋务派的自强求富在目标、成因、方法和心态方面大相径庭，但也存在很多交织和权变(交织因存在很多共性和共识问题如裁军，整顿积弊方面较为集中；权变如驱夷派在某些时期也承认维持和局和办理洋务的必要性)，实为和洋务派的自强求富一起长期主导清廷内政外交的两种主要政治倾向和自强策略之一。只是民间舆论对清廷内部动向尤其是驱夷、复仇、中兴及相关策略不完全掌握，对相关事件有些提及，但难以触及清廷内部核心目的。② 描写义和团的京官作品受把事件起因追寻到维新变法的影响，至多追溯到甲午战争，视野较为狭小，甲午战争并非最初源头。清廷判断洋务成效也是依据自身追求的目标，并非洋务派的求富和西学(求富和西学确实是一个重要线索，尤其对分析林则徐、魏源以及洋务派和维新派非常有用，但要结合当事人的整体政见思路)。有复仇和中兴倾向的人物政见未必相同，有些针锋相对。众矢之的是其中有些人属于驱夷派，有驱逐洋人出境的目的，以筹饷、练兵和备战为手段，较为强调对外抵抗。洋务派中一些人物也不乏追求中兴和复仇倾向，但反对驱夷派的很多主张。李鸿章、曾国藩等洋务派既执行其中涉及筹饷和练兵有关的内容，又反对驱夷的主张，对自强的目标、方法和内涵等有众所周知的个

---

① 路遥主编：《义和团运动文献资料汇编》中文卷下，山东大学出版社2012年版，第533页。

② 路遥主编：《义和团运动文献资料汇编》中文卷下，山东大学出版社2012年版，第572、573页。

人见解，对外态度相对慎重务实。第二次鸦片战争后重大的对外战争中，常见此种政策分歧的影子。大多数反洋教活动没有表现出很强的扶清的一面，但有些反洋教活动具有助官的倾向，如天津教案，政策层面也存在分歧。李鸿章长期在京畿地区任职，熟悉此种政策。这段时期主要和洋务运动有关，时论及以往研究多以西学和新学为标准，对洋务派的言论尤其是和戎政策引述较多论证透彻且也符合洋务派政治倾向的核心点，但对清廷自身的自强思路和对外目标的演变、对外策略及其权变、与洋务派的相互关系及其心态等内容探讨并不充分。京城被视为洋务派反对者的大本营，但其内部状况有待解剖。①

其具体的缘起、分布及其整体战略，大体可用以下三个方面的资料加以说明，也可见其与义和团事件前后的清廷政策一脉相承，关键人员如西太后、王文韶和徐桐也无变化，甚至很多语言也是相同的。第二次鸦片战争后开始此种倾向即遭到洋务派的反对，李鸿章的反对态度尤为激烈。京官作品不掌握系统的清宫档案，对京畿地区这种政治传统无法系统描述，但身为局中人，其自身的很多表现和对京畿地区政治动向的描写，在很多场合和京畿地区这种政治传统暗相吻合，实际成为了解此种政治动向的见证者。

由此也可发现，中国史学会编撰的中国近代史资料丛刊《洋务运动》《中法战争》《甲午战争》《戊戌变法》和《义和团》缺少了京畿地区政治力量内在演绎方面的内容，或者说没有把它作为一个主线索来搜集史料。描写洋务方面动向的咸丰、同治朝《筹办夷务始末》和《清季外交史料》也缺少这方面的内容。这就导致中国近代史研究缺失了一个重要环节。

咸丰、同治和光绪朝上谕中普遍存在一些要求地方督抚执行的和洋务派思路不同、且为洋务派反对的上谕，这类上谕体现的就是第二次鸦片战争后京畿地区的驱夷派政治传统。学术界普遍使用守旧派之类的字眼，但守旧派的总体思路如何，形成及演绎过程如何，内部差异及其与洋务派的整体关系如何，并无详论。

1. 缘起

乃是源自第二次鸦片战争时期，西太后及一些满洲王公、大臣形成强烈的复仇和雪耻倾向，以后数十年不息，目标是"驱夷"即驱逐洋人出中国。同治八年，总理各国事务恭亲王奕訢等奏：

---

① 参见王尔敏著：《中国近代思想史论续集》，社会科学文献出版社 2005 年版，第 200 页。

　　窃臣衙门于上年十二月二十一日，具奏修约一事。奉旨派亲、郡王会同大学士、九卿公同妥议。旋经睿亲王德长、大学士倭仁及九卿等覆奏，并据惇亲王另折敬陈下情，均奉旨：该衙门知道。钦此。嗣醇郡王复以前事敬陈管见，奉旨：派醇郡王、大学士会商，斟酌情形妥议。又经醇郡王与大学士倭仁等议定覆奏，奉旨：该衙门知道。钦此。先后由军机处将各折钞交到臣衙门，臣等通加详阅，窃谓惇亲王原奏所称：全赖中外有兵柄者，善先事之防，以佐羁縻之术；醇郡王原奏所称：驾驭夷人，示以真诚，施以权术，现在必应羁縻，将来必应决裂；睿亲王德长等覆奏所称：事关大局，中外臣工皆当竭力维持，以期有备无患；醇郡王与大学士倭仁等覆奏所称：讲和与设备，二者不可偏废，讲和则以礼制之，设备则以兵制之，而又不先开衅端。皆至当不易之论。王、大臣同抱此志，臣等数年来从事于此，朝夕悚惕，而不敢一念苟安者，亦此志也。

　　溯自庚申岁，臣奕䜣等奉命留京，办理抚局，于换约后，即奏请兼筹战守。迨添设总理各国事务衙门，专管中外一切交涉，本系从来未有之创格，并无成法可守，其中万分棘手之处，总因力量未足，不免左右支绌。第臣等既膺此任，不敢诿卸，惟有一心坚忍，权宜措置，以期驾驭得当，不至内忧与外患并作，借以仰慰宸衷。是臣等所处之时，乃无如何之时，臣等所办之事，乃不得已之事，然终不敢因时之无如何，事之不得已，而苟且迁就，稍弛其平日雪耻之志。即如同治五年，奏请选练直隶六军，以为京师四壁防护，并非臣衙门本职，而亦毅然为之，所定章程……期在必成。此外如购洋枪、置洋炮、办机器、造轮船，凡力所能及有益于战事者，无不随时筹画，以冀一日之自强。无如直隶练兵，已越两年，百无就绪，迥非倡议时意料所及，而臣等区区素志，亦遂为之抑郁而不伸。

　　今因修约粗有端倪，奏请饬令王、大臣会议，臣等此次折内，并未并及战守，盖因战守自是正理，本不待言，且现办羁縻，即因战守事宜，尚未备妥而起，自古能战能守而后能和，史册具在，班班可考，臣等安敢一日忘之。兹就王、大臣所议，臣等复加寻绎，所谓羁縻者，乃现在未可决裂，不得不暂出于此，非谓一言羁縻，即不应决裂也。所谓防备者，乃将来仍虑决裂，不得不早计及此，非谓一言防备，即不必羁縻也。羁縻之术，以及防备之事，臣等与督抚均当共任，本自并行不悖，果使内外交相协助，实事求是，不存成见，不尚空谈，何患不能上纾君父之忧，下慰臣民之望。①

2. 分布以及洋务派的看法

同治九年，曾国藩奏：

> 今中国轮船甫经修造，尚不尽如洋人兵船之式，洋枪洋炮甫经操练，亦不能及洋人技艺之精，至若招募水军出海操演，此时尚未议及。苟欲捍御外侮，徐图自强，自非内外臣工各有卧薪尝胆之志，持以一二十年之久，未易收效。然因事端艰巨，畏缩不为，俟诸后人，则后人又将托词以俟后人，且永无自强之一日。②

同治九年十二月，李鸿章奏：

> 窃臣承准军机大臣字寄，同治九年闰十月二十六日，奉上谕：英翰所陈天津海防等因，钦此。并钞英翰原折到臣。伏查津案虽经议结，武备必须讲求，此中国百年之计，非一朝一夕所能为功也。咸丰己未、庚申之际，僧亲王以忠勇宿将，调集旗、绿兵数万人，岁縻饷数百万，经营海口，迄至一蹶弗振。盖由彼此强弱情形，未能深悉，而鲁莽出之，几误大局。自粤、捻平后，议者有谓乘此军威，大举复仇。迨本年五月，津事初起，攘臂而争，又不知凡几矣。幸赖皇太后、皇上坚持定见，处以镇静，俾内外诸臣得以从容擘画，将就息争。
>
> 今事定而讲设备，诚宜及时振作，岂可隐忍苟安。惟臣粗识夷情，默筹时势，无论以一中国敌数强国，战备固不易言，即以守局而论，必从筹饷、练兵、制器三端下手。今天下全力耗于陕、甘，即云、贵尚不暇图，若海防江防，认真整理，欲求无懈可击，每岁至少必须千万以上，从何措办？此筹饷之难也；兵之不练，由于饷之不给，我朝定制，兵丁额饷极少，不足以养战士。军兴以后，各省停饷虚伍，现当仅发五、六、七成不等，亏苦太久，欲如乾、嘉以前，尚有可用之兵，恐不遍得。其有裁兵增饷，或抽练加饷者，亦属无几，

① 《筹办夷务始末》同治朝第七册，中华书局 2008 年版，第 2600~2601 页。
② 参见《花随人圣庵摭忆》上册，第 335 页。

以制内匪尚不可靠，而望其御外侮耶？此练兵之难也；中国兵器，远逊洋人，无智愚皆知之。苏、直甫经设局，购办机器，学习制造枪炮药弹，虽比中土习用者较精，而比之西洋新制，瞠乎其后。需之岁月，或有进益，若急求胜，殊不自量。又况有器而不皆能用，用之而不尽其妙，似是近日通病。此制器、练器之难也。以上三者，皆吾内之不足，内不足而张皇于外，以之虚喝敌人，尚不失为兵机；以之欺蒙圣主，必至贻误国事，臣所万万不敢出此也。①

同治十一年五月，李鸿章奏：

居今日而曰攘夷，曰驱逐出境，固虚妄之论；即欲保和局、守疆土，亦非无具而能保守之也。彼方日出其技，与我争雄竞胜，挈长较短，以相角而相陵，则我岂可一日无之哉。自强之道，在乎师其所能，夺其所恃耳，况彼之有是枪炮轮船也，亦不过创制于百数十年间，而侵被于中国，已如是之速；若我果深通其法，愈学愈精，愈推愈广，安见百数十年后，不能攘夷而自立耶！日本小国耳，近与西洋通商，添设铁厂，多造轮船，变用西洋军器，彼岂有图西国之志，盖为自保计也。日本方欲自保，而逼视我中国，中国可不自为计乎？士大夫囿于章句之学，而昧于数千年来一大变局，狃于目前苟安，而遂忘前二三十年何以创巨而痛深，后千百年之何以安内而制外，此停止轮船之议所由起也。臣愚以谓国家诸费皆可省，惟养兵设防、练习枪炮、制造兵轮船之费，万不可省。求省费则必屏除一切，国无与立，终不得强矣。②

同治十三年十一月，李鸿章奏：

庚申以后，夷势骎骎内向，薄海冠带之伦，莫不发奋慷慨，争言驱逐。局外之訾议，既不悉局中之艰难，及询以自强何术，御侮何能，则茫然靡所依据。自古用兵，未有不知己知彼而能决胜者。若彼之所长，己之所短，尚未探讨明白，但欲逞意气于孤注之掷，岂非视国家如儿戏耶！臣虽愚暗，从事军中十余年，向不敢畏缩自甘，贻忧

① 《筹办夷务始末》同治朝第八册，中华书局 2008 年版，第 3209、3210 页。
② 《筹办夷务始末》同治朝第九册，中华书局 2008 年版，第 3476 页。

君父。惟洋务涉历颇久，闻见稍广，于彼己长短情形之处，知之较深。而环顾当世，饷力人才，实有未逮，又多拘于成法，牵于众议，虽欲振奋而末由。易曰：'穷则变，变则通。'盖不变通则战守皆不足恃，而和亦不可久也。……总之，居今日而欲整顿海防，舍变法与用人，别无下手之方。伏愿我皇上顾念社稷生民之重，时势艰危之极……节省冗费，讲求军实，造就人才，皆不必拘执常例，而尤以人才为极要。使天下有志之士，无不明于洋务，庶练兵制器造船各事，可期逐渐精强。积诚致行，尤需岁月迟久，乃能有济。目前固须力保和局，即将来器精防固，亦不宜自我开衅。彼族或以万分无礼相加，不得已而一应之耳。①

主要是奕䜣、李鸿章、曾国藩等人对此种倾向有强烈的抵制力。华学澜《庚子日记》："合肥在广东时，各省督抚因政府信任拳匪，多有请命合肥以定从违者，合肥概以乱命不可从答之，因而东南各省皆获安全。"②合肥即李鸿章。

3. 总体战略

总体战略方面，存在与洋务派不同，但和荣禄、刚毅执政时期相似的策略，强调自强之道首在练兵，练兵又以筹饷为重，军机处、总理衙门和地方督抚经常收到来自清廷的相关指令。此政策的系统例证，见于天津教案后奕譞奏折和清廷上谕。学术界对这个问题甚为熟悉，这里研究的是主战派的整体思路。

同治九年十一月十八日奕譞奏折包含了咸丰令其暂时忍耐和西太后令其整军、卧薪尝胆以复仇方面的内容，显示咸丰、奕䜣、奕譞和东、西二太后在这方面是有谋划和共识的；列强军事方面的强大，也是他们公认的：

庚申岛夷犯顺，臣曾请从戎，蒙先帝开导周详，乃臣措词过激，几干圣怒。设使当年果赴军营，惟有身殉而已，尚敢回京领罪乎？是臣十一年来庸钝余生，皆先帝所赐也。昔犹只奋空拳，今则总司戎

---

① 《筹办夷务始末》同治朝第十册，中华书局 2008 年版，第 3987、3989 页。
② 中国社会科学院近代史研究所编：《庚子记事》，知识产权出版社 2013 年版，第 134、135 页。

务，坐视国威日损，无计自强，是食言于先帝矣。此臣心疾一也；辛酉回銮，渥承皇太后、皇上厚恩，畀以军旅，时蒙召对，圣谕以卧薪尝胆，自强不息，训饬微臣，臣亦以鞠躬尽瘁自励。故肩巨任而不少畏疑，进直言而不少避忌，正恐稍负鸿施也。讵糜帑将及千万，宿仇报复无期，仅成一中军作好之人，将何以慰慈怀圣心，又何以对天下万世乎？此臣心疾二也；夷务之兴，已数十年，抚局和约，良非易易。然既处心积虑，图复深仇，惟有乘其弊，勿失其时，是为要著。①

十一月二十日内阁奉上谕：

同治九年十一月二十日内阁奉上谕：醇郡王奏，沥陈下情，请振积习以济大局一折。方今时事孔亟，军务未平，筹饷征兵，重烦民力，宵旰焦劳，恒以自强不息为念。内外文武臣工均应力戒因循，勉图振作。乃近来各直省督抚及统兵大臣，实心任事者固不乏人，而苟且偷安者亦复不少，以致军务未有了期，吏治毫无起色。在廷诸臣亦复泄沓成风，未能力图补救，共挽时艰。醇郡王贤亲并著，休戚相关，谠论忠言，与朝廷兢惕之心适相吻合。嗣后内外文武臣工其各振刷精神，破除积习，戎行何以整饬，官方何以澄叙，民生何以乂安，务当精白乃心，实事求是，俾庶政修明，日臻上理，用副诰诫谆谆至意。②

《翁同龢日记》记载："醇郡王奏请力振因循以济大局，优诏褒答。"③
接着，奕譞在十一月二十二日奏折中说："先帝深仇不知何日可复，椎心泣血，徒唤奈何。是以于疾病之中，为此琐渎之请，一则曰缕陈四疾，再则曰心疾之奏。所谓积习者，徇夷心之积习，所谓大局者，驱夷人之大局。""又如官方原应澄叙，若徇夷心而屈抑之，亦属澄叙无由。民生原应乂安，若畏夷喝而杀戮之，依旧乂安无计。"④

---

① 《筹办夷务始末》同治朝第八册，中华书局 2008 年版，第 3197 页。
② 中国第一历史档案馆编：《咸丰同治两朝上谕档》第二十册，广西师范大学出版社 1998 年版，第 364、365 页。
③ 陈义杰整理：《翁同龢日记》第二册，中华书局 1998 年版，第 820 页。
④ 《筹办夷务始末》同治朝第八册，中华书局 2008 年版，第 3204、3205 页。

同日，军机大臣字寄总理衙门、盛京江宁杭州福州广州各将军、直隶两江闽浙湖广两广江苏安徽江西浙江福建山东湖北湖南广东各督抚上谕，其中包含了驱夷派的总体策略、朝廷的态度及在驱夷方面的权变：

> 前因天津民教启衅，叠于六月二十五、七月十三、八月初三等日，谕令沿江沿海各督抚，严密设防；嗣因津案就绪，复于九月二十八日，谕令各该督抚等，振刷精神，讲求战守。并于闰十月十八、十一月十六等日，寄谕各省疆臣，整顿绿营，操练枪队。原因津案虽将就了结，非尝胆卧薪，力求振作，无以御外侮而杜隐忧。本日醇郡王奏，请饬办理夷务诸臣，除徇夷之积习，举驱夷之大局等语。自办理中外交涉事务以来，时艰孔亟，本当惩前毖后，不可一息苟安。嗣后中外任事诸臣，遇有交涉事件，务当坚持定见，豫伐敌谋，勿令一事稍涉畏怯，致长敌人气焰。至驱夷大局，目前虽未能遽见施行，亦当未雨绸缪，先机布置，为自强不息之计。
>
> 著总理各国事务衙门王大臣及沿江沿海各将军督抚，实力实心，次第筹办，以整顿武备为第一要务，而整饬吏治、固结民心、宽筹饷需与军事相表里。各该督抚等，职任封圻，受恩极渥，当此时事艰难，务各激发天良，讲求实际。勿事因循，勿涉蒙蔽，尤当慎密图维，勿使有所泄漏。日后势需用兵，应如何确有把握之处，著各该将军督抚，详细熟筹具奏。至传教一事，易起衅端，尤当督饬地方官持平妥办。于弭患之中，隐寓保民之意，庶无事则中外相安，有事则同心御侮，有厚望焉。原折均著钞给阅看。①

其中提到的六月二十五日上谕，是在天津教案后谕令沿江沿海各省督抚十三人随时训练军队，说"近日各省民教仇杀之案，不一而足，洋人动以兵船恐吓，讹索多方，虽兵端不必自我而开，然暗中防维，实属刻不容缓之举，万一事有决裂，断不能任其肆意猖獗，不思未雨绸缪"②。七月十三日上谕，是谕令沿江沿海各省督抚等十四人"于各口岸严密设防"，"万一洋人兵船驶至，务须设法堵御，勿任其乘虚肆扰，或至占踞口岸，

---

① 《筹办夷务始末》同治朝第八册，中华书局 2008 年版，第 3205、3206 页；中国第一历史档案馆编：《咸丰同治两朝上谕档》第二十册，广西师范大学出版社 1998 年版，第 365、366 页。

② 《筹办夷务始末》同治朝第八册，中华书局 2008 年版，第 2959 页。

如有疏虞，惟该督抚等是问"。① 八月初三日上谕，是谕令防范长江一带事。②

这类主战意图的提出者以奕譞为突出，实际是得到西太后首肯的，但西太后较为权变，因主战时机不成熟而暂时接受了奕訢等人的维持和局意见。此过程中参与决策者众多，具体文字则是根据太后意图归纳出来的。上谕档六月二十五日有一个说明，可以作为上谕出台过程的参考：

> 本日召见，奉旨，所有曾国藩奏请宣示洋人查无迷拐情形，并请将天津府知府张光藻、天津县知县刘杰革职交部治罪，明发谕旨二道，并命曾国藩迅速持平办结，勿任洋人肆意要求，一面固结津郡人心，并如何调兵，密为筹防，以备不虞，并命沿江沿海各督抚一体防备，迅速覆奏寄谕二道，臣等遵旨与本日召见之惇亲王、醇郡王、伯彦讷谟祜、景寿暨大学士、弘德殿、总理各国事务衙门行走之大臣等，一并公同商酌，缮写呈览。是否有当，伏候圣裁，谨奏。③

《翁同龢日记》对此有详细记载：

> 是日召对者凡十九人：惇亲王、孚郡王；官（文）、瑞（常）、朱（凤标）、倭（仁）四相国；军机：恭亲王、宝鋆、沈桂芬、李鸿藻；御前大臣：醇郡王、景寿、伯彦讷谟祜；总理大臣：董恂、毛昶熙；弘德殿：徐桐及臣（翁同）龢、桂清、广寿。军机、总理西向跪，余东向跪。两宫先谕此事如何措置，我等不得主意。惇邸首奏：曾某亦不得已，惟民为邦本，民心失则天下解体。醇邸极言民心宜顺，并天津府县无罪，陈国瑞忠勇可用，并诋及总理衙门照会内有"天津举事者及大清仇人"之语，斥为失体。宝、董强辨，语相侵。两宫分解之，因言夷人是我世仇，尔等若能出一策灭夷，我二人虽死甘心，且皇帝幼冲，诸事当从长计较。倭相亦主张、刘两员既是好官，不宜加罪。瑞、朱同声应之。余言此两事皆天下人心所系，国法是非所系，望再申问曾某，此后如无要求，尚可曲从，倘无把握，则宜从缓，似不必于言谈间定议。董恂曰此时不知天津又作何局面，焉能往来问答

① 《筹办夷务始末》同治朝第八册，中华书局 2008 年版，第 2993、2994 页。
② 《筹办夷务始末》同治朝第八册，中华书局 2008 年版，第 3050、3051 页。
③ 中国第一历史档案馆编：《咸丰同治两朝上谕档》第二十册，广西师范大学出版社 1998 年版，第 131 页。

耶。于是惇邸谓两事既不得不从，则中国人迷拐罪名仍宜从重。醇邸又极论素日无备，故临事以"无可如何"四字塞责。自庚申至十年，试问所备何事？且言此次纶音如措词有失体处，臣等仍当纠正。恭邸允之，遂定议。时广侍郎甫有所言，竟未达其意而退。①

十一月二十二日上谕中"至驱夷大局，目前虽未能遽见施行，亦当未雨绸缪，先机布置，为自强不息之计"显然即依据上述西太后所言，并参酌奕譞奏折归纳出来的，决策者大体也是同样一帮人，思路也和六月二十五日谕旨所言相似，如"万一事有决裂，断不能任其肆意猖獗，不思未雨绸缪"；沿江沿海督抚要"随时训练，实力整顿"云云。②《翁同龢日记》十二月二十二日条："是日醇邸又有封事，军机散时申初矣。"③

这类思路在清廷内部具有相当共识，且有此思路者同时具有明暗不同的主战、中兴、驱夷之类与义和团时期徐桐等人相似的追求恢复大一统的目标，注重整顿吏治、提倡节俭和利用民心，为奕䜣等人洋务派所反对。

奕譞在同治八年在奏折中说，"庚申必应和约，现在必应羁縻，将来必应决裂"，"一旦翻然决裂，将以天下之兵之民，敌彼蕞尔数国，如越之灭吴，唐之服突厥，其庶几乎"。曾国藩在天津教案后上奏说："论理者以为当趁此驱逐彼教，大张挞伐，以雪显皇之耻而作义民之气。论势者以为兵端一开，不特法国构难，各国亦皆约从同仇。能御之于一口，不能御之于七省各海口；能持之于一二年，不能持之于数十百年。而彼族则累世寻仇，不胜不休。庚申避狄之役，岂可再见？"④显然，奕譞所说目标，与义和团时期京城主战派及徐桐所拟《东海十条》表现出来的倾向是一致的，即恢复大一统和实现国运中兴。所谓"论理者"实即驱夷派，"论势者"实即洋务派。同治十三年三月，奕譞在奏折中又有详细说明，明确提出"大复先世深仇""中兴"之类的字眼和具体的步骤。⑤同治十三年底，醇亲王奕譞奏折中表述了整军经武和中兴的关系：

臣侍从大行皇帝十有三年，时值天下多故，尝以整军经武期睹中

---

① 陈义杰整理：《翁同龢日记》第二册，中华书局 1998 年版，第 784、785 页。
② 中国第一历史档案馆编：《咸丰同治两朝上谕档》第二十册，广西师范大学出版社 1998 年版，第 129、130 页。
③ 陈义杰整理：《翁同龢日记》第二册，中华书局 1998 年版，第 820 页。
④ 参见李细珠著：《晚清保守思想的原型——倭仁研究》，社会科学文献出版社 2000 年版，第 183、187、188、189 页。
⑤ 《筹办夷务始末》同治朝第十册，中华书局 2008 年版，第 3731、3732 页。

兴盛事，虽肝脑涂地，亦所甘心。①

　　这里的大行皇帝指同治。这说明，整军经武和追求中兴，是清廷上谕长期追求的目标。整军经武是准备，实现中兴则是目标，何时实现是时机问题。因整体策略确定于第二次鸦片战争时期，参酌《东海十条》，中兴的目标乃是当时时势所决定，实即是恢复第二次鸦片战争前的朝贡制度状态，亦即第二次鸦片战争时期咸丰帝坚持的条件，如拒绝公使驻京和中外交往限于海口通商。有时使用安内攘外或修攘字眼，平定太平军和捻军是安内，驱夷是攘外。驱夷派奏折中反复出现镇压太平军和捻军后安内已经实现，但攘外尚未完成之类的字眼，也是在太平天国和捻军被平定后驱夷派突然声势大涨，乃因这是既定步骤。奕䜣等人的奏折中也有太平军和捻军平定后可以稍事补救之类的话。薛福成有祺祥政变后"遂启中兴之治"和"同治中兴"之类的提法，当是不清楚清廷总体中兴目标和内政外交思路所致。②

　　十二月奕䜣奏折不敢公开否定上述方案，但委婉表达了相反的看法：

　　　　津郡事起，又请饬下沿江沿海各督抚，整修武备，以防不虞。良以攘外必先安内，御侮首在自强也。现奉密谕：各省将军督抚，日后用兵，如何确有把握，详细熟筹具奏。该大臣等自必熟思审处，上纾宵旰之忧。至醇郡王所称驱夷一节，凡属臣工，孰不抱此积愤。且臣衙门徒以笔舌相争，势亦断难持久。惟望中与外饷需十分充裕，兵力十分精强，制器造船……权操必胜，正气足则邪气自不能干。届此确有把握之时，朝廷驭夷之策，既可操纵得宜，臣衙门亦可借免指谪之加，是则臣等所日夜祷祀以求者也。③

　　对照奕䜣和荣禄的做法，同治年间，军机处也发出过一些不符合自己思路的主战上谕，但奕䜣尚能在清廷决策时力持和表示不同意见，荣禄则依靠权谋。

　　十一月二十二日上谕中所说"以整顿武备为第一要务，而整饬吏治、固结民心、宽筹饷需与军事相表里"的自强思路，在奕䜣主导军机处和总

　　①　朱寿朋编：《光绪朝东华录》第一册，中华书局1984年版，总第3页。
　　②　《第二次鸦片战争》二，上海人民出版社1978年版，第297页。
　　③　《筹办夷务始末》同治朝第八册，中华书局2008年版，第3215页。

理衙门时期，实际没有得到完整实施。其时诸多筹饷练兵制器方面的活动和相关论题由总理衙门和洋务派督抚主导和发起，守旧派的很多较为极端的论点为总理衙门所搁置或奏准毋庸置疑，驱夷派自身固有思路和论点表现也不充分。[1] 另外，第二次鸦片战争后，驱夷、复仇和卧薪尝胆倾向频繁在王公大臣奏折中出现，但在甲申易枢之前相当长的时期内驱夷派没有主导对外关系，也没有主导具体的外交活动，以奕䜣为首的总理衙门长期主导对外谈判，改弦易辙，对西方列强照会强调"词婉意正"，如同治朝《筹办夷务始末》所载大量照会以及中美、中英和中法往来照会，对外态度极为谨慎小心。但西太后训政时期，一些主战派非常注重筹饷练兵整顿吏治，和驱夷派的总体政策高度一致，如刚毅、徐桐、李秉衡、增祺，荣禄、刚毅主导的军机处和西太后并无不同，众多大学士、六部九卿等也积极献计献策，这种局面和清晰度是天津教案时期所不具备的。[2] 天津教案时期主张派仅有主张而无实践，义和团时期主战派有主张、有实践且掌控清廷中枢决策并能推行一段时间。

显然，第二次鸦片战争后，清廷和地方督抚层面并没有形成公认的内外政策，京城总体上是驱夷派的思路占优势，只是因为和平时期办理外交者多为洋务派，才给人留下洋务派势大的印象。京城满洲王公及众多大臣支持西太后者多，总的目标是倾向于驱夷。奕䜣的政见在地方督抚及洋务派中颇多响应和支持，在京城则较为孤单。第二次鸦片战争后到义和团事件时期，西太后一直掌权，清廷的总体战略是一贯的，只是某些时期侧重点有些不同。义和团时期的很多倾向和同治年间相同。

清末民国时期的舆论界对清廷上述策略并未充分注意，也未见学术界从自强方针方面对其系统论述。清廷自强的核心内容是筹饷练兵，外界谈论的洋务内容是铁路工商教育等西学西政方面，清廷在这些方面的举措不能满足外界期望，外界对清廷的筹饷练兵策略又不知其详，这就产生清廷守旧的认识。[3]

黄濬《花随人圣庵摭忆》注重从权力之争和派系斗争角度讨论这类事情，涉及慈禧和奕䜣之争以及南北清流之争，但因很多属于宫廷秘闻和官场内幕而难以说清；[4] 学术界颇多认为西太后通过重用奕譞和清流派牵制

---

[1]　中国史学会主编：《中国近代史资料丛刊》(《洋务运动》一)，上海人民出版社 1961 年版，第 152 页，另参见 120 页。

[2]　《光绪朝上谕档》第二十五册，第 218 页。

[3]　《花随人圣庵摭忆》上册，第 139、140 页。

[4]　《花随人圣庵摭忆》上册，第 84、85 页。

恭亲王奕䜣和洋务派。维新派对戊戌政变后清廷的练兵理财活动颇多关注和评论，但未能发现清廷的整体思路及其目的，无法论述清廷政策的前后延续和变化关系。①

义和团时期暴露出来的线索提供了从政见政略角度分析这类问题的确切线索，大量的上谕、奏折、公牍和信件就成为可以相互质证的史料，连续性、清晰度和相互参照性非常强。从政见方面看，京城主战力量的核心和中坚是驱夷派，满洲王公是其中很大的一股势力，汉族京官中也所在多有，清流是其中一部分，且清流作为建言者主要是提供建议但无决定采用与否之权。② 西太后的对外倾向和奕譞及一些京城主战派相通之处更多，是政见相同的缘故。但西太后较为权变，并非总是重用驱夷派，平时办理外交还是以重用洋务派的情形居多，这是符合其总体方略、深谋远虑且长期坚持的。第二次鸦片战争后的整个朝局是西太后掌握最高决策权，总体战略是其意图的体现，只是恭亲王奕䜣等洋务派在执行时有很多缓冲主战倾向的做法，一些洋务派也会利用奏折及面见西太后的机会阐述维持和局和遵守约章的必要性，缓和西太后的主战倾向，但西太后的主战战略并未根本改变，表现在清廷上谕中反映的对外倾向经常前后矛盾。不过，西太后平时对洋务派的具体活动不太干涉，给人以某些时期洋务派势大和西太后支持洋务派的印象。

京城满洲王公和众多大臣有强烈的卧薪尝胆、对外用兵和仇视洋人倾向，这和学术界提及的文化冲突、习俗冲突是不同的源头，类似义和团事件这样的冲突只会在中外矛盾特别尖锐时期才会发生，平时则不见，也到不了你死我活舍命一搏的程度。义和团时期的京畿地区官绅熟悉这种情况。李希圣《庚子国变记》：由于维新变法的积怨，西太后大怒说："此仇必报！"时方食，取玉壶碎之曰："所以志也。"恽毓鼎听到使馆被攻下的传闻后，写道："数十年积愤，一旦而平，不禁距跃三百。"读了宣战上谕后说："仰见圣心刚断，震怒不回，上慰列圣之灵，下雪臣民之愤。"此种强烈的复仇思想，就和第二次鸦片战争后因庚申之变形成的复仇思想、甲午战争后荣禄通过练兵备战以复仇的思想、废立事件、民教矛盾、历史积怨以及中外关系不平等等形成共鸣。

义和团时期，京畿地区对列强已形成神人共愤之势。龙顾山人《庚子诗鉴》：

---

① 清议报报馆编：《清议报》第 2 册，中华书局 2006 年版，第 1389 页。
② 朱寿朋编：《光绪朝东华录》第二册，中华书局 1984 年版，总第 1328 页。

吴柳堂侍御《庚申日记》言，懿贵妃主战甚力，即孝钦后也。庚子事急，后召谕廷臣犹及英法前事曰："今者报复之期至矣。"荣文忠答刘忠诚电有云："上自九重，下至臣庶，皆以深受外人欺陵，谓义团之出，天实使之。"是知激于仇外，亦当日主因之一。①

　　吴柳堂即吴可读。上段史料，民国时期学术界多有论列，并说明西太后利用义和拳与鸦片战争后的列强入侵有关，但无法和清宫原始档案对照系统研究。② 黄濬在《花随人圣庵摭忆》中对西太后在第二次鸦片战争及其以后的主战和报复倾向颇有描写，也发现沈葆桢、李鸿章和张之洞等奏折中提及"卧薪尝胆""孤注一掷"以及义和团时期洋务派描写驱夷派的"群昏"等词，但对主战派方面的资料利用不多，也并未发现和深究"驱夷"和"中兴"的目标、迅速自强、缓兵之计等诸多驱夷派的策略、和洋务派在政策层面的互动关系及其心态，也未觉察到这是京畿地区上自西太后和王公大臣、下至翰詹科道中长期存在、持续数十年的主流意识，有一个整体的内政外交体系，并非仅存在于清流之中。学术界在论述义和团时期的主战派时也多引述主战派的一些言论，主要是没有继续深入探讨其背后所代表的复杂心态和对外倾向的渊源流变。

　　西太后复仇心切，导致利用一切可能的机会对外轻易宣战。认为洋人依靠的不过是船坚炮利，义和团不畏枪炮，自然对复仇心切的人士具有强烈的吸引力，千载一遇，无论如何也要打一仗试试。但经历过第二次鸦片战争的西太后对列强之强大有充分认识，在对外强硬的同时又有谨慎的成分，这造成其既仇外又惧外，既主战又有一些灵活之处。这使其在沿袭第二次鸦片战争时期的某些倾向之外，又有相当的差异。比如，据吴可读的记述，第二次鸦片战争时期懿贵妃与僧格林沁主战、主张杀巴夏里以及"闻恭王与洋人和，深以为耻，劝帝开衅端，会帝病危，不愿离热河，于是报复之议遂寝矣"③。其后，描写西太后惧怕列强的记载不少，也承认驱夷时机未到和暂时维持和局，这都是变化。一旦有可能战胜列强，义和团时期京城主战派低估列强军事实力的情况，以及很多言论和思路，就和第二次鸦片战争时期有相似之处。如咸丰十年七月二十八日蒋琦龄奏折

---

① 中国社会科学院近代史研究所编：《义和团史料》上册，中国社会科学出版社 1982 年版，第 125 页。
② 陈陆编：《拳变系日要录》，台湾文海出版社影印本，第 71 页。
③ 中国史学会主编：《中国近代史资料丛刊》(《第二次鸦片战争》二)，上海人民出版社 1978 年版，第 66、68、69 页。

说："夷势虽曰猖獗，而人不满万，深入重地，四面受敌，通州大兵，数倍于彼，新调之军，日益云集。现在京城，即妇孺皆有激昂思奋之意，岂行间遂全无同仇敌忾之心？"上谕也说："不满万之夷兵，何患不能歼除耶？"①强调固结民心、利用天津等地的团练，"官军民团，联为一气"是第二次鸦片战争时期主战派的常见思路。②

对西太后惧怕列强，王照《德宗遗事》"其五"条：徐桐、刚毅、载漪、崇绮辈"稔知太后久已褫魄于洋人，非先制洋不能振太后之气，于是急煽拳匪，不数月而燎原势成。"西太后之犹豫不决，恽毓鼎在光绪二十六年五月二十五日的日记中提到：

> 午前，虔谒关圣帝君前默祷，拳民是否仰邀神祐？洋人能否聚而歼旃？并问京城安危。得签云："阴里详看怪尔曹，舟中敌国笑中刀；藩篱剖破浑无事，一种天生惜羽毛"。（自家何必操矛戟，但有平生便释然；所作所为天地见，阴消渐弭可无愆。）晓然圣意所在，拳民必可成事矣。又用蓍草如筮仪法占之，得恒之解云："不恒其德，或承之羞，贞吝"，意谓苟不坚持战议，国家便致羞辱也。③

西太后在利用义和团事情上的长期犹豫不决，对外宣战后令荣禄主持战事而不是放手刚毅和徐桐等人，对外主战却又时战时和，和这种矛盾心态不无关系。

左绍佐之《悟澈源头》典型地表现了这类复仇倾向："目睹洋务之坏"，对外宣战"为匹夫匹妇复仇"，"此本朝臣子吐气之时，千载一遇也"。第二次鸦片战争时期联军"焚烧我宫室，百姓痛心疾首，至今冤愤未伸，又复翦我与国，削我疆土，扰我纪纲，索我巨款，国家不忍斗其民，是以隐忍而出于和。其实四十年来，何一事不可声罪而致讨者？而谓衅自我开，何其无耻乎？"招抚义和团，"因其仇洋人，即以之御洋人攻洋人，雪我数十年之耻，国家之事最便"④。

---

① 中国史学会主编：《中国近代史资料丛刊》（《第二次鸦片战争》二），上海人民出版社1978年版，第57、58、90、288页。
② 中国史学会主编：《中国近代史资料丛刊》（《第二次鸦片战争》二），上海人民出版社1978年版，第498页。
③ 北京大学历史系编：《义和团运动史料丛编》第一辑，中华书局1964年版，第52页。"恒之解"云云，"恒"是《周易》中的一个卦名。
④ 中国社会科学院近代史研究所编：《义和团史料》上册，中国社会科学出版社1982年版，第230、233、242页。

　　光绪二十六年七月十九日，云南提督冯子材奏，"恳求专于主战，勿为和议所摇"，"愿圣明勿信其言，免为所误。恳求乾纲独振，专于主战，以雪数十年中华臣民受欺之耻。若虑无将可用，奴才虽则年老庸暗，尚能耐劳，且久悉洋情，见惯不畏；如蒙委用，愿得自募二万人，便宜行事，分道进取缅甸、越南，为釜底抽薪之法，使英、法之兵回救缅、越，则北京之急不救自解"。①

　　另有一些洋务派如沈葆桢、王文韶等也有复仇、国运中兴和大一统倾向，但反对驱夷派的很多主张，强调自强的目标是防御性的，以防范、阻止列强侵略为主，认为轻易对外用兵是孤注一掷。对外倾向较为主张进取，主战方面较为慎重，既反对驱夷派，又和恭亲王奕䜣、李鸿章等的倾向不完全相同但互相欣赏。之后这类倾向演化为"以战促和""以战练战"之类策略，但反对主动挑起事端，一般不具有"驱夷"、灭洋之类的倾向。这种力量主要存在于地方督抚之中，京城有一些呼应者，但力量不及驱夷派。

　　第二次鸦片战争后到清末新政时期，清廷讨论自强方案时，双方主要围绕总体策略以及驱夷、复仇和卧薪尝胆态度展开。同时期各自有一些群体性的表述，互为对手、互相交锋的倾向很强：

　　同治七年十二月，奕谅奏："溯自办理洋务以来，恭亲王等于洋人之情伪，已熟察而深知，今蒙皇太后、皇上垂询臣工此次修约之事，臣若随同画诺，敢期约与年长，若指谪求疵，尤患理因势屈。总之，外洋之人内地，原应筹画所以自强，而驱之出境，而驱逐之策，全赖中外有兵柄者善先事之防，以佐羁縻之术，则外洋慑服，自不致久长盘踞矣。"②

　　同治八年正月，奕谅奏："庚申之变""大辱国家"，"据臣愚见，庚申必应和约，现在必应羁縻，将来必应决裂。"另有收民心之类主张。③ 天津教案后，奕谅于同治九年六月上奏，有建议直隶总督，设法鼓舞民心，抵御外患之类主张。④ 同治九年十一月，奕谅上奏，有"处心积虑，图复深仇"，天津教案"实天下转机关键"之类说法。⑤

　　同治九年六月，大学士官文等代奏内阁中书李如松奏折，说天津教案

---

①　故宫博物院明清档案部编：《义和团档案史料》上册，中华书局 1979 年版，第 478、479 页。

②　《筹办夷务始末》同治朝第七册，中华书局 2008 年版，第 2584、2585 页。

③　详细内容见《筹办夷务始末》同治朝第七册，中华书局 2008 年版，第 2587~2595 页。

④　《筹办夷务始末》同治朝第八册，中华书局 2008 年版，第 2924~2926 页。

⑤　《筹办夷务始末》同治朝第八册，中华书局 2008 年版，第 3197 页。

"正夷务一大转机也。纵不能乘此机会，尽毁在京夷馆，尽戮在京夷酋，亦必将激变之法国，先与绝和，略施薄惩。"①

同治九年，曾国藩奏："道光庚子以后，办理夷务，失在朝和夕战，无一定之至计，遂至外患渐深，不可收拾。皇上登极以来，外国盛强如故，惟赖守定和议，绝无更改，用能中外相安，十年无事，此已事之成效。津郡此案，因愚民一旦愤激，致成大变，初非臣僚有意挑衅。倘即从此动兵，则今年即能幸胜，明年彼必复来；天津即可支持，沿海势难尽备。朝廷昭示大信，不开兵端，此实天下生民之福。虽李鸿章兵力稍强，然以视外国之穷年累世专讲战事者，尚属不逮。以后仍当坚持一心，曲全邻好，惟万不得已而设备，乃所以善全和局。兵端决不可自我而开，以为保民之道；时时设备，以为立国之本，二者不可偏废。臣此次以无备之故，办理过柔，寸心抱疚，而区区愚虑，不敢不略陈所见。"②

同治九年八月，江西巡抚刘坤一奏："沿海各省，于和局决裂之时，应即一律停其通商，封其行栈，一口有变，则各口皆然，一国有变，则各国皆然。"③

同治九年九月，工部尚书毛昶熙奏："中外之和局，无永久可恃之理，海疆之武备，即无朝夕可疏之防。"④

同治九年十月，太常寺少卿王家璧奏：天津"百姓等见官长迫于危险，如子弟之卫父兄，手足之捍头目，此诚亲上死长之义民也。此正国家元气所在"⑤。

同治十一年四月，前江西巡抚沈葆桢奏："伏维自强之道，与好大喜功不同，即使中国船炮远胜西国，我皇上断不肯劳师异域，为汉武唐宋之所为。至自固藩篱，为民御灾捍患，非惟事势所不容已，抑亦覆帱所不可遗。查宋晋原奏，称此项轮船，谓以之制夷，则早经议和，不必为此猜嫌之举。果如所言，则道光年间已议和矣，此数十年来列圣所宵旰焦劳者何事，天下臣民所痛心疾首不忍言者何事，耗数千万金于无底之壑，公私交困者何事，夫恣其要挟为抱薪救火之计者，非也，激于义愤为孤注一掷之计者，亦非也。所恃者未雨绸缪，有莫敢侮予之一日耳，若以此为猜嫌，

---

① 《筹办夷务始末》同治朝第八册，中华书局 2008 年版，第 2948~2950 页。
② 《筹办夷务始末》同治朝第八册，中华书局 2008 年版，第 2977 页。
③ 《筹办夷务始末》同治朝第八册，中华书局 2008 年版，第 3056 页。
④ 《筹办夷务始末》同治朝第八册，中华书局 2008 年版，第 3118 页。
⑤ 《筹办夷务始末》同治朝第八册，中华书局 2008 年版，第 3152 页。

有碍和议，是必尽撤藩篱，并水陆各营而去之而后可也。"①

同治十二年六月，吏部右侍郎徐桐奏："和局终不可恃，愿皇上专意修攘，为自强计耳。夫夷情桀骜狡猾，本属难制，若狎而驯之，必至餍夷人之欲而至。万一事机叵测，断难屈从，不得已而势将用武，孰为皇上折冲御侮者？此臣所为日夜寒心，而不能已于言者也。方今时势，投艰遗大，在皇上一身。而奋发有为，则恃乎皇上一心。志愿既定，则精神所注，智虑亦因之而生，凡有血气，谁敢不竭忠尽力，共济时艰。若谓人材兵饷两乏、不能有为，试思勾践以会稽片壤，犹能卧薪尝胆，生聚十年，教训十年，卒灭强吴而雪夫椒之耻。况我皇上承祖功宗德之遗，拥四海九州之众，果能振作一分，即国势盛强一分。窃谓治国如治疾然，元气既固，则寒暑不得侵陵。要在迪简才能，固结民心，厚裕度支，亟修边备，以为缓急不虞之用而已。"并就选举人才、固结民心、厚裕度支和亟修边备提出具体方法。②

同治十三年十一月，升任两广总督英翰和安徽巡抚裕禄联名上奏："自古制敌之要，不外战守两端。而战守之机，尤在审度彼我情形，以为经画。有专利于战者，外洋窥中国之情形也。有专利于守者，中国御外洋之情形也。有以战为守者，外海口岸之情形也。有以守为战者，长江防务之情形也。"奏折中就筹饷、练兵和购买军舰等提出了一些具体的方法。③此奏折显示，裕禄在南方省份任职，对洋务较为熟悉，观点也接近洋务派，不是驱夷派的思路。奏折是和英翰联名递交，也是两人协商的结果，裕禄完全赞成，并无其他不同意见。④ 对外宣战以后，东南舆论如《新闻报》由于误认为对外宣战是端王矫诏，裕禄又有义和团获胜的奏报，认为裕禄"依违两可、趋附权贵"，不能镇压义和团。⑤ 其实，裕禄有自己的见解，主要是不能坚持己见，完全根据朝廷意图办事。维新变法后裕禄任直隶总督时，大体赞成并执行清廷练兵、筹饷和兴办团练保甲政策，是清廷比较信任的人物。⑥ 在清廷内部意见分歧之时，裕禄过于观望清廷动向的做法使自己进退维谷。在对待义和团问题上，裕禄和毓贤有所不同，在相当长的时期内并没有允许民间公开练习，也查禁反洋教活动。现有研究成

---

① 《筹办夷务始末》同治朝第九册，中华书局 2008 年版，第 3467 页。
② 《筹办夷务始末》同治朝第十册，中华书局 2008 年版，第 3664 页。
③ 《筹办夷务始末》同治朝第十册，中华书局 2008 年版，第 3979 页。
④ 《筹办夷务始末》同治朝第十册，中华书局 2008 年版，第 4058、4059 页。
⑤ 路遥主编：《义和团运动文献资料汇编》中文卷下，山东大学出版社 2012 年版，第 437、438 页。
⑥ 朱寿朋编：《光绪朝东华录》第四册，中华书局 1984 年版，总第 4309~4312 页。

果对裕禄的情况把握较为准确。

同治十三年，湖南巡抚王文韶奏："中国之有外患，历代皆然，而外洋之为中国患如此其烈，实为亘古所未有。变既出于创见，议论遂无所适从。约而言之，厥有数端。或谓洋炮之利，日出日精，中国仿而行之，势必不及。现在和局已成，与其别起嫌疑，重开边衅，不若相安无事，姑事羁縻。此苟且而不知振作者也，其说固不足论。或谓中外之分，从古以来，划然不易。洋人以势力胜，中国以礼义胜。遇万不得已之事，而辄以清议持之；当万难措手之时，而动以常理绳之。此迂拘而不通时变者也，其说又不必论。或谓庚申之役，神人共愤，往者内寇未平，未遑攘外，现在各省军务，次第肃清，大举之机，宜在今日。以鲁莽灭裂之见，作直捷痛快之谈，此又谋不素定，计不万全，而直欲为孤注之一掷也，其说亦姑勿具论。……臣愿皇上念投艰遗大之在躬，以雪耻复仇为继志，清心寡欲，节用谨身，将之以至诚，持之以定力，严察左右近习，以端视听而正纪纲，慎选公卿督抚，以饬吏治而固元气。大本既立，天心应之，亦复何难弗济，何为弗成！所谓战胜朝廷者，其在此矣。"接着就练兵、制造西式武器、造船、筹饷、用人、持久等方面提出一系列建议。[1] 显然，王文韶复仇倾向很浓，思路也较旧，但一些策略和洋务派较为接近。又据同治十三年十一月江西巡抚刘坤一奏折，其说和王文韶较为接近。[2]

李鸿章等人对于此派的名称及其核心特征早有定论，在奏折中频繁提及。研究者提出的一些称呼，诸如抚团排外派、大阿哥党、顽固派、保守派等，均不及李鸿章在奏折中的提法和描述切中要害。李鸿章一直被此派视为众矢之的，其感触和认识也是深刻的。此派固然带有保守倾向，但有其整体思路和整军经武的内政外交重心，又不是文化保守主义和保存国粹之类倾向所能概括的，其中很多人物也未必就是大阿哥党。亦即其核心特征是"闭关谢客以成大一统之治"。

清廷内部众多人物在不同时期能理直气壮地在奏折中谈论驱夷、复仇和中兴之类事情及相关自强方略，且能够长期实施，并且使用"驱夷大局"之类的字眼，但现有史料没有详细记载其形成过程，这是缺失了肃顺等人的一些记载所致。[3] 但祺祥政变前，相关练兵筹饷政策已经推行了一段时间，仍然留下了蛛丝马迹，结合义和团时期表现出的驱夷活动，其形

---

[1] 《筹办夷务始末》同治朝第十册，中华书局 2008 年版，第 4017、4018 页。
[2] 《筹办夷务始末》同治朝第十册，中华书局 2008 年版，第 4042~4046 页。
[3] 参见《花随人圣庵摭忆》下册，第 636 页。

成过程可以探寻。

荣禄、刚毅执攻时期清廷内部的很多见解，在京城官府层面是有着源远流长的共识的。驱夷派的自强策略，很多内容和第一次鸦片战争后地方督抚和军机处及户部、兵部讨论并得到道光和咸丰支持的善后措施不谋而合，只是第一次鸦片战争后的善后措施集中在沿海方面，目的是制夷和抚夷，第二次鸦片战争到义和团时期增加了洋枪洋炮和京畿地区军事防御方面的内容，目的是中兴和驱夷。道光朝《筹办夷务始末》的相关记载较咸丰朝更为详细，相关的演变也是清晰的，很多语言和策略已经出现，例如"卧薪尝胆"在第一次鸦片战争后出现，和善后措施结合，第二次鸦片战争后为清廷频繁使用，和洗雪国耻结合在一起；整顿军备、"此时惟当以训练兵丁为第一要务"（朱批：极是）、团练乡民和兵民联合众志成城及保甲制度相结合、长江防御、"添建府仓，以实军储，是足兵先筹足食，洵为战守要策"，"慎选将领，以固军心"，"慎选守令，以固民心"，"筹措经费"以及和广州反入城有关的"固结民心，激扬士气，以安民为抚夷之本"和"平日修明武备，固结民心"。① 道光三十年安徽布政使蒋文庆奏折所说为清廷采纳的策略，很多语言已经和第二次鸦片战争后至义和团时期相同，如官民联合，"力图团练之法，海疆士民已有行之而效者，粤省其前事也。今但遴选结实安详之守牧县令，不必拘定成法，不必急求有功，并不必显揭以团练之名，但能随时随地，与地方绅民申明古人守望相助之义。……众志成城，守既固者战亦足资矣。"②至于认为"和不可恃"、不信洋人、备战但不愿使用洋枪洋炮也都是第一次鸦片战争后常见的积极备战观点，如积极备战的两广总督徐广缙说："前此失事，皆由船只炮位，事事效颦外夷。洵为确论。彼之所长，正我之所短，正当用我之长以攻其短，何能以我所短骤效其长。"③道光二十三年耆英奏折："收拾民心，训练兵卒，造船铸炮，非一朝一夕可以奏效，而切要机宜，则在慎选守令、将备，使之教养训练，庶民志固，兵气振，三年有勇，七年即戎，彼有限之游魂，安敢轻视我无尽之兵民，不战屈夷，久安长治，全在于是。"道光二十七年四月上谕："上年又经耆英疏陈练兵筹饷事宜，已通谕各省督

---

① 《筹办夷务始末》道光朝第五册，中华书局 2014 年版，第 2580、2591、2597、2598、2629～2630、2636、2638、2639、2651、2694～2700、2717、2729 页；第六册第 2995、3174、3196 页。

② 《筹办夷务始末》咸丰朝第一册，中华书局 1979 年版，第 38、39 页，又参见 34、35 页。

③ 《筹办夷务始末》咸丰朝第一册，中华书局 1979 年版，第 105 页。

抚，体察情形，妥为筹办。"①

对照义和团时期主战派表现出来的思路，发现京城驱夷派的整体思路及内政外交语言体系形成于咸丰十年清廷逃往热河，条约签订之后筹划善后时期，与李鸿章所言庚申以后士大夫争言驱逐的描述暗合。政策确定的线索，见之于咸丰十年十月二十七日钦差大臣漕运总督袁甲三"夷患稍纾，国威未振，亟宜力图整顿，以杜祸患而固根本"奏折。奏折中没有明确提出驱夷的主张，但阐述的整军经武目标以及相关对外策略和驱夷派如出一辙，同治、光绪年间驱夷派的诸多语言如卧薪尝胆、报仇雪耻、战胜而和、我武惟扬已经完整、系统地出现。袁甲三在奏折中说：

> 窃自逆夷犯顺，我兵屡战不利，不得已而议抚。今幸和约已成，夷兵渐退，而贼情叵测，后患方长。亟宜力挽积习，豫备不虞，卧薪尝胆，皇上与臣民共之，此时之谓也。臣愚以为首在慎采纳、节糜费、精训练、储将才，庶几外侮可御，国耻可雪。若因仍简陋，积习自安，恐愈久愈难收拾也。

> 津、沽构衅以来，防备不为不严，兵力不为不厚，亦曾屡战而屡败之矣。近时之失利，非我兵前勇而后怯，亦非夷人前愚而后智也。祇以宜战宜和，左右既无定见，即若迎若拒，将帅无所适从，盈庭聚讼，不战胜于内，安望其制胜于外耶？夫战不胜，则和不久，虽暂时言和，亦必终归于战。是在宸衷独断，不为众议所摇，然后忠义之士，得坚其敌忾之心。臣所谓采纳宜慎者此也。

> 京城旗绿各营，额兵不下十余万，岁糜帑项数百万，数既不能充足，人亦不能尽精强，游手者得以坐耗，斯敢战者疲于不饱。说者谓：国家以旗兵为根本，不可使有觖望。似也，然朝廷聚天下之财以养旗兵，例饷之外，岁有加赏，体恤可谓至矣。近日领饷稍有不足，怨望横生，盖推恩者循例而以为常，斯霑恩者身受而不知感，人情固然，不足怪也。且旗兵不听其自行谋生，食指日繁，正供有限，一旦饷缺，束手待毙，生之适所以死之，非计之得者也。臣窃谓国家深仁厚泽，沦浃二百余年，普天率土，同受豢养之恩，即共切同仇之志。似应无论旗绿各营，其不愿入伍、不能打仗者，均听自便，或另作安置，俾有生路。特选精锐三四万人，优其粮饷，专习戎政，庶几士饱

---

① 中国史学会主编：《中国近代史资料丛刊》（《鸦片战争》三），上海人民出版社 1962 年版，第 471、472、480 页。

马腾，所向无敌矣。臣所谓糜费宜节者此也。

　　京城八旗兵丁，久以操演为具文，其训练尚勤者，以键锐、火器、香山各营为最，技艺亦能娴熟。然一遇大敌望风而靡者，各该统领大员，向系循例简用，本不尽知兵之人，该兵丁亦不轻易从征，其平日按式学习，几如纸上空谈，睹旌旗而色变，闻鼙鼓而心惊，亦人情所必至也。且统领不常其任，临时派人管带，兵将不相习，即进退无所措，安望其呼应灵通耶？若于各该营不拘官阶大小，择其年力精壮者，酌拨十数人或数十人，分置各路军营，俾资历练，定限换防，仍于原营无损。则日久均经战阵，胆以练而愈壮，摧锋陷阵，皆将视为故常。再择久历戎行堪为统领者，专其责成，久于职守，平日兵知将意，将识兵心，斯临敌如身之使臂，臂之使指，号令一而情谊联。臣所谓训练宜精者此也。

　　自古练兵必先择将，语云："千军易得，一将难求。"皇上临御之初，即值疆土多故，十年以来，所得将才若干，已屡试屡验，默识于宸衷矣。现在京营带兵者，除胜保、僧格林沁外，多未身经行阵。僧格林沁屡挫之后，物议在所不免，然其平素赤心为国，与士卒同甘共苦，实不可及。各路兵勇随其打仗者，无不爱慕不忘，盖其忠悃之感人者深也。惟事变不可豫知，军情亦难豫定，非多储将才，期与相辅而行，恐应接不暇，将成孤注之一掷。且不试之于平日，而欲责之临时，用人者既将就而不暇择，任事者亦竭蹶而不敢辞，此两误之计也。此外偏将亦须得人，全在实力甄拔，以待有事。应请饬下各路统兵大员，将素经战阵能得兵心者，各保送数人，以供选择，庶几群策群力，缓急足恃矣。臣所谓将才宜储者此也。凡此数者，皆当时之急务，所愿皇上持之以定见，行之以实心，聚精会神，历久不懈。斯上有怵惕惟厉之心，下有深固不摇之气，天威丕振，我武惟扬，根本固于苞桑，外患内忧，以此削平矣。

　　咸丰十年十一月初四日奉朱批：精训练、储将才二条，著总理行营王大臣妥议具奏。①

和袁甲三类似的奏折，还有咸丰十年十一月陕甘总督乐斌和署陕西巡

① 《筹办夷务始末》咸丰朝第七册，中华书局1979年版，第2637~2639页。原件见中国史学会主编：《中国近代史资料丛刊》（《第二次鸦片战争》五），上海人民出版社1978年版，第311~313页。文字微异。

抚谭廷襄奏折中说："我朝肇兴东土，定鼎燕京，二百年来，从无边患。乃自办理夷务，迄今甫二十年，而情形遂至如此，则从前诸臣专以口岸议和之说误之也。"奏折提到一些应变建议，最后说"庶几可以壮中原之气势，扫除群丑，共济时艰。"朱批："所虑尚是，知道了。"①

此时期，咸丰经常将一些奏折交由惠亲王、总理行营王大臣、御前大臣和军机大臣议奏，即是指"在事之王大臣"肃顺等人。② 一些奏折由军机处转交奕䜣、桂良和文祥等人议奏，因而肃顺掌权，但很多措施如成立总理衙门又是清廷内部折衷的结果，并非肃顺等人专断。现刊军机处档案和上谕档中偶见奕䜣等人的覆奏，不见肃顺等人的覆奏以及京城官员的普遍反应，这就导致第二次鸦片战争后清廷政策形成过程的历史产生缺失。③

袁甲三的奏折得到咸丰帝的欣赏和推行。《清史列传》袁甲三传载有此事，唯奏折文字略有不同，说"国家于逆夷，不得已而议抚，非本意也。夷情叵测，后患方长。卧薪尝胆，当在此时"云云。"奏入，上嘉纳之，下行营王大臣议行。"④《清史稿》袁甲三传则说"下所司议行"。京畿地区驱夷的倾向最早为人熟知，还是在天津教案时期，实际其策略形成于咸丰十年十、十一月间。此时正是清廷内忧外患，围剿捻军和太平军形势不明；京畿地区清军作战失利，英法联军占领京城并烧毁圆明园、《北京条约》签订以及咸丰帝对英国联军以后动向没有把握，又认为列强长技是洋枪洋炮之时，清廷在条约签订之后，内部关注筹饷练兵是自然而言的事情，主要是筹饷、练兵的具体方法未定。

奕譞在同治九年十一月奏折可作为旁证。奏折中说："自来复仇要务，不外乎训练积蓄，我皇太后、皇上念切庚申之耻，特命禁军习劳肄武，迄今十年矣。""愿皇太后、皇上敬念先谟，非其时不可无此想，正其时不可无此断，固不可使臣下无所容，万不可使臣下有所恃，振中兴之业，绍先烈之风，此其时也。""神机营固为创局，其本意原为振兴士气，大雪庚申之耻。"⑤"驱夷大局，借此而举"。⑥ 奕譞所说"自来复仇要务，

① 《筹办夷务始末》咸丰朝第八册，中华书局1979年版，第2665、2666页。
② 《筹办夷务始末》咸丰朝第七册，中华书局1979年版，第2614页；第八册，第2675、2691页；同治朝第一册，第38、39页。名单见中国第一历史档案馆编：《咸丰同治两朝上谕档》第十册，广西师范大学出版社1998年版，第712页。
③ 中国史学会主编：《中国近代史资料丛刊》（《第二次鸦片战争》五），上海人民出版社1978年版，第356页。
④ 《清史列传》袁甲三，中华书局2005年版，第13册，第3931、3932页。
⑤ 《筹办夷务始末》同治朝第八册，中华书局2008年版，第3200、3201页。
⑥ 《筹办夷务始末》同治朝第八册，中华书局2008年版，第3204页。

不外乎训练积蓄"中的"训练积蓄"，即为练兵筹饷；所言"愿皇太后、皇上敬念先谟"之"先谟"，必非空穴来风；所言"中兴之业"及"驱夷大局"，必有根据，否则西太后及清廷内部不会承认。

总理衙门奕䜣等人总体上是赞成和执行筹饷练兵政策的，在练兵筹饷这个大方向上和驱夷派一致，并主导了同治和光绪年间的很多筹饷练兵制器活动。第二次鸦片战争后，在京畿地区和东三省等地练兵筹饷也是奕䜣主持总理衙门时期长期推行的政策。① 只是奕䜣等人日益侧重西法，对袁甲三的说法有所修正，但大的格局和袁甲三奏折所言及朱批"精训练、储将才"相似。同治元年九月，总理衙门奕䜣等奏练兵必先练将，论及使用洋枪训练军队的问题，又说"中国教演洋枪队伍，练兵必先练将，实为此中紧要关键。""惟是练将固要，而选将綦难，必须挑选平日公正，能与士卒共甘苦，不至有克扣钱粮等弊，方可令充是选。""如此则兵心一，国势振，于以自强不难矣。"上谕采纳此议，令相关督抚挑选八旗绿营兵学习洋人兵法及制造各项火器之法，用于攻打太平军，"以为自强之计"。② 同治三年四月，总理衙门奕䜣等人在奏折中说：

> 查治国之道，在乎自强，而审时度势，则自强以练兵为要，练兵又以制器为先。③

驱夷派也赞成和采用一些西法练兵，但完全采用西法又超出其知识范围，它和奕䜣为首的总理衙门在西法西学方面的碰撞也是根据具体事件发展逐步演变的，某个时期呈现某些侧面。④ 奕䜣等在胶州湾事件后的奏折中，谈及为何订立条约时，仍然表示"万一各国互争，竟以中国为战地，尤难收束，只可速结此案，徐图自强。计非腾出的饷训练精兵，不足以御外侮，容臣等随时奏办。"⑤

也可看出总理衙门奕䜣等人和李鸿章的异同，总理衙门承认筹饷练兵的重要性，认同是自强之道，这就和李鸿章等地方督抚求富求强的认识有

---

① 《筹办夷务始末》咸丰朝第八册，中华书局1979年版，第2703、2704页。
② 《筹办夷务始末》同治朝一，中华书局2008年版，第438~440页。
③ 中国史学会主编：《中国近代史资料丛刊》(《洋务运动》三)，上海人民出版社1961年版，第466页。
④ 中国第一历史档案馆编：《咸丰同治两朝上谕档》第十册，广西师范大学出版社1998年版，第717、718页。
⑤ 路遥主编：《义和团运动文献资料汇编》中文卷上，山东大学出版社2012年版，第67页。

所差异，但在反对驱夷和主战方面二者高度相似，显示总理衙门掌握清廷内部政策形成过程。

确切地说，筹饷练兵是清廷国策，不管是奕䜣、奕譞还是荣禄、刚毅主导军机处，都要执行，这也是西太后选择他们的原因所在，否则就有可能遭到西太后改弦易辙而失去军机处主导权，执行效果不达理想也会遭到御史言官的弹劾。差别是奕䜣和李鸿章、曾国藩等洋务派督抚关系密切，日趋重西法，内政外交倾向西法与和戎。奕譞和荣禄也重视西法练兵，但内政外交思路和奕䜣大有不同。清廷自强政策早已形成，奕䜣和李鸿章等洋务派有异议，但并不是主导清廷政策形成的力量，在最高层面更没有人事权。清廷中不符合奕䜣和李鸿章等洋务派思路的上谕甚多且长期存在，即使在奕䜣担任军机大臣时期也依然如此。况且清廷推行的政务很多，如提倡理学、重视吏治、垦荒等，很多都不是洋务的范畴，但政策层面又有其整体思路。洋务运动时期并不是只有洋务和洋务派。

咸丰十年十月至十二月，洋务派对于义和团时期主战派的评价，以及李鸿章对第二次鸦片战争后京城主战派的评价，乃至第二次鸦片战争后一些洋务派和京城驱夷派的分歧，皆已经出现和定型。咸丰十年十月，安徽巡抚翁同书奏：

> 戒浪战以审事机也。制夷之策，在财赋殷阜之日则易，在中原多事之日则难，况议抚议剿，一误再误，愈误愈深。为今之计，固不可任其侵迫而徒事羁縻，尤不可再逞虚锋而致难收拾。臣之愚见，以为宜俟各路援师云集，耀兵畿甸，俾知四海人心，咸怀忠愤，示以声威，而不轻与交仗。庶几可进可退，能刚能柔，戢其贪狡之心，或有善全之道。倘彼狡执如故，难以理驯，我之守御渐完，兵力渐厚，可以绝其粮道，邀其惰归。以守为体，以战为用，纵无速效，亦无后悔。若孤注一掷，损威失重，又将何以善其后？此谋国者所当深长思也。①

对照翁同书奏折和李鸿章奏折，所说第二次鸦片战争时期与义和团时期主战派的特征相同，只是李鸿章增加了驱夷出境之类的说法，并强调清议的作用。

将翁同书奏折和魏源的观点相对照，发现二者相似倾向很强。翁同书奏折中所说"戒浪战以审事机也"，"以守为体，以战为用"，"若孤注一

---

① 《筹办夷务始末》咸丰朝第七册，中华书局 1979 年版，第 2590 页。

掷，损威失重，又将何以善其后"都是魏源作品中反复强调的观点和策略。洋务派的这类观点不一定直接源自魏源，更多的是从第二次鸦片战争后中西格局出发作出的判断，有些策略如沿海防守战略借鉴了《防海新论》的论述。① 双方不谋而合，显示出第二次鸦片战争后洋务派和驱夷派的分歧与第一次鸦片战争时期的情况有历史延续关系，魏源的很多观点具有超前性，和洋务派有很多相近的地方。如《圣武记叙》中说："今夫财用不足，国非贫，人材不竞之谓贫；令不行于海外，国非赢，令不行于境内之谓赢。故先王不患财用而惟亟人材，不忧不逞志于四夷，而忧不逞志于四境。官无不材，则国桢富；境无废令，则国柄强。桢富柄强，则以之诘奸，奸不处；以之治财，财不蠹；以之搜器，器不窳；以之练士，士无虚伍。如是，何患于四夷，何忧乎御侮！斯之谓折冲于尊俎。"② 其他如关于以西法练水师的庞大计划，"以创中国千年水师未有之盛，虽有狡夷其敢逞？"强调时机，"古君子非常举事，内审诸己，又必内审诸时。同时人材尽堪艰巨则为之，国家武力有余则为之，事权皆自我操则为之。"③ 其他如抨击一些"不筹守而即战，是浪战也"，提出"先为不可胜以待敌之可胜，则能以守为战，以守为款"等论断也和第二次鸦片战争后洋务派的一些论点若合符节。④ 魏源在论述防海时强调"以守为战，以守为款，以内修为外攘"，整体上也是一个自强观。⑤ 在论及理财时，强调"无政事，则财用不足，法无久不变，运无往不复"。"有以除弊为兴利者，有以节用为兴利者，有以塞患为兴利者，有以开源为兴利者"，在主张剔除中饱和堵塞鸦片漏卮的同时，极力主张开矿兴利。⑥ 这都是务实和开放的筹饷练兵观点。假以时日，以魏源的务实和重西法，也能够得出第二次鸦片战争后流行的洋务派的和局、变法、富强、工商、学堂等观点。另外，冯桂芬在咸丰十一年十月《校邠庐抗议》中，在论及制洋器时，已经系统表达了和洋务派相似的倾向和相同的语言，如"夫穷兵黩武，非圣人之道，原不必尤而效之，但使我有隐然之威，战可必克也，不战亦可屈人也，而我中华始可自立于天下。不然者，有可自强之道，暴弃之而不知惜，有可雪耻之道，隐忍之而不知所为计，亦不独俄、英、法、米之为患也，我中华且将

---

① 中国史学会主编：《中国近代史资料丛刊》(《洋务运动》一)，上海人民出版社1961年版，第46、100页。
② 《魏源全集》第三册，岳麓书社2004年版，第1页。
③ 《魏源全集》第三册，岳麓书社2004年版，第602、603页。
④ 《魏源全集》第三册，岳麓书社2004年版，第619页，另参考第485、486页。
⑤ 《魏源全集》第三册，岳麓书社2004年版，第331页。
⑥ 《魏源全集》第三册，岳麓书社2004年版，第566页。

为天下万国所鱼肉，何以堪之？此贾生之所为痛哭流涕者也。"①

总理衙门咸丰十年十二月奏折显示，第二次鸦片战争后以奕䜣为首的总理衙门和京城驱夷派的政策分歧也已经形成："此次夷情猖獗，凡有血气者，无不同声忿恨，臣等粗知义理，岂忘国家之大计"的言论反映出普遍存在的很强的复仇意识。"诚以势有顺逆，事有缓急，不忍其忿忿之心而轻于一试，必其祸有甚于此"以及"惟有隐消其驽疾之气，尚未遽张以挞伐之威，倘天心悔祸，贼匪渐平，则以皇上圣明，臣等竭其颛蒙之力，必能有所补救。若就目前之计，按照条约，不使稍有侵越，外敦信睦，而隐示羁縻，数年间，即系偶有要求，尚不遽为大害"暗合以后洋务派的策略。②十二月奕䜣等在"奏请八旗禁军训练枪炮片"中阐述了和驱夷派的异同点：

> 窃臣等酌议大局章程六条，其要在于审敌防边，以弭后患。然治其标而未探其源也，探源之策，在于自强，自强之术，必先练兵。现在抚议虽成，而国威未振，亟宜力图振兴，使该夷顺则可以相安，逆则可以有备，以期经久无患。况发捻等尤宜迅图剿办，内患除则外侮自泯。③

所言"探源之策，在于自强，自强之术，必先练兵"和清廷以后的政策一致。所言"现在抚议虽成，而国威未振，亟宜力图振兴，使该夷顺则可以相安，逆则可以有备，以期经久无患"实际是一个在中外关系中追求自立的目标，和袁甲三奏折中所说的"天威丕振，我武维扬，根本固于苞桑，外患内忧，以此削平矣"是两个不同的目标。

咸丰十一年五月奕䜣等奏折中出现"卧薪尝胆"字眼："自臣等笼络英、佛以来，目前尚称安静……若不亟乘此时，卧薪尝胆，中外同心以灭贼为志，诚恐机会一失，则贼情愈张，而外国之情必因之而肆。"④

第二次鸦片战争后至义和团时期的京城驱夷派，形成于咸丰十年的热河，由原来的京城主战派演变而来。其主战观点和很多策略带有第二次鸦片战争的明显痕迹，但正式形成整军经武和驱夷中兴这类清廷在第二次鸦

① 中国史学会主编：《中国近代史资料丛刊》(《戊戌变法》一)，上海人民出版社 1978 年版，第 32、33 页。
② 中国史学会主编：《中国近代史资料丛刊》(《第二次鸦片战争》五)，上海人民出版社 1978 年版，第 340、341 页；《筹办夷务始末》咸丰朝第八册，中华书局 1979 年版，第 2674、2675 页。
③ 《筹办夷务始末》咸丰朝第八册，中华书局 1979 年版，第 2700 页。
④ 《筹办夷务始末》咸丰朝第八册，中华书局 1979 年版，第 2914 页。

片战争后长期执行的政策，则是在热河时期。总理衙门成立之前，洋务兴起之前，从驱夷、复仇中兴到义和团时期的灭洋具有内在一致性。

从更广泛的意义上说，清廷方面的很多言论，又超出军事和外交之外，有其内政外交整体的考量。驱夷派的自强内涵，乃是由应对乾隆朝末期以降的内政外交积弊逐渐演变而来，尤其是咸丰朝开始的内政外交整顿努力的继续和延伸，在内政方面和嘉庆、道光年间的经世之学和清廷政策具有承上启下的关系，一些事项如吏治、用人、节俭、纳言等也是第二次鸦片战争之前的老问题。嘉庆、道光和咸丰年间的政策传承关系，论述者颇多。驱夷派在内政方面如吏治、垦荒和足食足兵的很多观点可在魏源所编《皇朝经世文编》收集的资料中找到相似倾向。①迁斋在《道光朝之君相》一文中简略指出，咸丰朝之乱事，由道光朝酿成，道光朝实又承乾隆后期以降之弊，道光朝重汉臣、重翰林、重督抚，"皆道光一朝之特色，开后此之风气。"②据王闿运的描述，咸丰即位后，确在用人、练兵等方面有改弦更张、力图振作的愿望和行动，主要受能力和时势所限无根本改观，咸丰朝面临的问题如吏治、游民和外交也是其后清廷关注的重点。③关于清朝吏治的论述很多，王闿运在《圆明园词》中所言较为接近咸丰朝以及同治和光绪朝清廷关注的问题：

> 宣宗嗣服始念国贫，秋狝之礼，辍而不举，惟务无事，以绥四民。然牧令贪庸，监司忠厚，务想掩覆，讳盗容奸，八卦妖徒，连兵十载，无生天主，教目滋多，由游民太繁刑废不用也。
>
> 本朝吏事，盖凡四变，当顺康时，州县多不足衣食，外吏亦未有脂膏。然京辇贵豪，富厚充斥。及于雍乾，州县大富，嘉庆廿载，府道高资，道光之时，督抚拥财，而上下俱困，盗贼起矣。④

---

① 据张瑞龙研究，天理教事件后，嘉庆注意整顿吏治，提出实现"中兴之治"的问题，所列措施多为内政，未见对具体目标的论述。也开始提倡理学，但尚未见在中枢大规模重用理学人员。嘉庆上谕中也有"卧薪尝胆"的说法，但属内政，和第二次鸦片战争后的倾向有异。见张瑞龙著：《天理教事件与清中叶的政治、学术和社会》，中华书局2014年版，第74、81、85、156、157页。

② 《中和月刊史料选集》第一册，台湾文海出版社近代中国史料丛刊影印本，第277页。

③ 中国史学会主编：《中国近代史资料丛刊》（《第二次鸦片战争》二），上海人民出版社1978年版，第519、521页，又参见497、498页。另外，较为近似且详细的论述，见朱采的观点，见中国史学会主编：《中国近代史资料丛刊》（《洋务运动》一），上海人民出版社1961年版，第328~351页。

④ 中国史学会主编：《中国近代史资料丛刊》（《第二次鸦片战争》二），上海人民出版社1978年版，第518页。

很多人物如王韬、郭嵩焘和薛福成所说自强方略，也包含内政和外交两个层面，也大体包含吏治、人心等方面的内容，只是目标注重求富强，与清廷政策层面注重的东西不尽相同。① 在重心方面，如冯桂芬所言："今国家以夷务为第一要政，而剿贼次之。"②第二次鸦片战争后，应对洋务实际成为经世的核心。

咸丰遗诏为同治、光绪和宣统朝清廷总体政策的依据和出发点，同治、光绪年间的很多政策事项如筹饷练兵、整顿吏治、提倡理学、提倡清议、重用汉臣和保举人才等实际是沿袭咸丰朝，主要是在西学方面变化较多。

咸丰遗诏包含了以后京畿地区驱夷派长期执行的清廷内外政策的阐述，驱夷派的很多观点如练兵筹饷、整顿吏治和用人为当务之急以及平定太平军和捻军后攘外尚未完成等在遗诏中皆有影子：

> 方今东南诸省军务未平，百姓荡析离居，惨罹锋镝。振文教，修武备，登进贤良，荡平群丑，实为当务之急，可不勉哉！随扈王大臣及在京王大臣等，其各精白乃心，和衷共济，以期克臻上理。各路统兵大臣，及各该省将军、督抚，受朕厚恩，尤宜力图扫荡，早靖逆氛，俾寰宇奠安，黎民绥辑，克终朕未竟之志。在天之灵，庶几稍慰焉！

遗诏中罗列的政策重心，在清廷内部具有相当共识。咸丰十一年十二月大学士周祖培在奏折中阐述了整军经武思路："窃惟目下最关紧要者，莫如整军理财两端。"罗列的整军措施目标包括镇压捻军和太平军，理财措施包括整顿漕运、盐政、地丁钱粮和关税四端，"此千古不易之规，舍是不讲，而搜求琐屑新异之事，与民争利，视若有益，而所损实多。"另外涉及广开言路和整顿吏治之事。③ 此后，支持垂帘听政和反对肃顺等人赞襄政务的大学士贾桢、周祖培、户部尚书沈兆霖和刑部尚书赵光联名奏折罗列道：同治亲政前"此数年间，外而贼匪未平，内而奸人逼处，何以拯时艰？何以饬法度？固结人心，最为紧要。倘大权无所专属，以致人心惊疑，是则目前大可忧者。"④李棠阶在咸丰十一年十月清廷召其进京后，

---

① 中国史学会主编：《中国近代史资料丛刊》（《洋务运动》一），上海人民出版社1961年版，第137、480页。

② 中国史学会主编：《中国近代史资料丛刊》（《戊戌变法》一），上海人民出版社1978年版，第33页。

③ 军机处录副奏折，咸丰十一年十二月大学士周祖培敬陈管见由。

④ 丁凤麟、王欣之编：《薛福成选集》，上海人民出版社1987年版，第565页。

于同治元年所上"条陈时政之要疏"提到"转移天下之机，实在于此。从此力为整顿，凡所为澄叙官方，整饬武备，蠲缓租赋，戢捕奸盗，崇节俭，慎刑狱等事，上谕之所通行者，严加查察"的事。① 第二次鸦片战争后，祁寯藻等人借鉴康熙、乾隆年间一些做法，特别重视固结民心、整顿吏治、保举人材和力行节俭等事。②

同治朝实录和圣训编纂完成时，上谕中罗列的内容基本和咸丰遗诏相符，实际也有继承咸丰遗诏方面的文字。③ 王闿运在《祺祥故事》中说："故肃顺拟遗诏，亦缘上意，不召（恭）王（参）与顾命也。"④看来，肃顺的建议大多是按照咸丰意图所为，其掌权时期也采纳了奕䜣等人的很多论点，只是肃顺推行力度较大，至少肃顺并没有改变咸丰的政策思路和清廷内部政策走势。肃顺的性情有些类似于义和团时期的刚毅，立场坚定、态度强硬且不惧得罪人，但肃顺在重用汉人和权变方面似胜刚毅一筹。

同治、光绪年间，清廷及总理衙门在向地方督抚征求自强意见及用人时，经常将练兵、筹饷、吏治和用人列为讨论的数大端，这个范围和咸丰遗诏及清廷自强方案完全吻合，大体也是咸丰朝就开始的一些内容。很多相关谕旨出自东、西二太后，京官中围绕这类问题所上奏折甚多。⑤ 在向一些总督、巡抚指授辖区政务时，也往往从整体的自强策略角度考虑，涉及吏治、军务、民风等诸多层面，直隶尤甚。⑥《光绪朝东华录》所载浩如烟海的上谕和奏折，成为了解清廷相关政策的系统史料，证实西太后一直是清廷中推行相关政策最为积极的人物，相关懿旨比比皆是。将这些上谕、奏折和地方督抚的覆奏以及户部、兵部等的反应结合，便可全面掌握清廷内部在相关政策方面的互动。⑦洋务派对上谕中一些反映驱夷派观点的内容不以为然的言论，为京官所知并遭弹劾的资料也偶可发现，如光绪

① 李棠阶著：《李文清公遗书》卷一，页三，《清代诗文集汇编》第598册，第333页。
② 《清史列传》卷四十六，祁寯藻，中华书局2005年版，第12册，第3612~3622页。
③ 朱寿朋编：《光绪朝东华录》第一册，中华书局1984年版，总第842页。掌故中的描述，参见胡思敬著《国闻备乘》，中华书局2007年版，第10页。
④ 中国史学会主编：《中国近代史资料丛刊》（《第二次鸦片战争》二），上海人民出版社1978年版，第324页。
⑤ 《筹办夷务始末》同治朝第十册，中华书局2008年版，第4035页；朱寿朋编：《光绪朝东华录》第一册，中华书局1984年版，总第9、12页。
⑥ 中国史学会主编：《中国近代史资料丛刊》（《洋务运动》一），上海人民出版社1961年版，第19、21、23~25页。
⑦ 例如，该书第一册所收光绪六年正月保举人才上谕和筹饷节流上谕（总第861页）、四月份丁宝桢奏折（总第898、899页）、谭钟麟奏折（总第901页）、裕禄奏折（总第908~911页）、五月份李鸿章奏折（总第920~922页）、歧元奏折（总第927、928页）、六月份何璟奏折（总第931、932页）、曾国荃奏折（总第939、940页）等。

七年刘锡鸿弹劾李鸿章时，说李鸿章"覆奏筹备饷需一疏为藐抗朝廷腹诽谕旨"。① 当然，西太后对洋务派在奏折中表达不同政见还是能够容忍的。《光绪朝东华录》不是依据原始档案编成，中国第一历史档案馆保存的上谕档和地方督抚奏折，便是分析清廷与各方关系、中央与地方关系的最为核心、原始和系统的资料。外界如各种文集和报刊记载中对上谕及清廷相关说法的反应，便是分析民间和朝廷关系的最为核心、原始和系统的资料。在这些问题上，准确把握和精确解剖清廷内部动向，显然处于核心的位置，可谓牵一发而动全身。

晚清七十年之国策，大原则确定于咸丰十年的热河，以后增加的主要是洋务的方面，但总体策略未变；驱夷派方面变化的主要是细节、具体方法和具体策略，亦即如何实施问题。有的侧重分析某些具体的方面。如论及固结民心，有人涉及兴农业厚民生吏治等事；② 论及筹饷，则又涉及盐政垦荒节俭等事。③ 对照西太后、荣禄、刚毅和徐桐等人在涉及自强和练兵方面的上谕和奏折，绝非洋务派的求富求强，而是强调练兵为主。④

政策之成败及清朝之覆亡，也要追溯到咸丰十年的热河。

热河决策是一个历史盲点，也主要是洋务派督抚和民间舆论不甚知情。热河决策圈范围较小，很多意见出自惠亲王、总理行营大臣、御前大臣和军机大臣之手，有些还是"总理行营王大臣密议"，其后这些人多失势或被杀。⑤ 咸丰朝上谕档中仅朱笔标明"与惠亲王总理行营王大臣同看"文字的部分，大体即是相关内容，涉及袁甲三、翁同书和奕䜣等相关奏折，军机处编辑上谕档时作了删除，有《筹办夷务始末》咸丰朝有但上谕档无的内容如上谕对袁甲三奏折的答复，实际删除了咸丰、肃顺和奕䜣等人酝酿清廷政策痕迹，显然是西太后和奕䜣所为。⑥ 以奕䜣为首的总理衙门显然参与了决策酝酿过程，一些政策如议和、暂时笼络洋人、以西法练兵以及成立总理衙门办理洋务也带有奕䜣等人的明显痕迹，显示咸丰、肃顺等人采纳了奕䜣等人的若干论点。奕䜣为首的总理衙门奏折中有诸多对京城流行观点表示异议的文字，尚未引起学术界的系统解析。尽管奕䜣时

---

① 朱寿朋编：《光绪朝东华录》第一册，中华书局 1984 年版，总第 1058 页。

② 朱寿朋编：《光绪朝东华录》第一册，中华书局 1984 年版，总第 362 页。

③ 朱寿朋编：《光绪朝东华录》第一册，中华书局 1984 年版，总第 968、1023 页。

④ 丁凤麟、王欣之编：《薛福成选集》，上海人民出版社 1987 年版，第 39、49 页。

⑤ 《筹办夷务始末》咸丰朝第七册，中华书局 1979 年版，第 2614 页；第八册，第 2675、2691 页。

⑥ 中国第一历史档案馆编：《咸丰同治两朝上谕档》第十册，广西师范大学出版社 1998 年版，第 659、660、662 页；第十一册，第 13、17 页。

常表示异议，清廷决策过程也非常机密，但京城官场舆论高度一致，显示知情者颇多，乃因在惩办肃顺等人过程中，上谕反复令恭亲王会同大学士、六部九卿和翰詹科道讨论处置办法，李鸿藻、翁同龢等人均在其中，这足以使京城官场普遍了解热河时期的决策情况，并在暂时笼络洋人、暂时维持和局等方面形成一些共识。① 上谕指责肃顺等人"不能尽心和议"以及说"外国情形反复"，其实咸丰和西太后大体持相似观点，持异议的是奕䜣，祺祥政变更多的是权力之争而非政见之争，因为很多政策定于咸丰在位时期，肃顺等人能够相机进言、长期掌权并被任命为赞襄政务大臣，也说明符合咸丰政见。② 西太后要遵循咸丰遗诏，第二次鸦片战争时期咸丰并不是洋务派的观点。但在讨论肃顺等人罪名时以奕䜣为首，上谕指责肃顺等人"不能尽心和议"，更多的是体现了奕䜣的态度。另外就是翁同龢等参编咸丰朝实录圣训，必定了解情况。

　　光绪三十四年西太后遗诰间接证明了热河定策的可信性，说明了清廷内部从第二次鸦片战争后到宣统年间的政策继承关系。西太后长期执政，实际是执行咸丰遗诏而不是另起炉灶，并要求载沣等继承这个策略：

　　　　予以薄德，祗承文宗显皇帝册命，备位宫闱。迨穆宗毅皇帝冲年嗣统，适当寇乱未平讨伐方殷之际。时则发捻交讧，回苗儌扰，海疆多故，民生凋瘵，满目疮痍。予与孝贞显皇后同心抚视，夙夜忧劳，秉承文宗显皇帝遗谟，策励内外臣工暨各路统兵大臣，指授机宜，勤求治理，任贤纳谏，救灾恤民，遂得仰承天庥，削平大难，转危为安。及穆宗毅皇帝即世，今大行皇帝入嗣大统，时事愈艰，民生愈困，内忧外患，纷至沓来，不得不再行训政。前年宣布预备立宪诏书，本年颁示预备立宪年限，万几待理，心力俱殚，幸予气体素强，尚可支持。不期本年夏秋以来，时有不适。政务殷繁，无从静摄，眠食失宜。迁延日久，精力渐惫，犹未敢一日退逸。本月二十一日复遭大行皇帝之丧，悲从中来，不能自克，以至病势增剧，遂致弥留。回念五十年来，忧患迭经，兢业之心，无时或释。今举行新政，渐有端倪。嗣皇帝方在冲龄，正资启迪，摄政王及内外诸臣，尚其协心翊赞，固我邦基。嗣皇帝以国事为重，尤宜勉节哀思，孜孜典学。他日

① 陈义杰整理：《翁同龢日记》第一册，中华书局1998年版，第146页。
② 《筹办夷务始末》同治朝第一册，中华书局2008年版，第38、39页；丁凤麟、王欣之编：《薛福成选集》，上海人民出版社1987年版，第561页。

光大前谟，有厚望焉。①

"他日光大前谟"，显然不会是仅指平定太平天国而言，应该暗指驱夷和中兴，否则宣统年间不必重新提及，因为捻军和太平军早已被镇压，况且宣统是继承同治皇帝帝位，兼祧光绪皇帝。

第二次鸦片战争后，驱夷派的核心力量是在京城，存在一个和奕䜣执掌的军机处不同的自强思路。这些人中，满洲王公、大学士和六部九卿、翰詹科道甚众。洋务派对地方督抚有所建议，涉及具体措施多由各部议奏，各部掌权者多为此类人员，也经常参与廷议，普遍了解清廷政策和西太后的态度，关键时刻核心人员往往是满洲王公和大学士，诸如奕䜣、李鸿藻、翁同龢、徐桐、荣禄和刚毅，这些人又多为西太后的亲信，具有与洋务派不完全相同的政见思路。洋务派督抚也对各部比如户部的制约作用印象深刻，对清议声势频繁提及。驱夷派在各地的情形较为零散，有些存在此类倾向的人员，也和京城有联系或为京城官员赏识。

同治十三年十二月，同治帝死后，东、西二太后宣布立载湉为皇帝时召见的名单，以及挑选的穿孝百日的人员，就属于清廷政策的核心知情者，如惇亲王奕誴、恭亲王奕䜣、醇亲王奕譞、孚郡王、惠郡王、御前大臣伯彦讷谟祜、奕劻、景寿、军机大臣宝鋆、沈桂芬、李鸿藻、以及荣禄、徐桐、翁同龢和张家骧等，另有镇国公奕谟、礼亲王世铎、贝勒载漪、辅国将军载澜以及军机大臣文祥等。② 这些人也是同治、光绪年间清廷内部的一些核心决策者，清廷较为亲近的人物，王公贝勒、军机大臣、总管内务府大臣和弘德殿行走居多，是京官中的部分人员。

第二次鸦片战争后至义和团时期，驱夷派的倾向长期延续，人事方面的原因在于西太后长期执政，清廷内部的核心决策者大多是热河定策的经历者和知情者，又是西太后的支持者，如奕譞、翁同龢、李鸿藻、徐桐、崇绮、荣禄等。这些人又各自拥有一些政治势力，掌管若干部门，有很多附和者，也有很多这些人识拔的人物。这些人识拔时又不是按照机构和所辖部门，而是志趣相投的倾向很浓，类似保举人材，因而特定时期，京城中有相似倾向的人员很多，但往往只是其中某些人物表现突出引人注目一些。此种人事根源，在于太平天国运动爆发后清廷的用人政策，地方督抚中起用湘淮系，但京官中各部尚书等大多从京城自身官僚体系中选拔，这

---

① 朱寿朋编：《光绪朝东华录》第五册，中华书局 1984 年版，总第 6022 页。
② 朱寿朋编：《光绪朝东华录》第一册，中华书局 1984 年版，总第 1、2、3 页。又参见光绪七年慈安死后的情况，见《光绪朝东华录》第一册，总第 1065 页。

就出现京内、京外迥然不同的人事局面。

上述决策者的总体态度长期延续，是全局性的问题，某个时期展现的侧面和策略不尽相同。同治、光绪乃至宣统朝的内政外交走势、政局演绎、人物品评乃至社会变动，均和此种自强策略大框架息息相关。因为自强是清廷长期奉行的基本国策，其涵盖的内容十分广泛，涉及军事、吏治、经济、人材等诸多层面，因而成为探讨晚清历史的一个出发点和平台。系统演进的情况，可分为内政和外交两个层面，外交层面又分为平时外交和战时外交两个时期，总体呈现出洋务派和驱夷派围绕自强策略产生的合作与斗法并存的局面。

这也使得对义和团事件的研讨成为解读中国近代史的一个枢纽性问题。因为它暴露出来的清廷的诸多政策，大都和筹饷练兵有关，并以之为出发点和中心，目的是驱夷、复仇中兴，不完全是依据经济、吏治、教育等自身的思路发展，更不是以近代化、西化之类的事情为目的和标准。

内政方面，核心是筹饷练兵，并涵盖吏治、人才、经济等诸多层面，围绕自强策略及其具体实施展开。相关上谕及涉及的内容极多，规定了清廷内政外交的主要活动和主体思路，洋务派的应对实为清廷内部诸多应对思路之一，其他应对思路且为清廷欣赏和采纳者尚多。

其中主次关系及清廷总体政策来源，如光绪五年五月上谕：

> 吏治以固结民心为本，兵事以整顿营伍为先。近闻各直省牧令中每有恣意虐民情事，而佐杂各员为尤甚，以致民不聊生，流为匪类。又闻东南各省水陆提镇中竟有贿卖弁缺者，将弁得缺后，克扣兵粮，窝匪纵赌，其小康之户，至以贿赂挂名兵籍，冀免书差讹诈，有兵之名，无兵之实。此等文武各员，相习成风，吏治兵事安望日有起色。言念及此，殊堪痛恨。嗣后著各督抚留心查察，破除情面，凡有此等不肖之员，立即严行参劾，务令从前恶习湔除净尽，以苏民困而肃营规。将此通谕知之。①

又如光绪五年八月上谕：

> 前因时事多艰，需才孔亟，迭经谕令各直省督抚随时保荐才人以备录用。现在所举各员，量才授任者固不乏人，第恐闻见难周，尚未

---

① 朱寿朋编：《光绪朝东华录》第一册，中华书局 1984 年版，总第 755 页。

尽登荐剡。频年讲求吏治，经武整军，各该省文武历练既深，必多堪备任使者。著各直省大吏加意访求，秉公保奏，候旨简用。抽收厘金，原因饷事支绌，万不得已之计。倘各省委员奉行不善，苛细搜求，殊非朝廷用意之所在。著各该省督抚认真查核，其零星货物，概行宽免。设卡过密之处，亦宜量为裁撤，务期有济饷需而民力不致竭蹶，方为尽善。总之全在委员得人，各督抚尤当郑重选择，毋稍迁就，致累民生。州县摊捐各款，原难尽裁，但为数太多，其廉洁自持者，办公动多掣肘，其贪劣之员，转得有所借口，弊窦滋多。各督抚亦当随时清查，酌量裁减匀济，以昭核实。巡检典史官职较卑，非无洁己奉公之人，而假公济私，侵渔百姓，实所不免。著各省大吏严行查察，如有贪婪不职者，立即参办，毋稍姑容。将此通谕知之。①

光绪年间的御史言官所上奏折，相当大的部分是根据清廷上谕所罗列的上述内容提出建议和弹劾官员，吏治、用人和筹饷练兵是重要内容，和西太后的倾向和要求高度接近，或者说是对清廷上谕的回应，基本不是按照洋务派的思路上奏，在沿袭中国传统清议敢于直言的同时，其劝谏重心和中国历朝谏官有区别，主要是京城政治倾向的反应，清廷上谕也对劝谏范围有一些引导。② 西太后提倡清议，清议也大体是以支持西太后和推行清廷政策为主。但以往的说法需要修正，即西太后提倡清议实际也是沿袭咸丰时的政策。王闿运说，咸丰即位后，"留意程朱之学，下诏求言，盈廷并发。"③咸丰十一年十二月大学士周祖培奏折中有如下说法："近来叠奉谕旨，广开言路，延访人才，科道等各抒所见，补阙拾遗，固已言路大开，人心思奋矣。"④

在保举人才方面，咸丰朝上谕档有很多记载，开同治和光绪朝之端。

晚清内政外交的很多重大问题，大多源自自强思路的分歧，如中央和地方的关系、湘淮系、维新和保守、主战主和、朝廷大员和地方督抚以及积谷、团练和保甲等事。兴办团练不一定和治安状况有关，积谷和兴办仓

---

① 朱寿朋编：《光绪朝东华录》第一册，中华书局1984年版，总第793页。
② 朱寿朋编：《光绪朝东华录》第一册，中华书局1984年版，总第567、604、609、669、671、707页；又参见中国第一历史档案馆编：《咸丰同治两朝上谕档》第二十四册，广西师范大学出版社1998年版，第432、433页。
③ 中国史学会主编：《中国近代史资料丛刊》（《第二次鸦片战争》二），上海人民出版社1978年版，第519页。
④ 军机处录副奏折，咸丰十一年十二月大学士周祖培敬陈管见由。

储不一定和灾荒有关，很多是出于自强政策层面的考量，和当事人的总体政见有关，也是具有某些政治倾向的人物较为注重，同时又有一些人物不以为然。①

在这些问题上，首先是核心思路的差异，表现在若干核心点的不同，然后才是诸多具体侧面的交织和分流。

驱夷派及其自强思路的发现，为解读晚清历史提供了确定性的标准和坐标系，第二次鸦片战争后清廷内政外交演变的内在线索和密码随之大明，各种政治力量互动、清廷内部的各种相互关系之类问题的解读方法和背景平台随之迎刃而解：

> 很多著名人物如薛福成和郑观应在论述自己见解时，将京畿地区驱夷派的很多观点、倾向和措施作参照物，但又对驱夷派的内部构成和清廷政策动向没有详细描述，单纯依靠个人文集无法完整把握传主在清廷政治力量构成中的角色及其和京畿地区政治力量之间的确切关系，驱夷派的发现提供了还原传主所处时代背景、发现隐含的环节和给传主以精确政治定位的机会。例如，可以确认洋务派以维持和局为中心，重心是应对外交问题，并非经济活动，驱夷派的总体思路和洋务派异。相关记载除个人文集外，同治、光绪年间对清廷筹饷练兵方面的一系列上谕的覆奏是系统资料，对分析督抚一级官员方面尤为有用，幕僚方面的一些资料反而不容易系统体现清廷上层的东西。

薛福成对热河时期的清廷政治有系统描述，也在筹饷练兵、变法、求富求强、外交勤远略、攘夷等方面有所涉及和论述，但依据薛福成资料本身又不足以说明其众多论述的时代背景及其和清廷的关系。薛福成在1865年《上曾侯相书》中罗列的标题，涉及的内容也大多属于清廷自强政策范围内的事情，如养人才、广垦田、兴屯政、治捻寇、澄吏治、厚民生、筹海防和挽时变。此时薛福成并不清楚清廷政策，所列内容乃是根据自己从经世实学角度，参酌中国历史经验和自己日常所学所思得出的结论，可见清廷自强策略中涉及的问题，也是当时社会普遍关心的共识问题。但清廷和薛福成得出的具体策略和对外目标就大异其趣，比如清廷的自强以练兵为核心，练兵又以筹饷为主，以及裁撤厘金局所等，均为薛福

---

① 参见中国史学会主编：《中国近代史资料丛刊》(《洋务运动》一)，上海人民出版社1961年版，第151、152页。

成无法提出。薛福成作品中也提到练兵和裁撤绿营、裁撤厘金、垦荒等问题，但没有上升到练兵为核心的程度，裁撤厘金和垦荒的出发点也是减轻民间负担和减少流民，和清廷筹措军费又有区别。再如，薛福成提到庚申之变列强占领京城的问题，但没有表现出清廷强烈的复仇意识。薛福成所列各项措施的目标是平息内乱外患，"然后不为邻敌所侮"，并未表现出驱夷的目标。在具体对外策略方面，薛福成对第一次鸦片战争时期"倏战倏和，茫无成议，以致战则丧师，和则辱国"不满，显然没有清廷内部驱夷派以议和为缓兵之计的考虑。但在具体内容和方法上，双方颇有交叉。薛福成说：

> 居今之世，事之在天者，宜有术以处之，然后不为气数所穷；事之在人者，必有术以挽之，然后不为邻敌所侮。窃尝默审乎天时人事之交，其道历久不敝者，要在知和之不可常恃，一日勿弛其防而已。防之之策，有体有用。言其体，则必修政刑、厚风俗、植贤才、变旧法、祛积弊、养民练兵、通商惠工，俾中兴之治业，蒸蒸日上，彼自俯首帖耳，罔敢恃叫嚣之故态以蟊我中国。言其用，则筹之不可不豫也。筹之豫而确有成效可睹者，莫如夺其所长，而乘其所短。西人所恃，其长有二：一则火器猛利也，一则轮船飞驶也。我之将士，闻是二者，辄有谈虎色变之惧。数十年来，瞠目束手，甘受强敌之侵陵而不能御。不知西人贪利，彼之利器，可购而得也。西人好自法所长，彼之技艺，可学而能也。①

薛福成担任李鸿章幕僚后，在光绪年间代李鸿章草拟了一些信件和奏折，已经有机会接触到清廷关于筹饷练兵的上谕，并就此提出一些建议，如1880年的一份奏疏提到"从来御外之道，必能战而后能守，能守而后能和。无论用刚用柔，要当豫修武备，确有可以自立之基，然后以战则胜，以守则固，以和则久"以及"裕饷强兵之道"的问题。② 同年代李鸿章写的一封信件，大要在谋划朝廷筹饷练兵的具体方案，也已经涉及户部的垦荒、裁撤陋规、整顿厘金和裁撤绿营等议案及具体实施的困难和问题。③ 但薛福成在描写庚申之变及其稍后清廷内部政局演变时，着力描写肃顺等

---

① 丁凤麟、王欣之编：《薛福成选集》，上海人民出版社1987年版，第23页。
② 丁凤麟、王欣之编：《薛福成选集》，上海人民出版社1987年版，第144、149页。
③ 丁凤麟、王欣之编：《薛福成选集》，上海人民出版社1987年版，第152、153页。

重用湘军，却又对其间的政见差异没有着笔，说明薛福成对清廷内部政策演变的详情尚少系统掌握。①从薛福成和李鸿章的关系看，大体薛福成早年从事经世实学，在洋务方面有自己的思考和观点，有一些研究，与曾国藩和李鸿章的观点较为合拍，因而被聘为幕僚并草拟一些涉及这些方面的稿件，在洋务方面出谋划策，但薛福成的政见并不完全和李鸿章相同，也不完全清楚李鸿章的心理情况及其和朝廷内部的微妙关系。1880年薛福成代李鸿章所写的一份信件显示，即使对清廷发出的相关筹饷练兵理财用人上谕持有不同意见，也未必就认定为西太后的意见，而是考虑到"倡议之人，本系不达大体"，对其背后隐含的长远目的更是无从得知。②

按照薛福成的思路，与其追溯支持义和团的上谕为何人所拟，不如追寻"倡议之人"更有说服力一些。追寻何人所拟只是追究个人责任，且拟稿者未必是发起之人；追寻倡议之人可以探讨是否代表了一种政治倾向。

郑观应《盛世危言后编》的一篇宣统三年何某序言说《盛世危言》前编"所载皆富国强兵、建学治民要旨。至详言上、下议院制度，注重立宪，已含有政治革命思想。……设朝廷早采而行之，将不难威加四海，雄冠五洲，又何至于今日之贫弱如是耶！"郑观应亦自言《盛世危言》所论"即齐家治国、安内攘外，自强之说也。""道德固与富强等量，富强亦与道德齐观，则郅治日臻，四方咸服，重睹唐、虞盛世矣。"③又说"有国者苟欲攘外，亟须自强；欲自强，必先致富；欲致富，必首在振工商；欲振工商，必先讲求学校，速立宪法，尊重道德，改良政治"云云，显示了整体思路的极大差异。④

大体说来，外界对清廷在京畿地区的练兵举动颇有所知和参与，也对士大夫阶层的一些攘夷言行略有所知，主要是不掌握清廷的具体策略和驱夷目标。清廷内部涉及洋务的奏折和上谕较为隐秘，很多奏折也只是讨论具体问题而不涉及整体策略。

驱夷派与义和团运动关系的发现，京畿地区主战派的内部构成及其渊源流变以及西太后的对外态度，随之真相大白。主战派来历、背景各异，也不尽卷入废立事件，但大都主战，乃因其政见中存在很多相通的内容，只是在某些策略和时机上存在一定分歧。以前一些说法不能令人信服或不完善，乃在于没有发现驱夷派这一核心因素。即义和团事件前后清廷内部

① 丁凤麟、王欣之编：《薛福成选集》，上海人民出版社1987年版，第561页。
② 丁凤麟、王欣之编：《薛福成选集》，上海人民出版社1987年版，第152页。
③ 夏东元编：《郑观应集》下册，上海人民出版社1988年版，第8、14页。
④ 夏东元编：《郑观应集》下册，上海人民出版社1988年版，第11页。

的主战派的共同特征、核心因素和标志是驱夷和驱夷派。驱夷派中多旧派
和反对变法的人物，另有一些特定时期并不十分保守的人物如西太后和荣
禄，① 西太后本人也通过上谕表示并不反对变法，很多时候也支持洋务运
动，学术界对此颇多注意和论述，但存在驱夷的倾向、目的和有自己系统
的自强思路则是共同特征，这部分内容学术界尚未觉察和深入研究。只是
其中很多人物的政见存在权变，并非铁板一块。另外，外界常说的满汉之
争、母子之争和南北之争，或指出其变法不是全变和大变，主要是反映了
某些侧面。主战派中有很多满洲王公，但也有很多是汉族大臣。有些主战
派和载漪及废立事件有联系，也有很多没有联系。主战派中北方人居多，
但也有很多来自南方的京官，不限于北方人，或者说很多南方籍京官的政
治倾向和京畿地区一致，并不再是南方的特征和南方的成因，实际甲午战
争及其之前的李鸿藻和翁同龢系统的北南清流此时不是主战的核心力量。
造成主战的很多因素是由来已久的，视野不能局限于甲午战争后的废立事
件。由于驱夷派存在这类权变，某个时期若干观点很像洋务派，某个时期
又会和洋务派激烈对峙，对某些人物要整体把握其思想并发现其核心因素
才有意义，如王先谦、刘锡鸿、倭仁、李鸿藻、徐桐、翁同龢、李秉衡、
惇亲王奕譞、陈启泰、荣禄及西太后。② 荣禄在甲午战争前的资料较为稀
少，仅凭已有信息即可判断是驱夷派的思路：第一，光绪十八年任西安将
军时力主练兵，态度积极。③ 第二，光绪二十年十一月致陕西巡抚鹿传霖
便条显示对李鸿章不以为然，主战："鄙人仍拟竭力征兵，冬末，腊初，
兵力可恃，即拟力主战事云云。"④第三，胶州湾事件后有力主练兵和迅速
自强思想，基本是驱夷派的筹饷练兵思路。了解了荣禄的整体思路，才能
掌握他何以在攻打使馆时既参与又有节制的政策背景。

① 关于荣禄与洋务派的交往及学习西方方面的一些活动，参见清史编委会编：《清代人物
传稿》下编第三卷，辽宁人民出版社1987年版，第44~46页。
② 王先谦对洋务和中兴的论述，见朱寿朋编：《光绪朝东华录》第一册，中华书局1984年
版，总第814页。《洋务运动》一也征引了相关奏折，但删去了关于中兴方面的论述。李
鸿章对王先谦奏折中符合驱夷派论点的评述，见《洋务运动》一，第205页；刘锡鸿谈论
洋务的内容颇多，但总体思路为旧，见刘锡鸿《刘光禄遗稿》卷一"附筹办海防画一章程
十条折片"和卷二"复李伯相书"和"再致李伯相书"；张宇权：《思想与时代的落差——
晚清外交官刘锡鸿研究》，天津古籍出版社2004年版，第36、37、104、105、232、
233、251等页；吕伟达著：《王懿荣传》，黄海数字出版社2009年版，第279页。惇亲
王和陈启泰，见中国史学会主编：《中国近代史资料丛刊》(《洋务运动》一)，上海人民
出版社1961年版，第214~225页。
③ 李宗侗、刘凤翰著：《李鸿藻年谱》，中华书局2014年版，第456页。
④ 李宗侗、刘凤翰著：《李鸿藻年谱》，中华书局2014年版，第563、564页。

一些被视为保守和反对变法的人，也声明并不反对洋务，也从事洋务和探究西学，如许应骙和文悌。① 维新变法时期，吴庆坻致汪康年，评论李秉衡："此公正人，独恶谈洋务，规模狭隘。"②同时期，吴樵致汪康年，评论李秉衡："颇裕如，极恶洋务，中国事皆误于此等正人。"③李秉衡在甲午战争后奏请设立海军。④

载漪所统虎神营，也使用江南制造局所造快枪。光绪二十五年十二月载漪奏，"近今练兵，纯尚火器"，"现当经武之秋"，该局所造枪支为各省练兵所用，奏请该局制造枪支"务求坚利"，事后派员查验。奏折署名有载漪、刚毅和敬信。⑤

即使被外界认为对洋务和洋务派不以为然的极端人物如徐桐，也并不反对利用洋人长技，保举的人才中偶尔也有湘淮系将领如聂士成。洋务派政见思路和徐桐不同，但不难摘引徐桐奏折中某些和自己契合的观点加以肯定，很多时候又不是唇枪舌剑的关系，在洋务派执政时期，清廷的不少政策如备边垦荒等也来自驱夷派且奕䜣等人也是推行者。徐桐在同治十二年奏折中建议招揽"熟知外夷情形者"，又说"至滨海防务，如闽、浙、两广各省，其风土习尚，与各夷不甚悬殊。夷人长技，亦皆往往能之。收其魁桀，励以忠义，是在各疆吏未雨以绸缪之"⑥。奕䜣在议覆徐桐奏折中表示，总理衙门设同文馆、派留学生等措施正和徐桐储才及"就闽浙两广各省期得洋人长技备用之意两相符合"。⑦

又如，光绪二十一年徐桐奏：

再，枪炮利器为行军所必需，外洋用兵专恃火器，以能命中及远者为长。近年以来，我之购求于西洋各国者已不遗余力，然各国创造日异月新，形制用法各有不同，我国委员采买，从中渔利，收买旧枪废炮者无论已，即使所购尽皆精良，而枪炮之体制既殊，药弹之大小亦异，我军既非素练，临时配用，往往炸裂，且竭数月之力，方能熟

① 朱寿朋编：《光绪朝东华录》第四册，中华书局 1984 年版，总第 4100、4101、4117、4118 页。
② 上海图书馆编：《汪康年师友书札》1，上海书店出版社 2017 年版，第 340 页。
③ 上海图书馆编：《汪康年师友书札》1，上海书店出版社 2017 年版，第 423 页。又参见《义和团运动文献资料汇编》中文卷上，第 11、19 页。
④ 上海图书馆编：《汪康年师友书札》4，上海书店出版社 2017 年版，第 3455 页。
⑤ 军机处录副奏折，光绪二十五年十二月载漪奏虎神营折。
⑥ 《筹办夷务始末》同治朝第十册，中华书局 2008 年版，第 3664、3667 页。
⑦ 宫中档朱批奏折，同治十二年奕䜣等奏为遵旨议奏徐桐奏折事。

习一门，忽而改易他枪，用非所习，难资得力。即或统将教演有素，枪炮纯用一色，然临阵之际难免无缺乏之虞，借之他营又不合用，所以中国讲求火器多年，而卒未收实效者此也。闻外洋各国新造一种快枪，即尽将旧枪收回减价售去，以故彼国军士号令既一，心思不分，所用军械无不应手。以我中国之大，何遽不能办此。拟请饬下南北洋大臣及各督抚，将各省所有制造局新铸枪炮改归一律，取现在军械中第一快利合用之式为准，彼此仿造，勿许歧异，并责令将军火各厂认真整顿，实力扩充，务期制造之数足敷各营应用，以后不必再向外洋购买，既省彼族之居奇，亦免无底之卮漏。而各军皆用我自制枪炮，操演纯熟，日益求精，断无临事掣肘之患矣。臣为修明军实起见，理合附片陈明。①

再如赵舒翘。《郑孝胥日记》光绪二十四年九月六日条："赵展如至铁路局谓人曰：'铁路本可不办，矿务尤为害民。'又曰：'但撤总署，则外国人自不多事矣。'"②赵展如即赵舒翘。查赵舒翘在光绪二十四年八月所上铁路矿务请归总署兼办奏折，他对兴办铁路和开矿自然是不甚积极的，对所说的兴利和运兵的理由是不以为然的，但也并非完全反对兴办，只是强调由民间自办，官府监管，强调防弊方面的因素居多，不想虚糜国家经费。③

另外，在变局与和局方面，驱夷派也大都有些认识，但驱夷观念时常流露。如光绪元年奕譞在奏折中说："夷务为中原千古变局，海防为军旅非常创举，今日立办，固非先著，若再因循，将何所恃"云云。④ 同年，世铎在奏折中说："庚申以来，夷人恣意横行，实千古未有之变局，亦天下臣民所共愤。正宜卧薪尝胆，精求武备，为雪耻复仇之计。""防夷之法，不厌其精，而制夷之方，贵权其要。夷人畏百姓，当固结乎民心；夷人畏天威，宜勤修乎主德。以崇尚节俭为裕国之原，以知人善任为储才之本，外思所以御侮，内思有以自强，将见圣人在上，海不扬波，臣等幸甚！天下幸甚！"⑤

---

① 军机处录副奏折，徐桐片。
② 中国国家博物馆编：《郑孝胥日记》第二册，中华书局2016年版，第691页。
③ 军机处录副奏折，光绪二十四年八月二十七日赵舒翘奏铁路矿务请归总署兼办由。
④ 中国史学会主编：《中国近代史资料丛刊》(《洋务运动》一)，上海人民出版社1961年版，第116页。
⑤ 中国史学会主编：《中国近代史资料丛刊》(《洋务运动》一)，上海人民出版社1961年版，第118、120页。

　　考察误解成因，乃因外界所言乃是依据自己所获信息判断的当事人整体政见和对外倾向，并不涉及细节的研究。义和团势盛之时，外界即不甚了解实情；京官作品事后又有很多不符合事实的渲染，1949年后"盲目排外"之类的论断又是从京官作品演绎出来的，其不尽符合事实也就容易理解。很多支持义和团者平时仇视洋务，为外界熟知，外界对其政见略有提及，但既不深悉，亦不深究。如《中外日报》评论说：

> 　　中国自立约互市以来，垂数十年，如所办铁路、电线、邮政等事，何尝不变法，然终无益者，师其法不师其意，事在此而情在彼。故此番之祸起，即起于拆铁轨，焚电杆，毁邮局，以此始即以此终，则不求本原之弊也。然戊戌首夏，皇上用人行政，力图维新，当日所最注意者，如创学堂，广译书，设官报，废科举旧制，准士民上书，诸大端为最得根本，最合关键。惜行之未久，而遽遇奇变，尔后荣、刚当国，端邸以近支王公，谋窃神器，周旋二相之间，荣以首相又将大兵，内主阴谋，外博时誉，盖其权远过于刚，其才又远胜于刚，启、赵之流，斯益下矣。然自戊戌八月初六政变以后，迄于庚子四月二十八祸发以前，凡一年又八月有奇，观其政策，则所谋者不过以废立皇上、排斥外人、遏绝新学，冀遂其愿而后已。不特当时任事者之戮者戮、窜者窜、废者废，即曩日所主办铁路、电线、邮政等事诸人，如大学士合肥李公、湖广总督南皮张公暨山西巡抚胡公聘之亦并遭疏斥，愈益痼闭，其酝酿所积，风旨所在，而义和团适起。而复以勾结纵遣于其间，则祸乃立发。故今日之事，举二年以来政府任事诸臣，实无一人可辞其责，况于执大权而总诸事者乎。①

　　《中外日报》对支持义和团的守旧派在维新变法中的表现也有所论列。② 大体说来，倭仁、徐桐等厌恶洋务，主要是自己厌恶洋务和不愿办洋务，不愿某些群体办洋务，但并不否认洋务的必要性，也不是反对某些人办洋务，把学习西法定义为船主、通事和工匠的职业，认为经国之才和士大夫群体学习的局面则是以夷变夏。③ 这和御史张盛藻所说差不多：

---

① 佐原笃介编：《拳匪纪事》卷五，光绪二十七年铅印本，第818、819页。又，《中外日报》将义和团与旧党和闭关等联系在一起，见《拳匪纪事》卷五，第808~811页。
② 佐原笃介编：《拳匪纪事》卷五，光绪二十七年铅印本，第915~919页。
③ 中国史学会主编：《中国近代史资料丛刊》（《洋务运动》一），上海人民出版社1961年版，第128、129、130页。

若以自强而论，则朝廷之强，莫如整纪纲，明政刑，严赏罚，求贤养民，练兵筹饷诸大端。臣民之强，则惟气节一端耳。朝廷能养臣民之气节，是以遇有灾患之来，天下臣民莫不同仇敌忾，赴汤蹈火而不辞，以之御灾而灾可平，以之御寇而寇可灭。皆数百年深仁厚泽，以尧舜孔孟之道为教，有以培养之也。若令正途科甲人员习为机巧之事，又借升途、银两以诱之，是重名利而轻气节。无气节，安望其有事功哉。臣以为设立专馆，只宜责成钦天监衙门考取年少颖悟之天文生、算学生送馆学习，俾西法与中法互相考验。至轮船洋枪，则宜令工部遴选精巧工匠或军营武弁之有心计者，令其专心演习传受其法，不必用科甲正途官员肆习其事，以养士气而专责成。①

驱夷派在如何对待洋务方面是有一定的共识性策略的，这就是办洋务、西学西艺方面的事情是权变和权宜之计，心态普遍急躁，没有长远打算，大多属于练兵筹饷政策的一部分。② 这和其整体的中西观、洋务观和华夷观有关。其整个思想体系仇外和守旧，但整个政策体系也并不是绝对地排斥洋务和西学。咸丰末年可能限于有限度地购买、制造洋枪洋炮的范围，且存在不甚信和不专恃的问题，以后上谕中仍然见到这类倾向，例如光绪二十四年七月的上谕中说"整军经武为国家自强要图，现当参用西法训练各军"云云。③ "参用西法"即是不专恃西法。和奕䜣等主张练兵全用西法，将中国旧法扫除而更张之不同。④ 总的看来，此派对西法西学倾向于权宜或权变性办理，但个体权变或权宜的程度又差别很大。出于维护祖宗之法、反对以夷变夏的目的，对西学有一些策略性的接受和办理，属于暂时、短期和小范围办理的性质，没有以西学为长久之计的考虑，更谈不上以采纳西学为主、为根本、为中心或承认中学西学地位并列，和在对外关系中维护朝贡体系、不承认中西关系中中国为世界一国、维护华夏中心和华夷观念如出一辙，办理洋务和西学时不但与维新派大异其趣，也和洋务派大异其趣，属于体系性的差异。⑤ 此派总体上注重筹饷练兵，政策层面是练洋操、采用西式武器、任用洋人和办理洋务的，旧派行政官员也会

---

① 张盛藻，"请同文馆毋庸招集正途疏"，见陈弢辑：《同治中兴京外奏议约编》，上海书店出版社 1985 年版，卷五，第 40、41 页。

② 具体案例参见《李秉衡集》中，第 429 页。

③ 《光绪朝上谕档》第二十四册，第 314 页。

④ 谢俊美编：《翁同龢集》上册，中华书局 2005 年版，第 143、149 页。

⑤ 国家档案局明清档案馆编：《戊戌变法档案史料》，中华书局 1958 年版，第 484、499页。

程度不同地执行朝廷政策。此类练兵筹饷方面的奏折,《戊戌变法档案史料》收录甚多,但研究者尚未能详论其渊源流变及其与义和团事件的关系。① 义和团时期驱夷派表现出来的攘夷和大一统倾向,在戊戌变法时期也存在,守旧和仇外同时并存,但个体表现程度不一,清晰度较低,也无具体实践的验证。② 杨深秀在光绪二十四年四月的奏折中,针对守旧者皆"老成忧国"的说法,表示"愚窃以为忧国者,不当以攘夷之空言争,而当以措施之实事见。""夫当今大地既通,万国环逼,新法日出,其不能复用元明一统之旧法甚明。"③"我今仅为万国之一,必不能用一统之法。"④戊戌变法有关的资料多以维新派的论点及辩难为中心,涉及内政的因素居多,驱夷派的论点及其整体特征表现不充分,也并非都卷入了维新变法。义和团时期驱夷派成为主角,驱夷的活动引人注目,但清廷期间也有一些"崇正学",在科举考试中提倡祖法圣道,严禁喜好新异、离经叛道方面的上谕,表现的重点侧面又和戊戌变法时期有所不同。其来龙去脉就具有了系统解剖的价值,有一个从戊戌变法时期维护"一统之法"到义和团时期恢复大一统局面的变化。维新变法时期的反对派和义和团的支持者具有高度重合的关系,如曾廉、王龙文、黄桂鋆、贻谷、王培佑、徐道焜、崇良、高赓恩和洪嘉与等;也有些反对变法但未卷入具体的支持活动,如恽毓鼎;还有支持义和团、反对变法时不太突出但守旧的人物,如刘家模。⑤ 对此派的评价,1949 年后的盲目排外稍嫌绝对。其实,洋务派和维新派对此派的特征有深入分析,较之同治年间的驱夷和驱逐出境更进一步。戊戌变法后维新派描述的极端厌恶洋务者是某些个体的倾向,并不是对群体特征的描述。此派的目的是"闭关谢客以成大一统之治",其对西学的态度是由此派生出来的,并受制于此目的。洋务派和维新派在此有共识。

张之洞光绪十八年《李少荃傅相七十寿序》:

公于是创造中国铁路。凡此诸大端,兼包九流,利赖百世。内则使民浃其所习,而渐收成务之功;外则与敌共其所长,而隐格猾夏之

---

① 国家档案局明清档案馆编:《戊戌变法档案史料》,中华书局 1958 年版,第 328、329 页。

② 国家档案局明清档案馆编:《戊戌变法档案史料》,中华书局 1958 年版,第 500 页。

③ 国家档案局明清档案馆编:《戊戌变法档案史料》,中华书局 1958 年版,第 1、2 页。

④ 国家档案局明清档案馆编:《戊戌变法档案史料》,中华书局 1958 年版,第 249 页。

⑤ 据《戊戌变法档案史料》收录各人奏折,另参见《光绪朝上谕档》第二十六册,第 25、78 页。

志。以视古之身都将相，职筦华戎，虎皮甫纳，已赐歌钟，岛夷来同，遽颁圭卣。以徙戎为自守上策，以闭关为中兴远谟。平内地一州，而辄谓镜清寰海；闵农家一物，而谬称燮理阴阳者，广狭洪纤，敻乎远矣。①

光绪二十三年二月，张元济致信汪康年：

今日已为列国之世界，而在朝诸人胸中横梗"一统"二字，宜其措置之乖也。②

康有为光绪二十四年上清帝书：

夫方今之病，在笃守旧法而不知变，处列国竞争之世，而行一统垂裳之法。③

光绪二十四年四月，御史宋伯鲁有深入的分析：

窃近者强邻逼胁，蹙地接锺，皆由向来闭关守旧，不知变法之故也。……夫天下之言变法亦久矣。自同治年来，总署同文馆制造局方言馆招商局水师堂武备堂船政厂海军出使大臣，以及电线铁路，皆所谓变法者矣。而其效不睹，侵削且日甚者，何哉？盖国是未变，议论未变，人才未变。三者不变而能变法者，无之。试观数十年来，内外百司执事之议论如何，人才如何，而知今日削地失权之必然也。甲午割台之后，皇上亦尝屡下明诏，采集舆论，欲变法自强矣。而百司执事未尝讲求，守旧锢蔽，故鲜有奉宣德意者，其本由国是未定故也。

伏读本月二十三日上谕，明定国是，变法自强，臣民捧读感泣，想望中兴。然欲推行新政，非诏书三令五申所能得也。臣愚谓下手之先，仍请皇上与诸臣早作夜思，讲明国是，正定方针而已。所谓变国是者，在正明中国之在大地为数十国中之一国，非复汉唐宋明大一统之时，其为治，当用诸国并立流通比较之法，不能用分毫一统闭关卧治之旧。枢译大臣，近支王公，公卿督抚，皆当日夜讲求，至明至

① 赵德馨主编：《张之洞全集》第十二册，武汉出版社 2008 年版，第 411 页。
② 《张元济全集》第 2 卷，商务印书馆 2007 年版，第 173 页。
③ 中国史学会主编：《中国近代史资料丛刊》（《戊戌变法》二），上海人民出版社 2000 年版，第 198 页。

尽，令晓然于天道之变，古今之殊，无泥古自骄，无拘墟自惑。或令游历外国，搏地球之大观，使知变或可存，不变则削，全变乃存，小变仍削，深通其故，显豁无疑，而后推行新政，可无滞碍，奉宣德意，勇猛敷施也。①

这种整体思路的差异，恰如康有为在维新变法时期奏折中反复强调的：

> 窃以为今之为治，当以开创之势治天下，不当以守成之势治天下。当以列国并立之势治天下，不当以一统垂裳之势治天下。盖开创则更新百度，守成则率由旧章。列国并立，则争雄角智；一统垂裳，则拱手无为。②

这类观点，也是光绪二十四年康有为与荣禄和李鸿章等辩论的核心。③

"当以列国并立之势治天下"的倾向，确实可追寻到魏源、冯桂芬、郑观应等人，和开眼看世界、了解夷情及师夷长技以制夷思潮关系密切，当然不一定是唯一来源。如郑观应说，中国数千年来，统属于天子，"故内外之辨，夷夏之防，亦不能不一，为其号曰有天下，而实未尝尽天所覆，尽地所载而全有之，则固一国也。""公法者，彼此自数其国为万国之一，可相维系，而不可相统属之道也"云云。④ 杨深秀在光绪二十四年四月奏折中说："道光后，大地交通，诸国竞长，议者已议师夷之长技而制之。考泰西学校选举，专以开新为义，合十六国人士所讲求，五百年君相所鼓励，政治、学术、理财、练兵、农工商矿，一切技艺，日出精新，皆有专门之书"云云。⑤ 有的主战派如左绍佐对魏源不感兴趣，说"魏源以刺夷情，识夷事，师夷长技诸书，天下承其谬者数十年，误事甚大"⑥。然

① 国家档案局明清档案馆编：《戊戌变法档案史料》，中华书局1958年版，第3、4页。
② 中国史学会主编：《中国近代史资料丛刊》（《戊戌变法》二），上海人民出版社2000年版，第140页。有类似描述者，还有杨深秀、宋伯鲁等，见《戊戌变法档案史料》，第1、3页。
③ 中国史学会主编：《中国近代史资料丛刊》（《戊戌变法》四），上海人民出版社2000年版，第140页。
④ 夏东元编：《郑观应集》上册，上海人民出版社1982年版，第175页。
⑤ 国家档案局明清档案馆编：《戊戌变法档案史料》，中华书局1958年版，第446页。
⑥ 中国社会科学院近代史研究所编：《义和团史料》上册，中国社会科学出版社1982年版，第234页。

而，冯桂芬所言，乃是以中国之伦常名教为原本，辅以诸国富强之术，康有为等则是尽从西法，两者有区别，和张之洞等的主张也有区别。

然而，一般舆论以是否学习西法为分析标准，这就难以解释一些守旧派有时也提倡西法的微妙所在。针对性不强。无法精确说明守旧派在西法方面的权变、出发点和具体取舍。《知新报》光绪二十六年四月十五日"刚毅维新"：

> 客述京有某甲者，粗通文翰，腐气腾腾，见赏于刚毅，遂延为入幕之宾。一日荣禄过从，刚毅延之入，坐间偶谈及武卫军事，荣因言军中所用，皆系旧式林明敦枪，施放迟笨，殊不合用。刚曰："近来只有小口毛瑟枪，最为快捷，我们练兵，必要用新式洋枪，才可以合式，还要打听外洋，如果有了比这小口毛瑟枪更利便的，我们还要买他来才是。"荣禄称然。甲闻之出告人曰："不好了，我们这中堂也讲起维新来，将这班维新党人，又要起用了。"①

义和团事件暴露出了守旧派的整体思路、整体目标、整体权变及其政策实践，闭关、守旧、谢客、驱夷、中兴和大一统是互相联系的，闭关自守中包含着驱夷的成分。在这方面，洋务派和维新派共识很高。

光绪二十六年五月十三日《中外日报》"论近时致祸之由"：

> 夫中国外交之起，出于不得已而成互市，其间丧师辱国、赔款割地，盖几乎无约不损、无战不败。故其时通国臣民上下，以复仇为雪耻，以积愤思报怨，以下令逐客为最快人意，以闭关绝市为复见太平。②

相对而言，洋务派以及戊戌变法时期的光绪在朝贡方面显得较为淡化。梁启超《戊戌政变记》：

> 中国夷夏之戒，从古极严。自宋人败割于金，汴京屡破，二帝蒙尘，饮恨吞声，胡安国之传春秋，专发此义。而大地未通，未知万国

---

① 《知新报》二，第 1749 页。又参见第 1790 页对徐桐的记载。
② 路遥主编：《义和团运动文献资料汇编》中文卷上，山东大学出版社 2012 年版，第 280 页。

别有文明一例，以匈奴突厥视之。此守旧诸人之心识，所以不肯变法，而傲侮强邻，不通外交者也。上博览西书，深通万国，意存平等，亲视友邦，其文明之国，尤能重视，独明大局，破弃小嫌。日本新有割台湾之事，国人咸疏恶之，而上知其变法文明，昔急自立，今欲亲好，于黄遵宪之东来，亲以朱笔改定国书，为同洲至亲至爱之国六字。德主之弟亲王轩利来觐，群臣斤斤争典礼，上独曰：不必争小节，失大局，许赐之坐，起立见之，亲与握手。此国朝所未有，非德人所争，而上自定之者。暨日相伊藤博文来游请觐，上亦赐之坐。朝鲜故吾属国，经东事后，听其自立，然以旧体不肯与通国书，上亦慨然许之。廷臣拟国书，犹靳其称，称为朝鲜国主，上亲改之，还其帝号。其不计小节，能亲外交，破旧日疏傲之虚文，而务行保国爱民之实政，以国之自立，在此不在彼也。①

据此记载推论，胶州湾事件后西太后改弦易辙重用刚毅等人，光绪是知道的，因而记载他和刚毅作对的文字颇多，但未明显记载他和洋务派李鸿章等作对的文字。胶州湾事件后的瓜分危机，以及西太后重用守旧派，促使光绪非常着急，因洋务派已经在西太后那里失势，光绪向西太后要求变法，重用翁同龢和康有为等人。西太后极为固执，但光绪坚持，也不好完全拒绝。中枢机构观望动向，施展拖延战术，不好公开拒绝，也不愿执行。然而，维新派尽管对京城政局非常关注，但总的看来没有发现训政时期西太后、荣禄、刚毅和徐桐等人的总体思路，尤其是潜在的驱夷动机、强烈的复仇倾向等较为深层的东西，比如反复说其练兵的目的是防家贼云云。②

第二节　常态下的权变、合作和斗法及其与义和团时期的对照

第二次鸦片战争后，外交方面体现京城驱夷派的活动及其和洋务派互动关系的事件颇多，但资料丰简和清晰度不一。中法战争之前的很多外交

---

① 清议报报馆编：《清议报》第 1 册，中华书局 2006 年版，第 590、591 页。
② 清议报报馆编：《清议报》第 2 册，中华书局 2006 年版，第 1727、1751、1821、1822、2019、2020 页。

纠纷中，清廷内部驱夷派已经在很多方面展现出一些策略、语言及相关分歧，只是表现欠清晰和全面，李宗侗和刘凤翰著《李鸿藻年谱》中类似记载不少。① 天津教案时，京城满洲王公和一些清流表现出了驱夷倾向，但其内部构成和整体策略，尤其是中兴的总体目标、中兴和驱夷之间的关系、具体方式在不同时期的权变、内部演变情况以及和各种政治势力的互动关系诸方面的情况并不清晰。中俄伊犁谈判时期，京城也有大量和大学士、六部九卿和翰詹科道相关的奏折，声势也颇大，但重在边海防问题一隅，西太后方面的资料欠丰富。②

醇亲王奕譞致荣禄信中，称中法战争"为廿余年中国第一次振作"。③中法战争是第二次鸦片战争后到义和团事件之前针对西方列强的唯一一次大规模战争，包含了清廷内部各方在边疆、列强、西学、公法、自强等方面的大部分论点和运筹，微观解剖，较之甲午战争似更能全面了解清廷内部的政策动向以及常态下各方的思路及其相互辩难。相关资料丰富，是第二次鸦片战争到义和团事件之间的一个关键性过渡点，与义和团时期的情况具有某些承上启下的关系。

从清政府内部而言，中法战争既不是一个开端，也不是一个终点，而是第二次鸦片战争后到义和团事件这段时期清廷内部对外政策分歧的一个中继，京畿地区驱夷派表现出很多权变的一面，很多层面没有清晰地表现出来。

关于中法战争的具体过程，邵循正在《中法越南关系始末》中利用中外文资料进行了细致的归纳。这里把清政府内部的诸多分歧放在第二次鸦片战争后清廷整个自强政策角度审视，亦即中法战争在很大程度上体现了从第二次鸦片战争后到义和团事件之间清廷内部自强、复仇、中兴和恢复大一统局面策略的实施及其分歧。把如何应对列强在中国边疆的扩张，和"自强之计""自强之图"连在一起的奏折很多。④ 如清流中陈宝琛等人将

① 参见李宗侗、刘凤翰著：《李鸿藻年谱》，中华书局2014年版，第134、135、136页所载李鸿藻、倭仁、翁同龢、徐桐、奕譞和奕䜣之间在天津教案、中俄伊犁谈判和中法战争时期的言论，以及第167页所载同治帝在同治十三年"待十年或二十年四海平定，库饷充裕时"修建颐和园的问题。又如中俄伊犁谈判时期醇亲王奕譞提出的类似义和团时期的以议和为缓兵之计策略和奕䜣的反对态度，见第211页。又见第307页所载中法战争时期事。只是在这些事件中分歧不如义和团时期激烈，各自观点表现为只言片语，不是特别完整和清晰。
② 朱寿朋编：《光绪朝东华录》第一册，中华书局1984年版，总第850页。
③ 《近代史所藏清代名人稿本抄本》第一辑68，第712页。
④ 中国史学会主编：《中国近代史资料丛刊》（《中法战争》第六册），上海人民出版社2000年版，第24页。

和法国作战视作实现自强的重大机会，涉及自强方略、边疆安全、人材消长、学习西法等诸多问题。①

　　这决定了清廷内部的对外目标和相关策略并不局限于事件本身，而是涉及整个国家战略层面的考量。洋务派和驱夷派的论点很多围绕各自的自强策略展开，洋务派总体上是守势外交，驱夷派是攻势外交，只是内部不同时期、不同人的具体策略不尽相同。

　　与义和团时期的京城主战派相对照，发现中法战争时期的京城主战派多为驱夷派，甲申易枢后，京城驱夷派势大并主导对法战争政策，其军事外交论点及相关策略表现充分。义和团事件前后京城驱夷派的主要套路，除了驱夷和废立之外，在甲申易枢后已经有较为系统的展现，主要是很多没有成为政策，表现出权变的一面。对于中法战争和甲午战争时期清流的主战言论及其对洋务派的抨击和弹劾，易劳逸、石泉等众多学者久有论列。根据义和团事件暴露出的线索可追寻第二次鸦片战争后至义和团时期清流观点的内在演变逻辑、主战派内部的复杂关系以及清廷内部主战主和两种势力分分合合的内在情况。②

　　甲申易枢后，西太后通过特旨令御前大臣、军机大臣、总理衙门大臣、大学士、六部、九卿、翰詹、科道内阁会议和阅读相关文件，然后上奏的方式征求意见进行决策，自己拥有决定权。如光绪十年四月六日，令上述诸人到内阁会议。③ 六月二十日，令上述人员到内阁会议。④ 九月八日，慈禧太后懿旨：交内阁。本日军机大臣面奉懿旨："现在办理台湾、越南军务，亟须博访周谘，妥筹善策。所有历次谕旨、奏报、电信等件，著御前大臣、大学士、六部、九卿、翰詹、科道、日讲起居注官，于本月初十日赴内阁公同阅看，各抒所见，或单衔，或联衔，于十三日切实覆

① 中国史学会主编：《中国近代史资料丛刊》（《中法战争》第五册），上海人民出版社 2000 年版，第 106~110 页。
② 参见石泉：《甲午战争前后之晚清政局》，三联书店 1997 年版及《剑桥中国晚清史》相关部分。芮玛丽的《同治中兴》等作品对保守派的治国情况也有论列。对于清流的政治倾向及其清廷内部各种政治势力的关系，相关成果也很多，已经改变了以往认为清流多为顽固派的印象，指出其中不乏学习西学的人物，只是变法倾向局限于小变而非全变和大变，但其总体思路及其内在演变线索尚未发现（参见杨实生，《清流与晚清政治变革》，湖南大学 2011 年博士论文。第二次鸦片战争后的清流并不是一种独立的政治势力。需要特别之处的是，黄庆林的论文"义和团运动时期清政府守旧派思想研究"（北京师范大学历史系 2006 年博士论文）和本书研究较为密切，值得注意。
③ 中国史学会主编：《中国近代史资料丛刊》（《中法战争》第五册），上海人民出版社 2000 年版，第 336 页。
④ 中国史学会主编：《中国近代史资料丛刊》（《中法战争》第五册），上海人民出版社 2000 年版，第 482 页。

奏。醇亲王奕譞、军机大臣、总理各国事务衙门大臣，均著毋庸与议。钦此。"①

这些到内阁会议和阅读文件者，大体反映了京城力量态势。在奕䜣主导军机处和总理衙门时期，这类会议最终奏折反映的多是洋务派的观点和折衷的倾向，驱夷派的思路不占主导。②四月十日内阁会议后，由御前大臣伯彦讷谟祜等联名递交的奏折，包含了军机处、总理衙门和京城清流的人员，即显示驱夷派的思路占据主导地位。总体倾向于主战，"惟有决战以振国威，断难言和以骄敌志"。其所谓议和，也是驱夷派之议和思路即把议和视为暂时停战和缓兵之计，而非洋务派之议和特征即拟定长期遵守的维持和局的约章。如赞同李鸿章和福禄诺议和，因为这是法国方面主动提出的，条件不符合清朝要求，朝廷可以随时否决，和驱夷派反对议和的观点并不矛盾，不是洋务派维持和局的思路，"自露求成情款，以目前事势而论，迎机利导，俾就范围，未始非收束之一法"。"如果要求太甚，即应严行拒却，不可曲予迁就；仍令实力整顿防守事宜，毋稍松懈，以杜其得步进步之谋。"③《翁同龢日记》记载了一个九月份会议后单独上奏的四十人名单，以清流为主，包括尚贤、周德润、徐致祥、邓承修、祁世长、延茂、温绍棠、龙湛霖、王邦玺、盛昱、锡钧、陈学棻、孔宪毂、万培因、洪良品、叶荫昉、秦钟简、胡隆洵、邬纯嘏、汪仲洵、陈锦、贺尔昌、黄自元、何崇光、冯应寿、恩涛、唐椿森、谭承祖、吴寿龄、郑嵩龄、王赓荣、文海、张元普、吴峋、方汝绍、贵贤、赵尔巽、张人骏、丁振铎和刘恩溥，"科道居其三"。④上述诸人很多在义和团时期仍然在起作用，参加光绪二十六年宣战之前的廷议，如奕劻、世铎、徐桐、徐郙、贵恒、崇礼、崑冈等。内阁会议和阅读文件大臣的复奏，和醇亲王奕譞及西太后的态度基本一致，奕譞在光绪九年参与清廷内部讨论越南问题决策后即主战，反对退让和赔款，认为如果赔款，还不如用赔款"添兵练团与之决战，主客劳逸之势甚明，未必不操胜算"。此种态度和西太后一致，

①　中国史学会主编：《中国近代史资料丛刊》(《中法战争》第六册)，上海人民出版社2000年版，第1页。
②　中国史学会主编：《中国近代史资料丛刊》(《洋务运动》一)，上海人民出版社1961年版，第115、136页；陈义杰整理：《翁同龢日记》第三册，中华书局1998年版，第1508、1512页。
③　中国史学会主编：《中国近代史资料丛刊》(《中法战争》第五册)，上海人民出版社2000年版，第336、337页。
④　中国史学会主编：《中国近代史资料丛刊》(《中法战争》第二册)，上海人民出版社2000年版，第22页。

"圣谟如是，即臣等之志亦莫不皆然。"又认为法国人首先提议议和"机有
可乘"，清朝可以"借议延宕，我得从容布置，未始非计之得者。"西太后
既主战又批准议和，并不矛盾。① 清廷一面令李鸿章议和，一面又向前敌
将领传达"不准稍退示弱"随时准备进兵的谕旨，总体倾向仍是主战和不
退让。② 即使暂时退兵，也是因为局势困难，是"再图进取"的权宜之计，
与议和有相似之处。③ 上谕中一方面争取美国、德国调停和转圜，一方面
令沿江沿海将军督抚统兵大臣极力筹防严行戒备，随时准备攻击，与法军
决战，一意主战。④

一些京城清流属于阅读文件的群体，也显示出很大声势，对清廷主战
有很大的促成和强化作用，和西太后的主战立场形成呼应关系，清流的一
些建议被发给前线督抚参考。某些措施如保台湾、在越南采取武力进取策
略为清廷采纳，只是在越南的进取措施因前敌局势困难未达目的。⑤ 清流
的对外论议植根于第二次鸦片战争后的京城对外传统，和某些时期清廷政
策倾向相附和，这才能理直气壮、上下呼应和长期延续。弹劾洋务派则延
续了道光和咸丰年间惩办处理洋务不利官员的传统。《翁同龢日记》记载，
四月十一日，"翰林院代递梁鼎芬折，以杀李鸿章为言，极狂诞。邓承修
等八人连衔言战，孔宪穀等十人连衔言战。"⑥这些人事后或联合复奏，或
单独上奏，有主战和驱夷倾向者占绝大多数。

以李鸿藻为首的前清流和以翁同龢为首的后清流在西学、个人性格、
对外手段及其与洋务派的关系等方面尚属于其中弹性较大的部分，义和团
时期以徐桐为首的部分属于其中较为僵化的人员。⑦ 徐桐担任大学士的时
间光绪十五年晚于倭仁和李鸿藻，但早于翁同龢的光绪二十三年，实为李
鸿藻之后京城北方士大夫的中坚人物。他没有和李鸿藻及翁同龢那样担任

---

① 中国史学会主编：《中国近代史资料丛刊》（《中法战争》第五册），上海人民出版社 2000
　　年版，第 335、336 页。
② 中国史学会主编：《中国近代史资料丛刊》（《中法战争》第五册），上海人民出版社 2000
　　年版，第 391、392 页。
③ 中国史学会主编：《中国近代史资料丛刊》（《中法战争》第五册），上海人民出版社 2000
　　年版，第 416、417 页。
④ 中国史学会主编：《中国近代史资料丛刊》（《中法战争》第五册），上海人民出版社 2000
　　年版，第 498、502、503 页。
⑤ 中国史学会主编：《中国近代史资料丛刊》（《中法战争》第六册），上海人民出版社 2000
　　年版，第 81 页。
⑥ 中国史学会主编：《中国近代史资料丛刊》（《中法战争》第二册），上海人民出版社 2000
　　年版，第 13 页。
⑦ 参见《李鸿藻年谱》，第 133 页。

军机大臣，以及不愿担任军机大臣而推荐启秀代替，情形和倭仁相似，政见弹性较小，无法和洋务派合作，不愿与洋人打交道和处理洋务的缘故。徐桐在同治年间和倭仁、李鸿藻、翁同龢一起任皇帝师傅，按照清朝家法又要为同治皇帝立嗣，徐桐和崇绮被任命为大阿哥师傅并不奇怪。翁同龢处事相对灵活一些，徐桐则极为固执灵活性不足。《清史稿》翁同龢传说，翁同龢"善伺上意，得遇事进言"；王文韶传说王文韶"明于趋避"。光绪二十七年翁同龢《诚斋〈易传〉跋》："同治四年，臣同龢入值弘德殿，其时穆庙冲龄，臣实司讲事。今上御极，臣授书殿中，上尤好《周易》，往往引史事下问。臣对以宋臣杨万里《易传》最为明切，因进是书，日讲数卦，于治乱之几、丕泰之际，未尝不反复三致意也。"①穆庙指同治，今上指光绪。根据许应骙引述李鸿藻说法，认为中国没有真正懂得西学的。此种角度所看待的懂得西学，主要是从专业化角度的高深研究，如同汉学和宋学的水平，当时也的确达不到，肤浅的综合性介绍和翻译居多。② 这说明，李鸿藻对西学有相当的认识和判断，徐桐略逊。表现在对外决策中，李鸿藻和翁同龢对中外形势利弊有较为清醒的觉察，和洋务派接触较多，也参与外交谈判并和洋人辩论，徐桐则没有这种灵活性。表现在胶州湾事件后，徐桐成为主战势力的核心人物，翁同龢的反应则比较冷静，大体是忍受现状，力图自强的态度，如光绪二十四年三月就俄国占领旅顺事，在初一日日记中写道："大约除允行外别无法，至英、日、法同时将起，更无法也。"初二日召见时，"沥陈现在危迫情形，请作各海口已失想，庶几策励力图自立，旅大事无可回矣。"③很多作品也强调徐桐和刚毅等人在废立事件中遭到反对却依然如故的特征。徐桐既主战、驱夷又拒绝和洋务派接触，属于倭仁一流；李鸿藻和翁同龢则不尽然，主战但也和洋务派一起筹谋外交谈判。徐桐信任的人物也具有相似特征，除曾廉和王龙文外，王廷相也属于"旧学中百折不回者"。④

屠仁守属于典型的驱夷派，光绪十年四月奏"自强之道不宜畏避迁延"："今日之和适堕敌人术中，欲过此以往更图自强，诚恐国势愈衰不可振也"，带有第二次鸦片战争后复仇倾向的影子，将自强和维护朝贡体制联系在一起：

① 谢俊美编：《翁同龢集》下册，中华书局 2005 年版，第 999 页。
② 朱寿朋编：《光绪朝东华录》第四册，中华书局 1984 年版，总第 4100、4101、4117、4118 页。
③ 陈义杰整理：《翁同龢日记》第六册，中华书局 1998 年版，第 3104 页。
④ 陈陆编：《拳变系日要录》，第 123 页。

本月十五日，奉传赴内阁……惟核阅李鸿章与福禄诺问答，辄谓中国所争在体制，不在区区一越南。行人失辞，莫此为甚！不思属藩见灭，于体制乎何有？而和款五条，无一语及越南疆界之事，一若全以界法人者。良由视境土太轻，视国体过亵，苟安旦夕，无复奋发有为之气，此实不能自强之病源，不待后日而始知。俄人逼新疆，窥吉林；英人踞印度，服缅甸；今法人又入越地，与中国为邻。始计所以力护越南者，固为国势强弱全局攸关也。争越南而得，则英、俄觊觎之志可衰，他国思逞之心可戢，庶自强从今日始。今直以为区区之越南而弃之，二百余年藩封，数千余里疆土，曾不顾惜，徒争诸和约锱铢尺寸之间。微论信不由衷，虽质无益；即议成约定，而商务、界务，我将奔走承命之不暇。是中国竭精敝神，助成强敌之势以自困，唇亡可忧，噬脐何及？自来寇戎为患，其始盖莫不盛语怀柔；怀柔不效，遂至用兵；用兵不效，遂至纳贿；纳贿不效，遂至割地；至于割地不效，国事于是乎不可问矣！非为爱地，以其内侵外逼可危之甚也。……

窃谓今日决当首争越南分界保护，如此能和则亦可和；否则暂事羁縻，与之往复。但得延展时日，则左宗棠、张之洞均已来京，刘铭传、鲍超等亦皆会集，苦心筹画，竭力经营，谋定后动，以乘敌人之敝。……事固有转败为功，易危为安者。机不易遇，时不再得。战胜而和，四夷无患，于国事方有实济，而自强之说更不必诿诸将来矣。

至李鸿章身任畿疆，昧于大计，持禄保位，苟安目前。练兵二十年未成，兵且将老；制器二十年未精，器且将朽。犹托于持重待时。朝廷试以实事核之，其果足倚以安危乎？若必屈意事和，度非李鸿章不可；诚欲为自强之计，而专恃一李鸿章，臣窃恐犹缘木而求鱼也。然恃之不能，去之亦未易。淮军骄堕，御侮不足，为患有余。谓宜就其部下与淮军相得而忠诚足赖者，资其总统，以渐转移。此事极有关系，切祈深留宸虑。①

"战胜而和，四夷无患，于国事方有实济，而自强之说更不必诿诸将来矣"，这明显是对洋务派所谓自强是长久之计的否定。这类倾向在第二次鸦片战争后的历次危机中都有程度不同的展示，有很多人与之观点相

---

① 中国史学会主编：《中国近代史资料丛刊》（《中法战争》第四册），上海人民出版社 2000年版，第 550~552 页。

似。其极力主战和抨击主和派，也是自强心态极为迫切使然。如果没有战事，则认为洋务虚糜经费，不如安境息民，没有把洋务和自强视为长久之计的考虑。①

甲申易枢后，驱夷派对分界保护越南问题谈论不多或不赞成，也不是洋务派从边疆安全角度处理越南问题的思路，屠仁守也赞成议和，但认为是暂时手段和缓兵之计，和强调法国议和是欺诈手段者的情形大略相似。也重用洋务派，但属于暂时利用的性质，如对主和的李鸿章，是利用其长于议和及统率淮军的长处，但准备更换。认为和局赔款很多，可以亡国。这类言辞，京官中颇为流行，如徐致祥奏："居今日而言战难矣，迟一二十年而并不得言战矣，又迟一二十年而并不得言和矣！"说清廷对法宣战是伸"义愤"，"凡在臣民，莫不拊膺切齿，疾首痛心，迅扫妖氛而力雪国耻"。② 这类思路与荣禄、刚毅执政时期京畿地区的很多观点基本是相似的，如认为议和可以亡国，与恽毓鼎在胶州湾事件后奏折中所说"迁就愈深，相逼愈甚，战亦危，不战亦危，然战事虽危，尚有挽回之望，若犹坚忍不战，则有束手待尽而已"的倾向是一致的。③ 甲午战争中，李鸿章所部淮军战败，清廷解除李鸿章直隶总督任，令荣禄重组京畿地区军队，但还任命李鸿章为总理衙门大臣，利用其长于议和本领的做法，在京官中也早有类似建议。和曾纪泽等洋务派中的主战派相比，屠仁守的主战倾向根本就不是和洋务派相似的东西。西太后的一些反对议和及宣示决战的上谕为京官赞赏，如中法战争时期上谕"现在战局已成，倘再有以赔偿等词进者，即交刑部治罪！"④

对照屠仁守的说法，让舆论界议论纷纷的清廷"乘胜议和"政策，实际出自驱夷派的思路，或者说和驱夷派的思路是完全一致的。光绪十年九月伯彦讷谟祜等的奏折，基本上和屠仁守及第二次鸦片战争后驱夷派的思路一致，是从清廷整个自强策略出发作的考虑，其所谓议和乃是缓兵之计，不是洋务派的维持和局：

　　　　窃维法越构衅以来，筹饷征兵，无日不上廑圣虑，固非利其土

---

① 参见吴剑杰编著：《张之洞年谱长编》上卷，第356页。
② 中国史学会主编：《中国近代史资料丛刊》（《中法战争》第四册），上海人民出版社2000年版，第554、556页。
③ 《恽毓鼎澄斋日记》第2册，浙江古籍出版社2005年版，第799页。
④ 中国史学会主编：《中国近代史资料丛刊》（《中法战争》第四册），上海人民出版社2000年版，第556页。

地，诚欲拯彼民于水火之中也。迫至法夷败约，阑入中华，轰我基隆，毁我马尾，于是特降明诏，决计兴师，所谓圣人之兵不得已而后用者也。数月之中，前敌各军，同仇敌忾，苏元春一胜于凉山，刘铭传再捷于台北，虽未能大加惩创，亦足以稍示威棱。无如病瘴者困于天时，孤悬者限于地势，故关外之师顿而不进，而台湾且岌岌告警矣。臣等细阅前后电报，刘铭传以百战之余，乃至有呼天之语。敌舰外逼，军火渐穷，土匪内讧，人心动摇，此诚危急存亡之秋矣。……

用是辗转思维，中国之于法夷，远隔重洋，其势固不能犁庭扫穴也，始虽议战，终必议和。与其战不胜而和，莫若乘方胜而和。但和必有和之机，亦必有和之体。彼方锐进，忽又转圜，此即有机可乘也。不索赔偿，不占地面，此于大体无失也。所恐急而治标，必致忙中有错。查万国公法，有暂时停兵之条，于围困城池炮台等处，相约暂停，不相攻击，又引罗马国与费国停兵长久再行交战云云。是停兵与立约，较然两事。目前形势，似可摘其一款，先议停兵，然后将所陈各条，详细推敲，或准或驳，并会合各国公使，公同评论。彼见法国独专其利，或亦群起不平之心，从而折服调和，庶几近理。倘竟不能就范，何难再与交兵？此则欲保全台湾以维大局，不得不深思长虑者也。

臣等伏见兵事、饷事并集于一时，而海防边防必期诸数岁，故愿暂纾今日之急，移以为自强之图，诚不敢徒尚虚谈，致贻后悔。仰惟皇太后、皇上至仁至圣，洞烛几先，不以议战而绝和之机，不以议和而忘战之备，博采群论，计出万全，天下幸甚！①

除此之外，还可参照光绪十年九月顺天府尹周家楣的奏折：

至于就今日情形欲为自强之计，则非此时姑作收束，使在德国已购之兵船可到，外洋水师可以实力整办，而徒待其来而后战，备其来而不能不防，用力愈多，将来自强愈难。是以中国果欲谋法，则此时不得不另具深谋，欲擒先纵。中国实能自强，则各国自无非理之侵，将来力可战转无所用其战，方为长治久安之计。此则大局之实在枢纽也。……

---

① 中国史学会主编：《中国近代史资料丛刊》(《中法战争》第六册)，上海人民出版社 2000 年版，第 20~22 页。

至于臣权佐度支，职在筹饷；官居府尹，责在守土；在官言官，断不敢苟安畏难，冀和局之可成，得去难而就易。向来府尹无兵权，无钱粮，而不敢谓无责任。臣蒙皇太后、皇上召见，谕以出奇制胜。敢不勉竭心力，以济艰难？即使无兵无饷，此二十四属百姓，皆臣七年以来所性命相依者；惟有激之忠义，共效血诚，此则有战而已，无他策也。①

　　周家楣表示自己主和，与其观点相似者，有御前大臣伯彦讷谟祜、以及翁同龢等寥寥数人，鸿胪寺卿中主和主战均有，此外多主战，并有要求诛杀前敌战败将领及议和的盛宣怀、李鸿章的观点。②"徐大冢宰原议，先请停战。闻已为人所诟，乃立改驳议，群焉从之，不会做折子并无所见者，亦在内。刘博泉先于初十日即闻有折，请饬两洋援救台湾。事果做到否？……即明知其事者，亦怕人诟厉，仍复言战。"③刘博泉即刘恩溥。徐大冢宰即徐桐，大冢宰为吏部尚书别称，徐桐在光绪十年至二十二年中任此职。

　　由此可见，徐桐在中法战争时期就是京城主战势力的代表人物，有很大的影响力和众多支持者，因而才能"群焉从之"，长期参与清廷决策，并非如京官作品中所说长期不受重用和没有什么个人威信，盖京官作品贬低徐桐，意在显示与之划清界限，属于落井下石。或许如胡思敬所说，徐桐"以大学士兼上书房总师傅，威望虽尊，而事权不属，伴食中书者凡十余年。"意即徐桐地位虽高，但没有像翁同龢等皇帝师傅那样担任过军机大臣，自己年事已高，促成大阿哥早日即位的心态较为迫切。④《恽毓鼎庚子日记》说，洋兵入城后，很多京官耻悬白旗自杀，"而平生讲学，自命正人，逢合朝旨，躬召祸衅之汉军相国，城破之日闻尚存人世也。后知徐荫轩相国自缢于景氏花园。又闻崇文山尚书父子阖门自焚，未知确否"⑤。龙顾山人《庚子诗鉴》：对外宣战后，京官上班者寥寥，"徐荫轩

① 中国史学会主编：《中国近代史资料丛刊》（《中法战争》第六册），上海人民出版社2000年版，第24、25页。
② 中国史学会主编：《中国近代史资料丛刊》（《中法战争》第四册），上海人民出版社2000年版，第542页。
③ 中国史学会主编：《中国近代史资料丛刊》（《中法战争》第四册），上海人民出版社2000年版，第547页。
④ 中国史学会主编：《中国近代史资料丛刊》（《义和团》第二册），上海人民出版社2000年版，第484页。
⑤ 北京大学历史系编：《义和团运动史料丛编》第一辑，中华书局1964年版，第63页。

相国掌翰林院，恐编检潜行出都，每分日传见。时翰署已陷战氛中，则别假官房以为公所。徐好谈性理，实口头禅也，入见者皆苦之"①。参酌《恽毓鼎庚子日记》，翰林院确有迁移及查验人员的事情，但既非徐桐一人主持，也非频繁查点。② 徐桐负责军务处，整天点名那要费多少功夫；官员私自出京乃违反规定，何苦之有。此举俗称"翰林点卯"，乃例行公事。③ 据《赵声伯手札》，点名是奉旨行为，不限于翰林院，内阁和六部也是如此。观察《恽毓鼎澄斋日记》，主要是义和团时期的文字对徐桐评价较低，其他时期的文字都极为尊敬，不时请教，双方往来频繁。④ 另外，有几个人物如王培佑、何乃莹和贻谷也有类似情况。徐桐在光绪二十六年自杀，王培佑、何乃莹在义和团之后仍在京城，各方往来如常，未见因支持义和团而受到何种影响。大体是徐桐在京城学术威望甚高，人品尚公正，但行政能力稍欠，较为听从掌权者意见，不过一些说法也并不准确。《恽毓鼎澄斋日记》光绪二十四年三月二十六日条："阅邸抄，会典馆保案四百余人，有同功异赏者，有功高赏薄者，有功微赏厚者，意轻意重，公道全无。东海师素号正人，此事乃大不厌人意，可见权利之难居也。"⑤东海即徐桐。据《那桐日记》，会典馆的负责者实际有刚毅和徐桐两人，一些保案也由二人共同议定。⑥ 刚毅是以军机大臣管理会典馆事务。另外，佚名《纵论义和团》对徐桐评价更低一些。⑦ 义和团时期，军务处或谓设于国史馆，或谓设于会典馆，结合此记载，实为设于会典馆，因徐桐为会典馆总裁，同时负责军务处，这样才能引荐一批他欣赏的人到军务处任职。国史馆实为户部临时办公地点。⑧ 徐桐长期担任吏部尚书和翰林院掌院，部院大臣和翰林院官员参与内阁会议和廷议是常例。徐桐长期担任翰林院掌院和负责科举考试，自然在翰林院和京城文官系统中有很大的影响力，实际地位和李鸿藻等人相当，属于京官中的前辈级人物。《恽毓鼎澄斋日记》

---

① 中国社会科学院近代史研究所编：《义和团史料》上册，中国社会科学出版社 1982 年版，第 48 页。
② 北京大学历史系编：《义和团运动史料丛编》第一辑，中华书局 1964 年版，第 58 页。
③ 陈义杰整理：《翁同龢日记》第一册，中华书局 1998 年版，第 89 页。
④ 《恽毓鼎澄斋日记》第 1 册，浙江古籍出版社 2005 年版，第 168 页。
⑤ 《恽毓鼎澄斋日记》第 1 册，浙江古籍出版社 2005 年版，第 157 页。参见徐一士：《亦佳庐小品》，中华书局 2009 年版，第 167 页。
⑥ 北京市档案馆编：《那桐日记》上册，新华出版社 2006 年版，第 328 页。
⑦ 中国社会科学院近代史研究所编：《义和团史料》上册，中国社会科学出版社 1982 年版，第 197 页。
⑧ 中国社会科学院近代史研究所编：《义和团史料》下册，中国社会科学出版社 1982 年版，第 744 页。

光绪十五年四月十日记载，恽毓鼎中进士后，谒见第三房房师王培佑、坐师崑冈、廖寿恒、徐桐、李鸿藻、潘祖荫等人。① 这些进士的房师、坐师，多是主战派。高枬《高给谏庚子日记》有一段《庚子记事》在收录时漏掉的内容：“目睹则在军务处有司员八人环而听之，在祖家街有讲读编检二百余人大半听之。”②

皇帝师傅在同治、光绪年间参与清廷核心决策或担任军机大臣的情况常见，徐桐为大阿哥师傅，义和团时期被任命为军务处人员并参与清廷决策，进入军务处后引荐和重用一些自己欣赏的人物如王龙文和曾廉并不奇怪。翰林院、詹事府和科道向为京城驱夷势力的中坚，义和团时期，刚毅、徐桐大量重用其中人员或其中有大量人员献书献策，均和此种背景及网络有关。

顺直京官之中也有大量人员属于京城驱夷派，吴桥人刘恩溥在义和团时期仍为顺直京官之中的一个核心人物，中法战争时期即屡次弹劾李鸿章，光绪十年上奏，斥责道：“李鸿章二十余年办理海防，糜费数千万，曾杀过鬼子一名否！”③这就是说，顺直京官系统和直隶总督李鸿章的洋务系统官员有一些交往和接触，但在政见方面不属于一个系统和政治网络，很多顺直京官是李鸿章的弹劾者和政敌，如梁仲衡、沈恩嘉、刘恩溥、高恩庆、李念兹、蒋式棻、丁之栻和曹志清。④ 京城京官系统存在诸多内部网络，籍贯和会馆是其中之一，另有一些经常参与清廷决策的重要衙门，如军机处、总理衙门、翰林院和科道。两相交织，京官中的地位较高者如徐桐、刘恩溥和恽毓鼎及地处要害者如军机章京经常成为京城政治力量的风向标，各有一批追随者或唯其马首是瞻者。李鸿藻之前清流和翁同龢之后清流，也属于这类网络。这类人员长期在京城任职，政治倾向的延续性很强，与清廷决策的关系密切度也很高。

对于义和团时期的徐桐、崇绮等人，在看到他们是大阿哥师傅并与端王关系密切之外，还应认识到其历来的驱夷主张，以及历来是京城驱夷势力的代表人物和中坚。这也是西太后在关键时刻重用的一些政治力量。光绪二十六年京城声势显赫的人物，很多是徐桐的下属或与之有交际，如刘永亨、刘恩溥、宝丰、高赓恩、恽毓鼎和贻谷，其中主战派和政见相同者

---

① 《恽毓鼎澄斋日记》第 1 册，浙江古籍出版社 2005 年版，第 42、43 页。

② 《高给谏庚子日记》卷三，清翰堂刊，约 1911 年，页二十八。

③ 中国史学会主编：《中国近代史资料丛刊》（《中法战争》第五册），上海人民出版社 2000 年版，第 436、437 页。

④ 《李鸿藻年谱》，第 582 页。

颇多。义和团时期京城主张驱夷的人往往也是胶州湾事件后的主战派，差别往往是具体的策略方面。

西太后没有向内阁会议指授具体策略，也没有特意挑选内阁会议的组成人员，但内阁会议的结果改变了军机处和总理衙门的惯常做法，符合西太后的主张，乃是因为双方平时政见就比较接近的缘故，如果讨论的是其他问题如同治年间罢免奕䜣，内阁会议中也会存在比较广泛的不同意见。会议参加者众多，实际主要意见还是取决于领衔上奏会议情况的御前大臣，以及地位较高的军机大臣等少数人，最后由奕譞斟酌。其他一般上奏者的意见主要是供参考之用，比如由奕譞斟酌或发给李鸿章作为谈判时的参考。

周德润也是驱夷派的思路，如说"前二十年误于和者，今一旦而决于战。转瞬天威震慑，夷酋穷蹙，自不妨示以包荒。乃法人犹未大创，即以和请，臣亦知朝廷不为所惑"。周德润提出一些"复越"的措施，建议前线将领"迅速规取山西、北宁，以图河内"①。

盛昱在奏折中呵斥洋务派，属于驱夷派。光绪十年六月，盛昱奏："窃维今日无所谓议和也。……夫为人任情恫喝，我乃不敢决战，则兵威何由而慑？夷人肆意要挟，我自曲意求成，则公论何由而伸？在诸臣必谓兵凶战危，不若可已则已。不知今日之势，有利于壹意主战，且利于速战者。""如再和战互筹，议论不决，彼族生心，岂能悔祸？""彼之因利乘便，何所不至！终必出于苟且议和而后已。要求既遂，效尤日多，非惟无以自强，并将无以自立矣。"②

有些清流属于游离于驱夷派和洋务派之间，略有特立独行、敢于直言性质的人物，对现状有较多考虑，对洋务派评价较高，也忠于清廷，并不是洋务派的反对者或对立面，给人的印象是书生之见，但心地无他。如张佩纶主战，但"不敢坚以战请者，以皇太后圣体未可过劳，庙谟难于坚定，而中外大臣亦无卧薪尝胆之志任重致远之才也。然臣所以言之不已者，以此固中国强弱之机，得越则五洲震其声威，失越则三省疲于奔命也。""今外患亟矣，和局将变矣，俄约甫定则议琉球，琉球未归则议越南，此岂长治久安时哉？欲长治久安，非出于一战不可；欲出于一战，非操万全之胜算不可。俄可以不战，俄亦自不愿战。日本可以战，然琉球形势易得而难守，可战而犹不必遽战也。越南地近于琉球，势逼于琉球。法

---

① 中国史学会主编：《中国近代史资料丛刊》(《中法战争》第六册)，上海人民出版社2000年版，第29、33页。

② 中国史学会主编：《中国近代史资料丛刊》(《中法战争》第四册)，上海人民出版社2000年版，第567~569页。

为越国鄙远，我为拊背扼吭。臣横览舆图，窃谓我国家弹压西洋取威定霸，殆必自经营交广始矣。"①在一些具体的观点上，张佩纶属于主战派，和李鸿章不同，但与驱夷派的思路差距较大。光绪九年正月，李鸿章致张佩纶信："法人兵力不足取刘之说，毋乃视刘永福太重而量法太轻？""尊论争界则必扼北圻之隘，彼南我北各据一隅。试问滇、桂兵力、饷力能远略久支否？既与强国为敌，人材果孰主张耶？"黎庶昌"新议欲徇封贡虚名，无当事理，驳之极是"②。一些观点又接近洋务派，如主张兴办水师，甚至也不反对议和，认为在实现边疆安全的目标下，可以议和。③

另有陈宝琛，和张佩纶有相似之处，在主战的同时也热衷于兴建水师，反对户部以"节用"为名在军费方面的限制。但整个自强方案强调"舍用人、筹饷、练兵之外，更有何法？"显然既不是反对洋务，但也不是洋务派以求富求强为中心的思路。④

洋务派不管主战主和，均是维持和局的目标，只是在具体问题上有些分歧。如左宗棠考虑越南和中国边疆安全的关系，认为法国吞并越南会引起列强侵略中国边疆的连锁反应，"吾华势将舐糠及米，何以待之？此固非决计议战不可也"，其目标是在和法国谈判分界通商时，争取较好条件，实为洋务派常见的以战促和之策，和曾纪泽没有实质差别。⑤ 两广、云南督抚如张树声、岑毓英等都是这种政策的赞成者和执行者，他们有一些对外强硬、震慑西洋方面的意图，但谋划的都是如何维护边疆安全和与法国签订条约。如岑毓英致信张树声："上年高丽一役，大公祖大人决胜千里，戡乱于旬日之间，南北岛夷，至今犹觉震慑。刻下越事孔棘，幸得旌麾南指，想先声所到，贼胆皆寒，诚足以外庇藩封，内固边围，曷胜欣慰之至！"⑥在处理教案方面，张树声、岑毓英也倾向于采取较为强势的做法，"先募状师为之辩论，复又寓书诘责，义正词严"。在越南问题上，

---

① 中国史学会主编：《中国近代史资料丛刊》(《中法战争》第四册)，上海人民出版社 2000 年版，第 347 页。

② 中国史学会主编：《中国近代史资料丛刊》(《中法战争》第四册)，上海人民出版社 2000 年版，第 4 页。

③ 中国史学会主编：《中国近代史资料丛刊》(《中法战争》第五册)，上海人民出版社 2000 年版，第 162 页。

④ 中国史学会主编：《中国近代史资料丛刊》(《中法战争》第五册)，上海人民出版社 2000 年版，第 106、109、110 页。

⑤ 中国史学会主编：《中国近代史资料丛刊》(《中法战争》第四册)，上海人民出版社 2000 年版，第 321、322 页。

⑥ 中国史学会主编：《中国近代史资料丛刊》(《中法战争》第二册)，上海人民出版社 2000 年版，第 515 页。

岑毓英力主进取，说："今彼群岛环立，窥我强弱以为进止，失此不惩，则后之群起相凌者，尚可问乎？业已拜疏请旨，束装待行。……上以慰朝廷南顾之忧，下以快薄海同仇之愿。"①其他如刘坤一的考虑大体相似。②洋务派的目标多为利用宗藩关系以防守边境，措施多样，但万变不离其宗。如曾纪泽所说："先扼险要以拒强邻，实目前之急务，虽不能悉防后患，然祸发亦当稍迟。"③这仍属于第二次鸦片战争后一些洋务派提出的以攻为守之计。有些驱夷派则隐含在主战派之中，沿袭第二次鸦片战争后驱夷派的思路，着眼点是恢复和维持朝贡关系，通过战胜西洋求得自强自立和复仇。如光绪十年，太常寺卿徐树铭奏折中说："总之，中国与外邦无终战之理，其究必归之于和，而非彼大挫而我大胜，则其和不能终固。古者兵交不绝来使，而况他国？"④洋务派中的主战派和驱夷派在某些主张和做法上有交织，但整体思路则完全不同。李鸿章幕僚吴汝纶所说思路不同于驱夷派，接近洋务派但又有自己的特色，和洋务派中的主战派有所不同。吴汝纶致信张树声："窃谓法越初约，中国若为弗闻，致有今日之役；事至而后为谋，此鞭马腹之说也。铁路未开，电线未设，征兵调饷……此至拙之计。……汝纶私独以为中国目前之患，不在弱而在贫，自古及今未有富而不强者。今求自强，而不知致富，是恶湿居下之类也。然则自救之策，应以开采云南矿产为第一要义。果能筹借洋债，行文出使诸公，在外访聘名师，更得读书明时务有血性者主持其事，三年之后，必有成效可观；贾人百万，不足计事也。矿产既出，即于开矿近处设立局厂，专学洋人炼冶之法，计亦不过数年，可以尽羿之道。由是闽、沪、天津各局所用铜铁，不必购自外洋，一皆取之滇产，而以其余委输海外，则中外大利尽归于滇。制器练兵绰有余地，转弱为强易如反掌。盖不必待经营之成也，即甫经缔造，而敌国窥吾志量，固已望风而沮，逆折萌芽矣。不行此术，而纷纷议兵、议防，徒乱人意而已。愚虑如此，未审有当万一否？"⑤

---

① 中国史学会主编：《中国近代史资料丛刊》（《中法战争》第二册），上海人民出版社 2000 年版，第 516、517 页。
② 中国史学会主编：《中国近代史资料丛刊》（《中法战争》第一册），上海人民出版社 2000 年版，第 158、159 页。
③ 中国史学会主编：《中国近代史资料丛刊》（《中法战争》第四册），上海人民出版社 2000 年版，第 269 页。
④ 中国史学会主编：《中国近代史资料丛刊》（《中法战争》第六册），上海人民出版社 2000 年版，第 39 页。
⑤ 中国史学会主编：《中国近代史资料丛刊》（《中法战争》第二册），上海人民出版社 2000 年版，第 509、510 页。

张之洞是典型的洋务派，有一些针对驱夷派对外观点的评论。光绪八年四月上奏说，"守四境不如守四夷"，出兵援越"乃自守之先著"，"并非勤远挑战"，以攻为守之意甚明。① 光绪十年，张之洞致信张佩纶："总而论之，中外兵事，鄙意与尊意及京朝诸言事者迥然不同。诸公意谓法不足畏，我易胜法，故纷纷主战。鄙人则明知法强华弱，初战不能不败，特非战不能练海防，非败不能练战。只要志定气壮，数败之后，自然渐知制胜之方。若一败而即扰动，更易将帅，则战备永无练习得手之日矣。兵凶战危，何等大事，何等难事，岂有谈笑指挥数营杂兵劣械，而能坐摧强敌者乎，世间安有此等便宜事也。"② 和法国分界谈判时，向清廷提出"恐非口舌所能为功，惟有盛我兵威，隐相慑制"，清军可"整顿军容会哨耀武，但不得生事"，属于洋务派典型的以战促和策略。③ 张之洞在两广具体的备战措施方面，和彭玉麟、张树声、倪文蔚"毫无意见之参差，即湘、淮、粤诸军，亦毫无畛域之间隔。"④

京城官员阶层以主战和有驱夷倾向者居多数，这不仅是外界为何指责清廷办理洋务过于隐秘缺乏公开性的潜在原因，也是一些京官要求清廷举行廷议决定洋务重大事宜的潜在原因。这也说明，驱夷派在第二次鸦片战争后一直存在，但为何在很多时候看不出它的影响力，似乎大多是李鸿章等洋务派在从事外交，原来驱夷派要影响外交决策需要一定的制度方面的条件，这种条件大多数情况下是西太后特旨提供的，以奕䜣为首的总理衙门大多有意识回避驱夷派参与对外决策，驱夷派主要还是通过邸抄所载明发内阁奉上谕了解情况，对密旨中涉及的洋务派的很多对外决策和运筹并不知情，或仅知大概，无法详细评论。⑤ 一经举行廷议，洋务派的政策就有可能发生重大改变，局势会趋向驱夷派和主战的方面。清廷在对外宣战之前往往有廷议，西太后就开始起决定性作用，主导具体的外交事件的走向，只是未必和戊戌政变后的训政时期那样亲自操刀事必躬亲，奕譞及军机处和地方督抚往来协商酝酿的情形较多，清廷对外政策出现平时总理衙

---

① 中国史学会主编：《中国近代史资料丛刊》（《中法战争》第五册），上海人民出版社2000年版，第113页。

② 赵德馨主编：《张之洞全集》第十二册，武汉出版社2008年版，第28页。

③ 中国史学会主编：《中国近代史资料丛刊》（《中法战争》第七册），上海人民出版社2000年版，第18页。

④ 中国史学会主编：《中国近代史资料丛刊》（《中法战争》第五册），上海人民出版社2000年版，第605页。

⑤ 参见《筹办夷务始末》同治朝第八册，中华书局2008年版，第2924~2926和3204~3205页奕譞奏折。

门和洋务派主政，战时西太后和驱夷派主政的局面，前后的对外思路、语言和政策有着很大的区别。光绪九年八月，户科掌印给事中邓承修奏：

> 窃臣于去秋朝鲜乱定之后，即建言宜趁此声威，调集水师，特派知兵之员，驻扎烟台，诘问球案。原欲借球案为名，以罢日本，即借日本以固海防；不惟中山之屋不至邱墟，即法人窥伺越南之心亦可稍戢，所谓声东击西之策也。而迁延日久，坐失事机，遂使法人窥我无能，恣意蚕食。
>
> 然自夏间以来，道路传说，有谓督臣李鸿章节制三省驻节上海之言，藩司徐延旭统兵出关相机进援之语。而事关机密，臣等虽备位谏垣，徒见众情之汹汹，无由测识。惟窃念朝廷购铁舰，制器械，讲求战守者二十余年，内而枢臣，外而疆臣，必有奇谋胜算，执戟荷戈，纾朝廷南顾之忧者，故不敢以瞽言臆说，淆乱其间。
>
> 未几，而法人取南定，取河内，长驱入越，朝廷绝无处置；关外之师，逡巡而不敢进者数月。惟越之督臣刘义，以孤军血战，幸而胜之；不然，越之北境已为法人有矣。
>
> 昨者道路传言，法人袭踞富春，阮氏已降，国都已覆。……
>
> 臣伏见祖宗朝，凡有大事，必下廷议，以博采众言，故谋无不臧，人心皆服。国家自有洋务以来，凡中外交涉之件，皆欲隐藏讳匿，不使人知；及其措置乖方，则言之无及。前者俄人踞地要求，疆臣遂有弃地徐图之议，仰赖我皇太后、皇上圣明，广集廷议，虽无甚裨补，而盟约亦卒底于成，未闻因廷议而决裂也。今越南之变，切于俄境，而大于琉球；军情讳匿，士气不振，甚于囊时。伏乞圣明特诏百官廷议，各陈所见，采至公之论，集众善之长；若均无所取，则决之宸断，庶浮议可息，而国是自定矣。①

这就是说，第二次鸦片战争后，京城大多数王公、官员平时并不参与外交决策，对外倾向及政见表现并不清晰，给人留下的印象主要集中在反对学习西方及内政方面对洋务派有所抑制等问题上。

对照光绪二十六年参加宣战之前的廷议和中法战争时期参加内阁会议的名单，一些类型是相同的，即军机大臣、总理衙门大臣、六部、九卿、

---

① 中国史学会主编：《中国近代史资料丛刊》（《中法战争》第五册），上海人民出版社 2000 年版，第 185、186 页。

翰詹和科道，此外又加上一些与载漪及颐和园谋划有关的王公贝勒。义和团时期的京城主战派，实为以载漪为首的和废立事件有关的满洲王公主战势力，和第二次鸦片战争后京城复仇力量驱夷派的结合。此种组成人选的政见，和军机处、总理衙门颇多不合，是西太后召集的。载漪作为御前大臣，实际是首领，各类描写也渲染载漪主战，一批满洲王公支持。陈夔龙《梦蕉亭杂记》中有："定例，御前班次在军机内阁之前。"[1]"内务府一差，权位与御前大臣、军机大臣三鼎峙。御前班列最前，但尊而不要；军机则权而要；内务府则亲而要。"[2]这类会议在光绪初年即众所周知其主导倾向是主战和决裂，是总理衙门和洋务派唯恐避之不及的。一些人物平时根本不接触外交事务，对事情的来龙去脉只是临时抱佛脚地知道一点，相互之间事前也没有深入协商，如何能够形成有效且深思熟虑的不同意见？内阁会议的混乱情况、内阁会议的决策机制及其和军机处、总理衙门的关系，如光绪十年九月十三日御史吴峋奏：

　　窃维法人凶狡构兵，各国观衅而动，国家安危在此一举。我皇太后、皇上圣怀冲挹，博访周谘，期收实效，则内阁会议关系实为重大。当会议之时，宜如何详慎将事，以仰副朝廷集思广益之至意？乃不谓漫无条理如此也！

　　如初十日之议，发出谕旨、奏报、电报，共装四册，约凡百余幅，与议诸臣约凡二百余人，而取给于两三时之间，于是纷纷藉藉，候至半日，未能遍读一过。今一二品大员多在六七旬以外，亦不得不与群僚围立一案，共守一册，或正看，或倒看，或左右横看，摩肩延颈，口讲指画，心目瞀乱；匆匆一阅，他人立候，不获覆检，此即年力精壮者，亦不能委曲详明，况其为老臣哉？于此而责之决大疑、定大计，盖亦难矣。仰维我皇太后、皇上求治之殷，国家大局关系之重，而会议杂糅至此，尚复成何体制耶？

　　臣惟与议诸臣，皆在建言之列，似应与闻国政。应阅之事，宜于平日陆续交阅，遇有会议，定可详细敷陈，有裨大局。可否请旨饬下军机大臣、总理各国事务衙门，将有关法事文报，积若干件，酌定日期，届时封送内阁，先期知照，由内阁统计御前大臣、大学士、六部、九卿、翰詹、科道、日讲起居注官，共若干员，自卯至申，分为

① 陈夔龙著：《梦蕉亭杂记》，中华书局 2007 年版，第 20 页。
② 《梦蕉亭杂记》，第 49 页。

六班，片交各衙门与议诸臣，按时前往阅看。其所送各件，均缮数分，以便分阅。则会议既不拥挤，亦不草率。如有应行公同商酌之事，于次日酌定时刻，在内阁会商。倘或泄漏，查明将该员从严议处。①

对此奏折，醇亲王奕𫍽既未肯定也未否定，他说："似未可厚非，亦不可即照原议。总以局内、局外，各化成见，同力合作为是。"②

中法战争时期的内阁会议，局外诸臣尚可阅读相关文件，具体文件由军机处提供；光绪二十六年的廷议则是临时召集，并未阅读相关文件，也未见到军机处提供相关文件，所以临场议论纷纷，恽毓鼎、朱祖谋等人事后回忆难以得出全貌，对很多关键环节和细节无法说清，印象最深的是看到载漪高谈阔论。

京城官员阶层中驱夷派势盛的局面，以往没有引起充分注意，乃在于李鸿章等多次提及这种倾向，但对其具体的成员构成没有细说。李鸿章接触的多是机密谕旨、奏折，不便对外界透露，只言片语提及的情况较多，涉及西太后和京城王公大臣时态度尤为谨慎，带有曾国藩的一些风格，战时往往以"清流"目之，且对外界的解释往往比较简单。其后关于中法战争时期的诸多研究，也大多是从清流、清议、道统或理学角度分析，几乎没有例外，把清流视为地主阶级不当权派，这类论点符合主战派中的个别人。整个驱夷派不是地主阶级不当权派，西太后、奕𫍽和众多满洲王公也并不能算是清流。驱夷派有一系列的论点和整体思路，如迅速自强和复仇，出现在特定时期，仅从清流角度无法解释。以往学术界觉得甲申易枢前洋务派采取和谈策略，甲申易枢后西太后和奕𫍽依然和谈，实际驱夷派视议和为缓兵之计，和洋务派的主张迥然不同。甲申易枢之后，清廷在对外目标、军事战略、谈判策略乃至和战思路等方面无不受到驱夷派观点的影响，较为关注朝贡、国体和拒绝赔款问题，在和战问题上有自己的解释。一些前线将领归咎于李鸿章，实际李鸿章是执行者，甲申易枢后的很多议和条款根本就不符合李鸿章的思路。李鸿章总体上要执行驱夷派的政策，只不过驱夷派不太愿意和洋人打交道，在办理洋务时有求于李鸿章，李鸿章趁机可以提出自己的若干想法，或对清廷的过激做法有一些劝告

---

① 中国史学会主编：《中国近代史资料丛刊》(《中法战争》第六册)，上海人民出版社2000年版，第74、75页。

② 中国史学会主编：《中国近代史资料丛刊》(《中法战争》第五册)，上海人民出版社2000年版，第51页。

而已。

在和福禄诺谈判前夕，清廷将上述很多驱夷派的奏折发给李鸿章阅看，令谈判中可采纳其中一些论点，李鸿章对京城驱夷派的观点知之甚悉。[1] 清廷又严令参加内阁会议的官员不得泄漏相关谕旨内容，外界对清廷的这个决策过程是并不清楚的。[2] 查看李鸿章的一些资料，颇多引述驱夷派的观点，如光绪十年八月信件："窃思中法战局已成，原无议和之理。但使交战一二年后，亦须议和了局，设再夺据要地，更恐收拾为难。事已至此，在我断不能先向法国议款"，但不便拒绝美国调停，"不稍开一线之路"[3]。随后在和美国使臣谈话时，表达了要和法国决战到底情绪，说"中国地大物博，何以不能常战？""今我惟有与之用兵，一钱不给！中华为东土第一大国，国体所关，断难假借。试问欧、墨两洲小国，肯受如此委曲否？"[4]

义和团时期京城主战派的一些思路、方法和措施，常见于甲申易枢后的京城主战者之中。清廷很多措施来自对外倾向相近的王公大臣、大学士、六部九卿和京城翰詹科道。这也是荣禄、徐桐、崇绮和载漪等人能够会商的基础所在。如荣禄内心倾向于洋务派或和徐桐等政见对立，道不同而不相谋，则无法会商。政策层面经常改弦易辙或试图改弦易辙也是西太后的一大特征，乃因其复仇心切，洋务派处理外交事务稍有不顺，驱夷派上奏弹劾，西太后就容易受影响；同时，西太后对第二次鸦片战争时期洋人的强大深有所知，存在畏惧之心，强硬政策稍遇挫折，就想通过洋务派议和，实行缓兵之计。这造成清廷政策变化较快，西太后容易受外界观点左右和自己情绪的影响：

西太后、奕譞和荣禄等人对西方军事疑信参半，洋务派则较为确信。光绪十年，法国在福建得手后，清廷谕令李鸿章和曾国荃，明知我之兵船炮台不足恃，"岂可不思变计？诱敌登岸，坚壁清野，沿途设伏，均属要著。"清廷此谕实反映醇亲王奕譞之意见。奕譞致军机处信："查此次法人侵扰，一战而基隆炮台毁，再战而马尾兵船沉；是我之炮台不固，战舰不

① 中国史学会主编：《中国近代史资料丛刊》(《中法战争》第五册)，上海人民出版社 2000 年版，第 348 页。
② 中国史学会主编：《中国近代史资料丛刊》(《中法战争》第五册)，上海人民出版社 2000 年版，第 355、356 页。
③ 中国史学会主编：《中国近代史资料丛刊》(《中法战争》第四册)，上海人民出版社 2000 年版，第 104 页。
④ 中国史学会主编：《中国近代史资料丛刊》(《中法战争》第四册)，上海人民出版社 2000 年版，第 105 页。

坚，历有明证。若仍恃二者拒敌，定无获胜算可操；及至岸上获胜，我兵伤亡已多，实为非计。近观南北洋不肯拨船援闽，非曰恐为敌抢，即曰难敌铁舰，所虑诚是。然不援他处则可，若敌以大帮铁木等船来犯，仍将恃此不足恃之兵船、炮台御之乎？抑当翻然变计乎？王去年曾有坚壁清野、陆路设伏之议，近与善都统论及，亦不谋而合。宜乘敌船未犯之先，请旨严询南北洋，除战船、炮台外，有何必胜之策，断勿置兵于万不足恃之地，徒丧精锐，致堕士气为要。"曾国荃上奏，阐述了洋务派的一些主张，提出仍应仿照西法，"一宜不惜工资以造坚厚之兵船"，"一宜不循旧式改作平地之炮台。""治军要道，运用之妙存乎一心，惟一心可以应万事，而二心不可以成一事。"①义和团时期，主战派有的建议用中国旧式武器和旧式练兵方法，也有的练新军，皆是源自其内部军事思想差异较大的缘故。洋务派因为对西式武器较为了解，办理洋务较为坚定，学习西方较多；驱夷派视办洋务为手段之一，办洋务的态度并不坚定，容易受其他倾向的影响，怀疑学习西法是否有效。山东巡抚毓贤"饬各营禁习洋操，专练刀矛棍棒。"②到光绪二十九年，荣禄还"不甚信洋操"，袁世凯"故痛切言之，冀可坚信。"③

认为和战决策不必征求李鸿章等人意见，也是中法战争时期京城清流中存在的观点。光绪十年，刑科掌印给事中秦钟简奏："查外臣如李鸿章，不问而知为主款者也，此人不必与议；其电旨所难达而去海疆又甚远者，亦不必与议。"④

惩办一二主和大臣以坚主战之心的观点，清流奏折中也常见。

驱夷派对议和颇为反感，但也不是不议和，而是主张在战胜之后议和，不赔偿和不失国体，还把议和作为暂时性的缓兵之计，欲擒故纵，准备充足后还会力战。⑤ 光绪二十六年对外宣战之后，《高枬日记》六月二十三日条载："东海今日向人言，使馆竖白旗，缴军械，专人出来求和。"

---

① 中国史学会主编：《中国近代史资料丛刊》（《中法战争》第四册），上海人民出版社2000年版，第273~276页；第五册，第64页。
② 骆宝善等编：《袁世凯全集》第四卷，河南大学出版社2013年版，第319页。
③ 骆宝善等编：《袁世凯全集》第十一卷，河南大学出版社2013年版，第38页。此种对荣禄的描写在荣禄奏折中难以见到，但绝非虚构，见《戊戌变法档案史料》，第334、339页。奏折中的有些说法是按照上谕意图所为，不一定是个人内心想法。
④ 中国史学会主编：《中国近代史资料丛刊》（《中法战争》第六册），上海人民出版社2000年版，第66页。
⑤ 中国史学会主编：《中国近代史资料丛刊》（《中法战争》第六册），上海人民出版社2000年版，第20~25页。

"宝丰曰：'如和，须不传教，京师不立使馆。'""今午又攻西什库。并以六百里催裕、马进兵。旨有曰：'勿误会前日之谕，以为议和地步。'"①东海即徐桐，裕、马即裕禄、马玉崑。送使馆蔬菜及暂停攻打也是如此，是未能攻下使馆之前借助使馆求救和提出"停兵"要求施展的"将计就计"手段，是缓兵之计，因而徐桐等未见反对。②清廷在七月份宣召李鸿章议和，正是缓兵之计的考虑，即"先行停战，随时奏请，候旨施行"，因而徐桐、崇绮、端王、载澜等人并未反对，同时期军事准备并未停止，也没有授予李鸿章重要职务，李鸿章骑虎难下只能暂时待在上海静观其变。③所谓议和，也不是清廷愿意主动议和，而是利用列强主动议和做文章，《高枏日记》说李秉衡"无主意，不过欲和字从对面出题耳"，即是此意。④李鸿章签订的一些条约如李福协定非常草率，胡乱列几条，并不推敲细节，也和清廷把议和视为临时停战的倾向有关，只作为"止兵"协定而不是长久遵守的条约，中法战争、甲午战争到义和团时期，只要驱夷派主导，都有这类情况。

中法战争时期有乘胜议和的策略，这不正是义和团时期西太后打一仗再说的注脚？关于西太后寄希望于义和团与八国联军打一仗，获胜后再议和的记载颇多。

清廷在危机之时西迁的建议，中法战争时期也有人提出。顺天府尹周家楣致信李鸿章："敌氛未及，议战纷纷，一旦有警，则诸策杂出，无策之事亦出。西迁之议闻有言之者。万一急而为此，则朝臣均得以扈从为辞，惟府尹当守死勿去之经。"⑤

其他如中法战争时期御史赵尔巽提出"宜封闭法国教堂、商行以为质也"，"应请旨饬下各省督抚，严行出示，不准百姓干预，由官分别封闭拘禁，不许残害。将来议和，我不至一无所挟，最下亦应驱逐。仍先照会各国，如有百姓聚众滋扰别国教堂商务者，由中国按照乱民惩治"⑥。这类做法符合驱夷派的特征，即固然有驱夷的倾向，但同时又保护教堂，禁

---

① 中国社会科学院近代史研究所编：《庚子记事》，知识产权出版社 2013 年版，第 150、151 页。

② 中国社会科学院近代史研究所编：《庚子记事》，知识产权出版社 2013 年版，第 143 页。

③ 中国社会科学院近代史研究所编：《庚子记事》，知识产权出版社 2013 年版，第 160 页。

④ 中国社会科学院近代史研究所编：《庚子记事》，知识产权出版社 2013 年版，第 158 页。

⑤ 中国史学会主编：《中国近代史资料丛刊》(《中法战争》第四册)，上海人民出版社 2000 年版，第 545 页。

⑥ 中国史学会主编：《中国近代史资料丛刊》(《中法战争》第六册)，上海人民出版社 2000 年版，第 77 页。

止民间反洋教活动，乃是因为驱夷派华夷观念和天朝上国观念颇重。

驱夷派普遍认为洋人议和是欺诈手段，不可信，义和团时期，徐桐说"又上当了"之类的记载颇多。①

因为庚申之变而存在的复仇倾向，也是清流奏折中提出的一个主战理由。光绪九年五月，刘恩溥在奏折中说："咸丰十年之变，法人固中国不共戴天之仇也。昔法之拿破仑第一，身为降虏，放于南洋；迨拿破仑第三，发愤为雄，国势复振。我中国诸大臣，身受厚恩，自庚申迄今二十余年，当此有隙可乘之时，竟不思决策运筹以雪大耻，清夜扪心，何遽不若拿破仑第三？上年英人马加利为云南野夷所杀，至今英人不敢由此路行走。诸大臣见地何遽不若野夷？"②

光绪十年九月，翁同龢与伯彦讷谟祜、奕劻和孙家鼐等人联衔上奏《遵议中法交兵停战一款可行折》中的主导倾向和很多观点，与义和团时期的京城主战派不谋而合，也是在中国军事形势有所不利情势下提出的：

> 用是辗转思维，中国之于法夷，远隔重洋，其势固不能犁庭扫穴也，始虽议战，终必议和。与其战不胜而和，莫若乘方胜而和。但和必有和之机，亦必有和之体。彼方锐进，忽又转圜，此即有机可乘也。不索赔偿，不占地面，此于大体无失也。所恐急而治标，必致忙中有错。查万国公法，有暂时停兵之条，于围困城池炮台等处，相约暂停，不相攻击，又引罗马国与费国停兵长久再行交战云云。是停兵与立约，较然两事。目前形势，似可摘其一款，先议停兵，然后将所陈各条详细推敲，或准或驳，并会合各国公使，公同评论。彼见法国独专其利，或亦群起不平之心，从而折服调和，庶几近理。倘竟不能就范，何难再与交兵？此则欲保全台湾以维大局，不得不深长思虑者也。
>
> 臣等见兵事、饷事并集于一时，而海防、边防必期诸数岁，故愿暂纾今日之急，移以为自强之图，诚不敢徒尚虚谈，致贻后悔。仰惟皇太后、皇上至仁至圣，洞烛机先，不以议战而绝和之机，不以议和而忘战之备，博采群论，计出万全，天下幸甚！③

---

① 中国社会科学院近代史研究所编：《庚子记事》，知识产权出版社 2013 年版，第 166 页。
② 中国史学会主编：《中国近代史资料丛刊》（《中法战争》第五册），上海人民出版社 2000 年版，第 166 页。
③ 谢俊美编：《翁同龢集》上册，中华书局 2005 年版，第 40 页。

各疆臣因循瞻顾，迄未奉行。上年山东巡抚李秉衡，到任伊始，即将局员裁撤殆尽，每年可省五六十万金。东省如此，岂他省不能照办乎？各疆臣之意，不过以候补人员过多，留为调剂计耳。……购买之船炮，全归乌有，不必论矣。学堂台坞，久告成矣，机器制造等局，创建已二十余年，不知所制者何器，所造者何物，而应用船炮，无一不购自外洋，又何用此局为也。伏愿皇上赫然震怒，全行裁撤。如有掣肘而阻挠者，便是祖宗之罪人，国家之蠹贼，立予严谴，无少假借。诚以当此创巨痛深之际，正宵旰卧薪尝胆之时。欲求有益于国，无害于民，舍此之外，更无别策。果能猛力振作，则朝廷不得已之苦衷，更无难布昭于天下。……际此时事艰难，非改弦更张，实无以收振弱起衰之效。且率由旧章，更觉有利无弊。①

奏折中的"恩周宇中，威加海外""猛力振作""改弦更张"之类字眼，也都符合胶州湾事件后至义和团时期的清廷心态。"恩周宇中，威加海外"显然是恢复大一统的主张，只是因为不是当务之急，也不是探讨的核心问题，没有详细阐述。刚毅之急躁、徐桐之人望，符合推行此种政策所需的"猛力振作"需要，李秉衡则是推行此种政策的典范。"猛力振作"也可解释一些驱夷派如奕譞和刚毅在举办军事活动等方面态度非常积极的原因。胶州湾事件后荣禄、刚毅趁西太后对洋务派失望的时机，就练兵、筹饷、备战和主战等提出了一系列和洋务派不同的措施，符合西太后改弦易辙意图，因而才能一举掌权。其心态都非常迫切。

光绪二十一年闰五月谕军机大臣等，"自来求治之道，必当因时制宜。况当国事艰难，尤应上下一心，图自强而弭祸患。朕宵旰忧勤，惩前毖后，惟以蠲除积习力行实政为先。叠据中外臣工条陈时务，详加披览，采择施行，如修铁路、铸钞币、造机器、开各矿、折南漕、减兵额、创邮政、练陆军、整海军、立学堂。大约以筹饷练兵为急务，以恤商惠工为本源。此应及时举办。至整顿厘金、严核关税、稽察荒田、汰除冗员各节，但能破除情面，实力讲求，必于国计民生两有裨益。著各直省将军督抚将以上各条，各就本省情形，与藩臬两司暨各地方官悉心妥筹，酌度办法，限文到一月内分晰覆奏。当此创巨痛深之日，正我君臣卧薪尝胆之时。各将军督抚受恩深重，具有天良，谅不至畏难苟安，空言塞责"②。外界不

---

①　朱寿朋编：《光绪朝东华录》第四册，中华书局1984年版，总第3626~3628页。
②　朱寿朋编：《光绪朝东华录》第四册，中华书局1984年版，总第3631页。

尽觉察这类上谕的真实含义。《强学报》评论此上谕，为其中卧薪尝胆和西学方面的内容感到振奋。① 实际"惟以蠲除积习力行实政为先"是同治年间上谕中经常出现的字眼，其他如整顿厘金和裁撤冗员等也大都是之前常见的做法。

李秉衡此时的奏折，系统反映了驱夷派的论点及其与甲午战争前京城主战派论点的连续关系。如光绪二十一年三月反对议和奏折中说："倭一得志，诸夷谓吾华土地之可利也，必猖猖然环向而起。肘腋之患，有已时哉！且中国之与外夷议和者屡矣，或偿其兵费，或准其通商，固未尝以疆土与人也。……如能战胜，则赔款可以不给，而中国可以自强。""迨彼族势穷力屈，就我羁勒，然后从容议和，则不至损威纳侮，亦可稍戢各国觊觎之心，大局幸甚！"②光绪二十一年九月李秉衡奏折阐述的倾向，和上引管廷献奏折非常一致，表现的是驱夷派的思路及其对洋务和洋务派的看法。③ 李秉衡有的奏折表现处的倾向和徐桐非常一致，也欣赏徐桐，有可能从徐桐口中了解到同治年间清廷驱夷复仇的一些情况。④

有驱夷倾向、驱夷派势盛和具体的驱夷政策和驱夷活动还不完全相同。⑤ 常态下，清廷内部有暂时笼络洋人和暂时维持和局的共识，不至于将驱夷倾向变为可实施的政策，在势力弱小的情况下也不会主动挑衅，首要目标还是自守，胶州湾事件前依然如此。如同治十二年徐桐奏："我皇上御极以来，削平发、捻，底定中原，内外臣民，莫不延颈望治。独有夷人久居腹地，十余年来，维持和局，百计羁縻，中外以无事为福。而夷人固无日忘情中国也，肆意要求，靡所底止。请觐之事，固彼所深心熟计于数年之前者，今皆各遂所欲。臣亦知成事不说，顾仍不甘缄默，必欲披沥以陈者，盖以和局终不可恃，愿皇上专意修攘，为自强计耳。"说采取措施加强西北边防和东南海防后，"则声威远播，固已戢夷人窥伺之心矣"⑥。光绪二十一年闰五月徐桐奏请练兵时说，任用董福祥、余虎恩练兵后，"必能同心合力，感激图报，晓谕军士以尊君亲上之谊，明耻教战之方，随时诰诫，朝夕操演，数月之后必可练成劲旅，足备折冲御侮之资。外洋各国知我有此得力之重兵，缓急可倚，亦必潜消阴谋，永矢和

---

① 中国近代期刊汇刊：《强学报时务报》第一册，中华书局 2010 年版，第 1~3 页。
② 《李秉衡集》中，第 333、334 页。
③ 《李秉衡集》中，第 429~435 页。
④ 《李秉衡集》中，第 518、519 页。
⑤ 参见《戊戌变法档案史料》，第 474 页。
⑥ 《筹办夷务始末》同治朝第十册，中华书局 2008 年版，第 3663、3664、3667 页。

好，自不至遇事恫喝。"①

在地方督抚层面，洋务派的自强策略逐渐向挽救民族危亡、应对瓜分和救中国方面发展，和第二次鸦片战争后已经有了非常大的不同，也和中法战争前后的态势有了非常大的不同。对照第二次鸦片战争后地方督抚所上自强方案、陈弢辑《同治中兴京外奏议约编》和毛佩之辑《变法自强奏议汇编》，很容易看出差别。原来洋务派中的一些主战派转向主和，如刘坤一和张之洞，中法战争和甲午战争时期很多洋务派支持清廷主战的局面不复存在。《申报》光绪二十六年七月评论说："我中国时至今日，危矣！殆矣！从前偶与西人龃龉，势均力敌，未必强弱悬殊也。"②但驱夷派对甲午战争前的一些主战派颇有好感，有时也保举和重用其中某些人，如张之洞、李秉衡和冯子材，这和中法战争时期京城驱夷派对在台湾抵抗法军的刘铭传十分欣赏如出一辙。《恽毓鼎澄斋日记》光绪二十四年七月三日条："阅《国闻报》，录春间皖藩于次棠方伯举劾一疏，（劾大学士李鸿章、翁同龢，侍郎张荫桓。举大学士徐桐，前尚书崇绮，总督张之洞、边宝泉、陶模，巡抚陈宝箴，前四川总督李秉衡，提督冯子材）切直沉痛，足以褫奸邪之魂，而增敌忾之忧，近来章疏中有数文字。"于次棠即于荫霖。③

胶州湾事件后，电报局总办盛宣怀感叹，中国无兵无饷，无力和德军作战；"论理不当再有要挟，其如不讲理何"④。盛宣怀奏折中也颇有"发愤自强""卧薪尝胆""国富兵强，远人自服"之类字眼，只是具体措施接近洋务派，如光绪二十二年奏折："盖国非兵不强，必有精兵然后可以应征调，则宜练兵；兵非饷曷练，必兴商务然后可以扩利源，则宜理财；兵与财不得其人，虽日言练，日言理，而终无可用之兵，可恃之财，则宜育才。"⑤盛宣怀因对清廷政策知之颇悉，在提建议时顾及清廷态度，并不激进，政见接近洋务派，亦为西太后、荣禄所乐闻。⑥

张之洞也不再主战。刘坤一的反应和张之洞大略相似。光绪二十三年十一月，刘坤一致总署："以中国之财力兵力，一国尚难与较，更难与各

---

① 军机处录副奏折，徐桐奏为和议虽成武备难缓仍应选将练兵以固根本折，光绪二十一年闰五月。

② 《义和团运动文献资料汇编》中文卷下，第396页。

③ 《恽毓鼎澄斋日记》第1册，浙江古籍出版社2005年版，第165页。

④ 盛宣怀上王文韶电，光绪二十三年十月二十五日；盛宣怀上刘坤一电，光绪二十三年十月二十六日，《清季外交因应函电资料》，第304页。

⑤ 夏东元编：《盛宣怀年谱长编》下册，上海交通大学出版社2004年版，第537、540页。

⑥ 夏东元编：《盛宣怀年谱长编》下册，第623页。

国争持。"①

《申报》等东南舆论在甲午战后大体也是鉴于国弱的实情，反对与列强再开战，认为反洋教活动给列强扩大到在华权益以口实，此种态度在义和团事件中延续下来。偶有与京城接近的倾向，但在报刊所发言论中并不是主流。②

由于驱夷派有迅速自强和强烈复仇的想法，对自强活动取得效果给出的时间普遍较短，不认为自强是长久之计，洋务派三年无效，遇到外交失败，就有可能遭驱夷派弹劾。驱夷派就有可能想另起炉灶，并认为按照自己的方案，很快会实现目的。徐道焜给出的时间，是"数年"；③ 徐桐光绪二十三年奏折中说，甲午战争后"迭奉谕旨，饬各疆吏整顿武备，共图自强，迄今三年，仍复弱不能支，所谓自强者安在？"④光绪二十五年年底对外强硬上谕，也指责洋务派数年不能自强。因而，在驱夷派看来，洋务派三年不能自强，即可判定失败，要改弦易辙；而他们自己练兵筹饷，半年已经初见成效，不惧洋枪洋炮，可以开战。

荣禄也是迅速自强的思路，其光绪二十五年十二月所上广练兵团以维大局奏折充斥着驱夷派的言论，和刚毅的思路高度吻合：

> 至简练民团，虽不无流弊，然咸、同之际大学士曾国藩实赖其力，戡定东南。拟请饬令沿海、沿江各督抚先行举办，责成绅士认真筹画，悉心经理，庶使民心固结而御外侮，仍杜苛扰以靖闾阎。……以上各事，虽非旦夕之效，然认真办理，一二年内，军容日强，民心自固，通国上下，众志成城，不战而屈人之兵，此之谓也。……然则治国之道，惟在兵力强多，无不可复之仇，无不可雪之耻，断断然已。奴才非不知财赋日绌，筹饷维艰，但积弱之余，不加振作，侵陵日甚，娄索无厌，议款议偿，将无虚岁。与其拮据于日后，何如罗掘于事前。奴才忝叨恩宠，备位中枢，诘尔戎兵，是其专责，伏愿圣明

---

① 青岛市档案馆和中国第一历史档案馆编：《胶州湾事件档案史料汇编》上册，青岛出版社 2015 年版，第三部分，第 113、114 页。

② 路遥主编：《义和团运动文献资料汇编》中文卷上，山东大学出版社 2012 年版，第 63、64、140、162、194、208 页。

③ 青岛市档案馆和中国第一历史档案馆编：《胶州湾事件档案史料汇编》上册，青岛出版社 2015 年版，第三部分，第 120 页。

④ 青岛市档案馆和中国第一历史档案馆编：《胶州湾事件档案史料汇编》上册，青岛出版社 2015 年版，第三部分，第 108 页。

俯察迩言，广练兵团，以济时艰而维国脉，天下幸甚。①

　　第一，明显有"一二年内"这种迅速自强的语言。清廷将荣禄奏折发给各地督抚征求意见时，对于"一二年内"这样的语言，地方督抚还是在意的。成都将军署四川总督恭寿复奏的用语是办理团练果能实力实心，"二三年间，可期众志成城，以辅兵力之不足"；刘坤一复奏的用语是办理团练后"敌忾同仇，久之人各为兵，将与外洋齐驱并驾，未始非图自强之一策也"。②第二，利用民心民团，和洋务派政见不符。第三，"然则治国之道，惟在兵力强多，无不可复之仇，无不可雪之耻，断断然已"和"与其拮据于日后，何如罗掘于事前"隐含的是驱夷派的自强观和筹饷观。可参酌光绪二十四年七月刑部主事曾光岷奏折，其不以洋务派先富而后能强之类观点为然，更加注重练兵，也是面对危弱局势，觉得"欲图富而后强，恐无自强之日"，认为求富的作法太缓，"臣考古今中外立国，不论大小贫富，只论强弱而已。公法无凭，条约难恃，弭兵之会，实以欺人。历观开国之君，中兴之主，均未有不讲兵而能以威立国者。"③又据翰林院检讨桂坫奏折："筹款之法，农工商诸学，自是本原，然收效必不能速；欲急起振作之，非节省搜剔不可。"④外界对荣禄的政见印象不甚清晰，乃因在戊戌政变之前他尽管长期在督办军务处工作，但实际负责人和相关奏折领衔者是奕䜣，荣禄列名其中但并不靠前，相关奏折未必就是其个人政见，与《翁同龢集》中收录的翁同龢此时期奏折相似。因而，了解内情者对荣禄的印象就和其上述奏折体现出来的倾向相符。光绪二十三年三月份，张元济致汪康年的一封信件中提到荣禄：

　　　　荣公闻尚有血性，亦颇知外事，然旗人习气终未能免，且所接者无非昏愦之徒，亦难望其有济也。其人揽权纳贿，素所不免。夫纳贿而能揽权，固为今日之人材矣。惜乎其所揽之未当也。⑤

　　这种迅速自强的时间，和儒家的观点非常吻合，足食足兵也是常见套

---

①　《清史列传》第十五册，中华书局 2005 年版，第 4497、4498 页，并参阅原折。
②　朱寿朋编：《光绪朝东华录》第四册，中华书局 1984 年版，总第 4213、4227 页。又参见《戊戌变法档案史料》，第 330 页。
③　《戊戌变法档案史料》，第 346、347 页。
④　《戊戌变法档案史料》，第 355 页。
⑤　《张元济全集》第 2 卷，第 175 页。

路。《论语》子路篇中说："子曰：苟有用我者，期月而已可也，三年有成。""子曰：善人教民七年，亦可以即戎矣。"《朱子语类》说："某尝谓恢复之计不难，惟移浮靡不急之费以为养兵之资，则虏首可枭矣。"①另外，可能受到《资治通鉴》的一定影响，参阅了唐太宗时期的一些做法。同治元年李棠阶上奏，建议清廷为政时，宋儒的格物诚意之说可资治理，另外可参照乾隆御批通鉴辑览一书，说该书"于治国平天下之方指示精切，千古致治戡乱之方，大略无出于此"②。同治、光绪年间向皇帝授课时，《贞观政要》《资治通鉴》和《通鉴纪事本末》都是内容之一。清廷及西太后在某些时期的倾向的确和唐太宗时期暗合，如崇节俭、人才方面兼顾德才以及政治上追求稳定等。唐太宗曾经"指殿屋谓侍臣曰：'治天下如建此屋，营构既成，勿数改移；苟易一椽，正一瓦，践履动摇，必有所损。若慕奇功，变法度，不恒其德，劳扰实多'"。③

《贞观政要》所罗列的治国理想状态，也是唐太宗行五帝、三王之道，在数年时间内取得国内安定和四夷宾服的安内攘外效果：

> 太宗每力行不倦，数年间，海内康宁，突厥破灭，因谓群臣曰："贞观初，人皆异论，云当今必不可行帝道、王道，惟魏征劝我。既从其言，不过数载，遂得华夏安宁，远戎宾服。突厥自古以来，常为中国勍敌，今酋长并带刀宿卫，部落皆袭衣冠。使我遂至于此，皆魏征之力也。④

唐太宗又论复仇雪耻：

> 寻获颉利可汗于别部落，余众悉降。太宗大悦，顾谓侍臣曰："朕闻主忧臣辱，主辱臣死。往者国家草创，突厥强梁，太上皇以百姓之故，称臣于颉利，朕未尝不痛心疾首，志灭匈奴，坐不安席，食不甘味。今者暂动偏师，无往不捷，单于稽颡，耻其雪乎！"群臣皆称万岁。⑤

---

① 黎靖德编：《朱子语类》第八册，中华书局2015年版，第3200页。
② 《清代诗文集汇编》第598册，第333页。
③ 《资治通鉴》第13册，第6282页。
④ 骈宇骞译注：《贞观政要》，中华书局2011年版，第40页。又参见该书第145、146页。
⑤ 骈宇骞译注：《贞观政要》，中华书局2011年版，第74页。

唐朝臣服突厥的事情，醇亲王奕譞在奏折中谈论雪耻时提到过，同时提到的还有越王勾践灭吴。624 年，李世民反对李渊想迁都以避突厥的想法，说"愿假数年之期"消灭突厥，"若其不效，迁都未晚"。① 629 年，靺鞨遣使入贡，唐太宗说："靺鞨远来，盖突厥已服之故也。昔人谓御戎无上策，朕今治安中国，而四夷自服，岂非上策乎!"②

唐太宗又和大臣讨论用人：

> 贞观二年，太宗问黄门侍郎王珪曰："近代君臣理国，多劣于前古，何也?"
>
> 对曰："古之帝王为政，皆志尚清静，以百姓之心为心。近代则唯损百姓以适其欲，所任用大臣，复非经术之士。汉家宰相，无不精通一经，朝廷若有疑事，皆引经决定，由是人识礼教，理致太平。近代重武轻儒，或参以法律，儒行既亏，淳风大坏。"
>
> 太宗深然其言。自此百官中有学业优长，兼识政体者，多进其阶品，累加迁擢焉。③

《贞观政要》中所说的国家鼎盛的具体标准，有"远夷入贡""符瑞日至""年谷频登"等项，办仓储属于"积岁丰稔而仓廪尚虚"，不足以应付水旱灾害的情形。④

《乾隆御批通鉴》论管仲说：

> 管仲制国，大概本于周礼，而行之以权变。盖限于时势，不得不然。至山高、乘马、准轻重而权谷币，儒者谓其渐开申、商之学，似矣。然富国强兵、霸佐之才所就，固宜如是而已。较之空谈仁义，流弊如宋襄者，不更可嗤耶!⑤

总而言之，第二次鸦片战争后的京城驱夷派有些对洋务也有所认识，有些也在吏治和学术等方面表现出非常强的优势，但从治国和应对世局而言，关键是其总体思路出了问题，对中外关系的总体格局缺乏精确估计，

---

① 《资治通鉴》第 13 册，第 6101 页。
② 《资治通鉴》第 13 册，第 6179 页。
③ 骈宇骞译注：《贞观政要》，中华书局 2011 年版，第 29 页。
④ 骈宇骞译注：《贞观政要》，中华书局 2011 年版，第 145、146 页。
⑤ 《乾隆御批通鉴》，中华书局 2008 年版，第 28 页。

沿用农耕时代的治国套路。洋务派的一些观点如今日为列国世界、以行西法为主以及西法乃数十年数百年积累而成之类，皆与京城驱夷派的倾向不相一致。维新派如冯桂芬的相关论述亦多。①

驱夷派迅速自强的倾向，部分还来自其认为练兵很简单。光绪二十六年二月，御史吴鸿甲奏："古人练兵，必期激以忠义，得其死力。今则多尚洋操，即中国制胜之藤牌等技，亦且不习，诚为简易。其实兵丁虽蠢，而演习洋操亦不过数月即能成熟。夫练兵但论技艺，要有止境，在营两三年者均可充当教习，即练至八年十年，以视两三年时，亦并无以加也。匪直技无以加，而年齿日见老大，操演习为故事，弊又甚焉。"②也就是说，他们说的练兵，主要是练小兵。张之洞在《劝学篇》中阐论的练兵，涉及练兵、练将、兵法、战法等整个军事体系。③

驱夷派的很多论点和洋务派相对立。例如，同治年间，总理衙门在奏折中特别提到洋务如何"持久"的问题，很多洋务派督抚就如何"持久"提出了自己的看法。如李鸿章在同治十三年奏折中说"勿急近功，勿惜重费，精心果力，历久不懈，百折不回，庶几军实渐强，人才渐进，制造渐精，由能守而能战，转贫弱而为富强，或有其时乎？"④杨昌濬说："同心勠力，不为浮议所摇，不以多费中止，宽以时日，未有不克转弱为强者。秦襄修甲励兵，用复先世之仇；勾践生聚教训，历二十年而卒报强吴；况我国家大一统之规，果能惩先毖后，中外一心，安见雪耻复仇之无日耶！"⑤其他的如王文韶提出海防经费要持久，内外一心，不可半途中止。⑥此种分歧，实际上反映了对中外关系最终格局判断的不同。光绪元年总理衙门奕䜣等在奏折中，引述了李鸿章、沈葆桢、王文韶力主持久的言论后说：

> 从古驭外之道非埽穴犁庭，我诚有以制彼，即闭关却敌，使彼无以乘我。若两者均有未能，亦当思内堪自立，外堪应变之计。倘并此

----

① 《中国近代史资料丛刊》（《戊戌变法》一），上海人民出版社 2000 年版，第 32、33 页。
② 军机处录副奏折，御史吴鸿甲片，光绪二十六年二月。
③ 赵德馨主编：《张之洞全集》第十二册，武汉出版社 2008 年版，第 186、187 页。
④ 中国史学会主编：《中国近代史资料丛刊》（《洋务运动》一），上海人民出版社 1961 年版，第 54 页。
⑤ 中国史学会主编：《中国近代史资料丛刊》（《洋务运动》一），上海人民出版社 1961 年版，第 60 页。
⑥ 中国史学会主编：《中国近代史资料丛刊》（《洋务运动》一），上海人民出版社 1961 年版，第 85 页。

无之，其何以国？①

　　和洋务派相比，驱夷派在承认不能"埽穴犁庭"方面是一致的，因为缺乏海军；但在"闭关却敌"方面，驱夷派是有潜在的追求的，洋务派追求的是防守应变求得长久和局。由此可见，所谓"闭关政策"云云，清廷本意即是恢复第二次鸦片战争前的朝贡关系局面，并非斤斤计较于闭一关还是开一关，全部闭关还是限定某些口岸也。

　　《中外日报》"原近时守旧之祸"大体表明了维新派和京畿地区驱夷派之间的政治距离：

　　　　支那内政之变态，始于戊戌一岁。戊戌四月，恭王薨。恭王薨，
　　而后废立之谋急。废立之谋急，而后有皇上之革政。有皇上之革政，
　　而后有八月初六日之变。有八月初六日之变，训政政府集数十顽固党
　　徒，行至愚极谬之计，而后有庚子义和团之事。此贯言之也，若析言
　　之，可约分为三期。一、戊戌四月恭王未薨以前，苟安姑息，沉酣泄
　　沓，既不致治，亦未召乱，可称之为因循期，则恭王当国为之也。
　　一、戊戌四月以后，皇上励精图治，卓励奋发，箴砭锢废，改易观
　　听，新机芽萌，日长炎炎，可称之为刷新期，则皇上变政为之也。一
　　戊戌八月以后，太后训政，旧党用事，其时政策，期废立之必成，一
　　也。重用满人，疑忌汉人，二也。疾恶新法，仇恨西人，三也。搜捕
　　志士，四也。纵用匪党，五也。用至昏之政，而自谓至明，行极妄之
　　策，而自谓极当，可称之为顽固期，则训政政府为之也。当训政之
　　时，大小臣工，颂声洋溢，曰"重见天日"，曰"昌明正学"，曰"四夷
　　宾服"，曰"我辈纵不敢自夸，足致三十年太平"。乃曾几何时，所谓
　　"重见天日"者而干戈扰攘，海内惨澹矣。所谓"昌明正学"者，而书
　　符念咒，神仙降世矣。所谓"四夷宾服"者，而隆准碧眼，长驱直入
　　矣。所谓"足致三十年太平"者，不二年而九庙震惊，两宫蒙尘，万
　　姓涂炭矣。嗟乎！日暮途穷，人间何世！中兴道销，穷于戊戌。每论
　　及此，未尝不叹息痛恨于祸首也。虽然，事之穷也，则必变，物之极
　　也，则必反。今夫国家外交之政，开国与锁国而已。内治之政，维新
　　与守旧而已。锁国之不足以自立，守旧之不足以致治，一二贤者，深

---

　　① 中国史学会主编：《中国近代史资料丛刊》(《洋务运动》一)，上海人民出版社 1961 年
　　　　版，第 104 页。

知其故。而数年来水火之攻，冰炭之投，正由争此理而未有定。今且无论其理，而以其效为断。如欲锁国，必其力足以抵御外人，使之不入一口，不登一岸而后可。而今者数十万之武卫军，数百万之义和团，自顷岁以来，朝廷宗旨，日以练兵筹饷为事，朔方五军，号称劲旅，远在昔日湘淮诸军之上。而又购储枪药，足备开战半年一年之用，其谋深矣。义和团之根株，北及长城，南至大江，齐鲁燕赵合并而起，其人众矣。犹且号之曰有神术，为天兵，乃一战而败，再战而败，曾撑柱数月之不能，又何灭洋之足云？是则锁国之政不可行于今日者审也。至于守旧维新，即与开国锁国相表里，当锁国之时，无各国强弱之比，智愚之比，我用我法，犹无害耳。而今者，大地交通，国与国相见，种与种相见，见而其民之智者胜，愚者败；其民之有学者胜，无学者败；其政之善者胜，窳者败；其兵之精者胜，劣者败；其商之通者胜，塞者败。所谓维新者无他，开其民智，使其学术、政治、兵商诸事，去己之短，取人之长，改良而适于用，臻于上等之谓也。使学而有进步，则新矣；政而有进步，则新矣；兵商而有进步，则亦新矣。今必画守故武，惟守旧之为善，则夫徐桐之每见西人，以扇掩面；刚毅之目学堂为养汉奸；崇绮之一生未尝见报；赵舒翘之约同乡，使其本省永无开矿之事；李秉衡之见洋操衣服，故作惊视之状；而东南立约，诋为病狂；端王之于言和之臣则杀之，宗室之开明者则杀之。此数人者，固已极中国之选，而济济一堂，赞襄密勿，中国再欲睹此众，正盈廷之象而不可得，使盛气而可以御夷，耆年而可以却敌，度此数人者，其效亦可睹矣！①

其中所说“当训政之时，大小臣工，颂声洋溢，曰；‘重见天日’，曰‘昌明正学’，曰‘四夷宾服’，曰‘我辈纵不敢自夸，足致三十年太平’”这几句话是很有分量的，非常符合戊戌变法后驱夷派的心态。“四夷宾服”也是《贞观政要》中罗列的实现中兴的一个标准。由此可见，维新派和京城关系较为密切，也关注京城动向，但其总体思路不是源自京城，其评论主要是提供了一种第三方的视角。

光绪二十六年七月二十六日，内阁奉上谕在列举清朝仁政、道光和咸

---

① 阿英编：《庚子事变文学集》下册，第 1012、1013 页。“三十年太平”之说又见《西巡回銮始末记》，载中国历史研究社编：《庚子国变记》，上海书店出版社 1982 年版，第 120 页。

丰朝以后外患和"朕为天下之主"后，提出要求："自今以往，斡旋危局，我君臣责无旁贷。……各直省督抚，更宜整顿边防，力固疆圉。前据刘坤一、张之洞等奏，沿海沿江各口商务照常，如约保护。今仍应照议施行，以昭大信。其各省教民，良莠不齐，苟无聚众作乱情形，即属朝廷赤子，地方官仍宜一体抚绥，毋得歧视。要之，国家设官各有职守，不论大小京外文武，咸宜上念祖宗养士之恩，深维主辱臣死之义，卧薪尝胆，勿托空言，于一切用人、行政、筹饷、练兵，在出以精心，视国事如家事，毋怙非而贻误公家，毋专己而轻排群议，涤虑洗心，匡予不逮。朕虽不德，庶几不远而复。"①从"庶几不远而复"看，大约上谕也依然认为自强不需要多长时间。

义和团事件之后，此种倾向仍为清廷所重视。光绪二十六年十一月二十一日，军机处奏片："谨将存记道李毓森遵旨详筹和约条款呈一件，代为呈递。谨奏。"据李毓森所说，"我之曲意求和，乃专为欲其撤退驻扎津、京一带兵队而设。"反对洋兵入京，各国使馆均在东交民巷，"逼近宫寝"，清廷感受到威胁。"本年战事起自民教失和，并非国家彼此有心寻衅，且止在北方，东南各省通商行船如故，既未废约，亦未停约。"最后李毓森说："总之，现在情形第一须从理财入手，练兵次之，是即古人先足食后足兵之意也。至吏治则尤关紧要，如果内政日起有功，堂堂中国转瞬即可富强，外侮岂足为患耶。"②所谓"曲意求和"一句云云，指庚子和谈时期清廷对列强持有"不撤兵不回銮"的倾向，要求列强撤兵，清廷才能回京而言，以避免列强要挟。③ 李毓森足食足兵的思路，与义和团事件之前清廷强调的筹饷、选将和练兵策略如出一辙。"堂堂中国转瞬即可富强"，这个"转瞬"也就是一眨眼的工夫，大约一二年足够。李毓森是荣禄的幕僚。④ 这种"足食足兵，国之大政"的倾向，亦是第二次鸦片战争时期的流行倾向。⑤

正因为义和团时期的主战倾向有其整体思路，支持义和团对抗列强者

① 故宫博物院明清档案部编：《义和团档案史料》上册，中华书局1979年版，第489页。
② 故宫博物院明清档案部编：《义和团档案史料》下册，中华书局1979年版，第881~884页。
③ 陈陆编：《拳变系日要录》，第148页。
④ 中国历史研究社编：《庚子国变记》，上海书店出版社1982年版，第220页。
⑤ 中国史学会主编：《中国近代史资料丛刊》（《第二次鸦片战争》五），上海人民出版社1978年版，第333页。

大多对外主战，反对洋人洋教和洋务派，如御史攀桂、徐道焜。① 在支持义和团方面资料不太清晰但明确对外主战者，也对洋务派软弱的对外策略不以为然。《恽毓鼎澄斋日记》光绪二十一年六月十八日条，针对英国和法国觊觎滇南，有云南籍官员向政府要求回籍练土兵防守，徐用仪大惊，云："我们添兵防守，如使大英闻之，如何得了！"嘻！可笑也。② 反对洋务派不一定是反对学习西方，如恽毓鼎对设学堂、开银行和练新军并不反对，也翻阅一些和洋务有关的书籍，反对洋务派主要是反对洋务派的对外政策。毓贤的思路和做法与清廷尤为吻合，诸如执行选将、练兵和筹饷政策，建议开战后，"务宜一鼓作气"，"如臣工有以议和之说进者，请即批饬不行"等。③ 胶州湾事件后的主战力量有很多相近倾向，如《义和团史料》所收"德人据胶州不当议和说"提到，各省加强备战后，"各要害处既设重防，万不至再有胶州之虑，而后民心团结，富强可坐而待也"④。京畿地区官绅大多了解此种政治倾向。⑤ 洋务派掌权是政局变动关键。《恽毓鼎庚子日记》六月十二日条："晚阅邸抄，调李鸿章为直隶总督。首辅以和戎见长，此次付以北门，恐朝议不能坚持战事矣。"⑥

甲午战争后，京畿地区在很大程度上保持着第二次鸦片战争前的情绪，在天津开埠的表象背后，潜在的社会氛围和上海等南方口岸大有不同。第二次鸦片战争前是京畿地区鼎盛时期，此后受外力打击较大。张光藻《北戍草》：天津通商以后，"百货皆用外国轮船装载，本地富户海船失业，穷民游手多矣。""闽广人及本处奸民"为外国轮船服务，往往依洋人之势欺压平民。⑦ 约宣统三年出版的《天津县地理教科书》："近年进口货且益增，邑之商业何得而不衰。""邑为五大口岸之一，商贾猬集，多在北门、东门与南运河沿岸一带。""利源之大者，如银行、金店、票庄、皮毛、洋广货等，利多为外洋外省人所侵蚀。惟盐商利权，邑人尚占优胜之地。至于东西各行店，止知剥削客商，不能设法招徕，为土货筹畅销之

① 中国第一历史档案馆编：《义和团档案史料续编》上册，中华书局1990年版，第578~582、614页；故宫博物院明清档案部编：《义和团档案史料》上册，中华书局1979年版，第255、256页。
② 《恽毓鼎澄斋日记》第1册，浙江古籍出版社2005年版，第82页。
③ 故宫博物院明清档案部编：《义和团档案史料》上册，中华书局1979年版，第179、181页。
④ 中国社会科学院近代史研究所编：《义和团史料》上册，中国社会科学出版社1982年版，第250页。
⑤ 中国社会科学院近代史研究所编：《庚子记事》，知识产权出版社2013年版，第65页。
⑥ 北京大学历史系编：《义和团运动史料丛编》第一辑，中华书局1964年版，第56页。
⑦ 转引自戚其章、王如绘编：《晚清教案记事》，东方出版社1990年版，第103、104页。

路。"天津商贾辐辏，"至咸丰庚申，北洋通商，开埠内地，洋贾握利权，而津邑之时局一变。同治庚午，法国教案定，民气沮丧，而时局又一变。光绪庚子乱后，城垣毁，大沽炮台裁撤，以京畿门户，无一险可守，而时局又一变。今之天津，迥非昔之天津矣。欲如前之扼大沽固北塘，遂尽天津能事者，岂可得耶。居斯土者，思惩前毖后之方，砺敌忾同仇之志，津邑虽一隅，讵不足张国势，而伐敌谋乎！"①东南督抚经常说南方民众已经和洋务、洋人较为熟悉，显然也是南北风气不同的一种表述。

由此可见，对京畿地区而言，第二次鸦片战争才是一个转折点。庚申之变、洋使驻京和天津开埠，都是一些影响该地区历史走势的重大事件。中法战争时期，京城主战清流就有"夷人之欺侮中国，二十余年矣，人人得而知之"的说法。②

常态下，清廷决策层中有洋务派的牵制，具体办理洋务的也主要是洋务派，会对驱夷倾向形成中和。义和团时期的特殊性在于，清廷决策层皆为西太后的依附者，缺少了洋务派的牵制。且西太后复仇意识极强，刀枪不入的义和拳的传播，对她而言是四十年一遇的机会，旧恨新仇交织，积累四十余年的仇恨和四十余年的蓄意复仇心态一旦爆发，四十余年的长期谋划追求，在一批满洲王公的鼓动下，很容易冲动，一般人无法阻止。

西太后还是有相当的政治见解和政治手段的，确如薛福成所记具有"性警敏，锐于任事"的特征。③和一些主战的满洲王公相比，她有十分敏感的局面洞察力和政治忍耐力，如战局不利时一般不再坚持，反应比较敏锐，会策动议和；仇外但外表不轻易显示，并不是一味推行自己的主张，接受洋务派观点的速度较快，也不是轻易听信主战的满洲王公的游说，进退还是留有余地的。她身边有很多主战派王公大臣，但在具体办理洋务外交方面还是重用洋务派如恭亲王奕䜣、李鸿章等人居多。这主要是她经历过第二次鸦片战争，对中外力量对比有一定认识，也赞同对洋人要暂时羁縻的策略，是有持续的、固定的政治见解的人物。但她治国格局较小，魄力不大，守成有余，然不足应世变，更不足以应付数千年未有之大变，乃中才而非雄才。她有潜在的、强烈的复仇倾向，洋人进逼太甚时容易冲动，经常从主和忽然转向主战；当战事不利时，在亲信的劝说下，会忽然

① 集思堂居士编：《天津县地理教科书》，天津集思堂石印本，1911年，页一、四、七、九、十八。
② 中国史学会主编：《中国近代史资料丛刊》（《中法战争》第六册），上海人民出版社2000年版，第34页。
③ 丁凤麟、王欣之编：《薛福成选集》，上海人民出版社1987年版，第570页。

感到一丝不妥，暗中派人议和。近代的很多战争诸如中法战争、甲午战争与义和团事件大都有这种背景，即清廷从主和到主战大多由突发事件引发，战局稍有不利即开始策划议和。胶州湾事件后清廷一系列备战主战活动，在甲午战争及其以前西太后大都有相似的极力主战、反对议和或不愿议和的言行。中俄伊犁谈判时期的天津及东北一带备战，"迅速筹防。倘肆凭陵，即开炮抵御，以固疆圉"。①光绪十年，盛昱等说，皇太后、皇上"毅然决战，并谕臣工，再倡赔偿等说，即行治罪。天下万民，孰不钦服。"②因而，胶州湾事件后西太后备战、光绪二十五年年底对外强硬上谕以及保守疆土云云，其实早就有类似前科。差别是：胶州湾事件后的军机处政见政略和西太后高度相似，都依附于西太后，不敢公开持异议且予以执行；之前则否。

西太后既然有强烈的复仇倾向，很多官员没有觉察，乃因西太后有政见，但轻易不透露，上谕中难以系统显示。仔细观察西太后召见大臣时的言谈，原来她在问话时采取了两面手法，在召见洋务派时有时似乎在赞同洋务派的主张，并未表示异议或反驳；战时或主战时召见驱夷派，则表现出另一种倾向。这和驱夷派的策略相符，即和平时期认同洋务派的一些做法。如召见曾纪泽时，曾纪泽说："中国臣民常恨洋人，不消说了，但须徐图自强，乃能为济，断非毁一教堂、杀一洋人，便算报仇雪耻"，西太后说："可不是么！我们此仇何能一日忘记，但是要慢慢自强起来。你方才的话说得很明白，断非杀一人烧一屋就算报了仇的。"③有时按照自己的思路提问，但涉及问题甚多，迹似闲聊，并未表明这是自己的看法，也未对大臣不同于自己的政见表示异议，获召见者并未把握西太后的政见，如光绪二十五年九月召见盛宣怀时的情况。但恽毓鼎和周家楣记载的西太后召见时的情况，明显是西太后支持主战派。如中法战争时期召见顺天府尹周家楣时，谈及兴办团练情况，西太后谕以应出奇制胜，挖壕沟，安地雷等事，"台湾得有胜仗，各处应知洋人并不难打"之类明显是主战的言论。④西太后召见时的问话，大都和时局及政策有关，她可以通过召见掌握事态走向和大臣态度，一般大臣只是感到受到恩宠和重视，并不敢怀疑

---

① 陈义杰整理：《翁同龢日记》第三册，中华书局 1998 年版，第 1508 页。

② 中国史学会主编：《中国近代史资料丛刊》（《中法战争》第六册），上海人民出版社 2000 年版，第 54 页。

③ 《曾纪泽集》，第 315、316 页。

④ 中国史学会主编：《中国近代史资料丛刊》（《中法战争》第四册），上海人民出版社 2000 年版，第 543、546 页。

西太后态度。① 这就出现西太后掌握被召见的大臣立场，但大臣不知西太后立场的情形。但对比京城满洲王公和清流的奏折，顺着西太后的意图说的比比皆是，很多说法和洋务派不同，似是"两张皮"。

西太后的确是了解大臣奏折的，这是符合垂帘听政的规定的。② 西太后也有相当的记忆力和判断力，不仅仅是凭借权术。正常情况下，她创新力和魄力不足，但要维持现状还是绰绰有余的。

以往的洋务运动史把李鸿章、曾国藩、张之洞等洋务派作为历史的主角，把西太后视为洋务派的支持者，实际是忽略了清廷发布的一些主战及以筹饷练兵为中心的上谕所致，把一些主战派视为洋务派的反对者，而这忽略了清廷的主导地位及西太后的决定性作用。越到关键时期，西太后的决定性作用愈发明显；西太后是有着确定的政见和执政思路的，并不是仅仅作为某个派系的支持者的角色出现。洋务派的自强新政，其实是朝廷许可、授权之下的有一定个人余地的自强，清廷保留有改弦易辙的权力。清廷上谕中"谕内阁"和"谕军机大臣等"之类字眼，清楚地显示最后决定权掌握在谁手里，垂帘听政并不是虚名。

西太后的一些日常动作的政治倾向性，随之豁然开朗。恽毓鼎《崇陵传信录》论及光绪朝史事："甲午之丧师，戊戌之变政，乙亥之建储，庚子之义和团，名虽四事，实一贯相生，必知此而后可论十年之朝局。"又说，"综计光绪三十四年，朝局凡四变，而甲午、庚子，尤为变局所从出。"③描写了大量光绪朝见闻："甲午辽东丧师，上愤外难日迫，国势阽危，锐欲革新庶政致富强。环顾枢辅大臣，皆……无动为大，无足与谋天下大计者。"这说明，朝臣在甲午战争后不想大动，但光绪却想大动，遂开另起炉灶引进小臣及政争之端。"至戊戌训政，则太后与上并坐，若二君焉。臣工奏对，上嘿不发言，有时太后肘上使言，不过一二语止矣。"西太后"当同治时，倚汉大臣削平大难，故特重汉臣，敬礼有加，而满臣则儿子畜之，相亲也。恭忠亲王重汉人，醇贤亲王则反之"。"辛丑回銮，孝钦内惭，始特诏天下议改革，定新官制。"④显然，京城以满洲王公为核心的驱夷派是西太后平时注意亲近、笼络和雪藏的一支生力军，奕譞、载漪皆是此种势力的代表人物，同治、光绪帝的师傅和大阿哥的师傅也大多具有类似倾向或与之接近，其中并无李鸿章、曾国藩等洋务派。洋务派属

---

① 徐彻：《慈禧大传》，辽海出版社1998年版，第360~369页。
② 许同莘：《张文襄公年谱》，第86页。
③ 《恽毓鼎澄斋日记》第2册，浙江古籍出版社2005年版，第785、791页。
④ 《恽毓鼎澄斋日记》第2册，浙江古籍出版社2005年版，第783、784、790页。

于西太后用而不信、用而不亲和明用暗防的人物，西太后怎么可能任用李鸿章、曾国藩等人为军机大臣到自己身边絮絮叨叨？况且李鸿章、曾国藩早已反复在奏折中说驱夷派的主张是孤注一掷，对其不以为然！但西太后又深知洋务派在某些方面有用，在军事和洋务方面重用洋务派。正常情况下西太后不会杀洋务派。对外宣战后，蒋式芬请杀李鸿章，万秉鉴请撤曾国藩谥法，未获准。① 杀许景澄、袁昶是西太后在极端愤怒情况下的特例。这就使自己在驱夷派和洋务派中间起到平衡作用，不管是洋务派还是驱夷派都要寻找途径如接触西太后宠臣或上奏接近、影响西太后，西太后利用驱夷派打压洋务派和利用洋务派打压驱夷派成为常态。驱夷派主要在京城及中央政权势大，在地方政权中实力较小或控制力不足；在吏治、旧学、传统等方面有优势或强项，但普遍缺少军事和外交等洋务方面的经验。荣禄及西太后死后，驱夷派不掌握京畿地区军事指挥权，也不足以和西太后那样具有笼络洋务派的能力，最后被袁世凯中心开花，各省随之土崩，驱夷派束手就擒，不是没有原因的。义和团时期，地方上的一些满族督抚和倾向于京城驱夷派的督抚，已经暴露出观望动向、犹豫不定和果断力不足的弱点。

第二次鸦片战争后，清廷重大军事活动决策中无不或明或暗地存在驱夷势力的影子，以及驱夷派和洋务派围绕自强策略展开的合作与斗法，广泛涉及内政外交的诸多层面。驱夷派和洋务派各有自己的解释系统和思维方式。平时洋务派处理涉外事件，洋务派色彩很浓，但一遇到战争，京城的王公大臣、翰、詹、科、道等就会参与决策，重大事务由西太后拍板定论，驱夷派的观点、思路和解释体系就会产生作用。

西太后明里是洋务派，暗里是驱夷派。洋务派的外表，驱夷派的里子。正因为西太后同驱夷派思路一致，胶州湾事件后荣禄、刚毅的政见才能迅速得势，京城强硬派的主张才能被西太后欣赏和采纳，清廷对外政策迅速出现驱夷派的倾向。如果西太后是洋务派，荣禄也是洋务派，怎么可能为这些主张所吸引？

对外宣战后，李鸿章在上海上奏：

　　窃维夷夏构衅，自古有之，而制驭之方，要在审己量力。我朝自道光中叶以来，夷祸日滋，渐成坐困。驯至庚申之役，入我京师，燔我淀园，乘舆北狩，迫致升遐，此固子孙万世必报之仇，薄海臣民所

---

① 中国社会科学院近代史研究所编：《庚子记事》，知识产权出版社2013年版，第210页。

当泣血椎心，卧薪尝胆者也。嗣是法扰越南，尽撤藩服；日争朝鲜，丧师失地。尤无理者，德占胶州，俄占旅顺、大连湾，英索威海卫、九龙城，并推广上海租界、内地商埠；法索广州湾，并侵入沿海之地百余里。种种要挟，万难忍受，于此而不图自强，是为无耻；于此而不思报怨，是为无心。臣受国家厚恩，负天下责望，岂不愿大张挞伐，振我皇威？倘于衰迈之年，亲见四夷来宾，万方归服，岂非此生大幸。无如熟审众寡之不敌，细察强弱之异形，宗社所关，岂可投鼠；卵石之敌，岂待著龟。试以近事言之，紫竹林洋兵仅二三千人，拳匪官军实盈数万，以十敌一，鏖战旬日，毙洋人仅数百，杀华人已及二万。……窃计子药无多，粮饷将竭，若各国以十余万众直扑都城，固守不能，播迁不得，虽欲如木兰之巡幸，而无胜保阻遏之师；虽欲如马关之议和，而无伊藤延接之使。彼时拳民四散，朝右一空，亲贤谁倚，枢辅谁材！此以皇太后、皇上为孤注之一掷耳，思之寒心，奚忍出口。①

奏折分析的内容在当时独树一帜，有很多义和团时期上谕中没有系统表述的说法，说明李鸿章对义和团时期清廷内部主战思路相当了解，东南互保时期李鸿章说一些主战上谕是矫诏乃愤激之言，这也可从他致杨儒电说京城局势似无大变看出。对照李鸿章在同治年间对驱夷派、中法战争时期对京城主战派与义和团时期对京城主战派的描述，可知很多说法是相似的，这也正是驱夷派的基本套路，不是甲午战争和废立事件后才有的现象，也不仅局限于少数满洲王公，而是京城官绅层面长期存在的一种共识。奏折中对复仇和卧薪尝胆倾向皆有论及，提到"我朝自道光中叶以来，夷祸日滋，渐成坐困。驯至庚申之役，入我京师，燔我淀园，乘舆北狩，迫致升遐，此固子孙万世必报之仇，薄海臣民所当泣血椎心，卧薪尝胆者也"，针对列强瓜分，"种种要挟，万难忍受，于此而不图自强，是为无耻；于此而不思报怨，是为无心"。李鸿章也熟知清廷通过战胜列强追求恢复大一统局面的目标："臣受国家厚恩，负天下责望，岂不愿大张挞伐，振我皇威？倘于衰迈之年，亲见四夷来宾，万方归服，岂非此生大幸。""大张挞伐，振我皇威"和"四夷来宾"显然就是恢复大一统、朝贡制度和国运中兴倾向追求的图景，是和第二次鸦片战争后驱夷派的目标一致

---

① 中国史学会主编：《中国近代史资料丛刊》(《义和团》第二册)，上海人民出版社 2000 年版，第 493、494 页。

的，是第二次鸦片战争后就存在的，也是和洋务派不同的目标。洋务派的对外目标大多是强调自守，只是方式上有的倾向主战和激进一些。如李鸿章所言，京城主战派主要是对敌我力量对比认识不清："窃维夷夏构衅，自古有之，而制驭之方，要在审己量力。"

李鸿章的"审己量力"劝告对驱夷派而言也是老生常谈，常态下驱夷派在权衡之后还是能够接受的。光绪十年四月，御前大臣伯彦讷谟祜等奏遵议豫筹和局折：

> 光绪十年四月初六日，军机大臣面奉谕旨："李鸿章奏遵旨覆陈一节，著御前大臣、军机大臣、总理各国事务衙门大臣、大学士、六部、九卿、翰詹、科道，会同妥议具奏，钦此。"准军机处交内阁传知，于初八日在内阁会议。是日又奉上谕："该国先来讲解，亦愿保全和局，李鸿章所称'审势、量力、持重待时'等语，尚属老成之见。自应相度机宜，与之妥议。惟大局所关，必须详审，此后应行豫筹之处，著一并详议，迅速覆奏，"等因，钦此。仰见圣朝抚驭机宜，集思广益，权衡于刚柔缓急者至审且周。①

光绪二十六年的对外宣战，不是简单的盲目排外也，而是新仇旧恨，国仇家恨，一旦而发。此心早有，只是时机未到不得不从长计议耳。除清廷外，再如吏部左侍郎华金寿斥责不积极支持义和拳的京营游击王燮："你曾祖刚节公被洋人打死，今国仇家仇，一齐报复，你反而出此泄气的话，天良何在？"刚节公即王锡朋，鸦片战争时期在定海殉难的总兵。②

佚名《纵论义和团》："徐、李、裕、刚已成鸿毛，而北人犹美其称曰殉节。"③仲芳氏《庚子记事》："合京官商士庶，议论纷纷，咸谓徐、启二公，虽信匪误国，惟愿我朝自强，不受列邦之挟制，究属忠于清朝，但未分强弱，不达时势耳。然较之附合洋人，苟图富贵者，又觉体面多矣。"④柴萼《庚辛纪事》：

---

① 中国史学会主编：《中国近代史资料丛刊》（《中法战争》第五册），上海人民出版社 2000 年版，第 336 页。

② 王照著：《德宗遗事》，载王树枏著：《陶庐老人随年录》附录，中华书局 2007 年版，第 170、171 页。

③ 中国社会科学院近代史研究所编：《义和团史料》上册，中国社会科学出版社 1982 年版，第 193 页。

④ 中国社会科学院近代史研究所编：《庚子记事》，知识产权出版社 2013 年版，第 65 页。

　　行在顽固党有谓何乃莹者曰："肇祸诸臣，究竟如何？"曰："亦不过做王允耳。"或曰："拟之韩侂胄，似乎相当。"何语塞。何每谈及刚毅，则泣下曰："中堂身后异常萧条，几无以殓。操守廉洁，古今罕有，不假以年，岂非天哉！"盖刚从幸以腹泻而死，一时不得棺木，假人之寿材以殓，囊中无金，赖太后赐三百两，方得成礼云。

　　山东粮道达斌谢恩时，面奏太后，请诛祸首，以杜外国要求。太后色遽不豫。达又奏云："外人决不肯干休，与其按名指出罪状而后办，不若先办以全国体。"太后曰："不独王大臣忠心耿耿，即义和团亦赤心爱国，尔当时不在京，不悉其中首尾，不必多说！"①

　　结合胶州湾事件后京畿地区激烈的民教矛盾，中外全面对抗在该地区出现，乃情理之中。以往学术界没有充分注意到京畿地区的独特政治传统，从而提出习俗冲突、外国商品或文化冲突之类平常状态下也会存在的常见假设。

　　又如山西知府徐继孺。此人在义和团事件之前曾担任翰林院编修、学政，义和团时期任知府，有《徐悔斋集》。光绪二十六年五月禀山西巡抚毓贤："查山东、河南、江苏等处之大刀会，直隶之义和拳团民，皆系乡民练习技艺，保卫身家，并不滋扰地方。诚如宪札所云，不得以匪称之。"②同年禀山西巡抚锡良：宣战之后，"凡在食毛践土，皆当卧薪尝胆，以申复仇雪耻之志。"③光绪二十七年，在一封信中说："乃近闻启颖之、徐楠士，皆以洋人指称，力庇拳匪，由全权大臣正法。此等乱政，并非自天子出。惟有暂避凶焰，以观消息耳。徐、李恤典撤销，赵司寇赐自尽，天理灭，人心死，天下事尚可为耶！"④启颖之即启秀，徐楠士即徐承煜，徐、李即徐桐和李秉衡，赵司寇即赵舒翘。又一封中评论毓贤："盖其忠诚出于性生，早置生死成败于度外，真不愧满洲奇男子。"⑤光绪二十六年

① 中国史学会主编：《中国近代史资料丛刊》（《义和团》第一册），上海人民出版社 2000 年版，第 322 页。
② 中国社会科学院近代史研究所编：《义和团史料》下册，中国社会科学出版社 1982 年版，第 766 页。
③ 中国社会科学院近代史研究所编：《义和团史料》下册，中国社会科学出版社 1982 年版，第 767 页。
④ 中国社会科学院近代史研究所编：《义和团史料》下册，中国社会科学出版社 1982 年版，第 771 页。
⑤ 中国社会科学院近代史研究所编：《义和团史料》下册，中国社会科学出版社 1982 年版，第 772 页。

六月《知新报》："本馆前得山西太原府来信，言巡抚毓贤抵任以来各事未办，先将前任巡抚胡中丞所设之武备格致各学堂以及纺纱厂、机器厂等类一律裁去；且与西人十分为难，阻止福公司开办路矿各务，与前在山东巡抚任内举动无异。渠在山东被各国驻华公使力请总理衙门将其撤退，两月前改放山西巡抚。其时英公使即照会总理衙门，言及将来必有与西人龃龉之事，交涉大事恐因此而起。若预知其必与福公司为难者。前在该省西人无论行至何处，土人皆以礼相待，帮助做工。现因巡抚与西人不合，以致上行下效。且各西人之有识者，尤虑将来山东省义和团匪必将传遍山西省，则公司事益不可为矣。译《字林西报》。"①

民间提及驱夷、复仇和卧薪尝胆之类情绪的，有刘大鹏的《退想斋日记》，在评论光绪二十六年十二月二十五日惩办支持义和团的王公大臣上谕时说："此次衅端之开，虽由义和拳肇祸，而诸王大臣信拳之咎，实由洋夷凭陵我邦，为恶已甚，我国臣民忿恨素积，至今发泄，为我之不敌外夷非真力不足也。或奸臣外附，或庸臣受贿，或大臣畏死，或疆臣异心，只顾肥己肥身，哪管误国误民。朝廷即欲奉行天讨，以灭洋夷，而为人臣者率多窃位、苟位，不思竭智尽忠，湔雪国家之大耻，乃不得已而议和。久之，和议不成，不得已而杀诸忠臣，勉强就和。""敬读此谕，其不能言之苦衷，可默喻之。此谕一出，必失天下之望，诚可痛哭流涕也。"②"毓公伏法之邸抄……晋省群黎闻之者，不忍言公受法，皆言虚幻不实，朝廷断不杀此贤臣也。喷喷焉谓公暗来吾晋，保护山西。"③在民国时期《晋祠志》中，刘大鹏就展示了另外不同的倾向，《晋祠志》是半官方作品。

在华夷秩序方面，甲午战争及朝鲜被吞并只能算是华夷体制的解体，还算不上是华夷观念解体的标志。义和团事件前后，清政府内部恢复华夷秩序的尝试和想法一直存在。

学术界频繁提到的义和团事件之后惧外媚外倾向的流行，或许为驱夷倾向在民间层面的流行画上句号。义和团事件也为第二次鸦片战争后京畿地区长期存在的驱夷思潮在对外政策层面画上句号，京官作品中说此后无

---

① 路遥主编：《义和团运动文献资料汇编》中文卷上，山东大学出版社 2012 年版，第 332、333 页。
② 中国社会科学院近代史研究所编：《义和团史料》下册，中国社会科学出版社 1982 年版，第 778 页。
③ 中国社会科学院近代史研究所编：《义和团史料》下册，中国社会科学出版社 1982 年版，第 781 页。

人再敢谈论攘夷的记载颇多。① 当然，清廷攘夷的念头还是有的。光绪二十六年十二月二十五日"密诏董福祥：尔忠勇性成，英姿天挺，削平大难，功在西陲。近以国步艰难，事多掣肘，朝廷不得已之苦衷，谅尔自能曲体。现在朕方曲己以应变，尔亦当降志以待时，决不可以暂时屈抑，隳厥初心。他日国运中兴，听鼓鼙而思旧，不朽之功，非尔又将谁属也。尚其勉旃"②。《郑孝胥日记》光绪二十六年十二月二十六日条："略询西安情形。……太后终言洋人欺我实甚，恨诸臣不能同心攘夷，于纵匪召乱之事迄无悔辞。"③荣禄档案中收录的庚子事变后各地官员致荣禄函，有类似中兴倾向的颇多。④

　　大体说来，第二次鸦片战争后京城的翰林御史主战阶层，早期较著名的是翰林四谏，即张之洞、张佩纶、宝廷和黄体芳。⑤ 义和团事件之后清廷西逃西安时期，翰林御史阶层仍很活跃，继续在西安主战的不少，并有攻击张之洞、刘坤一等策划东南互保督抚的奏折。张之洞在光绪二十六年十二月初一日致盛宣怀、刘坤一和袁世凯的电报中说："建言者夏、曾、洪之外，尚有编修马吉樟、主事张星源。夏谗文，洪报夔相，曾怙非自救，各有私心，不仅谬也。有何法可令群迷稍醒，请筹示。"⑥夏即夏振武，曾即曾廉，洪即洪嘉与，夏谗文指夏振武称颂崇绮，洪报夔相指洪嘉与弹劾王文韶。曾廉说毓贤是遵旨，东南互保是违旨；陆润庠、屠仁守、夏振武和洪嘉与等人联名搭救赵舒翘等。⑦ 这影响了洋务派督抚策划的议和及变法活动，随之遭到张之洞和刘坤一等人的打压，在上海报刊中刊登这些人的言论，威胁要被列强追究，这些人大多外放，此后对主战噤不敢言，在京城政坛上也难以展示出以前的作用。这些被打压的人物，以前很

① 中国社会科学院近代史研究所编：《义和团史料》下册，中国社会科学出版社 1982 年版，第 664 页。

② 北京大学历史系：《义和团运动史料丛编》第一辑，中华书局 1964 年版，第 47 页。事后董福祥承担了责任，见《近代史所藏清代名人稿本抄本》第一辑 68，第 29、30 页。

③ 中国国家博物馆编：《郑孝胥日记》第二册，中华书局 2016 年版，第 783 页。

④ 《近代史所藏清代名人稿本抄本》第一辑 72，第 151、152 页；第一辑 64，第 652 页。

⑤ 许同莘编：《张文襄公年谱》，第 22 页；赵德馨主编：《张之洞全集》第十二册，武汉出版社 2008 年版，第 487 页。另有说法有于荫霖无宝廷，不甚确。又参见《花随人圣庵摭忆》上册，第 188 页。许同莘是张之洞幕僚，写作时又经过了考证，故而显得可信。另外，1880 年薛福成代李鸿章写的一份信中，提到"二张、黄、宝诸君，皆鲠直敢言，雅负时望，然阅历太少，自命太高。局外执人长短，与局中任事者不同"，建议朝廷派出历练之类的话，也证明许同莘的说法较为可靠。见丁凤麟、王欣之编：《薛福成选集》，上海人民出版社 1987 年版，第 151 页。

⑥ 赵德馨主编：《张之洞全集》第十册，武汉出版社 2008 年版，第 250 页。

⑦ 苑书义等主编：《张之洞全集》第十册，河北人民出版社 1996 年版，第 8504、8505 页。

多是以直言极谏著称的，如曾廉、王龙文和黄桂鋆等。①

另外，清廷西逃之后，京城京官有悬挂顺民旗之类举动，颇遭在西安的曾廉和王龙文等人的弹劾，滞留京城京官亦以揭发相报复。②

曾廉被免官后，惆怅不已，也不期望能够东山再起，已不复往日踌躇满志不畏强权弹劾大臣的气概，作《免官》诗云：

> 鸟惊木叶落珊珊，邸报相传已免官。本来梦幻须臾变，其奈亲知郑重看。此后著书多岁月，有时倚石听波澜。君恩未报还惆怅，流转乾坤是寸丹。③

京官作品中罗列的京城义和团的支持者，后来很多由翰林院编修、御史等担任学政之类职务，如檀玑、蒋式芬、溥良、刘家模、彭述、彭清藜、汪诒书等。此种外放，既可看作是一种升职，也可看作是避风头，脱离了清廷政治中心，不至于成为洋务派攻击矛头。据张之洞在光绪三十一年奏折所言，翰林院官在督学方面还是有优势的："惟翰林官于旧日文学较有根柢，识解纯正者居多。遇各学堂监督、教员、学生有宗旨悖乱、文体谬劣、附和乱党邪说者，必能随时咨明督抚惩罚纠正，以端学风。"④

庚子谈判时期，张之洞在电报中提到，"新政以游历为第一端，非此则群迷不醒"，也是直接针对主战的翰林御史之类京官采取的措施。⑤

义和团事件之后，清廷在使用一些灵活性不足的驱夷派还是较为谨慎的，和之前的情况大有不同，于荫霖就因为不熟悉洋务没有再得到清廷重用。晚清各省收回路权和矿权活动中，这类人员很多作为地方头面人物，积极参与、主持和出谋划策，如湖南的孔宪教和萧荣爵。顺直京官中也大量存在这种情况。

京畿地区驱夷派独自谋划朝廷内政外交的情况仍然存在，时有惊人举动。许同莘编《张文襄公年谱》中有言："明旨宣布中外，预备立宪，即据载泽等陈奏，初未令各省与闻，盖建议者逆知各省必有异同，故径请宫廷独断。部院改制，自起草迄于施行，不及两月，各省官制亦同时草定，主其事者，惟编制处数人，各省虽派参议之员，不得而闻也。议既定，乃举

---

① 王龙文著：《平养文待》卷五，页九。
② 王龙文著：《平养文待》卷五，页四。
③ 《清代诗文集汇编》第 784 册，第 138 页。
④ 吴剑杰编著：《张之洞年谱长编》下卷，上海交通大学出版社 2009 年版，第 902 页。
⑤ 赵德馨主编：《张之洞全集》第十册，武汉出版社 2008 年版，第 243 页。

大纲电询各督抚。"①

在清末民国时期的历史描写中，义和团事件是一个评价的分界点，之后的很多评价并不一定符合之前的原貌。标准转换在庚子谈判时期极短时间内完成，支持义和团者大量被追究，主战者观点被舆论嘲笑，很少有人再从主战者的角度分析问题。例如，对于和战问题，义和团事件之后的评价多称之前的主战者是轻举，这种论断并不符合之前的舆论态势；对于西学和变法，义和团事件之后的评价多对之前的反对者持贬义，这也不符合之前的原貌。1949 年后对义和团的评价持大致肯定的态度，但对利用义和团者的评价却未改变之前的态势，仍以顽固保守之类标签称呼之。利用义和团事件之后的史料分析之前的人和事，还是要慎重的。

我将现有能得到的体现义和团时期原件的东西《汪大点庚子日记》《庚子义和团情报纪略》和描写京津一带义和团的《天津拳匪变乱纪事》《天津一月记》、仲芳氏《庚子记事》及恽毓鼎和高枬的记载略作对照，发现后者在记录的一些义和团活动及清廷事件方面，大体是较为全面的，有些却有逐日记录作依托；问题主要出在评价方面，集中在如下方面：（1）义和团的纪律，如义和团无业游民、外乡人员居多、诈骗抢劫以及虚张声势及临阵脱逃等，容易被肯定义和团者视为"夸大和诬蔑之词"，其实这些评价大多来自官府公牍如支持义和团的裕禄和廷雍的奏折等，② 引用官府公牍是国史馆人员的习惯。（2）涉及渲染义和团源自八卦教等的一些描写，和义和团发生时期的观点有异，以国史馆系统人员居多，引用时要慎重。（3）对受到惩办的一些支持义和团官员的评价，不尽符合事件发生时期的原貌。

第三节　清末新政时期的演变态势

清末新政的很多问题，也因为义和团时期表现出来的诸多现象作参照物而有了重新审视的余地。朝廷和地方督抚层面的政见分歧及其和新政走向的关系、义和团事件之后京畿地区政治力量动向乃至清末十年的政治格局，皆与义和团时期及其以前的情况有着源远流长的关系。

清末新政很大程度上是洋务派对荣禄、刚毅执政时期政策的反应，只

---

① 许同莘编：《张文襄公年谱》，第 206 页。
② 参见廖一中等著：《义和团运动史》，人民出版社 1981 年版，第 55、56 页。

是地方督抚不尽清楚清廷决策过程，推给刚毅的居多。主要还是清廷内部的政见分歧，而不是针对维新变法，也不是维新变法的思路和传统（涉及的问题和维新变法有很多相似，但整体思路显然不同），更不是什么革命（影响巨大但清廷有其自身思路），以沿袭洋务派的因素居多，其背后是清廷内部由来已久的两种政治力量洋务派和驱夷派围绕自强策略发生的合作与斗法。江楚会奏否定清廷的整个思路和政策，乃是之前罕见的现象。江楚会奏酝酿及清末新政时期，洋务派的政治对手仍是以西太后、荣禄以及与之有渊源关系的京城驱夷派，只是这个时期驱夷派的政治策略发生了变化。双方之合作与斗法，也在相当程度上左右清末新政的进程，主导晚清政治格局走向。

在内政方面，洋务派和驱夷派各有其思路，分歧居多，但也有交叉，呈现出洋务派和守旧派之争的浓厚色彩。舆论中普遍称之为新旧之争，这是不错的，即使有些驱夷派在特定时期倾向于洋务派和趋新，其整体思路也非洋务派和新派的特征，倾向于洋务派和趋新只能视为一种权变和权宜之计，如西太后和荣禄，整体而言仍是旧派。驱夷派中有些人极端排外，有些也办洋务、使用洋货和训练新式军队，如荣禄，但其政见有和洋务派不同的成分，不清楚西太后和荣禄的政见思路，很多问题便无法确切回答。这有助于更深层次理解一些相关问题，诸如洋务派和顽固派的论争问题，自强、变法和新政诸问题。以前学术界提出甲午战争是否是洋务运动失败标志的问题。从清廷自强政策看，甲午战争失败并不意味着朝廷就放弃了自强的政策，驱夷派还有自己的自强努力，西太后和荣禄等人也没有放弃努力。从李鸿章等洋务派的角度看，甲午战争的确可以作为洋务运动失败的标志，因为没有达到阻止列强侵略和自强的目标，洋务派的和戎政策在光绪二十五年年底清廷上谕中遭到彻底否定。至于一些企业仍然延续，只是枝节性的问题，自强主要目的并未达到，清廷的自强史并不是孤零零的几个企业史和经济史，外交的因素占大头，内政方面是实力后盾。这存在一个自强策略由谁主导的问题。洋务派主导时期，恭亲王奕䜣、李鸿章等人作用较大，实际措施以求强求富为中心，对外和戎；胶州湾事件之后到光绪二十六年，由驱夷派主导，西太后、荣禄和刚毅起主要作用，以筹饷练兵为中心，目的是应对列强瓜分，对外主战；清末新政由洋务派主导，江楚会奏是其方案，张之洞、刘坤一、袁世凯等人实际作用较大，对外维持和局的同时挽回利权。

清末新政是在多种势力互动，尤其是驱夷派和洋务派互动背景下出现的。列强要求清廷更换政府，对清廷压力颇大，是清廷决定实行新政的重要原因。最初的变法上谕对洋务派、顽固派和维新变法都有所指责，但也不是之前筹饷、选将和练兵之类语言的简单重复，没有沿袭保甲团练、足食足兵和国运中兴之类的方法，说明原有政策没有原样延续。至于清末新政是不是第二次洋务运动还需推敲，因为决策者中有很多对洋务不以为然的人物，新政上谕对洋务也有斥责之意，但新政方面的势力较甲午战争前大，至少此时整个自强形势和洋务运动时期不同。可以说，洋务运动时期，洋务派是在驱夷派的声势和政策下委曲求全；清末新政时期，驱夷派是在洋务派的声势下暗施拳脚，双方地位发生交换。还有的学者提出义和团事件之后的"惩凶"活动使顽固派受到打击，为清末新政的推行消除了一些阻力的观点，这方面的因素存在，但西太后和荣禄才是清廷的决策者这个因素值得考虑。例如，庚子事变后京畿地区的政局变动，部分和荣禄及其亲信张翼的密谋有关。张翼向荣禄密报，庚子谈判时李鸿章亲俄，独断专行，建议以袁世凯署理直隶总督，任命李鸿章负责外交兼筹新政，如此则直隶一省毗连辽东，其间三省根本之地，俄人之隐患自可潜消。且袁世凯所部武卫右军已调至京师，以备洋兵退后弹压地面，留驻山东的部分军队又归荣禄指挥，袁世凯来后可与荣禄联络一气。还有其他一些人事密谋。又说，"中兴之机，在此一举耳"①。

督办政务处是两类人物混杂的机构，奕劻、李鸿章、荣禄、崑冈、王文韶、鹿传霖为督办政务大臣，刘坤一、张之洞遥为参预。② 江楚会奏沿用了荣禄、刚毅执政时期的自强方案的某些关注点，如裁撤绿营、军事改革、筹饷、整顿吏治和用人，但内容广泛得多，局面较为宏大，有些措施针对纠正义和团之前清廷政策弊端而发，不是清廷上谕的简单重复或进一步阐述，总体思路接近洋务派的求富求强主张。此外，驱夷派的自强方案和政策中满族意识和满族集权的倾向非常强，江楚会奏在这个方面相对弱一些，考虑"中国"的命运多一些，视角也更为广阔一些。光绪二十六年十一月二十四日，张之洞电刘坤一、袁世凯和盛宣怀：

　　　　慰帅致书当道，请枢、疆合力补救，扼要得法，此入手一定步骤。鄙意此时不必言新政，但言化新旧之见而已。不化新旧之见，顽固如故，虚骄如故，老团未出之说如故，和局断不能保。贪昏如故，废弛如故，蒙蔽如故，康党断不能绝。官派如故，兵派如故，秀才派

---

① 《近代史所藏清代名人稿本抄本》第一辑 70，第 682~701 页。
② 朱寿朋编：《光绪朝东华录》第四册，中华书局 1984 年版，总第 4655 页。

如故，书吏派如故，穷益加穷，弱益加弱，饷竭营裁则兵愈少，债重征苛则民愈怨，游勇、叛民、会匪、康党合而为一，中国断不能支矣。枢纽只在"化新旧之见"五字。①

学术界称清末新政为"慈禧新政"的较多，这是不确切的，因为清末新政根本不是慈禧的思路，也是不符合慈禧意愿的。

大致情况是：清廷上谕将变法自强思路往驱夷派的思路上引导，聚焦于筹饷、练兵和用人等方面；江楚会奏没有沿用上谕的故意引导，而是挑选了上谕中提到的某些方面进行论述，着重阐述了洋务派的求富求强和以西法补中法之类内容，使江楚会奏在吸收了旧派若干思路的基础上，较为全面地阐述了洋务派的政见，内容有兴学育才、整顿中法、采西法以补中法之不足等。奏折主要从应对政策和全国角度论述，酝酿过程中则有一些个人看法和其他外界因素的影响。《郑孝胥日记》光绪二十六年十二月十七日条："电报局送来初十日上谕，改革旧法，限两个月，令中外各大臣详议办法具奏。其文甚长，闻是樊增祥具草。予语李拔可曰，'闲话太多，真意未透'"②。东南督抚有自己的政见和意图，对上谕中的一些观点也不以为然，张之洞在光绪二十七年致电鹿传霖说："鄙意此后一线生机，或思自强，或图相安，非多改旧章、多仿西法不可。若不言西法，仍是旧日整顿，故套空文，有何益处。"③在二月份致鹿传霖电中又说：对变法上谕，"人心所以鼓舞者，以谕旨中有采西法补中法及浑化中外之见二语也，并非因整顿除弊，居上宽、临下简，必信必果等语也。嗣闻人言，内意不愿多言西法，尊电亦言勿袭西法皮毛，免贻口实等语，不觉废然长叹。若果如此，变法二字尚未对题，仍是无用"④。会奏的总纲并没有沿袭变法上谕的思路，而是说变法上谕中有表示"法令不更，锢习不破，欲求振作，当议更张"。"参酌中西政要，举凡朝章、国故、吏治、民生、学校、科举、军政、财政，当因、当革、当省、当并，或取诸人、或求诸己，如何而国势始兴，如何而人才始出，如何而度支始裕，如何而武备始修"方面的内容，得出"修中华之内政，采列国之专长"的结论。大略相当于张之洞所说"以仿西法为主，抱定旨中采西法补中法、浑化中西之见二

① 吴剑杰编著：《张之洞年谱长编》下卷，上海交通大学出版社2009年版，第667页。
② 中国国家博物馆编：《郑孝胥日记》第二册，中华书局2016年版，第782页。
③ 赵德馨主编：《张之洞全集》第十册，武汉出版社2008年版，第255页。
④ 赵德馨主编：《张之洞全集》第十册，武汉出版社2008年版，第264页。

语作主意"①。就此看来，张之洞强调自己政治中立，无湘无淮、无新无旧，也的确具有传统情结，但显然更接近洋务派和新派的方面。驱夷派偏向于旧派，其自强思路在内政方面偏重于整顿弊端，大体沿用中国吏治、用人、节俭、剔除积弊等传统方式，洋务派偏重于趋新，但也吸收了驱夷派和旧派一些整顿积弊等方面的内容。王照《德宗遗事》十二条记载，传闻清廷变法上谕非军机大臣所拟，出自荣禄袖中，人皆意为樊增祥所拟。变法上谕中包含的思路和权变，的确和荣禄的情况较为吻合。据张之洞信件，确实出自樊增祥之手，但张之洞没有过多追问来源及朝廷内部动向，而是一般求助于军机大臣鹿传霖。②

值得注意的是会奏对清廷在义和团事件前后自强思路有所评论，清楚地显示会奏针对何人。会奏中采纳了驱夷派的一些主张，如裁撤绿营、设武备学堂、训练精兵、裁撤整顿各省局所，并对胶州湾事件后清廷采取的筹饷、练兵、用人等策略有一些简单的评论，指出其症结所在：

如评论派人出洋游历以了解外国情况：

> 中外通商，交涉日繁，已五十年矣，然而自强无具，因应无方，驯致妄开巨衅，几危大局者，则皆坐见闻不广之一病。于各国疆域政治文学武备，茫然不知。同治季年，虽已派游历，设驻使，遣学生，而愚陋谬妄之人，闻出洋者之言，则诋其妄；见总署之官属，则恶其污，于是相戒以讲洋务为讳。甚至上年夏间，京外大僚，犹有谓洋人不能陆行者；有谓使馆教堂既毁，洋人即从此绝迹者。③

评论练兵：

> 练兵一端，必须改弦易辙，乃可图存。④

评论义和团时期如此利用民心：

> 今日外患日深，其乐因循务欺饰者，动以民心固结为言。不知近

---

① 赵德馨主编：《张之洞全集》第四册，武汉出版社 2008 年版，第 7 页；第十册，第 267 页。
② 赵德馨主编：《张之洞全集》第十二册，武汉出版社 2008 年版，第 86 页。
③ 朱寿朋编：《光绪朝东华录》第四册，中华书局 1984 年版，总第 4754 页。
④ 朱寿朋编：《光绪朝东华录》第四册，中华书局 1984 年版，总第 4757 页。

日民情，已非三十年前之旧。羡外国之富而鄙中土之贫，见外兵之强而疾官军之懦，乐海关之平允而怨厘局之刁难，夸租界之整肃而苦吏胥之骚扰。于是民从洋教，商挂洋旗，士入洋籍。始由否隔，寝成涣散，乱民渐起，邪说乘之，邦基所关，不胜忧惧。先将以上诸弊，一律删除，方可冀民心永远固结。然后亲上死长，御侮捍患。①

评论自强能迅速达到及施政方式：

节用之与自强两义，自当并行，不宜偏废。此时应省之事必须省，应办之事必须办，应用之财必须用。尝闻数十年来，论理财者大率皆以省啬为先，谓以备有事时用之。此省事息民之常经，闭关自守之善策，而非所论于强邻环伺之时势也。大率富强之道，无论民事兵事，皆须平日未雨绸缪，多年积累，近者四五年，远者一二十年。②

又说会奏所提建议"大率皆三十年来，已经奉旨陆续举办者"。③

上谕中说，"荣禄等面奏变法一事，关系甚重"。清廷上谕仍然阐述了复仇的倾向，但也接受了会奏的主张，表示要全力推行，奉慈禧懿旨，"卧薪尝胆，无时可忘，推积弱所由来，恨振兴之不早"，"朝廷立意坚定，志在必行"，要求"中外同心合力，期于必成"。"中外臣工，须知国势至此，断非苟且补苴，所能挽回厄运。唯有变法自强，为国家安危之命脉，即中国民生之转机。"④

在西太后留下的并不系统的言行中，不难发现存在大量和江楚会奏所抨击相似的言论，西太后重用的人员中也大量含有类似倾向，《李鸿藻年谱》和《翁同龢日记》中类似和洋务派有所不同的证据比比皆是。

光绪二十六年十二月二十六内阁奉上谕中的一段话，就道出了清廷所谓自强的真实思路，研究者也可明白义和团时期的问题源远流长，并不限于义和团时期：

近二十年来，每有一次衅端，必申一番诰戒，卧薪尝胆，徒托空

---

① 朱寿朋编：《光绪朝东华录》第四册，中华书局 1984 年版，总第 4753 页。
② 朱寿朋编：《光绪朝东华录》第四册，中华书局 1984 年版，总第 4770 页。
③ 朱寿朋编：《光绪朝东华录》第四册，中华书局 1984 年版，总第 4769 页。
④ 朱寿朋编：《光绪朝东华录》第四册，中华书局 1984 年版，第 4771 页。

言。理财自强，几成习套。事过以后，徇情面如故，用私人如故，敷衍公事如故，欺饰朝廷如故。大小臣工，清夜自思，即无拳匪之变，我中国能自强耶？……惟公与实乃理财治兵之根本，亦即天心国脉之转机。应即遵照初十日谕旨，妥速议奏，实力举行，此则中外各大臣所当国而忘家，正己率属者也。①

相比江楚会奏，山东巡抚袁世凯私下赞同刘坤一和张之洞的主张，光绪二十七年三月单独奏折中态度较为温和，个人立场并不鲜明，也未对清廷在义和团时期的自强政策进行系统评论，还有一些迎合清廷复仇雪耻倾向的言论。② 另外，清廷变法上谕内容含混，也有其他理解，王龙文就特别提到上谕中关于反对康有为变法的问题并在奏折中大加发挥，建议清廷一一指出何者为康有为的乱法，对其他仿效西法的内容避而不谈。

李鸿章和京城一些政治力量在这些方面冲突的资料颇多，并非仅江楚会奏有此类抱怨。张之洞对京城政治势力嫌其铺张浪费的举动也是深有感触。③ 这是两种不同的自强思路的分歧，是政见之争，始自第二次鸦片战争后。陈弢编《同治中兴京外奏议约编》，收集了同治年间大量京官和督抚奏折。涉及祁寯藻、倭仁、李鸿藻及大量御史、学政等的奏折，谈论的大多是崇尚节俭、整顿弊政、尊崇正学、兴办保甲和积谷练兵，以求长治久安方面的问题，和胶州湾事件之后刚毅的整顿弊政思路异曲同工。地方督抚及洋务派并非不谈论这类问题，也处理这类问题，但洋务派所言自强策略重心在采西法，如奕䜣奏折所说："夫中国之宜谋自强，至今而已亟矣。识时务者莫不以采西学制洋器为自强之道，疆臣如左宗棠、李鸿章等皆能深明其理，坚持其说，时于奏牍中详陈之。"④薛福成在光绪二十年日记中说："中国地博物阜，甲于五大洲。欲图自治，先谋自强；欲谋自强，先求致富。致富之术，莫如兴利除弊。兴利奈何？一曰煤铁之利：……一曰五金之利：……一曰鼓铸之利：……一曰织组之利：……一曰铁路之利：……除弊若何？曰汰冗员也，核厘金也，清查常关之税也，重征烟、酒、洋药之税也，节河工之糜费也，去土木之工之中饱也。夫如

---

① 《光绪朝上谕档》第二十六册，第 484 页。
② 骆宝善等编：《袁世凯全集》第九卷，河南大学出版社 2013 年版，第 144~149 页。
③ 苑书义等主编：《张之洞全集》第十二册，河北人民出版社 1996 年版，第 10631、10632 页。
④ 恭亲王奕䜣，"酌议同文馆章程疏"，见陈弢辑：《同治中兴京外奏议约编》，上海书店出版社 1985 年版，卷五，第 35 页。

是，则弊无不革，即利无不兴，而谓不渐致富强者，未之有也。"①

　　筹饷练兵和整军经武是清廷在第二次鸦片战争后长期奉行的政策，因而义和团时期洋务派对驱夷派的很多评价及相关说法，之前也已经系统地存在。李鸿章、张之洞、袁世凯等各地督抚大量涉及这类事务的相关奏折，成为解读地方督抚和清廷关系的系统素材，其中包含了大量的对清廷上谕反应的信息。围绕这些论题，自然可——深入分析各方的相关论点、差异及其演变态势，如李鸿章和张之洞的奏折中，往往对这些问题有系统的描述，尤其涉及筹饷练兵问题。

　　容易见到的例子，可参见薛福成的论述。1880 年，薛福成代李鸿章起草的致户部官员的一封信中，已经对驱夷派的诸多做法有系统评价，涉及保举人才、垦荒田、整顿盐政、剔除陋规、整顿关税、裁减州县官养廉银等诸多方面，总体思路和江楚会奏中对驱夷派的很多评价相似，甚至很多用语也相同。如"盖各官必廉俸足敷办公，乃能下不病民，上不病国。旧制所定廉俸，本非甚裕，今复减之，势必剥取民财，暗亏国帑。所得甚微，所失甚大，此掩耳盗铃、挖肉补疮之术也。""倘拘于旧章不可轻改，而惟鳃鳃为琐屑之图，亦复于事何裨？"②

　　也就是说，第二次鸦片战争后，清廷的核心目标是中兴、自强和驱夷，主要考虑的是外交问题，方式是以军事为中心，具体的军事活动主要依赖地方督抚完成。但如何实现自强，洋务派聚焦于采西学制洋器，个别人在科举、变法等方面有更深一层的考虑，但无统一意见。驱夷派较为强调节俭、吏治、人心等方面，在采西学制洋器方面也有兴办但意见不一力度较小。在对外目标方面，驱夷派要恢复大一统，同仇敌忾大张挞伐一决雌雄振我国威；洋务派则不以为然，认为中国强盛之后仍不能效汉唐盛世穷兵黩武，中国和外国是共处之局。只是在外交谈判时，有的词婉意正，有的嬉笑怒骂，大敌当前，有的积极备战，有的主张依靠外交手段，对打仗瞻前顾后。两种力量互相制衡，共同构成晚清政坛基本格局。以往研究对京畿地区政治力量的整体把握是一个盲点，缺少了参照物，很多信息没有被发掘出来，争议随之产生。

　　驱夷派和洋务派、维新派的总体思路、内政外交目标、渊源流变及相关策略有很大不同，但在具体内容和人员方面存在很多交织和交叉，且交织和交叉的程度经常因人而异。以往罗列交织和差异的某些具体方面和具

　　①　《薛福成日记》下册，吉林文史出版社 2004 年版，第 866、867 页。织组即纺织。
　　②　丁凤麟、王欣之编：《薛福成选集》，上海人民出版社 1987 年版，第 151～153 页。

体人物的情形较多，将其置诸总体思路下考量的情形较为欠缺，实际交织、交叉和差异是普遍现象，不限于某些较为知名的人物，人与人之间则情形有所不同。驱夷派较为接近旧派，但其中部分人对洋务派的某些主张颇能接受，具有某些弹性。西太后对设立农工商局开矿通商兴利之类的措施并不反对，支持办洋学堂制造洋式武器之类的举措，也强调中国自己制造洋枪洋炮而不是依靠购买，大体就是弹性的体现。① 清廷上谕中经常表示西太后不反对变法，有时还催促甚急，的确不是虚假之言，学术界也往往肯定这一点，但上谕中也表示"我朝圣圣相承，祖法昭垂，永宜遵守"，又说"孜孜于强兵富国为急"。② 以往研究尚未能充分认识西太后的变法自强思路、权变及其连续性，以及在中外军事形势紧张之时会认为振兴工商之类活动不是当务之急，频繁地、重复性地出现政策层面改弦易辙现象，有很多和洋务派内政外交倾向不同的谕令。大体说来，西太后外交方面一直有驱夷倾向，但不乏灵活之处，也承认洋务派的某些主张；内政方面和旧派有感情，但较为灵活一些，对洋务派的很多措施也能容纳；在满汉关系上接近满洲贵族，但也觉得一些汉族洋务派是可用之人。就此看来，甲午战争前，清廷中办理洋务和统兵的，以洋务派居多；内政、吏治、财政、军机处等方面，旧派人物居多，这会对洋务派的求强求富活动形成很大牵制，西太后的立场也经常摇摆。从政策实施层面看，因为清廷并未将洋务派的求富求强主张确立为国策，军事方面的活动又责成地方督抚在各自省份负责实施，地方督抚的主张又不尽一致，这就出现了洋务运动时期各省情况不一，只是少数洋务派较为积极的局面，有的注意军事，有的注重经济，没有全国性的统一规划和行动，还有很多人对这类活动不以为然。大体说来，在洋务派办理洋务时期，清廷的自强策略仍是以练兵筹饷为中心，只是洋务派会提出大力兴办商务的思路，既筹饷，又可富国，进而涉及用人、学校、理财等一系列方面（具体演变有一个过程，如最初注重提取关税赢余）。洋务派的诸多建议也需要清廷及军机处批准。驱夷派因关注剔除中饱和提倡节俭，对洋务派花费太多颇有挑剔。至于戊戌政变后刚毅、于荫霖及众多官绅对学堂不信任，更是舆论熟知之事。③ 李鸿章的具体洋务活动如练兵、购舰和开采开平煤矿，并没有超出清廷的思路，也是围绕练兵筹饷展开，不完全能实现自己的主张，束手束脚的事情颇

---

① 徐彻著：《慈禧大传》，辽海出版社1998年版，第365、366页。
② 中国史学会主编：《中国近代史资料丛刊》（《戊戌变法》二），上海人民出版社2000年版，第116页。
③ "开学堂快论"，《汇报》录光绪二十七年八月五日《新闻报》。

多。清末新政时期，因为中央机构中有督办政务处、学部和商部等的推动，又制定了一系列全国性的法规，各省实施的总体情况较之洋务运动时期好一些。

京城对洋务派的某些建议也会采纳，主要是整体思路较为狭窄，常陷入具体问题之中不能自拔，洋务派的方案在清廷层面大打折扣。①

再如维新变法，实际也存在朱寿朋所说"动关自强大计"的问题。② 维新派和京城保守派及洋务派的关系，也是既有交织又有分歧的局面，总体目标的分歧和具体内容和人员的交织是并存的，且这种交织和并存的关系在甲午战争前后有很大不同，例如薛福成对求富求强和反对不勤远略都有论述，表现出既赞成洋务派的求富求强又对洋务派的外交政策不以为然的交织和分歧并存特征。梁启超对清廷及李鸿章、张之洞等的变法自强活动颇有论列，指出其和维新派在总体思路上的不同。③ 参酌江楚会奏的内容可知，清廷内部分歧的起因也并非学术，维新派到京城时间不长，对清廷内部政见、政略的历史演变、分分合合并不深悉，既和京城掌权者造成对抗之势，又难得地方洋务派支持，失去光绪的鼎力支持，必然难以推行其变法主张，在清廷掌权者阶层中实际处于较为孤立和弱小的状态，对其虎视眈眈和不以为然者甚众。值得注意的是，维新派的观点和语言中也有很多反映清廷目的、意图和立场的语言，对光绪颇有吸引力，但具体思路和西太后、荣禄、刚毅等人的意图不符。梁启超一封信中提到弹劾保国会的奏折说，"今上神明，谓会能保国岂不大佳，遂尔留中，吾华之兴废有自乎。"保国会章程："一、本会以国地日割，国权日削，国民日困，思维持振救之，故开斯会，以冀保全，名为保国会。二、本会遵奉光绪二十一年五月二十六日上谕，卧薪尝胆，惩前毖后，以图保全国地国民国教。"梁启超说废科举兴学堂后"举天下之人而陶冶成才，以御侮兴治在一反掌间耳，奚惮而不为哉？"这实际就是通过变法，能迅速实现自强的思想，对光绪是有吸引力的。④ 康有为在奏折中说："泰西变法三百年而强，日本变法三十年而强，我中国之地大民众，若能大变法，三年而立。"⑤康有为在戊戌政变后的演说中，仍有实行变法"三月而成规模，三年而有成效，

① 《恽毓鼎澄斋日记》第 1 册，浙江古籍出版社 2005 年版，第 113 页。
② 朱寿朋编：《光绪朝东华录》第五册，中华书局 1984 年版，总第 6023 页。
③ 清议报报馆编：《清议报》第 1 册，中华书局 2006 年版，第 135~141 页。
④ 丁文江、赵丰田编：《梁启超年谱长编》，第 71、72、75 页。
⑤ 中国史学会主编：《中国近代史资料丛刊》（《戊戌变法》二），上海人民出版社 2000 年版，第 220 页。

十年而中国大强矣"之类的表述。① 维新派大多起自田间，或许缺少了一些策略性的东西，比如针对京城掌权者的态势和政见，有针对性地提出自己的主张，如江楚会奏的文字风格，而不是径直嘲讽和否定，或较易达成自己的目标。维新派的很多观点和做法，使自己树敌太多，政见、策略也不尽现实。显然，甲午战争后，清廷层面和维新派的变法自强思路各有自己的渊源流变，双方难以互相认同；但在国事危机的情况下，双方的用词、说法和政治倾向又有若干交织，救亡也是时代主题和各方共同需求，各方也非完全是道不同不相为谋的关系。这对理解各方动向或有作用。当然，双方变法的重点就南辕北辙了，如徐桐、刚毅和荣禄等人关注练兵和筹饷；维新派则大谈废科举、兴学堂和开民智。洋务派对维新派的很多内容，如兴学堂和变科举可能更感兴趣一些。但能引起西太后重视的，显然是徐桐和刚毅等人的思路。康有为等在奏折中也使用"卧薪尝胆"和"雪耻"之类的语言，但看来是来自上谕，对这类倾向出现在第二次鸦片战争时期及其内在演绎并不掌握，列举的是失琉球、越南和朝鲜之类国耻，也不掌握清廷练兵的真正目的所在。②

　　和江楚会奏相对照，张之洞的《劝学篇》主要还是结合甲午战争后的形势，针对维新变法而阐发，其总体主旨符合张之洞的思路，但针对的目标显然是维新派。约略论之，《劝学篇》序中概括的"外篇"内容，诸如设学堂、翻译书籍、变科举、兴农工商学、建铁路等主张，基本和江楚会奏提出的方案一致，体现的是洋务派的富强观；"益智第一"所附"愚民辨"提到的"三年以来，外强中弱之形大著"观点和"非攻教"中罗列的胶州湾事件后"各国乘机要求，而中国事变日亟。有志之士，但当砥砺学问，激发忠义，明我中国尊亲之大义，讲我中国富强之要术"之类说法，符合甲午战争后张之洞的对外看法和主张；但《劝学篇》中对京城驱夷派的倾向仅有泛泛的提及，并未细说，也未针对性的抨击，这方面和江楚会奏迥然不同，如"变法第七"提到，京城讲新学者很少，仿行西法时"爱惜经费"和"朝无定论"，源自"国是之不定，用人之不精，责任之不专，经费之不充，讲求之不力"。

　　从政策层面看，义和团事件之后的"惩凶"问题和清末新政，使第二次鸦片战争后西太后、奕劻、荣禄、刚毅等为核心的势力失去了主导权，

① 清议报报馆编：《清议报》第 2 册，中华书局 2006 年版，第 1128 页。
② 中国史学会主编：《中国近代史资料丛刊》（《戊戌变法》二），上海人民出版社 2000 年版，第 138、167 页。

开始以保宗社为主，接受了洋务派方面的大多数主张，也几乎全盘接受了列强方面提出的要求，以损失中华民族权益、惩办王公大臣和同意推行变法新政为代价，勉强保住了大清朝廷。随着兴学育才、整军经武和通商惠工，束缚中国社会的笼子被打开，社会力量开始勃发出生机。在这个过程中，京城政治力量对如何新政提不出系统意见，具体措施大多出自东南督抚之手。①

和江楚会奏对荣禄、刚毅执政时的政策有所品评并有针对性措施相比，东南舆论论述的新政方案较为宽泛，显示对清廷政策掌握的不同造成了这种差异。② 对照张謇光绪二十七年《变法平议》和江楚会奏，二者在很多内容上的确是有交叉的，很多语言也是相似的，如"有必先更新而后旧可涤者，有必先除旧而后新可行者，有新旧相参为用者"。这主要是在变法思路上，"修往圣之旧，采列强之新"在江楚会奏酝酿过程中是普遍看法，但在方案的针对性方面，张謇方案和江楚会奏还是存在很大距离，江楚会奏针对荣禄、刚毅执政时期政策的倾向很强，张謇的方案在这个方面就针对性不强，江楚会奏有一些符合督抚身份的东西。③ 另外，清流中类似张謇这种既在京城有活动，足迹在南方又较多的人物，政见的弹性和浮动性是较大的，既和京城的主战派如盛昱等联系密切，起草了不少主战的奏折；又和刘坤一、张之洞等洋务派联系密切，还和维新派有联系，涉及内政的一些见解和京城又不完全相同。《张謇日记》光绪二十六年二月十三日记载："晤张君立权。君立，南皮子也。言徐相疵南皮《劝学篇》尽康说。南皮此书本旨专持新旧之平。论者诮为骑墙，犹为近似。……若责为全是康说，真并此书只字未见者矣。"④南皮即张之洞，徐相即徐桐，康即康有为。笼统说来，北清流如大部分顺直京官，以及主要在京城活动的南方籍和北方籍京官，其政治倾向和对外态度与西太后、京城满洲王公和旧派联系是较为密切的，日常交往圈子中徐桐等科举渠道房师、坐师等的作用特别突出，和洋务派的接触并不多或没有形成日常交际网络；张謇等人在京城圈子之外，还和东南督抚及一些倾向维新的人物形成交往圈子，日常有很多谋划和协商。维新变法后南清流失势，支持主战的清流以和洋务派联系较少的京城系统的清流为主，籍贯上不一定是北方人，但主要活动和日常交游在京城。义和团事件之后，对新政半推半就的主要是原来在京

① 骆宝善等编：《袁世凯全集》第十卷，河南大学出版社2013年版，第131页。
② "论回銮应行事宜"，光绪二十七年十一月十二日《汇报》。
③ 张謇研究中心编：《张謇全集》第一卷，江苏古籍出版社1994年版，第48、49页。
④ 张謇研究中心编：《张謇全集》第六卷，江苏古籍出版社1994年版，第432、433页。

城活动的人物；张謇等在南方和洋务派联系密切的人物则在积极支持、参与和谋划新政之外，有一些立宪之类的主张和倾向。从此以后，在京畿地区之外，东南省份和南方成为一支重要的主导清廷内外政策、决定中国走势的地域政治力量。它的旗帜是民族主义，口号是文明排外，又说要五族共和，实行民权，使中国屹立于世界强国之林。京畿地区很多人物顿足长叹，日记中破口大骂，却又公开表示支持。

变法上谕发出后，最初进展不大，报刊中有一些推测，符合清廷情况。光绪二十七年二月十一日的《新闻报》"论说"中有言："若近来则上谕甚为稀贵，或疑为电报偶有阻滞，而电报固未阻滞也。虽应变之政尚未据各大臣会议覆奏，然朝廷既有变政之心，则其见诸政策者必与从前政事渐渐有变更之象。而近来用人行政依然循资按格，不能出乎例与吏之范围，岂不能使人无疑者哉？""且道路传言，慈圣每饭不忘外人，实未尝一变其素志，变政之说不过痛定思痛之空言，并无卧薪尝胆之实力。"①《张之洞全集》中这方面的资料颇多，恽毓鼎《崇陵传信录》中亦有这类描写。② 清廷实行新政、立宪的动机不纯，是确凿无疑的事情。以往关于这些问题的说法很多，争论也很多，主要是没有注意到西太后和清廷有较为独特的自强和新政思路。

义和团事件是中国近代史的一个转折点。其地位大体与第二次鸦片战争和甲午战争相似，是清廷内部不同政治势力和内政外交政策变动的一个转折点。不过，清廷和西太后也并非完全承认失败和完全让步，暗中仍有很多阻挠和体现自己意图的东西。反映在京官作品中，驱夷派的倾向及言论随处可见，清廷在惩办支持义和团官员的同时，又重用其中的一些人。③ 京官作品指责的京城支持义和团的很多人物，事后仍然受到清廷重用，如贻谷、芬车和彭述。大体说来，只要没有被揭发，就怡然无事。在支付庚子赔款的同时，又古怪地说出自各省盐漕厘税："上可不损国，下亦不病民，但取中饱。"④另外，清廷中觉得庚子赔款算不上什么大事的，也不乏其人，和甲午战争后认为赔款可通过剔除中饱节省经费轻易筹措，然后剩余款项用于造船造炮实现中兴的观点相似，迂腐之见不少，视野较

---

① 《义和团运动文献资料汇编》中文卷下，第696页。
② 《恽毓鼎澄斋日记》第2册，浙江古籍出版社2005年版，第790、791页。
③ 中国史学会主编：《中国近代史资料丛刊》(《义和团》第二册)，上海人民出版社2000年版，第479页。
④ 中国史学会主编：《中国近代史资料丛刊》(《义和团》第二册)，上海人民出版社2000年版，第478页。

为狭窄。

京城的政治力量态势已然大变，驱夷派越来越难以为继。仲芳氏日记光绪二十七年五月十日条显示，他对一系列新政措施不以为然，但显然清楚所谓新政，实际涉及自强策略问题：

> 连日由行在发来上谕甚多，大半系改变新政，虐民筹饷之举。乱臣逆党，遂乘间进言，以强国强兵为词。大率皆套袭二十四年康逆文章，以博忠谏之名。非变政，实乱政也。诸如删改则例，裁汰天下吏役，科考不用诗文，停止捐纳官职，裁撤武试，更改服制，以及各省加税加赋纳人税、上房捐种种，谕旨折奏，一日数十章，……大抵兵燹之余，人心未定，只宜恤民安民为主，虽欲自强，亦宜回銮后举办。此际陡然而行，人心震惊，似非善政也。①

恽毓鼎记载的情况显示，对于新政的总体思路，京城舆论总的倾向是并不反对的，翰林院也设立编书处，编辑宪法、民法和世界历史之类的书籍，也参与兴办学堂之类的活动，体现了政策层面的动向。他们主要是对新政的质量不满，对筹措经费造成民变持反对态度，对新政局面太大造成浪费不以为然，另外对中国学术遭削弱以及中央集权威令不行有看法，和《北洋公牍类纂》之类东西描写的状况大有区别。② 这方面思路较为传统，大体是原驱夷派也参加新政，但很多人颇为不屑和不以为然，只是因为清廷表示赞成新政，不便公开发作，只得参与其中。光绪二十六年十一月初七日，恽毓鼎在日记中写道："行在电旨回云，所定条约，宗社至重，勉从所请。孤臣闻之，且喜且痛。数年来为新旧门户之见，酿成此变。深愿从此卧薪尝胆，破除积习，一新规模，或可稍支危局耳。"③光绪三十二年，恽毓鼎在私信中又写道：

> 新政百出，罗掘俱穷，地方官实不易为。长者精神才力既足，学问根柢甚深，张弛之间必能斟酌尽善。今之号称能办新政者，大都括民间膏血，博自己功名。士民未享其利，先被其害。……更糟者，科举既废，科甲出身人不堪用，而学堂学生则又知其不足恃而不敢用

---

① 中国社会科学院近代史研究所编：《庚子记事》，知识产权出版社 2013 年版，第 70 页。
② 《恽毓鼎澄斋日记》第 1 册，浙江古籍出版社 2005 年版，第 321 页。
③ 北京大学历史系编：《义和团运动史料丛编》第一辑，中华书局 1964 年版，第 71 页。

（学部右丞创为学生毕业不给奖励，唯予文凭之议），然则将以何取士乎？所用者唯捐纳耳，贵游子弟耳，善走门路以求速化飞行之人耳。仕途至今日真堪大痛矣。自庚子以后，二圣望治过切，故新政建议无不立从，乌知若辈之徒为骗功名计哉！毓鼎一腔哀愤，万行血泪，无日不盼中国强，大清永，万民安。往往从梦中痛哭而醒，泪痕犹渍枕函也。此时雨声浪浪，挑灯写此，公得无讶其痫发耶。①

掌故学记载了清末新政时期京畿地区原驱夷派的困境。京城驱夷派广泛参与新政，为形势所迫的因素不少。胡思敬《国闻备乘》中记载：

> 女学堂兴而中国廉耻扫地殆尽，识者恒引以为忧。其尤可怪者，方外防侵夺，集其徒众，设计保丛林，遂立僧学堂。京师名优谭鑫培、汪桂芬等皆以善歌积资累万，遂立伶学堂。狎客慕风雅，慷慨倾囊，悦其所私，遂立妓学堂。彼其所学犹是异国语言文字，与官立各学堂不相出入也。赵尔巽署户部尚书，设计学馆，令司员赴学。已而刑部设法律馆，兵部设兵学馆，工部设艺学馆，吏部设吏学馆，翰林院开学会，彼其所学亦不外异国语言文字，与僧伶优妓无以大过也。予闻吏部人语同僚云："今新署林立，我而不开学馆，将无以自存，渐为他部所并。"当时士大夫保全禄位之意，其卑鄙大率类此。②

掌故学中关于西太后对张百熙和瞿鸿禨的选择，以及她更倾向于瞿鸿禨的记载，透露出西太后的用人思路。陈夔龙《梦蕉亭杂记》：

> 庚辛之际，两宫驻跸西安。……枢府乏人。文忠密荐于朝，特旨令迅速来陕，预备召见。……迨赴行在，定兴鹿文端公传霖，已先入政府（亦文忠所保），只须再简一人充数。两宫无所可否，转询文忠择一委任。文忠密奏，圣驾计日回銮，举行新政，可否令张百熙、瞿鸿禨各抒所见，缮具节略，恭呈御览。再求特旨派出一员，较为得力。上颇然之。奉谕后，文达力论旧政如何腐败，新政如何切用，并举欧西各国治乱强弱之故，言之历历，何止万言。文慎不逞辞华，但求简要，略陈兴利除弊四端。两宫阅竟，谓文忠曰，张百熙所言，剑

① 《恽毓鼎澄斋日记》第1册，浙江古籍出版社2005年版，第320、321页。
② 胡思敬著：《国闻备乘》，第42页。

拔弩张，陈篇累牍。我看去不大明晰。还是瞿鸿禨所说，切中利弊，平易近情，不如用他较妥。文慎遂入直军机，公推主笔，夹辅七年，恩遇独渥。①

文忠指荣禄，文达指张百熙，文慎指瞿鸿禨。

又有传闻："奕劻见时事不可，面奏太后，请力行新政。太后曰：'吾自有我家法度，何必多言！'奕劻默然而罢。"②

荣禄劝说西太后支持变法，但并非出自真心。龙顾山人《庚子诗鉴》："荣文忠在枢府，尝与先公议及变法，谓兹事关系綦重，善行之可致中兴，行之不善患亦不测，上意既决，吾不敢争，异日变局，或病躯不及见耳。其言深有前识。"③

张亨嘉和李家驹的办学思路，透露出两种新政态度：

> 张亨嘉以光禄寺卿充大学堂监督。或问中西学优劣。亨嘉曰："中国积弱至此，安有学。即有学，安敢与外人较优劣。假而甲午争朝鲜，一战而胜日；戊戌援胶州，再战而胜德。诸夷跂足东望，谓中国之盛由人才，人才出科举，欧美各邦将有效吾楷折八股而立中华学堂者矣！"愤激之词，以诙谐出之。闻者莫不倾倒。亨嘉裁抑学生甚严，又与管学大臣不相中，受事不久，旋即解任，改用编修李家驹。家驹趋时善变，甫入学堂，遂开运动大会，短衣褶裤跑三百密达，自夸武勇，报馆甚称颂之。④

张亨嘉的说法貌似愤激，其实正是根据义和团事件之前京城驱夷派论点推演出来的东西，是战胜列强实现中兴的思路。张亨嘉是义和团事件的经历者。京城风气的变化，实以义和团事件前后为大，前后恍若隔世。

陈夔龙对新政的感想，反映出一些驱夷派从事新政，但内心并未接受洋务派的求富求强主张和相关思路，如说"国家整军经武，原以自强之道，首在练兵"。清廷的大部分经费也集中在北洋练兵方面，延续胶州湾

---

① 陈夔龙著：《梦蕉亭杂记》，第 86、87 页。
② 中国史学会主编：《中国近代史资料丛刊》(《义和团》第一册)，上海人民出版社 2000 年版，第 324 页。
③ 中国社会科学院近代史研究所编：《义和团史料》上册，中国社会科学出版社 1982 年版，第 113、114 页。上意谓西太后之意。
④ 胡思敬著：《国闻备乘》，第 69 页。新政时期京城官场描述，又见第 136 页。

事件后驱夷派政策的倾向依然非常强。到其后的立宪过程中，清廷已然无法控制局势，面对请愿速开国会的声势，醇亲王载沣"至避居大内阿哥所，未敢公然回邸，以避其锋"。直隶以天津为中心的请愿势头亦劲，直隶总督陈夔龙惊骇不已，至清廷逊位以后，陈夔龙"乞病获允，万事不关"。① 义和团事件及之前，陈夔龙阿附权贵，以守旧著称。佚名《纵论义和团》：光绪二十六年，"王京卿培佑，曾于五月中，首先奏请招抚义和团匪，并给予口粮。当奉旨交裕禄覆奏。陈京兆夔龙，则以曾上折痛诋新学，请将何愿船、魏默深二氏之书，严禁流布，为政府所契赏。故此次均蒙升擢。可知行在大权，仍属端、刚等。此二人阿附权奸，皆宜杀却。"② 何愿船即何秋涛，魏默深即魏源。陈夔龙有些守旧，但奏请崇正学，也的确较为符合维新变法后的清廷思路，奏折上于光绪二十六年正月。③ 义和团事件之后，陈夔龙出任督抚举办新政，但自己始终不认为属于新派，也不热衷于和新派交往，别人也认为其太旧。

和陈夔龙类似的，还有恽毓鼎。恽毓鼎宣统二年日记："日本灭韩，东三省已无可设防，京师亦难安枕。此正我君臣上下卧薪尝胆、全力保邦之时，而非创制显庸、文饰承平之时也。度支部预算宣统三年财用，出入相抵，亏三千余万两，此后追加之数，尚不止此。不知九年筹备之案，将取资于何款？若再贪慕美名，厉行不已，恐功未见而国已亡矣。宜将新政浮费痛加裁汰，专注意于练兵、外交，为救危之策。"④恽毓鼎所在的翰林院，也有一些新政方面的活动，恽毓鼎也参与一些兴办学堂之类的活动，并在其中担任头目，但内心何尝衷心赞同？

龙顾山人谓，对新政上谕："时人有'下诏罪人，励精图乱'之讽。"⑤这可算是京城舆论对新政的一般反应，即清廷把义和团事件的责任推给这个，推给那个，最后才说自己也有责任；举行新政，明为励精图治，结果却是励精图乱也。新政上谕表面看是罪己诏，实际是当时读者都知而不言、窃笑不已的大笑话。⑥

① 陈夔龙著：《梦蕉亭杂记》，第109、111、112、114页。
② 中国社会科学院近代史研究所编：《义和团史料》上册，中国社会科学出版社1982年版，第180页。
③ 朱寿朋编：《光绪朝东华录》第四册，中华书局1984年版，总第4471~4473页。
④ 《恽毓鼎澄斋日记》第2册，浙江古籍出版社2005年版，第504页。
⑤ 中国社会科学院近代史研究所编：《义和团史料》上册，中国社会科学出版社1982年版，第96页。
⑥ 中国史学会主编：《中国近代史资料丛刊》（《义和团》第二册），上海人民出版社2000年版，第526页。

　　清末新政时期，清廷固然采取了江楚会奏中洋务派的很多主张，但也有很多做法沿袭了义和团事件之前荣禄、刚毅执政时期的练兵筹饷、裁撤局所思路：

　　　　日俄战争爆发后，日本提出中国若局外中立，必须弹压沿江沿海土匪勿令生事，清廷据此要求各省防备弹压。西太后还十分关注筹饷练兵事宜，催促张之洞等沿江沿海督抚加意防守、练兵、调兵保卫京畿地区和维持辖区治安，认真保护洋人教堂财产。① 在具体的筹款办法方面，练兵处、户部和御史等提出了很多方案，但具体确定、以身示范和督促执行采取就固有之款整顿、开源节流和剔除中饱的方法，并交由户部统筹的是西太后。②

　　光绪三十年五月二十八日西太后的上谕，与义和团事件之前荣禄、刚毅执政时期的政策如出一辙。地方督抚的反应，一如义和团事件时期。袁世凯心中不赞成但奏折中称赞迎合，张之洞心中不赞成奏折中也表明自己态度但有限度地执行。权臣表面是忠于朝廷，忠臣表面是和朝廷作对。甲午战争后到清末新政时期山东、湖北和直隶等省的很多措施及其不同演进路径，各省的民变，皆和这类清廷政策及地方督抚应对有关。光绪三十年六月，袁世凯奏《直隶筹办兵饷情形折》：

　　　　窃臣承准军机大臣字寄："光绪三十年五月二十八日，奉上谕：朕钦奉慈禧端佑康颐昭豫庄诚专恭钦献崇熙皇太后懿旨。军制以整齐为要，练兵尤以筹饷为先。各督抚务须不分畛域，共济艰难，以身作则，崇俭去奢，为属吏倡率。各就本省财力，实心筹措，外销之款，核实腾挪，中饱之数，从严厘剔，并归并局所，裁汰冗员，清提陋规，力除糜费，以资挹注。每年匀出的款若干，以为练兵之用。不得多留优缺、优差，为调剂属员地步。并将筹办情形限一月内具奏。等因。钦此。"跪诵再四，仰见深宫轸念时艰，忧劳大局，圣谟广运，垂训周详。凡属臣工，苟具天良，孰不感奋。
　　　　臣猥以驽庸，渥叨殊遇，愧未能广建富强之略，以上纾两官宵旰

①　赵德馨主编：《张之洞全集》第十一册，武汉出版社 2008 年版，第 118 页；朱寿朋编：《光绪朝东华录》第五册，中华书局 1984 年版，总第 5132 页。
②　朱寿朋编：《光绪朝东华录》第五册，中华书局 1984 年版，总第 5116、5117、5118、5121、5130、5131、5133、5139、5166、5191 页。

之忧。自奉命莅直以来，夙夜兢兢，尤冀以练兵、筹款二端勉图报称。惟是筹款匪易，筹款于直隶尤难。以直隶地瘠民贫，迥非繁富之区可比，向来既少优缺，并鲜优差。叠经臣酌提州县中饱盈余，节省河工修防经费，整顿各属田房契税暨宣化盐税等项，每岁计增三十万两。又认筹烟、酒税项，每岁八十万两。综计岁增额款共一百一十万两，均于未经奉旨之前先后奏明在案。

至直省冗员，以佐贰为最多，教职亦半无所事。现方督饬藩、臬两司，并会商学臣，设法汰减，另案奏报。各项局所，自历任督臣曾叠次奉谕裁并，现计其旧有者，皆几经审定而始能留存；其新添者，必万不可少而始行建置。以近年来举办新政，端绪纷纭，而直隶为首善要区，北洋为交涉重地，庶务之繁，实倍他省。该局所各有任寄，各专责成，尚不同骈拇枝指，徒为赘设。第值库储万紧之时，必须格外撙节。臣谨当悉心酌度，如有事务较简者，即行分别裁并。现在筹画伊始，姑难预定确数。然约略计之，以上冗员、局所二端，汰并之后，每岁当可省银十余万两。

若夫官邪多起于贪，而官贪半由于奢。直隶向系瘠区，尚无奢靡恶习，臣莅任后，复叠饬各属力戒浮文，禁革糜费，以遏弊窦而励官箴。自道府以下，皆为之酌定公费，所有从前各属陋规，一律提解藩库，化私为公，永不准再有陋规名目，亦曾经奏明有案。此外如尚有可以清厘、可以节省之款，仍当随时认真考核，依次筹集，总期裨益饷需，庶可仰副宫廷谆谆告诫之至意。①

上述西太后的上谕思路，正是江楚会奏指责的，也是张之洞在京城时明确反对的。② 许同莘编《张文襄公年谱》描述了事情的起因和张之洞的应对："七月，覆奏筹拨练兵经费。练兵处奏派各省练兵专款，部议虽主就固有之款整顿，练兵处意不谓然。五月，旨饬各省实心筹措，每年匀出的款，为练兵之用。六月，侍郎铁良奉旨南下，查勘江南制造局移建地方是否合宜，并查各省出入款项、局所利弊、兵额虚实。密遣良弼先发，微服访问，期于必得巨款。部议整顿十条，湖北有已办者，有不便者。公谓苟可足国而不扰民，不必限定名目。湖北自试铸铜元以后，销畅利赢，四省

① 骆宝善等编：《袁世凯全集》第十二卷，河南大学出版社 2013 年版，第 348 页。西太后上谕又见朱寿朋编：《光绪朝东华录》第五册，中华书局 1984 年版，总第 5107、5198 页。
② 胡钧编：《清张文襄公之洞年谱》卷五，页六。

合办土膏统捐，预计溢收亦巨，遂照练兵处原奏解足五十万，又遵旨就冗员糜费尽力裁节，认解三万两，又率司道府厅州县报效五万两，听候部拨。按报效之款，以本年十月皇太后七旬万寿，故循甲午例为之，此庆邸于上年七月率内外王公百官合词陈请者。"①十月份清廷上谕又缩小了铁良的巡查范围，实际是对各省督抚的让步："至各省司库局所一切款目，毋庸调查，著即责成该省督抚，认真整顿，不准浮收滥费，力戒侵欺。"②另外，铁良没有成为刚毅第二，也是经过了地方人员的劝说，并采取了地方人员建议的统捐办法。铁良在奏报检查情况时，也对张之洞等地方督抚的练兵作法持肯定态度。③

以下为张之洞光绪三十年七月《筹拨练兵的款折》，其中包含了与其思路一贯的针对筹饷练兵、经费使用等方面的内容：

> 窃照光绪三十年六月十六日，承准军机大臣字寄，光绪三十年五月二十八日奉上谕：朕钦奉慈禧端佑康颐昭豫庄诚寿恭钦献崇熙皇太后懿旨，现在时艰日棘，除宽筹的款，迅练劲兵，实无救急之策。饬令各省实心筹措外销之款，核实腾挪中饱之数，从严厘剔。并归并局所，裁汰冗员，清提陋规，力除糜费，以资挹注，每年匀出的款若干，以为练兵之用。限于一月内将筹办情形具奏。等因。钦此。仰见官廷宵旰默筹危局，备豫不虞之至意。而且却贡珍，省仪文，躬行节俭，为天下先。钦感之余，尤深惶悚。
>
> 伏查此项练兵的款，上年十二月两奉寄谕，增抽烟酒两税，湖北应派银三十万两。酌提丁漕浮收并田房税契，湖北应派银二十万两。嗣又于本年正月准户部咨筹饷十条，其关涉各省者，内有严核钱漕，酌提优缺优差，各官报效等项。本年臣回任后，匆匆不及一月，即赴江宁。迨臣自江宁回鄂，正在督饬司道局员悉心筹办间，钦奉前因，亟应迅速遵旨妥筹的款。惟是各省情形不同，即办法不能一律。臣愚以为筹款之法，但期有益国计，不扰民生，即不必限定何项名目，转滋借口。如湖北省烟酒税项，前因拨补宜昌盐厘，款多无著，鄂省创议整顿，将烟、酒、糖三项奏准加抽，每年约可收银二十余万两。此系筹备拨补盐厘专款。嗣因商民避重就轻，私向洋商领单报运，以致

---

① 许同莘编：《张文襄公年谱》，第185页；朱寿朋编：《光绪朝东华录》第五册，中华书局1984年版，总第5200、5207页。
② 朱寿朋编：《光绪朝东华录》第五册，中华书局1984年版，总第5252页。
③ 吴剑杰编著：《张之洞年谱长编》下卷，第852、854、858页。

税收日形短绌。已经叠次大加宽减，以广招徕，断不能再行加重，徒为鱼爵之驱。

又如州县钱价赢余、田房税契两项，查光绪二十七年部文饬筹新案赔款，当将各州县丁漕钱价赢余厘剔整顿，提取归公，凑解赔款。其田房税契亦经剔除中饱，酌量加征。以一半凑供赔款，一半抵补无著盐厘，均经奏明有案。盖烟酒税契等事，湖北因盐厘无著，焦灼无计，始力排浮言，创议举办。至今盐厘之无著者仍多，但有可以增多之道，断无不竭力稽征。理势昭然，当蒙宸鉴。

又如酌提优缺一项，查州县既经两提钱价，税契改章以后，从前所谓优缺，今则仅敷办公而已。若搜剔太过，州县无以办公，甚至不敷用度，必致别滋流弊，仍然害及地方。

又如酌提优差一项，查优差无过厘金，而厘金局卡，湖北已节次整顿，厘剔中饱陋规，加增正项，比较近年收数增多，即其明证。节经前任抚臣于荫霖、本任抚臣端方奏报奖有案。正项多收至三四十万串，则其间中饱剔除，亦必有一二十万串。此消彼长，其理甚明，似不便再事搜求，徒致扰累商民，自贻驱归洋旗之害。

窃思湖北解款，除额解京饷、荆州满饷、甘饷、淮饷、四国洋款镑价、新案赔款及本省向有支款不计外，本年新拨广西协饷八万两，龙州边饷十三万两，云南铜本二十万两，吴元恺一军月饷、军械、杂费一年约计需银三十万两。现经遵旨筹备湖北所练新军赴湖南境外、广西全州一带会剿，计须派步队八营、马炮工等营酌拨，约计此项每年亦需银三十万两以外。共计新增解款、支款已一百万两以外，较之各省格外艰辛。筹画支应实已万分艰难，正在彷徨无计。惟是畿郊拱卫陪都，经营筹饷练兵，在时局极关紧要，无论如何艰难，断不敢不力顾本根大计。查湖北自前年秋冬试铸铜币，去年以来，因制钱极缺，银价甚低，铜币畅行，颇有赢余。去年派遣学生出洋及兴建各学堂，暨增购兵械各巨款，大率取给于此。今年因各省铸数渐多，价钱渐平，赢余略少。然体察湖北民间情形，五年之内，虽使价日平，赢日少，当不致霄壤悬绝，枯涸顿尽。此款系去年始经增多，其获有赢余适出天幸。臣现在极力综核整饬，约计惟有此款尚可竭力腾挪提解，以应京畿急需。除已经户部指定铜币赢余项下拨银二十万两解充云南铜本外，兹拟再于铜币赢余项下提银五十万两，遵旨解足每年所派练兵的款，即以抵补他项无从裁提之数，

至如外销一项，当论公私，其入已者自应严行禁革。若地方要

需，关系利害，而非部例所有者，自应筹款济用。外国名曰地方税，外国视之极重。盖以地方捐款办地方公事，多由绅董经收，不在丁漕厘税之列。然其事既关地方民生休戚，即有关国家利害。湖北外销之款，大率系兴学、练兵及振兴农工商诸实业之用，惟有遵旨核实节省，腾挪应用，势难概从删除。今拟多提铜币赢余，即系设法腾挪外销，先尽部款，期于急务为先，仍然不致偏废。

又如中饱一项，本系侵蚀之正款，中饱去则正款增，公家自有无形之益。只能查明裁禁，不便指项专提，致令借口多收，前已于提优差一条陈明。

又如陋规一项，大率相沿旧例，为数琐屑畸零，其类约分两种：一为州县之陋规，一为关卡之陋规。窃谓此等款项，其足以病民累商者，必当严行禁革。其尚不甚病民累商者，在州县则止可留充地方善举，并以养济丁差。在关卡则藉以津贴水陆司巡，俾免格外刁难需索，似难责令提解。

又如糜费、冗员两项，自当竭力裁省。然方今事变纷繁，日新月异，凡物事工程稍涉西法，委员、译官稍关交涉，动需繁费。人才少则不足以集要事，薪水少则不足以养才能。设使刻核太甚，则贤者动为束缚，才者早已远飙，中材但知循例供差，于公家利害默然坐视，必致重要政事堕坏于冥漠无形之中，紧急事机贻误于樽俎折冲之际。尝有其先省数百千金，而日后多费数万金至数百万金者。若有关理财之事，惟在择贤员，责成效，断宜厚薪以养廉，优奖以示劝。倘专务省费，则所省者少，而所耗者多。古来名臣长于理财者，言之已详。就湖北言之，有可裁之用费，尚有办理新政应增之用费。有可省之局员，亦有办理新政应添之局员。势难专从删汰，惟当以实事求是为主。

总之，费不能惜，而必力杜其糜。员不能少，而必力戒其冗。以仰副朝廷殷殷告诫除弊节流之至意。兹就提陋规、节糜费、裁冗员三项，竭力裁节，合计每年至多不过二三万金，拟即每年认筹银三万两，解部济用。

又如严核钱漕一项，近年鄂省于偏灾薄歉奏请蠲缓者，每经驳查覆勘，力求核实，不能任听冒报，率行滥准。大约灾缓之数，较前三年有减无增，有历年奏销册可查。

又近日恭阅电抄，奉旨裁汰官缺一件，现经饬司详议，力加省汰，俟议定后专折奏陈。核其俸廉各项，如能省出若干，另作为裁官

节费一款，专款解部。至各官同受厚恩，谊应报效，臣谨率同现任司
道府厅州县报效银五万两，另款存储，听候部拨。此外可筹者筹，可
省者省，但有无碍民生、无妨要政之款，必当竭力筹凑，以期稍济北
方边事之急，上纾圣慈焦灼之怀。

　　朱批：户部知道。钦此。①

　　张之洞采取的相关措施，很多沿袭荣禄、刚毅执政时期和湖北巡抚于
荫霖协商采取的应对朝廷筹款方法。② 光绪三十年七月十六日，张之洞电
署户部尚书赵尔巽："次翁大喜，特简司农，敬贺，入枢可预卜矣。时艰
饷急，分当力筹。来示所谓生利之方，大指所在，祈示其略。铁宝臣侍郎
南来，拟筹款若干，能见示至感。史绳之中丞约赴何处。尊意既令鄙人筹
款，则请责成鄙人独办，必能仰副宸廑，若有人掣肘，则难矣。"③次翁即
赵尔巽，铁宝臣即铁良。军机大臣有奕劻、王文韶、瞿鸿禨、鹿传霖和荣
庆诸人。因军机处作了一些折衷，要求各省筹办的数量没有多少增加，清
廷最后也没有让铁良调查各省司库局所，尚未引起地方督抚的强烈反弹。
光绪二十九年十二月，在北京的张之洞致署湖广总督端方和梁鼎芬电报中
透露获得的消息说："要人云，某省已有电询枢府，派饷力实难筹，可不
解否，答云可，但须稍缓再覆。昨明发上谕，户部就固有之款整顿，即是
将前案暗暗化去。此乃枢廷苦心，外省但就此次户部奏各条量力筹办，即
可交卷，至前案以缓覆为妥，切切。此众要人屡次面言者也。总之，本初
乃是借俄事而练兵，借练兵而揽权，此外流弊，不敢尽言，然众言官已直
言之矣。京城大小臣工皆以此为忧，专望外省匡救。仁和素缄默，此次亦
向邸力争，他人不待言。千万勿泄。"④仁和即王文韶，邸即奕劻，本初即
袁世凯，枢府即军机大臣王文韶、瞿鸿禨和荣庆。稽查各省司库局所之举
动虽已停止，西太后仍继续督促各省裁撤冗员浮费及筹措练兵军饷，湖北
又每年筹办54万两。⑤ 各省多未解足，湖北也难以为继。⑥

　　从张之洞电文的情况看，他对西太后在义和团时期的政策趋向已经有
所察觉，十分震惊，但并不对外张扬，也恍然大悟日俄战争后的军机处和

① 赵德馨主编：《张之洞全集》第四册，武汉出版社2008年版，第188、189页。
② 赵德馨主编：《张之洞全集》第十二册，武汉出版社2008年版，第74~76页。
③ 赵德馨主编：《张之洞全集》第十一册，武汉出版社2008年版，第146页。
④ 赵德馨主编：《张之洞全集》第十一册，武汉出版社2008年版，第118、119页；朱寿朋
　编：《光绪朝东华录》第五册，中华书局1984年版，总第5259页。
⑤ 赵德馨主编：《张之洞全集》第四册，武汉出版社2008年版，第211~215页。
⑥ 赵德馨主编：《张之洞全集》第十一册，武汉出版社2008年版，第300页。

宣统年间的清廷及醇亲王载沣和自己政见不合，清楚清廷决策者并不完全采纳自己的意见，而义和团事件之前外界只是认为是刚毅的政策，对西太后的政策层面的确切动向并不掌握。许同莘编《张文襄公年谱》等书对张之洞和载沣在满汉关系方面的分歧描述颇多，但尚未能甄别出张之洞和载沣在政见方面也存在系统分歧。① 光绪三十二年张之洞致电军机处、厘定官制大臣："昔唐贤有云，天下本无事，乃庸人自扰之耳，洞窃以为不然。无事自扰尚无大害，若方今四海有事之日，再加之以扰，则不可支矣。且庸人安能扰天下，惟才敏气盛急于立功立名之人，察理不真，审势不明，贸然大举，乃能扰天下耳。宋王安石岂庸人哉。洞近年以来，于各种新学新政，提倡甚力，创办颇多，岂不愿中华政治焕然一新，立刻转弱为强，慑服万国。第揆之民情，衡之物力，实不宜多有纷更。……练兵虽要，尚不如安民得民之尤急。"② 张之洞在宣统元年所上清廷遗折之中，也显示他清楚清廷思路和自己不同，很多言论是针对西太后和载沣的政策倾向而发："当此国步维艰，外患日棘，民穷财尽，百废待兴，朝廷方宵旰忧勤，预备立宪，但能自强不息，终可转危为安。伏愿我皇上亲师典学，发奋日新。所有因革损益之端，务审先后缓急之序。满汉视为一体，内外必须兼筹。理财以养民为本，恪守祖宗永不加赋之规。教战以明耻为先，无忘古人不戢自焚之戒。至用人养才，尤为国家根本至计。务使明于尊亲大义，则急公奉上者自然日见其多。方今世道陵夷，人心放恣，奔竞贿赂，相习成风。尤愿我皇上登进正直廉洁之士，凡贪婪好利者概从屏除。"③"内外必须兼筹"当如光绪三十三年奏折所说"安内之与御外，无本则鲜功"而言，清廷以御外为主，张之洞认为安内和练兵抵御外国要统筹兼顾，甚至认为练兵不如安内为急；"教战以明耻为先，无忘古人不戢自焚之戒"则是针对卧薪尝胆和复仇倾向而言，"不戢自焚"即"兵不戢，必自焚"之缩写，意谓用兵不收敛等同自杀。黄濬云："遗疏有'守祖宗永不加赋之规，凛古人不戢自焚之戒'各语，天下诵之"。④ 黄濬尚未能觉察张之洞在遗疏中说此语的用意所在，没有揭示出张之洞已经在政见方面表现出和清廷的重大分歧。⑤ 清廷此时国力很弱，并无对外用兵的征兆，张之洞此语当是针对清廷中驱夷派轻易主战、孤注一掷和好大喜功而言。之前

---

①　吴剑杰编著：《张之洞年谱长编》下卷，第 1021、1022、948 页。
②　赵德馨主编：《张之洞全集》第十一册，武汉出版社 2008 年版，第 316 页。
③　赵德馨主编：《张之洞全集》第四册，武汉出版社 2008 年版，第 344 页。
④　黄濬著：《花随人圣庵摭忆》上册，中华书局 2016 年版，第 512 页。
⑤　黄濬著：《花随人圣庵摭忆》上册，中华书局 2016 年版，第 366 页。

张之洞一般把这类主战倾向归之于徐桐等人，清廷在义和团时期还是否认
自己主战的。此时刚毅、徐桐等已死，如果清廷没有这类想法，张之洞在
遗折中也不必向清廷重点提及。至于"但能自强不息，终可转危为安"则
阐述了张之洞自己从甲午战争后持之一贯的政见，即自强的目的是挽救国
家危亡。从张之洞阻止隆裕太后招人为其讲授经史以防止其效法西太后垂
帘听政，以及私下说载沣所说的可以用兵镇压民变的话是亡国之言看，张
之洞已经感到清朝已大厦将倾，清廷不愿接受自己的意见，自己独立难
支，却又无法明言，只能对知交陈宝琛含糊提及，幕僚许同莘和胡钧等人
并未发现其中奥秘所在。① 西太后死前，张之洞"入宫议事，无问昼夜，
受遗定策，其详不得闻"。② 宣统元年，清廷任命张之洞为编纂德宗实录
总裁官，结合西太后遗诰中"他日光大前谟"之类语言，张之洞或许已经
发现义和团时期的一些奥秘。③ 西太后较之载沣灵活一些，不完全征求和
采纳张之洞等地方督抚的意见，但对张之洞一些涉及满汉关系等敏感方面
的不同意见尚能接受，注重筹饷练兵的同时对兴学育才之类措施也能积极
支持，张之洞尚能当面直言，对载沣则不愿当面直言，只能含糊提醒冀其
领悟。④

　　查清廷针对江楚会奏的上谕，本来就是有选择地采纳，不是悉数照
办。光绪二十七年六月上谕："朕钦奉皇太后懿旨：昨据刘坤一、张之洞
会奏整顿中法以行西法各条，其中可行者即著按照所陈，随时设法择要举
办。各省疆吏亦应一律通筹，切实举行。大要不外言归于实，用得其人。
予与皇帝宵旰焦劳，母子一心，力图兴复，大小臣工其各实力奉行，以称
予意。将此通谕知之，钦此。"⑤清廷的总体思路和重心，如光绪三十年五
月光绪所奉西太后懿旨所言，乃是"于筹饷、练兵、兴学、育才以及农
商、工艺诸要政"，"合力振兴，切实整顿"，在兴学、育才、农商和工艺
等方面带有江楚会奏的明显痕迹，但总体上仍然是强调筹饷练兵为重，具
体实施方法则由各种政治力量协商和妥协而成，并非江楚会奏的照搬，张
之洞等人的做法也受到京城政治力量的明显制约和政策性裁定。⑥《北洋
公牍类纂》罗列的内容，大体就是清末新政的范围，只是在编纂资料时，

① 胡钧编：《清张文襄公之洞年谱》卷六，页二十二；卷六，页十六。
② 许同莘编：《张文襄公年谱》，第214、215页。
③ 胡钧编：《清张文襄公之洞年谱》卷六，页十七。
④ 胡钧编：《清张文襄公之洞年谱》卷五，第7、18页。
⑤ 吴剑杰编著：《张之洞年谱长编》下卷，上海交通大学出版社2009年版，第697页。
⑥ 朱寿朋编：《光绪朝东华录》第五册，中华书局1984年版，总第5197页。

缺少了清廷内部新政总体思路、内部分歧以及群体差异方面的内容，影响了资料的整体价值。

总的看来，义和团事件之后，驱夷派未必真心赞同洋务派的主张，但采纳西学已经是公认的趋势。《清儒学案》中的"南皮学案"说："清季政治为新旧递嬗之际，亦新旧交争之际，学术同然，新机不可不启，旧统不可不存，乃克变而不失其正。文襄身体力行，语长心重，合汉、宋、中、西，以求体用兼备之学。规模闳远，轨辙可循，虽时势所趋，未必尽如其志，守先待后者，所当奉为龟鉴也。"①《清史稿》中指出倭仁和徐桐鄙视洋务，评判标准与义和团事件之前已经大有不同。

新旧之争、门户之争及新旧势力消长，仍是在晚清文献中经常出现的。所说守旧派的思路，仍然和荣禄、刚毅执政时期如出一辙。徐桐、刚毅等人是一种政治势力的代表。前有传承，后有延续。

《汪康年师友书札》收光绪二十八年四月张鹤龄信：

> 都门风气壅塞如前，核实而言，则眼光、手段殆与前之徐、刚如出一辙，第压于外力，未敢轻发难端耳。苟去此辈，则后之徐、刚将又接踵而起，天意茫茫，正未可知。弟之在此，犹虫处禅，亦姑与为俯仰而已。广宗、巨鹿复开巨衅，当事者借兵力剿洗，以示可用。民困不恤，敌谋不知，偃蹇一隅，聊为夜郎之自大。异时情迫势见，必有一蹶之日，明者颇已知之矣。北方实不堪久居，第去此亦无可适耳。②

《中外日报》1903年12月刊夏曾佑《论政府练兵之无当》：

> 今日奉上谕，命庆王、慰帅等练兵。本馆闻之，曾不知朝廷练兵之旨何在也。以为与俄人开战而练兵耶？临渴而掘井，将焉用之？以为弹压汉人而练兵耶？满人今日根本已亡，若欲久立于中国，其应与汉人交亲或与汉人决裂，此其分际不待智者而后决。或以为可以示富强之形势，使中外均有所慑而练兵耶？则瓜分之速率与练兵之速率，其较为孰捷，亦天下共知之。是故练兵之举，在于今日，一无足恃，

---

① 徐世昌等编纂：《清儒学案》第七册，中华书局2008年版，第7191页。
② 上海图书馆编：《汪康年师友书札》2，上海书店出版社2017年版，第1650页。

适足表明朝廷之至今尚未知觉之据耳。①

汪康年在宣统三年二月写道：

近某报忽以中国宜速备战为言，此等人殆于今日作战之难，兵费之巨，军械之日出不穷，及本国之地位何如，均茫乎未知，辄欲轻议大事，亦可谓糊涂之极矣。

伊等必曰：与其忍辱含垢，不如起而一战，既可自立，且借以作民气。噫，兵凶战危，亦可试为之乎？既云战，必须算定吾国之兵，果有若干能战，各海口均能守否？枪炮能合用，能敷用否？子药粮饷足支若干日，万一被敌人封海口，内地能不变动否？试使该报主笔一细思之，想亦自认为糊涂也。

伊等之意，又必曰：今日之局，战亦亡，不战亦亡，与其不战而亡，无宁战而亡，犹足为吾国历史生色。噫，此语则更奇怪矣。为此言者，率指大势已去，计无复之，姑为背城借一而言也。若夫边警叠至，而大局尚完，则正宜多方为图存之计。若不能为此，而姑求一逞，以置国家于必败、必亡之地，是吾辈自为名而大误国事也。倘谓国家虽亡，一战犹足生色，不知谋国事者，战与不战，咸以其时之宜不宜为断，非以将来史册上生色与否为断。吾甚愿持论者稳重以出之，勿为儿戏之言，斯可矣。

吾尤愿持论者，须知古来昏庸贪鄙之人，足以亡国，即意气用事之人，亦何尝不足以亡国？试取南宋、明末之史一为研究，当可得之。即如前之主持义和团者，其中亦大有慷慨激昂之人，亦何尝不以战足自立为言。后来成败若何？夫亦大可睹矣。②

---

① 杨琥编：《夏曾佑集》上册，第113页。
② 《汪康年文集》上册，浙江古籍出版社2011年版，第312、313页。

第五章　其他相关问题

第一节　叶昌炽《缘督庐日记》与京官历史
解释系统的构建

　　京官作品和报纸报道中记载的一些京畿地区政治动向资料，很多并非源自京官本人亲见或亲历，而是来自京官之间的相互传闻，不一定属实或不一定可信，更不会像人物传记那么全面。相关作品很多，但记载的事件和人物动向大略相同。如杨典诰《庚子大事记》记载有西太后西逃前召见王文韶等人的情况和西巡随扈人员名单，此并非杨典诰亲历，而是来自王文韶对外书信。① 叶昌炽《缘督庐日记》注明了信息来源，在相关作品中是较为严谨的，该书涉及义和团部分的总体架构和仲芳氏、杨典诰、恽毓鼎等人的作品差不多。这类作品内容大略相似，考证一本即知其余。又，叶昌炽的交往圈和高枏有很多重合，二人交往不密，但记载的事情很多相同或相近，只是高枏日记中涉及于式枚和甘大璋的资料稍多，对川籍京官较为熟悉；叶昌炽则涉及秦绶章、易贞的资料稍多，和江浙一带京官较为熟悉。② 不过，《缘督庐日记》中对京城政事开始详细记载，始于维新变法，其中有一些对朝廷做法嘲讽的文字，又对徐桐和刚毅等旧派描写详细并加以嘲讽，颇疑此书涉及维新变法与义和团的部分乃事后所作，显示史馆人员中间似乎有一些约定。

　　　　五月初三日，闻义和拳匪滋事，自涞水至丰台，铁路焚断，并毁电杆，丰台火车站房屋，皆付一炬。

---

① 北京大学历史系编：《义和团运动史料丛编》第一辑，中华书局 1964 年版，第 21 页。
② 中国社会科学院近代史研究所编：《庚子记事》，知识产权出版社 2013 年版，第 153 页。

初八日，闻京津铁路又有警信，讹言义和团夜诵咒，有红光一点，上升霄际，与星月相辉映，谓之红灯罩。

初十日，何润甫同年乃莹，由府尹迁副宪，昨丞午来谈，云前润夫有封事云："义和团但仇教，不扰民，有古烈士风，部勒之可成劲旅。"曾不数日，有此超除，其遗缺以王保之前辈补授，亦旧学之铮铮者，皆丙子同年也。

按： 此条京官作品多有，来源相同。高枬日记五月十九日条，记载的是于式枚提供的何乃莹涿州来信，较为详细。易贞字丞午，军机章京。王保之即王培佑，顺天府尹。

十一日，今晨见邸抄，有旨晓谕会匪，中有云："铁路系国家所造，教堂亦系教士、教民所居，岂得任意焚毁，是该团等直与国家为难，实出情理之外。昨已派顺天府兼尹军机大臣赵舒翘前往宣布晓谕，应即遵奉，一齐解散；若再执迷不悟，即著大学士荣禄分饬董福祥、宋庆、马玉崑各率所部，实力剿捕，刊刻誊黄，遍行晓谕。"昨日荣中堂销假，始有此篇文字也。

十二日，闻奴子言，直省教民平时欺压良善，无所不为，此次铤而走险，一呼百应，盖非一朝一夕之故矣。然逞一朝之愤，不顾身家，祸延于国，其愚可悯。今日有旨责成步军统领衙门、顺天府五城严拿惩办，但愿早获首要，胁从解散，如天之福也。

按： 京官对直隶民教关系详情并不了解，写不出直隶民教冲突与义和团兴起的全过程。

十三日，闻赵展如尚书归至涿州，不能前进。据其从人云，甫出彰义门，拳民即列队郊迎，其涿州之头目，已具结允解散。果尔，尚不虚此一行也。

按： 赵展如即赵舒翘，然京官作品不掌握清宫档案，对赵舒翘的详细情况并不完全掌握。

十四日，公祭副总裁徐寿蘅尚书，见钱新甫同年，谈时事日棘，相与叹息。新甫述骆公肃见启映之之言，骆云：拳匪滋事，束装尚难

定期。启云：尔回朝覆命日，都城无鬼子矣；从此可长享太平矣。骆
又言：讹言乱民将烧东交民巷使馆，不可不防。启云：红灯罩自天而
下，不啻天火烧，何能尤人。噫！吾辈无死所矣。

按：徐寿蘅即徐树铭，骆公肃即骆成骧，启映之即启秀。钱骏祥，字
新甫，浙江人，国史馆人员。

此条京官作品多载，然叶昌炽所发感想，并非代表光绪二十六年初至
五月份对外宣战之前的京城官员心态。

十五日夜，闻董军戕一日本书记官，火候渐熟矣。

十六日，柬丞午，得其复书云：董军所戕，系日本书记官。汉于
归云：崇受之金吾，驰往缓颊，告以交涉事不能如此孟浪，亦不允。
又闻端邸到译署，即改照会为饬知，檄各国使臣，此后毋许传教；所
有拆毁房屋自行修理，人命亦置不管。德国陆兵五千已在途，各国兵
亦络绎到京，津沽兵船已到二十余艘。甲午病在枝叶，此番病在心
腹。吾生不辰，不先不后，逢此一日，茕独余生，本无有生之乐，束
手以俟天命可矣。

按：京官作品多载此事。崇受之即崇礼，丞午即军机章京易贞，河
南人。

十七日，经士今晨往访康民，云：昨有旨派启秀、那桐、许景
澄、吴廷芬至使馆晤商，请洋兵无进京；各国使臣允兵至驻扎馆中，
不令骚扰。又闻董福祥召对后，即统全军驻永定门，摩拳擦掌，预备
与洋兵开仗。荣相檄令调驻南苑，董云：从前受中堂节制，此时我面
奉谕旨，只能前进，不能退后。荣相已退值，再递膳牌请独对，以太
后朱谕出示之，始允撤兵。

按：关于董福祥不受节制的记载颇多：其一，高枬日记五月二十日
条："荣调董扎万寿山。董不听调，言面奉懿旨扎城门，且以言抵荣。闻
密旨调袁与合肥去矣，不知能急至否。后又止之，以其深恶团也。"①其
二，光绪与荣禄的对话，说光绪问荣禄，董福祥恐不受节制。其实，这皆

① 中国社会科学院近代史研究所编：《庚子记事》，知识产权出版社 2013 年版，第 139 页。

是传闻。① 以现有不完全的资料推断，光绪二十五年年底颐和园谋划开始后，董福祥和端王关系密切，一些活动未必全是荣禄的意图。② 对外宣战后，董福祥所部较为积极，和武卫中军有所不同，但在利用义和团的总体战略上和军机处策略一致。不能因为董福祥在某些方面和荣禄不一致，就认定为董福祥在所有重大问题上不受荣禄节制独断专行。

二十四日，致佩鹤缄，还书述子嘉之言云：战局已成，生灵祸亟，一人一家不足惜，如庙社生灵何？谋国者之肉，其足食乎！

按：佩鹤即秦绶章，翰林院侍讲学士。子嘉即刘永亨。

二十六日，大劫骤临，天荆地棘，北人昏然若寐，南人则不待知者而知其不可为矣。与子沂筹度，或由旱道南下，或往寿阳依秦介侯。旱道十八站，室人病体必不能支。寿阳车价四套一百金，廿八日有西帮大队可附骥，唯距故乡愈远，粮匮恐不继。佩鹤寄帑于昌平，距京七十里，虽非桃源，较困守危城，尚宽一著，决计往依之。议甫定，根生同年来，亦有同志而未决。去后，函送宣战上谕见示，小臣读之，但见王赫斯怒，我武维扬，不敢赘一词也。

二十七日，送挈至昌平，辰刻启行，至德胜门外，停车访麟书同年，探前途消息。据衙兵云：沿途有教民抢劫，行人稀少。与子沂再三斟酌，既出矣，壮士行何畏，即驱车前进，未至清河，遇潘经士、耿伯齐自延庆州归，下车略谈，云前途安静。各分道行五十里，至沙河镇白家店尖途次，遇团民数十人，持刀盘诘，室人下帷坐车中，团民遽呼云："二毛子"，二毛子者，北人称教民之词也。即搴帷示之。余亦下车，告以吾等系京官良善，出走避兵，将眷属安顿后，仍回京当差耳。始连呼好人好人而去。

六月初八日，厨人来，持到佩鹤函云：有旨催各督抚派兵勤王，召直隶藩司廷杰进京。又闻请英、俄、日三国调停，然何以攻之也。又闻黄慎之学士为团民劫至庄邸，三日未归。麟书归云：袁慰帅军为团民所遏，不得进，午前团民大队纷纷北下，云赴沙河剿二毛子。

① 中国社会科学院近代史研究所编：《义和团史料》上册，中国社会科学出版社1982年版，第185、186页。
② 佐原笃介编：《拳匪纪事》卷二，光绪二十七年铅印本，第192页。

初九日，前有旨派李端遇、王懿荣为团练大臣，今日闻黄伯香前辈派会办团防事宜。

初十日，两旬以来，喋血禁城之内，群情鼎沸，奔命不暇，今日始将身所亲历，按日记之。天遭大劫，如火燎原，方兴未艾，何日期至，即于何时绝笔，亦未知朽蚨残蝉飘零何所？麟书同年，入城归云：津有团首曹姓，骁猛善战，击敌紫竹林，颇有斩获。

按： 麟书即吴麟书，北城兵马司官员。叶昌炽日记这部分内容是事后所作，给人以早就料到清军必败，自己只有听天由命的印象。京城舆论远非如此。① 如前引光绪二十六年六月二十三日刑部尚书贵恒奏折所说"连日攻击逆馆、逆堂，将近一月，终日炮声震耳，人心镇定欣悦，皆谓不日报捷，全师直抵津沽，逆夷授首，同声感颂皇太后为我朝圣人，直为亘古神人"云云。

十一日，吴厨来，持到凤石函云：紫东、康民、根生三家眷属，今晨赴保定，莘耕同往，其家望后亦拟赴卫辉，依同乡汲县令李子明。又云，津团有捷音，佛心欢喜，命大阿哥向东南方叩谢，此团规也，可谓笃信矣。又云，黄慎翁以私自出京交刑部，兵民泄昭信股票之愤也。

按： 康民即顾肇新。黄慎翁即黄慎之、黄思永。此事各方记载颇多，与叶昌炽此说异。此说确有依据。光绪二十四年闰三月，御史徐道焜奏，昭信股票，流弊甚多，"闻通商口岸有本系华商开设店铺，因避捐款，遂改用洋商牌号者"。②

十二日，根生同年放保定府遗缺，明日谢恩，恐宣武门晚开，来下榻，扼腕时事，切齿于偾事诸臣。朱古微学士上疏请保全使臣，不能得。荣相悬停攻牌，大书高揭，而兵团熟视无睹，攻之益猛，盖朝廷之威令，已不能行矣。

十四日，致根生、丞午二缄，根还书云：马军攻紫竹林有胜仗，

---

① 故宫博物院明清档案部编：《义和团档案史料》上册，中华书局 1979 年版，第 255、256 页。

② 谢俊美编：《翁同龢集》上册，中华书局 2005 年版，第 195 页。

津防目下可无虞。又云：翰林院有人疏请诛合肥。噫嘻！此必山东辛未老前辈也。非此老，无此糊涂。丞午云：江苏、四川、湖北督抚请停乡试，已谕允，即日揭晓。

二十二日，得署中知会，明日八点钟崑、徐两相国接见，因衙门被毁，暂移北沟沿祖家街厢黄旗官学。得佩鹤书，附示管士修书，洋兵猛攻北仓，适姜桂题一军自豫来，前后夹击，毙洋人无算，或云夏辛酉之师，姑妄听之。

按：奏请杀李鸿章者为蒋式芬，直隶人。管士修即管廷献，翰林院编修，山东人。

八月初十日，佩鹤来谈，云陈孟符、高澂兰两同年处，皆有家函述都中情形甚悉。

按：陈孟符即陈钟信，高澂兰即高枏。二人家信内容不详。高枏日记中载有致少宣即李肇南书信一件，内容和京官作品大略相同。① 实际此信纯属故意做作，掩耳盗铃。李肇南是宣化府知府，乃宣化府义和团的亲历者，宣化府义和团的兴起与之有密切关系，宣化府也是直隶地方赔款最多的地区。

十月二十日，佩鹤来谈。出示凤石函，系致我两人者，云西安大小官员，皆有津贴，二品每日三两半，递减至五六七品，每日一两五钱。随扈者，军机荣中堂、王中堂、鹿、赵两尚书、满侍郎英年、桂春、溥兴、继禄、汉侍郎惟凤石及葛振卿而已。小军机陈邦瑞、甘大璋、鲍琪豹、杨寿枢、郭之全、段书云、左绍佐、连文冲、易贞、曹垣。其余翰林院十余人，六部七八十人，都察院三人，九卿三四人。

按：葛振卿即葛宝华；陈邦瑞字瑶圃；杨寿枢字荫伯、荫年、荫北；郭之全字友琴。易贞字丞午。曹垣字久于，号讷庵。义和团时期清廷核心决策者，大部分在此名单之中。

二十七日，爽秋两子来见。云藏书百余箱，当致命时尽为乱军所

① 中国社会科学院近代史研究所编：《庚子记事》，知识产权出版社 2013 年版，第 193 页。

劫，由内达外，门窗洞然。

二十八日，佩鹤来谈，云从直报见盛杏荪大理劾毓贤一疏，淋漓痛快。又有爽秋请剿义和团一疏，据云先后凡四上章，祸胎即基于此矣。

十一月十一日，柬佩鹤，借直报及北京新闻汇报，见爽秋三疏，忠愤激发，读之流涕。其一，请责成荣禄剿团匪，并举樊云门、桂月亭、陈孝硕、黄伯香、王梅岑五人助理，名曰且剿且抚，实则一意主剿。其二，请保全使馆，为他日转圜地步，已知主剿之说，不能行矣。其三，则直劾首祸诸臣，崇信邪术，误国殃民，请诛大学士徐桐、枢臣刚毅、启秀、赵舒翘、疆臣裕禄、毓贤、武臣董福祥以谢各国，事定之后，宗社无恙，即请诛臣等以谢徐桐、刚毅诸臣。

十二月十五日，复访薇孙，知外人索祸首甚急，所开一单，豫师为首，云襄平之谋主也；其次京卿则启映之、溥玉岑、裕寿田、何润夫、王保之、黄伯香、鹿芝轩、襄平之长君枏士侍郎及其弟莲士，督抚则毓贤、锡良、于荫霖、俞廉三；小臣则琦璋、连文冲、鲍琪豹、王龙文，尚有湖南孝廉曾廉亦得附骥尾。并闻启尚书及襄平两子已作系囚，且有性命之虞，则何如殉母殉父之为干净乎。辱国至此，良可浩叹。

按：清廷支持义和团的核心人物，的确在此名单之中。襄平即徐桐，溥玉岑即溥良，裕寿田即裕德，黄伯香即黄桂鋆，王保之即王培佑。豫师字席之，为徐桐谋主。清史稿徐桐传附有豫师传，李宗侗和刘凤翰著《李鸿藻年谱》中记载豫师事情较多。[1] 左绍佐《悟澈源头》，所收光绪二十六年六月份致贻谷信中，有"兄前有刍议一纸，曾交习之先生，托其转致于荫师，此信亦恳吾弟上呈荫师、文师一阅"之语。荫师即徐桐，文师即崇绮。这显示，豫师确为徐桐之谋主。[2] 高枏日记罗列的一些责任者，也源自这类名单。[3] 现有义和团时期的很多环节，不为外界所知，即缺少了这些人的资料。京官作品熟知这些人的名字，并大肆抨击，却无法提供这些人的详细政见和活动，又绝少清楚这些人通过何种具体渠道，对清廷政策施加影响。例如，叶昌炽极力抨击徐桐，实际是多次前往拜见徐桐不遇，

---

① 李宗侗、刘凤翰著：《李鸿藻年谱》，中华书局 2014 年版，第 204、205 页。
② 中国社会科学院近代史研究所编：《义和团史料》上册，中国社会科学出版社 1982 年版，第 241 页。
③ 中国社会科学院近代史研究所编：《庚子记事》，知识产权出版社 2013 年版，第 193 页。

也不清楚徐桐日常行踪，只是翰林院点名时才能遥望。① 京官作品中提到军务处的不少，但他们实际并不清楚军务处的内部运作，因而据华学澜日记记载，京官还要通过熟人前往打探消息。② 至于提到的一些人物，如小军机如甘大璋则是偶尔向他们透露战局动向者，京官作品因而知道，并提及这些人支持义和团，且在决策中起作用，但何种作用则无法详细描述。③ 京官因为知道这些人能和高层说得上话，通过他们向高层求情的不少，如通过王廷相为翰林院一些私自出京人员说情，因徐桐担任翰林院掌院，负责点名告假事，徐桐欣赏王廷相的缘故。④ 事后这些人被追究，不乏京官在作品中表示平时和这些人很熟，也不能为其辩护，不能同意其政见，有的且指出某些经常拜访的前辈、老师是祸首和凶党，应该处死，说他们原来就威信不行，水平不高。又说有急事时经常前去，得其接济帮助，义和团时期也是如此，想不到此老如此昏聩糊涂，连如此明显的敌强我弱形势都看不清，反而去相信旁门左道，自己只能仰天长叹。有的如恽毓鼎对自己担任翰林院侍讲学士的较高地位极为敏感，翰林院偶尔有人无意中做法不符合恽毓鼎身份，恽毓鼎即生气指责，觉得自己的地位被降低。京官作品对这些人颇多不实之词。

　　二十三日，汪星台来，详询涿州乱状。据云聂军与团匪一战，匪众伤亡过半，其心已涣。自刚中堂驰往招抚，将防营撤退，纵虎出柙，遂致不可收拾。

　　二十六日，凤石自西安书来，云秦介侯见贻百金。又云行在诸臣力阻回銮，力梗和议，非庆邸、合肥坚请，返跸无期，然言者交章劾合肥。又有参王中堂，请立正典刑者。夔相精神甚矍铄，而有忧谗畏讥之意。天水尚书杜门不出，尚惓惓于京邸藏书，以敝寓近在比邻，来探消息，不知敌人已刊章名捕，与刚、启诸公同冒不韪矣。闻合肥为之力请，可稍从未减。又闻启映之、徐桝士被系后，日本两兵官往见之，馈酒四瓶，告以中日同洲，欲救无力，两公惟大哭。一云父死未葬，一云母死未葬，日官长叹而出。

---

① 中国史学会主编：《中国近代史资料丛刊》(《义和团》第二册)，上海人民出版社 2000 年版，第 448、455 页。

② 中国社会科学院近代史研究所编：《庚子记事》，知识产权出版社 2013 年版，第 106 页。

③ 中国社会科学院近代史研究所编：《庚子记事》，知识产权出版社 2013 年版，第 140、166 页。

④ 中国社会科学院近代史研究所编：《庚子记事》，知识产权出版社 2013 年版，第 98 页。

按：汪星台即汪寿金，号星台，叶昌炽友人汪眉伯子。启秀和徐承煜被俘后的活动，华学澜日记亦有记载。① 天水尚书即赵舒翘。

　　辛丑正月十六日，送报人以天津日日新闻报求售。姑披阅之，其论端、刚跋扈，直诛心曲，与鄙见若合符节，但非小臣所敢私议耳。

可见，义和团时期清廷内部决策系统和中央部门的完整信息是没有对外泄露的，不管是军机处、内阁、总理衙门、军务处还是六部皆是如此；外界诸如翰林院编修获得的是一些片段的信息。叶昌炽日记记载的一些京城政治传闻和高枏日记、华学澜日记和龙顾山人《庚子诗鉴》记载的很多重复，《纵论义和团》考证的也很多是这类片段的信息。对这些传闻，京官作品作者可依据自己的经历怀疑其真实性，但并没有依据档案进行考订的条件。查阅这类消息的传播源也可获知一些清廷内部决策圈的信息。也可看出，清廷对外宣战后，利用义和团的政治力量是和部门有关，事后被揭发出来的只是其中的少数人物，一个重要原因是外界对很多部门的内部运作情况并不了解。

叶昌炽的消息来源，除了自己打听的，有一些是如下人员主动提供的：对外宣战过程中，主要来自陆润庠、秦绶章、易贞、陈钟信、顾肇新。庚子谈判过程中，有汪寿金、陈钟信、恽毓鼎和崑冈。

这些信息源以军机章京、总理衙门章京和翰林院上层居多，较之翰林院一般人员更为接近清廷核心决策层，但透露的大都是些一般性的信息，诸如战局进展和朝廷采取了何种措施之类。

相比之下，光绪二十六年年初《那桐日记》中显示的交往圈子，就接近于清廷核心决策层，如启秀、刚毅、贻谷、荣禄、刘恩溥、何乃莹、奕劻、崇礼、载澜、袁昶、载勋、徐桐、刘永亨、桂春、崇绮等。② 因而，义和团时期的清廷决策层基本上也是清廷在京城政治力量的核心，实际就是能够参加廷议和内阁会议的满洲王公、大学士、军机大臣、六部九卿和翰詹科道中的部分人，军机大臣、各部尚书和侍郎级别的人员居多。这就出现了这个圈子中地位较高的人物如御前大臣、大学士和军机大臣实际是权力核心的情况，如载漪、徐桐、崇绮、奕劻和荣禄、刚毅，其他多为附

---

① 中国社会科学院近代史研究所编：《庚子记事》，知识产权出版社 2013 年版，第 134、191 页。
② 北京市档案馆编：《那桐日记》上册，新华出版社 2006 年版，第 335、336 页。

和者。比照《那桐日记》和《翁同龢日记》，此类人的日常交往圈子局限于京城，和地方督抚及各省官员来往不多。《高枬日记》记载，"戊戌前东海以不回拜不与肥交言自矜，人亦誉之。"[1]东海指徐桐，肥指李鸿章。李鸿章、刘坤一和张之洞在东南互保时求助荣禄、奕劻和王文韶，乃因这些人尚是京城决策层中和洋务派接触较多、较有弹性的人物而已。京官作品嘲讽了其中的个别人，并未对京城这个圈子的内政外交特征进行系统深入的研究。

叶昌炽日记光绪二十六年八月初七日中记载：

> 子沂至佩鹤处，初闻误国诸凶，犹怂恿皇太后西巡，背城借一。又闻庆邸奉旨入城议和，将至南口，许刺史已出城，治供帐。宗社安危，在此一举。又闻襄平师二十二日正命。噫，其信矣。较刚、启诸公终胜一筹，可以见倭文端于地下矣。俯仰私恩，泫然流涕。[2]

> 十八日，聘三、孟符同来，杂谈都中事，知徐相骑箕已确，崇公殉于保定，荣相为之视含敛。又闻高熙廷、宝禾年两公亦殉难，弘德殿师傅遂无孑遗。今日之难，谓不出于讲筵启沃，其谁信之。[3]

佩鹤即秦绶章，襄平即徐桐，倭文端即倭仁。聘三即王乃征，孟符即陈钟信。高熙廷即高赓恩，宝禾年即宝丰。弘德殿师傅指大阿哥师傅。倭仁乃众所周知的人物，关于其在同治年间同文馆事件中所持反对立场及其和李鸿藻、徐桐和翁同龢的协商活动，天津教案时基本赞成醇亲王奕譞驱夷主张以及士大夫阶层的普遍支持，李细珠已经进行了系统的研究。义和团时期的情况把印象较为模糊的西太后的立场及其和奕䜣政见的异同、西太后和倭仁、徐桐、李鸿藻和翁同龢等人的权变及其分化表现得淋漓尽致。倭仁长期担任翰林院掌院，徐桐继倭仁之后长期任此职，对京城士大夫阶层有重大影响，以往对徐桐的地位和作用有所忽略。

---

① 中国社会科学院近代史研究所编：《庚子记事》，知识产权出版社2013年版，第223页。

② 中国史学会主编：《中国近代史资料丛刊》（《义和团》第二册），上海人民出版社2000年版，第460页。本节其他叶氏书引文和标点依据《缘督庐日记抄》原文。

③ 中国史学会主编：《中国近代史资料丛刊》（《义和团》第二册），上海人民出版社2000年版，第462页。

第二节 驱夷派运用万国公法时的政策性权变

　　义和团时期，清廷往往给人留下不懂国际法的印象，这是不全面的。整个驱夷派参与具体的外交谈判的情况较少，涉及国际法的文字时断时续，各人多寡不同，运用的也大有人在，如荣禄和赵舒翘。另外，驱夷派有一种共识，即办理洋务仍然要依靠洋务派，和平时期，驱夷派对洋务派运用国际法的很多做法大体也能接受。从《恽毓鼎澄斋日记》看，似对《万国公法》极少提及，该书在京城市面似较罕见，一般读书多为自购，洋务书也是如此，但核心决策层如奕劻、荣禄等引用不少。约略说来，《万国公法》主要由总理衙门发给洋务官员如海关道参考，京城不办洋务的大学士、六部九卿和翰詹科道等接触和在奏折中引用较少，或仅有零星片段的引用。光绪二十八年，御史蒋式瑆在奏折中说："近世士大夫深闭固拒，以万国公法为无足重轻，以新旧两约为异端左道。平时不肯寓目，以致每遇教案，茫然无所措手。"[1]此说似部分近情。

　　清廷对义和团事件的解说，很多是从国际法角度出发的，很多解说也不是义和团时期才有。官府资料对义和团的说法上，存在截然对立的言论。这要看具体场景。因外界所了解的官府动向情况主要来自邸抄，捉摸明发上谕中关于"拳民"和"拳匪"之类的文字含义，对官府密折中的很多说法的来源并不十分知情。义和团时期，军机处针对利用义和团的官员发出的部分机密上谕，说法较为真实，公开的部分多为应付外界和反对者舆论，称乱民土匪的情况居多。邸抄中所载上谕则以称拳民为义民的情况居多，上谕中称"拳民"和"拳匪"的文字被舆论认为是将义和团区分为两类不肯镇压的迹象。另外，义和团的活动不同，说话者的身份不同，相应说法也就不同。说义和团为义民及赏赐黄马褂的，大体以京城义和团系统及支持义和团的满洲贵族为多；说义和团为乱民土匪的，大体是军机处和总理衙门描绘京城泄私愤事件；说义和团义勇的，大体指在京津沿线协助清军对抗八国联军的义和团。清军并未从整体上卷入攻打教堂的活动中，这和朝廷表示拳民、教民皆为朝廷赤子的倾向一致。说官府为义和团胁制的，大体是直隶和京城官员；将义和团区分为拳民和拳匪，则是出现在义和团事件之后的京畿地区，山东并不存在，光绪二十六年八月份之前京畿

---

① 中国第一历史档案馆编：《清末教案》第三册，中华书局 1998 年版，第 266 页。

地区官员作品原件，多以"拳民"或"团民"称呼之。作品统一口径的，其成书年代可疑，作者必有背景来历。这些说法与义和团事件之后京官作品有所区别，主要原因是京官作品不是历史原貌的如实记载。有的强调其中的某些民间教门分子、无业游民及游勇会匪，这是没有将拳民视为一个整体，有选择地强调其中某些个体的作用。

军机处和总理衙门和出于维护清廷利益的考虑，有自己解释反洋教活动的语言体系。从反清、抗官、叛乱、叛逆、乱民、土匪角度描述反洋教活动，说官府为义和团所挟制、剿抚两难，是长江教案后官府应对反洋教事件新形成的一个策略，意在为官员自己、官府和清廷推卸责任。

将反洋教事件定义为乱民土匪所为，乃是总理衙门的一贯立场，意在从国际法角度论证事件不是针对外国人，属中国国内问题；也和官府支持无关，拒绝外国干涉，也拒绝赔偿。光绪十七年热河金丹教事变，法国公使李梅要求中国政府赔偿教堂损失，总理衙门拒绝，光绪二十年，施阿兰重提此事。总理衙门表示，事情起因于"叛逆乱民"，属于内乱，和光绪十七年长江教案等"专与教堂为难者"情形不同。至于教民，均系华人，在事变中和平民同受损失。肇事者均被正法，名单已照会李梅，"是此案早经完结。至于教堂损失，只可归之劫数，断无向中国国家索赔之理"。总理衙门按照瑞士人步伦氏《公法会通》所说"遇地方遭变以及国内纷争，致客民受损者，则不得向本国索偿"，说热河事变和此例所说情况相同，传教士在中国属于客民，其所受损失也和客民房屋相等，依照万国公法均不应赔。总理衙门还表示，"向于各国教堂案件，凡有应行赔补者，即数目甚巨"，"无不如数赔偿"。①

地方官从反清、抗官角度上报反洋教事件，意在逃避赔偿，是长江教案后出现的现象。光绪二十二年十一月二十二日，翰林院侍读陈秉和奏："近来总署遇焚毁教堂之案，虑劣员妄报，责令地方官赔偿，而地方官无此巨款，则讳民教斗殴，妄称民变。夏间江南砀山之乱，本民教寻仇，事甚易了。乃该县规避赔偿，铺张其事，几至酿成大乱。"②总理衙门大臣奕劻并不否定这种说法的真实性，并在奏折中说："至各省教案，地方官既不能保护于事前，及至议赔，又取之公帑，国家安得如许财具以供昏庸牧令之取携也？两江督臣刘坤一有摊赔之奏，臣衙门因覆奏请通行，原非责难于州县，殆欲知所儆惕，当不致漠然无动于衷，庶几实力防范，教案或

① 《教务教案档》第五辑第一册，第400、401页。
② 中国第一历史档案馆编：《清末教案》第二册，中华书局1998年版，第660页。

亦渐少耳。"①

官府描写义和团的语言，很多是官府报告中的套话。光绪二十一年，福州将军庆裕在上报福建古田菜会闹教事件时，使用过官府描写义和团的常见语言，诸如"杀人放火""情凶势恶""憨不畏法""迹虽类于崔符，情究殊乎叛逆"，把大部分参加者视为胁从和被诱骗者，上谕淡然处之，并未震惊不已。②将反洋教活动称为"盗贼猝起"，显示官府防不胜防，属于偶然事件，是总理衙门在和列强谈判时常见说辞，目的是显示中国国家和官府层面并无直接责任。光绪二十三年，清廷上谕中也要求山东巡抚将反洋教事件"照土匪办理"。③州县官在上报境内反洋教活动时，说明"事出仓猝，竭力保护而势有所弗及者"，可以按照防范不严降一级留任的原则，受到较轻处分。④官场中对这类说辞的意图知之甚悉。曹州教案后，顺天府尹胡燏棻奏："从前日本亦有西国教师被杀之事，因查明实系强盗所戕，并未作教案办理，与此事同一律。"御史王鹏运奏："且巨野之杀德人，乃盗案非教案。"⑤曹州教案后，毓贤为首的山东官府认定为首者是盗匪，周锡瑞分析说"没有任何抢劫的证据，而且中国盗匪极少使用暴力，特别是对外国人"⑥。这说明，清朝官方从万国公法角度作的解释背景，尚未被列强方面洞察。义和团事件过程中有些民间教门分子在其中，增加了复杂性，但义和拳源自白莲教的说法，对官府推卸责任有利，和把反洋教活动推给盗匪的说法如出一辙，旨在说明官府没有直接责任。又据在总理衙门的张元济致信汪康年："山东巨野有两德人被杀，寿张教堂又复被劫(幸非闹教，不过盗伙临时行强耳。)德使正欲大肆要索，今忽自我开衅，贻以口实，恐将有非分诛求，正不知何所底止也。"⑦

清廷不想以官府和国家名义宣战，所以很多渲染都只是一种策略。如渲染义和团占据州县城、义和拳为乱民土匪、官府为义和团所制，或州县官表示对义和团无可如何，暗示官府没有支持义和团。这类渲染虽推卸了责任，却会使列强认定清朝国家层面不能控制局势，为其干涉寻找借口，并不是无可辩驳的理由。光绪二十六年五月九日，英国公使窦纳乐对总理

---

① 中国第一历史档案馆编：《清末教案》第二册，中华书局1998年版，第664页。
② 中国第一历史档案馆编：《清末教案》第二册，中华书局1998年版，第600页。
③ 中国第一历史档案馆编：《清末教案》第二册，中华书局1998年版，第721、722页。
④ 中国第一历史档案馆编：《清末教案》第二册，中华书局1998年版，第731页。
⑤ 青岛市档案馆和中国第一历史档案馆编：《胶州湾事件档案史料汇编》上册，青岛出版社2015年版，第三部分，第127、129页。
⑥ 周锡瑞著：《义和团运动的起源》，江苏人民出版社1998年中译本，第140页。
⑦ 上海图书馆编：《汪康年师友书札》2，上海书店出版社2017年版，第1553、1554页。

衙门说："现涿州、永清皆拳匪自行作主，官不能管，与占踞城池无异。照我们看法，中国政府已经无权。我们公使均已报知本国，只好自行添兵剿办。"总理衙门说："弹压土匪，乃中国内政，应行攻击与否，聂提督必有权衡，断无庸各国预闻。"①宣战之后军机处在对东南督抚的解释中，有两个特殊词汇，即乱民、土匪，说政府何至支持乱民土匪与各国开战。

义和团事件之后，此类倾向仍可见到。光绪三十二年二月南昌教案后，恽毓鼎上奏，总体说法与义和团事件之前如出一辙，既称"乱民"闹教，又从国家积弱境况出发，注意民间表现出的助官倾向，反对过分镇压，只是不再轻易主战：

> 臣愚以为，敌衅固忌轻开，国势亦不可过弱；邦交固当兼顾，民心尤不可重违。②

这也造成一个现象：官府中支持和同情义和团的人物，很多也激烈诅咒义和团，远甚于天主教和八国联军，奏折资料可以作证，如廷雍、王培佑和裕禄。这又受到庚子谈判时期揭露义和团"罪恶"以便清廷和谈的影响。光绪二十六年八月二十一日上谕确立了对京畿地区义和团的描述倾向，目的是揭示义和团"罪恶"，为和谈提供条件。京官作品普遍存在"拳民多为拳匪迫胁"之类的字眼，提示了线索。这是直隶处理义和团事件的善后措施，出自廷雍奏折和相关上谕。廷雍奏折开篇引述五月十日上谕为立论依据，铺陈出整体思路：拳民以仇教为名倡立团会，"再有奸民会匪附入其中，借端滋扰，拆毁铁路，焚烧教堂，直与国家为难，应即一齐解散。若再执迷不悟，即系叛民，一经大兵剿捕，家败身亡，后悔何及"。五月十日上谕乃荣禄的手笔，十分引人注目。奏折中罗列了义和团种种罪行："义和拳以仇教为名，乡愚群相依附，始自山东，继延直境"；"拳民每攻必败，立见伤亡"；"妖言惑众"；"种种要挟、需索，唯利是图"；将天津机器局枪炮抢夺一空，各军缺乏军火，以致天津失陷，引敌入室；拳民"聚众扰害地方，勒索财物，欺侮官商"；"水旱各路盘诘来往，轻则劫留财物，甚则人命草菅"；"拳匪围城，意图抢劫"；"粮赋差徭一概抗停，凡事不容地方官作主"；"以上种种悖逆情形，不堪枚举"。最后，奏折中提出对义和团区别对待，不是首先使用武力："惟念拳民多为拳匪迫

---

① 《清末教案》第二册，中华书局1998年版，第902页。
② 《恽毓鼎澄斋日记》第2册，浙江古籍出版社2005年版，第806、807页。

胁，若不分别首从，未免玉石俱焚"，"拟请旨揭其拳教各罪状，饬下直隶各路统兵大员，先将凡有聚集拳民处所，勒令缴呈军械，克日解散归业，既往不咎。倘敢抗违，即是叛逆，亟应剿除"。

此时荣禄在保定。八月二十一日，上谕同意廷雍奏折所提办法：

> 光绪二十六年八月二十一日，内阁奉上谕：廷雍奏，拳教相仇，酿成大变，现仍纠聚，请旨饬办一折。此次祸端肇自拳匪，叠经降旨痛加歼除。兹览所奏，该拳民犹复胆敢在交河等处啸聚，杀害良民，抢劫财物，藐法已极。非从严剿办，不足以惩凶顽。姑念该拳民等多为拳匪迫胁，自应分别办理。著直隶各路统兵大员，凡有拳民聚集处所，勒令呈缴军械，克日解散。倘敢抗违，即著痛加剿除，以清乱源而靖地方。①

廷雍奏折罗列的义和团种种"不法"行为，乃是由两广总督张之洞电文推演而来。八国联军攻入京城之后，东南督抚为了促成与列强和谈，要求清廷采取一些措施，把对外宣战责任推给义和团、主动镇压义和团及宣布"拳匪罪恶"是其中选项。八月初一，调补直隶总督李鸿章奏："此次中外启衅，不及三月，至于两宫蒙尘，京师失陷，内藏悉被焚掠，生灵尽遭涂炭，实为本朝二百四十年未有之奇祸，亦为历代史乘所罕见。天下臣民莫不谓拳匪所误，各国进兵亦皆以剿拳匪为词。今洋兵已入京城，非特不退，抑且添兵。闻其意在借剿拳匪，深入内地，故弁兵皆备寒衣，恐非旦夕所能了结。又闻畿疆拳匪溃兵充斥，沿途抢掠，民不聊生。官不剿固不能保民，官不剿而留为外人代剿，更不能为国。至于外人代剿，则必数十万生命、数十郡县财产尽没矣。可否请即明降谕旨，声明拳匪罪恶，饬令直隶总督督饬文武及各路援兵认真剿办，并令各直省将军督抚遇有会匪滋生事端，尽力痛惩，以靖地方而快人心；于议和之局尤有关系。伏乞宸断施行。"②八月六日，张之洞向李鸿章提出一些具体的策略，诸如令直隶各州县官员照旧办事，不准擅离职守；令清军及各州县官员遵旨镇压义和拳，"格杀勿论"等，以便促使八国联军开始议和。③ 八月十六日，张之洞

---

① 故宫博物院明清档案部编：《义和团档案史料》上册，中华书局 1979 年版，第 584、585、589 页。

② 故宫博物院明清档案部编：《义和团档案史料》上册，中华书局 1979 年版，第 507、508 页。

③ 赵德馨主编：《张之洞全集》第十册，武汉出版社 2008 年版，第 149、150 页。

电李鸿章、盛宣怀、刘坤一和袁世凯："请明旨痛剿拳匪，沥陈拳匪邪教惑人，横开巨衅，在直在京，纠众藐法，胁制朝廷，妄行杀戮，劫掠官商行旅，与发、捻无异，畿辅人民恨之切骨，罪大恶极，若再不剿平，直隶数千里良民将为荼毒无遗。请饬直隶及各省督抚臣，各省入卫之军统兵大员，分路认真剿办，并请谕旨内提明拳匪字样等语。"①张之洞的动机是通过镇压义和团尽快筹划和谈，策略是痛剿，并无"拳民""拳匪"之分。李鸿章清楚这只是一个先期手段，列强并不完全相信。② 列强"始终以我送使不实，剿匪不办为辞。今则洋报纷言，驻京各使均谓攻围使馆确系中国政府主谋，各处拳匪焚教堂、杀教士不知凡几，亦皆政府所纵使"③。列强和传教士方面无此目的，其描写义和团事件的口径及用词很多和京官作品不同。

廷雍迫于张之洞等南方督抚的压力，沿袭其抨击论调，罗列了其提出的义和团种种罪行，不吝笔墨大加发挥，实际并未采纳其所提"痛剿"措施，而是有所变通。直隶官府根据八月二十一日上谕，派人劝说顺天、天津、保定和河间府等地义和团解散，武力镇压发生在少数地方。

八月二十七日，恽毓鼎日记就引述了直隶的措施，说"勒限交出旗帜军械，遣散归农；若抗不交出，即麾兵痛剿。奉李傅相之令也。不特可弭后患，兼可平各国之心，免其纵兵四出"④，这说明，京官对直隶处理义和团的政策有及时掌握，知其有阻止八国联军外出劫掠，以促成和谈的潜在用意。闰八月三日日记引八月二十六日行在军机处字寄李鸿章、刘坤一和张之洞等："自行剿匪一节，该大臣未到任以前，已饬廷雍认真办理；本日复又明降谕旨矣"，说明廷雍奏折及相关上谕是迫于东南督抚要求而发。⑤

总之，驱夷派成分较杂，知识面不尽一致，但清廷在决策时就会考虑如何使自己不理亏，估计到列强和洋务派的态度。洋务派和驱夷派的政见不同，在选择和引用《万国公法》的哪些条款解释自己立场时会有所差异，但是否掌握《万国公法》不是根本的区别。驱夷派主要是用《万国公法》解释自己政见观点的合理性，而不是用《万国公法》作标准决定自己的政见观点。驱夷派和洋务派政见的不同，决定了各自在运用《万国公法》时的

---

① 赵德馨主编：《张之洞全集》第十册，武汉出版社 2008 年版，第 160 页。
② 故宫博物院明清档案部编：《义和团档案史料》上册，中华书局 1979 年版，第 450 页。
③ 故宫博物院明清档案部编：《义和团档案史料》上册，中华书局 1979 年版，第 506 页。
④ 北京大学历史系编：《义和团运动史料丛编》第一辑，中华书局 1964 年版，第 67 页。
⑤ 北京大学历史系编：《义和团运动史料丛编》第一辑，中华书局 1964 年版，第 68 页。

选择和解说有所不同。但驱夷派和洋务派在酝酿政策时经常随手翻阅《万国公法》的举动，却是相同的；不时引用《万国公法》的奏折，也是大量存在的。双方在引用《万国公法》时，很多倾向和内容也有交织，如涉及主权的内容。

恽毓鼎的情况显示，义和团事件之前阅读薛福成《庸庵海外文编》之类的书籍甚多，也有欣赏之意，但其主战思路并未改变，显示知识面和政见观点的倾向性还不完全等同，并不是说看什么样的书，就持和书中相似的观点或反思、改变自己的观点，这要把阅读这类作品放在阅读者的整体思想体系中考察。①《恽毓鼎澄斋日记》光绪二十三年七月十二日条："今天下最可忧者在人心风俗(在上者极力提倡西学，而人心渐与之俱化，一旦泰西有事，恐不免从风而靡耳。总之，不向根本处培植而唯考之以西学为务，是直驱民离叛也。可恨可痛)，其害实自汉学家启之，使为学、做人分为两事，而学者不复向身心性命上用工，学校无名教，士林无清议，陵夷浇薄，非一朝夕之故也。向使讲学之风犹盛，宋儒之说大行，人心未漓，气运决不至此！"八月八日条："在荣宝斋买薛叔耘先生《庸庵》六种(《文编》《续编》《外编》《海外文编》《筹洋刍议》《出使四国日记》)。经世巨制，足长识力。"②大约是把这类书籍视为广见闻的书，当采纳书中观点时，就会考虑到可行不可行的问题，自身原有立场和身份就起决定性作用。③

驱夷派和洋务派一样引用国际法的例子不少，但不同情况下态度不同。光绪二十六年六月，翰林院编修彭清藜、王龙文奏：

> 一、今日时势，非战无以立国。当圣怒方赫，群臣固不敢别生异议。迟之又久，胜则啖夷利而乞怜，败则借夷势以恫喝，此皆卖国之贼，助敌肆虐。一堕其术，危及宗社。故不仅败不可和，即胜亦不可和。设有伺隙言和者，请即以汉奸论罪。一、天与不取，反受其咎。此次我皇太后、皇上一怒安民，为华夷特开生面，从前公法、条约、租界及借款赔款等事，皆一扫而空。况决裂至此，除却杀敌，别无善策。嗣后有与夷交通，言涉公法云云者，请即以汉奸论罪。一、督抚有失寸土者，请明正典刑。一、将帅有失守败北、临阵退缩者，请斩

---

① 《恽毓鼎澄斋日记》第 1 册，浙江古籍出版社 2005 年版，第 113 页。
② 《恽毓鼎澄斋日记》第 1 册，浙江古籍出版社 2005 年版，第 133、134 页。
③ 《戊戌变法档案史料》，第 506 页。

诸军前，以徇三军。一、胜败兵家之常，督抚及将帅报战不实者，请即以军法从事。一、挟夷自重者，虽疆臣旧勋，宜明正典刑，不当从赦。一、大小臣工有议迁都、摇动根本者，请明正典刑。①

奏折中的建议在义和团时期大都有程度不等的体现，关于公法、条约和租界的看法也非常清晰。而在光绪二十三年胶州湾事件后，王廷相还上奏，认为中国在和德国谈判进程中可以同时增加战备。"倘谓和议未定，反增边备，恐敌人借此要挟，此则不必虑者。查上年日本军事已遣张荫桓等前往议和，复令刘坤一督办军务，与和局并无关碍，且自守境界，揆之公法亦无违背，该公使断难以此相诘。"②这就是说，驱夷派了解、引用万国公法的例子不少，但和维持和局相似，认为是暂时手段和权宜之计，并不是真心赞同，因而必要时可以弃之如敝屣。正如咸丰十年上谕中所说："自古要盟不信，本属权宜。"③

对外宣战之后，端王、启秀、赵舒翘和荣禄、王文韶等人都暗中参与了总理衙门和外国使馆的议和及外交活动，总理衙门对外国公使的答复也基本反映了各方意见，主要是对清廷的诸多决策作了很多合乎国际法的解释，解释本身并无问题。光绪二十六年六月二十九日，总理衙门大臣奕劻等复英国公使窦纳乐函：

> 保护使馆，本爵大臣等始终并无游移。祗以乱民日聚日多，深恐猝不及防，酿成大祸，是以有续商暂避之议。并在京在路同一保护，何以在京不能保护，在路便可保护，其说似近矛盾。盖缘在京者其常，在路者其暂，各国大臣如果愿意暂避，愿拟取道通州，用下水船径送天津，不过两日可达，无论如何为难，总可多派队伍，半由水路联墙紧送，半由陆路夹岸遥防，为时既暂，必可保其无他；不比在京，乃居常之事，祸变之来不可揣测，无论或昼或夜，设有一时一刻之偶疏，即难保无不及措手之虑。此理易明，实非矛盾也。④

义和团时期，清廷的很多措施是军机处、总理衙门和一些主战派协商

①　故宫博物院明清档案部编：《义和团档案史料》上册，中华书局 1979 年版，第 216 页。
②　青岛市档案馆和中国第一历史档案馆编：《胶州湾事件档案资料汇编》上册，青岛出版社 2015 年版，第三部分，第 117 页。
③　《筹办夷务始末》咸丰朝第七册，中华书局 1979 年版，第 2270 页。
④　故宫博物院明清档案部编：《义和团档案史料》上册，中华书局 1979 年版，第 384 页。

形成的，京官作品大多渲染个别主战派的表现，后人遂多强调徐桐等个别人的作用而忽略了军机处和总理衙门的说法。径直使用盲目排外、不了解外情等说法，又忽略了胶州湾事件后列强瓜分中国的大背景。翻看义和团时期一些主战派的奏折而不是径直引用京官作品的论断，就不难发现主战派在不同时期大谈国际法、外国情况和如何应对列强瓜分的言论比比皆是，其中充满了权变。

四川反洋教的余蛮子所提要求，也包含了一些从国际法的主权理论角度立论的条款。①

第三节　个人品行与人际关系

义和团时期洋务派和驱夷派暴露出的诸多现象，可以作为诊断清廷内部政治势力动向的坐标系和参照物的实证，为把政见各异的人物放在一个平台上比较权衡提供了机会，必将从多种政治力量互动的角度，引起对中国近代史诸多重大问题进行重估、重构和揭秘。驱夷派和洋务派的相互品评，也提出了大量清廷内部流行的评价标准和线索，由此追溯出和驱夷派有关的大量流行用语，如迅速自强、孤注一掷、鲁莽、勤远略、徙戎和闭关自守等。第二次鸦片战争后清廷内部错综复杂的关系如新旧之争、门户之争、湘淮之争及和战之争，大多可以提供重要史料，乃至得到精确答案。可以从总体思路上分析问题，也可详细解剖洋务派和驱夷派等的相互关系及其内部差异，也可全面审视浩如烟海的相关奏折而不是根据自己需求摘引其中某些片言只语，这具有提纲挈领和穿针引线的作用，较之以往比较某些事件、对照某些观点、列举某些侧面和研判某些重要人物的做法更具可操作性。

关于义和团时期守旧派的基本观点，黄庆林等已有较为详细的介绍，以下仅结合义和团时期的情况，以徐桐和张之洞为中心，略作解剖。

据梁启超和曾国藩的论述，北学在清初较盛，道光、咸丰年间趋于沉寂。嘉庆、道光年间属于考据学或汉学兴盛时期，阮元等占据学术核心地位，主导翰林院、国史馆学术倾向，北方学者较为沉寂。② 光绪年间的北学有多种，王懿荣的金石学和王树枏的地方志皆在其中。徐桐以理学长期

---

① 上海图书馆编：《汪康年师友书札》3，上海书店出版社 2017 年版，第 2308、2309 页。

② 国史馆的倾向，见《恽毓鼎澄斋日记》第 1 册，浙江古籍出版社 2005 年版，第 255 页。

担任翰林院掌院，也确可算作某个时段北学中的旗帜性人物。

参酌《清史稿》的论述，晚清京城政治风气，和倭仁、李鸿藻、翁同龢和徐桐有很大关系。朝局中的新旧之争则和沈桂芬、李鸿藻、翁同龢及李鸿章有关。参酌京城政局，倭仁主要还是风气方面的，使以翰林院为中心的官场由推崇汉学转向宋学和经世，注重气节、忠孝、修身和君子小人之辨，徐桐沿袭了此种倾向。引领京城清流卷入清廷政治，则和李鸿藻及翁同龢有关，光绪年间较为突出，从光绪六年前后到义和团事件前后具有连续性。翰林院官员参与议政，和大学士、军机大臣、六部九卿和翰詹科道一起构成京城政坛核心力量。

徐桐主要活动中心在京城，学术源自倭仁一派，对外观点和人物品评也带有倭仁的痕迹。《清史稿》倭仁传说，"初，曾国藩官京师，与倭仁、李棠阶、吴廷栋、何桂珍、窦垿讲求宋儒之学。其后国藩出平大难，为中兴名臣冠；倭仁作帝师，正色不阿；棠阶、廷栋亦卓然有以自见焉"。又评论倭仁"倭仁晚为两宫所敬礼，际会中兴，辅导冲主，兢兢于君心敬肆之间，当时举朝严惮，风气赖以维持。惟未达世变，于自强要政，鄙夷不屑言，后转为异论者所借口"。倭仁在奏折中强调"行政莫先于用人，用人莫先于君子小人之辨。……大抵君子讷拙，小人佞巧；君子淡定，小人躁兢；君子爱惜人才，小人排挤异类；君子图远大，以国家元气为先，小人计目前，以聚敛刻薄为务。刚正不挠、无所阿向者，君子也；依违两可、工于趋避者，小人也"。又据《清史稿》李棠阶传，慈禧太后命南书房、上书房诸臣纂辑前史事迹，赐名《治平宝鉴》，命诸大臣进讲。李棠阶是进讲诸臣之一。

京城有一批讲理学者，讲究忠孝、气节和自身修养，提倡节俭，大体沿袭此中路数。徐桐为皇帝讲解《治平宝鉴》，其个人修养、学术圈子、对外态度和人物品评，皆是源自倭仁。为徐桐欣赏的湖南人曾廉和王龙文也是这个路数，因而才能南北互动，心有戚戚焉。曾廉《复豫锡之先生书》："今天下无学久矣。盖百年以来，习为破碎，自名为实事求是，其始入于吏胥，继且入于工匠，而人之所得于天，虚灵不昧者，皆以利欲窒之，浸而忘其君父矣。廉少时尝意以为京师人物之薮，必有唐、倭、曾、何之余风。其后入都，则大骇怪，盖士大夫充于其位而知学者，何其鲜也。自见先生，乃知犹有先贤之概，然孤立无和，虽竭其口舌之力，而终不能敌功利之说也。"唐、倭、曾、何指唐鉴、倭仁、曾国藩和何桂珍。①

①　《清代诗文集汇编》第784册，第325页。

王龙文在另一封信中又说："吾郡自宋明以来，理学名臣接踵相望，流泽所渐，蔚为英杰，端不乏人，重以诸君子维持正学，嘉惠后来，乡邑幸甚，学术幸甚。"①又说，平生所学不过"明君臣之义，振夷夏之防，清政教之源，严邪正之辨而已之数者，率载籍所恒言，而非当世缙绅先生之所谓急务也"②此为与清廷利用义和团有关的政治倾向的学术源头，此派轻视汉学，以京城为核心，科举考试和翰林院是一个网络，也并非源自直隶较为著名的颜李学派，和直隶各地的书院关系也不密切。

李超琼《庚子传信录》中记载："徐、崇夙著清节，负文望，立朝数十年，守正不阿，亦不获任用，齿及耆耇，荣禄以人望援之，因立大阿哥事，始得太后欢。"刘福姚《庚子纪闻》评论崇绮："朝中稍有学识者只此一人，事变以来，不知其曾否建言。但时辈只称其附和诸王，以致偾事。"

民国时期的作品由于掌握的资料较为有限，大量依据《翁同龢日记》描述翁同龢与徐桐之分歧。③ 翁同龢诗文中尊崇徐桐的文字很多，二者结合才符合真相。翁同龢同治八年《题徐荫轩〈秋林觅句图〉》中有"观复道人吾所敬（荫轩自号观复道人），阿兰那行佛之谛（君题斋榜曰〈乐阿兰那行〉）。殷勤净土留一灯，倏忽风轮转千偈。由来忠孝根性情，匪独诗书资献替"。④

同治十三年《题徐荫轩前辈桐松风水月小照》中有：

朝衫只作衲衣看，静里浑忘宇宙宽。贾傅文章长叹息，庞公儿女大团栾。卖田施药真廉吏，退直钞书好长官。敛尽神锋全不用，果然人世有龙鸾。

一笑前言恐未真，朝朝紫陌辗香尘。可怜弄月吟风客，还作拖泥带水人。同异两忘须正觉（君最爱"同不诡俗，异不伤骨"二语），荣枯遍历亦前因。仙书题榜非无意（斋中"清风明月"四大字，仙人所贻也），要使清时早乞身。⑤

光绪四年《寿徐荫轩六十》中有：

① 王龙文著：《平养堂文编》卷三，第16页，《清代诗文集汇编》第790册。
② 王龙文著：《平养堂文编》卷三，第21页。
③ 黄濬著：《花随人圣庵摭忆》上册，中华书局2016年版，第118页。
④ 谢俊美编：《翁同龢集》下册，中华书局2005年版，第675页。
⑤ 谢俊美编：《翁同龢集》下册，中华书局2005年版，第689页。

耿耿君亲结念诚，识君忠孝是平生。世家阀阅同寒畯，绮岁文章已老成。百炼刚柔真性足，一官进退俗缘轻。典衣沽酒寻常事，肯道臣心似水清。

斋阁深严迥绝尘，玉虚笙鹤往来频。清风明月原无尽，绛阙云台信有因。心为苍生中夜起，手调元化一家春。箧中别录长生诀，何止区区活万人。

当代韩欧是史才，汉廷副相是三台。神羊不触威棱在，一鹗高骞气象开。谏草安危关大计，荐书匡济揽群才。召公平格中兴佐，洞酌卷阿作颂来。①

张之洞《寿徐荫轩总宪六十生日》中有：

北学编成二百年，何人耽道绍儒先。浑无器豆分功过，长有炉香告帝天。

峻朴翠庭精习礼，冲虚尺木妙通蝉。惟公宗旨能斟酌，博约居然合两贤。

受学甘盘旧帝师，殷宗神武中兴时。法筵屡见麈蒿莱，春殿从无折柳枝。

人羡桓经饶宠遇，史传贾疏总忧危。几多造膝批鳞事，只有先朝故老知。②

这里的"惟公宗旨能斟酌，博约居然合两贤"的斟酌宗旨，是指斟酌汉学和宋学而言；所谓两贤，指阎若璩和顾炎武而言。张之洞在一首诗中说"往代儒宗判南北，方今学派别东西"。③ 又有一首诗说"北阎南顾祀儒宗"。④ 另外，孔子和孟子皆注重由博到约的学问方法，并有大量相关论述，向为学界熟知和推崇。

光绪十六年翁同龢致徐桐：

斗室萧然道气深，斋居常若帝天临。力扶文派回沧海，手种名材

① 谢俊美编：《翁同龢集》下册，中华书局2005年版，第731页。
② 苑书义等主编：《张之洞全集》第十二册，河北人民出版社1996年版，第10594、10595页。
③ 赵德馨主编：《张之洞全集》第十二册，武汉出版社2008年版，第486页。
④ 赵德馨主编：《张之洞全集》第十二册，武汉出版社2008年版，第490页。

作邓林。愧我十年频典校，竟随一世与浮沉。卮言日出奇觚眩，太息
胶庠养士心。

伐鼓秋堂夜漏深，当年二老忆同临（癸丑六年，先子与尊公太常
护月同坐阶下，谈禅甚契）。问禅一笑虾蟆窟，证梦三生蒼卜林（先
子常梦前身为僧曰"了观"）。宝盖已飞遗偈断，楹书虽在旧徽沉。白
头幸得从公后，各勉忧时报国心。①

光绪二十四年三月翁同龢《寿徐荫轩相国八秩》中有：

玉堂□□舞联翩，宦海相从四十年。抵几奋髯犹健甚，闭门敛膝
自萧然。能扶正气调元手，不堕顽空担道肩。四海未清公未老，天教
眉寿似增川。②

徐桐学术、修养和声望在京城甚高，"闻其门为名下会集之区"③。徐
桐推崇儒学，但知识面和强项还是在汉学和宋学之间取舍，经世之学和西
学方面非常欠缺，略知一二但谈不上深入研究，偶尔也推荐使用一些这方
面的人才，但没有将西学和中学并列的思考和倾向。徐桐也推崇道教和佛
教，往往从救国济民的角度看待之，京官作品称徐桐为徐老道，只知重复
书写《太上感应篇》有贬低之意，并不符合徐桐本意。徐桐声望很高，但
对朝廷决策的影响看来还是局限于道的层面而非治术方面，如曾廉所说
"经筵兼谏诤，相业岂文章"④。徐桐为北学泰斗，黄濬云徐桐为"一时宋
学宗师"⑤，在北方人士中影响更大一些，京城衙门中的科举人物特别重
视师门。徐桐和崇绮因为在京城有人望，被清廷选为大阿哥师傅的说法是
可信的。

徐桐长期执掌翰林院，桃李遍天下。徐琪《题荫轩师梅屋读书图卷
子》：

满山明月照香雪，是雪是花浑不别。玉叶琼林千万株，中有高人
读书室。高人不似袁安卧，又异林逋寒觅句。清华久重玉堂仙，管领

①　谢俊美编：《翁同龢集》下册，中华书局 2005 年版，第 787 页。
②　谢俊美编：《翁同龢集》下册，中华书局 2005 年版，第 819 页。
③　中国社会科学院近代史研究所编：《庚子记事》，知识产权出版社 2013 年版，第 184 页。
④　《清代诗文集汇编》第 784 册，第 126 页。
⑤　黄濬著：《花随人圣庵摭忆》上册，中华书局 2016 年版，第 361 页。

群材荷陶铸。此图作自少年时，五色花开笔一枝。黄叶青灯吟料好，欣然写出画中诗。一时题遍云蓝纸，艳说三冬足文史。广平赋与辋川图，璧合珠联乃如此。而今桃李尽门墙，人坐春风几研旁。直以梅盐和鼐鼎，岂徒风月与平章。重寻鸿爪文窗下，尺幅丹青宝无价。小筑疑呼独乐图，传神欲比凌烟画。始知台阁等山林，中有澄清一片心。数点尽含天地意，古香不受雪霜侵。请看讲帏隆勋业，不改儒风有真色。天风吹送读书声，犹似当年作图日。①

翰林院京官大多既是徐桐的部属，又是门生，日常交往甚密，其日记要呈交翰林院掌院审阅。徐琪诗云：

　　道范追陪众志钦(掌院为芝庵司寇、荫轩冢宰两师)，玉堂静对少尘侵。良辰每占三旬首(旧事以每月初二、十六接见，及倭文端掌院，始改为每月逢一月凡三见。后复为一月二见。今仍复一月三见之例也。)稽古勿忘一片心。旧署衡山垂日久，老臣湘水问云深。森严清密聆天语，丹地培英冠古今。琼谱回环列众仙，蔷薇香共菊花天(每次见十人，按玉堂谱次序，每年凡二见，今年初见于四月，今则九月)。师门久领庚辰榜(两掌院，芝庵司寇余庚辰座主，荫轩冢宰庚辰朝殿读卷，皆余受知者。是日见十人，皆庚辰同岁生。)，书稿尤深翰墨缘。武达文通归一手，分阴存晷记经年(倭文端时，命同馆为日记，接见日袖呈)。谈余玱珮从容起，掌故还应问集贤(每接见后，两掌院尚至清秘堂小座。盖堂为奏办院事诸君办公之所，以高庙宸翰有集贤清秘四字额，故名)。②

芝庵即麟书，荫轩即徐桐。
徐琪又有《题荫轩师梅竹扇》：

　　百尺琅玕翠接天，蓬山高处引群仙。香风一夜催花发，亲试调羹向日边。
　　应物虚心是我师，朗然独抱岁寒姿。任教立雪深如许，袖里春风

---

① 徐琪著：《花砖日影集》卷六，第5、6页，《清代诗文集汇编》第775册。
② 徐琪著：《花砖日影集》卷六，第8、9页。

自满枝。①

可见，徐桐注重自身修养，特立独行，平时即不太关注外界的舆论。

恽毓鼎光绪十六年与徐桐论学，恽毓鼎遂较为推崇理学，可知徐桐之影响力。翰林院官员在作品和日记中贬低徐桐不符合常态下的情况，因为这些日记是要给徐桐过目的。②恽毓鼎记载了向徐桐、豫师问学的一段经历，可见徐桐推崇的学术，约略是尊王攘夷、追求中兴的套路，属于华夷观念下的夷夏之辨、披发左衽和用夏变夷的传统，正是薛福成在同治年间的一篇序言中指出的倾向：

> 今之士大夫，习闻春秋攘夷之说，颇疑海外绝域，非儒者所宜道。其尤者深瞩太息，以谓中外交接之事，宜一扫刮绝去，援引古昔，用相訾謷。……夫变已深而抗之过激以偾事者，躁也；坐视而不豫为之谋者，玩也；欲求御变之道，而不务知彼知己者，瞀也。……为今之计，莫若勤修政教，而辅之以自强之术。其要在夺彼所长，益吾之短，并审彼所短，用吾之长。③

此派之观点，如王龙文在光绪二十七年七月致张之洞信中所说"盖闻人之所以异于禽兽，中国之所以异于夷狄者，以有伦纪耳"，并由伦纪推及周公孔子之教。④《恽毓鼎澄斋日记》记载了徐桐方面的一些学术活动：

光绪十六年闰二月二十七日："在徐荫轩师相处论学至三点钟之久。师云，主敬主静不可分而为二，世人诋周子为禅学，只缘错认静字故也。""今训诂之学盛兴，动斥义理为空虚之说，不知子臣弟友何者是虚?""大凡学问门径不同，而及其至则无不同。……但当潜心理会，身体力行，不必过分门户主张太甚。""又云，前西宁办事大臣豫公(师)，现在西城建一乐善公所，每月十六日集诸生讲学。此公虽系姚江之学，而其所讲则多有启发处，亦一时儒者也。"⑤周子即宋朝周敦颐，禅学即佛学，姚江之学即明代王阳明之学派。十一月十一日：

---

① 徐琪著：《花砖日影集》卷六，第11、12页。
② 《恽毓鼎澄斋日记》第1册，浙江古籍出版社2005年版，第66、72、73页。
③ 丁凤麟、王欣之编：《薛福成选集》，上海人民出版社1987年版，第46页。类似相关论述甚多，如冯桂芬、李鸿章和康有为，不详论。
④ 王龙文著：《平养堂文编》卷三，第1、2页。
⑤ 《恽毓鼎澄斋日记》第1册，浙江古籍出版社2005年版，第66页。

午刻赴署，掌院接见。荫轩师已到，论学甚久。云《中庸》舜"必得其名"，武王"身不失天下之显名"，得与不失，此中身分自别。又云往岁读《诗·鄘风》《墙有茨》《鹑之奔奔》诸诗，颇疑夫子删诗，何以备采此种。及读《定之方中》，乃悟家庭之不正，其祸必至于亡国。既有禽兽之行，即召禽兽之侵，故终为狄所灭。至文公侧身修行，乃成中兴。圣人以《定之方中》次诸诗，自有深意也。又云四凶之恶，尧明明知之，何以能容其在朝直待舜而后去之？此系千古一疑窦。先儒论此均未透。①

据《诗经》注："《定之方中》，美卫文公也。卫为狄所灭，东徙渡河，野处漕邑，齐桓公攘戎狄而封之。文公徙居楚丘，始建城市而营宫室，得其时制，百姓说之，国家殷富焉。"②

光绪十六年十一月二十八日：

至西单牌楼二条兴隆街圆通观，访前西宁办事大臣豫锡之先生（师）。此公讲求宋儒之学，于当街庙设立乐善公所，月课诸生而为之讲学，有古儒者风。徐荫师称其知行并进，然有见地，命余以后学礼见之。坐谈一时许，予质以素日所疑二条，均发挥亲切，足相启发。……问舜除四凶，先儒谓尧能容他，舜却不能容他，可见舜不如尧之大。此论固非，然究竟应作何义？先生曰：读书首当论世。尧时天下未平，以不得舜为己忧，唯急亲贤是务。四人虽心术不端，然其才必有大过人者，故尧均驾驭之，以尽使诈使贪之效。至舜时，外患将平，渐次肃清朝廷，又鲧有治水不成之罪，故不得不去之耳。谓舜不如尧之大固非，谓四凶在尧时恭顺，在舜时跋扈，故舜去之，亦浅之乎测圣人也。（[眉]《程子遗书》中论此事凡三条，甚精确。此论不合，盖殛四凶在治水之前也）③

前西宁办事大臣豫心师，字锡之，在西城建一乐善公所，每月十六日集诸生讲学，犹有古风。余曾往听讲，质以所疑，大约善于旁通博引，口辨纵横，似今士子之对空策，于本义实不能亲切启发也。

昔之学者主程朱而诋姚江，今之学者并主姚江者而亦无之，可慨

---

① 《恽毓鼎澄斋日记》第 1 册，浙江古籍出版社 2005 年版，第 72 页。
② 程俊美、蒋见元著：《诗经注析》上册，中华书局 2011 年版，第 136 页。
③ 《恽毓鼎澄斋日记》第 1 册，浙江古籍出版社 2005 年版，第 73 页。

也夫。

　　读史须统观全局，熟审其始末先后以定是非，方不致有偏漏。若斤斤于一事一句，以记诵为能，此程子所谓玩物丧志也。余向来不免斯失。①

　　这也表明，直到甲午战争前，徐桐及翰林院探讨的都是中国传统的汉学和宋学即所谓"古学"问题，西学没有市场或不具有与之平起平坐三足鼎立的地位，至多是个别人私下有些关注和探讨，和洋务派基本不是一个路数。徐桐平时主要还是读书领悟，知行合一，学术和行为、政见具有高度一致性，弹性很小，义和团时期先谋废立，再追求中兴，后又有惩处汉奸的传闻，皆与其学术思想一致，也应从其本身的思想出发评论这些问题。

　　徐桐之用人原则，大体还是和其政见一致，较为强调品质，对是否懂得洋务不太注重，欣赏的人物在政见、学术及对外倾向方面高度接近，光绪二十四年闰三月，徐桐奏折弹劾张荫桓时说：

　　　　窃维用人之道，先辨忠奸，苟无为国之忠，则虽才智过人，亦惟知自私自利，置社稷安危于度外。从古奸人狡狯，必貌托为孤忠，人主不察，阴授以柄，及其根柢渐深，外援日固，危及宗社，虽悔莫追，如秦桧、张邦昌诸奸皆是也。伏见户部侍郎张荫桓本附李鸿章以起，居心鄙险，唯利是图。李鸿章用人，本轻心术而重才智，故其经营北洋历三十年，卒至丧师辱国。张荫桓前因北洋重整海军，购买战舰由伊经手，浮冒至六十万两之多。②

　　《清史稿》徐桐传，光绪年间：

　　　　时崇厚擅订俄约，下群臣议，乃条摘其不可行者：曰伊、塔各城定界；曰新疆、蒙古通商；曰运货径至汉口；曰行船直入伯都讷。六年，廷议徇俄人请，将赦崇厚罪，桐力持不可，谓："揆度机要在枢廷，折冲俎豆在总署，讲信修睦在使臣。赦之而彼就范，犹裨国事；若衅端仍不能弭，反失刑政大权。推原祸始，宜肃国宪。"又言："今

———————————

① 《恽毓鼎澄斋日记》第1册，浙江古籍出版社2005年版，第79页。
② 军机处录副奏折，光绪二十四年闰三月徐桐参张荫桓奸贪误国由。

日用人之道，秉忠持正者为上，宅心朴实者次之。若以机权灵警，谙晓各国语言文字，遽目为通才，而责以巨任，未有不偾且蹶者!"不报。

　　桐崇宋儒说，守旧，恶西学如仇。门人言新政者，屏不令入谒。

　　所谓"门人言新政者，屏不令入谒"条中的门人，指李家驹和严修。关于徐桐的一些记载，以《拳变余闻》较为详细，有部分事实但不确。①

　　徐桐欣赏的人多学者和清官，在士大夫阶层影响较大：

　　王廷相"笃内行，操履清素，为士流所推服"，李秉衡"负清名"。② 李秉衡忠义，敢战，提倡节俭。光绪二十一年十二月奏折体现了李秉衡节俭为公的政治倾向。③ 王廷相为直隶承德人，尤为徐桐欣赏。崇绮、高赓恩和宝丰担任大阿哥师傅为徐桐所荐，徐桐在奏折中也是强调他们学术可信。启秀在光绪二十四年"疏陈厘正文体，倡明圣学"（《清史稿》启秀传）。

　　据《清史稿》于荫霖传，于荫霖曾担任翰林院编修，"从大学士倭仁问学"。光绪二十四年任湖北巡抚。总督张之洞颇主新法，于荫霖与之争论，说"救时之计，在正人心、辨学术，若用夷变夏，恐异日之忧愈大"。"之洞意迁之，然仗其清正，使治吏事。湖北财赋倚厘金，荫霖精心综核，以举劾为激扬，岁入骤增数十万。"于荫霖《怀李鉴帅》云：

　　　　自公杖节策东军，妇孺讴歌海内闻。国政滋如沛甘澍，海氛誓欲扫层云。不经战事安知将，惟有交情始论文。因器使材材尽用，昌苓储药竹铭勋。④

　　于荫霖《哀崇文节公殉节》诗称颂崇绮，表达了于荫霖对否定主战派的倾向极为轻蔑的态度：

　　　　治国有自来，文端相授受。棱棱矜节义，阃门所罕观。惟公一家

---

①　中国历史研究社编：《庚子国变记》，上海书店出版社1982年版，第11、12、37页。
②　中国社会科学院近代史研究所编：《义和团史料》上册，中国社会科学出版社1982年版，第219页。
③　朱寿朋编：《光绪朝东华录》第四册，中华书局1984年版，总第3713页。
④　于荫霖著：《于中丞诗存》，页九、十，载《清代诗文集汇编》第737册。

神，光气凌宇宙。足使敌人慑，一任群愚诟。①

崇绮"诞时，太夫人梦文天祥入室，故号文山。与海城极相得。后公奉命留守，城陷，督师至保定，意图恢复。既而知势不可为，自缢于莲池书院"。②

《清史稿》冯子材传有云："生平不解作欺人语，发饷躬自监视，偶稍短，即罪司军糈者。治军四十余年，寒素如故。"

与徐桐经常联衔递交奏折的李鸿藻大体也有和徐桐相似的注重忠孝倾向。《清史稿》李鸿藻传说，李鸿藻"性至孝，为学守程朱，务实践，持躬俭约"，"其在枢府，独守正持大体"，"所荐引多端士。朝列有清望者，率倚以为重，然以不免被劫持云"。这和清廷从"儒臣"中选择皇帝师傅的倾向有很大关系。这类人物作为皇帝师傅，讲的是"帝王之学"，目的是致君于尧舜，而非讲授训诂、考据等纯学术层面的东西及如何为官、为吏等经世技术层面的东西，对品行、原则等涉及"大体"和道统的事情比较关注，是其立论的基础。

有一副对联，颇能反映徐桐的政治倾向和对外观念：

　　创千古未有奇谈，非左非邪，击异端以正人心，忠孝节廉，到处精诚不泯；

　　为一时少留佳话，亦惊亦喜，震神威而寒夷胆，农工商贾，从今怨恨全消。③

这种倾向又不仅仅是徐桐一人的私见，而是反映了京城的一种政治倾向。徐桐欣赏和重用的人物，很多也是京城政坛及和京城政坛有很多相似倾向者出于相似原因，长期属意、激赏、频繁保举和重用的人物，如李秉衡、冯子材和于荫霖。当然，其中的区别也是能看得出来的。

光绪八年，张之洞保举于荫霖"学术纯正，直谅笃实，论事详尽，不涉空疏，正色立朝，可以处断大事"。盛昱"学博文雅，熟于掌故，翰詹各员中罕有其比。志趣不俗，究心时务，洵为隽才"。刚毅"操行坚卓，吏事精详"。李秉衡"德足怀民，才能济变，政声远播，成绩宏多，实为

---

① 于荫霖著：《于中丞诗存》，第 11 页，载《清代诗文集汇编》第 737 册。
② 居巢著：《庚子劫余草》，第 6 页，载《清代诗文集汇编》第 645 册。
③ 中国社会科学院近代史研究所编：《庚子记事》，知识产权出版社 2013 年版，第 14 页。

良材大器"。① 在将领中，保举宋庆"朴勇久著"，光绪七年"关外诸军纪律、军实最为严整，使防辽海，可谓得人。以后宜筹经久之局，不再移调。该提督籍隶山东，其部下中原及北省将士不少，朝廷若择其部将多任以北方营镇，于筹备北边，练训北军，必有裨益"②。光绪十一年，保举冯子材和李秉衡，说"大抵冯子材、李秉衡两臣，其忠诚廉直皆同，而其得人心亦同"③。《劝学篇》提及练兵时，将士要"知忠爱""励廉耻"。④ 义和团事件之后，张之洞在保举人才时，沿袭上述倾向的同时，又避免那些不知世变和过于拘泥的人物。光绪二十七年保举人才奏折强调"必须心术端正，品行修饬而又识能知时，才能干事者，方为切于世用"。在摒弃利禄之徒方面，和京城的倾向相似，如保举荫昌练兵，部分源自"近年将领仍是旧日习气，一味大言欺人，讲排场、耽安逸，务应酬，于操练要义、枪炮理法，全不讲求。间有采用西法者，亦但凭庸陋教习为指挥。统带，营、哨官，全不能自教操练。如此练兵，终无实效"。派荫昌练兵后，可"一扫从前骄惰空疏、欺诳牟利之恶习"。⑤ 张之洞在同年另一份胪列保举人才奏折中说："所举各员，或才识宏达，足以收变通趣时之功，而一本于忠爱，或持守坚定，足以救从流忘返之弊，而不病于拘牵。"保举人物中也有一些被认为是守旧者如王先谦，其实仍是因为和张之洞政治倾向有相近的部分，奏折中说王先谦"才识明练，学问淹通。居乡专意著书，能持正论，力杜后进浮嚣、邪僻之习"⑥。许同莘指出，张之洞"论才以廉朴为先"，重视品行。⑦

张之洞保举的翰林院出身的人员很多，但大多有一定的经世长处，并不特别偏重学术，和张之洞的个人志向和政治倾向一致。张之洞以博学著称，但要说专精哪一门，也说不上，主要还是强调经世的一面。《书目答问》提到"经济家"时说："经济之道，不必尽由学问。然士人致力，舍书无由，兹举其博通切实者。士人博极群书，而无用于世，读书何为，故以此一家终焉。"所列有著述的"经济家"有黄宗羲、顾炎武、姚莹、包世臣、龚自珍和魏源等，也包括名臣如于成龙、方观承、林则徐、胡林翼和曾国

---

① 赵德馨主编：《张之洞全集》第一册，武汉出版社 2008 年版，第 66、67 页。
② 赵德馨主编：《张之洞全集》第一册，武汉出版社 2008 年版，第 68 页。
③ 赵德馨主编：《张之洞全集》第一册，武汉出版社 2008 年版，第 283 页。
④ 赵德馨主编：《张之洞全集》第十二册，武汉出版社 2008 年版，第 186 页。
⑤ 赵德馨主编：《张之洞全集》第四册，武汉出版社 2008 年版，第 1 页。
⑥ 赵德馨主编：《张之洞全集》第四册，武汉出版社 2008 年版，第 48 页。
⑦ 许同莘编：《张文襄公年谱》，第 100 页。

藩。① 保举张之洞的人，实际大都是欣赏其某些与自己相近的侧面，对应对时局有用，并不一定是双方学术、政见和人品完全相同。各方的保举，大都如此，张之洞也不例外。保举首先还是应清廷需要和要求而作，不全是个人行为，更不是依据个人好恶，保举者和被保举人之间也不一定熟悉或有什么个人交际，当然其中带有一些个人背景。

《翁同龢日记》光绪二十年："李鉴堂中丞秉衡来，留饭剧谈，始知其尊人辉德为丙子年伯，伊自幼在江苏也，朴实平易，兵事将材均极留意，良吏也，伟人也。"②

袁昶在甲午战争后保举的人物，很多和徐桐欣赏及重用的人物重叠，标准也有很多相同，袁昶也重视所保人物得民心、有清望、忠诚、节俭和笃守理学方面，差别是袁昶还保举了一些懂得洋务的人才。③ 这主要是袁昶的很多观点和整体思路接近张之洞，比如他对台谏词臣对朝廷主战主和政策形成很大牵制颇为不满，④ 对张之洞的《劝学篇》颇为欣赏，认为如果不拘守旧章，坚定仿行二十年，可以挽救中国危局。⑤ 但他对倭仁等人也是非常欣赏的，尽管他内心未必赞成胶州湾事件后清廷采取的筹饷练兵政策。⑥ 由于袁昶和徐桐的政见在儒学层面存在很多共通的东西，因而胶州湾事件后内阁讨论徐桐等人的筹饷奏折时，袁昶也是积极参与的，清廷内部也未感到袁昶和徐桐等人有什么不可调和的矛盾。

向徐桐献策的豫师，也久是京城上层如翁同龢、李鸿藻等熟悉的人物。⑦

甲午战争后，京畿地区一些主战派对洋务派不愿重用，而愿意使用一些日常做法和自己较为接近的主战将领。光绪二十一年闰五月，徐桐奏请选将练兵以固根本，说将领中毅军的马玉崑、淮军的聂士成和湘军的李光久"皆屡经战阵，著有劳绩，然求其忠勇沉毅、堪当大任者，尤必以董福祥为称首，而湘军之余虎恩可为之亚。"董福祥上年在天津一带驻军时日夜操练，如临大敌，纪律严明，舆情爱戴。奏请派董福祥率部驻扎南苑，认真操练。"今欲简练军士，必先有贞廉诚朴之将，然后可以激其勇往之

---

① 赵德馨主编：《张之洞全集》第十二册，武汉出版社 2008 年版，第 303 页。

② 陈义杰整理：《翁同龢日记》第五册，中华书局 1998 年版，第 2721 页。

③ 袁昶著：《于湖文录》，载《清代诗文集汇编》第 761 册，第 521、522、572、579、580 页。

④ 袁昶著：《于湖文录》，载《清代诗文集汇编》第 761 册，第 558、559 页。

⑤ 袁昶著：《于湖文录》，载《清代诗文集汇编》第 761 册，第 598 页。

⑥ 袁昶著：《于湖文录》，载《清代诗文集汇编》第 761 册，第 601 页。

⑦ 陈义杰整理：《翁同龢日记》第五册，中华书局 1998 年版，第 2554 页。

忧，生其忠愤之气。"①光绪二十三年十二月胶州湾事件后，主战的翰林院编修柯劭忞等奏：

> 自李鸿章倡言洋务，才华之士多舍圣道而谈西学，以朴诚为无用，以挥霍为有能，即其日用之奢侈亦十倍于开国之时，此饷绌之由也。乃日本之难，淮军一无足恃，所可倚任者李秉衡、宋庆、于荫霖诸人耳。而起事之时，李鸿章则力索巨款，李秉衡则刻苦自励，皇上诚洞鉴于此，先矢以尝胆卧薪之志，复力黜浮华之士，广求如李秉衡、宋庆、于荫霖者而用之，则不患饷之不足矣。九州之大何至无才？中土之饶，足供所用，亦视朝廷之所以取求者何如耳！职等生长山东，于京师为最近，沐德泽为最深，稔知乡党之人情强悍而朴直，若能激以忠义，联络乡团，俾随大军之后，为同仇敌忾之资，亦必有奋不顾身之士出乎其间。方今外洋各国皆视德人为进退，我若力战图存，至死不悔，则德一挫而诸国俱退矣。若不及此收拾人心以支危局，直至外侮纷来，欲战不能，求免不得，虽痛自悔责，究何及乎？②

显然，义和团时期，京城驱夷派欣赏的是较为朴素、忠诚和沾染洋气较少的北方籍军队将领，如董福祥和宋庆，和自己的个人特征较为吻合。或者说，在湘军和淮军之外，宋庆之豫军等北方军队是京畿地区十分重视的一支军事力量。③ 对立面是李鸿章的用人原则。《清史稿》李鸿章传评论说，李鸿章"才气自喜，好以利禄驱众，志节之士多不乐为用"。袁世凯表面上迎合京城驱夷派的用人倾向，其致翁同龢的信件，文字之间显示自己粗鄙无文，和任巡抚后的奏折文字流畅狡猾迥然不同。此种用人倾向，第一次鸦片战争后即在奏折中偶尔可见，第二次鸦片战争后，随着京城倭仁、徐桐等人提倡理学倾向的兴起，更为强调人品和气节方面的内容，成为京畿地区的一种主流取向。④

这些人长于学术和吏治，人品和官声尚可，缺陷是应对列强方面经验

---

① 军机处录副奏折，徐桐奏为和议虽成武备难缓仍应选将练兵以固根本折，光绪二十一年闰五月。

② 青岛市档案馆和中国第一历史档案馆编：《胶州湾事件档案史料汇编》上册，青岛出版社 2015 年版，第三部分，第 125、126 页。

③ 张戬编：《张亨嘉文集》，北京大学出版社 2003 年版，第 164 页。

④ 《筹办夷务始末》道光朝第五册，中华书局 2014 年版，第 2638、2639 页。

不多。义和团事件中他们表现的恰是弱项。严格说来，义和团事件之前的历次对外战争，京城也时常举办备战和防御活动，清廷任用的也多为这类人员，只不过之前京城很少发生战事，这些人也不起决定性作用，其备战和防御活动不为人注意而已。

京城中流行的这种用人倾向，和清廷的选人用人倾向一致。清廷在选拔出使各国外交官及涉及洋务自强方面的官员时，强调品学端正、心术纯正、通达时务和不染习气是常见标准。① 清廷任用的涉及这方面的官员，不全是李鸿章等湘淮系统的洋务派，和洋务派作对但也懂洋务的人物如刘锡鸿以及外界事先莫名其妙纳罕不一的人物如崔国因和桂春也在其中。当然，他们也多是有人保举。诸多研究这类人物的作品偏重于描述其洋务的一面，对传统的一面着笔不多，对保举人和被保举者的政见政略这类深层次的问题着笔更少，实际保举人和清廷都不仅仅从洋务的一面看待、选拔和使用人才。②

《清史稿》中涉及人物的评价，延续了京城的评价标准，也较为注重气节、节俭、忠诚等方面。

张之洞和驱夷派关系较为密切，其中体西用思想和此派有共同基础。学术界对张之洞的中体西用耳熟能详，现在由于发现了京畿地区驱夷派作参照物，这个问题可以进一步详论。

辜鸿铭《张之洞幕府纪闻》指出，在翰林院时期，张之洞即开始深入思考如何在洋务派和驱夷派之间调和的问题：

> 或闻余曰："张文襄比曾文正何如？"余曰："张文襄儒臣也，曾文正大臣也，非儒臣也。三公论道，此儒臣事也。计天下安危，论行政之得失，此大臣事也。国无大臣则无政，国无儒臣则无教。政之有无，关国家之兴亡，教之有无，关人类之存灭，且无教之政终必至于无政也。当同光间，清流党之所以不满意李文忠者，非不满意李文忠，实不满意曾文正所定天下之大计也。盖文忠所行方略，悉由文正手所规定，文忠特不过一汉之曹参，事事遵萧何约束耳。至文正所定天下大计之所以不满意于清流党者何，为其仅计及于政，而不计及于教。文忠步趋文正，更不知有所谓教者，故一切行政用人，但论功利而不论气节，但论才能而不论人品。此清流党所以愤懑不平，大声疾

---

① 中国国家博物馆编：《郑孝胥日记》第二册，中华书局 2016 年版，第 661、792 页。
② 参见李文杰著：《中国近代外交官群体的形成》，三联书店 2017 年版。

呼，亟欲改弦更张，以挽回天下之风华也。"

"是以文襄在京曹时，精神学术无非注意于此，即初出膺封疆重任，其所措施亦犹是欲行此志也。洎甲申马江一败，天下大局一变，而文襄之宗旨亦一变。其意以为非效西法图富强无以保中国，无以保中国即无以保名教。虽然，文襄之效西法，非慕欧化也，文襄之图富强，志不在富强也。盖欲借富强以保中国，保中国即所以保名教。吾谓文襄为儒臣者为此。厥后文襄门下如康有为辈误会宗旨，不知文襄一片不得已之苦心，遂倡言变法行新政，卒酿成戊戌、庚子之祸。东坡所谓'其父杀人报仇，其子必且行劫'。此张文襄《劝学篇》之所由作也。呜呼，文襄之作《劝学篇》，又文襄之不得已也，绝康梁并以谢天下耳。"①

张之洞和徐桐的关系也暴露出儒臣的京城背景及其与洋务派和京城驱夷派的复杂关系，并可以进而说明为何张之洞颇受京城驱夷派欢迎，李鸿章等则不受待见屡遭弹劾。张之洞长期在翰林院任职，学术思路和对外见解皆和历届翰林院掌院有所不同，但不排除在某些方面互相欣赏。张之洞的学术宗旨和徐桐并不相同，也对徐桐的情况有相当了解，与翁同龢致徐桐诗皆是以谈思想志向的内容居多，并非书画往来的应酬性文字，但二人并无密切交往。张之洞在翰林院开始于同治二年中进士之后，大体属于倭仁和宝鋆任翰林院掌院时期（倭仁同治元年至六年，宝鋆同治十二年至光绪十年），光绪七年十一月补授山西巡抚，和徐桐任期（光绪八年至二十六年）并无交际。张之洞和倭仁确切关系不明，但学术和对外政见显然不是同一路数，中进士也和倭仁无关，没有师生之谊。张之洞科考时为宝鋆所识拔，宝鋆任职时期同时担任军机大臣，属于奕䜣的班底，宝鋆和张之洞有师生之谊，但对外政见亦不同。宝鋆任期之内，翰林院掌院还有毛昶熙和沈桂芬，沈桂芬同时任军机大臣，也属于洋务派，和李鸿藻不合。但翰林院是一个儒学而不是洋务机构，张之洞在此受影响最大者仍是儒学，对洋务也可探讨而不是象徐桐那么排斥。光绪二十七年正月，张之洞在一封电报中谈及阻止俄国占领东三省说："敝处谏阻俄约则有之，若'虽亡国不让东三省'，则实无此语。国既亡矣，何有于辽东乎？凡动辄言甘心亡国而不恤者，乃徐桐诸人之言，鄙人不忍作此语也。"②张之洞为政，有

---

① 吴剑杰编著：《张之洞年谱长编》下卷，上海交通大学出版社 2009 年版，第 538 页。
② 苑书义等主编：《张之洞全集》第十册，河北人民出版社 1996 年版，第 8511 页。

一定的政治理念，就在这理念方面和京城清流有共同语言，是带有学究气的官，或者说内政方面有共同语言，洋务方面差异较大。张之洞《过芜湖赠袁兵备道昶》："为政有道道有根，佳人读书袁使君。"①受京城风气影响，张之洞欣赏敢战派，和京城言战者交往颇多并为其熟知。②张之洞欣赏中华鼎盛时期的朝代，重视道统。③总之，张之洞的学术，京城气味很浓，带有些许文人雅致。④张之洞强调气节和儒家道统，行为节俭，这都和徐桐等人有相合之处。徐桐厌恶李鸿章，不愿与之交往，却对张之洞极度欣赏，频繁保举之，也并没有驱夷派上奏要杀张之洞，和对待李鸿章的态度天壤之别。同是洋务派，待遇却大不相同。

张之洞的主要政治倾向尤其是儒臣的一面，形成于翰林院时期及其以前，这正是他后来在保举人才、吏治、教育、儒臣、介于开新和卫道之间，为清廷内部尤其是京城政治力量赏识的本源所在。许同莘、袁昶尝论及张之洞早年即有志经世，雅不欲以文人自命，又经历过一些军事活动，其后任职时"以教士、练兵并重，实基于此。"⑤很多倾向早就存在，也是士大夫阶层普遍存在的意识，但确定范围和重心则是在翰林院时期，如强调德行、气节、人品、力行俭朴、崇尚实学等都是张之洞担任翰林院编修和学政时期的课士之道。⑥洋务的一面也酝酿于进翰林院之前，但成为清流党之前在政坛上表现尚不突出，以后有一个逐步完善和发展的过程。现存各种《张之洞全集》涉及张之洞在翰林院时期的资料很少，实为现有张之洞资料和研究的一大空白。但张之洞又和徐桐等翰林院人员有很大不同，就是对西学比较关注，强调经世和关心时务，这可从《书目答问》看出。张之洞在中进士之前多在南方活动，和洋务派接触较多，老师中有吕贤基、韩超和胡林翼，在任山西巡抚之前就有一些和京城驱夷派不同的观点，如光绪七年上奏说："拟请严饬各督抚、统兵大臣稽核所部，务令足额精选，约束习劳。土枪土炮万不如洋枪洋炮，旧式炮台万不足以资捍卫，木质兵船万不如西式兵船，疆臣统将尤宜于此刻意考求，多方购备，随时建造。"⑦张之洞中进士前，毕竟既不是官员也不是洋务派胡林翼的部

① 苑书义等主编：《张之洞全集》第十二册，河北人民出版社1996年版，第10548页。
② 苑书义等主编：《张之洞全集》第十二册，河北人民出版社1996年版，第10521页。
③ 苑书义等主编：《张之洞全集》第十二册，河北人民出版社1996年版，第10502、10503页。
④ 苑书义等主编：《张之洞全集》第十二册，河北人民出版社1996年版，第10631页。
⑤ 许同莘编：《张文襄公年谱》，第27、28页。
⑥ 赵德馨主编：《张之洞全集》第十二册，武汉出版社2008年版，第195~197页。
⑦ 吴剑杰编著：《张之洞年谱长编》上卷，第67页。

下，对洋务的接触限于较浅层次；翰林院时期没有照搬驱夷派的政见政略体系，而是强调经学、史学和经世之学受吕贤基、韩超和胡林翼的影响，字里行间有不少驱夷派的言辞及相关点评。同治九年，张之洞"始与潘祖荫、王懿荣、吴大澂、陈宝琛诸公定交"。同治十年日常交往者中也没有京城政坛特别著名的人物，天津教案时京城清流活动频繁，但张之洞则无所表现，在京城政坛知名始于光绪年间清流党兴起之时。① 影响所及，张之洞对京城政坛动向多是通过门生、姻亲渠道了解一些信息，如许景澄、袁昶、樊增祥、王懿荣和鹿传霖等，并不深悉清廷内幕。张之洞在翰林院时期可能也没有从倭仁和徐桐等人那里学到什么东西，主要是自己广泛阅读和深入思考。光绪十九年，徐致祥弹劾张之洞，说"张之洞博学多闻，熟习经史，屡司文炳，衡鉴称当。臣昔年与之洞同任馆职，深佩其学问博雅，侪辈亦群相推重。该督当时与已革翰林院侍讲张佩纶并称畿南魁杰。洎光绪五六年间，前军机大臣李鸿藻援之以进，蒙我皇太后、皇上虚衷延揽，不数年荐擢巡抚"。又说张之洞"惟衡文校艺，谈经征典，是其所长"②。两广总督李瀚章复查后上奏说，"闻张之洞在翰林时，讲诵恒至夜分，外任时判牍亦然"。③ 则张之洞在成为清流党成员之前，在翰林院主要以博学称，当无疑问。又，张之洞与张佩纶定交是在光绪三年，④ 获西太后召见随时赴总理衙门咨询是在光绪五年中俄伊犁谈判时期，⑤ 则张之洞的政治见解引起清廷注意也是光绪年间的事，主要还是通过顺直京官的渠道引起了李鸿藻的注意和举荐，而非通过翰林院渠道，而顺直京官大多是主战派。⑥ 苏云峰在《张之洞与湖北教育改革》中认为张之洞对西学的认识始于山西巡抚任内，最先影响他的人物是英国传教士李提摩太。⑦ 这显然是错误的。因为张之洞对洋枪洋炮的确信及谈论的一些与驱夷派不同的对外倾向，都是在出任山西巡抚之前就已经存在的，也是李提摩太无法提供的。张之洞有一些京城驱夷派的言辞、对外主战以及欣赏一些北方籍将领，明显是在翰林院时期，如欣赏僧格林沁及其部下张耀、宋庆和陈国瑞。⑧ 考虑到很多洋务派对第二次鸦片战争时期僧格林沁等的主战活动不

① 吴剑杰编著：《张之洞年谱长编》上卷，第38、39页。
② 吴剑杰编著：《张之洞年谱长编》上卷，第356页。
③ 吴剑杰编著：《张之洞年谱长编》上卷，第362页。
④ 吴剑杰编著：《张之洞年谱长编》上卷，第51页。
⑤ 吴剑杰编著：《张之洞年谱长编》上卷，第60页。
⑥ 张佩纶著：《张佩纶日记》上册，凤凰出版社2015年版，第11、12、33页。
⑦ 参见《张之洞年谱长编》上卷，第96页。
⑧ 赵德馨主编：《张之洞全集》第十二册，武汉出版社2008年版，第472、473页。

以为然，认为清廷忽战忽和，张之洞对僧格林沁主战活动的欣赏明显带有京城背景。但张之洞在光绪六年中俄伊犁谈判时期也能保举一些湘淮系将领，强调全才难得，诸将各有所长也各有所短。① 这说明张之洞在儒学和主战方面的很多观点接近京城，在洋务方面的观点来源较广弹性较大。前者使张之洞引起主战的军机大臣李鸿藻的注意和欣赏，后者又造成张之洞的很多对外观点和顺直京官有所不同。另外，张之洞一些主张利用列强矛盾纵横捭阖之类的观点，乃是参酌《孙子兵法》中的"伐交"之说形成。② 张之洞在光绪年间即不再特别属意于纯粹的金石考订和以古证今之类研究，③ 他虽被称为学术宗师，其实纯学术作品并不多，贡献主要还是在理论、政策和书院、学堂建设方面，翰林院时期似为其学术之顶峰，儒学方面尤其如此，主要特征还是从政策层面阐述了儒学和洋务的各自作用。例如光绪八年在山西巡抚任内设立洋务局，招揽"习知西事、通达体用诸人"，举凡天文、算学、公法、条约等，"但有涉于洋务，一律广募"。④ 张之洞认为洋务是当务之急，在选才方面也含有体用思想，只是还没有系统阐述。张之洞是一个政治家而非学问家，当然并非不能做，只是最初无意，其后无暇，觉得做学问大材小用或和时局关系不太密切而已，湖南和湖北两省都地盘太小不足以供其回旋。

　　张之洞是典型的折衷型人物，在清流中具有很大的特殊性，或者说只是在某些方面代表清流的倾向。以往论及张之洞，多提及他从清流派向洋务派转化及所写《劝学篇》阐述了在洋务派和维新派之间论战的问题。在转化之外，张之洞的内政外交倾向的核心和立足点，是在京城驱夷派和洋务派之间取折衷、调和的立场，深刻了解张之洞的许同莘和陈宝琛乃及张之洞本人均强调这一点。张之洞的政治倾向受京城影响很大，他的很多评论也是针对京城政治力量，但最初就不属于驱夷派或顽固派，因为他是在京城驱夷派和洋务派之间寻找折衷、调和而不是站在驱夷派的立场，但最终的确对洋务表现出日益浓厚的关注和倾向。主要是张之洞在不同时期的理论成熟度和资料清晰度不尽相同，根据义和团时期暴露出的新线索可轻易解决这一问题。光绪年间京城翰林阶层长期担任地方总督并为之认可和求助的，并且学务和人才观点得到清廷认可采纳的，唯张之洞一人而已。张之洞在光绪五年就中俄伊犁谈判时期形势所上奏折表明，此时张之洞基

① 赵德馨主编：《张之洞全集》第一册，武汉出版社 2008 年版，第 32、33 页。
② 赵德馨主编：《张之洞全集》第十二册，武汉出版社 2008 年版，第 187 页。
③ 许同莘编：《张文襄公年谱》，第 28 页。
④ 赵德馨主编：《张之洞全集》第五册，武汉出版社 2008 年版，第 20 页。

本是驱夷派的思路，但在对外目标的认识上和驱夷派有绝大不同，所谓张之洞较其他清流派务实，实际源自其早期经历和其他清流有很大不同，原来就对洋务有相当深入的思考，只是在中俄伊犁谈判之前政治地位不显，外界对其洋务的一面不甚知情，把他视为读书刻苦敢于直言的台谏词臣而已："臣非敢迂论高谈，以大局为孤注。惟深观世变日益艰难，西洋挠我权政，东洋思启封疆，今俄人又故挑衅端，若更忍之让之，从此各国相逼而来，至于忍无可忍，让无可让，又将奈何。……然则及今一决，乃中国强弱之机，尤人才消长之会。"①又说备战的方法是练兵、筹饷和用人，练兵的方法是练蒙古兵、西北兵和东北兵，筹饷的方法是节约经费和整顿盐业走私，用人的方法是重用和保举文武人才等。基本是以战促和的思路，但具体方法不是洋务派的训练使用洋枪洋炮的新军和办工厂兴利之类，而是带有驱夷派的明显痕迹。针对琉球问题，光绪六年奏折说："若夫出师跨海，捣横滨，夺长崎，扫神户，臣雅不欲为此等大言。至于修防以拒之，绝市以困之，此亦平实而甚易行者矣。"②在任山西巡抚时期，就有洋务实践方面的一些筹划，后来办洋务的思路大体沿袭此段时期并具体实施。许同莘编《张文襄公年谱》："公在晋，欲大举经营铁矿，筹巨款购外洋军火以练晋军。"③光绪八年四月上奏说，"守四境不如守四夷"，出兵援越"乃自守之先著"，"并非勤远挑战"，以攻为守之意甚明。④ 光绪十年，张之洞致信张佩纶："总而论之，中外兵事，鄙意与尊意及京朝诸言事者迥然不同。诸公意谓法不足畏，我易胜法，故纷纷主战。鄙人则明知法强华弱，初战不能不败，特非战不能练海防，非败不能练战。只要志定气壮，数败之后，自然渐知制胜之方。若一败而即扰动，更易将帅，则战备永无练习得手之日矣。兵凶战危，何等大事，何等难事，岂有谈笑指挥数营杂兵劣械，而能坐摧强敌者乎，世间安有此等便宜事也。"⑤和法国分界谈判时，向清廷提出"恐非口舌所能为功，惟有盛我兵威，隐相慑制"，清军可"整顿军容会哨耀武，但不得生事"，属于洋务派典型的以战促和策略。⑥ 张之洞在两广具体的备战措施方面，和彭玉麟、张树声、倪文蔚

① 赵德馨主编：《张之洞全集》第一册，武汉出版社 2008 年版，第 23 页。
② 赵德馨主编：《张之洞全集》第一册，武汉出版社 2008 年版，第 42 页。
③ 许同莘编：《张文襄公年谱》，第 40 页。
④ 中国史学会主编：《中国近代史资料丛刊》（《中法战争》第五册），上海人民出版社 2000 年版，第 113 页。
⑤ 赵德馨主编：《张之洞全集》第十二册，武汉出版社 2008 年版，第 28 页。
⑥ 中国史学会主编：《中国近代史资料丛刊》（《中法战争》第七册），上海人民出版社 2000 年版，第 18 页。

"毫无意见之参差，即湘、淮、粤诸军，亦毫无畛域之间隔。"①任两广总督后，通过办洋务，自强的内容完全是洋务派。光绪十一年奏折谈论自强的方法，储人才方面已是主张建立学堂学习西法，制器械方面主张制造西式武器，筹措经费方面主张开煤铁之利，因为"外洋富强，全资煤铁。"另外，张之洞提到卧薪尝胆，也抨击洋务派单纯维持和局的倾向，但始终没有强烈的复仇和驱夷倾向。如光绪五年奏折中说："窃念自咸丰以来，无年不办洋务，无日不讲自强。事阅三朝，积弱如故。今犹中兴时也，不知十余年后又将何以处之。伏愿皇太后、皇上自今开始，君臣上下，卧薪尝胆。专心求贤才，破格行赏罚。如仍有以含垢姑安、养晦纵敌之说进者，一切斥勿用，然后修备始非虚文矣。"②约略在中法战争前，张之洞在一封信中说："清流势太盛，然后有党祸。"自己"立身立朝之道，无台无阁（执政皆阁之属，言路皆台之属），无湘无淮，无和无战"。"中立而不倚，论卑而易行。当病而止，而不为其太过。""惟其独立，所以既和又能不同，既群又能不党也。此鄙人之解经，即鄙人自处之道。"③他在光绪十一年的一份奏折中说："果能制造日精，人材日出，物产日增，则因机利导，铁舰、火路次第举行，可绝外人垄断之谋，即建中国久大之业，天下幸甚"，并不是驱夷派以筹饷练兵复仇为中心的思路，尽管论述不及李鸿章详细。④ 大体说来，张之洞对驱夷派和洋务派均没有很强的攻击性和厌恶性，在交往时也并无排挤和提防。中法战争及其以前，张之洞主战，也有驱夷派的某些论点，但大体还是认为敌强我弱的；估计中国也有相当力量，认为主战不会有很大危害，大体采取备战求和的策略，但整个自强思路还不属于洋务派。中法战争时期，张之洞的整体自强思路内涵发生了变化。从其保举的人才看，光绪八年保举时较为注重吏治、学术和志节，多为翰林院、道员和知府之类的人物，也重视洋务，但保举的洋务派并不多，说明此时张之洞和洋务派官员还不熟，大体属于吏治和洋务并重时期。保举的将领中，淮军系统主要是吴长庆，说明此时张之洞和淮军将领还不熟。⑤ 甲午战争后，张之洞说"方今洋务最为当务之急"，"即使吏事娴熟，亦于时局无关"，对洋务更为看重。⑥

---

① 中国史学会主编：《中国近代史资料丛刊》（《中法战争》第五册），上海人民出版社 2000 年版，第 605 页。

② 吴剑杰编著：《张之洞年谱长编》上卷，第 60 页。

③ 赵德馨主编：《张之洞全集》第十二册，武汉出版社 2008 年版，第 11 页。

④ 赵德馨主编：《张之洞全集》第一册，武汉出版社 2008 年版，第 298 页。

⑤ 赵德馨主编：《张之洞全集》第一册，武汉出版社 2008 年版，第 68 页。

⑥ 赵德馨主编：《张之洞全集》第十二册，武汉出版社 2008 年版，第 64 页。

　　张之洞这种折衷型的特征在翰林院时期即已形成，此后大体维持和进一步完善。任山西巡抚之前了解一些洋务，但属于接受知识而不是洋务实践层面的，任山西巡抚以后逐步在西学的具体内容如公法、算学等实践层面加以完善；在体用方面有一些思考但尚未成熟和系统化，以后主要是在体和用的各自作用方面加以完善，也不接受西学中源和春秋即是公法之类假说，形成了中学治身心西学应世事之类较为独特的观点。① 张之洞的体用观在京城驱夷派和洋务派之间折衷、调和的倾向很强，甲午战争前政策层面的论述较多，很多观点是针对两派而发，和冯桂芬等所说体用主要是在中学和西学之间阐发的侧重点略有不同，和张之洞在甲午战争后所作《劝学篇》中较多地从中学和西学方面的阐发也略有不同。同治年间，大臣奏折在谈论保举人材时使用"体用""体用兼备"和"明体达用"之类的词汇和有这方面的考量也是常见之事，所谓"体"主要还是指道德忠君的层面，所谓"用"主要还是经世之学的层面，并不专指洋务。② 张之洞对驱夷派倾向的了解显然是来自在京城翰林院时期，但他在论述时侧重表达自己的观点，而不是一一论列有关各方主要是洋务派和京城驱夷派的相关立场和人物，在何者之间进行折衷和调和显得不甚清晰，当然这也显示其作为官场人物有一定政治技巧，并不在政坛随意树敌。张之洞最初有这方面的考量，表现在用人、荐举方面，大致在形成于光绪六年和八年，表现在用人、荐人方面重视品行、气节、经世和通晓中外事务，从人才和政策层面考虑的因素居多。光绪六年正月，清廷上谕令中外大臣保举人才："前因时事多艰，需才孔亟，迭经谕令各直省督抚保荐人才，以备任使。惟恐奇材异能之士伏处尚多，该督抚等见闻难周，尚未尽登荐剡，必须周咨博访以广搜罗。著大学士、六部、九卿、各直省将军督抚及曾任统兵大臣彭玉麟、杨岳斌加意访求，其有器识宏远、通达治体、为守兼优、长于吏治，以及才略过人，足任将帅，骁勇善战，足备偏裨，熟悉中外交涉事宜，通晓各国语言文字，善制船械，精通算学，足供器械并谙练水师事宜者，无论文武两途，已仕未仕，均著各举所知，出具切实考语，秉公保荐，不得徒采虚名，滥竽充数，亦不得以无人可保，一奏塞责，庶几人材毕出，缓急可资，以副朝廷延揽人才至意。将此通谕知之。"③各种保举人才上谕内容大略相同，只是有时提到被保举者要"器识宏远、才守兼优"或"究心时

---

①　赵德馨主编：《张之洞全集》第十二册，武汉出版社 2008 年版，第 190 页。
②　《清史列传》祁寯藻，中华书局 2005 年版，第 12 册，第 3615 页；《筹办夷务始末》同治朝第十册，中华书局 2008 年版，第 4041 页。
③　朱寿朋编：《光绪朝东华录》第一册，中华书局 1984 年版，总第 861 页。

务，体用兼备"。① 也是光绪六年，张之洞作为翰林院侍讲学士才开始这方面的考虑，也开始由传统的经世之学转向系统思考西学，并独立地在京城政坛崭露头角、登上清廷政治舞台和有独立地表达自己的系统政见的政治地位，之前限于官职较低没有单独的上奏权，需奉特旨或由翰林院掌院代奏，表达政见和参与政务时要得到李鸿藻荐引。这也正是中俄伊犁谈判时期清廷要议处崇厚，张之洞等前清流配合李鸿藻议政前夕。任山西巡抚后访求人才，大体形成了荐举的标准，所谓"学术不同，而同归于济世，器量不同，而同归于端人。其秉性回谲、品行凡下、作用偏驳者，不敢滥及"。所荐人才，吏治、洋务和军事人才并重。② 这大致也是许同莘等人描述的张之洞在学政任满回京后开始忧世变日亟，不再关心纯学术的金石考据的时期。③ 光绪九年在任山西巡抚期间所写《延访洋务人才启》，为其首次系统阐述在洋务方面的体用观点："盖闻经国以自强为本，自强以储材为先。方今万国盟聘，事变日多，洋务最为当务之急。海疆诸省设局讲求，并著成效。查中外交涉事宜，以商务为体，以兵战为用，以条约为章程，以周知各国物产、商情、疆域、政令、学术、兵械、公法、律例为根柢，以通晓各国语言文字为入门。"④其中"以商务为体，以兵战为用，以条约为章程"之类的言论已是较为高深，在光绪六年正月上谕的基础上有所发展。另外，在山西办书院时也强调体用兼备。⑤ 所荐人才，中体和西用方面的人才都有，西用方面的人才也较为强调有中体作基础如品行纯正和学识渊博等方面，如蔡锡勇、袁昶、黄遵宪和钱恂，有别于一些逐利的从事洋务者，⑥ 和后来《劝学篇》中所说中学治身心和西学应世事及创办新式教育时强调保存中学实为异曲同工和同一源头。受举荐人才上谕的影响，张之洞在中学方面和体的一面实际是注重操守。张之洞在光绪六年奏折中引用《防海新论》的观点，又说"京师洋书肆现有其书"，建议地方督抚等购买参考，则张之洞的一些说法如"以商务为体，以兵战为用"等应该是受到上海出版的郑观应等人作品的一定影响，只是张之洞从政策层面考虑如何参考引用的内容居多，应用性强，不能泛论。⑦ 张之洞受翰林院

① 朱寿朋编：《光绪朝东华录》第二册，中华书局1984年版，总第1448页；第四册，总第3625页。
② 赵德馨主编：《张之洞全集》第一册，武汉出版社2008年版，第65页。
③ 许同莘编：《张文襄公年谱》，第28页。
④ 赵德馨主编：《张之洞全集》第五册，武汉出版社2008年版，第20页。
⑤ 许同莘编：《张文襄公年谱》，第34页。
⑥ 赵德馨主编：《张之洞全集》第三册，武汉出版社2008年版，第340、341页。
⑦ 赵德馨主编：《张之洞全集》第一册，武汉出版社2008年版，第32页。

时期的深刻影响，也表现在书院、教育和学术方面。晚清的翰林院是学术重心和人才库，是晚清政治力量动向的一种体现，和洋务派、捐纳官三足鼎立。相比于清代之前的历史，晚清翰林和翰林院的作用略显低估，实际《清史稿》中经常提到其中有些人员的引领风气作用，亦即是一种政治力量的代表。这种引领风气，主要表现在砥砺气节、注重廉洁、表扬忠孝、提倡实学和敢于直言等方面。胡钧编《清张文襄公之洞年谱》："公在粤、鄂时，台谏论事言宫廷阙失，或弹劾阉宦者，镌级后至粤、鄂，必有适馆之所。都人士云，好主人在，不患无书院坐。朱侍御一新继梁文忠主讲广雅，侍御亦以言事获咎者。公意在激励风节，扶持正气，利害非所计也。"①张之洞在山西、广东和湖北所办书院，大略还是以汉学和宋学为主，另外涉及经济之学，并未超出《书目答问》所说范围。其所说中体西用的理论，最初主要还是以政策层面的体用为主；在书院方面还是沿袭经世的范畴，只是增加了一些西学内容，系统在教育和学术层面探讨中学和西学的关系，还是《劝学篇》时代。在光绪十六年的一份公文中提出："天下人才，皆出于学。近来官场风气，书生驯谨而每暗于事，俗吏敏干而或谬于理。欲令事理明达，体用兼备，舍学何由。"②光绪十七年在一份选取两湖书院学生的公文中，提出了培养"明体达用"人才的说法，大体还是在人才倾向在教育和学术层面的表现："维持世道，首赖人材。人材之成，必由学术。即论地方官化民成俗之道，亦必以教士为先。故书院之设，所以作养贤才，贵得明体达用之士，以备国家任使，庶可翼羽圣道，匡济时艰。"学生"博约兼资，言行并勖，期于他日成就，出为名臣，处为名儒。"③光绪十七年拟在湖北铁政局下设立算学学堂，并将方言、商务两学附列其中，分别延访教习，说学生专门学习和兼习均可，"将来博习会通，成效尤大"，可算作张之洞在学堂设立中学和西学方面的初步考虑，也说明这类专门学科"若在书院散处，师长教授多有不便，亦无以收切磋之益"。④　光绪十九年据此奏请设立自强学堂，"讲求时务，融贯中西，研精器数，以期教育成材，上备国家任使。"自强学堂分方言、格致、算学和商务四门，"方言，学习泰西语言文字，为驭外之要领。格致，兼通化学、重学、电学、光学等事，为众学之入门。算学，乃制造之根源。商务，关富强之大计。每门延教习一人，分斋教授。令其由浅入深，循序渐

---

①　胡钧编：《清张文襄公之洞年谱》卷二，第19页。
②　吴剑杰编著：《张之洞年谱长编》上卷，第296页。
③　吴剑杰编著：《张之洞年谱长编》上卷，第300页。
④　吴剑杰编著：《张之洞年谱长编》上卷，第314页。

进，不尚空谈，务求实用"①。在《劝学篇》中则形成了系统的观点，如"今欲强中国、存中学，则不得不讲西学。然不先以中学固其根柢，端其识趣，则强者为乱首，弱者为人奴，其祸更烈于不通西学者矣！""今日学者必先通经，以明我中国先圣先师立教之旨；考史，以识我中国历代之治乱，九州之风土；涉猎子、集，以通我中国之学术文章，然后择西学之可以补吾阙者用之，西政之可以起吾疾者取之，斯有其益而无其害。"②这种教育观和其人才观实际是一致的，成因来自张之洞的教育观重在培养"救时"需要的人才，和保举人才的目的一致，对待科举变革和中学、西学会通以及如何采纳西政、西学的出发点亦大略类似，只是不同时期策略和轻重缓急有所不同，不是单纯的研究学术；③ 强调学有根柢、循序渐进和专门之学则是沿袭了翰林院和学政时期的倾向，相关方法相当高明和成熟。一些概念如中学治身心、西学应世事和学有本源根柢、融会中西即源自培育人才方面的思考，如"近代学人，大率两途。好读书者，宗汉学。讲治心者，宗宋学。逐末忘源，遂相诟病，大为恶习。夫圣人之道，读书治心。谊无偏废，理取相资。诋诽求胜，未为通儒。甚者，或言必许、郑，或自命程、朱。夷考其行，则号为汉学者，不免为贪鄙邪刻之徒。号为宋学者，徒便其庸劣巧诈之计。是则无论汉宋，虽学奚为。要之，学以躬行实践为主。汉宋两门，皆期于有品有用。使行谊不修，莅官无用，楚固失矣，齐亦未为得也"④。许、郑即许慎、郑玄。

　　光绪初年，张之洞、张佩纶和陈宝琛在中俄伊犁谈判时期的诸多重大事情上是协商完成的，三人对外倾向的确有很多相近，但张之洞在军事经验方面占了上风，这方面资料较为稀少，仅存有张之洞在担任毛昶熙幕僚时期所拟军事方面奏折；⑤ 在翰林院时期读书甚多但侧重经世致用，也广泛涉猎名臣文集，这对强调遵守制度和传统的 19 世纪清朝地方官尤为有用，加上敢于直言行事果断没有私利，在吏治方面也不输于别人，非一般书生可比；在翰林院时期广泛涉猎西学，且能熟练运用西学知识分析内政外交政策，对一些棘手的国际法和条约等方面的问题也能提出成熟的解释，不至于像张佩纶和陈宝琛那样在中法战争时期遇到棘手问题时进退失

---

① 赵德馨主编：《张之洞全集》第三册，武汉出版社 2008 年版，第 135 页。
② 赵德馨主编：《张之洞全集》第十二册，武汉出版社 2008 年版，第 168 页。
③ 赵德馨主编：《张之洞全集》第十二册，武汉出版社 2008 年版，第 180、181、190 页。
④ 赵德馨主编：《张之洞全集》第十二册，武汉出版社 2008 年版，第 206 页，另参见第 204、205 等页。
⑤ 黄濬著：《花随人圣庵摭忆》下册，中华书局 2016 年版，第 548~553 页。

据；接触西学后以后在洋务和体用方面的考虑也长于张佩纶和陈宝琛二人。① 在处理和朝廷的关系方面不失灵活性，比如从不随意表达对西太后、奕劻、荣禄、刚毅及载沣等掌权者个人不满的意见，以就事论事居多，也不随意攻击驱夷派的很多论点，更很少指名道姓，尽管政见不一显而易见，在敢言的名声之下还有谨慎的成分。黄濬《花随人圣庵摭忆》说："而所谓'但谈时政，不事搏击'八字，即南皮居谏垣时之秘诀也。"②所谓"不事搏击"即不点名弹劾某个具体的人。此种官场宦术使张之洞以敢言著称，却和不同政见者无甚私交但也不至于成为政敌，且无个人野心，和很多有势力者私交不多，同道者私交不多，不同道者私交也不多。但黄濬由于对张之洞和京城驱夷派的政见思路知之不深，描写张之洞和京城官场秘闻很多，却无法从政见方面系统分析。③ 另外，张之洞于同治十一年代方略馆撰《恭进剿平粤匪方略表》和《恭进剿平捻匪方略表》，显示对咸丰、同治年间的战事相当了解，有一定的史料优势，一些观点和经历过战事的洋务派相似，如对团练的看法："查咸丰、同治年间，发、捻为乱，皖、豫、山东及直隶南数府，处处办团，流弊滋多。除黑团通贼谋逆，如苗沛霖之类不计外，即不为匪之团，亦多有抗粮抗案，擅杀寻仇诸弊。幸官军剿平发、捻，诸团或惩或散，始渐敉平。"④"曾文正名为起家办团练矣，其实自与发匪接战以来，皆是募勇营造师船，济以国家之饷需，励以国家之赏罚，而以耿耿忠义、百折不回之志气，激励三军，感发海内，故能成戡定之功。岂团练哉！"⑤对洋枪洋炮效果的确信也相同。新旧两派之间的折衷和调停是张之洞一以贯之的政治和学术特征，自己、同僚及后人也都认可这一点，《劝学篇》中的中学为体西学为用宗旨更是人皆知之。张之洞"尝语僚属曰：自官疆吏以来，惟在晋两年，公事较简，此外无日不在荆天棘地之中。大抵所办之事，皆非政府意中所欲办之事。所用之钱，皆非本省固有之钱。所用之人，皆非心悦诚服之人。总之，不外《中庸》勉强而行四字。"⑥许同莘编《张文襄公年谱》云："光绪初，言路发舒，时论有清流之目。陈师傅屡为同莘言请裁抑奄宦事云：公心苦，主于斡旋。余性憨，近于率直。两人言事类如是。同莘编遗集成，见而欣然，欲作序发

---

① 许同莘编：《张文襄公年谱》，第 23 页。
② 《花随人圣庵摭忆》上册，第 366 页。
③ 《花随人圣庵摭忆》上册，第 364、368、383 页。
④ 吴剑杰编著：《张之洞年谱长编》上卷，第 41 页；赵德馨主编：《张之洞全集》第十一册，武汉出版社 2008 年版，第 313 页。
⑤ 赵德馨主编：《张之洞全集》第十二册，武汉出版社 2008 年版，第 167 页。
⑥ 许同莘编：《张文襄公年谱》，第 208 页。

挥此意而不果也。宫廷之际，人所难言，不幸而始终其事。故晚年咏史，有调停头白范纯仁之句。"陈师傅即陈宝琛，公即张之洞。① 张之洞的"调停"，主要还是发生在驱夷派和洋务派之间，即光绪三十三年奏折所说"求旧之与维新，一偏则为害"，容易被视为骑墙派，② 其本人为京城驱夷派赏识，但其为政的最大阻力也是来自京城驱夷派。这种矛盾现象，乃在于驱夷派中支持和反对洋务的倾向并存。许同莘编《张文襄公年谱》云："阎文介在枢府日，与公内外同心，有所奏请，辄蒙报可。十四年，文介去位，枢府不惬于公，赖醇贤亲王一意扶助，遇事奏请特准。抱冰堂弟子记云，己丑庚寅间，大枢某大司农某立意为难，事事诘责，不问事理，醇贤亲王大为不平，于议覆所奏各事，皆请特旨施行，且极口称赞。"主要涉及修炮台建铁厂之类经费报销事。③ 阎文介即阎敬铭；己丑庚寅即光绪十五、十六两年，时张之洞任两广总督；大司农指户部尚书翁同龢。

类似张之洞的这种京城背景，参考寿富。《西巡回銮始末记》：寿富也讲西学，但也讲忠爱，"原本义理之学，不同世之号新法者。"④张元济致汪康年："寿伯茀先生创知耻会，所撰序文辞意俱好，忠君爱国之心，跃于纸上。宗室有此人才而废弃不用，可叹可叹。"⑤

《汪康年师友书札》所载孙诒让信，提供了对此类现象的一种有价值的分析。

光绪二十三年信中写道：

> 前年中东款议成时，公车上书，海内志士列名者七千余人，浙人无与者，窃以为吾乡之大辱，今得先生创斯局以惠海内，足一洒斯耻矣。承示近与卓如先生协理馆事，并所议办一切，更为慰忭。让年廿四，谒南皮师于京邸，同坐有盛誉宋学者，南皮砭之云："今天下大病在于不学，倘其能学，便是佳士，遑问其为汉、宋乎?"窃服膺斯语，以为通论。今日时局之危，黄种儒教岌乎有不能自保之虑，寰宇通人自言以保种、保教为第一要事。至于学派之小异，持论之偶差，似可勿论。所苦者中土君子，多迂固拘守，故常不能自振。而小人乃乘弊谈洋务以骛利，合肥知其然，病君子之不足与论，乃激而任小

① 许同莘编：《张文襄公年谱》，第28页。
② 赵德馨主编：《张之洞全集》第四册，武汉出版社2008年版，第334页。
③ 许同莘编：《张文襄公年谱》，第66页。
④ 中国历史研究社编：《庚子国变记》，上海书店出版社1982年版，第224页。
⑤ 上海图书馆编：《汪康年师友书札》2，上海书店出版社2017年版，第1482页。

人，遂至间谍驵侩，攘臂于两洋！东事一兴，遂败坏不可收拾，可为殷鉴矣。窃谓今之要事，宜广求君子之通洋务者，与共撑时局。如关中刘先生光蕡者，以讲学之儒而治洋务，乃真亭林、夏峰之流亚也。①

同年又有信云：

窃谓以今日时局论之，其不可不自强，与自强之无它奇策，毫无疑义。然自大报风行海内，虽已昭然改观，而变法之效，终一无把握，则以上无禄利一劝诱之，又无刑罚一锤策之故也。闻贵馆通计阅报人数，以敝里为最多。而敝里阅报之人，弟率稔知其人。盖慨时事之危迫，爱玩钦服者十之一二，而闻有科举变法之说，假此揣摩为场屋襄挟之册者，十之七八，其真能潜研精讨以究中西治乱、强弱之故者，无一也。今科秋试策题，犹然故辙，所谓十之七八者，意兴盖已索然。以此推之，寰宇殆必相去不远，持此而求保种、保教之效，庸有冀乎？是故非朝廷幡然改弦更张，万无挽回之术。自前年有卧薪尝胆之谕旨，圣主之意，盖已有所感动。独患自强之说，无由上达清听，即有一二得达者，亦终不敌守旧之论之多。夫抱万金之璞，而谋其雕琢之工，必将审慎徘徊而莫能决。况以宗社安危之计，而觊以不习闻之论，遂决然舍旧而图新，其必无望也明矣。然则上下壅淩，既已如是，似非合廿行省之贤士大夫为痛哭流涕之呼吁不可！明春适值礼部试期，海内公车云集，前年争和议诸公，至者必尚不少。窃谓宜订集数千人上书沥陈危局，吁请早定变法之议。万一得达，我皇上环顾各省士人之众，而群论金同，信其说之不谬，斯亦中华强弱之转机也。如其天心遽转，领首之人或能仰邀召对，抑由军机大臣传问，使毕其说，则其感格之神，不可喻度。即令不见采，亦必不至因此获咎，或亦草野效忠之一道乎？管见如是，谨以质之大雅。②

信中说明了维新派和洋务派及驱夷派的复杂关系。其中频繁提到的两种从事洋务人才，一种是以李鸿章所任用的洋务人才为典型，为"小人"之从事洋务者，很多目的是逐利；另一种是以张之洞、寿富为代表的洋务

---

① 上海图书馆编：《汪康年师友书札》2，上海书店出版社 2017 年版，第 1328 页。
② 上海图书馆编：《汪康年师友书札》2，上海书店出版社 2017 年版，第 1330 页。

人才，为"君子"之从事洋务者，从事洋务但也忠君爱国、注意廉洁。京城欣赏的是后者。康有为在公车上书中推荐的练兵人才，如李秉衡、宋庆、李光久、冯子材等，和京畿地区差别是不大的，主要是在涉及变法和洋务的层面，各方南辕北辙。① 当然，有所交叉的东西，并不是各自思想体系中根本的和出发点的东西。

---

① 中国史学会主编：《中国近代史资料丛刊》（《戊戌变法》二），上海人民出版社 2000 年版，第 138 页。

结　　语

义和团事件提供了一个系统诊断京畿地区政治动向的机会。

义和团时期暴露出来的诸多现象，对理解晚清内政外交具有承上启下的作用，义和团事件也在清末所有重大历史事件中具有无可替代的研究价值，是一个孤本、坐标和参照物。少了这个环节，近代史的很多问题就会语焉不详，很多语言就会无法理解，一定是有些历史环节和历史资料没有被注意到，有必要回顾和检视，因为很多事情也只是义和团时期才清晰地表现出来。夏曾佑致信汪康年："此次北方事起，全体震动，竟将全国中隐微深锢之情形和盘托出。"[①]义和团的出现超出了各方的预计，清廷的作法也超出了各方的预计，但涉及的问题很多早就存在。光绪二十五年二月十一日《清议报》：

> 哀时客曰：吾闻之议论家之言，为今日之中国谋保全者，盖有三说：
>
> 甲说曰：望西后、荣禄、刚毅等，他日或能变法，则中国可保全也。
>
> 乙说曰：望各省督抚，有能变法之人，或此辈入政府，则中国可保全也。
>
> 丙说曰：望民间有革命之军起，效美、法之国体以独立，则中国可保全也。……
>
> 甲说之意，谓西后与荣禄等今虽守旧，而他日受友邦之忠告，或更值艰难，必当翻然变计也。……
>
> 乙说之意，谓政府诸臣虽不足道，而各省督抚中如某某某某者，号称通时务，素主变法，他日保全之机，或赖于此。……
>
> 丙说之意，以为政府腐敝，不复可救，惟当从民间倡自主独立之

---

① 上海图书馆编：《汪康年师友书札》2，上海书店出版社 2017 年版，第 1238 页。

说，更造新国，庶几有瘳。①

义和团事件是第二次鸦片战争后京畿地区主要政治力量驱夷派的政治实践表现最为充分的一次，它在内政外交方面都拥有主导权，刀枪不入的义和团的兴起也容易被视为第二次鸦片战争后最为接近实现复仇、驱夷和中兴目标的机会。这也是洋务派与之斗争最为激烈的一次，其他任何重大事件都没有这种特征。它的真相和内幕，长期为该地区故作神秘、掩人耳目的种种渲染掩盖。在闪烁其词和只言片语的背后，隐藏着一幅别有洞天的历史景象。恽毓鼎在《崇陵传信录》中提出"甲午之丧师，戊戌之变政，已亥之建储，庚子之义和团，名虽四事，实一贯相生，必知此而后可论十年之朝局"。② 解剖此种联系，只有从京畿地区政治力量的内在变动中去寻找。

以义和团事件中暴露出来的诸多现象为线索进一步探讨，清廷利用义和团的目标、相关人物言行、决策机制以及相关策略和权变皆是其来有自，对相关人物的评述可以做到不冤枉、不夸张和不遗漏。绝大多数清廷政坛人物涉及政策方面的资料可以形成互证。第二次鸦片战争后到清末新政时期，清廷内部的重要人物从王公大臣、大学士和军机大臣、地方督抚到御史言官，其对外心态、政治动向、与清廷的关系以及清廷内部政治力量动向的关系，十之九可以因义和团研究的进展而获得重新审视的余地。从第二次鸦片战争到清末新政，政策层面的东西随之打通，整个近代史一气呵成，事件史具有了通史的意义。

一部义和团，半部近代史。第二次鸦片战争后到清末新政时期清廷内部的很多问题和思路，也确乎是在义和团时期才突出、清晰地表现出来。

对于义和团事件和清朝命运的关系，《恽毓鼎澄斋日记》宣统三年有过论述，把义和团事件作为清廷灭亡过程中的一个关键性转折点：

> 自武昌乱起，至今不过一百二十日。八月十九以前，犹是太平一统江山也。自来亡国，无如是之速者。其实乱亡之祸，早伏于十年之前。光绪庚子以后，孝钦显皇后未免倦勤，又鉴于义和团之乱，肇自宫廷，于是遇事一意脱卸，唯求及身幸免，不复作永远苞桑之计。迨景皇升遐，利于拥立幼冲，不致翻戊、庚两案，以神器之重，授之暗

---

① 清议报报馆编：《清议报》第 1 册，中华书局 2006 年版，第 511~513 页。
② 《恽毓鼎澄斋日记》第 2 册，浙江古籍出版社 2005 年版，第 785 页。

懦孱王。父监子国，而君为虚位。名之不正，莫过于斯。醇王承述父志，排斥汉人（重满轻汉，始于高宗，老醇王猜忌汉人尤甚）。劻耄而贪，泽愚而慪，洵、涛童騃喜事，伦、朗庸鄙无能，载搏乳臭小儿，不足齿数。广张羽翼，遍列要津，借中央集权之名，为网利营私之计，纪纲昏浊，贿赂公行。有识痛心，咸知大祸之在眉睫矣。譬人恣情纵欲，元气久离，偶触外邪，立蹶不救。昌黎所谓"其绝必有处"，即无革命军，亦必有绝之者矣。呜呼！二百余年培之而不足，三年余覆之而有余。①

孝钦显皇后即西太后，景皇即光绪，幼冲指小孩，戊、庚两案指戊戌变法和庚子事件，劻指奕劻，泽指载泽，洵指载洵，涛指载涛，伦指溥伦，朗指溥朗，昌黎指唐朝文学家韩愈。

上述说法表明，庚子事变后的追究责任活动对西太后有震慑作用。西太后惧怕翻案，说明官方对庚子事变的说法并不是铁证如山的。恽毓鼎未说明为何立小孩为皇帝就可避免翻案，从布局看关键是载沣那里。载沣注重按例行事的习惯为人熟知，这里指出：载沣的政见和西太后大体相似，因而载沣不会翻案。另外，还有人提出惩办主战派导致失去人心，在清朝和夷狄的盛衰对抗中，难以和南宋那样实现中兴，"人心亡而天下随之矣"的看法，结论仍然是"本朝之亡，决于光绪庚子，不若宣统辛亥则所见晓矣"。②

恽毓鼎提到"醇王承述父志，排斥汉人（重满轻汉，始于高宗，老醇王猜忌汉人尤甚）"，但未说明原因。其实，第二次鸦片战争后满洲王公中一些有强烈的"中兴"倾向的人物，大都同时具有强烈的重满轻汉意识，如刚毅的变法有利于汉人不利于满人以及满人瘦汉人肥论调。根源在于，此类人物在追求"中兴"时，往往以乾隆鼎盛时期的一些做法作参照物，如同治九年醇亲王奕譞论及整军经武复仇时，就以乾隆时期的雷厉风行为证。③ 奕䜣等人认识到洋务是长久之计，会更倾向于长期依赖汉族督抚。

义和团时期，清廷在京畿地区还是有相当的政治军事实力的，京官中也有一批忠于清室之人，军队中有宋庆、马玉崑和董福祥部可信赖。八国联军攻入京城后，清廷西逃稍迟，就有被俘虏的危险。清廷迟迟不肯从西

① 《恽毓鼎澄斋日记》第2册，浙江古籍出版社2005年版，第576、577页。
② 戚其章辑校：《李秉衡集》下，中华书局2013年版，第1135页。
③ 《筹办夷务始末》同治朝第八册，中华书局2008年版，3200、3201页。

安返回京城，也是担心成为宋徽宗第二。"请回銮专为挟制起见，宋徽宗已脱复还，古今殷鉴。"①宋徽宗被金人俘虏，坐井观天，死后熬作灯油。

义和团事件是清廷内部的一次重大政治危机。

义和团事件之后，西太后对外宣战后信任的核心层面人物损失三分之二。纵然如此，洋务派在清廷核心决策层中仍不得一伸其志。义和团之后，清廷重用的这个级别的人物，仍然是西太后信任的人物，如崑冈、鹿传霖和瞿鸿禨，义和团时期反对宣战的洋务派随后长期在军机处无一席之地，在筹办新政的督办政务处大臣中，亦仅李鸿章一人挂个名，刘坤一、张之洞和袁世凯只是"遥为参领"。第二次鸦片战争后，功劳极大的湘淮系中兴名将，在清廷核心决策中毕生处于边缘的角色，功劳极大却终生未获信任，纵有想法和抱负也无法施展，能够进入清廷并长期立足的是那些地方巡抚中的二三流角色和能够起配合而非决策作用的人物，令人扼腕长叹。这毕竟是大清江山，汉族大吏只有观望、效力、获得些许赏赐和碰头谢恩的份；看一看京城满洲贵族的小孩，即可知此大清江山以后的趋势。《恽毓鼎澄斋日记》：

> 嘉定徐季和师当光绪中叶，尝语亲友曰："国亡不久矣。"众惊问其故，师曰："吾久在朝列，遍观近支皇族中，无一明白有英气者。上既无嗣，异日承大统、执国政者，必不出此诸贵，安能望其守祖宗基业乎？"②

义和团事件之前，"国亡不久矣"还只是少数人的判断，义和团事件之后则是共识。整体而言，义和团事件及其以后，京畿地区政治力量失去了原先的锐气和势力，这是清朝灭亡的京畿地区因素。《清史稿》沈家本传附"论"说，清末新政后，清廷还有些人物和建议，"而大势所趋，已莫能挽救。"义和团之后的新政则和清朝灭亡关系密切。郭曾炘《检旧箧见前议三儒从祀疏稿感赋》："梨洲倡民权，船山区种族。匹夫任兴亡，亭林志尤卓。""专制数千年，本沿秦政酷。世变穷则通，安能终抱蜀。濂洛信正大，学子已倦读。""诏墨犹未干，呜呼旧社屋。"③梨洲即黄宗羲，船山即王夫之，亭林即顾炎武，濂洛指理学而言。显然，义和团之后的新政和

---

① 骆宝善等编：《袁世凯全集》第七卷，河南大学出版社 2013 年版，第 89、90 页。
② 《恽毓鼎澄斋日记》第 2 册，第 571 页。徐季和即徐致祥，见同书第 791 页。
③ 郭曾炘著：《郭曾炘集》，人民文学出版社 2018 年版，第 7 页。

西学，使得专制和理学已成为过时之物。

清末新政造成的局势变动、武昌起义和清廷灭亡，又使得清廷层面较为守旧的势力觉得新派也不成功。龙顾山人《庚子诗鉴》：

> 同、光以来，朝贵宏奖虚声，于是浮薄之士，竞侈谈时务，以弋名干进。甲申、甲午两役，误于此辈者为多。至是两宫西狩，慨念时艰，颇有乏材之叹，适工部主事夏震武，自里居奔赴行在，上中兴十六策。枢臣鹿文端伟之，荐于上，命入对。夏自请使俄，争东三省和约，且举洪嘉与、许珏为助。西朝不许，仅命赴北京参预和议。夏大失望，因具疏请斩王文勤，目为汉奸。朝旨责其狂妄，拟遣戍。鹿力为营护，乃削职归。其人通籍，后尝越职言事，忤朝贵，因乞终养。凤有风汉之目，非能当大任者也。杨子勤太守庚子感事诗云："新旧人才皆误国"。其言绝痛。①

时务常指洋务，甲申、甲午两役指中法战争和甲午战争，鹿文端即鹿传霖。杨子勤即《雪桥诗话》作者杨钟羲，遗老。也就是说，洋务派被怀疑，始于中法战争和甲午战争，旧派失败，源自义和团事件。不管是洋务派还是驱夷派，都有误国之举。从政策层面看，晚清的"新旧人才皆误国"和张之洞等人的"枢纽在化新旧之见"之新旧，表面看是采西法为主还是以中法为主参用西法的问题，核心还是追求"闭关谢客以成大一统之治"和承认"列国并立"的区别，其中夹杂着众多"亦新亦旧"的人物。

义和团事件之后，历史走到了一个十字路口，清廷自身也陷入迟疑、困惑和不自信之中。

---

① 中国社会科学院近代史研究所编：《义和团史料》上册，中国社会科学出版社 1982 年版，第 153 页。

主要参考文献①

一、已刊中文资料

[1] 中国史学会主编：《中国近代史资料丛刊》（《义和团》1～4 册），上海人民出版社 2000 年版。

[2] 顾廷龙、叶亚廉主编：《李鸿章全集》电稿，上海人民出版社 1987 年版。

[3] 中国第一历史档案馆编：《光绪宣统两朝上谕档》，广西师范大学出版社 1996 年版。

[4]《筹办夷务始末》道光朝，中华书局 2014 年版。

[5]《筹办夷务始末》咸丰朝，中华书局 1979 年版。

[6]《筹办夷务始末》同治朝，中华书局 2008 年版。

[7] 王彦威、王亮编：《清季外交史料》，书目文献出版社 1987 年影印本。

[8] 中国史学会主编：《中国近代史资料丛刊》（《第二次鸦片战争》），上海人民出版社 1978 年版。

[9] 中国史学会主编：《中国近代史资料丛刊》（《洋务运动》），上海人民出版社 1961 年版。

[10] 中国史学会主编：《中国近代史资料丛刊》（《中法战争》），上海人民出版社 2000 年版。

[11] 中国史学会主编：《中国近代史资料丛刊续编》（《中法战争》），中华书局 1996—2006 年陆续出版。

[12] 中国第一历史档案馆、福建师范大学历史系合编：《清末教案》，中华书局 1996—2006 年版。

---

① 注：根据国家社科基金评委意见，原稿中尚有部分晚清外交的内容被删除，所以参考文献中部分书目看似和本课题关系不大，实际并非没有参阅。

[13] 吴汝纶编：《李文忠公全集》，台湾文海出版社影印本。

[14] 王尔敏等编：《清季外交因应函电资料》，香港中文大学出版社 1996 年版。

[15] 丁凤麟、王欣之编：《薛福成选集》，上海人民出版社 1987 年版。

[16] 中国公共图书馆古籍文献珍本汇刊，史部，《晚清洋务运动事类汇钞》，中华全国图书馆文献缩微复制中心 1999 年版。

[17] 曾纪泽著：《曾纪泽集》，岳麓书社 2005 年版。

[18] 曾纪泽著：《出使英法俄国日记》，岳麓书社 1985 年版。

[19] 国家图书馆藏历史档案文献丛刊，《曾惠敏公电稿》，全国图书馆缩微文献复制中心 2005 年版。

[20] 陈义杰整理：《翁同龢日记》，中华书局 1998 年版。

[21] 台湾"中研院"近代史研究所编：《教务教案档》，1974—1975 年影印本。

[22] 台湾"中研院"近代史研究所编：《海防档》，1957 年影印本。

[23] 台湾"中研院"近代史研究所编：《清季中日韩关系史料》，1972 年影印本。

[24] 台湾"中研院"近代史研究所编：《中法越南交涉档》，1962 年影印本。

[25] 顾廷龙、戴逸主编：《李鸿章全集》，安徽教育出版社 2008 年版。

[26] 中国第二历史档案馆编：《中国海关密档》，中华书局 1990—1996 年陆续出版。

[27] 国家档案局明清档案馆编：《戊戌变法档案史料》，中华书局 1958 年版。

[28] 毛佩之辑，《变法自强奏议汇编》，台湾文海出版社影印本。

[29] 张枏、王忍之编：《辛亥革命前十年间时论选集》，三联书店 1960—1964 年出版。

[30] 刘坤一著：《刘坤一遗集》，中华书局 1959 年版。

[31] 盛宣怀著：《愚斋存稿》，台湾文海出版社影印本。

[32] 中国历史研究社编：《庚子国变记》，上海书店出版社 1982 年版。

[33] 薛福成著：《薛福成日记》，吉林文史出版社 2004 年版。

[34] 朱寿朋编：《光绪朝东华录》，中华书局 1984 年版。

［35］《吴汝纶全集》，黄山书社 2002 年版。

［36］苑书义等编：《张之洞全集》，河北人民出版社 1996 年版。

［37］中国社会科学院近代史研究所编：《义和团史料》，中国社会科学出版社 1982 年版。

［38］中国社会科学院近代史研究所编：《山东义和团案卷》，齐鲁书社 1980 年版。

［39］中国社会科学院近代史研究所编：《筹笔偶存》，中国社会科学出版社 1983 年版。

［40］路遥主编：《山东大学义和团调查资料汇编》，山东大学出版社 2000 年版。

［41］北京大学历史系编：《义和团运动史料丛编》第一、二辑，中华书局 1964 年版。

［42］故宫博物院明清档案馆编：《义和团档案史料》，中华书局 1979 年版。

［43］中国第一历史档案馆编：《义和团档案史料续编》，中华书局 1990 年版。

［44］中国第一历史档案馆编：《庚子事变清宫档案汇编》，中国人民大学出版社 2003 年版。

［45］恽毓鼎著：《恽毓鼎澄斋奏稿》，浙江古籍出版社 2007 年版。

［46］中国近代史资料丛刊续编：《清末教案》，中华书局 1996—2006 年版。

［47］国家档案局明清档案馆编：《宋景诗档案史料》，中华书局 1959 年版。

［48］胡滨译：《英国蓝皮书有关义和团运动资料选译》，中华书局 1980 年版。

［49］路遥主编：《义和团运动文献资料汇编》，山东大学出版社 2012 年版。

［50］中国第一历史档案馆编：《清中前期西洋天主教在华传播档案史料》，中华书局 2003 年版。

［51］解成编：《基督教在华传播系年》河北卷，天津古籍出版社 2008 年版。

［52］张先清等编：《中国地方志基督教史料辑要》，东方出版中心 2010 年版。

［53］包士杰辑：《拳时北京教友致命》，北京救世堂 1920 年版。

[54]包士杰辑：《拳时上谕》，北京救世堂 1919 年印。

[55]杜春和等编：《荣禄存札》，齐鲁书社 1986 年版。

[56]张謇研究中心编：《张謇全集》，江苏古籍出版社 1994 年版。

[57]中国社会科学院近代史研究所编：《庚子记事》，知识产权出版社 2013 年版。

[58]恽毓鼎著：《恽毓鼎澄斋日记》，浙江古籍出版社 2005 年版。

[59]北京市档案馆编：《那桐日记》，新华出版社 2006 年版。

[60]《清史列传》，中华书局 2005 年版。

[61]《续碑传集》，台湾文海出版社影印本。

[62]《邸抄》，北京图书馆出版社 2004 年版。

[63]《近代史所藏清代名人稿本抄本》，大象出版社 2014 年版。

[64]中国第一历史档案馆编：《军机处随手登记档》，北京图书馆出版社 2013 年版。

[65]《清代稿抄本》，广东人民出版社 2007、2009 年版。

[66]《北京大学图书馆馆藏稿本丛书》，天津古籍出版社 1987—1991 年版。

[67]《美国哈佛大学图书馆藏未刊中国旧海关史料》，广西师范大学出版社 2014 年版。

[68]《盛宣怀档案选编》，上海古籍出版社 2015 年版。

[69]《晚清驻华领事报告编译》，社会科学文献出版社 2016 年版。

[70]赵德馨主编：《张之洞全集》，武汉出版社 2008 年版。此书校对比河北版《张之洞全集》准确一些，文字方面本书作为主要依据，但河北版收录的一些电文、诗词为该书所不载，所以本书对二书均有参考。赵书也摘引了河北版的一些资料。

[71]骆宝善等编：《袁世凯全集》，河南大学出版社 2013 年版。

[72]夏东元编：《郑观应集》，上海人民出版社 1988 年版。

[73]《近代史资料文库》，上海书店出版社 2009 年版。

[74]台湾"故宫博物院"编：《安南档》，故宫博物院 2007 年版。

[75]魏源著：《魏源全集》，岳麓书社 2004 年版。

[76]吴廷栋著：《拙修集》及续编，载《清代诗文集汇编》编辑委员会编：《清代诗文集汇编》第 583 册，上海古籍出版社 2011 年版。

[77]王庆云著：《石延寿馆文集》，载《清代诗文集汇编》第 594 册。

[78]李棠阶著：《李文清公遗书》，载《清代诗文集汇编》第 598 册。

[79]倭仁著：《倭文端公杂稿》，载《清代诗文集汇编》第 616 册。

［80］居巢著：《庚子劫余草》，载《清代诗文集汇编》第 645 册。

［81］罗惇衍著：《集义轩咏史诗抄》，载《清代诗文集汇编》第 657 册。

［82］张光藻著：《北戍草》，载《清代诗文集汇编》第 663 册。

［83］刘锡鸿著：《刘光禄遗稿》，载《清代诗文集汇编》第 687 册。

［84］徐树铭著：《澂园诗集》，载《清代诗文集汇编》第 697 册。

［85］于荫霖著：《于中丞诗存》《悚斋奏议》，载《清代诗文集汇编》第 737 册。

［86］孙葆田著：《校经室文集》，载《清代诗文集汇编》第 745 册。

［87］荣禄著：《荣文忠公集》，载《清代诗文集汇编》第 751 册。此作有问题。荣禄也并未如实向东南督抚透露奏折内容。

［88］缪荃孙著：《艺风堂文集》及续集，载《清代诗文集汇编》第 756 册。

［89］许景澄著：《许文肃公日记》，载《清代诗文集汇编》第 758 册。

［90］王懿荣著：《王文敏公遗集》，载《清代诗文集汇编》第 758 册。

［91］袁昶著：《于湖文录》和《袁忠节公遗诗》，载《清代诗文集汇编》第 761 册。

［92］樊增祥著：《樊山集》和《樊山续集》，载《清代诗文集汇编》第 762 册。

［93］延清著：《庚子都门纪事诗》，载《清代诗文集汇编》第 765 册。

［94］张亨嘉著：《磐那室诗存》及《张文厚公文集》，载《清代诗文集汇编》第 765 册。

［95］张百熙著：《张文达公遗集》，载《清代诗文集汇编》第 765 册。

［96］继昌著：《尘定轩吟稿》，载《清代诗文集汇编》第 766 册。

［97］陈启泰著：《瘫庵遗稿》，载《清代诗文集汇编》第 767 册。

［98］赵舒翘著：《慎斋文集》，载《清代诗文集汇编》第 767 册。

［99］张佩纶著：《涧于集》及诗文，载《清代诗文集汇编》第 768 册。

［100］陈宝琛著：《沧趣楼文存》，载《清代诗文集汇编》第 770 册。

［101］王鹏运著：《半塘定稿》，载《清代诗文集汇编》第 771 册。

［102］廷雍著：《读画斋存稿》，载《清代诗文集汇编》第 771 册。

［103］盛昱著：《意园文略》及诗，载《清代诗文集汇编》第 772 册。

［104］瞿鸿禨著：《瞿文慎公文存》，载《清代诗文集汇编》第 772 册。

［105］徐琪著：《花砖日影集》，载《清代诗文集汇编》第 775 册。

［106］鲍心增著：《蜕斋诗稿》，载《清代诗文集汇编》第 775 册。

［107］蒋楷著：《那处诗钞》，载《清代诗文集汇编》第 777 册。

［108］罗正钧著：《劬庵文稿》及《劬庵官书拾存》，载《清代诗文集汇编》第 780 册。

［109］刘可毅著：《刘葆真太史遗稿》，载《清代诗文集汇编》第 781 册。

［110］朱祖谋著：《强屯语业》，载《清代诗文集汇编》第 783 册。

［111］曾廉著：《蠡庵集》，载《清代诗文集汇编》第 784 册。

［112］郭曾炘著：《匏庐诗存》，载《清代诗文集汇编》第 787 册。

［113］恽毓鼎著：《澄斋诗稿》，载《清代诗文集汇编》第 789 册。

［114］李经述著：《李袭侯遗集》，载《清代诗文集汇编》第 789 册。

［115］王龙文著：《平养堂文编》《平养堂疏稿》《平养文待》《平养诗存》和《平养联存》，载《清代诗文集汇编》第 790 册。

［116］曾广钧著：《环天室诗外集》，载《清代诗文集汇编》第 791 册。

［117］梁章矩、朱智著：《枢垣记略》，中华书局 1997 年版。

［118］夏东元编：《郑观应集》上册，上海人民出版社 1982 年版。

［119］《中国近代学制史资料》，华东师范大学出版社 1987 年版。

［120］袁英光、胡逢祥整理：《王文韶日记》，中华书局 2014 年版。

［121］《邓华熙日记》，凤凰出版社 2014 年版。

［122］《荣庆日记》，西北大学 1986 年版。

［123］《瞿鸿禨集》，湖南人民出版社 2010 年版。

［124］文悌著：《庚子国变禀稿》，台湾文海出版社影印本。

［125］张嵌编：《张亨嘉文集》，北京大学出版社 2003 年版。

［126］袁昶著：《袁京卿日记传抄本》，载李德龙等编：《历代日记丛钞》第 59 册，学苑出版社 2006 年版。

［127］袁昶著：《浙西村人日记》，载《历代日记丛钞》第 68～74 册，学苑出版社 2006 年版。

［128］袁昶著：《袁忠节公手札》，商务印书馆 1940 年影印本。

［129］于荫霖著：《悚斋日记》，近代中国史料丛刊第二十三辑 224，台湾文海出版社 1972 年影印本。

［130］陈陆编：《拳变系日要录》，近代中国史料丛刊第三十四辑，台湾文海出版社 1972 年影印本。

［131］叶昌炽著：《缘督庐日记》，江苏古籍出版社 2002 年版。

［132］叶昌炽著：《缘督庐日记钞》，北京图书馆出版社 2007 年版。

［133］《荣禄集》，《近代史资料》1983 年第 4 期。

［134］戚其章辑校，《李秉衡集》，齐鲁书社 1993 年版。

[135] 吕伟达主编：《王懿荣集》，齐鲁书社 1999 年版。

[136] 毛佩之辑，《变法自强奏议汇编》，上海书局 1901 年石印本。

[137]《赵凤昌藏札》，国家图书馆出版社 2009 年版。

[138]《国家图书馆藏清代档案文献汇编》，国家图书馆出版社 2012 年版。

[139] 陈广珍编：《蒋楷文集》，香港银河出版社 2002 年版。

[140] 王鹏运著：《王鹏运集》，广西师范大学出版社 2012 年版。

[141] 载沣著：《醇亲王载沣日记》，群众出版社 2014 年版。

[142] 王鹏运等著：《庚子秋词》，台湾学生书局 1972 年版。

[143] 阿英编：《庚子事变文学集》，中华书局 1962 年版。

[144] 上海图书馆编：《汪康年师友书札》，上海书店出版社 2017 年版。

[145] 中国国家博物馆编：《郑孝胥日记》，中华书局 2016 年版。

[146] 宋廷模等著：《庚子事变史料四种》，凤凰出版社 2008 年版。

[147] 袁昶著：《袁昶日记》，凤凰出版社 2018 年版。

[148] 有泰著：《有泰日记》，凤凰出版社 2018 年版。

[149] 张元济著：《张元济全集》，商务印书馆 2007 年版。

[150]《缪荃孙全集》，凤凰出版社 2014 年版。

[151] 杨琥编：《夏曾佑集》，上海古籍出版社 2011 年版。

[152]《汪康年文集》，浙江古籍出版社 2011 年版。

[153]《陈夔龙全集》，贵州民族出版社 2013 年版。

[154] 张荣华编校：《康有为往来书信集》，中国人民大学出版社 2012 年版。

[155] 狄德满编著：《西方义和团文献资料汇编》，山东大学出版社 2016 年中译本。

[156]《清史稿》，中华书局 1996 年版。

[157] 中国近代期刊汇刊，清议报报馆编：《清议报》，中华书局 2006 年版。

[158][美] 马士著，张汇文等译，《中华帝国对外关系史》，上海书店出版社 2000 年中译本。

[159] 丁韪良译：《万国公法》，北京崇实馆 1864 年刊；上海书店出版社 2002 年版；中国政法大学出版社 2003 年版。

[160] 丁韪良著，沈弘等译：《花甲忆记》，广西师范大学出版社 2004 年中译本。

［161］方濬师著：《蕉轩随录续录》，中华书局 1997 年版。

［162］王铁崖等译：《奥本海国际法》，中国大百科全书出版社 1995 年版。

［163］［荷］格劳秀斯著，何勤华等译：《战争与和平法》，上海人民出版社 2005 年中译本。

［164］樊国荫著：《遣使会在华传教史》，台北华明书局 1977 年中译本。

［165］中国史学会主编：《中国近代史资料丛刊》（《戊戌变法》），上海人民出版社 2000 年版。

［166］王之春著：《清朝柔远记》，中华书局 2008 年版。

［167］佐原笃介编：《拳匪纪事》，光绪二十七年铅印本，北京大学图书馆藏。

［168］《中和月刊史料选集》，台湾文海出版社近代中国史料丛刊影印本。

［169］联芳、庆常等译，《星轺指掌》，中国政法大学出版社 2008 年版。

［170］胡思敬著：《国闻备乘》，中华书局 2007 年版。

［171］陈夔龙著：《梦蕉亭杂记》，中华书局 2007 年版。

［172］龙顾山人辑：《南屋述闻》，中华书局 2007 年版。

［173］王照著：《德宗遗事》，中华书局 2007 年版。

［174］李杕著：《拳祸记》，上海土山湾 1905 年版。

［175］夏东元编：《盛宣怀年谱长编》，上海交通大学出版社 2004 年版。

［176］许同莘编：《张文襄公年谱》，商务印书馆 1947 年版。

［177］吴剑杰编著：《张之洞年谱长编》，上海交通大学出版社 2009 年版。

［178］丁文江、赵丰田编：《梁启超年谱长编》，上海人民出版社 2009 年版。

［179］徐世昌等编纂：《清儒学案》，中华书局 2008 年版。

［180］胡钧编：《清张文襄公之洞年谱》，台湾"商务印书馆" 1978 年版。

［181］李宗侗、刘凤翰著：《李鸿藻年谱》，中华书局 2014 年版。

［182］汪康年著：《汪康年文集》，浙江古籍出版社 2011 年版。

［183］黄濬著：《花随人圣庵摭忆》，中华书局 2016 年版。

[184]陈振江等编：《义和团文献辑注与研究》，天津人民出版社 1986 年版。

[185]徐世昌著：《徐世昌日记》，北京出版社 2018 年版。

[186]赵省伟编：《遗失在西方的中国史：海外史料看庚子事变》，重庆出版社 2018 年版。

[187]王彦威著：《西巡大事记》，台湾文海出版社影印本。

[188]谢承仁集释：《庚辛奉天书简集》，湖北人民出版社 1986 年版。

[189]柴小梵著：《梵天庐丛录》，故宫出版社 2013 年版。

二、相关中文作品

[190]吴宝晓著：《京畿义和团运动研究》，学习出版社 2016 年版。

[191]中国义和团研究会编：《义和团研究一百年》，齐鲁书社 2000 年版。

[192]中国义和团运动史研究会编：《义和团运动与近代中国社会》，四川社会科学院出版社 1987 年版。

[193]李文海等编：《义和团运动史事要录》，齐鲁书社 1986 年版。

[194]路遥主编：《义和拳运动起源探索》，山东大学出版社 1990 年版。

[195]周锡瑞著：《义和团运动的起源》，江苏人民出版社 1998 年中译本。

[196]狄德满著：《华北的暴力和恐慌》，江苏人民出版社 2011 年中译本。

[197]田涛著：《国际法输入与晚清中国》，济南出版社 2001 年版。

[198]张晋藩主编：《清朝法制史》，中华书局 1998 年版。

[199][美]芮玛丽著，房德邻等译：《同治中兴》，中国社会科学出版社 2002 年版。

[200]丁名楠等著：《帝国主义侵华史》，人民出版社 1992 年版。

[201][英]菲利浦著，胡滨译：《列强对华外交》，商务印书馆 1959 年版。

[202]郭廷以编著：《近代中国史事日志》，中华书局 1987 年版。

[203]黎仁凯等著：《直隶义和团运动与社会心态》，河北教育出版社 2001 年版。

[204]佐藤公彦著：《义和团的起源及其运动》，中国社会科学出版社 2007 年中译本。

［205］柯文著：《历史三调》，江苏人民出版社 2000 年中译本。

［206］林华国著：《义和团史事考》，北京大学出版社 1993 年版。

［207］戴玄之著：《义和团研究》，北京大学出版社 2010 年版。

［208］廖一中主编：《义和团大辞典》，中国社会科学出版社 1995 年版。

［209］林学忠著：《从万国公法到公法外交》，上海古籍出版社 2009 年版。

［210］谢俊美著：《翁同龢评传》，南京大学出版社 2001 年版。

［211］李细珠著：《张之洞与清末新政研究》，上海书店出版社 2003 年版。

［212］李细珠著：《地方督抚与清末新政》，社会科学文献出版社 2013 年版。

［213］林瑞琪等编：《义和团运动与中国基督教》，台湾辅仁大学出版社 2004 年版。

［214］相蓝欣著：《义和团战争的起源》，华东师范大学出版社 2003 年版。

［215］徐彻著：《慈禧大传》，辽海出版社 1998 年版。

［216］樊百川著：《清季的洋务新政》，上海书店出版社 2003 年版。

［217］袁野著：《晚清变革视域下的咸同朝军机大臣》，人民出版社 2014 年版。

［218］董丛林主编：《清季北洋势力崛起与直隶社会变动》，科学出版社 2011 年版。

［219］张瑞龙著：《天理教事件与清中叶的政治、学术与社会》，中华书局 2014 年版。

［220］王维江著：《清流研究》，上海世纪出版集团 2009 年版。

［221］张华滕著：《北洋集团崛起研究》，中华书局 2009 年版。

［222］唐瑞裕著：《清季天津教案研究》，文史哲出版社 2013 年版。

［223］石泉著：《甲午战争前后之晚清政局》，三联书店 1997 年版。

［224］马忠文著：《荣禄与晚清政局》，社会科学文献出版社 2016 年版。

［225］王刚著：《荣禄与晚清政局》，北京大学历史系 2014 年博士论文。

［226］杨实生著：《清流与晚清政治变革》，湖南大学 2011 年博士论文。

[227]江西省莲花县政协编：《末代帝师朱益藩》，海洋出版社 1993 年版。

[228]曾训祺著：《末代状元骆成骧评传》，中国文史出版社 2014 年版。

[229]止庵著：《史实与神话：庚子事变百年祭》，中国对外翻译出版公司 2000 年版。

[230]台湾"中华文化复兴运动推行委员会"编：《中国近代现代史论集》第十三编庚子拳乱，台湾"商务印书馆"1986 年版。

[231]麦金农著：《中华帝国晚期的权力与政治：袁世凯在北京与天津》，天津人民出版社 2013 年中译本。

[232]吕伟达著：《王懿荣传》，黄海数字出版社 2009 年版。

[233]高小平著：《中国最后的状元相国陆润庠》，苏州大学出版社 2014 年版。

[234]李泽昊著：《儒家的情怀与担当——胡思敬研究》，上海三联书店 2018 年版。

[235]冯志阳著：《庚子救援研究》，北京师范大学出版社 2018 年版。

[236]陈方中著：《崩落天朝的天国子民——义和团时期的直隶天主教会》，台湾光启文化事业 2017 年版。

[237]黄庆林著：《义和团运动时期清政府守旧派思想研究》，北京师范大学历史系 2006 年博士论文。2018 年以《清末守旧派研究》为书名由人民出版社出版。

[238]侯宜杰著：《"神拳"义和团的真面目》，台湾秀威资讯科技股份有限公司 2010 年版。

[239]戴海斌著：《东南督抚与庚子事变》，北京大学 2009 年博士论文。

[240]崔岷著：《山东"团匪"：咸同年间的团练之乱与地方主义》，中央民族大学 2018 年版。

[241]庚子年书札，载俞冰编：《名家书札墨迹》第三册，线装书局 2007 年版。

[242]张建伟著：《流放紫禁城：庚子国变》，新世界出版社 2017 年版。类似小说尚多，本书不全列。

[243]宋桂英著：《晚清山东团练研究》，浙江大学 2006 年博士论文。